Wolfgang Liebig / Rolf-Dieter Mummenthey

ArcGIS – ArcView 9

Band 1: ArcGIS-Grundlagen

Wolfgang Liebig / Rolf-Dieter Mummenthey

ArcGIS – ArcView 9

Band 1: ArcGIS-Grundlagen

1. Auflage

Points Verlag Norden · Halmstad

Alle in diesem Buch enthaltenen Angaben, Daten usw. wurden von den Autoren nach bestem Wissen erstellt und von ihnen und dem Verlag mit größter Sorgfalt geprüft. Dennoch sind Fehler nicht völlig auszuschließen. Die Angaben usw. erfolgen ohne jegliche Verpflichtung oder Garantie der Autoren oder des Verlages. Sie übernehmen deshalb keinerlei Verantwortung und Haftung für etwa vorhandene Fehler.

ESRI, ArcView und ArcInfo sind eingetragene Markenzeichen von ESRI (Environmental Systems Research Institute, Inc.), gesetzlich geschützt innerhalb der Vereinigten Staaten und in bestimmten anderen Ländern; die Registrierung in der Europäischen Gemeinschaft steht unmittelbar bevor. Das ESRI-Logo, der ESRI-Globus, ArcCatalog, ArcData, ArcEditor, ArcGIS, ArcIMS, ArcMap, ArcNetwork, ArcObjects, ArcSDE, ArcToolbox, 3D Analyst, Network Analyst, Spatial Analyst, das ArcData-Logo, das Digital Chart of the World-Logo, das ArcGIS-Logo und das ArcInfo-Logo sind Warenzeichen. @esri.com, www.esri.com, www.geographynetwork.com, Geography Network und das Geography Network-Logo sind Dienstleistungsmarken von Environmental Systems Research Institute, Inc. Das deutsche ESRI-Logo ist eingetragenes Warenzeichen der ESRI Geoinformatik GmbH.

Alle anderen genannten Namen sind Warenzeichen oder eingetragene Warenzeichen der jeweiligen Firmen. Die deutschen Screenshots wurden mit freundlicher Unterstützung und Genehmigung von ESRI Geoinformatik GmbH, Kranzberg, in das Buch eingefügt

Bibliografische Information Der Deutschen Bibliothek

Die Deutsche Bibliothek verzeichnet diese Publikation in der Deutschen Nationalbibliografie; detaillierte bibliografische Daten sind im Internet abrufbar über http://dnb.ddb.de.

Alle Rechte vorbehalten. Dieses Werk einschließlich aller seiner Teile ist urheberrechtlich geschützt. Jede Verwertung außerhalb der engen Grenzen des Urheberrechtsgesetzes ist ohne Zustimmung des Verlags unzulässig und strafbar. Das gilt insbesondere für Vervielfältigungen, Übersetzungen, Mikroverfilmungen und die Einspeicherung und Verarbeitung in elektronischen Systemen.

1. Auflage 2005

© Copyright: Points Verlag Norden · Halmstad
www.pointsverlag.com – info@pointsverlag.com

Redaktionelle Bearbeitung: Marita Liebig
Layout: Karin Gerdes, Marita Liebig
Umschlaggestaltung: Karsten Christians

Druck: SKN, Norden
Printed in Germany
Band 1: ISBN 3-9808463-6-9
Band 2: ISBN 3-9808463-7-7
Set aus Band 1 und Band 2: ISBN 3-9808463-9-3

Vorwort

Dieses neue doppelbändige Werk beruht auf der neuen Version ArcView 9, die Bestandteil der ArcGIS-Software 9 von ESRI ist. Wegen der vielen Funktionen im Vergleich zu ArcGIS – ArcView 8, insbesondere im Bereich Geoverarbeitung, und um wichtige Themen nicht weglassen zu müssen, wurde der von uns ausgewählte Stoff in zwei Bände aufgeteilt.

Der Ihnen hier vorliegende Band 1 behandelt die Grundlagen von ArcGIS – ArcView 9 (Grundlagen der Geoinformationssysteme, Grundlagen von ArcCatalog, Grundlagen von ArcMap, Digitalisieren, Beschriften, Legenden, Symbole, Kartenerstellung und vieles mehr).

Band 2 widmet sich mehr den ArcGIS-Analysemethoden (Geoverarbeitung, Geodatabases, Georeferenzieren, Topologie, Koordinatensysteme, Lineare Referenzierung, Räumliche Anpassung usw.).

Ebenso wie bei den bisherigen Büchern über ArcView GIS 3 und ArcGIS – ArcView 8 wurde auf eine leicht verständliche, von vielen Beispielen begleitete Darstellungsweise Wert gelegt.

An dem Gesamtwerk haben neben den Autoren außerdem folgende Personen mitgewirkt:
Dipl.-Umweltwissenschaftler Antje Grande (GISCON HYDRONET, Braunschweig), **Topologie**
Dipl.-Ing. Birgit Kraus (GISCON, Hannover), **Koordinatensysteme**
Dipl.-Geoökologe Jörg Dietrich (Ruhr-Universität, Bochum), **Geodatabases**
Dipl.-Geoökologe Michael Sander (GISCON HYDRONET, Braunschweig), **Geodatabases**
Dipl.-Ing. Bettina Harms (NLWKN, Hildesheim), **Lineare Referenzierung**

Alle genannten Personen beschäftigen sich beruflich intensiv mit diesen Themen.

Bedanken möchten sich die Autoren weiterhin bei der Fa. ESRI in Kranzberg für die Unterstützung, beim Points Verlag Norden·Halmstad für die gute Zusammenarbeit, bei der akad. Geoinformatikerin Sylvia Dohle für die fachliche Beratung und Korrekturen, bei Marita Liebig für die gesamte redaktionelle Bearbeitung sowie bei Karin Gerdes für die Erstellung des Layouts.

Wir wünschen allen unseren Lesern viel Erfolg und Freude bei der Benutzung von Buch und Programm.

Norden und Algermissen, im Juni 2005

Dipl.-Math. Wolfgang Liebig
Dipl.-Ing. Rolf-Dieter Mummenthey

Inhaltsverzeichnis   Seite

Band 1: ArcGIS-Grundlagen

1	**Einleitung zu Band 1**	**1**
2	**Geo-Informationssysteme (GIS)**	**3**
	2.1 Aufbau von Geo-Informationssystemen	6
	2.1.1 Definition	6
	2.2 Raumbezogene Daten	8
	2.2.1 Datenverwaltung	9
	2.2.2 Vektor- und Sachdaten	10
	2.2.3 Raster- und Sachdaten	11
	2.2.4 Vergleich Vektor- und Rasterdaten	13
	2.2.5 Datenqualität und Fehler	14
	2.3 Hard- und Software	15
	2.3.1 Rechner	15
	2.3.2 Software	16
	2.3.3 Dateneingabe, -generierung	17
	2.3.4 Datenausgabe	18
	2.4 Beispiele für Bearbeitungs- und Analysewerkzeuge	19
	2.4.1 Abfragen	20
	2.4.2 Flächenüberlagerung und -verschneidung	21
	2.4.3 Karten-Projektionen	22
	2.4.4 Bearbeitung von Objekten	23
	2.4.5 Interpolation	23
	2.5 GIS im Internet	24
	2.6 GIS und Navigationssysteme, GPS, e-commerce	25
3	**ArcCatalog-Grundlagen**	**27**
	3.1 Einleitung	27
	3.2 ArcCatalog-Einführungsbeispiel	28
	3.2.1 ArcCatalog starten	29
	3.2.2 Ordner verbinden	30
	3.2.3 Daten betrachten	30
	3.2.4 Personal Geodatabase	35
	3.2.5 ArcCatalog beenden	38
	3.3 ArcCatalog-Benutzeroberfläche	38
	3.3.1 Aufbau der Benutzeroberfläche	38
	3.3.2 Datenfenster	39
	3.3.3 Katalogstruktur	40
	3.3.4 Hauptmenüleiste	42
	3.3.5 Werkzeugleisten	46
	3.3.6 Kontextmenüs	49

		3.4	Die Eigenschaften von ArcCatalog	52
			3.4.1 Register: Allgemein	52
			3.4.2 Register: Dateitypen	54
			3.4.3 Register: Inhalt	54
			3.4.4 Register: Proxyserver	55
			3.4.5 Register: Metadaten	56
			3.4.6 Register: Geoverarbeitung	57
			3.4.7 Register: Tabellen	57
			3.4.8 Register: Raster	58
			3.4.9 Register: CAD	60
		3.5	Rasterpyramiden	60
		3.6	Metadaten	62
			3.6.1 Standard	62
			3.6.2 Vorgehensweise / Inhalte	62
			3.6.3 Minimale Attributliste in ArcGIS nach ISO 19115-Standard	63
			3.6.4 Voreinstellungen	63
		3.7	Hilfe für ArcCatalog	69
4	**ArcMap-Grundlagen**			**70**
		4.1	Einleitung	70
		4.2	ArcMap-Einführungsbeispiel	71
			4.2.1 ArcMap starten	71
			4.2.2 Raumbezogene Daten einlesen und betrachten	72
			4.2.3 Weitere raumbezogene Daten einlesen	74
			4.2.4 Abfrage „Postleitzahlbezirke von Hamburg selektieren"	76
			4.2.5 Symbologie erstellen	77
			4.2.6 Beschriftung der Länder mit ihren Namen	78
			4.2.7 Kartenlayout erstellen	80
			4.2.8 ArcMap speichern und beenden	83
		4.3	ArcMap-Benutzeroberfläche	83
			4.3.1 Aufbau der Benutzeroberfläche	83
			4.3.2 Hauptmenüleiste	85
			4.3.3 Werkzeugleisten	92
			4.3.4 Kontextmenüs	106
		4.4	Allgemeine Einstellungen für ArcMap	111
			4.4.1 Optionale Einstellungen	111
			4.4.2 Eigenschaften des Karten-Dokuments	118
		4.5	Die Eigenschaften eines Datenrahmens	119
			4.5.1 Register: Allgemein	119
			4.5.2 Register: Datenrahmen	120
			4.5.3 Register: Koordinatensystem	121
			4.5.4 Register: Beleuchtung	123
			4.5.5 Register: Gitternetze	123
			4.5.6 Register: Karten-Cache	124
			4.5.7 Register: Annotation-Gruppen	125
			4.5.8 Register: Ausdehnungs-Rechtecke	125

		4.5.9	Register: Rahmen	126
		4.5.10	Register: Größe und Position	127
	4.6		Die Eigenschaften eines Layers	128
		4.6.1	Register: Allgemein	128
		4.6.2	Register: Quelle	129
		4.6.3	Register: Auswahl	130
		4.6.4	Register: Anzeige	130
		4.6.5	Register: Symbologie	131
		4.6.6	Register: Felder	132
		4.6.7	Register: Definitionsabfrage	133
		4.6.8	Register: Beschriftungen	133
		4.6.9	Register: Verbindungen & Beziehungen	134
	4.7		Maßstabsbereich für die Anzeige eines Layers	135
		4.7.1	Maßstabsbereich mit der aktuellen Ausdehnung	135
		4.7.2	Maßstabsbereich mit bestimmten Maßstab festlegen	135
	4.8		Räumliche Lesezeichen	136
		4.8.1	Räumliches Lesezeichen erstellen	136
		4.8.2	Ausschnitt mit Lesezeichen aufrufen	137
		4.8.3	Räumliche Lesezeichen verwalten	137
	4.9		Übersichtsfenster und Lupe	138
		4.9.1	Übersichtsfenster	138
		4.9.2	Lupe	139
	4.10		Map-Tips	141
	4.11		Import von ArcView 3.x-Projekten nach ArcGIS	142
	4.12		Hilfe für ArcMap	144
5	**Hilfe für ArcGIS-ArcView**			**145**
	5.1		Haupthilfe für ArcCatalog und ArcMap	145
	5.2		Hilfe in Dialogfenstern	146
	5.3		Hilfe als Tooltips und in der Statusleiste	146
	5.4		Kontext-Hilfe	147
	5.5		Hilfe aus dem Internet	148
6	**Auswahl von Features**			**149**
	6.1		Einleitung	149
	6.2		Einführungsbeispiel	149
	6.3		Auswahlmethoden	154
		6.3.1	Interaktive Auswahl	154
		6.3.2	Nach Attributen auswählen	155
		6.3.3	Lagebezogene Auswahl	157
		6.3.4	Mit Grafiken auswählen	160
	6.4		Auswahloptionen für einen Datenrahmen	162
	6.5		Auswahloptionen für einen bestimmten Layer	165
7	**Symbole und Styles**			**169**
	7.1		Einleitung	169

	7.2	Symbole	169
	7.3	Styles	170
	7.4	Erstellen neuer Symbole und Kartenelemente	173

8 Geometriebearbeitung 177

	8.1	Allgemeines		177
	8.2	Objekttypen (Feature Classes)		178
	8.3	Neue Shapefiles erzeugen		179
	8.4	Bearbeitung vorhandener Shapefiles		184
	8.5	Fangen in einem Layer		186
	8.6	Fangen über mehrere Layer		190
	8.7	Stream-Modus		194
	8.8	Weitere Digitalisierungsfunktionen		195
		8.8.1	Polygon an ein anderes anschließen	195
		8.8.2	Polygon manuell teilen	196
		8.8.3	Linien kürzen	198
		8.8.4	Linien teilen	198
		8.8.5	Linien unterteilen	199
		8.8.6	Feature umformen	200
	8.9	Spezielle Digitalisierungsfunktionen		202
		8.9.1	Features verschieben	202
		8.9.2	Features drehen	203
		8.9.3	Features strecken oder stauchen	203
	8.10	Spezielle Geometrien		204
		8.10.1	Parallelität	205
		8.10.2	Fremdobjektorientierte Parallelität	206
		8.10.3	Rechter Winkel	207
		8.10.4	Weitere Werkzeuge zum „Rechten Winkel"	208
		8.10.5	Multipart-Features	209
		8.10.6	Multipoint-Features	210
	8.11	Spezielle Funktionalitäten im Kontextmenü		211
		8.11.1	An Feature fangen	211
		8.11.2	Richtung	212
		8.11.3	Ablenkung	212
		8.11.4	Länge	213
		8.11.5	Länge ändern	213
		8.11.6	Absolut X, Y	213
		8.11.7	Delta X, Y	214
		8.11.8	Richtung / Länge	214
		8.11.9	Parallele	214
		8.11.10	Senkrecht	215
		8.11.11	Segment Ablenkung	216
		8.11.12	Skizze ersetzen	216
		8.11.13	Tangenskurve	217
		8.11.14	Skizze löschen	219
		8.11.15	Skizze fertigstellen	219

		8.11.16	Ausgleichen und beenden	219
		8.11.17	Teil fertig stellen	220
	8.12	Spezielle Konstruktionsmethoden		221
		8.12.1	Schnittpunkt zweier Kanten	221
		8.12.2	Kreisbogen	222
		8.12.3	Mittelpunkt	223
		8.12.4	Endpunkt-Arc	224
		8.12.5	Tangente	224
		8.12.6	Entfernung-Entfernung	225
		8.12.7	Richtung-Entfernung	226
		8.12.8	Verfolgung	227
	8.13	Erweiterte Bearbeitung		230
9	**Sachdaten und Tabellen**			**233**
	9.1	Allgemeines		233
	9.2	Elemente einer Tabelle		234
	9.3	Ansicht / Organisation		235
		9.3.1	Spaltenbreite festlegen	235
		9.3.2	Spaltenreihenfolge (Spalten verschieben)	236
		9.3.3	Spalten einfrieren	237
		9.3.4	Spalten unsichtbar machen und ALIAS-Name setzen	238
		9.3.5	Tabellen-Aussehen	239
		9.3.6	Darstellung numerischer Felder	240
	9.4	Navigieren in einer Tabelle		241
		9.4.1	Suchen und Ersetzen	242
		9.4.2	Sortieren	243
		9.4.3	Sortieren mit mehreren Feldern	244
	9.5	Feldstatistik		244
	9.6	Feldwerte berechnen		245
	9.7	Statistik		247
	9.8	Feld löschen		247
	9.9	Auswahl		247
		9.9.1	Nach Attributen auswählen (SQL-Abfragen)	248
		9.9.2	Alle Datensätze auswählen	250
		9.9.3	Auswahl umdrehen	250
		9.9.4	Auswahl aufheben	250
		9.9.5	Auswahlfarben	250
	9.10	Feld hinzufügen und bearbeiten		251
	9.11	Datensätze löschen		253
	9.12	Exportieren		253
	9.13	Verbindungen		255
		9.13.1	Verbindungen (1:1-Zuordnung)	256
		9.13.2	Verbindung (m:1-Zuordnung)	257
		9.13.3	Lagebezogene Verbindung	258
		9.13.4	Verwaltung der Verbindungen	258
		9.13.5	Verbinden mit Tabellen ohne Geometrie	261

	9.13.6	Lagebezogene Verbindung herstellen		261
	9.13.7	Räumliche Nähe bei der lagebezogenen Verbindung		262
9.14	Beziehungen			264

10 Symbologie — 269

10.1	Allgemeines	269
10.2	Symbologie-Dialog	270
10.3	Einzelsymbol	271
10.4	Einzelwert	277
10.5	Einzelwert, viele Felder	282
10.6	Abgestufte Farben	283
10.7	Abgestufte Symbole	287
10.8	Proportionales Symbol	290
10.9	Punktdichte	293
10.10	Diagramm	298
10.11	Mehrfachattribute	303
10.12	Symbolebenen	308
10.13	Maskierung	312

11 Beschriftungen und Grafiken — 315

11.1	Allgemeines		315
11.2	Text		315
	11.2.1	Einfacher Text	315
	11.2.2	Geschwungener Text	316
	11.2.3	Bannerbeschriftung	316
	11.2.4	Beschriften mit Attributwerten	317
	11.2.5	Text in Polygonen	318
11.3	Grafik		322
11.4	Automatische Beschriftung (einfach)		324
11.5	Weitere Gestaltungsmöglichkeiten		327
	11.5.1	Klassenbildung bei automatischer Beschriftung	328
	11.5.2	Feldtypen und erweiterte Ausdrücke	330
	11.5.3	Platzierung der Beschriftung und Konflikterkennung	332
	11.5.4	Maßstabsabhängigkeit	341
	11.5.5	Styles	342
11.6	Schriftsymbole		344
	11.6.1	Vordefinierte Schriftsymbole	345
	11.6.2	Erstellen eigener Schriftsymbole	346
	11.6.3	Sprechblasen Bannerbeschriftung (Ballon Callout)	349
	11.6.4	Einfache Linien-Bannerbeschriftung (Simple Line Callout)	350
	11.6.5	Linien-Bannerbeschriftung (Line Callout)	351
	11.6.6	Marker-Texthintergrund	353
	11.6.7	Beispiele	353
11.7	Beschriftungs-Manager		359
	11.7.1	Öffnen des Beschriftungs-Managers	359
	11.7.2	Beispiel zum Beschriftungs-Manager	361

| | | 11.7.3 | Weitere Funktionen | 366 |

12 Präsentation und Karten — 369

- 12.1 Allgemeines — 369
- 12.2 Layout-Ansicht — 370
- 12.3 Werkzeugleisten — 370
- 12.4 Vorlagen — 371
- 12.5 Karten-Elemente einfügen — 374
  - 12.5.1 Datenrahmen — 374
  - 12.5.2 Titel, Text — 375
  - 12.5.3 Kartenrahmen — 375
  - 12.5.4 Legende — 376
  - 12.5.5 Nordpfeil — 377
  - 12.5.6 Maßstabsleiste — 378
  - 12.5.7 Maßstabstext — 379
  - 12.5.8 Bild — 380
  - 12.5.9 Objekt — 381
  - 12.5.10 Grafiken — 382
  - 12.5.11 Draft-Modus — 382
- 12.6 Seite einrichten — 383
- 12.7 Beispiel zum Layout — 385

Index — 395

Band 2: ArcGIS-Analysen

- 13 Einleitung zu Band 2 — 1
- 14 Geoverarbeitung — 3
  - 14.1 ArcToolbox — 4
    - 14.1.1 Toolboxen — 4
    - 14.1.2 Toolsets — 6
    - 14.1.3 Tools (Werkzeuge) — 7
  - 14.2 Anwenden der Geoverarbeitungswerkzeuge — 8
    - 14.2.1 Einleitung — 8
    - 14.2.2 Direktstart der Geoverarbeitungswerkzeuge — 9
    - 14.2.3 Befehlszeile — 14
    - 14.2.4 ModelBuilder — 21
  - 14.3 Geoverarbeitungswerkzeuge (Übersicht) — 49
    - 14.3.1 Analysis Tools — 49
    - 14.3.2 Conversion Tools — 50
    - 14.3.3 Data Management Tools — 51
    - 14.3.4 Geocoding Tools — 55
    - 14.3.5 Linear Referencing Tools — 56

	14.3.6	Spatial Statistic Tools		56
14.4	Erstellen von Pufferzonen			58
	14.4.1	Mit dem Werkzeug „Puffer" aus ArcToolbox		58
	14.4.2	Mit dem Assistenten zur Puffererzeugung		59
14.5	Objekte anhand eines Attributs zusammenfassen (Dissolve)			63
14.6	Layer zusammenführen (Append)			64
14.7	Layer ausschneiden (Clip)			65
14.8	Zwei Layer überschneiden oder vereinigen (Intersect, Union)			67
	14.8.1	Zwei Layer überschneiden (Intersect)		68
	14.8.2	Zwei Layer vereinigen (Union)		70
14.9	Flächengrößen und Längen von Features in Shapefiles berechnen			72
	14.9.1	Werkzeug „Calculate Areas"		72
	14.9.2	Tabellenfeld neu berechnen		73
14.10	Ereignis-Layer aus XY-Daten erstellen			75
	14.10.1	Werkzeug „XY-Ereignis-Layer erstellen"		76
	14.10.2	Menü „XY-Daten hinzufügen"		77
14.11	XY-Koordinaten in Attributtabelle schreiben			79
14.12	Gruppen-Layer, Mosaik und Rasterkataloge			80
14.13	Feature-Class (Geodatabase) erstellen			87

15 Topologie in ArcGIS — 94

15.1	Einleitung			94
	15.1.1	Was ist Topologie in ArcGIS		94
	15.1.2	Geodatabase- und Karten-Topologie		96
15.2	Karten-Topologie in ArcView			97
	15.2.1	Begriffe		97
	15.2.2	Einstellungen		101
	15.2.3	Arbeiten mit Karten-Topologie		102
	15.2.4	Karten-Topologie erstellen		103
	15.2.5	Topologie-Kante selektieren		104
	15.2.6	Gemeinsame Features anzeigen		104
	15.2.7	Topologie-Kante bearbeiten		105
	15.2.8	Sonderfall Punkt-Layer		118
15.3	Zusammenfassung			119

16 Räumliche Anpassung — 120

16.1	Einleitung			120
16.2	Anpassungsfunktionen (Übersicht)			121
16.3	Durchführung der räumlichen Anpassungen			124
	16.3.1	Transformationen		124
	16.3.2	Rubbersheeting		132
	16.3.3	Kantenanpassung		135
	16.3.4	Attributübertragung bei Kantenanpassung		139

17 Bearbeitung von Routendaten — 144

17.1	Einführung			144
	17.1.1	Was sind Routendaten?		144
	17.1.2	Lineare Referenzierung und Routenereignisse		146

	17.1.3	Routenbearbeitung mit ArcView	147
17.2		Routenpositionen identifizieren	149
17.3		Routenpositionen suchen	151
17.4		Routen-Messwertabweichungen anzeigen	152
17.5		Skalenstriche	154
	17.5.1	Beschriften mit Skalenstrichen	154
	17.5.2	Skalenstriche zu Grafiken konvertieren	161
17.6		Dynamische Segmentierung.	163
	17.6.1	Erstellen von Routenereignistabellen	163
	17.6.2	Hinzufügen von Routenereignissen	166
	17.6.3	Bearbeiten von Routenereignistabellen in ArcMap	169
	17.6.4	Routenbearbeitung mit der ArcToolbox	171

18 Geodatabases **174**
- 18.1 Neue Konzepte zur Modellierung und Speicherung von Geodaten 174
- 18.2 Objektorientierung 174
- 18.3 Datenbanken 175
- 18.4 Die Geodatabase in der ArcGIS-Architektur 176
- 18.5 Aufbau und Funktionalität der Personal Geodatabase in ArcView 178
  - 18.5.1 Organisation der Personal Geodatabase in ArcView 178
  - 18.5.2 Festlegung des Raumbezuges 179
  - 18.5.3 Attributeigenschaften 180
  - 18.5.4 Attribut-Domänen 180
  - 18.5.5 Rasterdatenverwaltung 181
- 18.6 Drei Wege zu einer Geodatabase 183
  - 18.6.1 Konvertieren bestehender Daten 183
  - 18.6.2 Anlegen eines Geodatabase-Schemas 184
  - 18.6.3 Entwurf einer Geodatenbank mit CASE-Tools 185
- 18.7 Weitere Tipps zur Arbeit mit der Geodatabase 186
- 18.8 Literatur 187

19 Transformationen und Projektionen in ArcMap **188**
- 19.1 Geografische und projizierte Koordinatensysteme 188
- 19.2 Definition der Koordinatensysteme 188
- 19.3 Transformation zwischen geografischen Koordinatensystemen 193
- 19.4 Projektion in die Gauß-Krüger-Ebene 195
- 19.5 Literaturverzeichnis 196

20 Georeferenzieren von Rasterdaten **197**
- 20.1 Einleitung 197
- 20.2 Durchführung einer Georeferenzierung 198
- 20.3 Weitere Funktionen für die Georeferenzierung 201

21 Annotation **203**
- 21.1 Allgemeines zu Annotation 203
- 21.2 Beispiel zu Annotation im Kartendokument 205
- 21.3 Beispiel zu Annotation in einer Feature-Class einer Personal Geodatabase 210

22 Hyperlinks **214**

	22.1	Was sind Hyperlinks?	214
	22.2	Dynamische Hyperlinks	215
	22.3	Feldbasierte Hyperlinks	216
	22.4	Hyperlinks aufrufen	218
23	**Anpassen der Benutzeroberfläche**		**219**
	23.1	Einleitung	219
	23.2	Starten der Anpassung	221
	23.3	Werkzeugleisten ein- und ausschalten	222
	23.4	Verschieben der Werkzeugleisten und Werkzeuge	223
	23.5	Neue Werkzeugleisten und Menüs erstellen	223
		23.5.1 Neue Werkzeugleisten erstellen	223
		23.5.2 Neue Menüs erstellen	224
		23.5.3 Funktionen in eine Werkzeugleiste oder ein Menü einfügen	224
	23.6	UIControls einfügen	228
	23.7	VBA-Programm in die Benutzeroberfläche einbinden	229
	23.8	Makros erstellen und in die Benutzeroberfläche einbinden	231
	23.9	Optionale Einstellungen für die Anpassung	233
		23.9.1 Sperren der Anpassung	233
		23.9.2 Einstellen der Sicherheitsregeln zum Schutz gegen Viren	234
		23.9.3 ArcID-Module aktualisieren	234
Index			**235**

1 Einleitung zu Band 1

Dieses Buch beschreibt die Funktionen und die Bedienung von ArcView 9 aus der Produktfamilie ArcGIS der Firma ESRI. Vor Ihnen liegt Band 1: ArcGIS-Grundlagen des zweibandigen Werkes „ArcGIS-ArcView 9". Dieser erste Band beschreibt die Grundlagen von ArcView 9. Im zweiten Band (Band 2: ArcGIS-Analysen) liegt der Schwerpunkt auf den Analyse-Funktionen von ArcView.

Der Leser wird zunächst in die Welt der Geo-Informationssysteme (GIS) eingeführt. Dabei wurde besonders Wert auf den Praxisbezug der einzelnen Themen gelegt. Alle wichtigen Begriffe, wie z. B. der Aufbau eines GIS, die mit einem GIS zu verarbeitenden Daten (Vektordaten, Rasterdaten), die Bedeutung der Hard- und Software sowie Analyse- und Präsentationsmethoden (Abfragen, Verschneiden, Projektion usw.), werden praxisnah und zunächst Software-unabhängig dargestellt.

ArcGIS 9 und somit auch ArcView 9 bestehen im Wesentlichen aus den zwei Desktop-Programmen ArcCatalog und ArcMap. Die grundlegende Bedeutung und Funktionen dieser Programme werden in den Kapiteln 3 und 4 ausführlich beschrieben. Ein Einführungsbeispiel für ArcCatalog und ArcMap ermöglicht den schnellen Einstieg. ArcCatalog ist ein „Explorer" und „Verwalter" für raumbezogene Daten. ArcMap stellt Analyse- und Präsentationswerkzeuge zur Verfügung, die zum Erstellen einer Karte nötig sind.

In den weiteren Kapiteln dieses ersten Bandes lernen Sie, wie Objekte abgefragt und ausgewählt werden können (Kapitel 6), das Bearbeiten der Geometrie (Kapitel 8) und das Bearbeiten der Sachdaten (Kapitel 9) von raumbezogenen Daten. Um eine Karte lesbar zu machen, benötigen Sie Legenden, Symbole und Beschriftungen. Wie man Legenden erstellt, erfahren Sie in Kapitel 10, wie Sie mit Symbolen arbeiten und sie konstruieren, in Kapitel 7, und wie Objekte beschriftet werden, in Kapitel 11. Wie eine Karte aus den Kartenelementen (Geometrie, Legenden, Beschriftungen, Texte, Bilder, Nordpfeil, Maßstabsleisten usw.) erstellt wird, lernen Sie in Kapitel 12.

Einen Einblick in den Inhalt von Band 2 erhalten Sie im Inhaltsverzeichnis dieses Bandes.

Band 1 wendet sich an Einsteiger, die ArcView 9 anwenden wollen. Diese sollten zunächst das Kapitel 2 über Geo-Informationssysteme lesen und die Einführungsbeispiele aus den Kapiteln 3 „ArcCatalog-Grundlagen" und 4 „ArcMap-Grundlagen" durchführen. Wer zusätzliche Hilfen zu diesen Programmen aufrufen möchte, findet die Bedienung der umfangreichen Hilfe-Funktionen in Kapitel 5 „Hilfe für ArcGIS – ArcView".

Im gesamten Text des Buches sind die Menüs und Werkzeuge in der folgenden Form angegeben:

Progamm-Hauptmenü (-Kontextmenü, -Werkzeugleiste): Element
Menü:
Menüeintrag: Weitere Menüeinträge oder Register

Hierbei wird für „Programm" entweder ArcCatalog oder ArcMap angegeben. Das Hauptmenü befindet sich an oberster Stelle in der Benutzeroberfläche von ArcCatalog und ArcMap. Ist eine Werkzeugleiste angegeben, so muss diese eventuell noch geöffnet werden. Ist ein Kontextmenü genannt, so öffnet es sich durch Betätigung der rechten Maustaste auf das angegebene Element.

Mit den folgenden Beispielen soll der Eigenschaften-Dialog eines Datenrahmens in ArcMap aufgerufen und dort das Register „Allgemein" verwendet werden.

ArcMap-Kontextmenü: Datenrahmen
Eigenschaften: Register Allgemein

ArcMap-Hauptmenü:
Ansicht:
Eigenschaften Datenrahmen: Register Allgemein

Haben Sie bisher mit ArcView 3.x gearbeitet, so werden Sie feststellen, dass bei ArcView 9 nicht nur die gesamte Oberfläche anders aussieht, sondern sich auch viele Begriffe geändert haben. So ist ein „View" aus ArcView 3.x nun mit dem „Datenrahmen" in ArcView 9 vergleichbar.

Für die Übungen in diesem Buch benötigen Sie einige der Daten die sich auf den CDs befinden, die mit der Software geliefert werden.

Kopieren Sie die Daten aus dem Media Kit „ESRI Data & Maps" von den beiden CDs „United States" und „World, Europe, Canada and Mexico", wie in der vorstehenden Abbildung, auf ihren lokalen Rechner in das Verzeichnis „...\arcgis\".

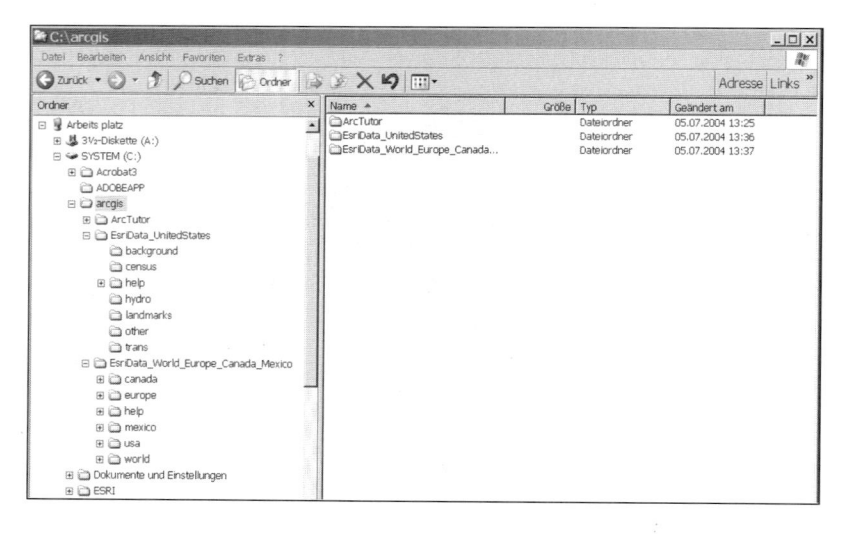

Die meisten Daten liegen dort im schreibgeschützten Format SDC (Smart Data Compression) vor. Diese Daten sind verschlüsselt und stark komprimiert. Sie werden auch für die Übungen in diesem Buch verwendet. Da die Daten schreibgeschützt und komprimiert sind, sind Übungen, in denen die Daten bearbeitet werden sollen, nicht möglich. In diesem Fall können diese aber in ArcMap eingelesen und in ein Shapefile umgewandelt werden (Menü: **Datei: Daten: Daten exportieren**).

2 Geo-Informationssysteme (GIS)

Die Analyse heutiger digitaler Datenbestände bringt es an den Tag: Ein auffällig großer Teil von ihnen sind raumbezogene Daten, an die die Frage nach dem Wo gestellt werden kann. Raumbezogene oder Geo-Daten (Geo, von griechisch geo: „Erde") bestehen aus der Geometrie von Objekten der sichtbaren Umwelt und ihrer Beschreibung durch Attribute (Sachdaten). Während sich die Objekte immer auf die Erdoberfläche beziehen – in einem definierten Koordinatensystem (z. B. geografische Kugel-Koordinaten oder eine der zahlreichen Projektionen auf ein ebenes Koordinatensystem) oder auch durch postalische Adressen –, besteht die Geometrie der Objekte aus Grafik-Elementen mit ihren beschreibenden Attributen. Das geometrische Objekt „Straße" besteht demnach beispielsweise aus einer Grafik vom Typ „Linie" mit den Grafik-Attributen „Linienstärke", „Linienfarbe" und eventuell „Linienmuster" und Sachdaten (Attribute), die die Straße beschreiben (z. B. Spielstraße, Bundesautobahn, Straßenbelag...). Umfangreiche Datenbestände werden üblicherweise mit einem digitalen Informationssystem (Datenbank) auf einem Computer bearbeitet, damit die Daten effektiv gespeichert, verwaltet und ausgewertet werden können. Unter einem digitalen Informationssystem versteht man eine Anwendung, mit der Daten erfasst und verwaltet (in einer Datenbank vorgehalten und analysiert) werden, und aus der man die Daten auch ausgeben kann, etwa auf einen Bildschirm, an einen Drucker oder in Dateien.

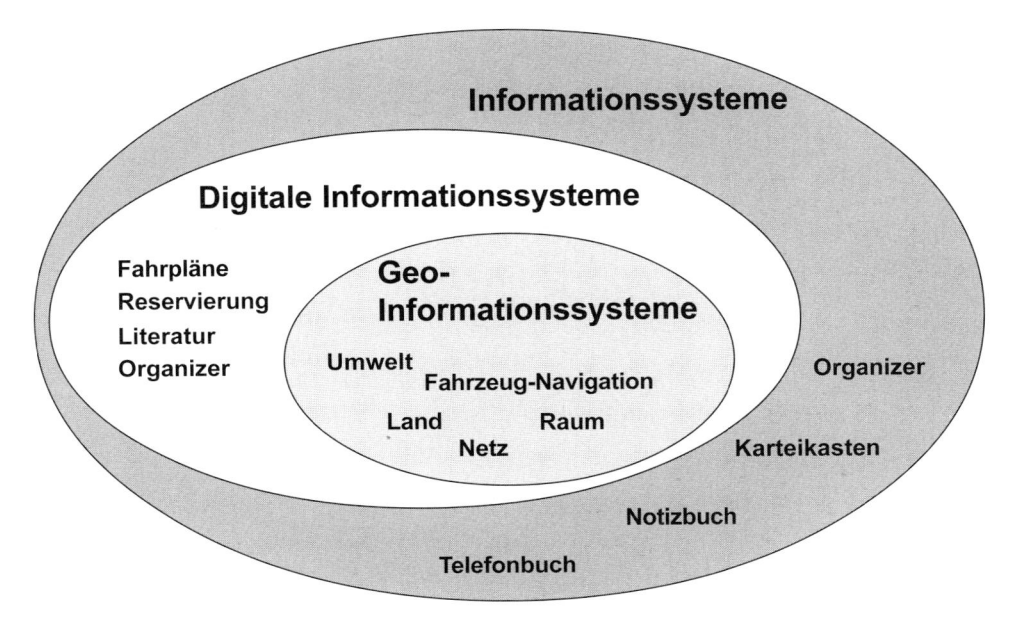

Unter dem Gesichtspunkt, dass sich durch die räumliche Komponente bei den Geo-Daten eine permanent wachsende Zahl neuer Auswertungsmöglichkeiten ergibt, wurden in den letzen gut dreißig Jahren digitale Informationssysteme entwickelt, die raumbezogene Daten verarbeiten können und dafür eine ebenfalls wachsende Vielzahl an immer neuen Werkzeugen zur Verfügung stellen. Begonnen wurde mit so genannten Land-Informationssystemen (LIS), die sich hauptsächlich mit der Verarbeitung von Daten aus dem Vermessungswesen und der Verwaltung von Grund und Boden befassten. Spezielle Abarten solcher digitalen Informationssysteme waren zum Beispiel Raum(RIS)-, Umwelt(UIS)-, Netz(NIS)- und Fachinformationssysteme (FIS). Aus diesen Vorläufern entwickelten sich die heutigen, mehr allgemeinen Geografischen Informationssysteme (Geo-Informationssysteme, GIS), die Werkzeuge zur Bearbeitung, Speicherung und Präsentation aller Arten geografischer Daten bereitstellen und sogar Datenvergleich völlig verschiedener geografischer Daten zulassen, was die Darstellung komplexer Zusammenhänge zulässt. Das automatisierte Erfassen und Bearbeiten von Geo-Daten wurde mit der Möglichkeit, Vektorgrafiken auf einem Computer zu bearbeiten, ab den 60er Jahren vorangetrieben. Von da an konnte man Karten, die zuvor per Hand auf Papier konstruiert und dann gedruckt werden mussten, auch automatisch mit einem Computer ausgeben. Die Darstellung konnte zwar anfangs in der Ausgabequalität nicht mit handgezeichneten Karten konkurrieren, aber der Anfang war gemacht und hatte einen erheblichen Zeitgewinn mit den entsprechenden Kosteneinsparungen zur Folge. Die heutigen Systeme haben diese Kinderkrankheiten zum größten Teil hinter sich und sind aus den verschiedensten Bereichen der modernen Gesellschaft nicht mehr wegzudenken.

Die folgende Aufstellung, die keinen Anspruch auf Vollständigkeit erhebt, soll einen Eindruck von den überaus vielfältigen Einsatzmöglichkeiten eines Geografischen Informationssytems aufzeigen:

- Umweltschutz (Biotop- und Nutzungstypen, Altlastenkataster, Nationalpark...)
- Notdienste (Polizei, Feuerwehr, Rettungsdienste...)
- Raumordnung (Deponiestandortsuche, Kanalnetze...)
- Versorgungsunternehmen (Wasser, Strom, Gas, Telefongesellschaften...)
- Militär (Navigation, Logistik...)
- Wissenschaft und Technik (Geologie, Geografie, Biologie, Hydrografie...)
- Vermessungs- und Katasterverwaltung (ATKIS)
- Stadt- und Landschaftsplanung
- Land- und Forstwirtschaft (Waldschäden, Düngereinsatz...)
- Ingenieurbüros
- Universitäten, Software- und Hardwarefirmen (Informatik, Mathematik...)
- Mobilfunkbetreiber (Sichtbarkeitsanalysen, Standorte...)
- Navigationssystemanbieter (Taxi, Firmenwagen, Lkw, Schiffe, Flugzeuge...)

Reale Beispiele für die oben genannten Anwendungen finden Sie im Buch Liebig/Schaller: „ArcView GIS, GIS Arbeitsbuch", 2. Auflage, Wichmann Verlag, Heidelberg.

Unter einem GIS versteht man heute ganz generell ein Informationssystem für raumbezogene Daten. Es verarbeitet Objekte und ihre Beziehung zu anderen Objekten in der realen Welt. Das bedeutet, dass der Einsatz eines GIS nur dann einen Sinn hat, wenn raumbezogene Daten verarbeitet werden müssen.

Heute wird ein GIS auch als Produkt einer Querschnittsaufgabe – der Geoinformatik – gesehen, die von den verschiedensten Fachgebieten bedient wird: Geografie, Geodäsie, Geophysik, Geologie, Informatik, Mathematik und vieles mehr. Interdisziplinäre Aufgaben, wie es etwa eine

2 Geo-Informationssysteme (GIS)

Umweltverträglichkeitsprüfung ist, sind ohne den Einsatz eines modernen GIS nicht mehr vorstellbar. Nur so lassen sich belastbare Entscheidungen vorbereiten. Aufwendige Datenbestände und Medien-übergreifende Fragestellungen, zum Beispiel aus dem Bereich des Umweltschutzes (Naturschutz, Kernkraftwerksüberwachung, Lärmschutz, Küstenforschung, Wasserwirtschaft, Luftüberwachung, Altlastenkataster...), lassen sich nur mit GIS händeln und in vertretbarer Zeit beantworten.

Geo-Informationssysteme dürfen nicht mit Präsentations- oder CAD(Computer-Aided-Design)-Programmen verwechselt werden. Während Präsentations- oder Zeichenprogramme für die Ausgabe und Darstellung von Daten ausgelegt sind, ist die Präsentation in einem Geo-Informationssystem nur eine von vielen Aufgaben, die zu erfüllen sind. Auch CAD-Systeme sind mit Geo-Informationssystemen nicht vergleichbar, da die dort zu verarbeitenden Daten nicht unbedingt einen Raumbezug im oben definierten Sinne haben. Die Sachdatenverarbeitung spielt eine untergeordnete Rolle. Ein CAD-System dient hauptsächlich der Konstruktion technischer Objekte (Maschinen, Anlagen, Hausbau...). Da ein CAD-System und ein GIS jeweils Vorteile haben, die sich gegenseitig ergänzen können, gibt es Programme, die beide koppeln. Kombinationen von GIS und anderen Anwendungen (z. B. mit Statistikprogrammen) sind ebenfalls auf dem Markt und komplettieren Geo-Informationssysteme. Der Trend geht jedoch dahin, dass Geo-Informationssysteme immer umfangreicher werden und die Hersteller bemüht sind, die wichtigsten Analyse- und Präsentationswerkzeuge in ihren Geo-Informationssystemen zu integrieren. Auf der anderen Seite ist jedoch wegen der einfachen Handhabung und der Preise auch eine Tendenz zu kleineren „Desktop-GIS" zu beobachten. Diese Systeme sind leicht zu bedienen und verfügen über die wichtigsten GIS-Funktionalitäten für die Dateneingabe, -verwaltung, -analyse und -präsentation. Auch sind sie nach Bedarf durch Zusatzmodule erweiterbar und damit individuell auf die Bedürfnisse des Anwenders zuschneidbar.

Auch das neue ArcView 9 ist ein solches „Desktop-GIS". Es gibt Zusatzmodule unter anderem für Dateneingabe, Raster-, Netz-, Bildverarbeitung. Weitere Module befinden sich in der Entwicklung.

„Desktop-GIS"-Programme verbreiten sich wegen der genannten Vorteile stark. Man darf dabei jedoch nicht aus den Augen verlieren, dass sie nicht die gesamte Funktionalität von professionellen Geo-Informationssystemen und vor allem weniger Möglichkeiten zur Analyse raumbezogener Daten besitzen. Eine Kombination oder gleichzeitige Nutzung von GIS und „Desktop-GIS" erscheint für größere Projekte zur Zeit sinnvoll, wobei das GIS seine umfangreichen Analysewerkzeuge zur Verfügung stellt und das „Desktop-GIS" wegen der einfachen Handhabung z. B. die Präsentationsaufgabe übernehmen kann. Eine solche extrem leistungsfähige Kombination kann mit dem ArcGIS (ArcView + ArcEditor + ArcInfo) in heute üblichen lokalen Rechner-Netzwerken und auch im Internet/Intranet realisiert werden (ArcIMS).

Die rasche Entwicklung und Verbreitung von Geo-Informationssystemen in den letzten Jahren hängt stark mit der schnellen Entwicklung der Hardware und Rechnersoftware (Betriebssysteme) zusammen. Geo-Informationssysteme sind äußerst komplex und dementsprechend umfangreich. Ihre Bedienung zu erlernen, erfordert einen hohen Zeitaufwand – ein Umstand, dem besondere Aufmerksamkeit geschenkt werden sollte.

Dass Geo-Informationssysteme zur Zeit extreme Zuwachsraten haben, liegt nicht nur daran, dass es heute mehr raumbezogene Daten gibt als früher. Vielmehr hat der Anwender inzwischen erkannt, dass viele seiner Daten einen Raumbezug haben und ihre Auswertung mit einem GIS große Vorteile für seine Arbeit bringt. Unbestreitbare Vorteile für den Einsatz eines GIS:

- Räumliche Daten werden in einer (Relationalen) Datenbank effektiv vorgehalten
- Räumliche Daten können schneller und billiger ausgegeben werden (Erstellen von Karten, Bildschirmausgabe)
- Zunächst unbekannte Einsichten und Zusammenhänge werden so erst möglich (Analyse)
- Einsparpotentiale werden aktiviert
- Redundanzen werden verhindert
- Datengrundlagen werden vereinheitlicht

Durch den rasanten Fortschritt in der Internettechnologie erschließen sich gerade in jüngster Zeit neue Einsatzfelder und Strukturen für Geo-Informationssysteme. Während in der Vergangenheit eher monolytische Systeme der übliche Standard waren, sind die heutigen Systeme, die man als offen bezeichnen kann, auf dem Vormarsch. Im älteren, geschlossenen System waren es die mehrfach in der Literatur erwähnten Aufgaben gemäß EVAP (siehe 2.1), die es zu erfüllen gab. Dabei wird vorwiegend auf bekannte Daten der eigenen Rechnerumgebung zurückgegriffen, deren Qualität man auch selbst beurteilen konnte.

Zukünftig kommen immer mehr offene Systeme zum Einsatz, die es erlauben, auf verschiedenste Geodatenserver (im Internet) zuzugreifen. Nicht nur verteilte Daten, sondern auch verteilt angebotene, fachspezifische Methoden zur Datenanalyse werden in der Zukunft einen GIS-Arbeitsplatz ausmachen.

Weitere Entwicklungen um das GIS herum werden auf dem Markt und in der Forschung langsam sichtbar bzw. haben Einsatzreife erreicht. Ohne in diesem Buch zu ausführlich darauf einzugehen, sollen diese interessanten Entwicklungen aber in den Kapiteln 2.5 und 2.6 etwas näher beschrieben werden.

2.1 Aufbau von Geo-Informationssystemen

2.1.1 Definition

Geo-Informationssysteme, häufig eher als große und komplexe Software-Pakete aufgefasst, werden aber doch mit verschiedenen Definitionen belegt, die über diese reine Software-Definition hinausgehen. Wichtig ist eine solche Definition deshalb, weil sich Geo-Informationssysteme mit komplexen Themen aus unterschiedlichen Disziplinen beschäftigen. Dieser vielfältige Einsatz macht die exakte Definition dieses Werkzeuges so notwendig, damit es richtig eingesetzt werden kann. Bei einem Textprogramm weiß jeder Anwender, was er von ihm erwarten kann, wo seine Einsatzbereiche liegen. Das muss nicht eigens definiert werden. Damit ein GIS auch richtig eingesetzt wird, werden hier zunächst Definitionen dafür gegeben und dann die wichtigsten Begriffe und Komponenten erläutert.

2.1 Aufbau von Geo-Informationssystemen

Die vermutlich üblichste Definition ist:

Ein GIS ist ein System aus Hardware, Software und Anwendungen, mit dem raumbezogene Daten **e**rfasst, **v**erwaltet, **a**nalysiert und **p**räsentiert (EVAP) werden können. Durch den Raumbezug der Daten unterscheidet sich ein GIS in seinen Bearbeitungsmethoden wesentlich von anderen Informationssystemen.

Raumbezogene Daten sind Objekte der realen Welt und ihre Beschreibung, die sich durch Angabe eines Ortes (z. B. Koordinaten, Adressen, Namen, Kennziffern) auf die Erdoberfläche beziehen. Dabei werden im GIS die Modelle der realen Objekte als Geometrie (z. B. eine Messstelle durch einen Punkt, eine Naturschutzfläche durch ein Polygon, eine Straße durch eine Linie) und die Beschreibung der Objekte durch Attribute (z. B. in Tabellen) dargestellt.

GIS benötigt Geräte (Rechner, Ein- und Ausgabegeräte wie Plotter, Drucker, Monitore, Digitalisierer, GPS usw.), auf denen die GIS-Software installiert ist und mit denen die oben beschriebenen Aufgaben ausgeführt werden können.

GIS-Software ist in der Lage, raumbezogene Daten mit verschiedenen Methoden zu erfassen, sie in einer Datenbank zu verwalten, sie mit vielfältigen und anspruchsvollen Werkzeugen zu analysieren und sie mit gängigen Systemen (inklusive Internet) zu präsentieren.

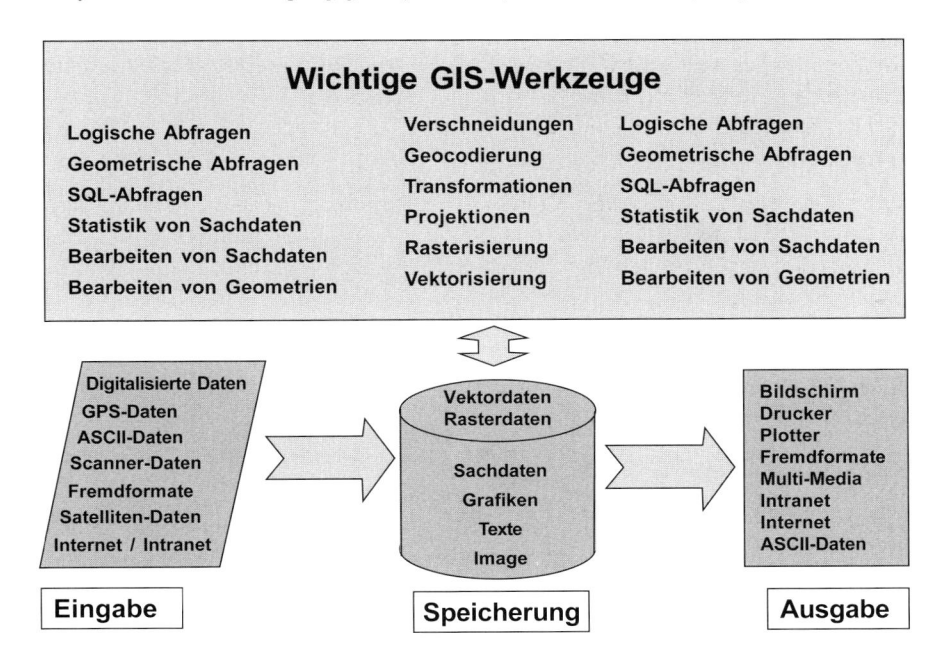

Wichtige GIS-Werkzeuge

Logische Abfragen	Verschneidungen	Logische Abfragen
Geometrische Abfragen	Geocodierung	Geometrische Abfragen
SQL-Abfragen	Transformationen	SQL-Abfragen
Statistik von Sachdaten	Projektionen	Statistik von Sachdaten
Bearbeiten von Sachdaten	Rasterisierung	Bearbeiten von Sachdaten
Bearbeiten von Geometrien	Vektorisierung	Bearbeiten von Geometrien

Eingabe
- Digitalisierte Daten
- GPS-Daten
- ASCII-Daten
- Scanner-Daten
- Fremdformate
- Satelliten-Daten
- Internet / Intranet

Speicherung
- Vektordaten
- Rasterdaten
- Sachdaten
- Grafiken
- Texte
- Image

Ausgabe
- Bildschirm
- Drucker
- Plotter
- Fremdformate
- Multi-Media
- Intranet
- Internet
- ASCII-Daten

Definieren kann man ein Geo-Informationssystem auch nach den Komponenten: die Software mit der zugehörigen Hardware, die Daten, die den größten Teil der Kosten bei der Realisierung eines GIS ausmachen können, und der Anwender bzw. die von ihm erstellten Anwendungen. An der Aufzählung der Komponenten erkennen Sie, dass die Software nicht notwendigerweise der wichtigste Teil eines GIS ist, wie dies oft dargestellt wird. Vielmehr sind **alle Komponenten**

gleichwertig. Dabei kann man die Anwendungen mit ihren Daten als Endergebnis ansehen: Sie zeigen letztlich den Nutzen eines GIS auf. Investitionen in ein Geo-Informationssystem sind daher mehr als eine Anschaffung von Hard- und Software. Denn die Investitionen für die Erhebung der Daten können beträchtlich sein und sollten nicht außer Acht gelassen werden, da sie grundlegend für die Nutzung eines GIS sind.

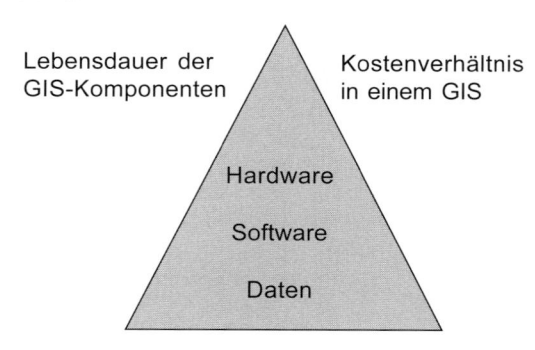

Die an der Entwicklung einer GIS-Anwendung beteiligten Personen sind neben den Fachanwendern (z. B. Geologen, Umweltschützer), die die GIS-Anwendungen für ihre Arbeit benötigen, ein GIS-Manager und die GIS-Programmierer. Der GIS-Manager koordiniert in größeren Projekten die Arbeit der Fachanwender und der GIS-Programmierer. Die Programmierer erstellen mit Hilfe von Makrosprachen die Anwendungen. In der Praxis sind jedoch oft alle hier aufgeführten Personen in einer einzigen vereinigt. Ein Fachanwender bemüht sich in aller Regel, GIS- und Programmierkenntnisse zu erwerben und damit ein Projekt allein durchzuziehen.

2.2 Raumbezogene Daten

GIS-Daten beziehen sich auf die Erdoberfläche. Raumbezogene Daten (Geo-Daten) bestehen aus der Geometrie (z. B. Koordinaten) und den Sachdaten für ein reales Objekt (Niedersachsen, Inseln...). Die Geometrie wiederum ist zusammengesetzt aus Grafiken und deren Eigenschaften (Flächenfarbe, Strichstärke, Muster...), die sie beschreiben. Reale Objekte werden in einem GIS in thematischen Informationsebenen (oft Layer genannt) abgelegt, vorgehalten und verwaltet.

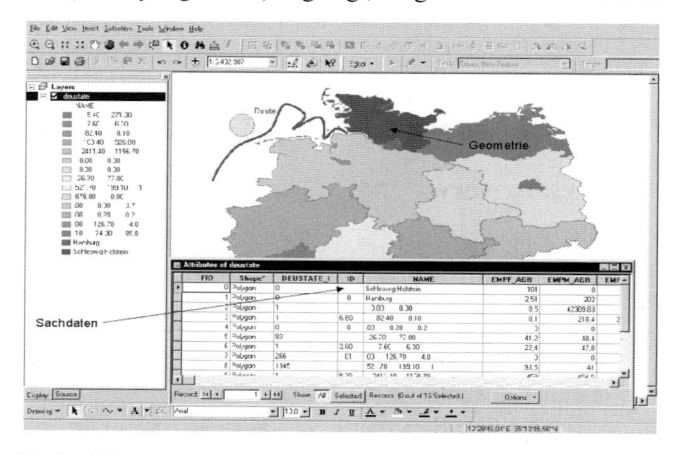

Zur Identifizierung und Entdeckung unvorhergesehener Zusammenhänge können die Layer nach Bedarf in verschiedenster Weise miteinander kombiniert werden. Wenn man sich solche thematischen Karten als Folien vorstellt, die je nach Thema entweder Landfläche oder Schiffsroute oder was auch immer enthalten, und man solche Folien übereinander legt, so kann man z. B. feststellen, ob eine Schiffsroute wirklich in Richtung Hamburger Hafen führt. Dieses „maßstabslose" Layerprinzip zeigt offensichtliche Vorteile bei der Visualisierung von nahezu unbegrenzten und unterschiedlichsten Geo-Daten.

2.2 Raumbezogene Daten

Sämtliche Daten werden in der Regel in einer (Relationalen) Datenbank vorgehalten und verwaltet. Die Geometrie (Koordinaten) und die zugehörigen Sachdaten können entweder ge-

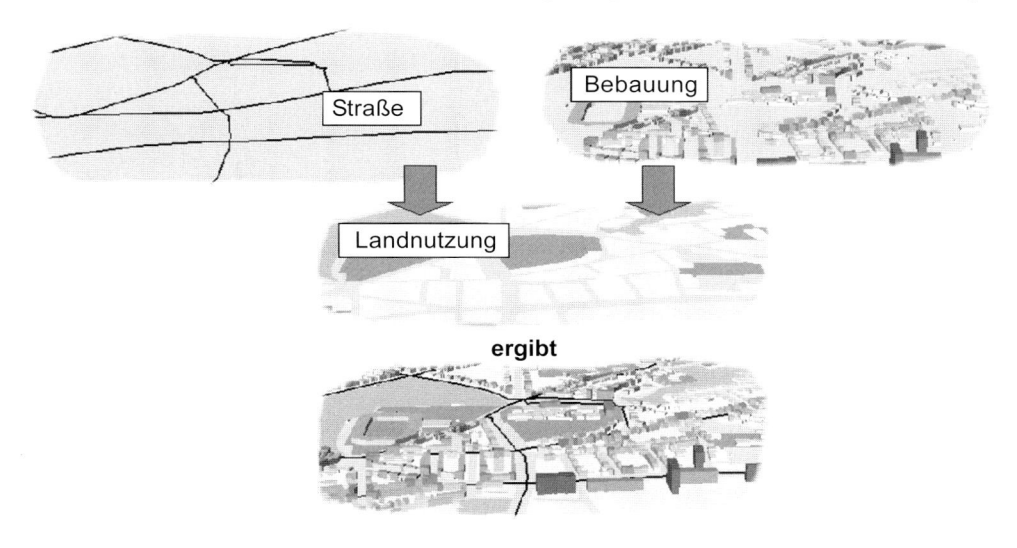

Straße

Bebauung

Landnutzung

ergibt

trennt oder gemeinsam in einer Datenbank enthalten sein. Teilweise werden sie auch nur in Dateien gespeichert. Das Vorhalten in einer (Relationalen) Datenbank hat Vorteile in Bezug auf die Datensicherheit, die optimale Datenverwaltung und die Geschwindigkeit bei der Bearbeitung.

Während Tabellen als ausgereiftes EDV-Objekt für die Sachdaten geeignet sind, wird die Geometrie entweder als Vektor- oder Rasterdaten gespeichert. Diese Typisierung führt zur Bezeichnung von Vektor- bzw. Raster-GIS. Ist ein GIS in der Lage beide Datentypen zu verarbeiten (herstellen, editieren, darstellen und analysieren), so spricht man von einem hybriden System.

Diese beiden Datentypen sollen nun genauer beschrieben werden. Im Anschluss daran gibt es einige Bemerkungen zur Datenqualität und zu möglichen Fehlern von raumbezogenen Daten. Zunächst sollen Sie jedoch einiges über Datenverwaltung erfahren.

2.2.1 Datenverwaltung

Raumbezogene Daten werden in modernen Systemen in einer Relationalen Datenbank gesammelt und verwaltet. Sie enthalten Informationen über Objekte und ihre Beziehung zueinander. Management-Systeme ermöglichen eine einheitliche Bedienung der Datenbanken. Dadurch sind keine Kenntnisse über die interne physikalische Datenstruktur erforderlich. Mit Abfragesprachen werden Daten aus einer Datenbank abgefragt. SQL (Standard Query Language) ist zum Beispiel eine solche Sprache. Sie arbeitet unabhängig für jede Datenbank, die diese Sprache unterstützt. Die Benutzung von Datenbanken hat viele Vorteile, aber auch Nachteile. Die Vorteile sind:

- Sicherungsmaßnahmen regeln den Zugriff auf die Daten
- schneller Zugriff auf die Daten – je nach Datentyp und verwendeter Datenbank

- Kontrolle von Redundanzen (mehrfaches Vorhandensein von Daten)
- Organisation von Mehrfachzugriffen auf Daten
- Integration aller Datentypen
- andere Dienste – z. B. Internet – können aus einer Datenbank bedient werden

Nachteile sind ohne Zweifel die höheren Anschaffungskosten und die aufwendigere Administration, die eine Datenbank erfordert – Punkte, die nicht unterschätzt werden dürfen. Die Vorteile einer Datenbank überwiegen jedoch die Nachteile so deutlich, dass ihr Einsatz – besonders auch bei Geo-Informationssystemen – sinnvoll ist.

Es gibt drei klassische Typen von Datenbankmodellen. Beim **hierarchischen Modell** sind die Daten in einer Baumstruktur, ähnlich der Verzeichnisstruktur beim Windows Explorer, angeordnet. Bei einer Baumstruktur können von jedem Zweig mehrere Abzweigungen ausgehen. Der Zugriff auf Daten in diesem Modell ist – bei einer Anpassung der Hierarchie an die zu bearbeitenden Probleme – äußerst schnell. Jedoch sind in diesem Fall im Voraus Kenntnisse über die Art der Abfragen nötig. Beim Arbeiten mit Geo-Informationssystemen ist die Art der Abfragen jedoch im Vorhinein meistens unbekannt. Hierarchische Datenbanken werden daher nur bei speziellen Informationssystemen eingesetzt.

Das **Netzmodell** ist eine Verallgemeinerung des hierarchischen Datenmodells. Die Beziehungen an den Verzweigungen sind hier nicht auf 1:n beschränkt, sondern es werden auch n:1- und n:m-Beziehungen zugelassen. Die daraus resultierende Vernetzung der hierarchischen Struktur erleichtert den Zugriff auf die Daten. Ein Netzmodell ist redundanzfrei. Bei der Fortführung der Daten müssen jedoch die Verzweigungen mit nachgeführt werden – ein recht hoher Arbeitsaufwand.

Ohne Hierarchie ist das **relationale Datenmodell**. Die Daten sind in Tabellen gespeichert und können untereinander über die Tabellenspalten in Beziehung gesetzt werden. Diese Form des Datenmodells eignet sich daher gut zur Verwaltung der Sachdaten aus einem GIS. Jede Spalte in einer Tabelle kann als „key" (Schlüsselbeziehung) benutzt werden. Daraus ergibt sich eine größere Flexibilität bei der Erstellung von Anwendungen. Ein Problem ist jedoch unter anderem die Antwortzeit bei komplexen Abfragen.

In Geo-Informationssystemen werden alle drei Datenbankmodelle und Kombinationen davon eingesetzt. Welche Datenbank bei welchem GIS verwendet wird, hängt immer von der Art der Daten und der Anwendung ab.

2.2.2 Vektor- und Sachdaten

Mit „Vektorgrafiken" werden Grafiken auf einem Computer dargestellt. Basiselement ist hier der „Punkt", dessen Lage in einem kartesischen Koordinatensystem durch eine XY- und eventuell zusätzlich durch eine Z-Komponente beschrieben wird. Mit Hilfe von Punkten lassen sich Objekte konstruieren, die aus Linien und Flächen (Polygonen) bestehen. Linien entstehen aus Punkten, die in einer Geraden miteinander verbunden sind. Polygone sind geschlossene Linienzüge. Mit diesen Grundelementen lassen sich beliebige Grafiken, aber auch z. B. Legenden, Maßstäbe und Texte konstruieren. Die mit den Grundelementen erzeugten Grafiken werden Vektorgrafiken genannt. Sie haben eigene Attribute, wie beispielsweise die Stärke oder Farbe einer Linie. Attribute bei Polygonen können z. B. Füllmuster und Füllfarbe sein. Den Grafiken

2.2 Raumbezogene Daten

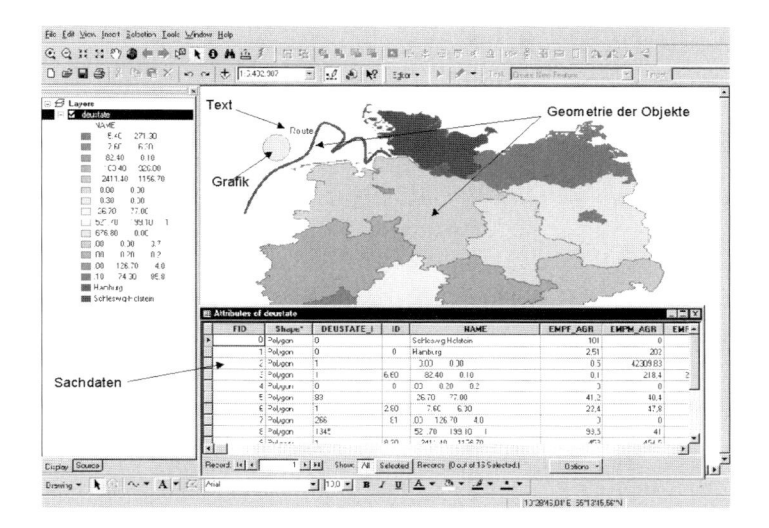

können außerdem beschreibende Sachdaten zugeordnet werden. Vektordaten werden durch Digitalisieren auf einem Digitizer oder direkt auf dem Bildschirm erzeugt, Sachdaten mit Hilfe von Programmen, Modellrechnungen, Auswertungen oder Kartierung durch den Benutzer.

Topologie nennt man die Beschreibung der räumlichen Zusammenhänge zwischen den einzelnen Geometrien. Die Lage aller Polygone, die links und rechts neben einer Linie liegen, wird unter anderem in einer Tabelle festgehalten. Bei der Anwendung bestimmter mathematischer Operationen (z. B. Projektionen) bleiben topologische Beziehungen erhalten.

2.2.3 Raster- und Sachdaten

Vergleichbar mit Fotos, bestehen Rasterdaten aus einer Serie von Punkten mit unterschiedlichen Farb- oder Grauwerten. Sie bestehen aus einer gleichmäßigen Anordnung von rechteckigen Zellen, die Pixel genannt werden und mit denen eine nahezu kontinuierliche Wiedergabe eines Gebietes möglich ist. Die Zellen sind in einer Matrix angeordnet, organisiert nach Zeilen und Spalten. Mit Hilfe von Rasterdaten lassen sich auch Geometrien (Punkt, Linie, Polygon, Text...) darstellen. Ein Punkt besteht aus einer Zelle, während eine Linie oder ein Polygon von einer Gruppe zusammenhängender Zellen dargestellt werden kann. Mit Hilfe von Farb- oder Grauwerten können Objekte identifiziert werden. Jeder Gruppe von Zellen mit gleichen Grau- oder Farbwerten können Sachdaten zugeordnet werden. Je kleiner die Zellgröße gewählt wird, desto kontinuierlicher erscheint die darzustellende Oberfläche. Damit wächst jedoch der Speicherplatzbedarf.

Rasterdaten können durch Abtasten (Scannen) von Fotos (z. B. Luftbilder) oder der Erdoberfläche (Satellitendaten) erzeugt werden. Sollen Rasterdaten zusammen mit anderen räumlichen Daten erscheinen, müssen sie georeferenziert werden. Dabei werden den Zeilen- und Spaltennummern der Zellen z. B. geografische Koordinaten zugeordnet. Räumliche Zusammenhänge (Topologien) bei Rasterdaten sind natürlicherweise gegeben und brauchen nicht gesondert gespeichert zu werden, denn jede Zelle hat acht Nachbarn, die mit Hilfe der Zeilen- und Spaltennummern identifiziert werden können. Die Lage der Zelle ist damit eindeutig.

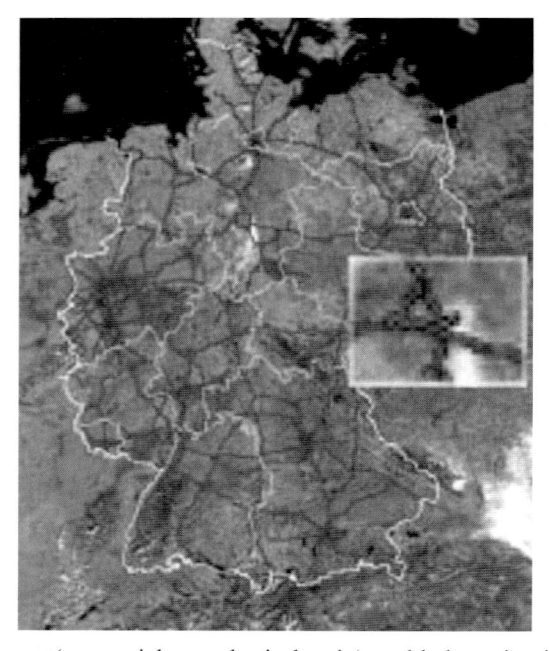

Rasterdaten können aber auch eine erheblich „intelligentere" Natur erlangen. Wenn es gelingt, den einzelnen Zellen nicht nur Werte zuzuordnen, sondern mit diesen Werten auch mathematische Operationen durchzuführen, dann redet man vom Grid. Ein Grid ist eine erheblich höherwertige Datenbasis als der Rasterdatensatz aus einem Scanner oder der eines Bildes. So kann man mit einem Grid zum Beispiel ein so genanntes digitales Geländemodell (DGM) erzeugen. Jeder Zelle ist der Wert der tatsächlichen geodätischen Höhe Z zugeordnet. Damit werden die Berechnung von Hangneigungen, Expositionen und Sichtbarkeitsanalysen ermöglicht.

Die folgenden Bilder zeigen solche realen Modelle eines DGM, wie man sie sich im Rechner abgebildet vorstellen muss. Die Säulen stehen in einem regelmäßigen Raster (muss nicht quadratisch sein) und haben eine jeweils unterschiedliche Länge bzw. Höhe. Diese „Merkmale" sind in einem Grid abgelegt und vom GIS auswertbar.

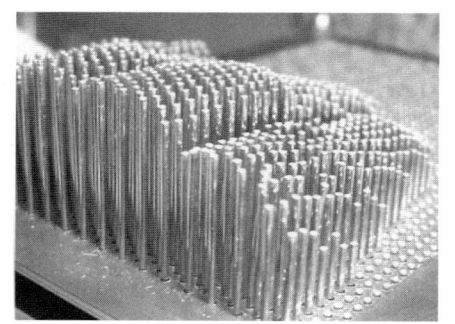

Das Relief (seitlich beleuchtetes DGM, dann nur noch ein Bild) eines Grid-Datensatzes hat dann das nebenstehende Aussehen.

Mit einem Grid lassen sich die vielfältigsten Rechenoperationen durchführen (Hangneigung, Exposition, Sichtbarkeitsanalysen, Volumenberechnungen). In der Regel gehören diese Funktionalitäten nicht zum Standardumfang eines GIS und erfordern entsprechende Ergän-

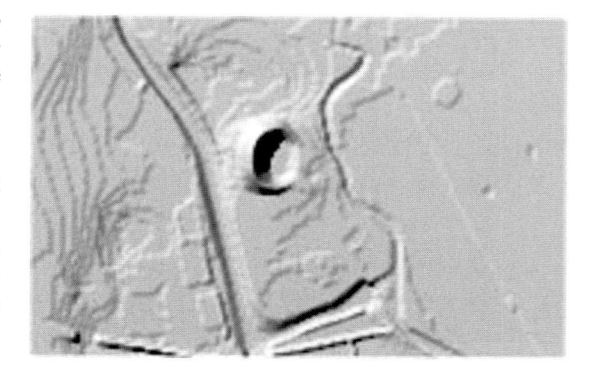

2.2 Raumbezogene Daten

zungen. Nur im Falle eines reinen Raster-GIS kann diese Funktionalität zur Grundausstattung gehören.

2.2.4 Vergleich von Vektor- und Rasterdaten

Vektor- und Rasterdaten haben jeweils ihre spezifischen Vor- und Nachteile. Rasterdaten benötigen viel Speicherplatz. Denn jede einzelne Zelle muss gespeichert werden, egal ob sie wichtige Informationen enthält oder nicht. Es gibt aber Verfahren, mit denen der Speicherplatzbedarf reduziert werden kann. Wird die Zellgröße (bei gleicher Ausdehnung) erhöht, verringert sich der Speicherplatzbedarf. Dafür muss man aber in Kauf nehmen, dass Detailinformationen verlorengehen. Der Vorteil von Rasterdaten liegt in ihrer einfachen Datenstruktur und der mühelosen Verarbeitung von raumbezogenen Daten, die kontinuierlich verteilt sind. Manchmal bestehen die Daten lediglich aus einer Aneinanderreihung von Zahlen in einer ASCII-Datei. Unübersehbarer Vorteil der einfachen Datenstruktur ist die hoch effiziente Datenbearbeitung mit einem Rechner, mit dem bei dieser Datenform zum Beispiel die Berechnungen von Sichtbarkeiten (siehe oben) oder das Erstellen von Digitalen Geländemodellen (siehe vorn) besonders leicht zu realisieren ist. Unter anderem wegen des hohen Entwicklungsstandes bei der Verarbeitung von Satellitendaten kann der Anwender auf umfangreiche Algorithmen für die Bearbeitung von Rasterdaten zurückgreifen.

Schwieriger als mit Rasterdaten ist die Verarbeitung von kontinuierlich verteilten räumlichen Vektordaten. Ihr Vorteil ist jedoch, dass sie weniger Speicherplatz benötigen. Dafür ist aber ihre Datenstruktur komplizierter. Geografische Abfragen sind allerdings leichter durchzuführen. Vektordaten werden gern angewendet, weil ihre Darstellung den herkömmlichen „Karten" viel ähnlicher ist. Außerdem sind Vektordaten für eine Nutzung in bestimmten Modellrechnungen oft vorteilhafter. Die Beschreibung von Objekten ist mit Vektoren erheblich schlüssiger als mit Rasterdaten. Beispielsweise ist ein Haus für eine Berechnung von Luftschadstoffausbreitung oder von Lärmimmissionen in Vektorschreibweise einfacher und besser zu modellieren als in Rasterschreibweise. Dass der Bedarf an Speicherplatz auch noch geringer sein wird, ist heute von eher untergeordneter Bedeutung und sollte die Diskussion um die Modellbildung – und diese ist beim Aufbau von Modelldaten immer zu führen – nicht mehr dominieren.

Vor- und Nachteile von Vektordaten:

- geringer Speicherplatzbedarf
- einfacher Zugriff auf die Objekte (Selektion)
- komplexe Datenstruktur
- komplexe Auswerteprogramme für Analysen von kontinuierlich verteilten räumlichen Daten

Vor- und Nachteile von Rasterdaten:

- einfache Datenstruktur
- Analyse von kontinuierlich räumlich verteilten Daten einfach
- großer Speicherplatzbedarf
- Zugriff auf Objekte schwierig, auf einzelne Rasterzellen jedoch einfach

In der Praxis ist eine freie Auswahl, ob man mit Raster- oder Vektordaten arbeiten will, oft gar nicht möglich, da der gewünschte Datentyp nicht zur Verfügung steht. Man wird deshalb oft mit beiden Datentypen zugleich arbeiten müssen. Hybride Geo-Informationssysteme können Raster- und Vektordaten gleichzeitig bearbeiten. Vektor- und Rasterdaten können auch jeweils in den anderen Datentyp umgewandelt werden. Für die Vektorisierung (Umwandlung von Raster- in Vektordaten) und die Rasterisierung (Umwandlung von Vektor- in Rasterdaten) gibt es Umwandlungsprogramme. Die dabei entstehenden Verluste an Informationen sollten vorher gründlich bedacht werden. Eine „windschiefe" Gerade im Vektorformat ist zum Beispiel nach der Umwandlung eher einer Treppe ähnlich.

2.2.5 Datenqualität und Fehler

Messungen sind nie ohne Fehler. Die Daten für ein Geo-Informationssystem entstehen aus Messungen. Die Qualität der Daten in einem GIS ist somit abhängig von den Fehlern, die sie enthalten. Um die Datenqualität beurteilen zu können, ist es notwendig, mögliche Fehler zu erkennen und ihre Größenordnung möglichst realistisch abzuschätzen. In einigen Fällen ist dies ein schwieriges, manchmal sogar unlösbares Unterfangen. Sie werden in der Praxis manchmal unmöglich zurückverfolgen können, auf welchem Weg eine analoge Karte erstellt worden ist. Damit ist eine Fehleranalyse nicht durchführbar. Ursachen von Fehlern werden ebenfalls oft nicht angegeben, etwa nach welcher Methode Höhenlinien geglättet worden sind oder mit welchen Fehlern die Rohdaten aus den Messungen behaftet waren. Wenn Sie eine solche Karte in ein GIS eingeben, kann die Qualität der Daten nicht eingeschätzt werden – es sei denn, man kennt gängige Fehlerursachen aus der Erfahrung. Das GIS ist in der Lage, die Datenqualität weiter zu beeinflussen sowohl bei der Dateneingabe (Digitalisieren) als auch bei der weiteren Bearbeitung. Mit welchen Fehlern Sie beim Arbeiten mit einem GIS rechnen müssen, wird im Folgenden kurz skizziert. Fehler können entstehen:

- bei der Erfassung (Messung) der Daten
- bei der Eingabe der Daten in das GIS
- bei der Analyse der Daten mit dem GIS
- bei der Ausgabe auf Drucker und Plotter
- bei der Umwandlung in andere Formate
- beim Import aus anderen GIS-Systemen

Viele Fehlermöglichkeiten liegen bei der Erfassung von Daten. Neben defekten oder falsch geeichten Messgeräten sind es hauptsächlich menschliche Unzulänglichkeiten, durch die Fehler entstehen. So werden beispielsweise Messgeräte falsch bedient oder – bei komplizierten Messungen – Zwischenschritte vergessen. In diesen Bereich fallen auch falsch eingestellte Messwertauflösungen oder Interpretationsfehler. Falsche Werte entstehen außerdem bei der Erfassung der Position von Objekten und ihrer Zuordnung zu den Attributen (Sachdaten). Fehler bei der Erfassung von Daten können durch Erstellung von Messplänen verringert, leider aber nicht ganz vermieden werden. Weitere Fehlerquellen liegen im unterschiedlichen Alter von Daten, beispielsweise wenn ihre Erfassung sich über einen längeren Zeitraum (Jahre) hinzieht, in dem sich oft auch die Erfassungsmethoden ändern.

Eingegeben werden die Daten in ein GIS im Allgemeinen über einen Digitalisierer, einen Scanner oder über Dateien. Sind die Geräte fehlerhaft oder werden sie falsch bedient, so entstehen

Lagefehler. Die meisten Fehler entstehen beim Digitalisieren, denn hier ist der menschliche Einfluss am größten und die Notwendigkeit der Konzentration am höchsten. Fehler entstehen durch Ablenkung, fehlende Konzentration oder auch Gleichgültigkeit. Typisch beim Digitalisieren sind Fehler in der Position und in der Form des Objektes, das digitalisiert werden soll. Da werden beispielsweise Polygone nicht geschlossen oder Linien zu lang oder zu kurz digitalisiert. Oft ist beim Digitalisieren auch nicht klar, wo eine bestimmte Linie (z. B. eine Waldgrenze) zu ziehen ist. Es bleibt dann dem Benutzer überlassen, wo er die Grenze festlegt. Er bestimmt damit natürlich einen Fehler. Theoretisch werden solche Unbestimmtheiten mit Hilfe der „Fuzzy-Theorie" behandelt. Zu Fehlern führt auch die Eingabe von Daten aus Karten mit unterschiedlichen Maßstäben. Die Kosten für die Datenerfassung spielen für die Datenqualität eine wesentliche Rolle. Hohe Datendichten lassen sich nur mit großem finanziellen Aufwand erstellen. Geringerer Kosteneinsatz bedingt eine geringere Datendichte. Das führt zwangsläufig zu höheren Fehlerquoten.

Zur Eingabe von Daten kann man auch den Import aus anderen Systemen zählen. Die dafür notwendigen Schnittstellen bergen in sich selbst durch die erforderlichen Algorithmen Ungenauigkeiten der verschiedensten Art.

Die Analyse von Daten in einem GIS bringt viele Fehlerursachen mit sich, die recht umfangreich sein können. Die häufigsten Fehler treten auf:

- durch Kodierung der Datenformate im Rechner (einfache oder doppelte Genauigkeit und damit die Entstehung von Rundungs- und numerischen Fehlern bei der Anwendung von mathematischen Methoden)
- durch Generalisierung und Glättungsmethoden
- bei der Berechnung von Verschneidungen
- durch Interpolationsmethoden
- bei der Umwandlung von Raster- in Vektordaten und umgekehrt

Bei der Datenausgabe entstehen Fehler durch ungenaue oder defekte Ausgabegeräte (Drucker, Plotter). Fehler werden auch verursacht durch das Ausgabemedium (Papier, Folie, Bildschirm), z. B. durch Umwelteinwirkung auf Papier (Verziehen).

2.3 Hard- und Software

2.3.1 Rechner

Geo-Informationssysteme gibt es für alle üblichen Rechner-Plattformen und für unterschiedliche Betriebssysteme. Wegen der Teilung gemeinsamer Ressourcen (Geo-Datenserver) sowie der gemeinsamen Nutzung von Eingabe- und Ausgabegeräten sind Rechner normalerweise in heterogenen Netzwerken (LAN = Local Area Network) zusammengeschaltet. Heterogene Netze bestehen aus unterschiedlichen Rechnertypen und Betriebssystemen. Solche LANs sind auch für Geo-Informationssysteme vorteilhaft, da die verschiedenen Aufgaben eines GIS im Netz verteilt werden können. So kann die GIS-Software z. B. auf einer UNIX-Workstation laufen, die Daten befinden sich aber auf einem anderen Rechner, der über einen großen Plattenspeicher verfügt. Für Geo-Informationssysteme werden Großrechner, Workstations und PCs eingesetzt. Großrechner (Mainframe) sind für Mehrbenutzerbetrieb ausgelegt, aber für Geo-Informationssysteme heute etwas „aus der Mode" gekommen. Die Verteilung der Rechner-Ressourcen auf kleinere und schnelle Einheiten (Workstations, PCs) ist eine üblichere Technik und hat, bezogen auf Rechnerleistung und Unabhängigkeit, Vorteile gegenüber dem Mainframe.

Heutige PCs besitzen genügend Rechnerleistung und sind damit auch für professionelle GIS-Systeme einsetzbar. Gerade die Entwicklung der jüngeren Vergangenheit hat die PCs für GIS-Anwendungen attraktiv gemacht.

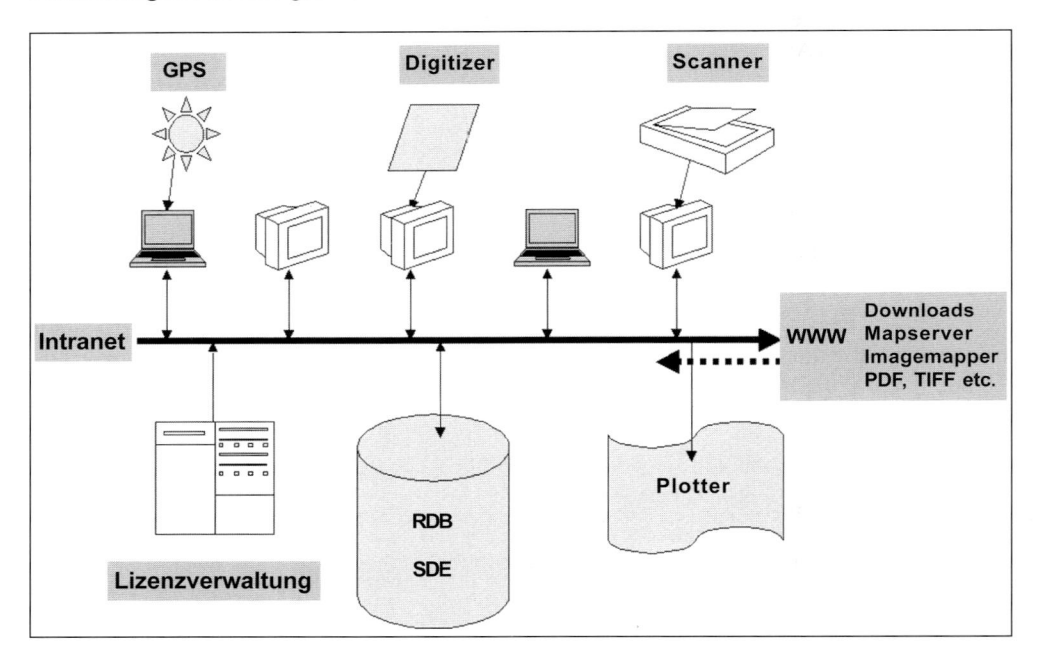

Der gestrichelte Pfeil soll bedeuten, dass zunehmend Daten und auch fertige Karten aus dem Internet mit den GIS in die eigene Arbeit eingebunden werden können.

2.3.2 Software

GIS-Software wird für fast alle üblichen Betriebssysteme angeboten. Windows dürfte das meist benutzte Betriebssystem für PC-GIS sein. LINUX als neueres Betriebssystem ist in der GIS-Welt noch nicht so verbreitet, kann aber sicherlich mit in Betracht gezogen werden.

Neben dem Betriebssystem spielt die verwendete Netzwerksoftware eine große Rolle. Die wichtigsten Netzwerk-Dienste, die benötigt werden, sind „Remote-Login", „Network-File-Service" und die Dienste, die den Zugriff auf die Ein- und Ausgabegeräte erlauben. Der Netzwerk-Dienst „Remote-Login" erlaubt die Anmeldung eines Benutzers auf einer Workstation oder einem Großrechner von jedem Rechner im Netz aus. Ist das GIS auf einer Workstation installiert, kann jeder PC-Benutzer das GIS von seinem Platz aus anwenden. Der „Network-File-Service" erlaubt den Zugriff auf Plattenspeicher von einem beliebigen Rechner im Netz auf

2.3 Hard- und Software

jeden anderen. Ein PC-Desktop-GIS hat damit Zugriff auf eine GIS-Datenbank, die auf einer Workstation liegt. Wichtige Module für Client/Server-Lösungen sind RPC (Remote-Procedure Call) und DDE (Dynamic-Data-Exchange).

Die GIS-Software selbst enthält Module für die Datenein- und -ausgabe, die Datenverwaltung (Datenbank und Datenbank-Management-System) sowie die Bearbeitungs- und Analyse-Werkzeuge. Oft werden für Geo-Informationssysteme Makro-Programmiermodule angeboten, die eine Programmierung und somit eine automatische Steuerung der GIS-Module erlauben. Die GIS-Software-Module, die zur Verfügung gestellt werden, können – je nach GIS – sehr umfangreich sein. Nicht selten haben Geo-Informationssysteme mehr als 1000 Module (Kommandos). Aus dieser großen Anzahl seien hier einige aufgelistet.

Module für die Verwaltung sowie Ein - und Ausgabe von Daten:
- Datenbankverwaltung
- Benutzeroberflächen für die Bedienung des GIS
- Einlesen von Fremdformaten (importieren)
- Digitalisieren und Scannen für die Dateneingabe
- Erstellen von Karten und Layouts
- Ausgabe in Fremdformate (exportieren)
- Import von Fremdformaten
- Nutzung von Mapservern im Internet
- Ausgabe auf Drucker und Plotter (Treiber)
- Präsentation durch Mapserver im Internet

Module zur Bearbeitung und Analyse:
- Logische und geometrische Abfragen (Selektionen)
- Verschneidungen
- Generalisierung und Glättung
- Projektionen und Transformationen
- Interpolationen und digitale Geländemodelle
- Geokodierung
- Bearbeiten von Vektor-, Raster- und Sachdaten
- 3D-Darstellungen

2.3.3 Dateneingabe, -generierung

Die Methoden der Erfassung von raumbezogenen Daten stammen vorwiegend aus dem Vermessungswesen. Typisch sind Tachymetrie, Funk- oder Satelliten-Verfahren (GPS). Informationen von flächenhaften Fotoaufnahmen werden mit Photogrammetrie und Fernerkundung ausgewertet. Photogrammetrische Stereoaufnahmen übernehmen die räumliche Auswertung. Handskizzen und Feldbücher sind ebenfalls wichtige Erfassungsmethoden.

Vektordaten werden in den meisten Fällen aus einer Karte digitalisiert. Typische Datenquellen sind dafür z. B. Karten, Dokumente, Dateien (erstellt aus Aufzeichnungen oder GPS-Messungen) sowie Dateien, deren Einträge Positionen von Punkten, Linien oder Flächen beschreiben. Vektordaten können auch durch Scannen und anschließende Vektorisierung in ein GIS eingegeben werden. Für die Vektorisierung gibt es halbautomatische Software, die interaktiv die Umwandlung der Raster- in die Vektorinformation vornimmt. Mathematische Modelle aus Geologie, Biologie, Hydrologie oder anderen Wissenschaften können innerhalb kurzer Zeit große Mengen von raumbezogenen Daten zur Verfügung stellen. Diese Daten werden direkt oder über Dateien zwischen den Modellen und dem GIS ausgetauscht.

Mit Hilfe eines Scanners werden Rasterdaten erstellt und in das GIS eingegeben. Rasterdaten entstehen aus Luftbildern, Satellitendaten oder Scanner-Befliegungen (Laser-Befliegungen). Sie können auch aus Vektordaten durch Rasterisierung erzeugt werden. Dies ist z. B. dann nötig, wenn Daten nur in Vektorform vorliegen und für eine Analyse die Rasterform benötigt wird.

Rasterdaten können aber auch aus Modellrechnungen erzeugt werden. So ist es ein übliches Verfahren, Lärmimmissionen aus einer Modellrechnung zu gewinnen und als gleichmäßiges Raster mit einer Zellgröße von z. B. 10 x 10 Metern als Grid abzulegen. Gleiches wird bei der Erzeugung von digitalen Geländemodellen (DGM) angewendet. In jüngerer Zeit wird auch die Berechnung der Luftschadstoffausbreitung mit dieser Methode behandelt.

Durch geeignete Verfahren können aus diesen Grids wiederum Vektordaten generiert werden. Zum Beispiel werden aus dem DGM auf diese Weise Höhenlinien (Iso-Linien) erzeugt.

Sachdaten (Attribute) für Objekte können mit Editoren, Text- oder Tabellenkalkulations-Programmen zusammengestellt und in das GIS eingegeben werden. Sie werden den Vektor- bzw. Rasterdaten als Beschreibung angehängt. Natürlich können die vorhandenen Sachdaten auch genutzt werden, um neue Informationen daraus zu berechnen. Die GIS-eigenen Datenbanken lassen diese Möglichkeit zu. Neue Einsichten werden durch die Darstellung im GIS gewonnen.

Eingegebene Daten sollten zum Zwecke der Qualitätssicherung überprüft werden. Das geht am einfachsten durch Ausgabe und Vergleich mit den Quelldaten, wenn es um die Kontrolle der Geometrie geht. Für die Wartung und Modifizierung der GIS-Daten stellt ein GIS eine Reihe von Werkzeugen zur Verfügung. So können mit einem Grafik-Editor z. B. Korrekturen an der Lage von Objekten durch Verschieben oder Drehen vorgenommen werden. Objekte können gelöscht oder hinzugefügt werden. Projektionen und Transformationen passen die Koordinaten an ein neues Bezugssystem an.

2.3.4 Datenausgabe

Die Datenausgabe in einem GIS ist die Darstellung von raumbezogenen Daten in Form von Karten, Diagrammen und Tabellen auf Bildschirm (auch im Internet), Papier oder in elektronischer Form (Multimedia). Für Kartenausgabe und Präsentation hat ein GIS Präsentationsmodule, die neben den üblichen Zeichenfunktionen auch verschiedenste Legenden, Maßstäbe, Nordpfeile, Koordinatengitter und andere typische Kartenelemente erstellen können.

Ausgegeben werden Präsentationen und Karten-Layouts auf großformatigem Papier mit Tintenstrahl- oder Elektrostatic-Plotter. Sie sind zwar sehr teuer, eignen sich jedoch gut für die Ausgabe von flächenhaften Daten, also auch Rasterdaten. Ein Kompromiss bezüglich Qualität und Preis sind Tintenstrahl-Drucker. Es gibt sie in wachsendem Maße für große Papierformate. Sie werden, vor allem wegen des günstigen Anschaffungspreises, oft eingesetzt. Für kleinere

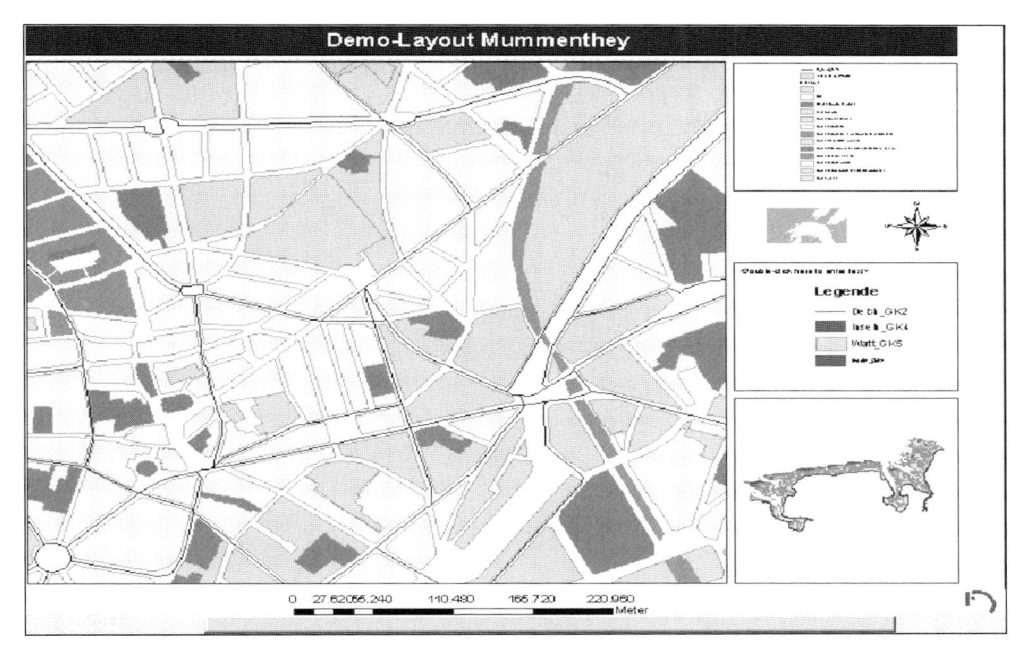

Papierformate werden Laser- oder Tintenstrahldrucker verwendet. Die teureren Laserdrucker liefern eine bessere Ausgabequalität für die Schwarzweiß- und neuerdings auch für die Farbausgabe. Wegen des hohen Preises sind Farblaserdrucker jedoch nur selten im Einsatz. Hier werden meistens noch die günstigeren Tintenstrahldrucker verwendet.

Bei der Ausgabe oder Präsentation von GIS-Daten wird das Internet zunehmend wichtiger. Dieses schnelle und immer leichter auch aktuell zu haltende Medium ist gut geeignet, Geo-Daten zu präsentieren. Es existieren inzwischen Software-Lösungen, die interaktive Karten auf dem Client, also beim Kunden, ermöglichen. GIS im oder mit dem Internet rückt somit immer mehr ins Blickfeld. Diese zukunftsweisenden Möglichkeiten können im vorliegenden Buch nicht weiter vertieft werden, müssen aber wegen ihrer wachsenden Bedeutung erwähnt werden – Stichwort: „map-on-demand".

2.4 Beispiele für Bearbeitungs- und Analysewerkzeuge

Neben der Dateneingabe, Datenverwaltung und Präsentation (Ausgabe) ist die Bearbeitung und Auswertung (Analyse) der GIS-Daten ein wesentlicher Punkt. So kann beispielsweise der Abstand zwischen zwei Objekten gemessen werden. Die Berechnung der Flächengröße oder des Umfangs eines Grundstückes ist ebenso möglich, wie die Berechnung von Volumen bei digitalen Höhenmodellen (Geländemodell).

Die Selektion von Objekten kann sowohl nach geometrischen Gesichtspunkten als auch nach Kriterien vorgenommen werden, die sich auf die Sachdaten beziehen. Mit den Sachdaten sind statistische Berechnungen wie Mittelwerte, Standardabweichungen, Histogramme, Korrelationen oder Regressionen möglich.

Soll der Einfluss eines Objekts auf andere Objekte in seiner Umgebung (Puffer) ermittelt werden, stehen dafür Puffergenerierungs-Werkzeuge zur Verfügung. Eine typische Fragestellung in diesem Thema ist z. B.: „Wieviele und welche Objekte (z. B. Häuser) liegen in einem Streifen (z. B. Breite 100 m) links und rechts an einer Straße?"

Für Netze (Leitungsnetze der Versorgungsbetriebe, Straßennetze...) kann nach der kürzesten Verbindung oder etwa nach einem nächsten Abzweig gefragt werden.

Verschneidung (Flächenverschneidung) ist die geometrische Überlagerung von Flächen mit Flächen, Flächen mit Linien oder Flächen mit Punkten. Flächenverschneidung ist eine GIS-Grundfunktion und wurde aus Fragestellungen entwickelt, wie beispielsweise: „Welche und wie viele Punkte (z. B. Supermärkte) liegen in einer Fläche (z. B. Ortsteil)?"

Die Interpolation von raumbezogenen Daten berechnet für beliebige Punkte, die meistens auf einem regelmäßig verteilten Gitter liegen, Zwischenwerte aus Punkten in der Nachbarschaft. Auf diese Weise können beispielsweise mit einem digitalen Höhenmodell, das durch Höhenlinien beschrieben wird, Werte für die Punkte, die zwischen den Höhenlinien liegen, berechnet werden. Berechnet werden können auch Geländeneigung, Höhenlinien, Volumen (Massen) oder Sichtbarkeit (Welche Punkte sind von einem Standpunkt aus zu sehen?).

Bei Rasterdaten können die Werte einzelner Zellen mit Hilfe eines Editors verändert werden. Rasterzellen lassen sich außerdem aus Zellen, die z. B. in der Nachbarschaft liegen, berechnen (Map-Algebra).

Im Rahmen dieses Buches ist es nicht möglich, alle Bearbeitungs- und Analysewerkzeuge, die die verschiedenen GIS bieten, aufzuzählen oder zu beschreiben. Manche Methoden sind so umfangreich, dass über sie alleine ein Buch geschrieben werden könnte. Die meisten Methoden benötigen zu ihrer Entwicklung Ergebnisse aus mathematischen Forschungen. Dies trifft, um nur einige zu nennen, auf Projektionen, Interpolationsmethoden, aber auch auf Verschneidungen, Abstandsmessungen und Statistiken zu.

Einige ausgesuchte typische Bearbeitungs- und Analysewerkzeuge werden nachfolgend beschrieben. Für tiefergehende Informationen zu diesen Methoden sei auf die umfangreiche Literatur zu diesen Themen verwiesen.

2.4.1 Abfragen

Mit Abfrage-Methoden werden raumbezogene Daten in einem GIS selektiert. Sie erlauben mit Hilfe eines logischen Ausdrucks auf die Sachdaten (Attribute) oder einer geometrischen Be-

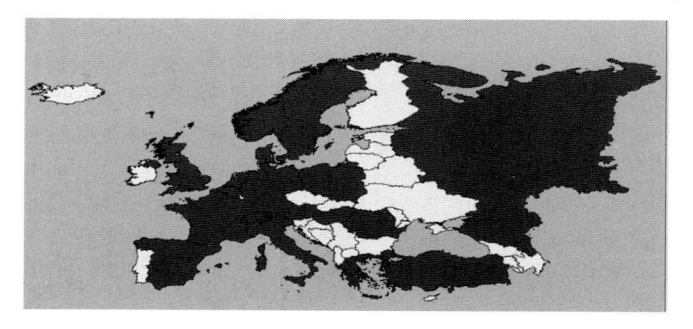

2.4 Beispiele für Bearbeitungs- und Analysewerkzeuge

dingung, Objekte auszuwählen. Diese können dann ausgegeben oder weiter verarbeitet werden. Haben die Sachdaten eines Objekts (in diesem Fall Land) z. B. das Attribut internationale „Tel.-Vorwahl", so erhalten Sie durch den logischen Ausdruck:

Tel.-Vorwahl > 100 (fünfstellig, z. B. 00351)

alle Länder (siehe Abbildung Vorseite) mit einer fünfstelligen Landesvorwahl, die in der Sachdatentabelle vorliegen. Ein logischer Ausdruck ist zusammengesetzt aus Operanten und Operatoren. Die Operanten können Attribute oder auch zusammengesetzte arithmetische Ausdrückesein.Operatoren sind z. B. „kleiner", „größer", „gleich", „AND", „OR" usw.

Mit der geometrischen Bedingung: „Anrainer des Rheins sein" erhält man dann alle Länder durch die der Strom fließt.

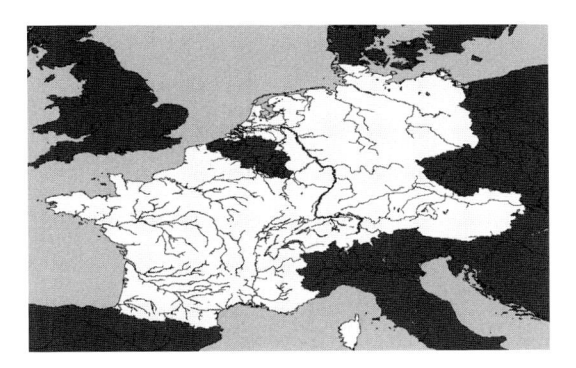

2.4.2 Flächenüberlagerung und -verschneidung

Geometrische Überlagerungen sind neben Abfragen die wichtigsten Werkzeuge zur Untersuchung raumbezogener Daten. Stellen Sie sich eine solche Überlagerung wie das Übereinanderlegen von Karten vor, die auf Folien gezeichnet sind. Zusammenhänge zwischen den Objekten auf den unterschiedlichen Folien werden auf diese Weise schnell deutlich.

Bei einer Verschneidung von Punkt- und Flächenobjekten erkennt man z. B., ob sich bestimmte Bauwerke inner- oder außerhalb einer Stadt (Fläche) befinden.

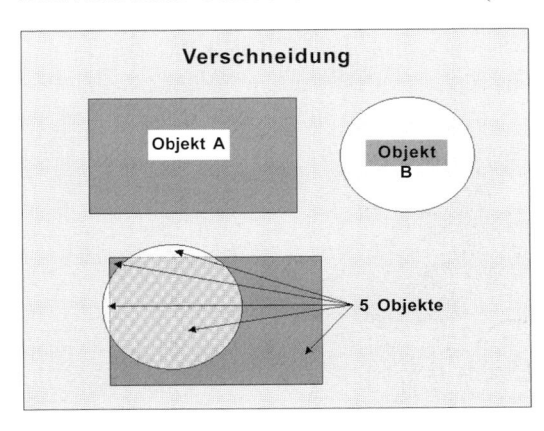

Geometrische Überlagerungen mit einem Rechner durchzuführen, bringt offensichtlich viele Vorteile, vor allem aber eine wesentliche Zeitersparnis gegenüber der „Folienmethode". Sowohl Vektor- als auch Rasterdaten können verschnitten werden.

Bei der Verschneidung von geometrischen Objekten entstehen durch das Schneiden der Objektlinien neue zusätzliche geometrische Objekte. Die Ausgangsgeometrien werden dauerhaft verändert! Verschneiden Sie z. B. ein Rechteck mit einem Kreis, so entstehen neue Verschnittflächen (siehe Abbildung), also neue Objekte mit eigenen Datensätzen und eigenen Attributen. Die Attribute dieser neuen Flächen werden aus den Attributen der Ausgangsflächen zusammengesetzt. Mit Hilfe dieser Attribute können z. B. Abfragen über die Veränderung der Flächenattribute vorgenommen werden.

Verschneidungen sind also nicht als einfaches Überlagern und entsprechendes Darstellen zu verstehen, sondern stellen eine komplexe GIS-Methode dar.

2.4.3 Karten-Projektionen

Um die Erdoberfläche oder einen Teil von ihr auf eine Karte zu zeichnen, müssen Sie die gekrümmte Erdoberfläche (näherungsweise gekrümmtes Schalenelement) auf einer Fläche (Papier, Bildschirm) abbilden. Die Abbildung wird durch eine mathematische Transformation, auch Karten-Projektion genannt, vorgenommen. Transformiert werden auf diese Weise etwa geografische Koordinaten (Grad, Minuten, Sekunden, z. B. vom GPS) in ein rechtwinkliges Koordinatensystem (z. B. Gauß-Krüger).

Es gibt unterschiedliche Projektionen, die für verschiedene Anwendungen benötigt werden. Bei der Projektion können die Eigenschaften von Objekten – wie die Form eines Gebietes, Längen, Flächengrößen oder Winkel – erhalten bleiben oder verändert werden. Für die Projektion einer Karte für nautische Zwecke wird sicher eine Projektion gewählt, die die Winkel erhält, damit z. B. ein Kompass benutzt werden kann.

Arbeitet man im GIS mit Karten, die aus unterschiedlichen Projektionen stammen, so sind

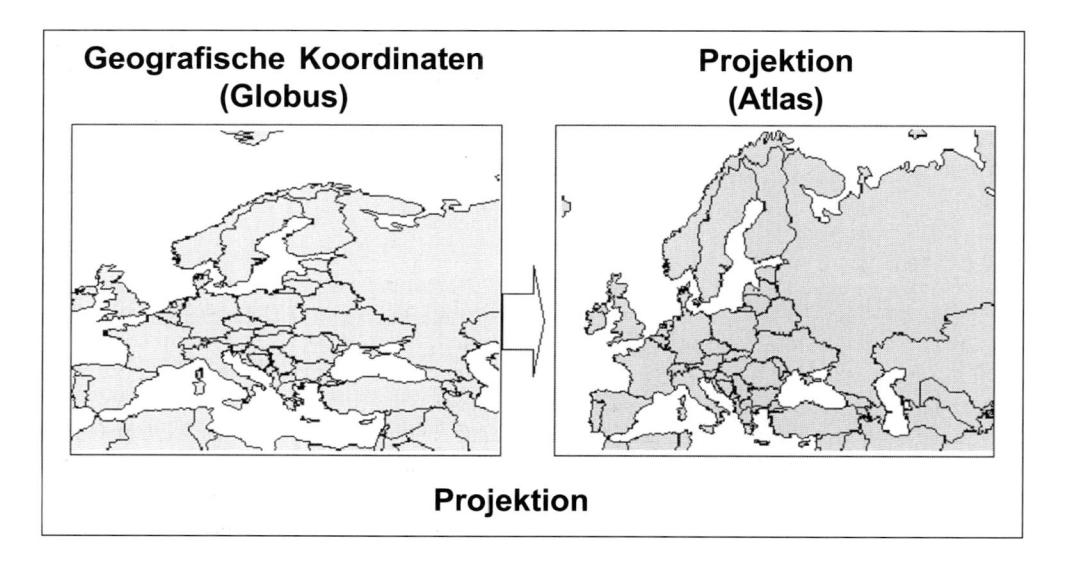

2.4 Beispiele für Bearbeitungs- und Analysewerkzeuge

genaue Kenntnisse darüber wichtig. Ein und dasselbe Gebiet, mit unterschiedlichen Projektionen abgebildet, kann enorme Abweichungen erzeugen. In der Praxis ist es oft schwierig festzustellen, mit welcher Projektion die Daten oder eine Karte erzeugt worden sind. Es fehlt oft gerade diese Angabe, oder die Angabe ist zu global. So unterscheiden sich die Projektionen auch dann noch, wenn nur der Name der Projektion angegeben wird. Die Aussage, dass eine Karte z. B. durch eine Transverse/Mercator-Projektion (Gauß-Krüger) entstanden ist, hat ohne die Abgabe weiterer Parameter (Ellipsoid z. B. Bessel) nicht viel Sinn und führt zu Ungenauigkeiten.

2.4.4 Bearbeitung von Objekten

Objekte, wie Punkte, Linien, Flächen, Symbole und Texte, können im GIS bearbeitet werden. Die Korrekturen werden an den Koordinaten und somit auch an der Form eines Objektes vorgenommen. Neben einem grafischen Editor verfügt ein GIS noch über weitere Werkzeuge zur Bearbeitung seiner Objekte. Einige wichtige von ihnen werden hier kurz vorgestellt. Tatsächlich haben moderne Systeme eine Vielzahl von Werkzeugen, um eine hochwertige Digitalisierung sicherzustellen.

Beim Digitalisieren entstehen oft mehr Punkte, als für die Darstellung oder Auswertung nötig sind. Beim Wechsel von einem großen zu einem kleinen Maßstab (große Maßstabszahlen) reichen weniger Punkte zur Darstellung aus. Ein GIS stellt Werkzeuge zur Verfügung, um eine Ausdünnung des Objekts vorzunehmen. Dabei geben Sie eine Toleranz an, die die zulässige Abweichung begrenzt.

Einige Objekte können bei einer Verkleinerung des Maßstabs zu klein werden und sind daher nicht mehr richtig darstellbar oder erkennbar. Das Entfernen solcher Objekte wird als Generalisierung bezeichnet und kann im GIS mit entsprechenden Werkzeugen vorgenommen werden.

Bestimmte Linien, wie z. B. Höhenlinien, sollten natürlicherweise einen kontinuierlichen (glatten) Verlauf aufweisen. Sie liegen jedoch oft nicht in dieser Weise vor, sondern haben z. B. durch falsche Eingabe an manchen Stellen eine eckige Form. Das Glätten kann mit Splines erfolgen. Splines sind kontinuierliche (glatte) Kurven, die abschnittsweise von Punkt zu Punkt definiert werden. Zum Beispiel kann ein Kurvenstück von einem Punkt A zu einem Punkt B durch ein Polygon dritten Grades ersetzt werden. Alle Polygone werden so berechnet, dass die Übergangsbereiche an den Punkten kontinuierlich bleiben und damit die gesamte Kurve glatt erscheint.

2.4.5 Interpolation

Raumbezogene Daten, die einen Teil der Erdoberfläche (digitales Höhenmodell) oder andere Parameter (z. B. Luftdruck) beschreiben, liegen normalerweise punktförmig in unregelmäßig verteilter Form vor. Durch Messungen bekommt man eine relativ geringe Anzahl (hauptsächlich wegen der Kosten) von unregelmäßig verteilten Werten (XY-Koordinate und Z-Wert). Für eine kontinuierliche Darstellung müssen Zwischenwerte auf einem mehr oder weniger dichten Gitternetz berechnet werden. Die Berechnung der Zwischenwerte erfolgt meistens mit Werten, die in der Nachbarschaft des zu interpolierenden Wertes liegen. Dafür stehen verschiedene Interpolationsmethoden zur Verfügung. Ein einfaches Verfahren ist z. B. die Berechnung des

Mittelwertes aus umliegenden Werten. Ebenfalls möglich ist die Wahl des Wertes, der dem zu interpolierenden Wert am nächsten liegt. Die Wahl der Interpolationsmethode hängt stark von der jeweiligen Anwendung ab. Dabei spielen die Variation und Verteilung der „Z-Werte" eine wesentliche Rolle.

Eine andere übliche Methode ist die Berechnung des Wertes, der interpoliert werden soll, aus Werten, die in einer fest definierten Umgebung liegen. Diese Umgebung wird z. B. durch einen Abstandskreis festgelegt. Der zu interpolierende Wert wird mit allen Werten, die sich im Abstandskreis befinden, als Mittelwert berechnet. Dabei erhalten die Werte eine Gewich-tung, so dass der Einfluss von weiter entfernten Punkten weniger und von näher liegenden höher in die Mittelwertbildung eingeht.

Eine weitere Methode konstruiert aus den unregelmäßig verteilten Werten ein Dreiecksnetzwerk (Triangulation). Der interpolierte Wert liegt auf der Oberfläche eines Dreiecks und kann damit berechnet werden. Die Dreiecke können z. B. so konstruiert werden, dass alle Winkel so nahe wie möglich 60 Grad betragen (gleichseitige Dreiecke). Die Interpolation ist um so genauer, desto besser diese Bedingung erfüllt werden kann. Die Entwicklung von Interpolationsmethoden ist ein komplexes Thema und Gegenstand moderner Forschung.

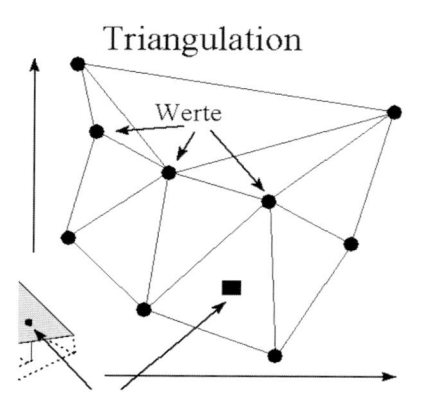

2.5 GIS im Internet

Mit wachsender Verbreitung und Bedeutung des Internets ist auch für das GIS die Anwendung in diesem weltweiten Netz interessant geworden. Nicht nur, dass Daten aus dem Internet gewonnen werden können (und natürlich auch angeboten werden), es ist auch möglich geworden, auf der Ebene des „www" zusammenzuarbeiten. Realisiert worden sind Browser-basierte GIS-Arbeitsplätze, die als reine Viewer das Betrachten von Themenkarten ermöglichen. Der Anwender benötigt keine GIS-Software und auch keine aufwendige Ausbildung. Lediglich den Umgang mit einem Internetbrowser muss er beherrschen, und eine Vorstellung vom Navigieren auf einer Karte sollten vorhanden sein.

So ist es z. B. mit dieser Art der Kartenpräsentation möglich geworden, dass Karten aus dem Bereich der öffentlichen Verwaltung (Verordnungskarten) den davon betroffenen Bürgern via Internet zugänglich gemacht werden. Die entsprechende Karte liegt für ein komplettes Bundesland vor und kann gleichzeitig von einer Vielzahl von Interessenten betrachtet werden, die sich zuvor den für sie wichtigen Ausschnitt eingestellt haben.

Diese Technologie versetzt Behörden, Ministerien und sonstige Verwaltungen der öffentlichen Hand in die Lage, ihrer Informationspflicht über umweltrelevante Sachverhalte nach der neuesten EU-Umweltinformationsrichtlinie auch in Kartenform nachzukommen. Dies geschieht schnell, umfassend und mit einer hohen Aktualisierungsgeschwindigkeit bei geringem personellem Aufwand.

Höherwertige Aufgaben wie Digitalisieren lassen sich inzwischen ebenfalls über das Internet/Intranet abwickeln. Für ausgewählte Arbeitsplätze oder Bearbeitungszustände lassen sich derartige Funktionen an den reinen „Browserarbeitsplatz" über das Netz bringen. Die durchgeführten Arbeiten kommen als Entwurf zurück und können am vollwertigen GIS-Arbeitsplatz nach entsprechender Beurteilung in den Ur-Datenbestand eingearbeitet werden. Im Bereich des Flächenmanagements in der Landwirtschaft soll z. B. ein solches System für die Landwirte eingeführt werden. Sie werden am heimischen PC z. B. über ihre Flächenstilllegungen nachdenken, entscheiden und neue Informationen über ihre Schläge und deren Lage (Koordinaten) an die betreffenden Stellen via Internet melden.

In diesen Themenkomplex fällt auch die sich immer weiter verbreitende Möglichkeit, komplette Karten von so genannten Mapservern aus dem Internet in die eigene Arbeit im GIS zu integrieren. Das GIS auf dem eigenen PC ist nicht mehr allein auf Daten im direkten Zugriff (Festplatte, LAN etc.) angewiesen, vielmehr kann es auf fertige Katen irgendwo im Internet zugreifen und in die momentane Anwendung einbauen. Die Daten der „geholten" Karte werden dabei nicht transferiert, der Anwender bekommt nur ein Bild der Daten.

Die rasante Entwicklung in diesem Themenfeld geht über die Zielsetzung dieses Buches hinaus. Auf weiterführende Ausführungen darüber muss daher an dieser Stelle verzichtet werden.

2.6 GIS und Navigationssysteme, GPS, e-commerce...

Auch diese modernen Felder der Kommunikationstechnik greifen letztendlich auf GIS-Datenbestände zurück. Je nach Verwendung wird durch das GIS die Basis für unterschiedlichste Anwendungen geschaffen. Eine der bekanntesten Anwendungen sind die Navigationssysteme in Fahrzeugen. Durch GIS-Daten werden dem Fahrzeug Bezugsdaten und Karte geliefert, die aktuelle Position über das GPS (Global Positioning System). Die Position wird in die Karte eingeblendet, und der Nutzer kann seinen Standort identifizieren und sich gegebenenfalls führen lassen.

In der Vermessung kann das GPS zudem als Datenlieferant dienen. Wie mit einem übergroßen Digitizer kann mit einen GPS im Rucksack digitalisiert werden. Dies ist eine der modernen Möglichkeiten für die Kartierung von z. B. Biotopen. Je nach Anspruch und Ausstattung kann damit heute im Millimeterbereich vermessen werden. Höhere Genauigkeiten erfordern aber eine Mehrfachmessung und die eigentliche Ortsbestimmung in einem nachgeschalteten Berechnungsgang (Postprocessing).

Im Zeitalter des Mobilfunks kommen weitere Möglichkeiten hinzu. Erste Prototypen erlauben per Mobiltelefon eine Ortsbestimmung über LBS (Location Based Service) oder die erfolgreiche Suche nach einem Hotel oder einer Tankstelle in der Nähe des eigenen Standortes. Auch die Vorbereitung der Mobilfunknutzung ist ohne GIS nicht denkbar. Die optimale Positionierung der notwendigen Antennen erfolgt über Sichtbarkeitsanalysen in einem Geografischen Informationssystem.

Erst durch Internet möglich geworden ist der so genannte e-commerce und das e-gouvernment. Auch in Vorgängen aus dem Bereich des Handels und des Verwaltens kommen die Fragen nach dem „Wo?" auf. Immer dann sind GIS-Daten nötig. Beispielsweise kann es für eine Fast-Food-Kette wichtig sein zu wissen, wo die Wohngebiete der Schulkinder, wo ihre Schulen sind und wo ihr Schulweg verläuft. Oder eine Bank will Informationen über die räumliche Kaufkraftverteilung in einer Stadt haben. Ähnliche Fragen stellen sich auch im Bereich der Verwaltung. Wie groß ist der Schulbezirk oder der Wahlbezirk? Wo müssen die Haltestellen optimal angelegt werden, damit sie der Bürger wegen der kurzen Wege auch annimmt?

Natürlich wird auch schon darüber nachgedacht, die wertvollen GIS-Daten selbst über das Internet zu vermarkten. Der Kunde wählt am heimischen PC den Kartenausschnitt aus, legt den Inhalt (Daten, Layer etc.) selber fest und bezahlt z. B. per Kreditkarte vor dem Download. In diesem Falle wird vorausgesetzt, dass der Kunde über eine entsprechende Darstellungssoftware verfügt.

An dieser Stelle soll dann auch erwähnt werden, dass es in der Zwischenzeit kostenfreie Software gibt, die das Betrachten dieser Daten erlaubt. In der Regel lassen sich solche Softwarepakete im Internet auffinden und problemlos installieren. Oft sind dafür bestimmte Voraussetzungen auf dem heimischen PC zu erfüllen, die aber in der heutigen Zeit kein Hindernis darstellen.

3 ArcCatalog-Grundlagen

3.1 Einleitung

Dieses Kapitel ist eine Einführung in ArcCatalog. Die grundlegenden Funktionen und Eigenschaften von ArcCatalog werden im Folgenden erläutert. Integrierte Geoverarbeitungsfunktionen, wie z. B. das Anpassen der Benutzeroberfläche, das Exportieren von Datenformaten, das Arbeiten mit und Erzeugen von Geodatabases sowie das Zuweisen von Projektionen werden jeweils in eigenen Kapiteln ausführlich beschrieben.

ArcView besteht aus den zwei Software-Anwendungen ArcCatalog und ArcMap. Während ArcMap mehr der Analyse und Präsentation (Karten) von raumbezogenen Daten dient, ist ArcCatalog ein Programm, um raumbezogene Daten zu betrachten und zu verwalten. Mit der integrierten ArcToolbox lassen sich in ArcCatalog auch Geoverarbeitungsfunktionen durchführen. ArcCatalog lässt sich mit dem Explorer von Windows vergleichen, ist jedoch speziell für die Betrachtung und Verwaltung raumbezogener Daten ausgelegt. Schon in der Verzeichnisstruktur kann der Datentyp erkannt werden. Spezielle Symbole, z. B. für Verzeichnisse, die raumbezogene Daten enthalten, für ArcInfo-Coverages, Shapefiles und Rasterdaten, lassen schon in ArcCatalog erkennen, um welchen Datentyp es sich handelt. Im Datenfenster lässt sich zwischen der Geometrie, den Sachdaten und der Beschreibung (Metadaten) hin- und herschalten. Auf diese Weise sind die für eine Anwendung benötigten Daten schnell zu finden. Von ArcCatalog können die gefundenen Daten dann leicht (z. B. über Drag & Drop) zur weiteren Auswertung an ArcMap weitergegeben werden.

Im weiteren Verlauf dieses Kapitels werden zunächst mit Hilfe eines Einführungsbeispiels die grundlegenden Funktionen von ArcCatalog aufgezeigt. Danach wird die Benutzeroberfläche (die Katalogstruktur, das Datenfenster, die Menüs, die Werkzeugleisten und die Kontextmenüs) in einer Übersicht erläutert. Zuletzt erhalten Sie Informationen zu allgemeinen Einstellungen und Hinweise zur Online-Hilfe von ArcCatalog.

ArcCatalog hat folgende Funktionen:

- Einbindung eigener Verzeichnisse (Ordner) und damit das Erzeugen einer eigenen Verzeichnisumgebung
- einfaches Betrachten und Suchen (auch nach geometrischen Kriterien) der Geometrie und Sachdaten. Dazu stehen umfangreiche Werkzeuge (Zoom, Verschieben usw.) zur Verfügung
- Metadatenverwaltung von raumbezogenen Daten (Erzeugen und Durchsuchen)

- Anbindung an Datenbanken (z. B. SDE, Access...)
- Anbindung von ArcCatalog an das Internet (GIS-Server)
- Zuweisung von Projektionen
- Zuweisen von Adressen zu Koordinaten (Geokodierung)
- Erzeugen, Löschen, Kopieren und Umbenennen von raumbezogenen Datentypen (z. B. Shapefiles, Layer, Tabellen, Geodatabases usw.)
- Exportieren raumbezogener Daten (z. B. Umwandeln von Shapefiles in Geodatabase Feature-Classes)
- Anpassen der Benutzeroberfläche von ArcCatalog und Erzeugen von Makros (Programmierung in Visual-Basic)
- Starten von ArcMap aus ArcCatalog heraus mit einfachem Datenaustausch und einfache Übergabe der Daten für die Geoverarbeitungswerkzeuge von ArcToolbox (z. B. über Drag & Drop)
- Einladen von Erweiterungen
- Umfangreiche Online-Hilfe

3.2 ArcCatalog-Einführungsbeispiel

ArcCatalog ist in erster Linie eine Art „Betrachter" und „Organisator" für raumbezogene Daten (Dateien, Geometrie, Sachdaten, Metadaten). Es können aber auch neue Datenstrukturen (Shapes, Layer, Geodatabases) angelegt sowie die Eigenschaften der Daten angesehen und verändert werden. Im folgenden Einführungsbeispiel werden folgende Schritte durchgeführt:

- ArcCatalog wird gestartet
- Das Verzeichnis mit den benötigten Daten wird verbunden
- Dateien, Geometrie, Sachdaten werden betrachtet
- Sie erstellen eine neue Geodatabase und fügen Daten hinzu
- ArcCatalog wird beendet

In diesem Abschnitt lernen Sie die wichtigsten Funktionen von ArcCatalog mit Hilfe eines Einführungsbeispiels kennen. Das Beispiel ist einfach gehalten, die Schritte genau beschrieben. Wenn Sie das Beispiel durchgearbeitet und verstanden haben, wissen Sie, wozu Sie ArcCatalog benutzen können.

Für das Einführungsbeispiel benötigen Sie die mit der Software gelieferten Daten. Stellen Sie fest, ob diese auf Ihrem Rechner vorhanden sind. Wenn nicht, müssen sie von den mitgelieferten CDs z. B. in ein Verzeichnis \arcgis\ kopiert werden. Kopieren Sie die Daten aus dem Media Kit „ESRI Data & Maps" in die Unterverzeichnisse:

\arcgis\EsriData_UnitedStates
\arcgis\EsriData_World_Europe_Canada_Mexico

3.2 ArcCatalog-Einführungsbeispiel

3.2.1 ArcCatalog starten

ArcCatalog wird wie jedes andere Windows-Programm von der Windows-Benutzeroberfläche unter „Start" gestartet. Sollte auf Ihrer Desktop-Oberfläche das „ArcCatalog"-Symbol vorhanden sein, so starten Sie ArcCatalog per Doppelklick auf dieses Symbol.

Nach dem Start erscheint die Benutzeroberfläche von ArcCatalog. Sie besteht aus einer Hauptmenüleiste und verschiedenen Werkzeugleisten und ist ähnlich aufgebaut wie der Windows Explorer. Da ArcCatalog für das Betrachten raumbezogener Daten angelegt ist, werden Sie auch nur solche hier sehen. Wollen Sie, dass hier z. B. ein WORD-Dokument (*.doc) angezeigt wird, so können Sie dies im Menü „Werkzeuge" unter „Optionen" gesondert einstellen.

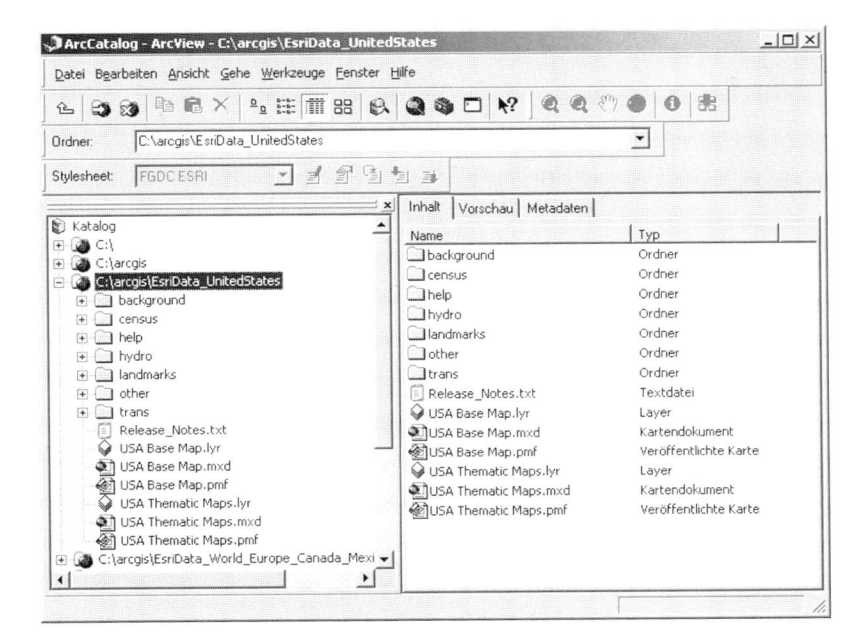

Die Benutzeroberfläche (siehe vorstehende Abbildung) besteht aus einer „Katalogstruktur" (linker Teil) und einem „Datenfenster"(rechter Teil), in dem die Daten (als Dateien, Geometrien, Sachdaten, Metadaten) angezeigt werden.

In der Katalogstruktur ist bei einer Standard-Installation des Programms das Verzeichnis „arcgis" zu sehen. Der Inhalt von „arcgis" wird im Datenfenster (rechts) gezeigt. Darunter müssen die Verzeichnisse „EsriData_UnitedStates", und „EsriData_World_Europe_Canada_Mexico" zu sehen sein.

3.2.2 Ordner verbinden

Da das Verzeichnis „EsriData_World_Europe_Canada_Mexico" im Folgenden häufig benutzt wird, soll es in ArcCatalog fest eingestellt werden. Sie können dazu folgendes Menü oder Werkzeug aus der Standard-Werkzeugleiste benutzen:

ArcCatalog-Hauptmenü:
Datei:
Zum Ordner verbinden

In dem folgenden Dialog wählen Sie das zu verbindende Verzeichnis aus und drücken Sie die Schaltfläche „OK".

Im Verzeichnisbaum (Katalogstruktur) von ArcCatalog erscheint die neue Verbindung und kann ab sofort ausgewählt werden.

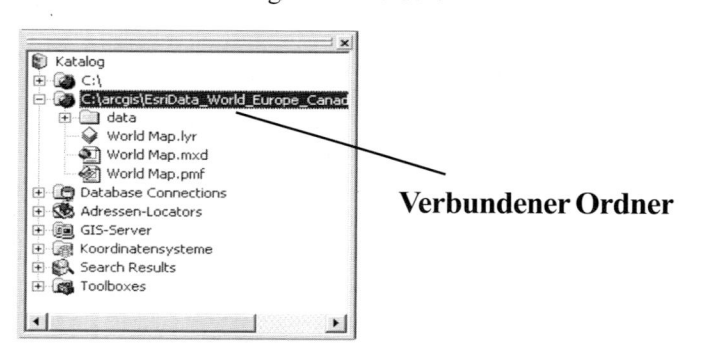

Verbundener Ordner

3.2.3 Daten betrachten

ArcCatalog dient dem Betrachten von raumbezogenen Daten. Für diese können entweder nur die zugehörigen Datentypen, die Geometrie, die Sachdaten oder die zugehörigen Metadaten (Metadaten dokumentieren raumbezogene Daten) angesehen werden. In diesem Abschnitt werden solche Möglichkeiten vorgeführt. Zur Auswahl der verschiedenen Betrachtungsweisen befinden sich im Datenfenster (oben) von ArcCatalog drei Register.

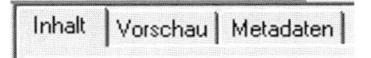

3.2 ArcCatalog-Einführungsbeispiel

Mit dem Register „Inhalt" werden die Datentypen, mit „Vorschau" die Geometrie und Sachdaten und mit „Metadaten" die Metadaten angezeigt.

Datentypen ansehen (Register „Inhalt")

Wählen Sie im Datenfenster das Register „Inhalt" und klicken Sie mit der linken Maustaste auf das im vorigen Abschnitt verbundene Verzeichnis „EsriData_World_Europe_Canada_Mexico". Im Datenfenster erscheinen verschiedene raumbezogene Daten. Dort finden Sie unterschiedliche raumbezogene Datenformate, denen unterschiedliche Symbole zugeordnet sind. Die Bedeutung der wichtigsten Symbole finden Sie in den nachfolgenden Abbildungen. Sie sehen hier z. B. SDC-Daten (orangefarbene Symbole), Rasterdaten, Layer und Coverages. SDC-Daten sind verschlüsselte und stark-komprimierte Geodaten, die nur lesbar sind. Sollen sie bearbeitet werden, müssen Sie sie z. B. in das Shapeformat umwandeln. Diese raumbezogenen Dateitypen haben eine Geometrie, Sach- und Metadaten. Wie Sie sie ansehen können, erfahren Sie in den nächsten Abschnitten. Hier nun der Überblick über die wichtigsten Datenformate:

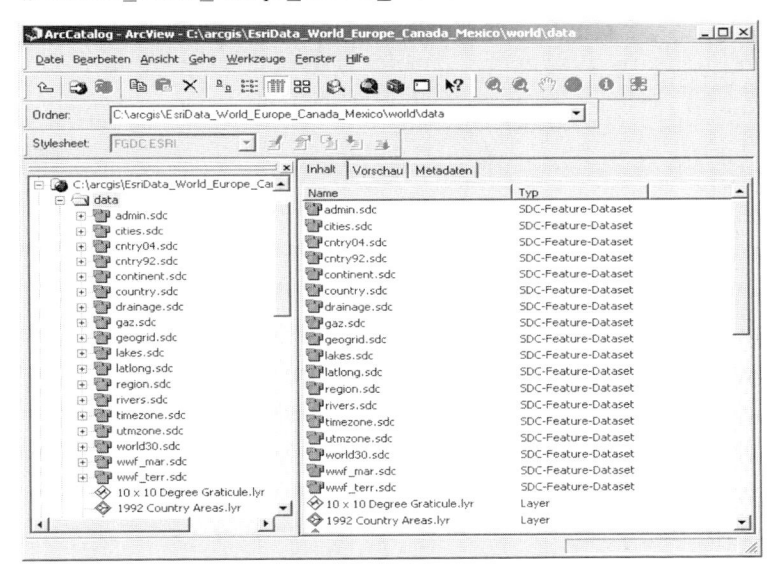

Shapedateien (grüne Symbole)

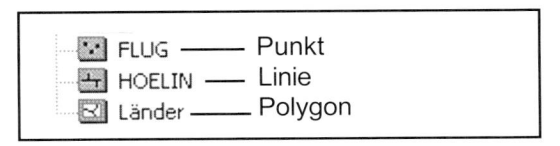

FLUG —— Punkt
HOELIN —— Linie
Länder —— Polygon

ArcInfo-Coverages (gelbe Symbole)

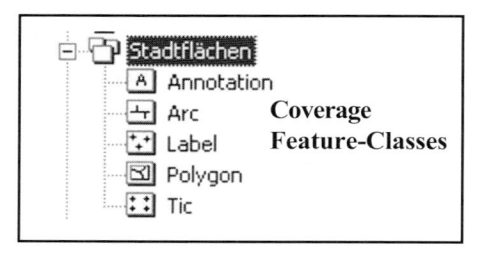

```
Stadtflächen
 ├─ Annotation
 ├─ Arc          Coverage
 ├─ Label        Feature-Classes
 ├─ Polygon
 └─ Tic
```

Personal Geodatabase (graue Symbole)

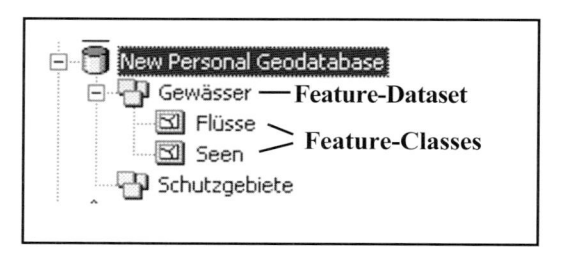

```
New Personal Geodatabase
 ├─ Gewässer ─── Feature-Dataset
 │   ├─ Flüsse  ┐
 │   └─ Seen    ┘ Feature-Classes
 └─ Schutzgebiete
```

Layer (gelbe Symbole)

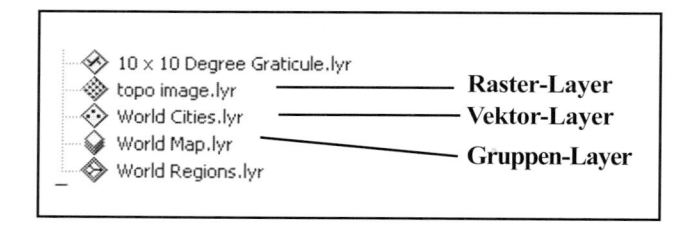

```
10 x 10 Degree Graticule.lyr
topo image.lyr ─────── Raster-Layer
World Cities.lyr ────── Vektor-Layer
World Map.lyr ──────── Gruppen-Layer
World Regions.lyr
```

Weitere Symbole

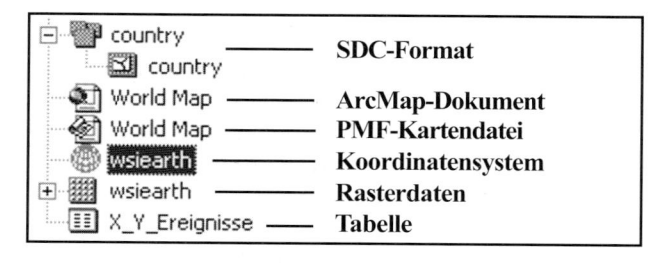

```
country
 └─ country     ─── SDC-Format
World Map       ─── ArcMap-Dokument
World Map       ─── PMF-Kartendatei
wsiearth        ─── Koordinatensystem
wsiearth        ─── Rasterdaten
X_Y_Ereignisse  ─── Tabelle
```

Geometrie ansehen (Register „Vorschau")

Die Geometrie ist ein wesentlicher Bestandteil von raumbezogenen Daten. Dementsprechend gibt es eine große Menge an Werkzeugen, um Sie zu betrachten. Wählen Sie zunächst das Verzeichnis „EsriData_World_Europe _Canada_Mexico\world\data" und dort die Feature-Class „country" aus dem

3.2 ArcCatalog-Einführungsbeispiel

SDC-Dataset „country.sdc" aus. Stellen Sie im Datenfenster das Register „Vorschau" ein. Unten gibt es die Auswahlbox „Vorschau". Diese muss auf „Geographie" eingestellt werden. Im Datenfenster erscheint die Geometrie.

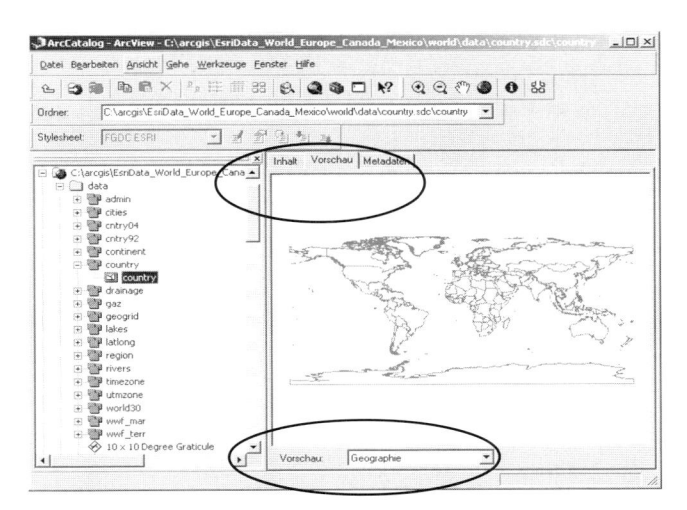

Um die Geometrie genauer betrachten zu können, stehen Werkzeuge (Werkzeugleiste „Geographie") zum Zoomen (Bildausschnitt vergrößern/verkleinern) und zum Verschieben zu Verfügung. Vergrößern und verkleinern Sie den Bildausschnitt mit den entsprechenden Werkzeugen. Benutzen Sie

z. B. das Werkzeug „Vergrößern" (Plus-Zeichen) und ziehen Sie mit festgehaltener linker Maustaste ein Rechteck im Datenfenster auf. Den vollen Bildausschnitt erhalten Sie mit dem Werkzeug „Volle Ausdehnung" (Weltkugel).

Um Rasterdaten anzusehen, klicken Sie mit der linken Maustaste auf ein beliebiges Rasterdataset (z. B. eine Tiff-Datei) in der Katalogstruktur. Das zugehörige Raster wird in das Datenfenster gezeichnet. Die Werte der einzelnen Rasterzellen können mit dem Informationswerkzeug aufgerufen und angezeigt werden. Betätigen Sie das Werkzeug (Geografie-Werkzeugleiste) und klicken Sie mit der linken Maustaste in das Raster im Datenfenster. Der Wert der Rasterzelle wird in einem Fenster angezeigt.

Das Informationswerkzeug kann auch für Vektordaten benutzt werden. Aktivieren Sie wieder die Feature-Class „country" in der Katalogstruktur. Klicken Sie auch hier mit dem Informationswerkzeug auf eine Fläche im Datenfenster. Es werden jetzt die Attribute angezeigt, die dieser Fläche zugeordnet sind.

Sachdaten (Attribute) anzeigen (Register „Vorschau")

Die Geometrie raumbezogener Daten wird durch die Sachdaten (Attribute) beschrieben. Eine Fläche kann eine Liegenschaft sein, die z. B. durch die Attribute Besitzer, Größe usw. beschrieben wird. Eine Linie (Geometrie) stellt z. B. eine Straße dar, die durch die Attribute Art der Straße, Belag, Breite usw. beschrieben wird.

Klicken Sie in der Katalogstruktur (linkes Fenster) auf die Feature-Class „country" (EsriData_World_Europe_Canada_Mexico\world\data) und dann im Datenfenster auf das Register „Vorschau". Unten stellen Sie die Auswahl auf „Tabelle".

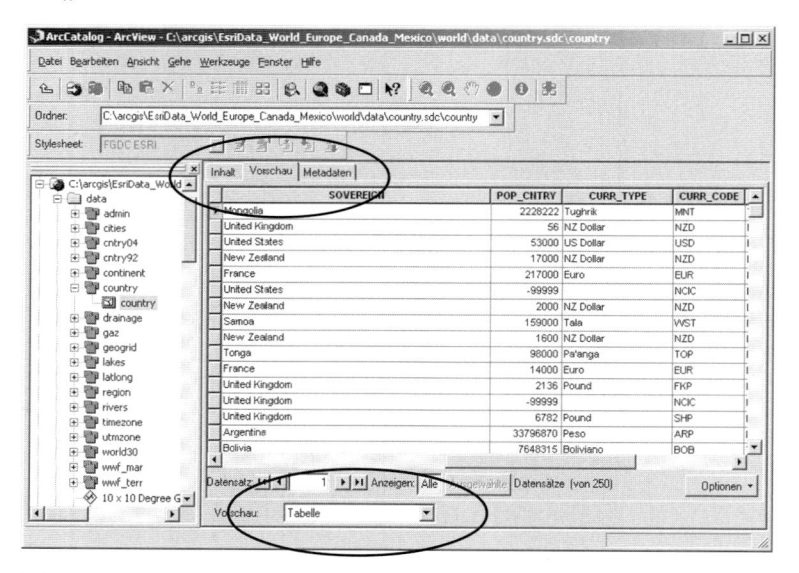

Die Tabelle enthält Attribute (Felder, Spalten) und Datensätze (Zeilen). Jedem Datensatz ist in der Regel eine Geometrie zugeordnet und beschreibt sie. Mit den Pfeilen unten links im Tabellenfenster können die Datensätze durchgeblättert werden. Unter der Schaltfläche „Optionen" (ganz rechts im Datenfenster) gibt es Einträge, um bestimmte Datensätze zu finden, ein neues Attribut (Feld) hinzuzufügen, die Tabelle neu zu laden und/oder sie zu exportieren. Näheres dazu wird in Kapitel 9 „Sachdaten und Tabellen" erläutert.

Metadaten ansehen (Register „Metadaten")

Metadaten dokumentieren die raumbezogenen Daten in ArcView. Um die Metadaten anzusehen, markieren Sie eine entsprechende Datenquelle (z.B. „country") und wählen Sie das Register „Metadaten".

Unter „Stylesheet" in der Werkzeugleiste „Metadaten" kann z. B. der Style „ESRI" (Darstellungsweise der Metadaten) eingestellt sein. Im Datenfenster wird dann die Beschreibung der Feature-Class „country" angezeigt. Die Anzeige ist in die drei Register „Description", „Spatial" und „Attributes" unter-

3.2 ArcCatalog-Einführungsbeispiel

teilt. Im Register „Description" werden die Daten allgemein beschrieben (Zusammenfassung, Schlüsselwörter, Anwendungszweck der Daten, Status...).

Unter dem Register „Spatial" wird der Raumbezug der Daten beschrieben. Sie finden hier Informationen über die Projektionen (Koordinatensystem) und über die räumliche Ausdehnung.

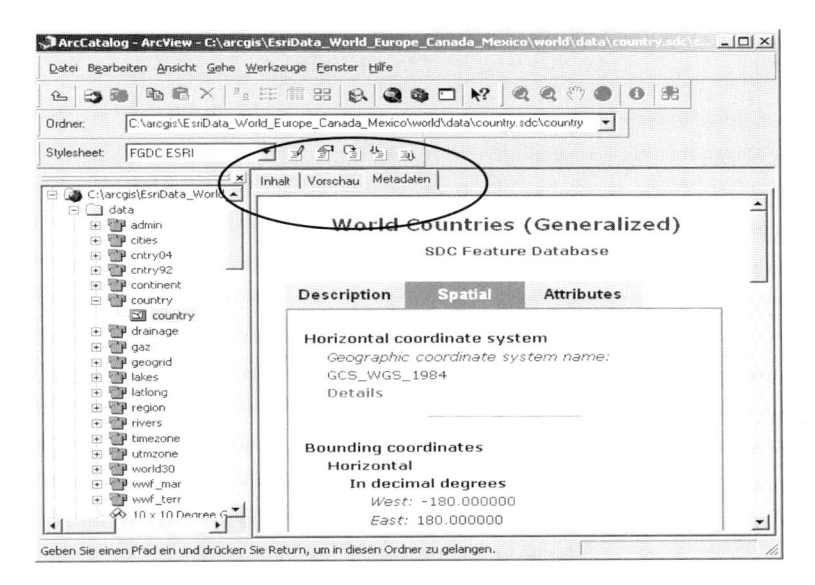

Schließlich werden unter dem Register „Attributes" die Attribute beschrieben. Klicken Sie auf einen grünen Text. Es werden z. B. der Alias und der Datentyp angezeigt.

3.2.4 Personal Geodatabase

Eine Geodatabase ist eine Datenbank, die speziell für das Speichern und Verwalten von raumbezogenen Daten entwickelt wurde. Dieses Datenformat vereinigt alle bisherigen ESRI-Datentypen (Shape, Coverage, Raster, Tabelle) in einer Datenbank.

Die Vorteile einer Geodatabase sind gegenüber einer dateibasierten Datenhaltung neben der zentralen Datenhaltung auch die Möglichkeit der Übernahme von Eingaberegeln (z. B. für Sachdaten, deren Werte nur in einem bestimmten Bereich liegen dürfen) sowie weitere Vorteile (Verwaltung), die relationale Datenbanken haben.

ArcView hat Zugriff auf persönliche Geodatenbanken (Personal Geodatabase) und auf Datenbanken mit ArcSDE. Personal Geodatabases basieren auf Microsoft Jet Engine (Access). Für das Erstellen und zum Im- und Export von Daten einer Personal Geodatabase muss „Microsoft Access" nicht auf Ihrem Rechner installiert sein.

ArcSDE ist eine Schnittstelle, die aus einer relationalen Datenbank (Oracle, Microsoft Server) eine ArcSDE-Enterprise-Geodatabase macht. ArcSDE muss zusätzlich installiert werden. Diese Software ist für die Verarbeitung großer raumbezogener Datenbestände entwickelt worden.

Die Nutzung einer ArcSDE-Geodatabase ist in ArcView eingeschränkt. Wollen Sie alle Bearbeitungsmöglichkeiten nutzen, müssen die Produkte ArcEditor oder ArcInfo installiert werden. Eine persönliche Geodatabase kann jedoch mit ArcCatalog aus ArcView erstellt werden. In diesem Einführungsbeispiel werden Sie eine solche persönliche Datenbank erstellen und raumbezogene Daten einladen. Geodatabases enthalten „Feature-Classes", die in „Feature-Datasets" organisiert sind. Solche „Feature-Datasets" sind ähnlich wie Verzeichnisse, in der Feature-Classes, die gleichen Raumbezug haben, geordnet abgelegt werden können. „Feature-Classes" werden z. B. neu erstellt oder aus Shapes bzw. Coverages in eine Geodatabase importiert. Sehen Sie dazu die nächsten Abschnitte, die das Importieren solcher Datenstrukturen demonstrieren.

Weitergehende Informationen zu Geodatabases finden Sie im Kapitel 18 „Geodatabases" oder im Abschnitt 14.13 (Feature-Class (Geodatabase) erstellen).

Neue leere Geodatabase erstellen

Das Erstellen einer neuen (zunächst noch leeren) Personal Geodatabase ist sehr einfach. Markieren Sie dazu das Verzeichnis, in das die neue Geodatabase eingefügt werden soll (hier z. B. „EsriData_World_Europe_Canada _Mexico\world\data") und betätigen Sie die rechte Maustaste. Wählen Sie den Menüeintrag „Neu" und dann „Personal Geodatabase".

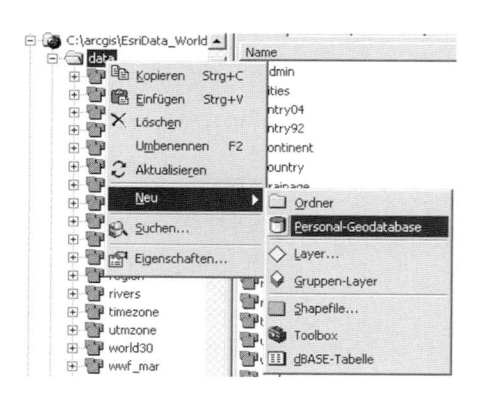

Die neue persönliche Geodatabase wird in das Verzeichnis eingetragen. Sie können sie auch umbenennen.

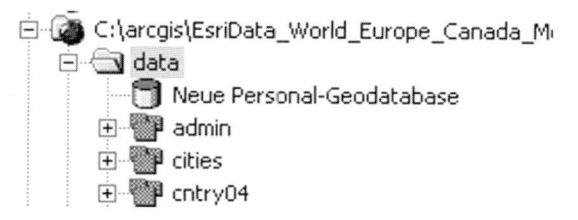

Drücken Sie dazu mit der rechten Maustaste auf „Neue Personal Geodatabase" in der Katalogstruktur und wählen Sie den Eintrag „Umbenennen".

3.2 ArcCatalog-Einführungsbeispiel

Sie haben jetzt eine Geodatabase erstellt, die jedoch noch keine Daten enthält. Im nächsten Abschnitt werden zwei SDC-Datasets in die Personal Geodatabase importiert.

Daten in eine Geodatabase einfügen

Im Folgenden werden in die neu erstellte Geodatabase „Neue Personal Geodatabase" zwei Feature-Classes (Flüsse, Seen) eingeladen.

Die Feature-Class „Flüsse" entsteht aus den SDC-Daten:

„EsriData_World_Europe_Canada_Mexico\world\data\river.sdc".

Die Feature-Class „Seen" entsteht aus den SDC-Daten:

„EsriData_World_Europe_Canada_Mexico\world\data\ lakes.sdc"

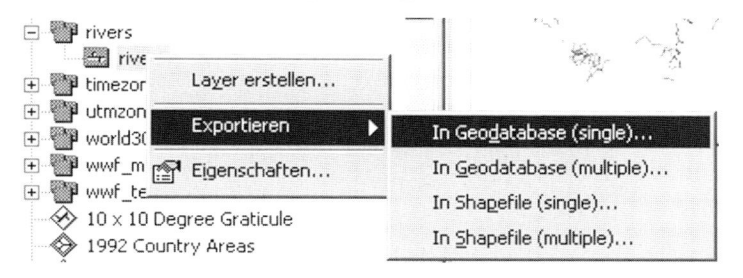

Markieren Sie zunächst in der Katalogstruktur von ArcCatalog den Datensatz „river". Betätigen Sie die rechte Maustaste, wählen Sie den Menüeintrag „Exportieren" und dort „In Geodatabase (single)". Im folgenden Dialog ist die zu exportierende SDC-Feature-Class schon eingetragen (Input Features).

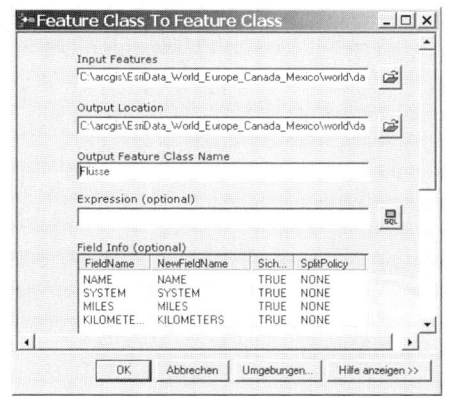

Es müssen jetzt die Geodatabase (Output Location), in die die Daten geladen werden soll, sowie der Name für der Geodatabase-Feature-Class (Output Feature Class Name) angegeben werden (hier: Flüsse). Alle anderen Einstellungen lassen Sie so, wie sie sind. Drücken Sie jetzt „OK". Die Berechnung wird durchgeführt und in einem Fenster angezeigt.

Wiederholen Sie den Vorgang nun mit den Daten „lakes.sdc".

Sie haben jetzt eine neue Geodatabase mit zwei neuen Feature-Classes erzeugt und die Daten „rivers.sdc" und „lakes.sdc" in die Feature-Classes „Flüsse" und „See" eingeladen.

Öffnen Sie in der Katalogstruktur von ArcCatalog die neue Geodatabase. Sie sehen die Feature-Classes „Flüsse" und „Seen".

```
⊟ Neue Personal-Geodatabase
   ⊟ Gewässer
        Flüsse
        Seen
```

3.2.5 ArcCatalog beenden

Sie haben jetzt wichtige Funktionen und Möglichkeiten von ArcCatalog kennen gelernt. ArcCatalog hat noch eine Menge mehr Möglichkeiten, als hier im Einführungsbeispiel gezeigt wurde. Sie sind in diesem Kapitel und auch im Zusammenhang mit ArcMap zu finden.

Sie beenden ArcCatalog mit folgendem Menü oder mit der Schaltfläche (Kreuz) in der oberen rechten Ecke der ArcCatalog-Benutzeroberfläche.

ArcCatalog-Hauptmenü:
Datei:
Beenden

3.3 ArcCatalog-Benutzeroberfläche

3.3.1 Aufbau der Benutzeroberfläche

Die Benutzeroberfläche von ArcCatalog besteht aus einem Hauptmenü, verschiedenen auswählbaren Werkzeugleisten, einer Statuszeile, der „Katalogstruktur" (wie z. B. im Windows Explorer) und dem „Datenfenster".

Das **Hauptmenü** befindet sich als oberste Zeile in der Benutzeroberfläche. Darunter sind die folgenden wichtigsten Werkzeugleisten:

- die **Standard-Werkzeugleiste**, die allgemeine Funktionen enthält (z. B. Verzeichnisse erstellen, kopieren, löschen, Hilfe aufrufen)
- die **Geographie-Werkzeugleiste**, die hauptsächlich Funktionen zur Anzeige der Geometrie enthält (Zoomen, Bildinhalt verschieben, Sachdaten für Objekte anzeigen)
- die **Verzeichnis-Werkzeugleiste**, die durch eine Listbox das Einstellen unterschiedlicher Verzeichnisse erleichtert
- die **Metadaten-Werkzeugleiste**, die der Bearbeitung der Metadaten dient (Metadaten beschreiben raumbezogene Daten)

Zentral in der Benutzeroberfläche (siehe folgende Abbildung) finden Sie links die **Katalogstruktur**, in der Sie wie im Windows Explorer blättern können. Rechts davon befindet sich das **Datenfenster**. Die Register „Inhalt", „Vorschau" und „Metadaten" ermöglichen unterschiedliche Ansichten der Daten, die in der Katalogstruktur markiert wurden.

3.3 ArcCatalog-Benutzeroberfläche 39

Ganz unten in der Benutzeroberfläche befindet sich die **Statuszeile**, in der z. B. Hilfetexte oder Hinweise für Menüs und Werkzeuge angezeigt werden.

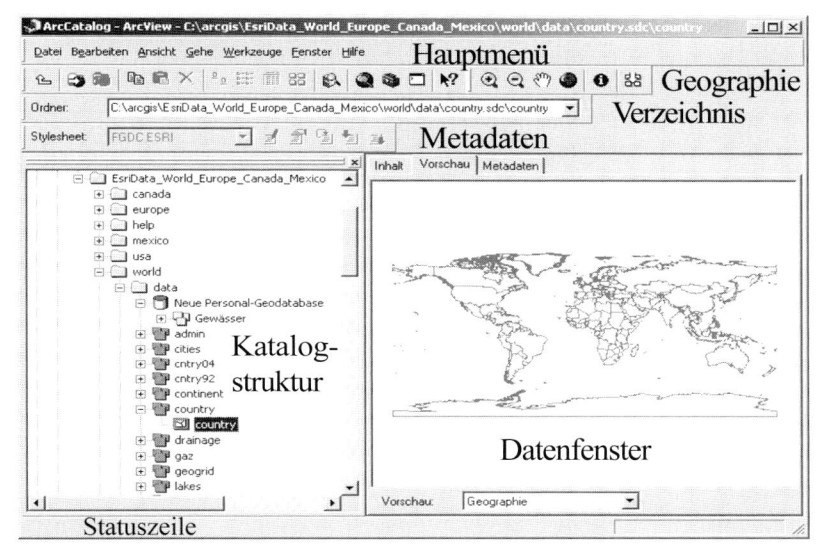

[Abbildung der ArcCatalog-Benutzeroberfläche mit beschrifteten Bereichen: Hauptmenü, Geographie, Verzeichnis, Metadaten, Katalogstruktur, Datenfenster, Statuszeile]

Die Elemente der ArcCatalog-Benutzeroberfläche werden in den folgenden Abschnitten näher erläutert.

3.3.2 Datenfenster

Im Datenfenster werden die in der Katalogstruktur (linkes Fenster) ausgewählten Daten je nach ausgewähltem Register (Inhalt, Vorschau, Metadaten) auf unterschiedliche Weise angezeigt.

Das **Register „Inhalt"** zeigt die Datentypen (Dateinamen) für ein in der Katalogstruktur ausgewähltes Verzeichnis. Je nach ausgewähltem Werkzeug aus der Standard-Werkzeugleiste wird der Inhalt als große Symbole, als Liste, als ausführliche Liste oder als Miniaturansicht dargestellt. Miniaturansichten sind Symbole, die Teile der Geometrie der entsprechenden Daten enthalten und damit einen schnellen Überblick über die enthaltenen Objekte (Geometrie) geben. Miniaturansichten können in ArcCatalog erstellt und verändert werden.

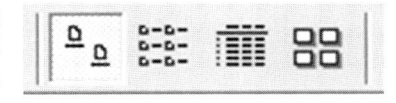

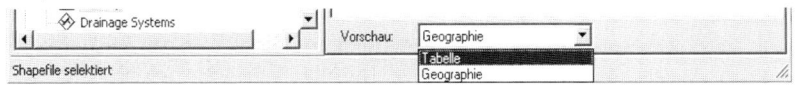

Das **Register „Vorschau"** erlaubt die Anzeige von Geografie und Sachdaten der in der Katalogstruktur ausgewählten Datenquelle (Coverages, Shapefiles...). Umschalten zwischen „Geographie" (Objekte) und „Tabelle" (Sachdaten) können Sie mit der Auswahlbox, die sich im unteren Teil des Datenfensters befindet. Die Einstellung „Tabelle" zeigt die Sachdaten, die Einstellung „Geographie" die Objekte, z. B. für ein Shapefile, an.

Das **Register „Metadaten"** dokumentiert die in der Katalogstruktur ausgewählten Daten. Neben einer allgemeinen Beschreibung der Datenquelle werden z. B. auch das zu Grunde liegende Koordinatensystem (Projektion), die räumliche Ausdehnung der Geometrie oder die Bedeutung der Attribute beschrieben. Die Metadaten werden vom Anwender oder teilweise auch automatisch erstellt. Weitere Informationen zu Metadaten finden Sie im Abschnitt 3.6 in diesem Kapitel.

3.3.3 Katalogstruktur

Aufbau

Die Katalogstruktur von ArcCatalog befindet sich links neben dem Datenfenster in der Benutzeroberfläche. Sie ist ähnlich aufgebaut und funktioniert wie der Windows Explorer. Sie haben damit Zugriff auf alle Daten, die auf Ihrem Rechner liegen. Da ArcCatalog für die Anzeige raumbezogener Daten entwickelt wurde, werden standardmäßig auch nur diese angezeigt. Es werden Ordnerverbindungen, Laufwerke und Verzeichnisse sowie spezielle Service-Verzeichnisse (Datenbank-Verbindungen, Adressen-Locators (Geokodierung), GIS-Server, Koordinatensysteme und Search Results) angezeigt. Verzeichnisse, in denen sich raumbezogene Daten befinden, haben spezielle Symbole. Sie können jedoch auch alle anderen Datentypen (z. B. *.doc) anzeigen lassen. Dazu muss bei den Optionen von ArcCatalog der entsprechende Dateityp eingestellt werden. Benutzen Sie dazu folgendes Menü:

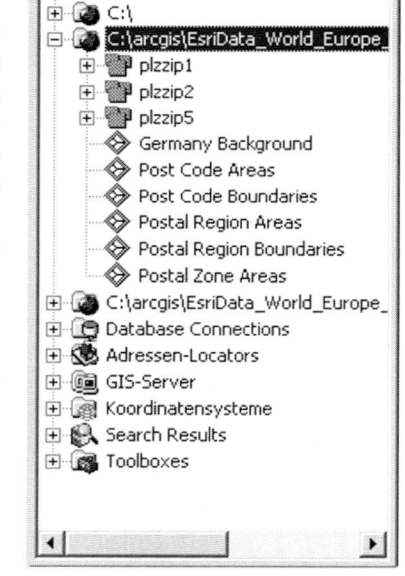

ArcCatalog-Hauptmenü:
Werkzeuge:
Optionen: Dateitypen

Ordnerverbindung

Ordnerverbindungen sind bestimmte Ziele in der Verzeichnisstruktur des Rechners. Häufig genutzte Ziele können damit schnell angesteuert werden. Um einen Ordner mit einem Ziel in der Verzeichnisstruktur zu verbinden, können Sie folgendes Menü oder ein Werkzeug aus der Standard-Werkzeugleiste benutzen:

3.3 ArcCatalog-Benutzeroberfläche

ArcCatalog-Hauptmenü:
Datei:
Zum Ordner verbinden

Wählen Sie ein Ziel aus. Die Verbindung wird in die Katalogstruktur eingetragen und kann dann mit einem Mausklick ausgewählt werden. Um einen Ordner aus der Katalogstruktur zu entfernen, benutzen Sie folgendes Menü oder das Werkzeug aus der Standard-Werkzeugleiste:

ArcCatalog-Hauptmenü:
Datei:
Verbindung zum Ordner lösen

Service-Verzeichnisse

Im unteren Teil der Katalogstruktur befinden sich folgende Service-Verzeichnisse:

- Database Connections (Verbindung zu Datenbanken)
- Adressen-Locators (Geokodierung)
- GIS-Server (Internet)
- Koordinatensysteme (Raumbezug)
- Search Results (Suchergebnisse)
- Toolboxes (Geo-Werkzeuge)

Unter Optionen (Register „Allgemein") im Menü „Werkzeuge" der Hauptmenüleiste können die Service-Verzeichnisse zu- oder abgeschaltet werden. Die Service-Verzeichnisse werden in diesem Abschnitt nachfolgend kurz erläutert.

Das Service-Verzeichnis **„Database Connections"** stellt eine direkte Verbindung zu einer Datenbank her. Klicken Sie in der Katalogstruktur auf **„Database Connections"**, so erscheinen im Datenfenster (Register „Inhalt") zwei Funktionen. Doppelklick auf „Hinzufügen: OLE DB Verbindung" ermöglicht den Zugriff auf unterschiedliche Datenbanken mit OLE-Technik (Object Linking and Embedding Database), wie z. B. Microsoft Jet (Access), Oracle, SQL-Server oder ODBC-Technik (Open Database Communication). Doppelklick auf „Hinzufügen: Verbindung zur Spatial Database" erlaubt den Zugriff auf raumbezogene Datenbanken, wie z. B. auf ArcSDE. ArcSDE ist ein Produkt von ESRI und stellt eine Schnittstelle zu einer relationalen Datenbank (Oracle, SQL-Server) zur Verfügung, die es erlaubt, raumbezogene Daten effektiv zu verwalten und zu bearbeiten.

Das Service-Verzeichnis **„Adressen-Locators"** stellt eine Funktion zur Geokodierung zur Verfügung. Geokodierung ist ein Algorithmus zum Auffinden von Koordinaten (XY oder Längen- und Breitengrade) in einem Straßenthema mit Hilfe von Adressen (Ort, Straßenname, Hausnummer). Dazu muss das Referenzthema (Straßenthema) entsprechend geeignet sein.

Doppelklick auf das Service-Verzeichnis „**GIS-Server**" stellt im Datenfenster von ArcCatalog zwei Funktionen zur Verfügung, die eine Verbindung zu einem ArcIMS-Server oder einem ArcGIS-Server herstellen. ArcIMS / ArcGIS-Server halten im Internet/Intranet raumbezogene Daten und Geo-Funktionen vor (siehe z. B. www.geographynetwork.com).

Das Service-Verzeichnis „**Koordinatensysteme**" erlaubt die Erstellung neuer oder die Verwaltung und Bearbeitung bestehender Projektionen. ArcView stellt viele vordefinierte Projektionen zur Verfügung. Das Unterverzeichnis „Geographic Coordinate Systems" enthält Projektionen, die Längen- und Breitengrade (geografische Koordinaten) eines dreidimensionalen Modells der Erde benutzen. Im Verzeichnis „Projected Coordinate Systems" sind Projektionen, die oft nur einen Teil der gekrümmten dreidimensionalen Erdoberfläche auf einer zweidimensionalen Ebene (Karte) abbilden. Den raumbezogenen Datenquellen (Coverages, Shapefiles, Geodatabases…) können die vorhandenen Projektionen zugeordnet werden. Mit dieser Zuordnung haben die Daten einen eindeutigen Raumbezug (Projektion) und können z. B. in ein anderes Koordinatensystem umprojiziert werden. Projektionen werden ausführlich im Kapitel 19 behandelt.

Im Service-Verzeichnis „**Search Results**" werden die Ergebnisse der Suchfunktion von ArcCatalog abgelegt. Sie starten die Suchfunktion mit folgendem Menü (mit der rechten Maustaste auf ein Verzeichnis klicken):

ArcCatalog-Kontextmenü: Auf ein Verzeichnis
Suchen

Als Suchkriterien können Dateinamen, -typen, Datum, Texte in Metadaten oder auch die geografische Lage angegeben werden. Sie können z. B. in einem Verzeichnis nach Straßen suchen, die in Shapefiles gespeichert sind und in einer bestimmten Region liegen.

3.3.4 Hauptmenüleiste

Die Hauptmenüleiste ist die oberste Leiste in der ArcCatalog-Benutzeroberfläche. Sie enthält die Menüs „Datei", „Bearbeiten", „Ansicht", „Gehe", „Werkzeuge", „Fenster" und „Hilfe". Im Folgenden wird eine Übersicht über die vorhandenen Menüs der Hauptmenüleiste gegeben. Eine genaue Erläuterung der hinter den Menüs steckenden Funktionen wird in den anderen Kapiteln gegeben. Sehen Sie dazu im Index oder im Inhaltsverzeichnis des Buches nach.

Datei-Menü

Das Datei-Menü enthält den Eintrag „Neu" zum Erzeugen zunächst leerer Datenstrukturen (z. B. Ordner, Personal-Geodatabases, Layer, Gruppen-Layer, Shapefiles, Toolbox und dBase-Tabellen). Der Menüeintrag „Neu" enthält diese Einträge nur, wenn in der Katalogstruktur ein Verzeichnis markiert ist. Schon vorhandene Datenstrukturen können mit dem Datei-Menü gelöscht,

3.3 ArcCatalog-Benutzeroberfläche

umbenannt oder es können ihre Eigenschaften angezeigt werden. Markieren Sie dazu zuvor den gewünschten Datensatz in der Katalogstruktur von ArcCatalog. Mit dem Eintrag „Drucken" werden die zugehörigen Metadaten ausgedruckt. Mit dem Eintrag „Beenden" wird ArcCatalog beendet.

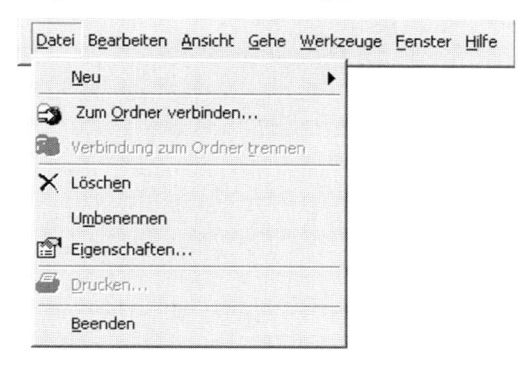

Bearbeiten-Menü

Das Bearbeiten-Menü enthält Einträge zum Kopieren, Einfügen und Suchen von Daten. Markieren Sie zuvor in der Katalogstruktur von ArcCatalog die entsprechenden Daten. Es können alle im ArcCatalog angezeigten Datenstrukturen (z. B. Ordner, Dateien, Shapefiles, Raster, Layer usw.) mit „Kopieren" in der Zwischenablage von Windows abgelegt und an einer anderen Stelle mit „Einfügen" wieder zurückgeholt werden. Das Zurückholen aus der Zwischenablage funktioniert für einzelne Dateien auch mit anderen Windows-Programmen (z. B. Windows Explorer). Der Menüeintrag „Suchen" startet eine Funktion zum Auffinden von raumbezogenen Daten. Dabei kann die Suche auch durch Angabe einer Ortsbeschreibung (z. B. von Koordinaten oder die Suche nur innerhalb Europas) erfolgen.

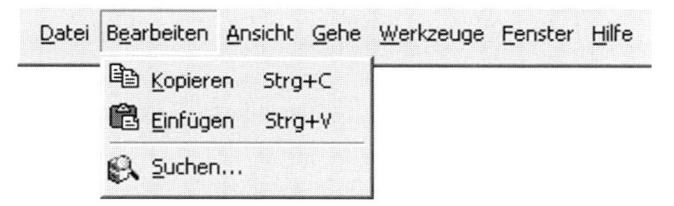

Ansicht-Menü

Mit dem Ansicht-Menü wird das Erscheinungsbild der Benutzeroberfläche im Wesentlichen verändert. Es können alle Werkzeugleisten (Standard, Geographie, Verzeichnis, Metadaten, ArcGIS-Serverobjektverwaltung und Werkzeuge aus ArcView 8.x) ein- bzw. ausgeschaltet werden. Die Statuszeile, die sich ganz unten befindet, lässt sich ebenfalls ausschalten. Die Statuszeile zeigt Informationen und Hilfetexte an. So wird z. B. beim Überfahren eines Menüs oder Werkzeuges mit der Maus in der Statuszeile die Funktion des Steuerelementes kurz erläutert.

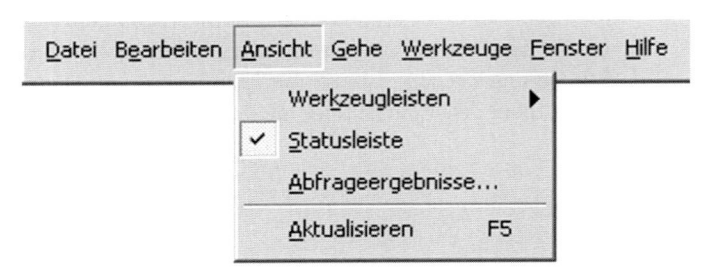

Darüber hinaus lässt sich mit dem Menüeintrag „Abfrageergebnis" ein Fenster zum Anzeigen der Attributwerte öffnen. Dies ist allerdings nur möglich, wenn im Datenfenster unter dem Register „Vorschau" eine Geometrie angezeigt wird.

Der Menüeintrag „Aktualisieren" bringt den Verzeichnisbaum in der Katalogstruktur sowie das Datenfenster von ArcCatalog auf den neusten Stand. Eine Aktualisierung ist z. B. dann notwendig, wenn von einem anderen Programm in der Verzeichnisstruktur etwas verändert (z. B. ein neues Verzeichnis erstellt) wird. Dieses wird in ArcCatalog erst nach einer Aktualisierung angezeigt.

Gehe-Menü

Das Gehe-Menü enthält nur den Eintrag „Eine Ebene aufwärts". Damit können Sie im Verzeichnisbaum eine Ebene nach oben gehen. Da das Menü in

dieser ArcView-Version nur einen Menüeintrag enthält, bietet es sich an, hier weitere Einträge zu installieren. Sehen Sie dazu im Kapitel 23 „Anpassen der Benutzeroberfläche" nach.

Werkzeuge-Menü

Mit den Einträgen im Werkzeuge-Menü kann ArcMap von ArcCatalog aus gestartet und können auch Makros erstellt werden. Dazu lässt sich von hier

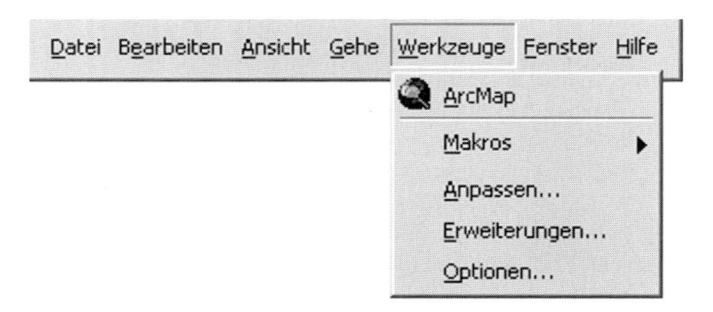

3.3 ArcCatalog-Benutzeroberfläche

aus der Visual Basic Editor starten. Zum Anpassen der Benutzeroberfläche wird der Menüeintrag „Anpassen" und zum Einladen von Erweiterungen der Menüeintrag „Erweiterungen" betätigt. Unter „Optionen" werden allgemeine Einstellungen für den ArcCatalog vorgenommen. Hier können Sie beispielsweise bestimmen, welche Daten und wie diese in ArcCatalog dargestellt werden. Einstellungen zu Metadaten, Rasterdaten und Tabellen sind hier ebenfalls möglich. Weitere Einzelheiten zu den Optionen von ArcCatalog finden Sie weiter hinten in diesem Kapitel.

Fenster-Menü

Im Fenster-Menü wird die Katalogstruktur ein- / ausgeschaltet. Das Ausschalten des Katalog-Inhaltsverzeichnisses empfiehlt sich, wenn das Datenfenster unter dem Register „Vorschau" für die Darstellung der Geometrie besonders groß sein soll.

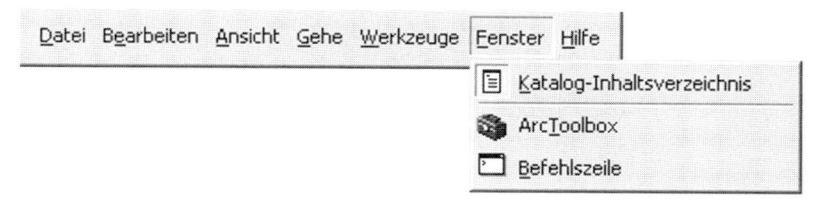

Außerdem können in diesem Menü die ArcToolbox und die Befehlszeile ein-/ausgeschaltet werden. Zur ArcToolbox und zur Befehlszeile finden Sie ausführliche Beschreibungen in Kapitel 14 „Geoverarbeitung".

Hilfe-Menü

Das Hilfe-Menü hat Einträge zum Starten der ArcGIS Desktop Hilfe (Online-Hilfe) und der Kontexthilfe (Direkthilfe). Die ArcGIS Desktop Hilfe beschreibt umfangreich alle Funktionen von ArcGIS (ArcCatalog, ArcMap) und ihre Bedienung. Die Kontexthilfe zeigt Hilfetexte für die Steuerelemente (Menüs, Werkzeugleisten) von ArcCatalog an. Eine genaue Beschreibung der Hilfemöglichkeiten für ArcCatalog finden Sie in Kapitel 5 „Hilfe für ArcGIS-ArcView". Hilfe aus dem Internet bekommen Sie mit den drei Menüeinträgen „ESRI Support Center" zur allgemeinen Unterstützung, „ESRI Training" für Online-Seminare und „ArcGIS Developer" für Entwickler.

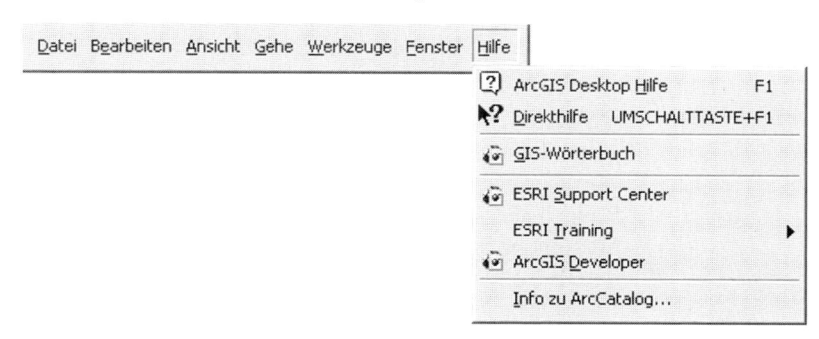

3.3.5 Werkzeugleisten

ArcCatalog hat folgende Werkzeugleisten:

- **Standard**
- **Geographie**
- **Verzeichnis**
- **Metadaten**
- **ArcGIS-Serverobjektverwaltung**
- **ArcView 8x Werkzeuge**

Sie können die einzelnen Werkzeugleisten ein- bzw. ausschalten. Benutzen Sie dazu eines der folgenden Menüs und setzen Sie den entsprechenden Haken für die Werkzeugleiste, die angezeigt werden soll.

ArcCatalog-Hauptmenü
Ansicht:
Werkzeugleisten: Auszuwählende Werkzeugleiste

ArcCatalog-Kontextmenü: Auf eine beliebige Werkzeugleiste
Auszuwählende Werkzeugleiste

Standard-Werkzeugleiste

Die Standard-Werkzeugleiste enthält Werkzeuge für die Darstellung der Datentypen im Datenfenster (Register „Inhalt") und zur Erstellung neuer Ordner-Verbindungen in ArcCatalog. Eine Suchfunktion zum Auffinden raumbezogener Daten und Dateien kann hier gestartet werden. ArcMap und die Befehlszeile können ebenso von hier aus geöffnet werden. Mit Drag & Drop oder über die Zwischenablage (Ausschneiden, Kopieren, Einfügen) können ausgewählte Daten an ArcMap, zu den Geoverarbeitungswerkzeugen von ArcToolbox oder zur Befehlszeile zur weiteren Bearbeitung übertragen werden. Im Folgenden sind alle Werkzeuge der Standard-Werkzeugleiste aufgelistet und werden kurz beschrieben.

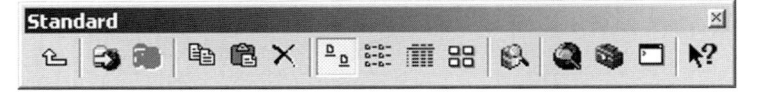

3.3 ArcCatalog-Benutzeroberfläche

← Eine Ebene aufwärts im Verzeichnisbaum

← Verbindung mit einem neuen Verzeichnis (Ordner) herstellen

← Trennt die Verbindung zu einem Verzeichnis (Ordner)

← Kopiert die aktuelle Markierung in die Zwischenablage

← Fügt den Inhalt der Zwischenablage ein

← Löscht den markierten Eintrag im Verzeichnisbaum

← Zeigt den Inhalt im Datenfenster als große Symbole

← Zeigt den Inhalt im Datenfenster als Liste

← Zeigt den Inhalt im Datenfenster als Liste mit weiteren Infos

← Zeigt den Inhalt im Datenfenster als Miniaturansicht

← Sucht raumbezogene Daten

← Startet ArcMap

← Öffnet das ArcToolbox-Fenster zur Geoverarbeitung

← Öffnet das Befehlszeilen-Fenster zur Geoverarbeitung

← Zeigt Hilfe für Menüs und Werkzeuge (Direkthilfe)

Geographie-Werkzeugleiste

Die Geographie-Werkzeugleiste enthält Werkzeuge zum Zoomen (Veränderung des Bild-Ausschnittes: Vergrößern, Verkleinern, Verschieben) im Datenfenster. Außerdem können die Attribute der Features (Informationswerkzeug zum Identifizieren) angezeigt werden, und es gibt ein Werkzeug zur Erzeugung von Miniaturansichten (Symbolen) aus dem aktuellen Ausschnitt des Datenfensters. Auf die Geographie-Werkzeugleiste kann nur zugegriffen werden, wenn Daten im Datenfenster unter dem Register „Vorschau: Geographie" zu sehen sind. Im Folgenden sind alle Werkzeuge der Geographie-Werkzeugleiste aufgeführt und werden kurz erläutert.

← Vergrößern der Ansicht im Datenfenster (Zoom in)

← Verkleinern der Ansicht im Datenfenster (Zoom out)

← Verschieben der Ansicht im Datenfenster

← Volle Ausdehnung der Ansicht im Datenfenster

← Zeigt die Sachdaten für Features in einem Fenster an

← Erstellt für den aktuellen Ausschnitt eine Miniaturansicht

Verzeichnis-Werkzeugleiste

Die Verzeichnis-Werkzeugleiste stellt eine Auswahlliste zur Verfügung. Mit ihr können Sie auf einfache Weise das Verzeichnis wechseln und häufig benötigte Verzeichnisse schnell zur Verfügung stellen. Klicken Sie in der Katalogstruktur von ArcCatalog auf ein bestimmtes Verzeichnis, so erscheint

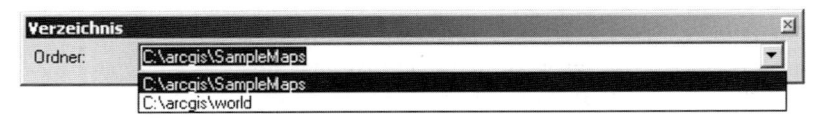

3.3 ArcCatalog-Benutzeroberfläche 49

es in der Verzeichnis-Auswahlliste. Betätigen Sie dann die Eingabetaste, so wird das Verzeichnis eingetragen und Sie können es dort immer wieder einstellen. Sie können einen Pfadnamen auch über die Tastatur in die Auswahlliste eingeben. Nach Betätigen der Eingabetaste wird der Pfad eingetragen. Die Auswahlliste bleibt mit ihren Einträgen nach Beenden von ArcCatalog erhalten und steht somit bei der nächsten Sitzung wieder zur Verfügung.

Metadaten-Werkzeugleiste

Die Metadaten-Werkzeugleiste dient der Bearbeitung von Metadaten. Metadaten beschreiben raumbezogene Daten auf unterschiedliche Weise. Dies wird unter „Stylesheet" eingestellt. Neben dem ESRI-Format stehen auch international genormte Formate für Metadaten zur Verfügung (ISO, FGDC, Xml...). Mit den vorhandenen Werkzeugen in der Metadaten-Werkzeugleiste können Metadaten bearbeitet, importiert und exportiert werden.

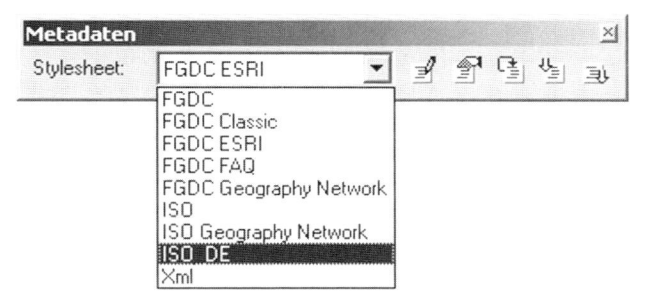

← Startet die Bearbeitung der Metadaten

← Zeigt die Eigenschaften der Metadaten an

← Erzeugt / aktualisiert die Metadaten

← Importiert Metadaten

← Exportiert Metadaten

3.3.6 Kontextmenüs

Kontextmenüs werden mit der rechten Maustaste aktiviert. Bestimmten Elementen der ArcCatalog-Benutzeroberfläche (z. B. Ordner, Layer, Shapefiles, SDC-Daten, Coverages...) sind solche Menüs zugeordnet. Um eines zu aktivieren, fahren Sie mit dem Mauszeiger auf das entsprechende Element der Benutzeroberfläche und drücken dort die rechte Maustaste. ArcCatalog hat eine Vielzahl von Kontextmenüs, insgesamt etwa 70. Zugeordnet sind Kontextmenüs beispielsweise Diagrammen, Tabellen, CAD-Zeichnungen, Geokodierungen, Datasets, Datenbanken, Grids und Shapefiles. Die meisten Menüeinträge erklären sich von selbst. Beispielhaft sollen im Folgenden einige der wichtigsten Kontextmenüs vorgestellt werden, und zwar für:

- einen Ordner (Verzeichnis, das in ArcCatalog fest verbunden ist)
- ein Dataset (Verzeichnis, das raumbezogene Daten enthält)
- ein Shapefile (ArcView-Datenformat)
- ein Coverage (ArcInfo-Datenformat)
- ein Raster (Bildformate, z. B. TIFF, Grid...)
- einen Layer (Folie in ArcGIS, z. B. Shapefile mit Legenden)

Kontextmenü für einen Ordner

Betätigen Sie die rechte Maustaste auf einem Ordner, so können Sie ihn kopieren, einfügen oder aktualisieren, wenn z. B. durch eine andere Anwendung (Windows-Explorer, Textprogramm, andere ArcView-Anwender) in diesem Ordner etwas verändert worden ist (Daten gelöscht oder hinzugekommen sind). Über das Kontextmenü können Sie im Ordner neue leere Datenstrukturen (Ordner, Personal-Geodatabases, Layer, Group-Layer, Shapefiles, Toolbox, Tabellen) erstellen. Diese leeren Datenstrukturen enthalten jedoch noch keine Daten. Auch kann mit einem Menüeintrag nach Daten gesucht und können die Eigenschaften des Ordners eingesehen oder verändert werden.

Kontextmenü für ein Dataset mit raumbezogenen Daten

Ein Dataset ist ein Verzeichnis und enthält unterschiedliche raumbezogene Daten. Es kann mit dem zugehörigen Kontextmenü (rechte Maustaste auf das Dataset) wie ein Verzeichnis kopiert, gelöscht, umbenannt oder aktualisiert werden. Auch hier lassen sich wie bei einem Ordner neue Datenstrukturen, z. B. Ordner, Shapefiles, Personal-Geodatabases erstellen. Nach Daten kann ebenfalls gesucht und die Eigenschaften können angesehen oder verändert werden.

3.3 ArcCatalog-Benutzeroberfläche

Kontextmenü für ein Shapefile

Über einen Klick mit der rechten Maustaste auf ein Shapefile in der Katalogstruktur von ArcCatalog können Sie das Shape kopieren, löschen oder umbenennen. Es kann in einen Layer (ein Layer speichert die Eigenschaften einer Datenquelle, z. B. die Symbologie oder Projektion) umgewandelt, in das DXF-Format oder in eine Geodatabase exportiert werden. Auch lassen sich die Eigenschaften (Name, Felder, Index) des Shapefiles einsehen und einstellen.

Kontextmenü für ein Coverage

ArcInfo-Coverages lassen sich in ArcCatalog (ArcView) mit einem Kontextmenü löschen oder zugehörige Layer erstellen. Die Eigenschaften eines

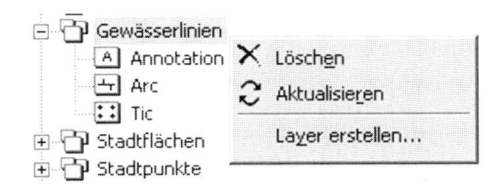

Coverages können Sie auf einem zuvor erstellten Layer mit dem Menüeintrag „Eigenschaften" einsehen oder einstellen.

Kontextmenü für ein Raster

Das Klicken mit der rechten Maustaste auf ein Raster (Grid, Tiff...) in der Katalogstruktur von ArcCatalog erlaubt das Kopieren, Löschen und Umbenennen. Ein Layer (enthält die Eigenschaften der Raster-Datenquelle) lässt sich aus dem Raster erzeugen. Das Raster kann in verschiedene andere Rasterformate exportiert werden. Mit dem Menüeintrag „Laden" wird ein „Mosaik" erstellt, welches mehrere Raster zu einem einzigen Rasterset zusammenfasst. Das Erstellen von Pyramiden beschleunigt die Darstellung von Rasterdaten in Abhängigkeit vom gewählten Bildausschnitt. Der Menüeintrag „Statistiken berechnen" erstellt eine Statistik aus den Werten der Rasterzellen (siehe AUX-File in der Online-Hilfe). Die berechnete Statistik kann unter den Eigenschaften der Rasterdatei (Menüeintrag: „Eigenschaften", Register: „Allgemein") angesehen werden.

Kontextmenü für einen Layer

Wenn Sie in der Katalogstruktur von ArcCatalog einen Layer aktivieren und die rechte Maustaste betätigen, so lässt er sich kopieren, löschen oder umbenennen. Die Eigenschaften (z. B. Name, Datenquelle, Symbologie) des Layers (zugehörige Datenquelle)können angesehen und verändert werden.

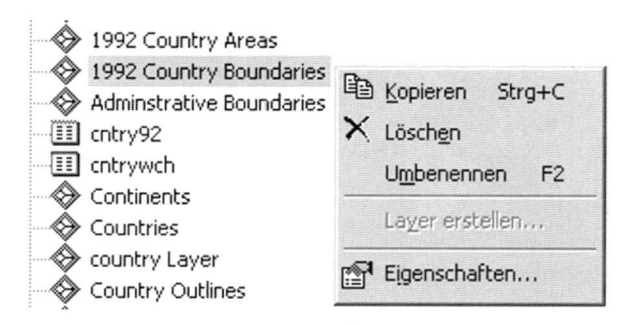

3.4 Die Eigenschaften von ArcCatalog

Bestimmte Eigenschaften von ArcCatalog lassen sich einstellen. Dazu gehören z. B. die Anzeige der Datenquellen und Dateitypen, das Einschalten bestimmter Zusatzinformationen im Datenfenster, grundsätzliche Einstellungen zur Darstellung der Metadaten, Tabellen (Sachdaten) und Raster (Bilddateien). Im Folgenden werden diese Eigenschaften beschrieben und gezeigt, welche Einstellungsmöglichkeiten es gibt. Zugriff auf die Eigenschaften erhalten Sie über das Menü:

ArcCatalog-Hauptmenü:
Werkzeuge:
Optionen

3.4.1 Register: Allgemein

Im Register „Allgemein" können die Service-Verzeichnisse, die sich ganz unten in der Katalogstruktur befinden, ein- oder ausgeschaltet werden.

Außerdem können Sie einstellen, welche Datenquellen (z. B. Coverages, Shapefiles, Layer, Textfiles usw.) in der Katalogstruktur (linkes Fenster) angezeigt werden sollen. Für die Anzeige eines bestimmten Dateityps klicken Sie in das entsprechende Kästchen.

3.4 Die Eigenschaften von ArcCatalog

Die Dateierweiterungen (z. B. *.shp, *.dbf) werden z. B. nicht mehr angezeigt, wenn Sie den Haken an „Datei-Erweiterungen ausblenden" setzen.

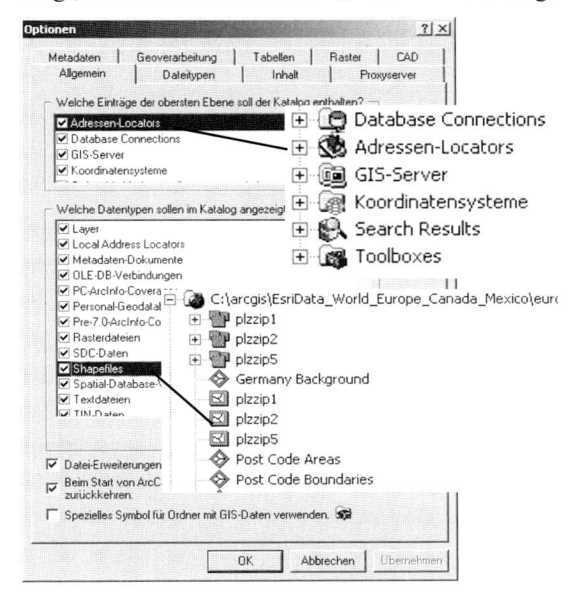

Normalerweise steht nach dem Start von ArcCatalog die Katalogstruktur an oberster Stelle (auf „Katalog"). Wollen Sie jedoch nach einem Neustart wieder auf das beim Beenden geöffnete Verzeichnis zugreifen, setzen Sie den Haken in die Box „Beim Start von ArcCatalog zum zuletzt verwendeten Ordner zurückkehren".

Für Verzeichnisse, die raumbezogene Daten (Shapes, Coverages usw.) enthalten, kann ein bestimmtes Symbol zur Kennzeichnung benutzt werden. Setzen Sie dazu den Haken in die Box „Spezielles Symbol für Ordner mit GIS-Daten verwenden". In diesem Fall wird jedoch u. U. mehr Zeit zum Wechseln eines Verzeichnisses benötigt, da alle Unterverzeichnisse nach GIS-Daten durchsucht werden müssen. GIS-Daten sind hier alle Datentypen, für die der entsprechende Haken gesetzt wurde, und die Daten, die im Register „Dateitypen" angegeben wurden.

Mit der Schaltfläche „Eigenschaften" können zusätzliche Einstellungen für den markierten Datentyp angesehen werden. Markieren Sie z. B. „Textdateien", so werden nach Betätigung der Schaltfläche nebenstehende Eigenschaften angezeigt. Hier kann ausgewählt werden, welche Dateierweiterungen als Textdateien interpretiert werden.

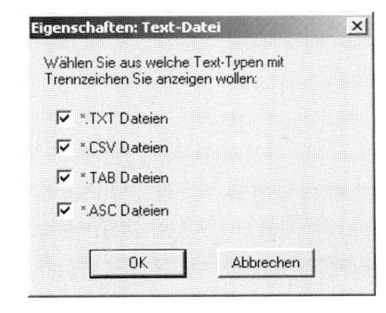

3.4.2 Register: Dateitypen

In ArcCatalog sind diejenigen Dateitypen zu sehen, die im Register „Allgemein" aktiviert wurden. Sollen zusätzliche Dateitypen, die nicht im Register „Allgemein" zur Verfügung stehen, in der Katalogstruktur zu sehen sein (z. B. WORD-Dateien mit der Erweiterung „doc" oder ArcView 3.x-Projekte mit der Erweiterung „apr"), so können diese in Register „Dateitypen" eingetragen werden.

Betätigen Sie dazu die Schaltfläche „Neuer Typ" und geben Sie unter „Datei-Erweiterung" die entsprechende Dateiendung (z. B. „doc" für WORD-Dateien) sowie einen beschreibenden Text unter „Typ-Beschreibung" ein. Ein Symbol kann hier ebenfalls vergeben werden. Betätigen Sie dazu die Schaltfläche „Symbol ändern ..". Wählen Sie aus der angezeigten Liste ein Symbol aus.

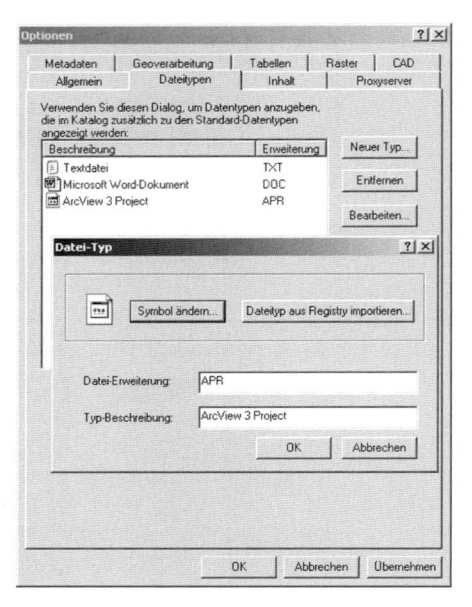

Mit dem Schalter „Dateityp aus Registry importieren ..." werden alle unter Windows registrierten Dateien aufgelistet und können ausgewählt werden.

Die Schaltfläche „OK" trägt den neuen Dateityp ein. Die Schaltfläche „Entfernen" entfernt eine markierte Endung aus der Liste. „Bearbeiten" erlaubt die Änderung eines Eintrages (z. B. Auswahl eines anderen Symbols oder die Überarbeitung der Beschreibung).

3.4.3 Register: Inhalt

Mit dem Register „Inhalt" kann die Anzeige im Datenfenster (Register „Inhalt" im Datenfenster) erweitert oder eingeschränkt werden. Im oberen Teil wird durch Setzen eines Hakens in der entsprechenden Box das Datenfenster um eine Spalte erweitert. Die Einträge „Name" und „Typ" können nicht abgeschaltet werden. Mit den Pfeilschaltflächen wird die Position eines Eintrags im Datenfenster festgelegt. Markieren Sie einen Eintrag, den Sie verschieben wollen, und setzen Sie die neue Position mit den Pfeilschaltern.

Über die Schaltfläche „Übernehmen" oder „OK" werden die Änderungen gespeichert. Die Schaltfläche „Entfernen" löscht einen vorher markierten Eintrag. Mit „Hinzufügen" kann ein solcher Eintrag zurückgeholt werden.

3.4 Die Eigenschaften von ArcCatalog

Im unteren Teil des Fensters können Spalten über Metadaten in der Detailansicht (Register „Inhalt" im Datenfenster) in ArcCatalog ein- oder ausgeblendet werden. Setzen Sie dazu den Haken in die Box des gewünschten Eintrages.

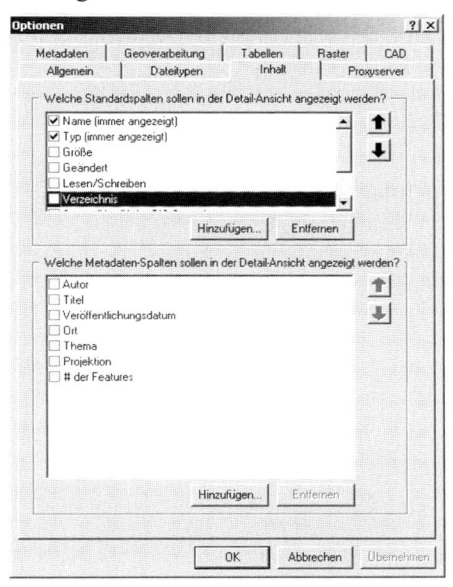

Markieren Sie einen Eintrag, um ihn mit der Schaltfläche „Entfernen" zu löschen, oder drücken Sie die Schaltfläche „Hinzufügen", um einen weiteren Eintrag anzeigen zu lassen (im Register „Inhalt" des Datenfensters).

3.4.4 Register: Proxyserver

Setzen Sie den Haken, wenn Sie auf einen GIS-Server im Internet über einen Proxyserver zugreifen möchten.

Ein Proxyserver in ihrem Netzwerk erlaubt den Zugriff ihres Rechners auf das Internet.

Für den Zugriff müssen die IP-Adresse und Portnummer des Proxyservers im Netzwerk und der Benutzername mit Kennwort eingegeben werden.

Fragen Sie ihren Systemadministrator nach diesen Angaben.

3.4.5 Register: Metadaten

Im Register „Metadaten" werden grundlegende Eigenschaften für die Darstellung, Erzeugung und Bearbeitung der Metadaten festgelegt. Unter „Ansicht von Metadaten" wird der Stil ausgewählt, mit dem die Metadaten nach dem Start von ArcCatalog dargestellt werden sollen (Standard-Stylesheet).

Neben dem ESRI-Stylesheet gibt es weitere, wie „ISO", „FGDC" oder „FGDC FAQ". „xml" (ähnlich wie „html") ist der Code (Programmiersprache), mit dem Metadaten im ArcCatalog codiert sind.

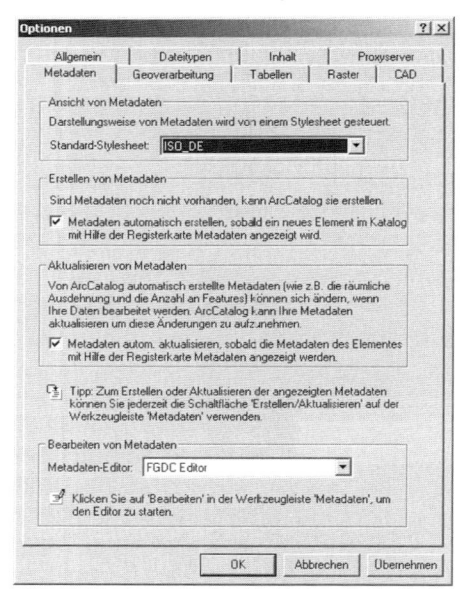

Sollten für eine Datenquelle (z.B. ein neues Shape oder Coverage) keine Metadaten existieren, so können Sie einen Teil der Metadaten automatisch erzeugen lassen (z. B. die Beschreibung der Projektion oder die geografische Ausdehnung). Automatisch erzeugt werden Metadaten immer dann, wenn für einen Datensatz das Register „Metadaten" im Datenfenster von ArcCatalog aktiviert wird. Dieses automatische Erzeugen geschieht aber nur, wenn Sie den Haken in die Box unter „Erstellen von Metadaten" setzen. Fehlt der Haken, erfolgt die Aktualisierung der Metadaten nur über das Werkzeug „Metadaten erstellen/aktualisieren" aus der Metadaten-Werkzeugleiste. Das eben Genannte gilt auch für die Aktualisierung der Metadaten. Setzen Sie dazu den Haken unter „Aktualisieren von Metadaten".

Unter „Bearbeiten von Metadaten" wird der Editor für die Bearbeitung von Metadaten eingestellt (derzeit FGDC-Editor). Dieser Editor wird gestartet, wenn das Werkzeug „Metadaten bearbeiten" in der Metadaten-Werkzeugleiste aktiviert wird.

3.4.6 Register: Geoverarbeitung

Im Register „Geoverarbeitung" werden Einstellungen für die Geoverarbeitung vorgenommen. Bei der Geoverarbeitung werden Operationen mit den Werkzeugen von ArcToolbox durchgeführt. Eine ausführliche Beschreibung der Geoverarbeitung und von ArcToolbox finden Sie in Kapitel 14 „Geoverarbeitung".

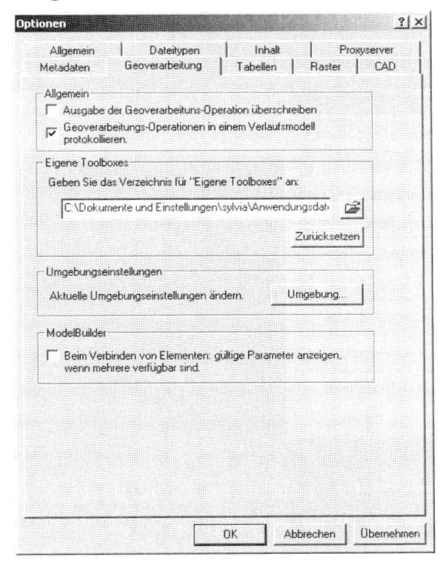

Unter „Allgemein" können Sie angeben, dass das Ergebnis einer Geoverarbeitungs-Operation überschrieben wird, und Sie können die Geoverarbeitung protokollieren lassen (in einer Toolbox „History").

Für eigene erstellte Toolboxen wird unter „Eigene Toolboxes" das Verzeichnis für die zur Toolbox gehörige Datei (*.tbx) angegeben.

Auch lassen sich allgemeine Einstellungen zu den Werkzeugen (Umgebungseinstellungen) der ArcToolbox sowie Einstellungen für die Verbindung von Elementen im ModelBuilder (siehe Kapitel 14) vornehmen.

3.4.7 Register: Tabellen

Im Register „Tabellen" können bestimmte Eigenschaften einer Tabelle eingestellt werden. Unter „Aussehen" wird die Farbe ausgewählt, mit der die selektierten Spalten angezeigt werden sollen. In der Box „Tabellenschriftart" und „Tabellenschriftgröße und -farbe" werden Schriftart, -größe und -farbe der Attributwerte und Feldnamen in der Tabelle eingerichtet.

In einer Tabelle kann jeder Spalte (Feld) ein Index zugeordnet werden. Ein Index auf ein Geometrie-Feld (z. B. Shape) beschleunigt die Darstellung der Geometrie und ein Index auf ein Attributfeld die Berechnung in diesem Feld (z. B. für Abfragen).

Damit in der Tabelle zu sehen ist, welches Feld einen Index hat, kann es mit einem zusätzlichen Zeichen gekennzeichnet werden. Setzen Sie dazu den Haken in die Box „Indexfelder anzeigen mit" und geben Sie ein entsprechendes Zeichen (Symbol) an. Dieses Symbol wird dann hinter den Feldnamen in der Attributtabelle gesetzt. Eine Tabelle können Sie im Datenfenster von ArcCatalog unter dem Register „Vorschau: Tabelle" ansehen. Um einen Index, z. B. für ein Shapefile, zu setzen oder zu entfernen, markieren Sie das Shape in der Katalogstruktur und drücken Sie die rechte Maustaste. Wählen Sie dann den Menüeintrag „Eigenschaften" und dort das Register „Indizes".

Setzen Sie einen Haken an „Einträge automatisch bei Bearbeitung überprüfen", so wird bei einer Geodatabase eine Warnung angezeigt, wenn der eingegebene Wert außerhalb des definierten Wertebereiches liegt. Dazu müssen in der Geodatabase Domänen und Subtypen definiert sein. Soll die Beschreibung der Wertedomänen und Subtypen in der Tabelle angezeigt werden, so setzen Sie den Haken in die entsprechende Box.

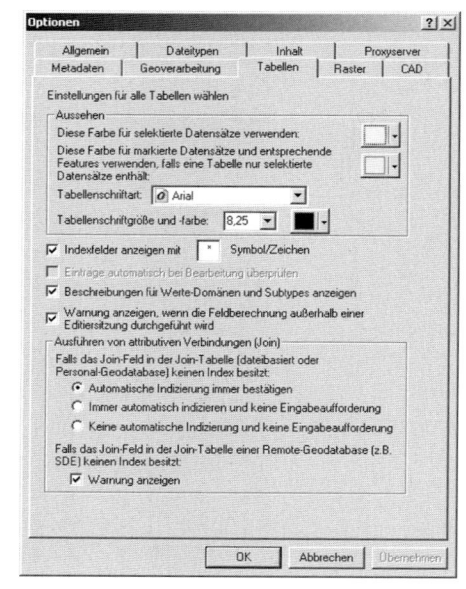

Wird für die Berechnung eines Tabellenfeldes die Bearbeitung nicht gestartet, so kann eine Warnung ausgegeben werden. Eine Feldberechnung außerhalb der Bearbeitung lässt sich nämlich nicht rückgängig machen. Setzen Sie den Haken, wenn die Warnung erscheinen soll.

Unter „Ausführen von attributiven Verbindungen" kann für das Verbindungsfeld (Join-Feld), das keinen Index besitzt, eine automatische Indizierung veranlasst werden (mit und ohne Bestätigung). Wählen Sie die entsprechende Option. Sollten Sie auf eine SDE-Datenbank zugreifen und das Verbindungsfeld keinen Index besitzen, können Sie eine Warnung ausgeben lassen.

3.4.8 Register: Raster

Rasterdaten haben im Allgemeinen mehrere Bänder (Layer), denen zur Darstellung einzelne Farben zugeordnet werden. So wird man vielleicht einem Layer, der eine Wasserfläche darstellt, die Farbe Blau und einer Waldfläche die Farbe Grün zuordnen. Bei der Auswertung von Fotos oder Satellitendaten entstehen solche Mehrbandaufnahmen, die dann z. B. für eine Biotop-

3.4 Die Eigenschaften von ArcCatalog

erkennung genutzt werden können. Unter dem Register „Raster" haben Sie die Möglichkeit, den einzelnen Bändern einer solchen Mehrbandaufnahme die Farben Rot, Grün oder Blau zuzuordnen; oben: für Dreiband-Datenquellen (es stehen die Bänder eins bis drei zur Verfügung) – unten: für Mehrband-Datenquellen (es stehen die Bänder eins bis 999 zur Verfügung).

Zur beschleunigten Darstellung von Rasterdaten können „Pyramiden" berechnet werden. Bei sehr weiten Rastern (große Ausdehnung und kleine Zellweiten) nehmen die Darstellung oder andere Berechnungen lange Zeit in Anspruch. Beim Einsatz von Pyramiden wird ein Rastersatz berechnet, bei

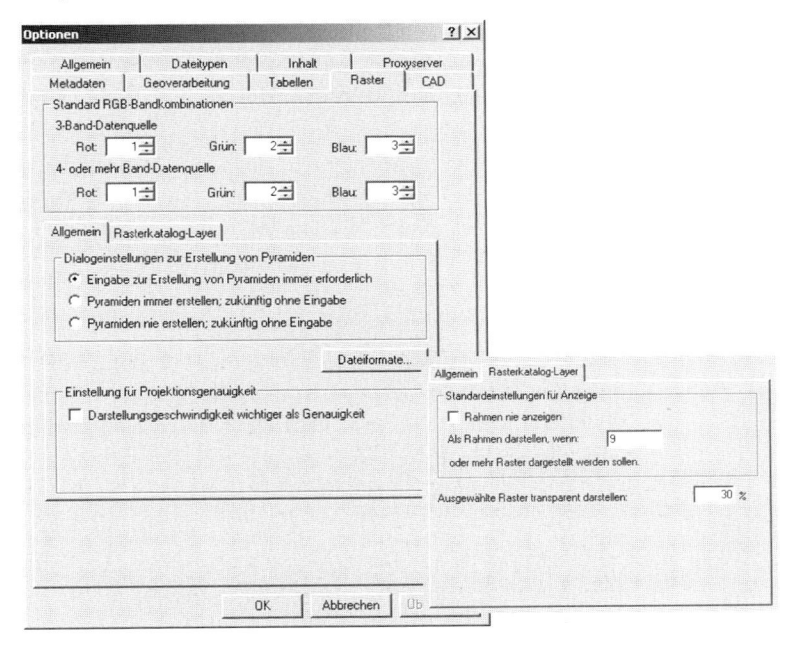

dem die Zellgrößen expandieren. Je nach Ausschnitt (Zoomstufe), der betrachtet wird, wird ein größeres oder kleineres Raster benutzt (bei der Gesamtdarstellung eines Bildes braucht die Auflösung nicht so groß zu sein, da es unter Umständen hier nicht so sehr auf Details ankommt). Sie können in diesem Register bestimmen, ob für jedes Raster Pyramiden erstellt werden sollen oder nicht und ob zuvor eine Eingabeaufforderung erscheinen soll. Wählen Sie unter „Dialogeinstellungen zur Erstellung von Pyramiden" die entsprechende Option aus. ArcMap und ArcCatalog fragen normalerweise vor der Anzeige von Rasterdaten nach Pyramiden, wenn diese für ein Raster nicht existieren.

Mit der Schaltfläche „Dateiformate" lassen sich Rasterformate einstellen, nach denen gesucht wird und die in ArcCatalog angezeigt werden sollen. Dies sollte man normalerweise einschränken. Wenn sowieso nur ein bestimmtes Datenformat verwendet wird (z. B. Tiff), so sollte auch nur dieses hier eingestellt werden. Das spart bei großen Datenmengen, die durchsucht werden müssen, eine Menge Zeit. Klicken Sie auf eine Dateierweiterung, um sie zu ändern oder zu ergänzen (z. B. *.tif, *.tiff). Sie haben hier die Möglichkeit, nach sämtlichen Rasterdateien zu suchen oder nur nach denen, für die der entsprechende Haken gesetzt wurde.

Wird unter „Einstellung für die Projektionsgenauigkeit " der Haken gesetzt, so werden bei der „Projection on the fly" (temporäre Projektion aller Daten in einem Datenrahmen von ArcMap) vereinfachte Projektionsformeln verwendet. Dadurch wird die Projektion schneller, aber ungenauer.

Unter „Rasterkatalog-Layer" können Sie einstellen, ob die Raster oder nur Rahmen für die Raster gezeichnet werden sollen. Befinden sich in einem Ausschnitt mehr als eine vorgegebene Anzahl von Rastern, so werden dann nur die Rahmen der Raster gezeichnet. Diese Anzahl können Sie hier vorgeben.

Die Schaltfläche „Übernehmen" setzt die Änderungen; das Fenster bleibt dabei geöffnet. Die Schaltfläche „OK" speichert die Änderungen ebenfalls; das Fenster wird jedoch geschlossen. Das Drücken der Schaltfläche „Abbrechen" bewirkt keine Veränderung und schließt das Fenster „Optionen".

3.4.9 Register: CAD

MicroStation-Dateien haben die Dateierweiterung „*.dgn". Wenn die Checkbox aktiv ist (Haken gesetzt), werden alle Dateien mit einer beliebigen Dateierweiterung (maximal 3 Zeichen) auf DGN-Kompatibilität überprüft und können so auch als CAD-Zeichnungen oder CAD-Feature-Classes eingelesen werden. Wird der Haken nicht gesetzt, erkennt ArcGIS Dateien mit der Erweiterung „*.dgn" nur als MicroStation-Designdateien.

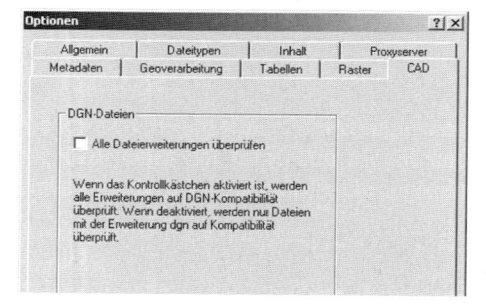

3.5 Rasterpyramiden

Die Genauigkeit, mit der ein Objekt bei Rasterdaten dargestellt werden kann, hängt von der Auflösung (Größe der Rasterzelle) ab. Um eine maximale Genauigkeit zu bekommen, könnte man die Auflösung erhöhen. Eine beliebige Erhöhung der Auflösung (kleinere Zellen bei gleicher Ausdehnung bedeuten mehr Zellen) führt jedoch bald zu größeren Schwierigkeiten. Es sind viele

3.5 Rasterpyramiden

Rasterzellen zu verwalten, zu speichern und zu zeichnen. Dadurch wird der Speicherplatz für die Rasterdatei erhöht und die Darstellungs- und Auswertegeschwindigkeit sinkt erheblich.

Eine Erhöhung der Auflösung von Rasterdaten kann auch dazu führen, dass die Zellweite kleiner wird als die Pixelgröße des benutzten Bildschirms. In diesem Fall bringt eine weitere Erhöhung der Auflösung der Rasterdaten keinen Gewinn mehr bezüglich der Detaillierung von Objekten auf dem Bildschirm.

Eine Verbesserung der Darstellungsgeschwindigkeit von Rasterdaten kann erreicht werden, wenn z. B. für die Darstellung des gesamten Datensatzes (volle Ausdehnung) eine niedrigere Auflösung (weniger Rasterzellen) benutzt wird als für eine Detailansicht. Der gesamte Rasterdatensatz wird daher in Rasterdatensätze mit unterschiedlicher Auflösung unterteilt. Dabei wird jeweils die Auflösung halbiert. Die entstehenden Rasterdatensätze haben dabei einen pyramidenähnlichen Aufbau.

Solche Pyramiden bringen einen erheblichen Gewinn an Darstellungsgeschwindigkeit. Wenn ArcView solche Pyramiden für einen Rasterdatensatz erstellt, entsteht eine Datei mit dem gleichen Namen wie die Rasterdatei, jedoch mit der Dateierweiterung *.rrd (reduced resolution dataset file). Diese hat ungefähr acht Prozent der Größe der Rasterdatei. Die Größe hängt jedoch von der verwendeten Kompressionsmethode ab und kann evtl. auch noch größer als die der Rasterdatenquelle sein. Dieser Erhöhung des Speicherplatzes steht jedoch ein Gewinn an Darstellungs- und Auswertegeschwindigkeit gegenüber.

Wird eine Rasterdatei in ArcCatalog zur Darstellung ausgewählt, so werden Sie bei einer Auflösung von mehr als 1024 Zellen gefragt, ob für diesen Datensatz Pyramiden berechnet werden sollen. Sie können Pyramiden erzeugen, dies ablehnen oder Pyramiden immer oder nie erzeugen, ohne dass dieser Dialog weiterhin angezeigt wird.

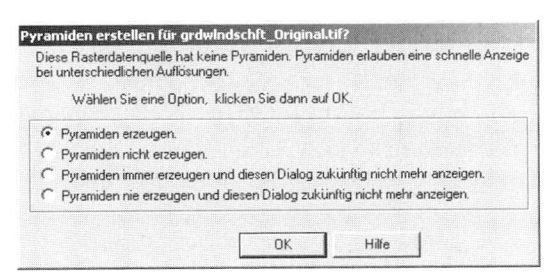

Wenn Sie nachträglich für einen Rasterdatensatz Pyramiden berechnen wollen, so geht das nur in ArcCatalog.
Betätigen Sie dazu folgendes Kontextmenü:

ArcCatalog-Kontextmenü: Rasterdaten
Pyramiden erstellen

Wollen Sie feststellen, ob schon Pyramiden für einen Rasterdatensatz existieren, so sehen Sie in den Eigenschaften der Rasterdaten nach:

ArcCatalog-Kontextmenü: Rasterdaten
Eigenschaften: Register Allgemein unter Rasterinformation

Allgemeine Einstellungen für die Pyramidenberechnung von Rasterdaten finden Sie in den Optionen von ArcCatalog:

ArcCatalog-Hauptmenü:
Werkzeuge:
Optionen: Register Raster

Für MrSID-Rasterdaten brauchen keine Pyramiden berechnet zu werden, da sie im Datenformat schon enthalten sind.

3.6 Metadaten

Der vorhandene und rasant wachsende digitale Datenbestand mit Raumbezug verschiedener Institutionen leidet unter dem Umstand, dass er weder bei der Herstellung noch bei der Pflege ausreichend dokumentiert wurde. Es existieren in der Regel keine oder nur wenige Informationen über die Daten, und wenn, dann sehr lückenhaft. Diese Informationen – auch Metadaten genannt – spielen aber für die weiterführende Arbeit mit vorhandenen digitalen Daten eine wichtige Rolle. Nur mit ihnen kann sinnvoll auf vorhandene digitale Information aufgesetzt und die Synergieeffekte derartiger und zudem teurer Datenbestände erschlossen werden. U. a. fehlen dann Informationen wie: Hersteller, Genauigkeit, Herstellungsdatum, Herstellungsmaßstab, Gültigkeit, Verfallsdatum, Lage und Ausdehnung, Format, Schlüsselworte und Kurzbeschreibung usw.

3.6.1 Standard

Die Erhebung und Ablage der Metainformation erfolgt nach dem ISO-Standard 19115. Es handelt sich um einen Standard, der zu einer Mindestattributierung der Fachdaten mit Metainformationen führt.

Nur ArcGIS ab der Version 8.2 ist in der Lage, differenzierte Metainformationen gemäß dem o. g. ISO-Standard aufzunehmen und sie direkt an den entsprechenden Datensatz zu koppeln. (Fach-)Daten und Metadaten sind dann logisch miteinander verbunden, eine Verwechselung oder ein Verlust kann nicht eintreten. Die Weitergabe und Generierung von Metadaten ist somit abhängig von der ArcGIS-Version beim jeweiligen Anwender.

3.6.2 Vorgehensweise / Inhalte

Da die einzusetzende Software (ArcGIS 9) den geforderten Standard bereits enthält, kann sie genutzt werden, um Vorgaben für die Vorgehensweise und die Inhalte zu machen. Es werden an den entsprechenden Stellen im Eingabeeditor Mindestanforderungen definiert und vorgegeben, die für die Eingabe obligatorisch sind. Darüber hinaus können nach einem entsprechenden Abstimmungsverfahren passende zusätzliche Informationen in bereits vorliegende und vordefinierte Felder eingetragen werden.

Inhalte, die sich auf den Raumbezug beziehen, werden automatisch integriert, wenn dem jeweiligen Datensatz (Shape, Cover, tiff usw.) die zugehörige Projektion zugewiesen wird. Diesem Punkt ist unbedingt größte Aufmerksamkeit zu widmen. Fehler an dieser Stelle führen dazu, dass die Projektion „on the fly" im ArcGIS nicht richtig funktioniert. Dieser Teil der Generierung von Metadaten setzt eine entsprechende Kenntnis der Problematik und Funktionalität innerhalb von ArcGIS voraus. Die Zuweisung der Projektion sollte immer der erste Schritt bei der Metadatenherstellung sein.

3.6.3 Minimale Attributliste in ArcGIS nach ISO 19115-Standard

Allgemeines:
    Titel des Datensatzes
    Herstelldatum
    Sprache in den Metadaten
    Sprache innerhalb der Daten
    Abstract
    Autorenname, Organisation, Position, Funktion

Identifikation:
    Kategorie der Daten
    Erfassungsmaßstab
    Schlüsselworte

Räumliche Information:
    Boundingbox, ggf. mehrfach

Verbreitung:
    Datenanbieter
    Format der angebotenen Daten
    Bezugsstelle (www)

3.6.4 Voreinstellungen

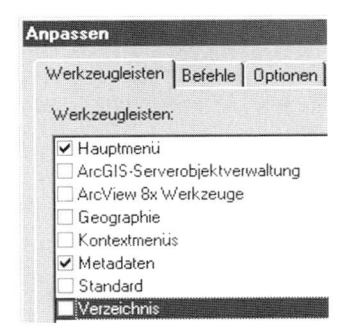

Um den o. g. Eingabeeditor nutzen zu können, sind einige Voreinstellungen in Arc Catalog – wo die Metainformation angesiedelt ist – zu machen, was im Folgenden vorgestellt wird.

Nach Starten von ArcCatalog wird unter „Werkzeuge" im Hauptmenü der Menüeintrag „Anpassen" gewählt. Es erscheint nebenstehender Dialog mit dem Register „Werkzeugleisten":

Nach Aktivierung der Eintrags „Metadaten" erscheint sofort die Werkzeugleiste in ArcCatalog.

Hier werden die Einstellungen vorgenommen und Einträge von Metadaten über einen Editor ermöglicht. Sowohl der Import als auch der Export von Metadaten wird ebenfalls von dieser Stelle aus durchgeführt. Die entsprechenden Tooltips der Schaltflächen klären über die Funktionen im Einzelnen auf.

Zuvor ist noch eine weitere Einstellung durchzuführen. Nach Starten von ArcCatalog wird unter „Werkzeuge" im Hauptmenü der Eintrag „Optionen" gewählt.

Es erscheint der untenstehende Dialog bei Wahl des Registers „Metadaten":

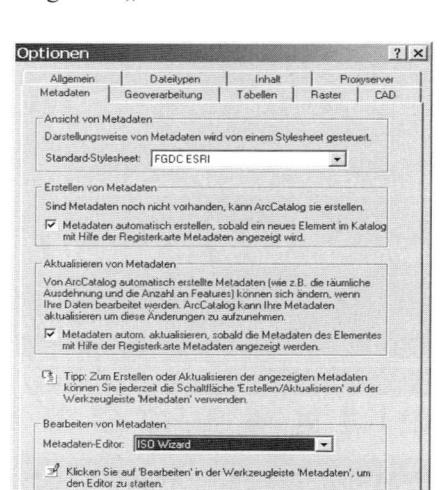

Es sind die dargestellten Einstellungen vorzunehmen. Wichtig ist dabei vor allem die Festlegung des Metadaten-Editors: Es muss der ISO-Wizard sein!

Nach Bestätigung mit „OK" sind alle Einstellungen vorgenommen, und es kann mit der Eingabe der eigentlichen Metadaten begonnen werden. Dazu ist im Inhaltsverzeichnis (Katalogstruktur) von ArcCatalog der fragliche Datensatz auszuwählen und zu markieren. Nur hierfür werden Metadaten generiert, und zwar für jeden Datensatz getrennt.

Durch Drücken der nebenstehenden Schaltfläche aus der Metadatenwerkzeugleiste wird im ausgewählten ISO-Wizard der „ISO-Metadaten-Assistent" angeboten.

3.6 Metadaten

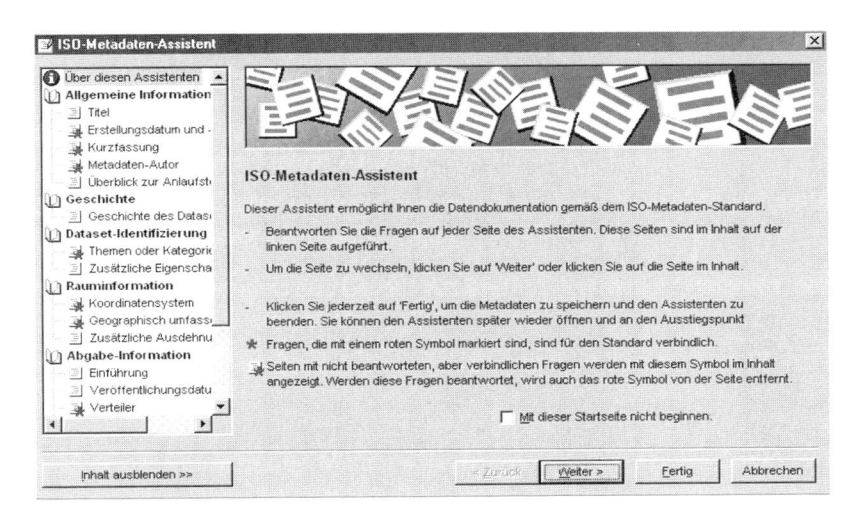

Im linken Bereich befindet sich ein Inhaltsverzeichnis, das durch die verschiedenen Ebenen des Metadatenbestandes führt und diesen thematisch ordnet. Einige Daten sind durch einen roten Stern gekennzeichnet, der den Minimal-Standard für die Einhaltung der ISO 19115 bezeichnet.

Durch Anklicken eines Themenbereiches im Inhaltsverzeichnis öffnet sich ein passender Eingabe-Dialog. Im Folgenden werde einige der wichtigsten Themenbereiche vorgestellt.

Erstellungsdatum und Sprache

Nach dem Ausfüllen gelangt man über „Weiter" oder „Fertig" in die nächsten Ebenen oder zu einem neuen Thema. Nach Beendigung der Eingabe verschwindet der rote Stern für das betreffende Thema. Hierdurch wird dem Anwender verdeutlicht, wie der Bearbeitungszustand ist. Sind alle roten Sterne – auch in den Unterebenen – verschwunden, ist ISO 19115 erfüllt!

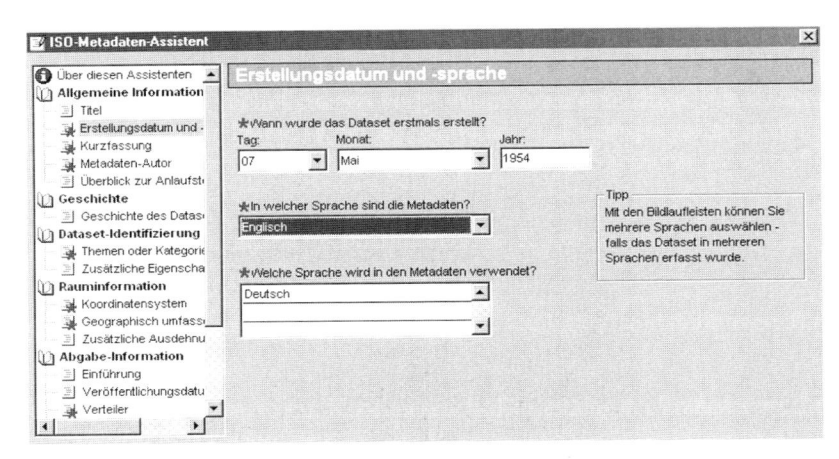

Kurzfassung / Keywords

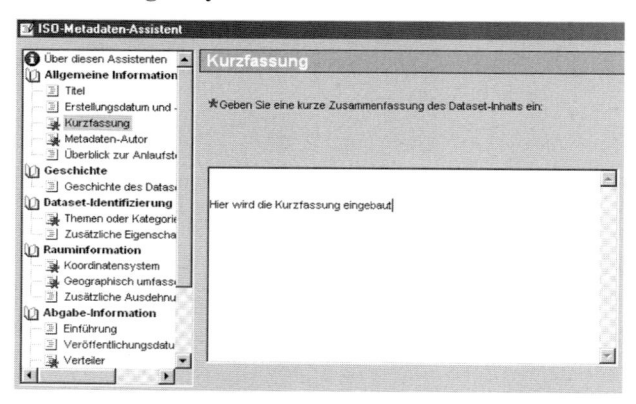

Autor

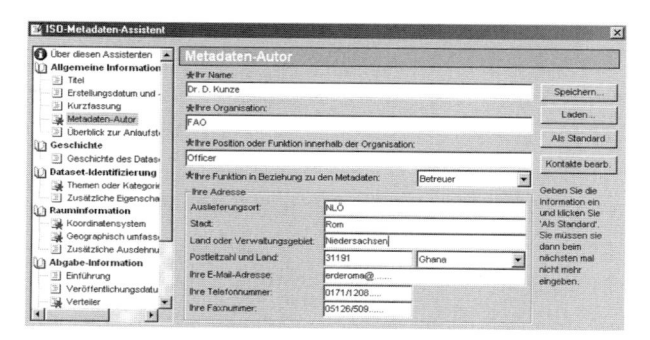

Hinter der Schaltfläche „Kontakte bearb." eröffnet sich die Möglichkeit, verschiedene Zusatzinformationen über diese Person zu verwalten.

Themen und Kategorie

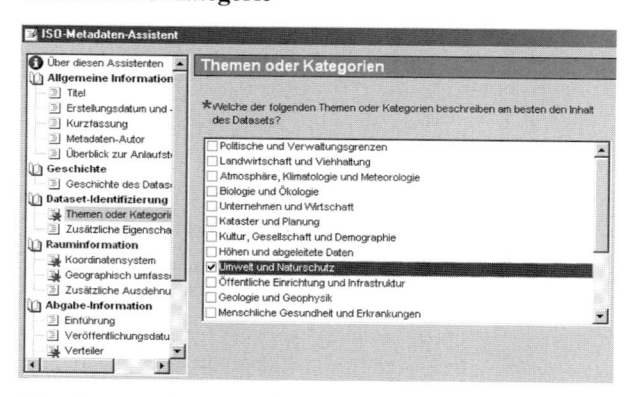

Hier ist aus einem Angebot das Passende auszuwählen. Es können auch Mehrfachnennungen vorgenommen werden.

3.6 Metadaten

Rauminformation

Durch die vorangegangene Zuweisung der Projektion für diesen Datensatz erfolgt das Auslesen der diesbezüglichen Information automatisch. Sie kann an dieser Stelle ergänzt werden.

Verteiler

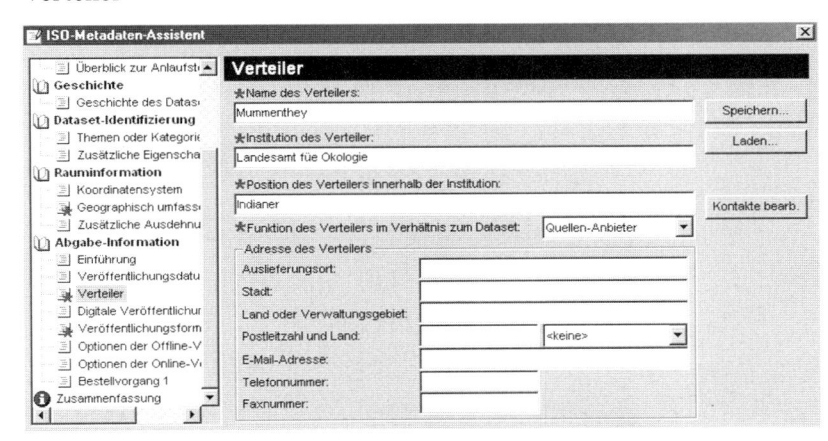

Veröffentlichung

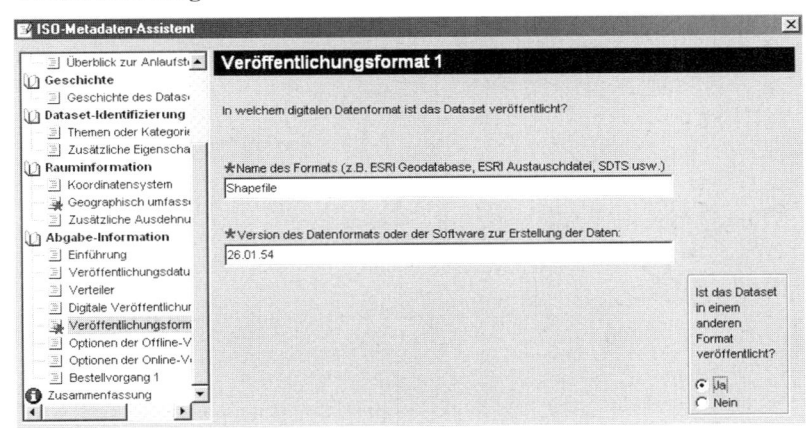

Hier wird auch für die immer wichtiger werdende Verbreitung von Geo-Daten über das Internet die notwendige Information für den Kunden abgelegt. Er kann sich dadurch ein Bild über den Aufwand machen, den er treiben muss, um an die Daten zu gelangen.

Dem GIS-Anwender bleibt es unbenommen, weitere Themenfelder mit Informationen zu füllen. An dieser Stelle sind nur auf die Wichtigsten eingegangen worden. Anschließend werden zum Import und Export von Metadaten Anmerkungen gemacht.

Export / Import

Bisher ist erkennbar geworden, dass eine Fülle von Informationen im Metadatenbereich von ArcCatalog abgelegt werden können. Gelegentlich liegen derartige Informationen an anderer Stelle vor oder werden eben an dieser anderen Stelle benötigt. Beispiel hierfür mag der Umwelt-Daten-Katalog (UDK) sein. Es handelt sich dabei um eine Web-basierte Datenbank mit Metadaten zum Thema Umwelt.

Der Import / Export wird aus ArcGIS heraus über das XML- Format realisiert.

Die beiden rechten Schaltflächen der Werkzeugleiste „Metadaten" führen zu diesen Funktionalitäten, die Tooltipps zeigen es an.

Nach Drücken der Schaltfläche für den Export erscheint folgendes Fenster,…

…wobei in der angebotenen Auswahlliste bei „Format" das XML-Format gewählt werden muss. Das Exportergebnis wird als XML-Datei im oben ausgewählten Verzeichnis abgelegt und hat das folgende beispielhafte und auszugsweise Aussehen.

```
<?xml version="1.0" ?>
<!-- <!DOCTYPE metadata SYSTEM "http://www.esri.com/metadata/esriprof80.dtd">
- <metadata xml:lang="de">
    - <Esri>
        <MetaID>{5037D9C7-9D15-40A0-B163-FA2E3B4D8A5C}</MetaID>
        <CreaDate>20040812</CreaDate>
        <CreaTime>13392900</CreaTime>
        <SyncOnce>FALSE</SyncOnce>
        <SyncDate>20040812</SyncDate>
        <SyncTime>14362800</SyncTime>
        <ModDate>20040812</ModDate>
        <ModTime>14362800</ModTime>
      </Esri>
```

Erkennbar ist in dieser sonst sehr unübersichtlichen Datei noch das Herstellungsdatum 12. Aug. 2004 um 13:39 Uhr.

Der Import wird analog dazu organisiert.

3.7 Hilfe für ArcCatalog

Wenn Sie Hilfe benötigen, so haben Sie nachfolgend beschriebene Möglichkeiten. Eine genaue Beschreibung und weitere Hilfen finden Sie im Kapitel 5 „Hilfe für ArcView".

1. Allgemeine Hilfe für ArcView:

ArcCatalog-Hauptmenü:
Hilfe:
ArcGIS Desktop Hilfe

2. Direkthilfe

ArcCatalog-Hauptmenü:
Hilfe:
Direkthilfe: Auf ein Werkzeug oder Menü klicken

4 ArcMap-Grundlagen

4.1 Einleitung

Dieses Kapitel ist eine Einführung in das Desktop-Progamm ArcMap. Sie erhalten hier einen Überblick über alle grundlegenden Funktionen (Menüs, Schaltflächen, Benutzeroberfläche) und die Eigenschaften des Programms. ArcView 9 besteht aus den zwei Software-Programmen ArcCatalog und ArcMap. ArcCatalog ist ein Programm, mit dem raumbezogene Daten organisiert, betrachtet und verwaltet werden. Die in beide Programme integrierte ArcToolbox dient der Analyse von raumbezogenen Daten.

ArcMap ist die Hauptanwendung von ArcView 9 und lässt sich grundsätzlich mit ArcView 3.x vergleichen, wobei die Benutzeroberfläche völlig anders und der Funktionsumfang von ArcMap wesentlich größer ist. ArcCatalog ergänzt ArcMap im oben beschriebenen Sinne. Die beiden Programme arbeiten zusammen und sind vollkommen aufeinander abgestimmt. So lassen sich Daten, die z. B. in ArcCatalog erzeugt oder gefunden worden sind, direkt über Drag&Drop nach ArcMap oder in die integrierte ArcToolbox zur weiteren Bearbeitung übertragen. ArcMap hat folgende Hauptfunktionalitäten:

- Visualisierung der Geometrie und der Sachdaten
- Bearbeitung von Geometrie und Sachdaten für raumbezogene Daten
- Erstellen von Karten (Layouts) für die Präsentation
- Erstellung von Diagrammen und Berichten für die Präsentation der Sachdaten
- Geokodierung für Darstellung von Adressen (Ort, Straße...)
- Berechnung von Pufferzonen
- Geoverarbeitung (Analyse raumbezogener Daten)
- Routen- und Punktereignisse als Layer einlesen
- Auswahl von Objekten (logische und lagebezogene Auswahl)
- Anpassung der Benutzeroberfläche und Programmierung mit VBA (Visual Basic for Applikation)

Im weiteren Verlauf dieses Kapitels werden zunächst mit Hilfe eines Einführungsbeispiels die grundlegenden Funktionen von ArcMap aufgezeigt. Danach werden die Benutzeroberfläche, das Inhaltsverzeichnis, das Datenfenster, die Menüs, die Werkzeugleisten und die Kontextmenüs in einer Übersicht zusammengestellt und erläutert. In einem weiteren Abschnitt werden dann die Eigenschaften und optionale Einstellungen von ArcMap genauer erklärt. Weitere Themen in diesem Kapitel sind: Einstellung des Maßstabsbereichs für Layer, das Setzen von räumlichen Lesezeichen, Übersichtsfenster und Lupe, das Einstellen von MapTips sowie der Import von ArcView 3.x-Projekten nach ArcView 9. Zuletzt erhalten Sie Informationen zur Online-Hilfe von ArcMap.

Komplexere Funktionen, wie z. B. Auswahltechniken, Geoverarbeitung, das Erstellen von Kartenlayouts und die Bearbeitung von Geometrie usw., werden in eigenen Kapiteln ausführlich beschrieben.

4.2 ArcMap-Einführungsbeispiel

Das folgende Beispiel zeigt die wichtigsten grundlegenden Funktionen von ArcMap. Führen Sie die folgenden Punkte in diesem Beispiel wie angegeben aus. Sie werden dadurch schnell ein Gefühl bekommen, wie ArcMap arbeitet. Für das Beispiel benötigen Sie die Beispieldaten, die mit der Software geliefert werden (siehe Kapitel 1 „Einleitung"). Installieren Sie sie gegebenenfalls nach. In diesem Einführungsbeispiel werden folgende Punkte hintereinander ausgeführt:

- ArcMap starten
- Raumbezogene Daten einlesen und betrachten
- Abfrage „Postleitzahlbezirke von Hamburg"
- Eine Legende erstellen
- Die Beschriftung von Features mit ihren Namen
- Ein Kartenlayout erstellen
- ArcMap beenden und die bisherige Arbeit als ArcMap-Dokument (mxd) speichern

4.2.1 ArcMap starten

ArcMap wird wie jede andere Windows-Anwendung gestartet. Betätigen Sie in der Windows-Benutzeroberfläche unten links die Schaltfläche „Start":

Start: Programme: ArcGIS: ArcMap

Durch Doppelklick auf das ArcMap-Symbol auf dem Desktop ihres Rechners können Sie ArcMap ebenfalls starten.

Nach dem Start erscheint die ArcMap-Benutzeroberfläche und ein Extrafenster auf der Benutzeroberfläche (Startfenster). Darin können Sie nun angeben, ob Sie ein neues Dokument (eine neue leere Karte), ein Template (eine Vorlage für ein neues Dokument) oder ein schon auf Datenträger vorhandenes Dokument (*.mxd) öffnen wollen. Für dieses Beispiel geben Sie „Einer neuen leeren Karte" an.

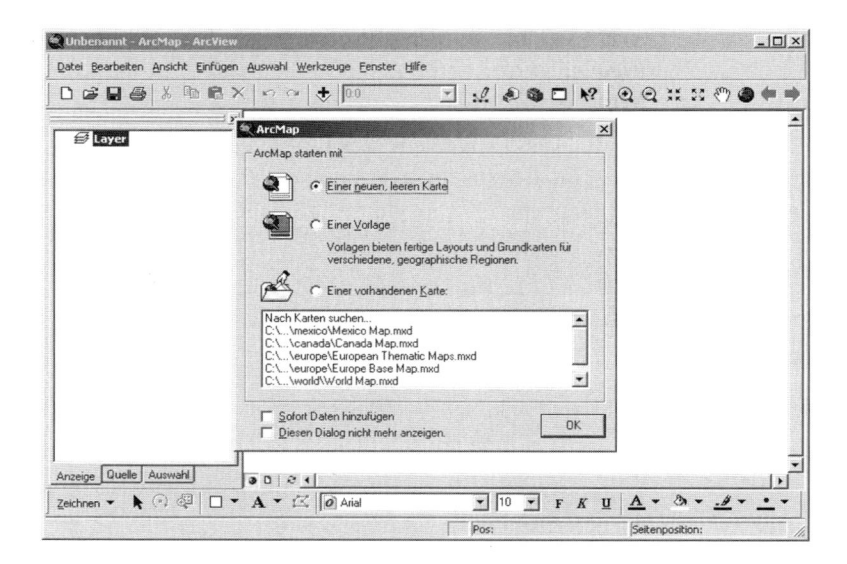

4.2.2 Raumbezogene Daten einlesen und betrachten

In diesem Teil werden in den leeren Datenrahmen mit dem Namen „Layer", der beim Starten von ArcMap automatisch erzeugt wird, neue Daten (z. B. Shapefiles) eingelesen. Der Datenrahmen wird dann umbenannt und gezeigt, wie die Daten gezeichnet und mit den Zoom-Werkzeugen betrachtet werden können. Die zugehörigen Sachdaten (Attributwerte) werden schließlich mit dem Werkzeug „Identifizieren" angezeigt.

Laden Sie folgende Daten (SDC-Format) in den Datenrahmen. Betätigen Sie dazu das folgende Menü oder die nebenstehende Schaltfläche:

ArcMap-Hauptmenü:
Datei:
Daten hinzufügen

Wählen Sie im Eingabefenster folgende Daten aus:

EsriData_World_Europe_Canada_Mexico\world\data\country.sdc
EsriData_World_Europe_Canada_Mexico\world\data\cities.sdc
EsriData_World_Europe_Canada_Mexico\world\data\drainage.sdc

Gleichzeitiges Drücken der linken Maustaste und der Strg-Taste bei der Auswahl der Daten lädt mehrere Datensätze in den Datenrahmen.

Der Datenrahmen „Layer" soll jetzt in „Welt" umbenannt werden. Der Name lässt sich unter den Datenrahmen-Eigenschaften ändern. Die Eigenschaften des Datenrahmens werden mit folgendem Kontextmenü aufgerufen (mit der rechten Maustaste auf den Datenrahmen „Layer" klicken):

4.2 ArcMap-Einführungsbeispiel

ArcMap-Kontextmenü: Datenrahmen „Layer" im Inhaltsverzeichnis
Eigenschaften:
Regiater Allgemein

Im Register „Allgemein" ändern Sie unter „Name" den Namen des Datenrahmens und drücken Sie „OK".

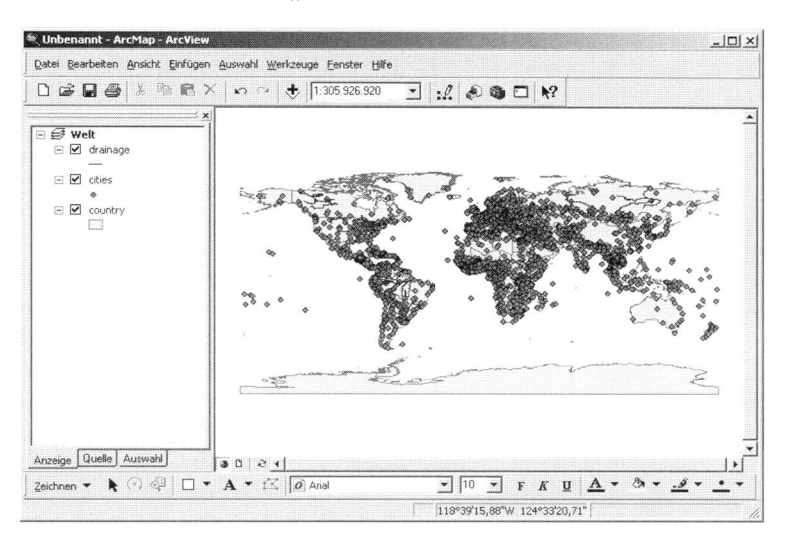

Die Datensätze (hier SDC-Daten) können im Inhaltsverzeichnis (linker Teil der Benutzeroberfläche) ein- oder ausgeschaltet werden. Setzen Sie dazu den entspechenden Haken in die Box neben dem jeweiligen Layer im Inhaltsverzeichnis.

Datensätze weiter oben im Inhaltsverzeichnis verdecken die Daten weiter unten. Die Reihenfolge beim Zeichnen ist durch Verschieben mit der Maus (linke Maustaste festhalten) veränderbar.

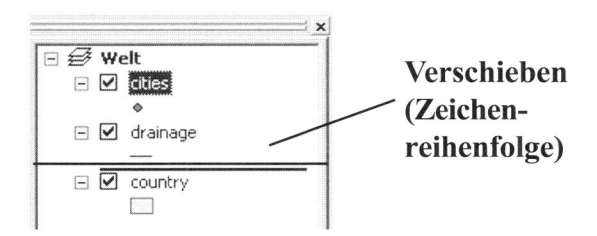

Verschieben (Zeichenreihenfolge)

Probieren Sie die Zoom-Werkzeuge in der Werkzeugleiste „Werkzeuge" aus, um die Ausdehnung im Datenfenster zu ändern.

Zur Anzeige der Sachdaten (Attribute) der Features (Objekte) benutzen Sie das Werkzeug „Identifizieren". Betätigen Sie das Werkzeug aus der Werkzeugleiste „Werkzeuge". Es öffnet sich das Fenster „Abfrageergebnisse", in dem die Attribute der Features des obersten Layers angezeigt werden. Klicken Sie auf ein Feature im Datenfenster. Layer, für die Attribute angezeigt werden sollen, werden unter „Layer" ausgewählt.

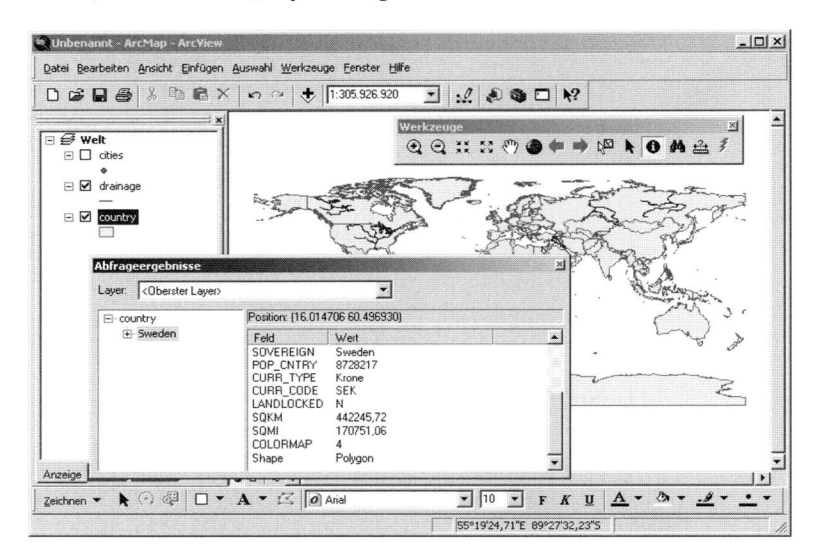

Sie haben jetzt gelernt, wie ArcMap gestartet wird und wie Daten in einen Datenrahmen geladen werden, um die Geometrie und die Sachdaten von raumbezogenen Daten (hier SDC-Daten) anzuzeigen.

4.2.3 Weitere raumbezogene Daten einlesen

In diesem Abschnitt werden Sie einen neuen Datenrahmen einfügen, in den Sie weitere Datensätze einladen. Um den Zusammenhang von Geometrie und Sachdaten zu erkennen, wird die Attributtabelle geöffnet und dort eine Auswahl vorgenommen.

Zunächst wird ein neuer Datenrahmen eingefügt. Betätigen Sie dazu folgendes Menü:

ArcMap-Hauptmenü:
Einfügen:
Datenrahmen

Ändern Sie den Namen des neu entstandenen Datenrahmens auf „Deutschland" (unter Datenrahmen-Eigenschaften wie im vorherigen Abschnitt) und laden Sie folgende Daten in den Datenrahmen. Betätigen Sie dazu das folgende Menü oder die nebenstehende Schaltfläche:

4.2 ArcMap-Einführungsbeispiel

ArcMap-Kontextmenü: Datenrahmen „Deutschland"
Daten hinzufügen:

EsriData_World_Europe_Canada_Mexico\europe\germany\plzzip5.sdc

Es werden die Daten, die sich im Datenrahmen „Deutschland" befinden, angezeigt. Öffnen Sie die zugehörige Attributtabelle mit dem Kontextmenü auf „plzzip5".

ArcMap-Kontextmenü: Layer „plzzip5"
Attribut-Tabelle öffnen

Die Attributtabelle enthält die Sachdaten (Attribute) für die Geometrie (Objekte, Features). Die Attribute beschreiben die Features. Deshalb gibt es zu jedem Feature (hier ein Postleitzahlbezirk) eine zugehörige Zeile in der Attributtabelle. Markieren Sie darin eine Zeile (einen Datensatz), so wird in der Daten-Ansicht das zugehörige Feature ebenfalls ausgewählt.

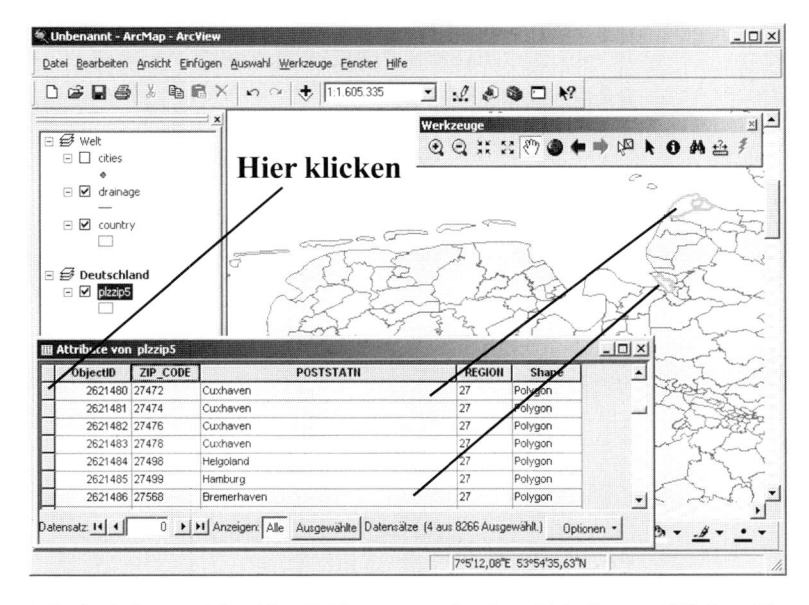

Mit der Maus wählen Sie die Datensätze in einer Tabelle aus. Klicken Sie auf einen Datensatz (ganz links in der Tabelle). Drücken Sie gleichzeitig die Strg-Taste, wenn Sie mehrere Datensätze auswählen wollen. Die zugehörigen Features in der Daten-Ansicht werden ebenfalls markiert.

Umgekehrt werden auch bei der Auswahl von Features in der Daten-Ansicht die zugehörigen Datensätze in der Tabelle selektiert. Ein Feature in der Daten-Ansicht selektieren Sie mit dem Werkzeug „Features auswählen" aus der Werkzeugleiste „Werkzeuge". Aktivieren Sie das Werkzeug und klicken Sie auf ein Feature. Drücken Sie gleichzeitig die Shift-Taste, wenn Sie mehrere Features auswählen wollen. Die zugehörigen Datensätze in der Tabelle werden ebenfalls dann selektiert.

4.2.4 Abfrage „Postleitzahlbezirke von Hamburg"

Mit Hilfe der Attribute von „plzzip5.sdc" sollen jetzt die Postleitzahlbezirke von Hamburg selektiert werden. Zeichnen Sie dazu den Layer „plzzip5" (Haken setzen) und starten Sie den Abfragedialog mit:

ArcMap-Hauptmenü:
Auswahl:
Nach Attributen auswählen

Geben Sie den nachstehenden Ausdruck ein:

"POSTSTATN" = 'Hamburg'

Doppelklicken Sie dazu im Abfragefenster unter „Felder" auf „POSTSTATN", dann mit einem Einfachklick auf „=", geben Sie 'Hamburg' ein oder drücken Sie auf die Schaltfläche „Einzelwerte anfordern" und wählen Sie 'Hamburg' mit Doppelklick aus. Achten Sie darauf, dass Sie „plzzip5" unter „Layer" ausgewählt haben. Drücken Sie die Schaltfläche „Übernehmen". Die ausgewählten Features werden im Datenfenster markiert.

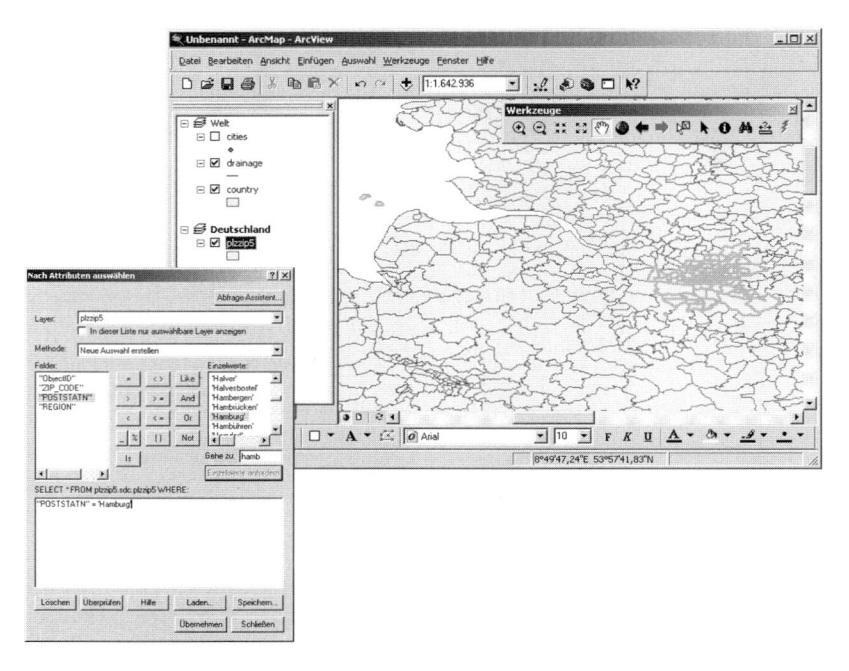

4.2.5 Symbologie erstellen

Für den Layer „country" im Datenrahmen „Welt" soll nun eine Symbologie (Legende) für die Flächengröße der Länder erstellt werden. Für flächenmäßig große Länder sollen die Features (Polygone) in anderen Farben dargestellt werden als für kleinere Staaten. Dazu werden die Werte des Attributs „SQKM" in fünf Klassen eingeteilt.

Aktivieren Sie zunächst den Datenrahmen „Welt". Betätigen Sie dazu das Kontextmenü:

ArcMap-Kontextmenü: Datenrahmen „Welt"
Aktivieren

Um eine Symbologie für den Layer „country" zu erstellen, öffnen Sie den Eigenschaftendialog mit folgendem Kontextmenü:

ArcMap-Kontextmenü: „country"
Eigenschaften:
Symbologie: Anzahl: Abgestufte Farben

Im Register „Symbologie" werden die für die benötigten Einstellungen gewünschten Symbole eingegeben. Stellen Sie unter „Anzahl" den Typ „Abgestufte Farben" ein, unter „Wert" das zu klassifizierende Attribut (hier SQKM). Ein Farbschema kann ebenfalls ausgewählt werden.

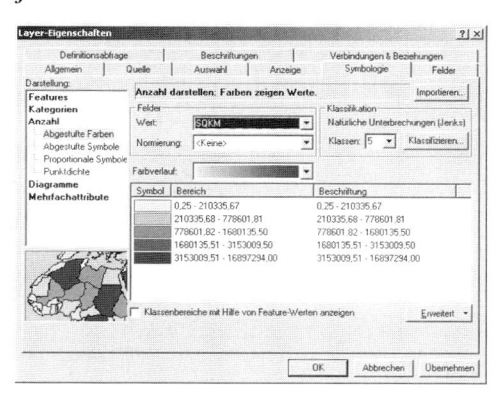

Mit den Schaltflächen „Übernehmen" oder „OK" wird die Symbologie erstellt.

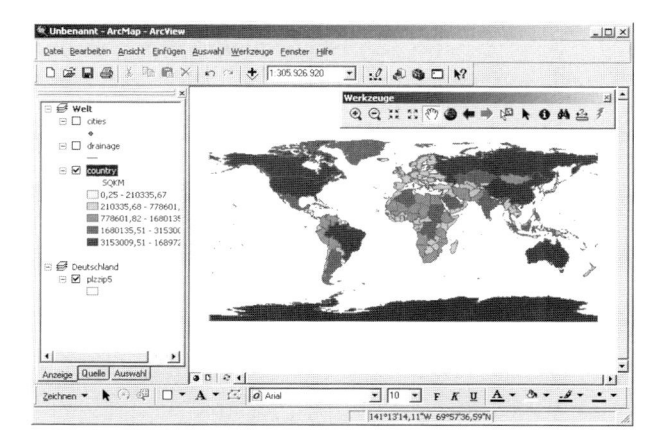

4.2.6 Beschriftung der Länder mit ihren Namen

Im Folgenden sollen die Länder des Layers „country" im Datenrahmen „Welt" mit ihren Namen beschriftet werden. Dazu wird im Folgenden zuerst das Attribut festgelegt, mit dem beschriftet werden soll (hier „CNTRY_Name"). Um die Beschriftungen bearbeiten zu können (Verschieben, Schriftgröße, Schriftart...) muss die Beschriftung in Annotation (Grafiken) umgewandelt werden. Annotations (Annotation-Layer) haben u. a. den Vorteil, dass sie wie andere Layer behandelt, in eine Geodatabase gespeichert und somit auch anderweitig verwendet werden können.

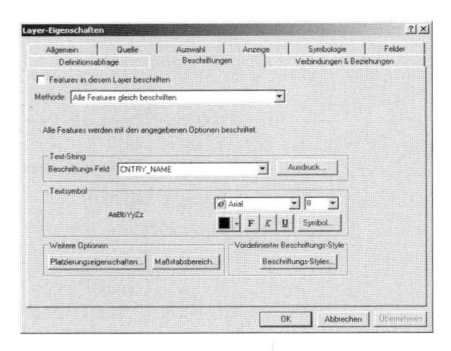

Im nebenstehenden Dialog geben Sie an, mit welchem Attribut die Countries beschriftet werden sollen. Klicken Sie dazu mit der rechten Maustaste auf den Layer „country" und wählen Sie aus dem Kontextmenü den Eintrag „Eigenschaften". Im folgenden Dialog aktivieren Sie das Register „Beschriftungen". In der Liste „Beschriftungs-Feld" selektieren Sie „CNTRY_Name" und drücken Sie die Schaltfläche „OK". Damit ist die Einstellung vorgenommen.

Die Features können jetzt automatisch beschriftet werden über:

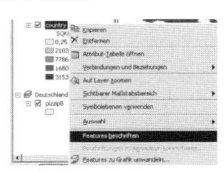

ArcMap-Kontextmenü: Layer „country"
Features beschriften

Zoomen Sie auf einen Ausschnitt (z. B. Europa) um die Beschriftung besser lesen zu können.

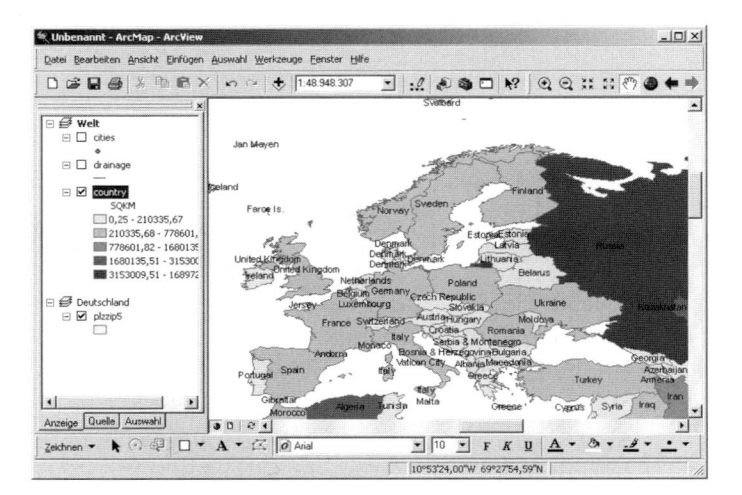

4.2 ArcMap-Einführungsbeispiel

Die Beschriftung ist starr mit den Features verbunden. Wenn die Beschriftung für die Anwendung ausreicht, kann sie so verwendet werden.

Allerdings ist in den meisten Fällen eine Nachbearbeitung notwendig. Schriftgröße oder -art müssen z. B. verändert werden. Ein Verschieben der Beschriftungen kann ebenso nötig werden. Die Beschriftung muss in diesem Fall in Annotation (Grafiken) umgewandelt werden und zwar mit folgendem Kontextmenü:

ArcMap-Kontextmenü: Layer „country"
Beschriftungen zu Annotation konvertieren...

Klicken Sie unter „Annotations speichern" auf die Option „In der Karte" und lassen Sie alle anderen Einstellungen so, wie sie sind. Drücken Sie dann auf „Konvertieren".

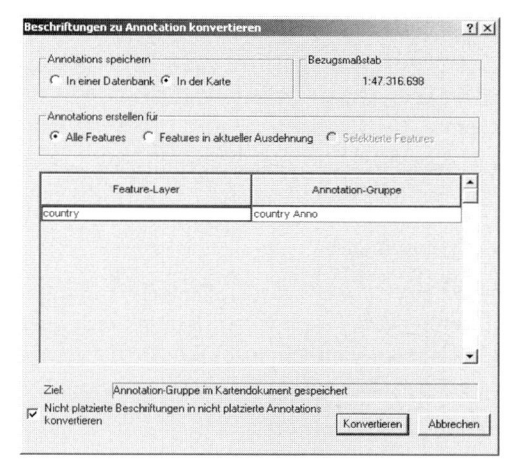

Das Fenster „Nicht platzierbare Annotation" gibt die Beschriftungen an, die sich mit anderen überlappen. Sie sind nicht im Datenfenster gezeichnet. Wollen Sie sie zeichnen, so klicken Sie mit der rechten Maustaste auf den Eintrag „Annotation hinzufügen". Schließen Sie das Fenster „Nicht plazierbare Annotation".

Alle Beschriftungen im Datenfenster können jetzt bearbeitet werden. Markieren Sie mit nebenstehenden Werkzeug eine oder mehrere (Shift-Taste gleichzeitig drücken) Beschriftungen und verschieben Sie sie. Achten Sie darauf, dass dazu das Werkzeug „Elemente auswählen" in der Werkzeugleiste „Zeichnen" (unten) aktiv ist.

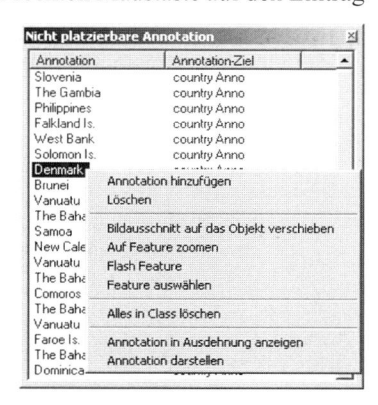

Ausführliche Erläuterungen zu Beschriftungen und Annotation finden Sie in den entsprechenden Kapiteln dieses Buches.

4.2.7 Kartenlayout erstellen

Die bisher erstellten Ergebnisse in diesem Beispiel werden jetzt zu Präsentationszwecken in einer Karte zusammengestellt. Dazu werden folgende Punkte ausgeführt:

- Datenrahmen „Deutschland" entfernen
- Layout-Ansicht einschalten
- Seite für die Ausgabe einrichten (DIN A4, Querformat...)
- Legenden des Datenrahmens „Welt" in die Layout-Ansicht laden
- Nordpfeil einladen und einen Titel eingeben
- Maßstabsleiste einladen

Datenrahmen „Deutschland" entfernen

Da nur die Daten des Datenrahmens „Welt" in der Karte dargestellt werden sollen, muss der Datenrahmen „Deutschland" entfernt werden und zwar mit dem Kontextmenü:

<u>ArcMap-Kontextmenü: Datenrahmen „Deutschland"</u>
Entfernen

Layout-Ansicht einschalten

Das Datenfenster in ArcMap hat eine Daten-Ansicht und eine Layout-Ansicht. In der Daten-Ansicht werden die raumbezogenen Daten analysiert und bearbeitet, bis sie schließlich in der Layout-Ansicht mit anderen Karten-Elementen zu einer Karte zusammengestellt werden. Der Wechsel von der Daten-Ansicht zur Layout-Ansicht oder umgekehrt kann mit den Schaltflächen links unten im Datenfenster oder mit folgendem Menü vorgenommen werden:

<u>ArcMap-Hauptmenü:</u>
Ansicht:
Daten-Ansicht / Layout-Ansicht

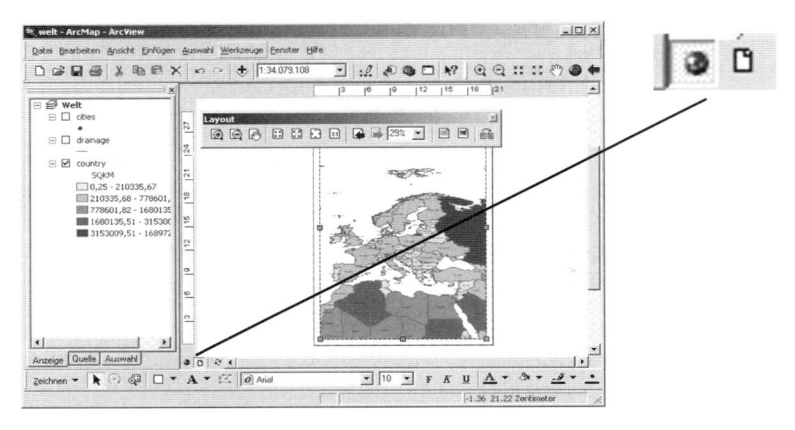

4.2 ArcMap-Einführungsbeispiel

Seite für die Ausgabe einrichten (DIN A4, Querformat...)

Da eine Karte oft auf Papier über einen Drucker oder Plotter ausgegeben werden soll, müssen noch Angaben zur Seitengröße, Seiten-Orientierung usw. gemacht werden. Starten Sie den zugehörigen Dialog mit:

ArcMap-Hauptmenü:
Datei:
Seiten- und Druckereinrichtung

Im nebenstehenden Fenster entfernen Sie den Haken aus der Box „Papiereinstellungen des Druckers verwenden" und stellen Sie unter „Seite: Standardgrößen" den Wert „A4" ein. Wählen Sie unter „Ausrichtung" das Querformat. Drücken Sie „OK".

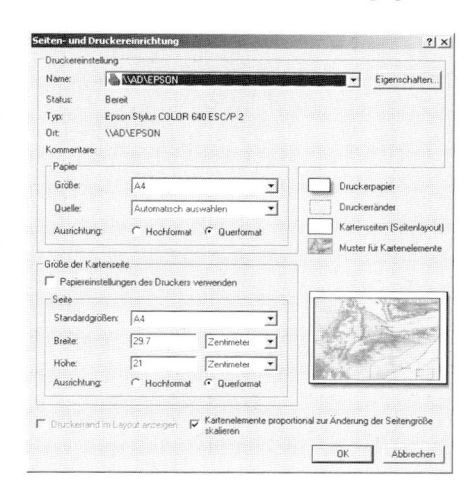

Legenden des Datenrahmens „Welt" in die Layout-Ansicht laden

Die Symbologie im Inhaltsverzeichnis soll jetzt in die Karte (Layout-Ansicht) übertragen werden. Dazu gibt es einen Assistenten, der die Erstellung anspruchsvoller Legenden ermöglicht. Starten Sie ihn mit:

ArcMap-Hauptmenü:
Einfügen:
Legende...

Klicken Sie „Weiter" und lassen Sie in den folgenden Fenstern alle Einstellungen bestehen, wie sie vorgegeben sind. Im letzten Fenster klicken Sie auf „Fertigstellen". Die Legende (Symbologie aller Layer im Datenrahmen „Welt") wird in die Karte eingefügt.

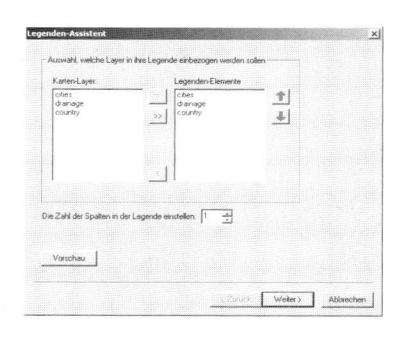

Die Legende und auch der Datenrahmen können in der Layout-Ansicht markiert, dann verschoben und ihre Größe verändert werden.

Nordpfeil einladen und einen Text eingeben

Mit den folgenden Menüs können Sie einen Nordpfeil und einen Text eingeben:

ArcMap-Hauptmenü:
Einfügen:
Nordpfeil oder Text

Doppelklicken Sie auf den Text und dann auf die Schaltfläche „Symbol ändern", um die Textgröße zu verändern. Verschieben Sie den Text mit gedrückter linker Maustaste.

Maßstabsleiste einladen

Schließlich wird noch eine Maßstabsleiste in die Karte eingefügt. Dazu müssen zuerst in den Eigenschaften des Datenrahmens „Welt" im Register „Allgemein" die Anzeige-Einheiten auf „Kilometer" gesetzt werden. Betätigen Sie dazu das Kontextmenü:

ArcMap-Kontextmenü: Datenrahmen „Welt"
Eigenschaften: Allgemein: Anzeige auf „Kilometer" setzen

Betätigen Sie anschließend das Menü zum Einfügen einer Maßstabsleiste:

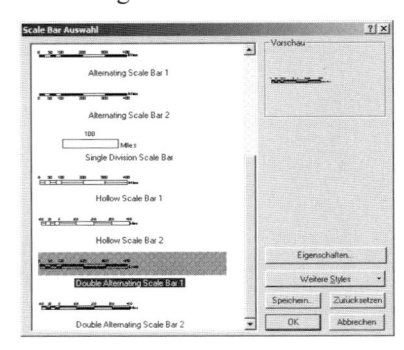

ArcMap-Hauptmenü:
Einfügen:
Maßstabsleiste

Wählen Sie eine Maßstabsleiste aus und drücken Sie auf „OK".

In der Karte befindet sich nun ein Datenrahmen mit der Geometrie, eine Legende, ein Nordpfeil, ein Text und eine Maßstabsleiste. Alle Kartenelemente lassen sich wie mit einem Zeichenprogramm vergrößern, verkleinern, verschieben usw. Markieren Sie das Element, das Sie bearbeiten wollen. Achten Sie darauf, dass dazu das Werkzeug „Elemente auswählen" in der Werkzeugleiste „Zeichnen" (siehe nachfolgende Abbildung) aktiv ist. Wenn Sie gleichzeitig mit der Maus auch die Shift-Taste drücken, können Sie mehrere Elemente zugleich auswählen.

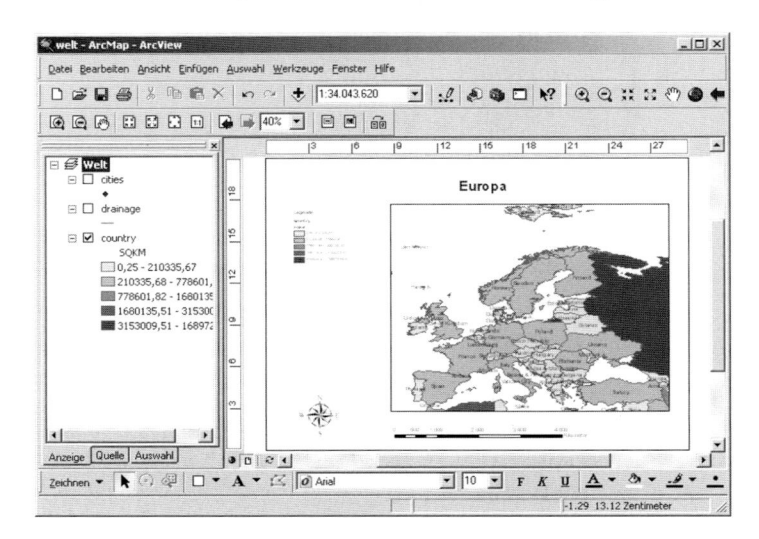

4.2.8 ArcMap speichern und beenden

Bevor ArcMap beendet wird, sollten die bis hier geleisteten Arbeiten gespeichert werden, und zwar in einem so genannten ArcMap-Dokument (*.mxd). Darin werden alle Arbeiten an den Daten (Beschriftungen, Symbologieerstellung, Selektionen, Kartenlayout...) gespeichert. Mit Öffnen des Dokuments kann die Arbeit fortgesetzt werden. Die Daten selbst werden nicht im ArcMap-Dokument gespeichert. Dort werden nur Verweise (Pfadnamen) zu den Daten geschrieben. Sollen diese Pfade relativ (zur mxd) oder absolut gespeichert werden, so können Sie diese Einstellungen vornehmen unter:

ArcMap-Hauptmenü:
Datei:
Karteneigenschaften: Schaltfläche „Datenquellen-Optionen"

Zum Speichern der „mxd" betätigen Sie folgendes Menü:

ArcMap-Hauptmenü:
Datei:
Speichern oder Speichern unter...

und geben Sie das Verzeichnis und den Namen an. ArcMap wird beendet mit:

ArcMap-Hauptmenü:
Datei:
Beenden

4.3 ArcMap-Benutzeroberfläche

4.3.1 Aufbau der Benutzeroberfläche

Die Benutzeroberfläche von ArcMap besteht im Wesentlichen aus folgenden Komponenten:

- Hauptmenüleiste
- mehrere Werkzeugleisten
- zwei Fenstern (Inhaltsverzeichnis und Datenfenster)
- integrierter ArcToolbox
- Befehlszeile
- verschiedenen Kontextmenüs
- Statusleiste

Die Benutzeroberfläche lässt sich vom Anwender beliebig anpassen. Die Werkzeugleisten lassen sich ein- und ausschalten und in der Benutzeroberfläche anordnen. Auch können alle in ArcMap vorhandenen Funktionen jedem Menü (einem vorhandenen oder einem neuen) oder jeder Schaltfläche zugeordnet werden. Das Inhaltsverzeichnis, die Fenster von ArcToolbox und der Befehlszeile lassen sich aus der Benutzeroberfläche herausschieben, um auf diese Weise mehr Platz für die Darstellung der Daten im Datenfenster zur Verfügung zu haben. Die Veränderung der Benutzeroberfläche wird ausführlich im Kapitel 23 „Anpassen der Benutzeroberfläche" beschrieben.

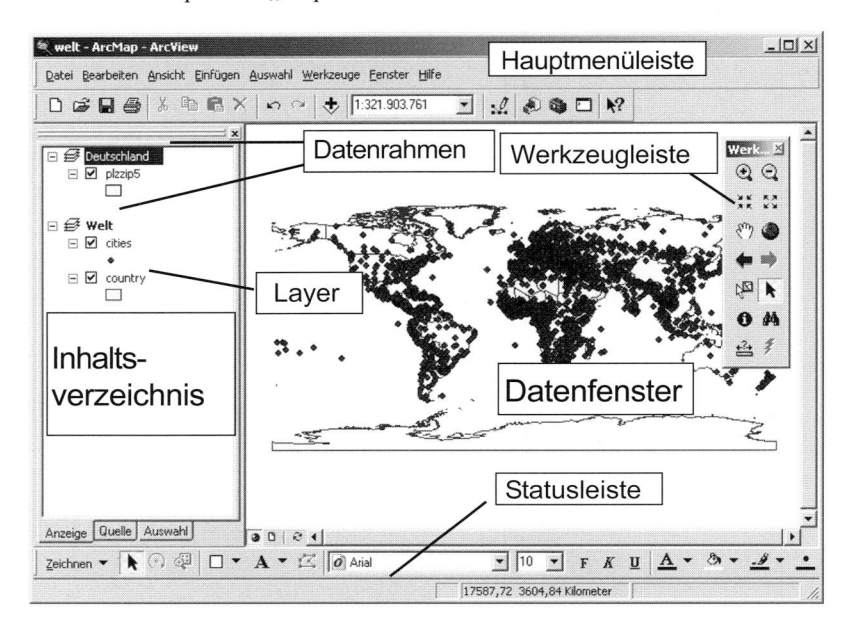

Die **Hauptmenüleiste** befindet sich als oberste Zeile in der Benutzeroberfläche. Sie enthält alle wichtigen Funktionen des Programms.

Darunter befindet sich die **Standard-Werkzeugleiste**. Alle Werkzeugleisten können mit den folgenden Menüs ein- bzw. ausgeschaltet werden:

ArcMap-Hauptmenü:
Ansicht:
Werkzeugleisten

ArcMap-Kontextmenü: Hauptmenü- oder eine Werkzeugleiste
Gewünschte Werkzeugleiste anhaken

In der Benutzeroberfläche befinden sich standardmäßig zwei Fenster, links das **Inhaltsverzeichnis**, in dem sich die Datenrahmen befinden. In den Datenrahmen werden die Datensätze als Layer (z. B. Shapefiles, Coverages, Rasterdaten) geladen. Hier haben Sie Zugriff auf die eingeladenen Daten. Sie können z. B. die Layer im Datenfenster ein- und ausschalten (anzeigen), kopieren, eine Legende erstellen usw. Mit dem Register „Quelle" kann die Quelle der Daten (Verzeichnisstruktur) angezeigt werden. Im Register „Auswahl" werden die Layer markiert (Haken setzen), für die eine interaktive Auswahl der Features möglich ist.

Rechts vom Inhaltsverzeichnis befindet sich das **Datenfenster**. Dort werden die raumbezogenen Daten dargestellt. Das Datenfenster lässt sich entweder auf die Daten-Ansicht oder die Layout-Ansicht einstellen. In der Daten-Ansicht können die Geometrie und die Sachdaten betrachtet und analysiert werden. In der Layout-Ansicht wird mit den Datenrahmen und anderen Kartenelementen (Legenden, Nordpfeil, Maßstab...) eine Karte erstellt, die dann z. B. auf Papier ausgegeben werden kann. Umschalten können Sie zwischen der Daten- und Layout-Ansicht mit den beiden Schaltflächen unten links im Datenfenster oder mit folgendem Menü:

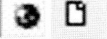

ArcMap-Hauptmenü:
Ansicht:
Daten-Ansicht oder Layout-Ansicht

Wenn Sie mit der rechten Maustaste in das Datenfenster klicken, so erhalten Sie ein Kontextmenü. In ArcMap gibt es viele dieser Menüs. Sie werden durch Klick mit der rechten Maustaste auf ein Element der Benutzeroberfläche (z. B. Datenfenster, Datenrahmen, Layer...) ausgelöst.

Ganz unten in der Benutzeroberfläche befindet sich die Statusleiste, in der z. B. Hilfetexte oder Hinweise für Menüs und Werkzeuge angezeigt werden. Dort werden auch die Koordinaten des Mauszeigers im Datenfenster angezeigt. In der Daten-Ansicht können Sie die Koordinaten der Objekte (Features) ablesen. In der Layout-Ansicht werden die Koordinaten des Kartenblattes und auch die Geo-Koordinaten für einen Datenrahmen in der Layout-Ansicht angezeigt.

Die zuvor genannten Elemente der ArcMap-Benutzeroberfläche werden in den folgenden Abschnitten näher erläutert.

4.3.2 Hauptmenüleiste

Hauptmenü
Datei Bearbeiten Ansicht Einfügen Auswahl Werkzeuge Fenster Hilfe

Die Hauptmenüleiste enthält Menüs mit den wichtigsten Funktionen von ArcMap. Die folgenden Erläuterungen zu den Menüs geben einen groben Überblick und einen kurzen Einblick in die zugehörigen Funktionen. Eine genaue Beschreibung der umfangreichen Funktionen mit Beispielen erfolgt in weiteren Kapiteln.

Menü „Datei"

Das Menü „Datei", das in fast allen Windows-Anwendungen enthalten ist, hat auch in ArcMap Standard-Funktionen. So finden Sie hier den Menüeintrag zum Beenden der Anwendung und die -einträge zum Öffnen und Speichern der ArcMap-Dokumente (*.mxd). Der Menüeintrag „Neu" erstellt ein neues leeres ArcMap-Dokument.

Mit „Daten hinzufügen" werden Daten vom lokalen Rechner oder aus einem Netzwerk eingefügt. Mit „Daten vom Internet hinzufügen" können Daten von IMS(**I**nternet **M**ap **S**ervice)-Websites (z. B. dem „Geography Network") in einen Datenrahmen eingefügt werden.

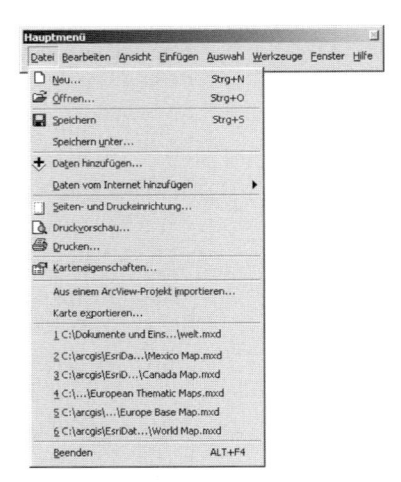

Für die Kartenerstellung lassen sich die Seite (z. B. Größe, Ausrichtung...) und das gewünschte Ausgabegerät einstellen. Mit den Menüeinträgen „Druckvorschau" und „Drucken" kann man die Karte (Daten-Ansicht und Layout-Ansicht) ausdrucken (Drucker, Plotter oder in eine Datei).

Unter „Karteneigenschaften" lässt sich das ArcMap-Dokument (*.mxd) beschreiben. Zudem kann hier angegeben werden, ob die Pfade der eingeladenen Datensätze relativ zur Position des ArcMap-Dokuments oder mit vollen Pfadnamen in der „*.mxd" abgelegt werden sollen. Das relative Speichern der Pfadnamen hat den Vorteil, dass ein ArcMap-Dokument von jedem beliebigen Verzeichnis oder Rechner gestartet werden kann. Dabei muss nur die relative Position der Daten zum ArcMap-Dokument beibehalten werden. Wenn Sie ein ArcMap-Dokument mit Daten z. B. auf einer CD weitergeben, sind relative Pfadnamen wichtig.

Mit dem Menüeintrag „Aus einem ArcView-Projekt importieren..." können ArcView 3.x-Projekte (*.apr) in ArcMap eingelesen werden. Dies hat allerdings gewisse Einschränkungen, da ArcMap z. B. nur eine einzige Layout-Ansicht hat, ArcView 3.x aber mehrere Layouts haben kann.

Die Daten- und die Layout-Ansicht können in verschiedene Formate (z. B. PDF, BMP, JPEG, EPS, TIFF...) exportiert werden. Benutzen Sie dazu den Menüeintrag „Karte exportieren".

Menü „Bearbeiten"

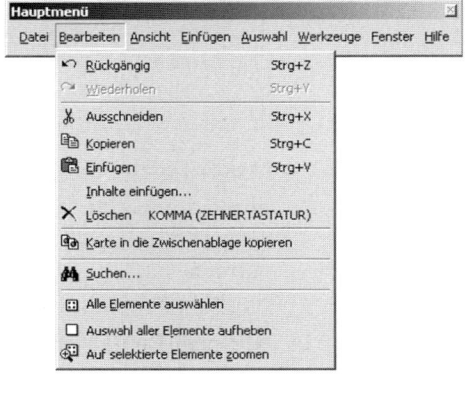

Im Menü „Bearbeiten" sind ebenso wie im Menü „Datei" Funktionen enthalten, die in vielen anderen Windows-Anwendungen zu finden sind.

Mit dem Menüeintrag „Rückgängig" können Sie eine Aktion stornieren, z. B. einen Layer, der aus dem Inhaltsverzeichnis gelöscht wurde, wieder zurückholen. Der Menüeintrag „Wiederholen" stellt eine rückgängig gemachte Aktion wieder her.

4.3 ArcMap-Benutzeroberfläche

Mit „Ausschneiden", „Kopieren" und „Einfügen" werden markierte grafische Elemente in die Zwischenablage von Windows übernommen, kopiert oder wieder eingefügt. Diese Funktionen können jedoch nicht für Layer verwendet werden. Layer werden mit dem Kontextmenü (rechte Maustaste auf einen Layer) kopiert.

„Inhalte einfügen" setzt den Inhalt der Zwischenablage in das Datenfenster ein. In dem dann folgenden Dialog können Sie festlegen, in welchem Format die Daten in ArcMap eingefügt werden sollen.

Markierte Texte oder Grafiken in der Daten-Ansicht und alle Elemente in der Layout-Ansicht werden mit „Löschen" entfernt.

„Karte in die Zwischenablage kopieren" legt die aktive Daten- oder Layout-Ansicht in der Windows-Zwischenablage ab. Von dort kann sie in anderen Anwendungen (z. B. Word) durch Einfügen wieder eingelesen werden. Für die Daten-Ansicht wird nur die aktuell eingestellte Ausdehnung in die Zwischenablage abgelegt.

Die Funktion „Suchen" spürt Objekte (Features) in einem ArcMap-Dokument mit Hilfe von Attributtexten oder Teilen von ihnen auf. Sie können in sichtbaren Layern, in allen Layern oder allen Datenrahmen suchen.

„Alle Elemente auswählen" markiert in der Daten-Ansicht alle Grafiken und Texte (keine Features). In der Layout-Ansicht werden sämtliche Elemente ausgewählt. Ausgewählte Elemente können dann z. B. kopiert oder gelöscht werden. Die Auswahl aller grafischen Elemente kann aufgehoben werden. Es kann auf die ausgewählten Elemente gezoomt werden.

Menü „Ansicht"

Mit den Einträgen des Menüs „Ansicht" wird im Wesentlichen die Ansicht der Benutzeroberfläche gesteuert. Für das Datenfenster kann hier die Daten- oder die Layout-Ansicht gewählt werden.

Unter „Daten vergrößern/ verkleinern" können die Daten in der Daten-Ansicht des Datenfensters vergrößert oder verkleinert werden. Für die Layout-Ansicht betätigen Sie den Menüeintrag „Layout vergrößern/verkleinern". Diese Einträge haben weitere Untereinträge.

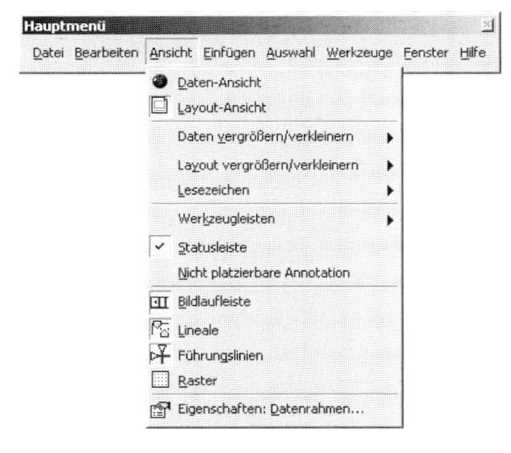

Mit dem Eintrag „Lesezeichen" setzen Sie für bestimmte Vergrößerungsstufen im Datenfenster Marken (Zeichen), so dass Sie damit bequem zwischen unterschiedlichen Vergrößerungen wechseln können.

Unter „Werkzeugleisten" können alle in ArcMap enthaltenen Werkzeugleisten ein- oder ausgeblendet werden. Auch die Statusleiste lässt sich ausblenden.

„Nicht platzierbare Annotation" öffnet ein Fenster, in dem Annotation aufgeführt sind, die sich bei der Umwandlung in Annotation überlappen und damit nicht platziert werden konnten.

Die Bildlaufleisten im Datenfenster werden mit dem Menüeintrag „Bildlaufleiste" ein- oder ausgeschaltet.

In der Layout-Ansicht können horizontale und vertikale Lineale und Führungslinien eingefügt werden. Benutzen Sie dazu die Menüeinträge „Lineale" und „Führungslinien". Mit „Raster" wird ein Raster, an dem die Layout-Elemente ausgerichtet werden können, in die Layout-Ansicht gezeichnet.

Unter „Eigenschaften: Datenrahmen" werden die Eigenschaften des Datenrahmens, der zur Zeit aktiv ist, angezeigt und können dort verändert werden. Zu den Eigenschaften eines Datenrahmens gehören z. B. der Name, eine Beschreibung, der Raumbezug (Koordinatensystem) und weitere wichtige Eigenschaften, die an anderer Stelle noch näher beschrieben werden.

Menü „Einfügen"

In diesem Menü befinden sich Einträge zum Einfügen verschiedener Elemente in das Inhaltsverzeichnis und das Datenfenster. Mit „Datenrahmen" wird ein neuer leerer Datenrahmen in das Inhaltsverzeichnis eingefügt. Die Menüeinträge „Titel","Legende", „Nordpfeil", „Maßstabsleiste" und „Maßstabstext" fügen die jeweiligen Elemente in die Layout-Ansicht des Datenfensters ein.

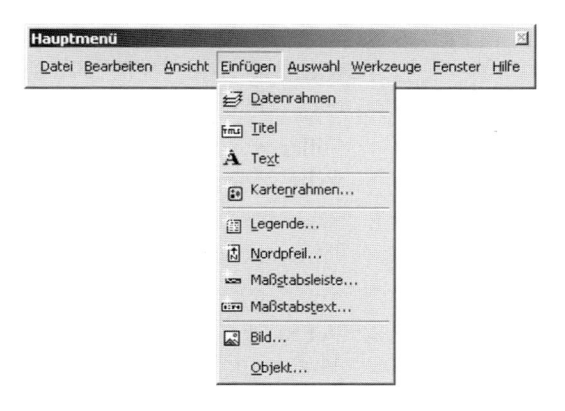

Die entsprechenden Elemente der Menüeinträge „Titel", „Text", „Kartenrahmen", „Bild", „Objekte" können in die Daten- oder Layout-Ansicht eingefügt werden. Mit „Kartenrahmen" wird ein Rahmen (Umrandung) um ein oder mehrere selektierte Elemente in der Layout-Ansicht gelegt. Mit „Bild" wird eine Bilddatei (z. B. *.bmp) eingefügt. Der Menüeintrag „Objekt" fügt Objekte anderer Windows-Anwendungen in das Datenfenster ein. Dies können z. B. Word-Dokumente, Excel-Tabellen oder Excel-Diagramme sein.

Menü „Auswahl"

Das Menü „Auswahl" stellt Funktionen für die Auswahl von Features eines Layers zur Verfügung. Sie können für die Auswahl einen logischen Ausdruck mit Hilfe der Attribute der Sachdaten (Tabelle) formulieren. Benutzen Sie dazu den Menüeintrag „Nach Attributen auswählen...". „Lagebezogene Auswahl..." selektiert Features mit Hilfe der Geometrie anderer Features von anderen Datensätzen (z. B. ein Gewerbegrundstück, das in der Nähe einer Straße liegt).

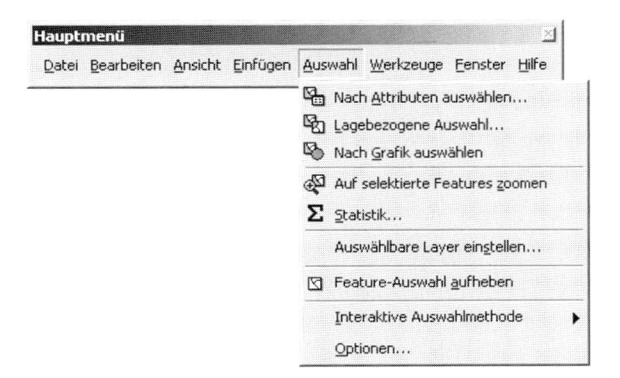

Mit „Nach Grafik auswählen" selektieren Sie Features, die unter einer Grafik (Rechteck, Kreis...) liegen. Grafiken werden mit der Werkzeugleiste „Zeichnen" eingefügt.

Sollen die selektierten Features maximal im Datenfenster angezeigt werden, so betätigen Sie „Auf selektierte Features zoomen".

Wollen Sie, dass kein Feature ausgewählt wird, so wählen Sie den Eintrag „Feature-Auswahl aufheben" aus. Damit wird die Selektion in allen Layern des aktiven Datenrahmens aufgehoben.

Für selektierte Features können Sie mit „Statistik" eine Statistik (Minimum, Maximum, Summe, Mittelwert, Standardabweichung) für numerische Attributfelder erstellen.

Mit „Auswählbare Layer einstellen" werden die Layer, aus denen ausgewählt werden soll, eingestellt. Die Einstellung gilt für die interaktive Auswahlfunktion (Auswahl mit der Maus) sowie für die Auswahl nach Grafiken (Nach Grafik auswählen).

Unter „Interaktive Auswahlmethode" wird die Methode für die Selektion festgelegt. Sie können z. B. bestimmen, dass die neue Selektion die vorher vorhandene Auswahl aufhebt oder beibehält. Die neue Auswahl kann auch ausschließlich aus vorher selektierten Features bestimmt werden.

Weitere Einstellungen für die Auswahl von Features finden Sie im Menüeintrag „Optionen". Eine ausführliche Beschreibung der Auswahlmethoden finden Sie in Kapitel 6 „Auswahl von Features".

Menü „Werkzeuge"

Das Menü „Werkzeuge" startet komplexe, umfangreiche Funktionen. Sie haben meistens eine Benutzerführung (Assistent). Eine genaue Betrachtung und Erklärung dieser Werkzeuge finden Sie in Band 2.

„Editorwerkzeugleiste" startet die Werkzeugleiste „Editor", mit der die Geometrie und die Sachdaten eines Layers bearbeitet werden können.

Zum Erstellen von Diagrammen und Berichten für die Sachdaten stehen die Menüeinträge „Diagramme" und „Berichte" zur Verfügung.

Die Funktion „Geokodierung" weist Adressen (Stadt, Straße, Hausnummer...) Koordinaten (Gauß-Krüger...) zu, damit sie in ArcGIS-ArcView dargestellt werden können.

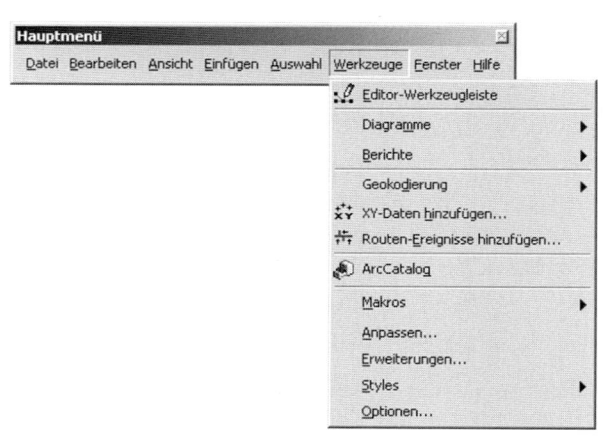

„XY-Daten hinzufügen" erzeugt einen Punkte-Layer aus einer externen Tabelle – z. B. Text-Datei (*.txt) oder dBase-Datei (*.dbf).

Mit „Routen-Ereignisse hinzufügen..." wird ein Layer, der Routen-Ereignisse enthält, aus einer Tabelle oder Datei erstellt. Routen-Ereignisse sind Orte oder Abschnitte entlang einer Strecke, an denen besondere Ereignisse stattfinden (beispielsweise eine Geschwindigkeitsbegrenzung).

„ArcCatalog" startet das Programm ArcCatalog. Mit „Makros" können Programme in Visual Basic for Application (VBA) zur Funktionserweiterung entwickelt werden. ArcMap stellt einen Visual Basic Editor zur Verfügung.

Die Benutzeroberfläche wird über den Menüeintrag „Anpassen" verändert (Werkzeuge und Menüs auf der Benutzeroberfläche anordnen oder Funktionen zuweisen). Eine genaue Beschreibung finden Sie in Kapitel 23 „Anpassen der Benutzeroberfläche" (Band 2).

4.3 ArcMap-Benutzeroberfläche

Sollten Sie eine zusätzliche Erweiterung erworben haben (z. B. Spatial Analyst), muss sie unter „Erweiterungen" eingestellt werden.

Mit „Styles" wählen Sie die Symbole oder andere Kartenelemente (z. B. Nordpfeile) aus. Styles sind Dateien (*.style), die z. B. Symbole (Punktsymbole, Liniensymbole, Flächensymbole) enthalten und in ArcMap eingeladen werden und damit zur Verfügung gestellt werden können.

Unter „Optionen" finden Sie Einstellungen (siehe Abschnitt 4.4.1)für die Benutzeroberfläche von ArcMap. So kann hier beispielsweise das Aussehen des Inhaltsverzeichnisses, der Daten- und Layout-Ansicht angepasst werden. Veränderbar ist hier auch die globale Farbe für die Auswahl von Features. Die individuelle Auswahlfarbe für einen Layer wird unter den Eigenschaften eines Layers eingestellt.

Menü „Fenster"

Der Menüeintrag „Übersicht" ruft ein Übersichtsfenster (siehe Abschnitt 4.9) für das Datenfenster auf. Damit erhält man z. B. eine Gesamtübersicht in

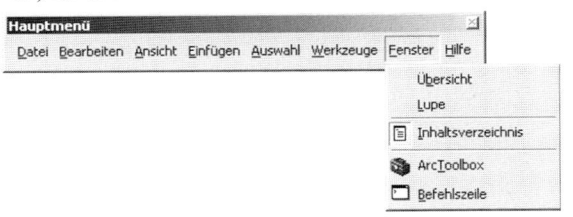

einem neuen Fenster, wenn im Datenfenster im Detail gearbeitet wird. Mit „Lupe" wird eine Lupe aufgerufen, mit der die Daten im Datenfenster vergrößert betrachtet werden können. Das Inhaltsverzeichnis der Benutzeroberfläche, ArcToolbox und die Befehlszeile können indiesem Menü geöffnet werden.

Menü „Hilfe"

Das Hilfe-Menü hat Einträge zum Starten der ArcGIS-Desktop-Hilfe und der Kontexthilfe (Direkthilfe). Die ArcGIS-Desktop-Hilfe beschreibt umfangreich alle Funktionen von ArcGIS (ArcCatalog, ArcMap) und ihre Bedienung. Die Kontexthilfe zeigt Hilfetexte für die Steuerelemente (Menüs, Werkzeugleisten, Dialoge) von ArcMap an. Eine genaue Beschreibung aller Hilfemöglichkeiten finden Sie in Kapitel 5 „Hilfe für ArcGIS – ArcView". Sie finden in diesem Menü auch drei Internet-Zugänge, über die Sie weitere Hilfe bekommen.

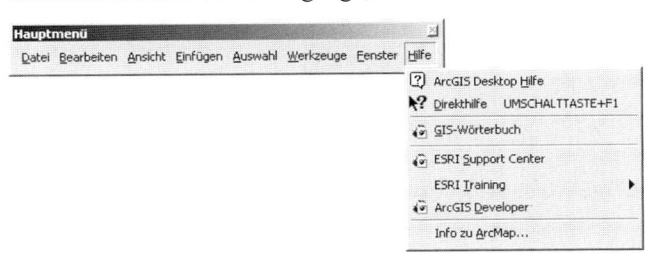

4.3.3 Werkzeugleisten

In diesem Abschnitt werden die im folgenden aufgelisteten Werkzeugleisten in der Übersicht beschrieben. Die Funktionen vieler Werkzeuge sind sehr komplex und werden in anderen Kapiteln genauer beschrieben. Die Werkzeugleisten „Beschriftung" und „Routenbearbeitung" werden nicht in diesem Kapitel, sondern in Kapitel 11 „Beschriftungen und Grafiken" sowie in Kapitel 17 „Bearbeiten von Routendaten" beschrieben. Die Werkzeugleisten „Netzwerk-Bearbeitung", „GPS", „Utility Network Analyst", „Annotation" und „Versionierung" (nur in ArcInfo) und ihre Funktionen werden in diesem Buch nicht beschrieben.

- Standard
- Werkzeuge
- Zeichnen
- Layout
- Effekte
- Georeferenzierung
- Datenrahmen-Werkzeuge
- Grafiken
- Karten-Cache
- Editor
- Entkoppelte Bearbeitung
- Erweiterte Bearbeitung
- Räumliche Anpassung
- ArcPad
- Topologie

Sie können die einzelnen Werkzeugleisten ein- bzw. ausschalten. Benutzen Sie dazu eines der folgenden Menüs und setzen Sie den entsprechenden Haken für die Werkzeugleiste, die angezeigt werden soll.

ArcMap-Hauptmenüleiste:
Ansicht::
Werkzeugleisten: Gewünschte Werkzeugleiste markieren

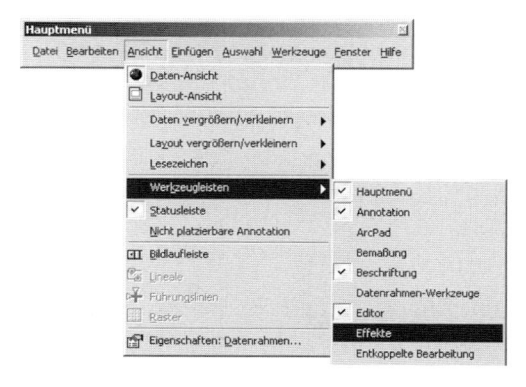

4.3 ArcMap-Benutzeroberfläche

ArcMap-Kontextmenü: Hauptmenü- oder eine Werkzeugleiste
Gewünschte Werkzeugleiste markieren

Werkzeugleiste „Standard"

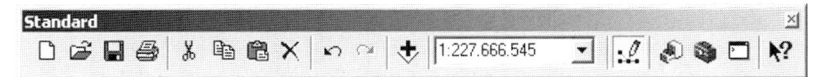

Die Werkzeugleiste „Standard" enthält allgemeine Werkzeuge, wie sie die meisten Windows-Anwendungen haben. Sie erstellen neue und öffnen schon vorhandene ArcMap-Dokumente (*.mxd). Kopieren, Ausschneiden und Löschen (über die Windows-Zwischenablage) sind ebenfalls möglich. ArcCatalog kann von hier aus gestartet werden, wenn z. B. bestimmte Daten gesucht werden. Ebenso können von hier aus ArcToolbox und die Befehlszeile für Geoverarbeitungsfunktionen geöffnet werden. Mit Drag&Drop können die Daten dann nach ArcMap herüber gezogen werden. Die Direkthilfe zeigt Hilfetexte für alle Werkzeuge, Menüs und Dialoge an. Im Folgenden werden für sämtliche Werkzeuge der Standard-Werkzeugleiste die Bezeichnungen (fett) angegeben und das Werkzeug kurz beschrieben.

← **Neues Kartendokument:** Erstellt ein neues leeres ArcMap-Dokument

← **Öffnen (Strg+O):** Öffnet ein auf Datenträger bestehendes ArcMap-Dokument

← **Speichern (Strg+S):** Speichert ein ArcMap-Dokument auf Datenträger unter Vorgabe eines Namens

← **Drucken:** Druckt eine Karte (Daten- oder Layout-Ansicht)

← **Ausschneiden (Strg+X):** Schneidet selektierte Elemente (Texte, Grafiken, Features) aus und legt sie in der Zwischenablage ab (nicht für Layer)

← **Kopieren (Strg+C):** Kopiert markierte Elemente (Texte, Grafiken, Features) und legt sie in der Zwischenablage ab (nicht für komplette Layer)

← **Einfügen (Strg+V):** Fügt Elemente (Texte, Grafiken, Features) aus der Zwischenablage in die Karte ein

← **Löschen:** Löscht markierte Elemente (Texte, Grafiken, Features) aus der Karte

← **Rückgängig:** Macht die zuletzt durchgeführte Aktion wieder rückgängig

← **Wiederholen:** Holt die zuvor rückgängig gemachte Aktion wieder zurück

← **Daten hinzufügen:** Lädt einen Datensatz ein (z. B. Shapefile) in einen aktiven Datenrahmen

← **Karten-Maßstab:** Stellt den Maßstab der Karte ein (Eingabe per Hand oder Auswahl aus der Liste)

← **Editor-Werkzeugleiste:** Startet die Editor-Werkzeugleiste zur Bearbeitung der Features und Sachdaten

← **ArcCatalog:** Startet ArcCatalog

← **ArcToolbox-Fenster ein- /ausblenden:** Startet ArcToolbox und damit die Geoverarbeitungsfunktionen

← **Befehlszeilenfenster ein- /ausblenden :** Startet die Befehlszeile, von der aus Geoverarbeitungsfunktionen gestartet werden können.

← **Direkthilfe:** Kontext-Hilfe für Menüs, Werkzeuge und Dialoge

Werkzeugleiste „Werkzeuge"

Die Werkzeugleiste „Werkzeuge" enthält Werkzeuge für die Darstellung der Geografie im Datenfenster (nur für die Daten-Ansicht). Sie dienen dem Vergößern und Verkleinern sowie Verschieben. Die Features können außerdem mit Hilfe der Maus selektiert und für diese dann die Sachdaten angezeigt werden.

← **Vergrößern:** Vergrößert die Daten-Ansicht per Mausklick oder durch Aufziehen eines Rechtecks

← **Verkleinern:** Verkleinert die Daten-Ansicht per Mausklick oder durch Aufziehen eines Rechtecks

← **Voreingestellte Vergrößerung:** Vergrößert in festen Schritten per Mausklick auf das Zentrum der Daten-Ansicht

← **Voreingestellte Verkleinerung:** Verkleinert in festen Schritten per Mausklick auf das Zentrum der Daten-Ansicht

← **Bildausschnitt verschieben:** Verschiebt die Features in der Daten-Ansicht durch Halten der linken Maustaste und Verschieben

← **Volle Ausdehnung:** Vergrößert die Daten-Ansicht auf volle Ausdehnung aller Features im aktiven Datenrahmen

← **Zurück zur vorherigen Ausdehnung:** Geht zurück zur letzten Ausdehnung

4.3 ArcMap-Benutzeroberfläche

← **Vor zur nächsten Ausdehnung:** Geht vorwärts zur nächsten Ausdehnung

← **Features auswählen:** Wählt Objekte (Features) mit Hilfe der Maus aus den zur Auswahl eingestellten Layern aus (interaktive Auswahlmethode)

← **Elemente auswählen:** Dient der Auswahl von Grafiken und Texten in der Daten- und Layout-Ansicht. Zusammen mit der Shift-Taste können mehrere Elemente zugleich ausgewählt werden.

← **Identifizieren:** Zeigt die Sachdaten eines Features an

← **Suchen:** Sucht Objekte (Features) mit Hilfe von Textvorgaben der Attributwerte

← **Messen:** Führt Längenmessungen in der Daten-Ansicht durch

← **Hyperlink:** Zeigt durch Mausklick auf ein Feature die verbundenen Hyperlinks (z. B. Bilder, Textdateien, Internetseiten) an

Werkzeugleiste „Zeichnen"

Mit der Werkzeugleiste „Zeichnen" können Grafiken und Texte wie mit einem Zeichenprogramm in der Daten- und Layout-Ansicht gezeichnet und bearbeitet werden. Für markierte Texte sind z. B. Schriftart und Schriftgröße einstellbar. Punkte, Linien, Rechtecke, Kreise und Polygone lassen sich zeichnen und ihre Attribute (Farbe, Dicke, Füllmuster) anpassen. Markierte Grafiken und Texte können gruppiert, ausgerichtet, gleichmäßig verteilt und gedreht werden.

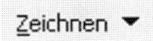

← **Die Auswahlliste (Menü)** stellt Funktionen zum Gruppieren, Ausrichten, Verteilen und Drehen für markierte Grafiken und Texte zur Verfügung. Grafische Operationen (Überlagern, Verschneiden, Subtrahieren) werden ebenfalls hier ausgeführt. Annotation-Ziele (Layer für Grafiken und Texte) können hier für die Bearbeitung ausgewählt oder neu erstellt werden.

← **Elemente auswählen:** Dient der Auswahl von Grafiken und Texten in der Daten- und Layout-Ansicht. Zusammen mit der Shift-Taste können mehrere Elemente ausgewählt werden

← **Freies Drehen:** Dreht markierte Texte und Grafiken mit der Maus

← **Auf selektierte Elemente zoomen:** Zoomt auf die selektierten Elemente im Datenfenster.

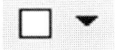

← **Zeichnet neue Grafiken** (Punkte, Linien, Rechtecke, Polygone)

← Fügt **Texte** und **Beschriftungen** für Objekte ein

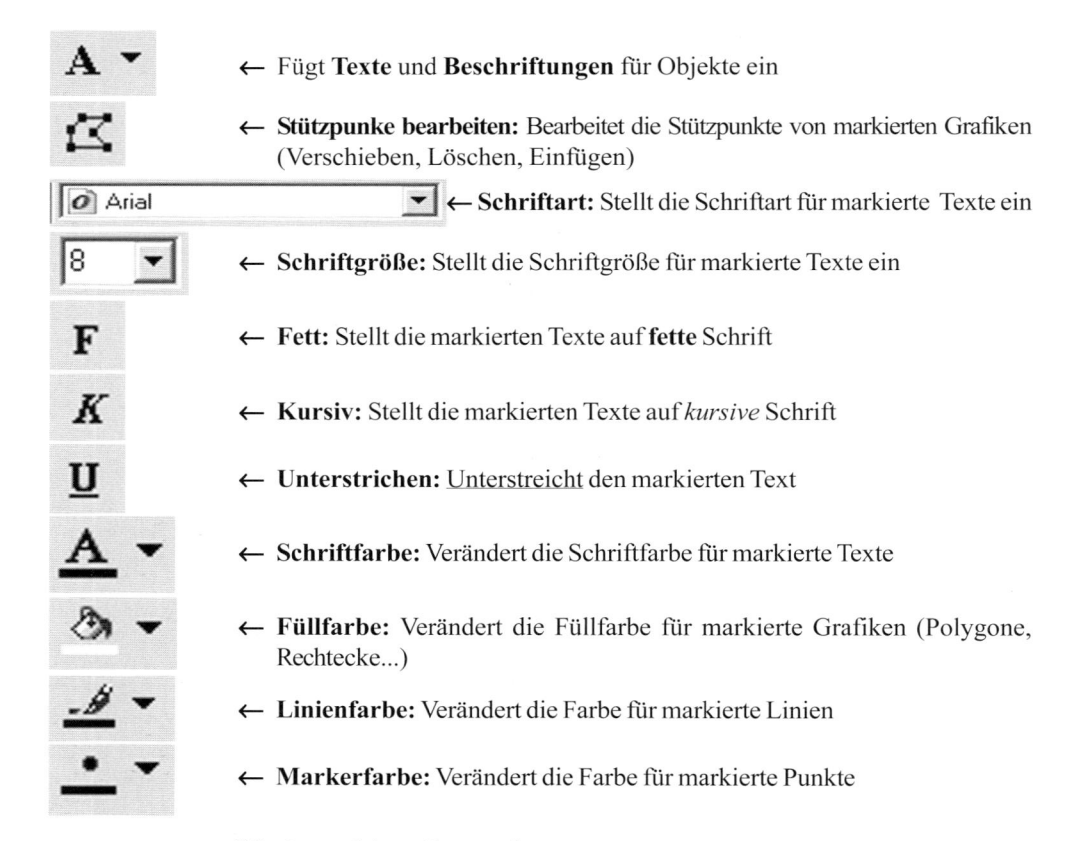

← **Stützpunke bearbeiten:** Bearbeitet die Stützpunkte von markierten Grafiken (Verschieben, Löschen, Einfügen)

← **Schriftart:** Stellt die Schriftart für markierte Texte ein

← **Schriftgröße:** Stellt die Schriftgröße für markierte Texte ein

← **Fett:** Stellt die markierten Texte auf **fette** Schrift

← **Kursiv:** Stellt die markierten Texte auf *kursive* Schrift

← **Unterstrichen:** Unterstreicht den markierten Text

← **Schriftfarbe:** Verändert die Schriftfarbe für markierte Texte

← **Füllfarbe:** Verändert die Füllfarbe für markierte Grafiken (Polygone, Rechtecke...)

← **Linienfarbe:** Verändert die Farbe für markierte Linien

← **Markerfarbe:** Verändert die Farbe für markierte Punkte

Werkzeugleiste „Layout"

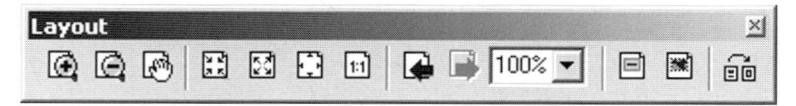

Die Werkzeugleiste „Layout" enthält Werkzeuge für die Darstellung in der Layout-Ansicht des Datenfensters. Sie können die Layout-Ansicht vergrößern oder verkleinern, verschieben, auf volle Ausdehnung bringen und in den schon vorher angefahrenen Zoom-Stufen vor- und zurückblättern.

← **Vergrößern:** Vergrößert die Layout-Ansicht per Mausklick oder durch Aufziehen eines Rechtecks

← **Verkleinern:** Verkleinert die Layout-Ansicht per Mausklick oder durch Aufziehen eines Rechtecks

← **Bildausschnitt verschieben:** Verschiebt den Inhalt der Layout-Ansicht durch Betätigen und Festhalten der linken Maustaste beim Verschieben

4.3 ArcMap-Benutzeroberfläche

← **Feste Vergrößerung:** Vergrößert in festen Schritten per Mausklick auf das Zentrum der Layout-Ansicht

← **Feste Verkleinerung:** Verkleinert in festen Schritten per Mausklick auf das Zentrum der Layout-Ansicht

← **Auf gesamte Seite zoomen:** Vergrößert die Layout-Ansicht auf volle Ausdehnung aller Elemente der Karte

← **Auf 100% zoomen:** Die Layout-Ansicht auf den Maßstab zoomen, der der Seitengröße entspricht

← **Zurück zur Ausdehnung:** Zurück zur vorherigen Ausdehnung (Zoom-Stufe)

← **Vor zur Ausdehnung:** Vor zur nächsten Ausdehnung (Zoom-Stufe)

← **Entwurfsmodus ein /aus:** Inhalt der Datenrahmen wird nicht gezeichnet

← **Datenrahmen fokussieren:** Ziel (Datenrahmen) für Grafiken und Texte

← **Zoom-Steuerelement:** Prozentuale Änderung der Ausdehnung (Vergrößern / Verkleinern) in der Layout-Ansicht

← **Layout ändern:** Layout mit Hilfe einer Vorlage (Template) ändern

Werkzeugleiste „Effekte"

Mit der Werkzeugleiste „Effekte" können Kontrast, Helligkeit und Transparenz der Layer im Datenfenster (Daten- und Layout-Ansicht) stufenlos verändert werden. In der Liste „Layer" der Werkzeugleiste wird der Layer eingestellt, für den die Veränderungen vorgenommen werden sollen. Für Rasterdaten (z. B. TIFFs) können Kontrast, Helligkeit und Transparenz eingestellt werden. Für Vektordaten (z. B. Shapefiles) kann nur die Transparenz verstellt werden.

← **Kontrast anpassen:** Kontinuierliche Kontrasteinstellungen für Rasterdaten

← **Helligkeit anpassen:** Kontinuierliche Helligkeitseinstellungen für Rasterdaten

← **Transparenz anpassen:** Kontinuierliche Einstellung der Transparenz für Vektor- und Rasterdaten.

Werkzeugleiste „Georeferenzierung"

Die Werkzeugleiste „Georeferenzierung" dient der Georeferenzierung von Rasterdaten. Rasterdaten ohne Geo-Koordinaten (z. B. gescannte Luftbilder) werden dadurch in ein übliches Koordinatensystem (z. B. Gauß-Krüger, UTM) transformiert. Es werden Referenzpunkte (Kontrollpunkte) benötigt, die im entsprechenden Koordinatensystem vorliegen müssen. Man erhält sie z. B. aus Messungen (GPS) oder aus einen Referenz-Layer.

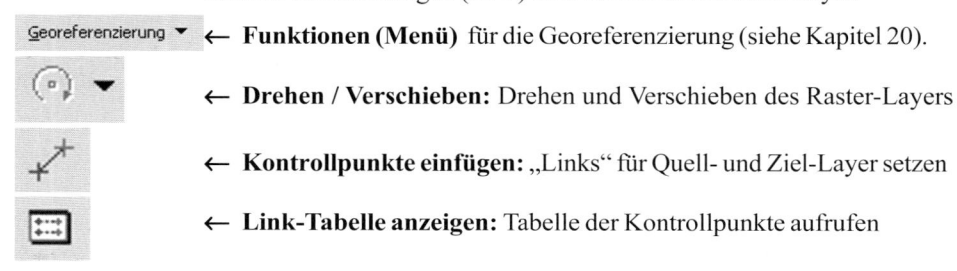

← **Funktionen (Menü)** für die Georeferenzierung (siehe Kapitel 20).

← **Drehen / Verschieben:** Drehen und Verschieben des Raster-Layers

← **Kontrollpunkte einfügen:** „Links" für Quell- und Ziel-Layer setzen

← **Link-Tabelle anzeigen:** Tabelle der Kontrollpunkte aufrufen

Werkzeugleiste „Datenrahmen-Werkzeuge"

Die Werkzeugleiste „Datenrahmen-Werkzeuge" dreht einen Datenrahmen in der Daten- und Layout-Ansicht mit der Maus oder einem vorgegebenen Winkelwert in Grad. Der Drehpunkt liegt im Zentrum des Datenfensters. Die Datensätze (z. B. der Shapefile) selber werden nicht verändert.

← **Datenrahmen drehen:** Setzt den Rotationswinkel (gegen Uhrzeigersinn)

← **Datenrahmen drehen:** Dreht den Datenrahmen mit der Maus (linke Maustaste)

← **Drehung zurücksetzen:** Setzt den Rotationswinkel auf Null

Werkzeugleiste „Grafiken"

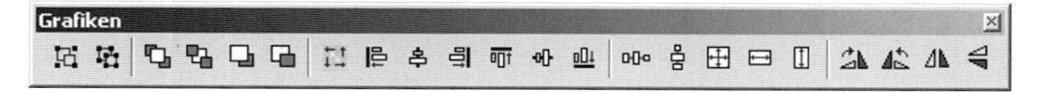

Die Werkzeugleiste „Grafiken" enthält Werkzeuge für die Bearbeitung und Darstellung von Grafiken und Texten in der Daten- und Layout-Ansicht.

4.3 ArcMap-Benutzeroberfläche

Grafiken sind Punkte, Linien, Polygone (Rechtecke, Kreise...), die mit den Werkzeugen der Werkzeugleiste „Zeichnen" erzeugt werden. Die markierten Grafiken und Texte können gruppiert, in den Vorder- oder Hintergrund anderer Elemente gebracht, ausgerichtet und gedreht werden.

← **Gruppieren:** Gruppiert markierte Grafiken und Texte

← **Gruppierung aufheben:** Hebt eine Gruppierung wieder auf

← **In den Vordergrund:** Bringt das markierte Element in den Vordergrund aller anderen Elemente

← **In den Hintergrund:** Bringt das markierte Element in den Hintergrund aller anderen Elemente

← **Eine Ebene nach vorne:** Bringt das markierte Element um eine Ebene nach vorne

← **Eine Ebene nach hinten:** Bringt das markierte Element um eine Ebene nach hinten

← **An Rändern ausrichten:** Legt fest, ob sich das Ausrichten mit den folgenden Ausrichtungs-Werkzeugen auf die markierten Elemente oder auf den Seitenrand des Layouts bezieht (nur Layout-Ansicht)

← **Linksbündig:** Richtet markierte Elemente nach links aus

← **Horizontal zentrieren:** Richtet markierte Elemente in der Mitte aus (am horizontalen Zentrum)

← **Rechtsbündig:** Richtet markierte Elemente nach rechts aus

← **Oben ausrichten:** Richtet markierte Element nach oben aus

← **Vertikal zentrieren:** Richtet markierte Elemente in der Mitte aus (am vertikalen Zentrum)

← **Unten ausrichten:** Richtet markierte Elemente nach unten aus

← **Horizontal verteilen:** Verteilt markierte Elemente horizontal

← **Vertikal verteilen:** Verteilt markierte Elemente vertikal

← **Größe angleichen:** Bringt markierte Elemente auf gleiche Höhe und Breite wie das Element mit den blauen Markierungspunkten. Strg-Taste und Maus erzeugen die blauen Markierungspunkte für ein Element.

← **Breite angleichen:** Bringt markierte Elemente auf gleiche Breite

Geographisches Institut der Universität Kiel

- ← **Höhe angleichen:** Bringt markierte Elemente auf gleiche Höhe

- ← **Rechtsdrehung:** Dreht markierte Elemente um 90 Grad nach rechts

- ← **Linksdrehung:** Dreht markierte Elemente um 90 Grad nach links

- ← **Horizontal kippen:** Kippt markierte Elemente horizontal (nicht für Nordpfeile, Maßstabsleisten und Datenrahmen in der Layout-Ansicht)

- ← **Vertikal kippen:** Kippt markierte Elemente vertikal (nicht für Nordpfeile, Maßstabsleisten und Datenrahmen in der Layout-Ansicht)

Werkzeugleiste „Karten-Cache"

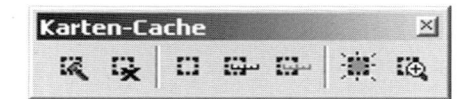

Die Werkzeugleiste „Karten-Cache" stellt Werkzeuge zum Erzeugen, Anzeigen und Zoomen eines Bearbeitungspuffers (Karten-Cache) an. Ein Bearbeitungspuffer ist ein Teil des internen Rechnerspeichers, in dem die Features (Geometrie) eines Datasets (Personal- oder SDE-Geodatabase) gespeichert werden. Dadurch wird die Bearbeitung und Darstellung der Features erheblich beschleunigt. Laden Sie z. B. eine Feature-Class aus einer Personal Geodatabase und starten Sie die Bearbeitung (Editor-Werkzeugleiste). Zoomen Sie auf den Bereich im Datenfenster (Daten-Ansicht), dessen Features im Bearbeitungspuffer abgelegt werden sollen. Betätigen Sie dann das Werkzeug „Karten-Cache erzeugen" in der Werkzeugleiste „Karten-Cache".

- ← **Edit-Cache erzeugen:** Erstellt einen Bearbeitungspuffer für den aktuellen Kartenausschnitt

- ← **Karten-Cache leeren:** Löscht alle Features aus dem Karten-Cache

- ← **Schaltet Auto-Cache ein/aus:** Die automatische Erzeugung des Bearbeitungspuffers bei Änderung des Kartenausschnittes wird ein- bzw. ausgeschaltet

- ← **Auto-Cache-Maßstab festlegen:** Legt den aktuellen Kartenausschnitt als obere Grenze für den Bearbeitungspuffer fest

- ← **Auto-Cache-Maßstab löschen:** Löscht den Auto-Cache

- ← **Karten-Cache anzeigen:** Zeigt die Ausdehnung des Bearbeitungspuffers durch Blinken an

4.3 ArcMap-Benutzeroberfläche

← **Auf Karten-Cache zoomen:** Zoomt auf die Ausdehnung des Bearbeitungspuffers

Werkzeugleiste „Editor"

Mit den Werkzeugen der Werkzeugleiste „Editor" können Features (Geometrie und Sachdaten) neu erstellt und bearbeitet werden. Nachdem Sie die Bearbeitung eines Datenrahmens gestartet haben, können Sie alle Features in allen Layern beeinflussen.

So können z. B. die Stützpunkte der Objekte verschoben, gelöscht und neue eingefügt werden. Linien können geteilt oder parallel verschoben werden. Die Einträge in der zugehörigen Attributtabelle (Sachdaten) werden hier ebenfalls bearbeitet. Eine genaue und vollständige Beschreibung der Bearbeitungsfunktionen finden Sie im Kapitel 8 „Geometriebearbeitung".

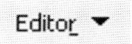

Das **Menü „Editor"** in der Werkzeugleiste „Editor" enthält Einträge für die Bearbeitung der Features. Hier wird die Bearbeitung gestartet und anschließend wieder beendet. Änderungen werden hier gespeichert. Die Werte für das Einpassen der Features (Fangen) können hier eingegeben werden. Die Funktionen Überschneiden, Zusammenführen, Teilen und Ausschneiden von Features werden ebenfalls in Kapitel 8 umfassend behandelt.

← **Werkzeug „Editieren":** Werkzeug zum Auswählen der Features für die Bearbeitung mit der Maus

← **Skizzenwerkzeug:** Fügt neue Skizzen (die Geometrie eines Features) ein

Einstellung der Bearbeitungsaufgabe: Features können neu erstellt, umgeformt, gespiegelt, verlängert, gekürzt, verändert und geteilt werden. Es stehen Topologie-Aufgaben (Kanten umformen, Polygon automatisch schließen…) zur Verfügung. Eine Auswahl von Features mit Hilfe von Linien und Flächen (die von diesen geschnitten werden) kann ebenfalls vorgenommen werden.

← **Auswahl des Layers,** der bearbeitet werden soll

← **Werkzeug „Teilen":** Teilt ein ausgewähltes Feature mit Hilfe der Maus

← **Werkzeug „Drehen":** Dreht ein ausgewähltes Feature mit Hilfe der Maus. Der Drehpunkt ist ebenfalls mit Hilfe der Maus verstellbar.

← **Attribute:** Ermöglicht die Bearbeitung der Attributwerte (Sachdaten)

← **Eigenschaften: Skizze:** Zeigt die Eigenschaften (x, y-Koordinaten der Stützpunkte) der Skizze an. Diese können hier auch bearbeitet werden.

Werkzeugleiste „Entkoppelte Bearbeitung"

Die Werkzeugleiste „Entkoppelte Bearbeitung" stellt Werkzeuge für die Bearbeitung von Features außerhalb einer Geodatabase (SDE) zur Verfügung. Zu diesem Zweck werden die zu bearbeitenden Daten von der Geodatabase entkoppelt (auschecken) und können nach der Bearbeitung wieder zurück geladen (einchecken) werden.

Das Aus- und Einchecken sowie die Verwaltung der ausgelagerten Daten ist mit ArcView **nicht** möglich (nur mit ArcEditor- oder ArcInfo-Lizenz).

In ArcView können jedoch Daten aus einer Geodatabase ausgelagert und mit Hilfe von Filtern in eine andere Geodatabase eingeladen und bearbeitet werden.

← **Auschecken** (deaktiviert in ArcView)

← **Einchecken** (deaktiviert in ArcView)

← **Check-Outs verwalten** (deaktiviert in ArcView)

← **Daten extrahieren:** Daten aus einer Geodatabase (SDE oder Personal Geodatabase) mit Filtern in eine andere übertragen

Werkzeugleiste „Erweiterte Bearbeitung"

Die Werkzeugleiste „Erweiterte Bearbeitung" stellt weitere Werkzeuge zur Bearbeitung von Features zur Verfügung. Von den vorhandenen Werkzeugen sind in ArcView nur einige aktiv. Für die anderen wird eine ArcEditor- oder ArcInfo-Lizenz benötigt. In ArcView lassen sich zu kurze oder zu lange Linien korrigieren, mehrteilige Features (z. B. ein Feature, das aus mehreren Teilpolygonen besteht) sowie Rechteck- und Kreis-Features erstellen.

← **Features kopieren** (deaktiviert in ArcView)

← **Fillet** (deaktiviert in ArcView)

4.3 ArcMap-Benutzeroberfläche

← **Verlängern:** Verlängert eine Linie bis zum nächstliegenden Feature

← **Kürzen:** Schneidet überstehende Linien ab (Dangle)

← **Proportion** (deaktiviert in ArcView)

← **Inverse** (deaktiviert in ArcView)

← **Polygonzug** (deaktiviert in ArcView)

← **Multi-part Feature trennen (Explode):** Mehrteiliges Feature (Multipart) auftrennen

← **Generalisieren** (deaktiviert in ArcView)

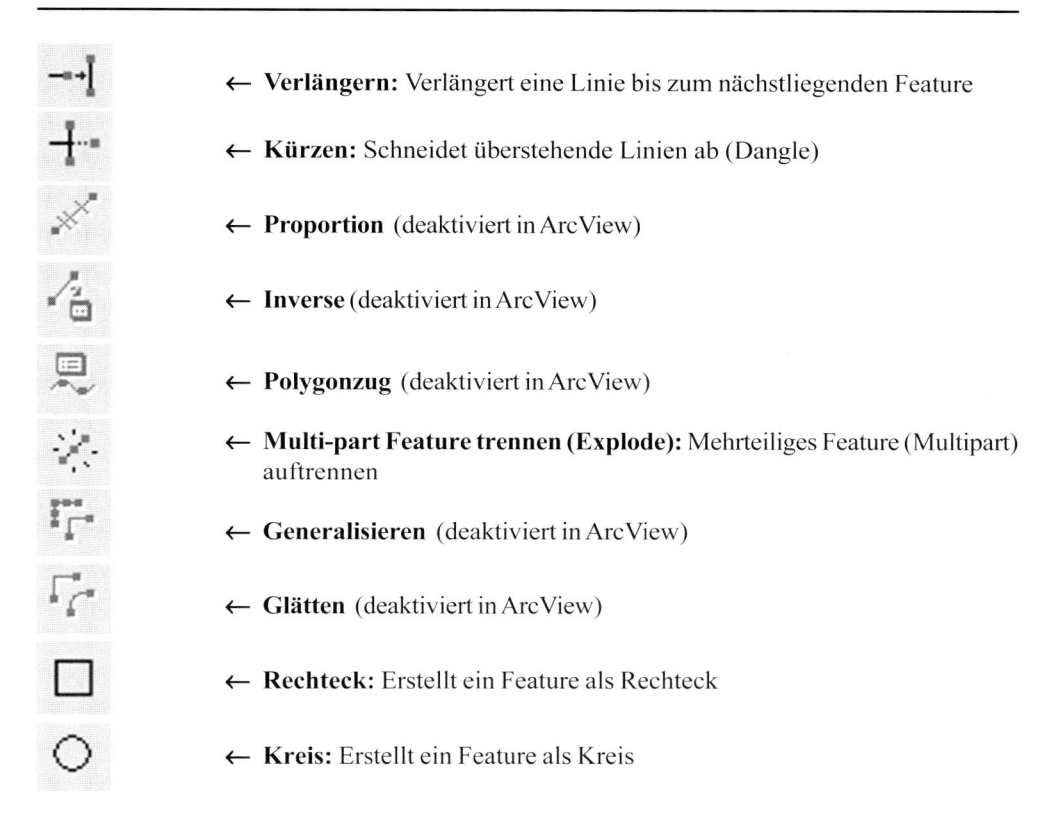

← **Glätten** (deaktiviert in ArcView)

← **Rechteck:** Erstellt ein Feature als Rechteck

← **Kreis:** Erstellt ein Feature als Kreis

Werkzeugleiste „Räumliche Anpassung"

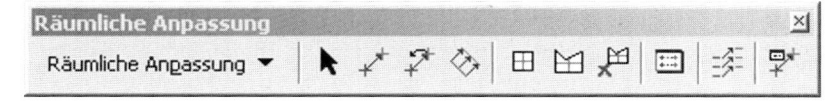

Die Werkzeugleiste „Räumliche Anpassung" stellt Werkzeuge zum Anpassen von raumbezogenen Daten zur Verfügung. Es können Features transformiert (Georeferenzierung von Vektordaten), Features unterschiedlicher Layer mit der Rubbersheet-Methode und Features an den Rändern (Kantenanpassung) zweier Layer angepasst werden. Mit „Attributübertragung" werden Attribute von einem Layer in einen anderen übertragen. Mit den Einträgen im Menü „Räumliche Anpassung" werden die benötigte Anpassungsmethode ausgewählt, die Versatz-Links verwaltet und die Anpassung gestartet (sihe Kap. 16).

← **Elemente auswählen:** Markieren von Grafik-Elementen

← **Neuer Versatz-Link:** Neuen Versatz-Link festlegen

← **Link ändern:** Position eines Versatz-Links ändern

← **Mehrere Versatz-Links:** Mehrere Versatz-Links festlegen

← **Neuer Identity-Link:** Identity-Link festlegen

← **Neuer begrenzter Anpassungsbereich:** Anpassungsbereich festlegen

← **Begrenzten Anpassungsbereich löschen:** Anpassungsbereich entfernen

← **Link-Tabelle anzeigen:** Versatz-Links auflisten

← **Kanten-Anpassung:** Versatz-Links für die Kantenanpassung festlegen

← **Attribut-Übertragung**

Werkzeugleiste „ArcPad"

Die Werkzeugleiste „ArcPad" stellt Werkzeuge für den Austausch von Daten zwischen ArcPad und ArcGIS zur Verfügung. Sie können Daten (Layer) aus einem aktiven Datenrahmen in ArcPad zur Bearbeitung einladen und diesen Vorgang bei Bedarf auch wieder rückgängig machen. Nach der Bearbeitung der Daten in ArcPad können die Daten wieder nach ArcGIS zurückgeschrieben werden.

← **Daten für ArcPad anfordern:** Daten aus ArcGIS in ArcPad einladen (auschecken)

← **Änderungen aus ArcPad einchecken:** Daten von ArcPad in eine Geodatabase einladen (einchecken)

← **Rückgängig: Auschecken zur Bearbeitung:** Einladen von Daten in ArcPad rückgängig machen

4.3 ArcMap-Benutzeroberfläche

Werkzeugleiste „Topologie"

Die Werkzeugleiste „Topologie" stellt Werkzeuge zur Erstellung und Bearbeitung einer Topologie in ArcGIS zur Verfügung. Eine Topologie in ArcGIS ist eine räumliche Datenstruktur, die die Beziehungen zwischen den Features beschreibt. Sie dient hier hauptsächlich der Kontrolle und Verbesserung der Datenqualität von raumbezogenen Daten. In ArcGIS wird zwischen einer Geodatabase- und der einfacheren Karten-Topologie unterschieden. Die Geodatabase-Topologie kann nur mit einer ArcEditor- oder ArcInfo-Lizenz bearbeitet werden. Deshalb sind in ArcView nur die drei Werkzeuge „Karten-Topologie", „Topologie-Bearbeitung" und „Gemeinsame Features anzeigen" aktiv. Die ListBox „Topologie" erlaubt die Einstellung der Topologie (Geodatabase- oder Karten-Topologie). Sie ist für ArcView nicht aktiv, da nur eine Karten-Topologie möglich ist. Die Topologie in ArcGIS ist im Zusammenhang mit der Bearbeitung und zusätzlichen Funktionen von Features zu sehen. Die Werkzeuge in der Werkzeugleiste sind deshalb nur aktiv, wenn die Bearbeitung eines Datenrahmens gestartet wurde.

← **Karten-Topologie:** Erstellung einer Karten-Topologie

← **Features konstruieren** (deaktiviert in ArcView)

← **Linien an Schnittpunkten teilen** (deaktiviert in ArcView)

← **Topologie-Bearbeitung:** Auswahl von Topologie-Elementen (Knoten, Kanten) zur Bearbeitung

← **Gemeinsame Features anzeigen:** Zeigt die Features an, die die ausgewählten Topologie-Elemente gemeinsam haben.

← **Topologie im angegebenen Bereich überprüfen** (deaktiviert in ArcView)

← **Topologie in aktueller Ausdehnung überprüfen** (deaktiviert in ArcView)

← **Gesamte Topologie überprüfen** (deaktiviert in ArcView)

← **Topologie-Fehler reparieren** (deaktiviert in ArcView)

← **Fehler-Inspektor** (deaktiviert in ArcView)

4.3.4 Kontextmenüs

Kontextmenüs werden mit der rechten Maustaste aktiviert. Bestimmten Elementen der ArcMap-Benutzeroberfläche (z. B. Inhaltsverzeichnis, Datenfenster, Datenrahmen, Verzeichnisse, Layer, Shapefiles...) sind solche Kontextmenüs zugeordnet. ArcMap hat etwa 70 Kontextmenüs für die unterschiedlichsten Aufgaben. So gibt es bei der Bearbeitung von Features (z. B. Punkte, Linien, Polygone) ein Kontextmenü zur Bearbeitung. Es erscheint auf der Benutzeroberfläche, wenn Sie mit der rechten Maustaste auf einen Stützpunkt des Features klicken (die Bearbeitung muss gestartet sein).

Beispielhaft sollen in diesem Abschnitt folgende wichtige Kontextmenüs vorgestellt werden:

- Kontextmenü für einen Datenrahmen
- Kontextmenü für die Layout-Ansicht im Datenfenster
- Kontextmenü für einen Layer
- Kontextmenü für eine Tabelle und eine Tabellenspalte
- Kontextmenü für ein Symbol

Eine Übersicht aller vorhandener Kontextmenüs bekommen Sie im Anpassungs-Modus (Anpassung im Menü „Werkzeuge"starten). Setzen Sie dort im Register „Werkzeugleisten" den Haken in die Box „Kontextmenüs".

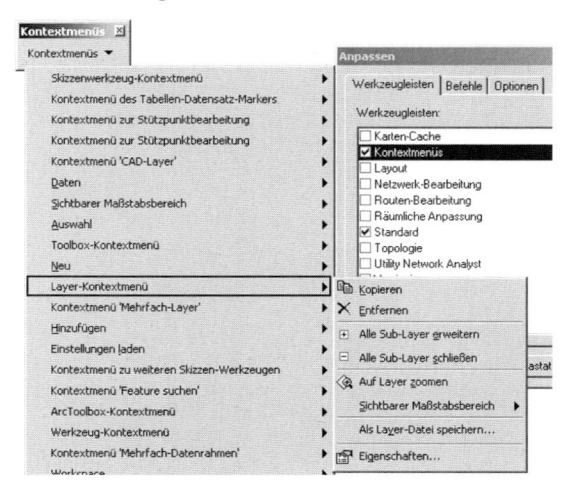

Kontextmenü für einen Datenrahmen

Ein Klick mit der rechten Maustaste auf einen Datenrahmen im Inhaltsverzeichnis der Benutzeroberfläche von ArcMap oder in die Daten-Ansicht des

4.3 ArcMap-Benutzeroberfläche

Datenfensters ruft das untenstehende Kontextmenü auf. Alle wichtigen Funktionen für einen Datenrahmen stehen in diesem Menü zur Verfügung.

Neue Daten (Layer) können dem Datenrahmen hinzugefügt werden. Mit „Kopieren" werden markierte Elemente (Grafiken, Texte) in die Zwischenablage eingefügt. Mit „Layer einfügen" wird ein Layer aus der Zwischenablage in den aktiven Datenrahmen kopiert. „Entfernen" löscht einen Datenrahmen aus dem ArcMap-Dokument.

Alle Layer können gleichzeitig ein- bzw. ausgeschaltet oder ausgewählt werden. „Layer reduzieren" schließt die Symbologie, „Layer erweitern" öffnet sie wieder.

Der Bezugsmaßstab (legt das Verhältnis von Feature-Größe zur Symbol-Größe fest), auf den sich die Größe der Symbole bezieht, kann mit dem Menüeintrag „Bezugsmaßstab" festgelegt, wieder entfernt und es kann auf ihn gezoomt werden. Der Bezugsmaßstab ist wichtig für die Skalierung der Symbole und muss dazu festgelegt werden. Bei einer eingestellten Skalierung ändert sich die Symbolgröße mit dem Darstellungsmaßstab.

Der Menüeintrag „Beschriftungen" ruft unter anderem den „Beschriftungs-Manager" auf, mit dem Beschriftungen auf einfache Art für die Layer eines Datenrahmens erstellt werden können. Beschriftungen können in Annotation umgewandelt werden, damit sie bearbeitbar sind. Wollen Sie Features in Grafiken umwandeln, so wählen Sie den Menüeintrag „Features zu Grafik umwandeln".

Mit „Aktivieren" wird der gewünschte Datenrahmen (falls im Inhaltsverzeichnis mehrere vorhanden sind) aktiviert. Einen Datenrahmen können Sie auch aktivieren, indem Sie die ALT-Taste drücken und auf den entsprechenden Datenrahmen klicken. Es kann immer nur ein Datenrahmen aktiv sein! Die umfangreichen Eigenschaften eines Datenrahmens lassen sich unter „Eigenschaften" einsehen und einstellen.

Kontextmenü für die Layout-Ansicht

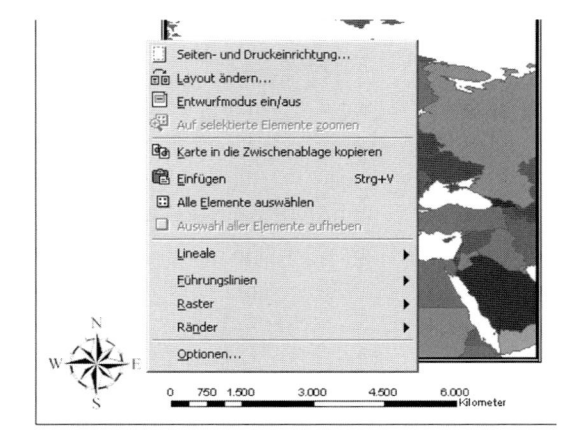

Mit der rechten Maustaste in der Layout-Ansicht (auf eine leere Stelle des Layoutblatts) klicken, ruft das nebenstehende Kontextmenü auf. Für das Layout wird hier die Seite eingerichtet (Seitengröße, Ränder...) oder ein Template (Form, wie die einzelnen Layoutelemente angeordnet sein sollen) vorgegeben. Der Enwurfsmodus (Daten in den Datenrahmen werden nicht gezeichnet) lässt sich ein- bzw. ausschalten. Das Layout kann in die Zwischenablage kopiert werden und steht damit anderen Windows-Anwendungen zur Verfügung. „Alle Elemente auswählen" markiert sämtliche Elemente (Grafiken, Texte, Nordpfeile, Maßstabsleisten, Datenrahmen) im Layout. Es kann auf die markierten Elemente gezoomt werden.

Wichtige Hilfsmittel für die Erstellung eines Layouts (Lineale, Führungslinien, Ausrichtungs-Raster und Blatt-Ränder) können ein- oder ausgeblendet werden. Weitere Einstellungen für diese Hilfsmittel finden Sie unter dem Menüeintrag „Optionen".

Kontextmenü für einen Feature-Layer

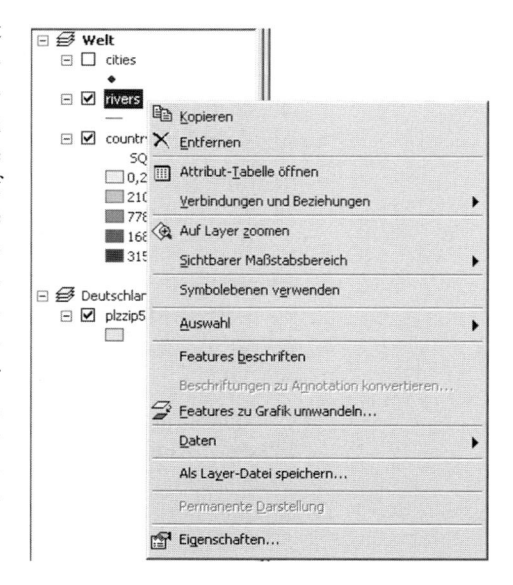

Einen Layer können Sie mit diesem Kontextmenü kopieren oder aus dem ArcMap-Dokument entfernen, indem Sie mit der rechten Maustaste im Inhaltsverzeichnis darauf klicken. Die Attributtabelle kann geöffnet und mit anderen Tabellen verbunden werden (Verbindungen und Beziehungen). In welchem Maßstabsbereich der Layer in der Daten-Ansicht zu sehen ist, wird unter „Sichtbarer Maßstabsbereich" eingestellt. Symbolebenen können aktiviert oder deaktiviert werden.

4.3 ArcMap-Benutzeroberfläche

Der Menüeintrag „Auswahl" stellt verschiedene Funktionen für die Selektion von Features des entsprechenden Layers zur Verfügung. Eine Beschriftung der Features wird mit „Features beschriften" vorgenommen. Wollen Sie mit den Beschriftungen arbeiten (Verschieben, Größe einstellen...), wandeln Sie zuvor die Beschriftung in Annotation um. Features lassen sich auch in Grafiken umwandeln.

Mit dem Menü-Eintrag „Daten" und „Daten exportieren" kann der Layer unter Vorgabe von Optionen (z. B. nur die selektierten Features) unter anderem Namen gespeichert werden.

Für ein Shapefile lässt sich eine Layer-Datei speichern, die die Eigenschaften (nicht die Daten) speichert. So können Sie z. B. eine umfangreiche Symbologie speichern, die dann von anderen Daten (Layern) genutzt werden kann. Die vielfältigen Eigenschaften eines Layers sind unter „Eigenschaften" einseh- und einstellbar.

„Permanentdarstellung" wandelt einen temporären Layer (der z. B. bei der Geoverarbeitung mit dem ModelBuilder entstanden ist) in einen permanenten Layer.

Kontextmenü für eine Tabelle und eine Tabellenspalte

Das Kontextmenü für eine Tabelle in einem Datenrahmen enthält wichtige Funktionen für das Arbeiten mit Tabellen. „Datensätze kopieren" bringt die Datensätze der Tabelle in die Windows-Zwischenablage. Zum Ansehen oder Bearbeiten kann die Tabelle in ArcMap geöffnet werden. Mit „Verbindungen und Beziehungen" kann die Tabelle mit anderen Tabellen verbunden werden. Das Exportieren der Tabelle in eine „dbf"-Datei, Text-Datei oder Geodatabase-Tabelle erfolgt über den Menüeintrag „Daten".

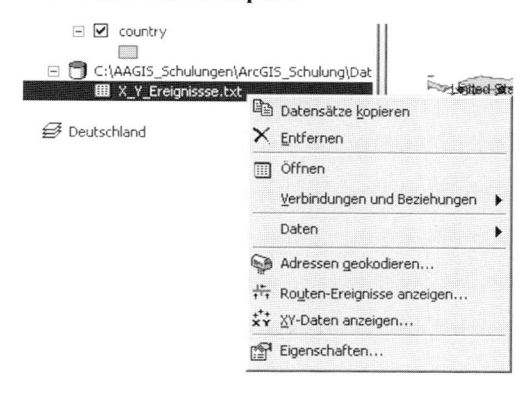

„Adressen geokodieren" erstellt einen Layer aus Adressdaten einer Tabelle. „Routenereignisse anzeigen" erstellt einen Layer aus Routenereignissen, die in einer Tabelle enthalten sind. „XY-Daten anzeigen" erstellt einen Layer aus XY-Koordinaten, die in einer Tabelle enthalten sind.

Die Eigenschaften einer Tabelle (Felddefinition, Primär-Anzeigefeld, Verbindungen...) werden unter dem Menüeintrag „Eigenschaften" eingestellt.

Ist eine Tabelle geöffnet, kann mit einem Klick mit der rechten Maustaste auf den Namen des Feldes (Spalte) eine Tabellenspalte (Feld) sortiert, mit Hilfe eines Attributs zusammengefasst (Feldstatistik) und eine Statistik (z.B. Mittelwert, Wertebereich, Standardabweichung) der Attribute erstellt werden.

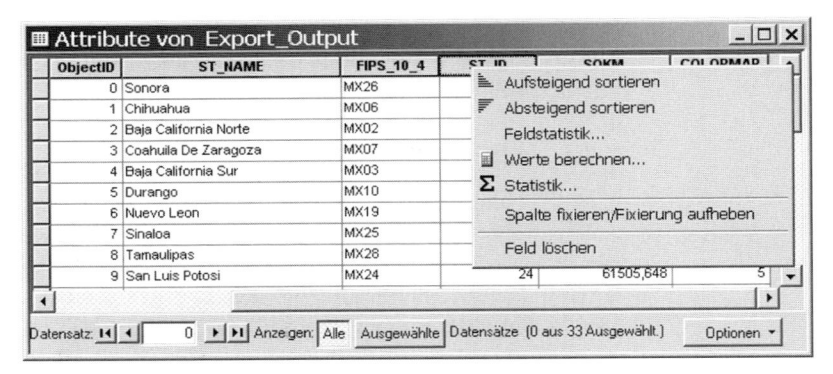

Mit „Werte berechnen" können die selektierten Werte eines Feldes mit einem mathematischen Ausdruck berechnet werden. Einzelne Spalten der Tabelle können fixiert werden und befinden sich dann immer am Anfang (ganz links) der Tabelle. „Feld löschen" entfernt eine Spalte aus der Tabelle.

Kontextmenü für ein Symbol

Klicken Sie mit der rechten Maustaste auf das Symbol eines Layers im Inhaltsverzeichnis der ArcMap-Benutzeroberfläche. Es erscheint eine Farbpalette, mit der Sie die Farbe des entsprechenden Symbols (Punkt, Linie, Polygon) einstellen können. „Keine Farbe" macht das Symbol durchsichtig (transparent). Neben den in der Palette vordefinierten Farben können Sie unter „Weitere Farben" bis etwa 16 Millionen weitere Farben einstellen (standardmäßig RGB-Darstellung) oder ein anderes Farbmodell vorgeben.

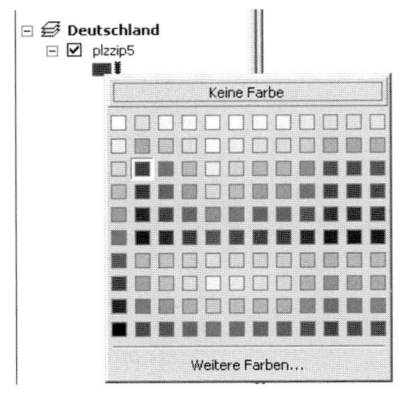

4.4 Allgemeine Einstellungen für ArcMap

Bestimmte Eigenschaften der Anwendung „ArcMap" lassen sich einstellen. Sie werden im folgenden Abschnitt 4.4.1 „Optionale Einstellungen" beschrieben. Allgemeine Eigenschaften des Kartendokuments (die Datei „*.mxd") werden ebenfalls dargestellt. Lesen Sie dazu den Abschnitt 4.4.2 „Eigenschaften des Kartendokuments".

4.4.1 Optionale Einstellungen

Die optionalen Einstellungen zu ArcMap können mit den Registern „Allgemein" (Allgemeine Einstellungen zu ArcMap), „Inhaltsverzeichnis" (Aussehen des Inhaltsverzeichnisses), „Daten-Ansicht" (Allgemeine Eigenschaften der Daten-Ansicht), „Layout-Ansicht" (Allgemeine Eigenschaften der Layout-Ansicht), „Tabellen" (Tabellen-Eigenschaften), „CAD" (Eigenschaften von CAD-Daten), „Raster" (Eigenschaften von Raster-Daten) und Geoverarbeitung (Einstellungen für die Werkzeuge aus der ArcToolbox) eingestellt werden.

Im Folgenden werden diese Register nicht nur beschrieben, sondern auch gezeigt, welche Einsatzmöglichkeiten es gibt. Zugriff auf die Eigenschaften erhalten Sie über das Menü:

ArcMap-Hauptmenü:
Werkzeuge:
Optionen...

Register „Allgemein"

In diesem Register können Sie durch Setzen der entsprechenden Haken auswählen, ob beim Start von ArcMap das Begrüßungsfenster (Eröffungsbildschim) und der Startdialog angezeigt werden sollen. Unter „Startskript" wird ein Programm angegeben, dass beim Starten von ArcMap abgearbeitet wird (hier Map.Start in Startup.dll).

Wollen Sie, dass neu eingeladene Datensätze (z. B. Shapefiles) sofort gezeichnet werden, so aktivieren Sie den Haken unter „Neu hinzugefügte Layer standardmäßig sichtbar machen". Es ist ratsam, diese Option abzuschalten, wenn Sie große Datensätze einlesen, die aber nicht sofort gezeichnet werden sollen, da zum Zeichnen eine lange Zeit benötigt wird.

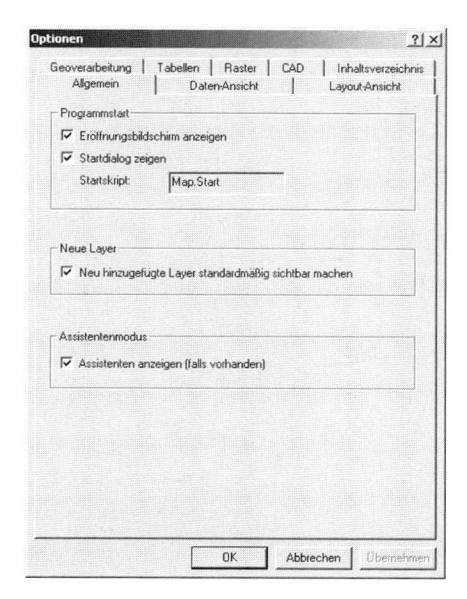

Mit manchen Befehlen in ArcMap werden Assistenten aufgerufen. Sie erleichtern die Eingabe der benötigten Werte für die entsprechende Funktion. Sollen für Funktionen Assistenten (sofern vorhanden) verwendet werden, setzen Sie den Haken unter „Assistentenmodus".

Register „Daten-Ansicht"

Das Fenster von ArcMap kann in eine Daten- oder in eine Layout-Ansicht geschaltet werden. In der Daten-Ansicht werden die Daten für die spätere Kartenerstellung zusammengestellt und analysiert.

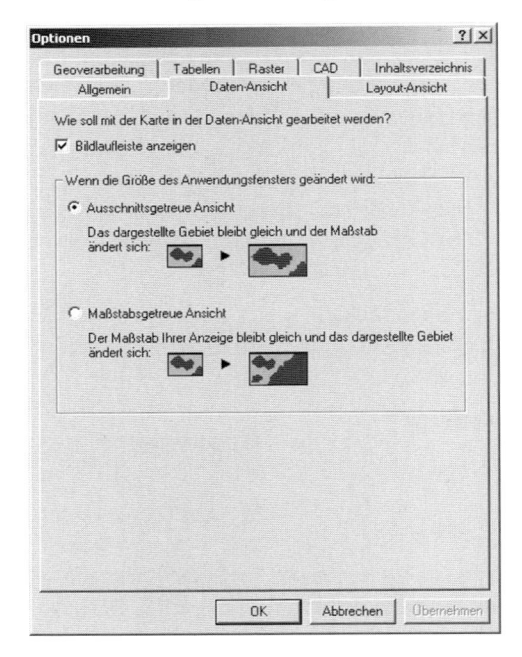

Für die Daten-Ansicht lassen sich im Register „Daten-Ansicht" die horizontalen und vertikalen Bildlaufleisten ein- oder ausschalten. Wenn Sie die Größe des ArcMap-Datenfensters verstellen, kann der aktuelle Ausschnitt beibehalten werden. Damit verändert sich aber der Maßstab. Erhalten Sie jedoch den Maßstab, verändert sich der Ausschnitt im Datenfenster.

Register „Layout-Ansicht"

Das Datenfenster von ArcMap kann in eine Daten- oder in eine Layout-Ansicht geschaltet werden. In der Layout-Ansicht werden die Daten aus der Daten-Ansicht zusammen mit anderen Kartenelementen (Legenden, Texte, Maßstabsleiste, Nordpfeil) zu einer Karte zusammengestellt.

Ändern Sie die Größe des Arc-Map-Datenfensters, kann die Größe der Layoutseite dem Datenfenster angepasst werden. Aktivieren Sie dazu „Ausschnittsgetreue Ansicht nach Änderung der Fenstergröße".

4.4 Allgemeine Einstellungen für ArcMap

Die Layout-Ansicht hat verschiedene Hilfsmittel. Sie besitzt horizontale und vertikale Bildlaufleisten, um den Ausschnitt der Layout-Ansicht zu verschieben. Es stehen horizontale und vertikale Führungslinien, Lineale und Raster zur Verfügung. Sie dienen bei der Erstellung einer Karte der Orientierung und der Ausrichtung der Kartenelemente. Die Rasterabstände können für die horizontale und vertikale Richtung unterschiedlich eingestellt werden. Schalten Sie die entsprechenden Hilfsmittel nach Bedarf ein oder aus.

Unter „Elemente fangen an" stellen Sie ein, an welche Linien (Führungslinien, Raster, Ränder, Lineale) die Elemente eingefangen (eingepasst) werden, wenn sie an diese näher als den unter „Fangtoleranz" eingestellten Wert heran kommen. Setzen Sie den Haken (mehrere gleichzeitig sind möglich) an die Typen (Führungslinien, Raster, Lineale, Ränder), an die angepasst werden soll.

Register „Inhaltsverzeichnis"

Oben im Register „Inhaltsverzeichnis" finden Sie die Auflistung aller verfügbaren Inhaltsverzeichnis-Registerkarten in ArcMap. Das Inhaltsverzeichnis ist das linke Fenster in der ArcMap-Benutzeroberfläche, in dem die Datenrahmen und Layer aufgelistet sind. Die Registerkarten erscheinen unten links im Inhaltsverzeichnis. Registerkarten, die hier markiert sind (Haken gesetzt), erscheinen im Inhaltsverzeichnis. Registerkarten werden in der Reihenfolge angezeigt, in der sie hier aufgelistet sind. Mit den Pfeilen wird eine markierte

Registerkarte nach oben oder unten bewegt. Mit dem Register „Anzeige" werden alle Layer nur mit ihrem Namen angezeigt. Betätigen Sie das Register „Quelle", so werden für die Layer auch die Pfade zu den entsprechenden Datenquellen angezeigt. Das Register „Auswahl" zeigt die Layer an, für die eine interaktive Auswahl (mit der Maus) möglich ist, wenn der Haken entsprechend gesetzt ist.

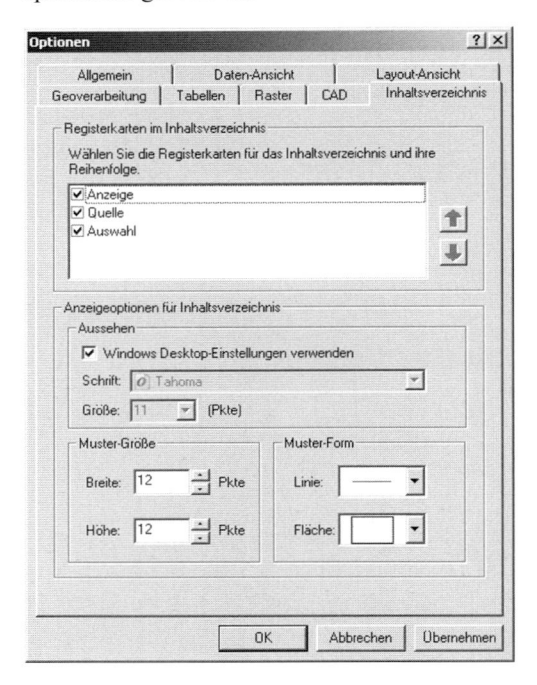

Unter „Anzeigeoptionen für Inhaltsverzeichnis" wird die Schriftart, die für den Text im ArcMap-Inhaltsverzeichnis verwendet werden soll, ausgewählt. Sie können aber auch die Standardeinstellungen von Windows übernehmen. Um die Einstellungen in Windows zu verändern, müssen Sie die Windows-Systemsteuerung aufrufen, „Anzeige" auswählen und dort die Registerkarte „Darstellung" selektieren.

Unter „Muster-Größe und Muster-Form" wird die Symbol-Darstellung der Linien- und Polygonlayer für das Inhaltsverzeichnis von ArcMap eingestellt. Sie können die Höhe, Breite und Form der Symbole einstellen. Die Standardhöhe und -breite ist 12 Punkt. Standardmäßig werden für Linienfeatures gerade Linien und für Polygonfeatures Rechtecke verwendet.

Register „Tabellen"

Im Register „Tabellen" werden die Eigenschaften einer Tabelle eingestellt.

Unter „Aussehen" stellen Sie die Farbe ein, mit der die Datensätze der ausgewählten Features angezeigt werden.

4.4 Allgemeine Einstellungen für ArcMap

Im gleichen Bereich „Aussehen" wählen Sie die Farbe zur Hervorhebung eines selektierten Datensatzes aus, wenn in der Tabelle nur die selektierten Datensätze angezeigt werden.

Öffnen Sie die Attributtabelle und betätigen Sie dort die Schaltfläche „Ausgewählte Datensätze". Klicken Sie mit der Maus links auf einen Datensatz. Ein hervorgehobener Eintrag mit der Markierungsfarbe hat keinen Einfluss auf die Auswahl der Features, sein Zweck ist lediglich, Ihnen bei der Suche nach Features zu helfen. Wenn ein Eintrag in einer Attributtabelle markiert ist, wird das entsprechende Feature auf der Karte in der Markierungsfarbe angezeigt.

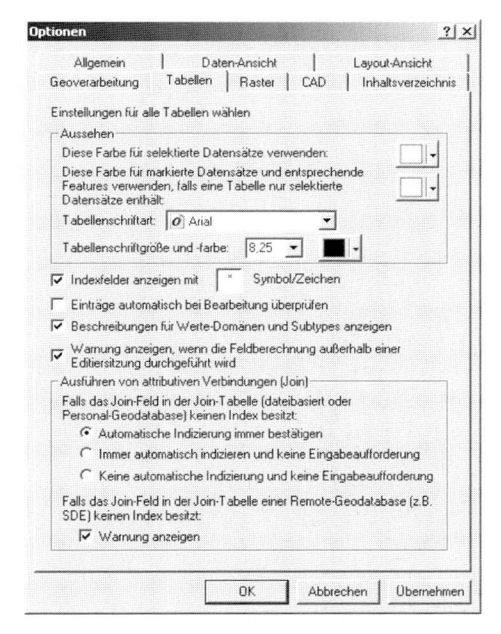

Unter „Tabellenschriftart" und „Tabellen-Schriftgröße und -farbe" wird die Schriftart, -größe und -farbe für die Attributwerte und Feldnamen in der Tabelle eingestellt.

In einer Tabelle kann jeder Spalte (Feld) ein Index zugeordnet werden. Ein Index auf das Geometrie-Feld (Shape-Feld) beschleunigt die Darstellung der Geometrie, ein Index auf ein Attributfeld die Berechnung in diesem Feld (z. B. für Abfragen). Damit in der Tabelle zu sehen ist, welches Feld einen Index hat, kann es zusätzlich gekennzeichnet werden. Setzen Sie dazu den Haken in die Box „Indexfelder anzeigen mit" und geben Sie ein entsprechendes Zeichen (Symbol) an. Dieses Symbol wird dann hinter den Feldnamen in der Attributtabelle gesetzt. Eine Tabelle können Sie per Klick mit der rechten Maustaste auf einen Layer mit dem Menüeintrag „Attribut-Tabelle öffnen" ansehen. Um einen Index, z. B. für ein Shapefile, zu setzen oder zu entfernen, markieren Sie das Shapfile in der Katalogstruktur von ArcCatalog und drücken Sie die rechte Maustaste. Wählen Sie dann den Menüeintrag „Eigenschaften" und dort das Register „Indizes".

Markieren Sie „Einträge automatisch bei Bearbeitung überprüfen", so wird bei einer Geodatabase eine Warnung angezeigt, wenn der eingegebene Wert außerhalb des definierten Wertebereiches liegt. Dazu müssen in der Geodatabase Domänen und Subtypen definiert sein. Soll die Beschreibung der Werte-Domänen und Subtypen in der Tabelle angezeigt werden, setzen Sie den Haken in die entsprechende Box. Über Geodatabases lesen Sie mehr in Kapitel 18 „Geodatabases".

Register „Raster"

Rasterdaten haben im Allgemeinen mehrere Bänder (Layer), denen zur Darstellung einzelne Farben zugeordnet werden. So wird man vermutlich einem Layer, der eine Wasserfläche darstellt, die Farbe Blau und einer Waldfläche die Farbe Grün zuordnen. Bei der Auswertung von Fotos oder Satellitendaten entstehen Mehrbandaufnahmen, die dann z. B. für eine Biotoptypenerkennung genutzt werden können. Unter dem Register „Raster" haben Sie die Möglichkeit, den einzelnen Bändern einer solchen Mehrbandaufnahme die Farben Rot, Grün oder Blau zuzuordnen – oben: für 3-Band-Datenquellen (es stehen die Bänder eins bis drei zur Verfügung), unten für 4-Mehr-Band-Datenquellen (es stehen die Bänder eins bis 999 zur Verfügung).

Für Rasterdaten können Sie „Pyramiden" berechnen. Damit wird die Darstellung erheblich beschleunigt. Bei sehr weiten Rastern (große Ausdehnung und kleine Zellgrößen) können die Darstellung oder andere Berechnungen viel Zeit in Anspruch nehmen. Bei der Erstellung von Pyramiden wird ein Satz von

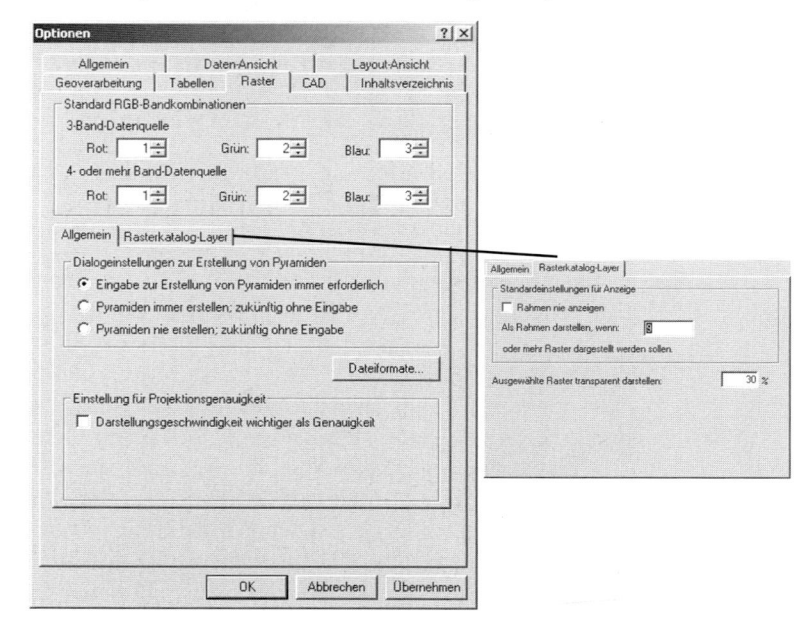

4.4 Allgemeine Einstellungen für ArcMap

Rasterlayern berechnet, bei dem die Zellgrößen vergrößert oder verkleinert werden. Je nach Ausschnitt (Zoomstufe), der betrachtet wird, wird der entsprechende Layer benutzt (bei einer Gesamtdarstellung eines Bildes braucht die Auflösung wegen der kleinen Zellweiten nicht so hoch zu sein, da es unter Umständen hier nicht so sehr auf die Details ankommt). Sie können an dieser Stelle festlegen, ob für jedes Raster Pyramiden erstellt werden sollen oder nicht oder ob zuvor jeweils eine Eingabeaufforderung erscheinen soll. Drücken Sie unter „Dialogeinstellungen zur Erstellung von Pyramiden" auf den entsprechenden Schalter. ArcMap und ArcCatalog fragen normalerweise vor der Anzeige von Rasterdaten nach Pyramiden, wenn sie für ein Raster nicht existieren. Bei der Berechnung von Pyramiden entstehen „*.rrd"-Dateien.

Im Register „Allgemein" (Schaltfläche „Dateiformate") lassen sich die Rasterformate einstellen, nach denen gesucht wird und die in ArcMap angezeigt werden sollen. Dies sollte man normalerweise einschränken. Wenn sowieso nur ein bestimmtes Datenformat verwendet wird (z. B. TIFF-Rasterdaten), sollte auch nur dieses hier eingestellt werden. Das spart bei großen Datenmengen, die durchsucht werden müssen, eine Menge Zeit. Sie haben hier die Möglichkeit, nach sämtlichen Rasterdateien zu suchen oder nur nach denen, die entsprechend markiert worden sind.

Im Register „Rasterkatalog-Layer" können Sie festlegen ab wann (Anzahl der Rasterlayer) diese nicht vollständig sondern nur als Rahmen gezeichnet werden. Das verhindert, dass bei einem großen Maßstab eine größere Menge von Raster gezeichnet werden und evtl. lange Zeit benötigen. Für markierte Rasterlayer kann hier die Transparenz eingestellt werden.

Register „CAD"

MicroStation-Dateien haben die Dateierweiterung „*.dgn". Wenn der Haken in der Checkbox gesetzt wird, werden alle Dateien mit einer beliebigen Dateierweiterung (maximal drei Zeichen) auf DGN-Kompatibilität überprüft und können so auch als CAD-Zeichnungen oder CAD-Feature-Classes eingelesen werden. Wird der Haken nicht gesetzt, erkennt ArcGIS Dateien mit der Erweiterung „*.dgn" nur als Micro-Station-Designdateien.

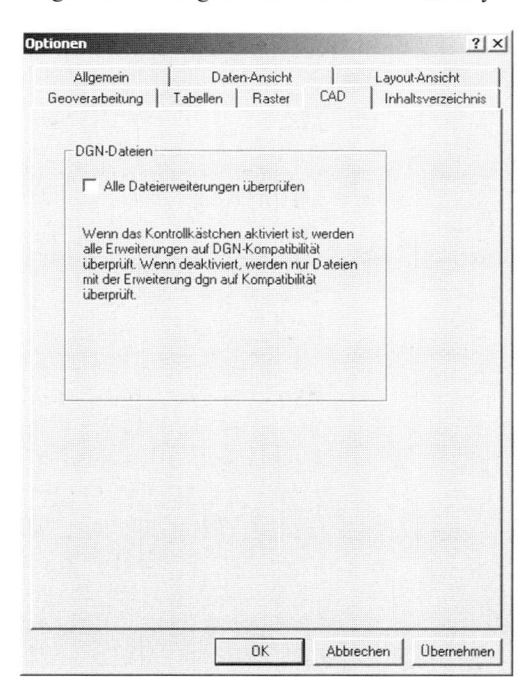

Register „Geoverarbeitung"

Im Register „Geoverarbeitung werden allgemeine Einstellungen für ArcToolbox und die Geoverarbeitungswerkzeuge vorgenommen. Im Bereich „Allgemein" wird festgelegt, ob die bei der Geoverarbeitung entstehenden Daten überschrieben werden sollen und ob die Geoverarbeitung protokolliert werden soll. Unter „Eigene Toolboxes" wird der Pfad für die selbst erstellten Toolboxes festgelegt. Die Umgebungswerte für die Geoverarbeitung sowie Einstellungen für den ModelBuilder sind hier möglich. Die Bedeutung dieser Einstellungen wird in Kapitel 14 „Geoverarbeitung" erklärt.

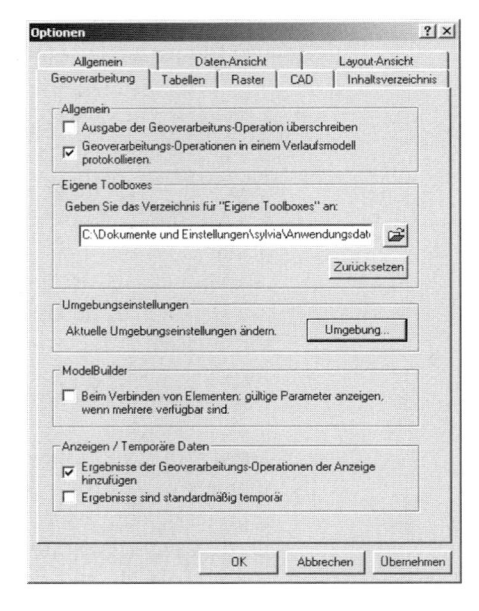

4.4.2 Eigenschaften des Kartendokuments

Für das Kartendokument (ArcMap-Dokument „*.mxd") lassen sich bestimmte globale Eigenschaften einstellen. Betätigen Sie den folgenden Menüeintrag:

ArcMap-Hauptmenü:
Datei:
Karteneigenschaften

In dem Dialog können Sie unter „Titel", „Inhalt", „Autor", „Kategorie", „Schlüsselwörter" und „Kommentare" das ArcMap-Dokument kurz beschreiben.

Unter „Hyperlink-Basis" können Sie eine Basisadresse für feldbezogene Hyperlinks angeben. Dies vereinfacht die Erstellung von Hyperlinks, wenn z. B. in allen Tabellen-Datensätzen die gleiche Grundadresse (Internet-Adresse oder Pfadbezeichnung) verwendet wird.

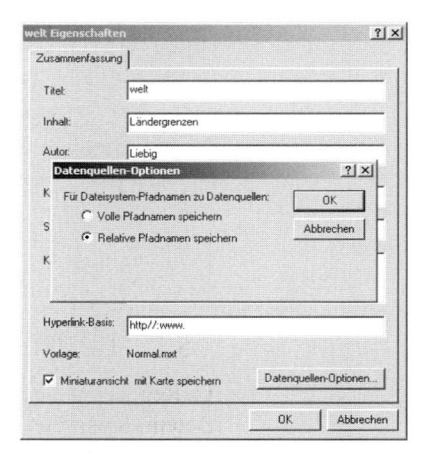

In ArcCatalog kann für einen bestimmten Ausschnitt der Geometrie eine Miniaturansicht erstellt werden. Dies ist ein kleines Symbol, mit dessen Bild der Datensatz (z. B. Shapefile, Coverage, ArcMap-Dokument) identifiziert werden kann. Eine solche Miniaturansicht kann auch in ArcMap für den aktuellen Kartenausschnitt erstellt und gespeichert werden. Setzen Sie dafür den Haken unter „Miniaturansicht mit Karte speichern".

Auch kann mit der Schaltfläche „Datenquellen-Optionen" angegeben werden, ob die Pfade der eingeladenen Datensätze (z. B. Shapefiles) relativ zur Position des ArcMap-Dokuments oder mit vollem Pfadnamen in der „*.mxd" abgelegt werden. Das relative Speichern der Pfadnamen hat den Vorteil, dass ein ArcMap-Dokument von jedem beliebigen Verzeichnis oder Rechner aus gestartet werden kann. Dabei muss nur die relative Position der Daten zum ArcMap-Dokument beibehalten werden. Wenn Sie ein ArcMap-Dokument mit Daten, z. B. auf einer CD, weitergeben, sind relative Pfadnamen wichtig.

4.5 Die Eigenschaften eines Datenrahmens

Dieser Abschnitt gibt einen Überblick über die Eigenschaften eines Datenrahmens in ArcMap. Die meisten dieser Eigenschaften werden bei der Beschreibung der entsprechenden Funktionen in diesem Buch ausführlich dargestellt. Der Dialog für die Eigenschaften eines Datenrahmens kann mit folgenden zwei Menüs oder durch Doppelklick auf den Datenrahmen im Inhaltsverzeichnis von ArcMap aufgerufen werden:

ArcMap-Hauptmenü:
Ansicht:
Eigenschaften: Datenrahmen

ArcMap-Kontextmenü: Datenrahmen
Eigenschaften...

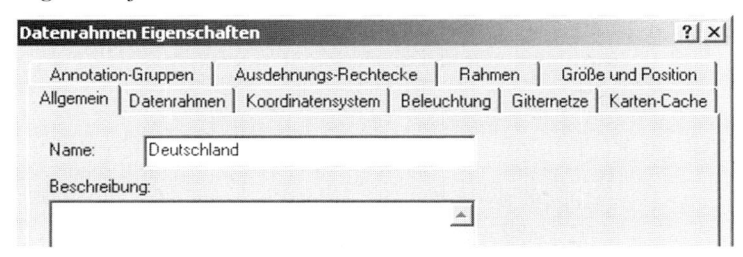

Das Dialogfenster für die Eigenschaften eines Datenrahmens hat zehn Register, die im Folgenden beschrieben werden.

4.5.1 Register: Allgemein

Im Register „Allgemein" kann der Name des Datenrahmens geändert und der Datenrahmen beschrieben werden. Unter „Einheiten" werden die Karteneinheiten und die Anzeigeeinheiten angegeben.

Die Karteneinheiten sind die Einheiten aus dem Koordinatensystem (Projektion) des Datenrahmens. Bei geografischen Koordinaten sind das „Dezimale Gradangaben". Bei Gauß-Krüger-Koordinaten ist die Karteneinheit „Meter".

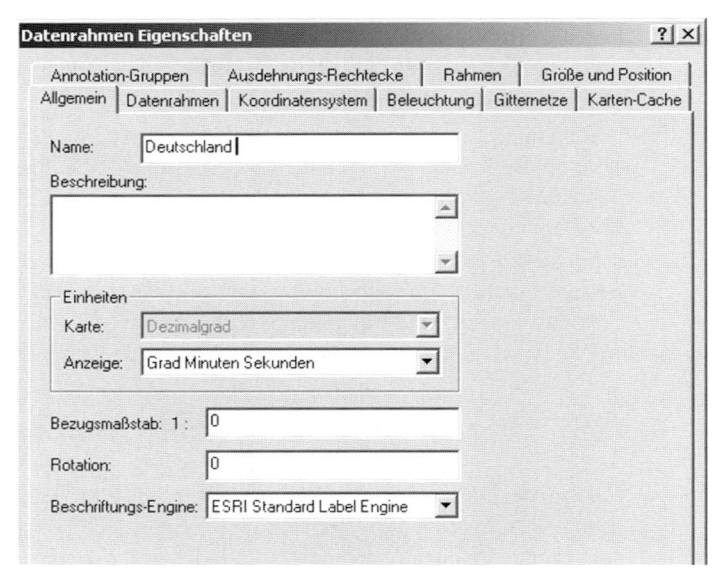

Unter Anzeigeeinheiten versteht man die Einheiten für Analysen und Messungen. Setzen Sie die Anzeigeeinheit z. B. auf „Kilometer", so werden bei einer Messung mit dem Messwerkzeug die Ergebnisse in „Kilometer" in der Statusleiste angezeigt.

Auch können der Bezugsmaßstab und eine Drehung des Datenrahmens eingestellt werden. Der Bezugsmaßstab (Referenzmaßstab) setzt das Größenverhältnis von Features und Symbolen (Texten) bei einem bestimmten Maßstab fest, so dass dieses Verhältnis bei allen Maßstäben gleich bleibt.

Die „ESRI Label Engine" gibt die Beschriftungsoptionen vor. In der Standard-Version liegt keine andere Option vor.

4.5.2 Register: Datenrahmen

Im Register „Datenrahmen" kann die Ausdehnung der Daten im Datenrahmen automatisch, mit fest vorgegebenem Maßstab oder mit einer fest vorgegebenen Ausdehnung angepasst werden.

„Automatisch" passt die Daten selbsttätig an die Größe des Datenrahmens an, wenn er vergrößert oder verkleinert wird.

Bei „Fester Maßstab" wird im Datenrahmen der vorgegebene Maßstab beibehalten. Die Daten können dann zwar verschoben, aber nicht gezoomt werden. Die Zoom-Werkzeuge sind dann ausgeblendet.

Bei „Feste Ausdehnung" werden die Koordinaten des Ausdehnungsrechtecks fest vorgegeben. (XY-Werte der linken unteren und der rechten oberen Ecke). Die Daten können weder verschoben noch gezoomt werden. Das Werkzeug zum Verschieben und die Zoom-Werkzeuge sind daher ausge-

4.5 Die Eigenschaften eines Datenrahmens

blendet. Bei einer Änderung der Datenrahmengröße wird sich jedoch der Maßstab ändern. Unter „Erweitert" kann ein Polygonlayer oder eine Grafik als Ausdehnung vorgegeben werden.

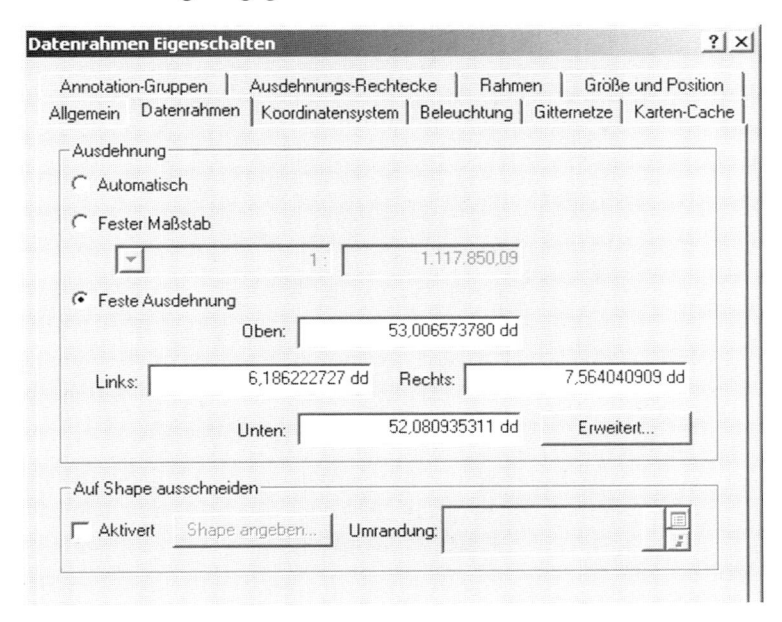

„Auf Shape ausschneiden" ermöglicht das Ausschneiden der Daten im Datenrahmen mit Polygonen (selektierte Features eines Layers, markierte Grafiken oder benutzerdefinierter Auschnitt). Solange der Haken unter „Aktiviert" gesetzt ist, sind nur die Features des Datenrahmens unter den Polygonen zu sehen.

4.5.3 Register: Koordinatensystem

In diesem Register wird das Koordinatensystem (die Projektion) festgelegt, mit dem die Daten dieses Datenrahmens dargestellt werden. Alle Layer im Datenrahmen werden dann in einem einheitlichen Koordinatensystem gezeichnet. Die Layer können dabei ursprünglich unterschiedliche Koordinatensysteme haben. Sie werden bei der Darstellung im Datenrahmen sofort umprojiziert (Projektion „on the fly"). Dieses setzt allerdings voraus, dass den Layern eine Projektion zugewiesen worden ist. In ArcCatalog erfolgt die Zuweisung unter den Eigenschaften (Register: Felder) eines Shapefiles.

Im oberen Teil des Registers „Koordinatensysteme" sehen Sie unter „Aktuelles Koordinatensystem" dasjenige, das zur Zeit für diesen Datenrahmen eingestellt ist. Wenn Sie die nebenstehende Schaltfläche „Löschen" betätigen, hat dieser Datenrahmen keine Projektion mehr. Alle Layer werden dann in den Koordinaten dargestellt, die in der zugehörigen Datenquelle (Datei) gespeichert sind.

Wollen Sie das Koordinatensystem des Datenrahmens ändern, wählen Sie ein anderes aus den Verzeichnissen unter „Koordinatensystem wählen" aus.

Dort befinden sich die Verzeichnisse „Favoriten", „Vorgegeben", „Layer" und „benutzerdefiniert".

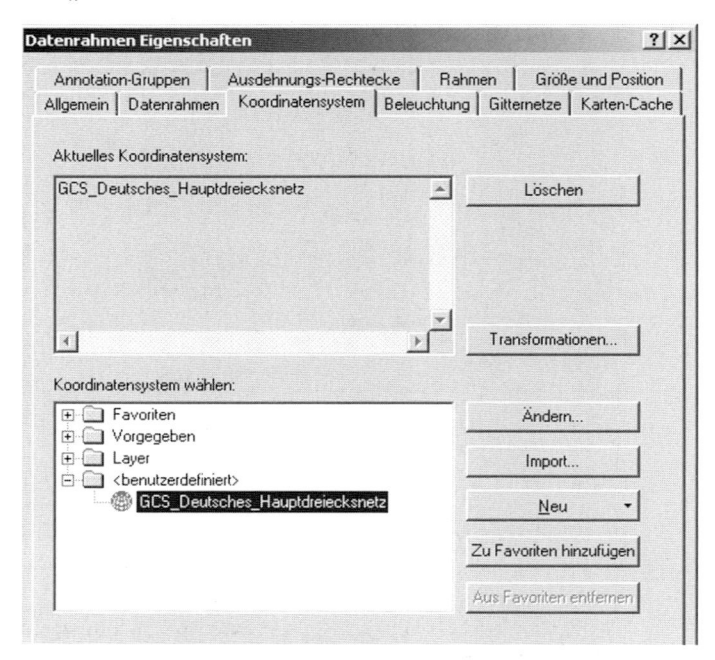

Im Verzeichnis „Favoriten" können Sie die von Ihnen häufig genutzten Koordinatensysteme einbringen, und zwar mit der Schaltfläche „Zu Favoriten hinzufügen". Sie entfernen ein Koordinatensystem aus dem Verzeichnis „Favoriten" mit der Schaltfläche „Aus Favoriten entfernen".

Im Verzeichnis „Vorgegeben" werden alle in ArcMap enthaltenden Koordinatensysteme aufgelistet. Das in Deutschland gebräuchliche Gauß-Krüger-System finden Sie dort unter „Projected Coordinate System: National Grids: German Zone 1 (2, 3, 4, 5)".

Aus dem Verzeichnis „Layer" kann das Koordinatensystem eines im Datenrahmen befindlichen Layers übernommen werden.

Im Verzeichnis „Benutzerdefiniert" können Sie mit der Schaltfläche „Neu" ein neues, selbst erstelltes Koordinatensystem definieren oder mit der Schaltfläche „Import" ein Koordinatensystem aus einem anderen Layer einlesen.

Die Einstellungen für ein markiertes Koordinatensystem können über die Schaltfläche „Ändern" angepasst werden.

Die Schaltfläche „Transformationen" ändert die Datumsparameter der zugehörigen geografischen Projektion (Ellipsoid). Lesen Sie dazu Näheres in Kapitel 19 „Transformationen und Projektionen in ArcMap" in Band 2.

4.5 Die Eigenschaften eines Datenrahmens

4.5.4 Register: Beleuchtung

Dieses Register stellt die Beleuchtung (Schummerung) eines TINs (Dreiecksnetzwerk) im Datenrahmen ein.

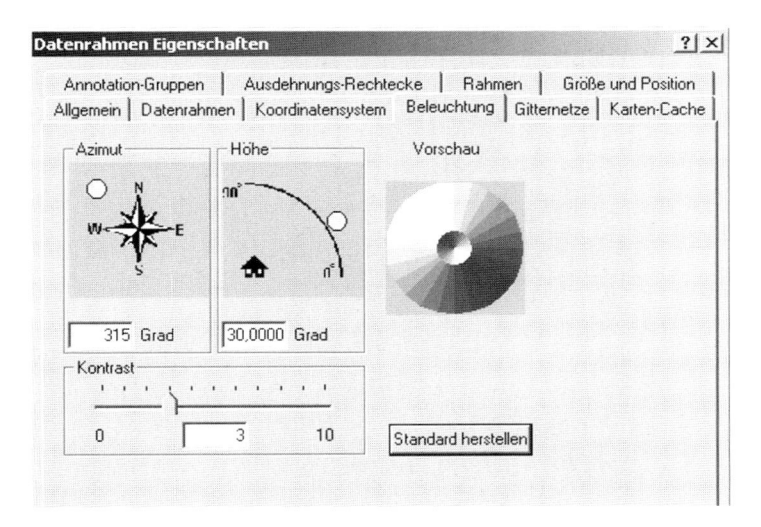

Das TIN wird dabei von einer Lichtquelle mit vorgegebener Höhe und vorgegebenem Winkel (Azimut) angestrahlt. Damit können bestimmte Strukturen hervorgehoben werden. Um die Einstellungen zu ändern bewegen Sie jeweils den gelben Punkt mit gedrückter linker Maustaste.

Unter „Vorschau" wird die Wirkung der Beleuchtung demonstriert. Zusätzlich kann auch der Kontrast eingestellt werden.

Die Schaltfläche „Standard herstellen" setzt die Werte zurück (Azimut = 315 Grad, Höhe = 30 Grad, Kontrast = 3).

4.5.5 Register: Gitternetze

Mit dem Register „Gitternetze" werden beschriftete Umrandungen um einen Datenrahmen in der Layout-Ansicht gezeichnet. Dabei wird zwischen einem Gradnetz und zwei verschiedenen Gitternetzen unterschieden.

Bei einem Gradnetz werden Längen- und Breitengrade an die Umrandung gesetzt. Die Daten müssen daher dezimale Geokoordinaten haben.

Es kann ein bemaßtes Gitternetz (Bemaßung mit Karteneinheiten) oder ein Referenz-Gitter (Bemaßung mit einem Indexgitter) erstellt werden.

Für projizierte Daten (z. B. UTM oder Gauß-Krüger) kann ein Gitternetz auf den Datenrahmen gelegt werden.

Für jeden Datenrahmen können mehrere Gitter- und Gradnetze erstellt und entsprechend zu- oder abgeschaltet werden.

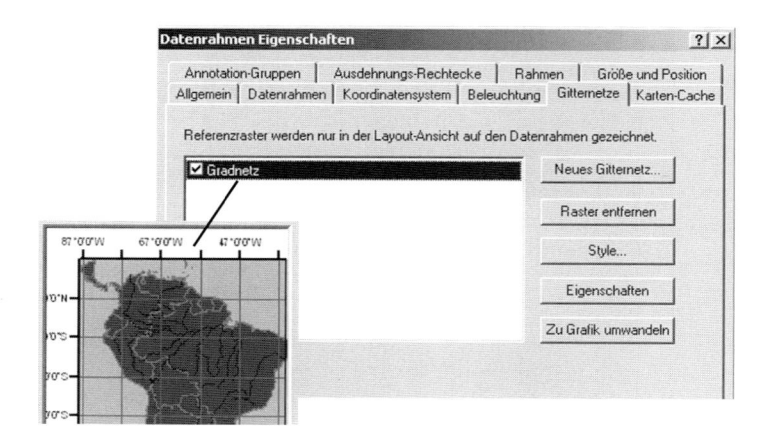

Zur Erstellung eines neuen Grad- oder Gitternetzes drücken Sie die Schaltfläche „Neues Gitternetz" und geben Sie in den folgenden Dialogen an, wie es aussehen soll. Das Aussehen kann auch nachträglich noch mit den Schaltflächen „Style" und „Eigenschaften" geändert werden.

Mit der Schaltfläche „Zu Grafik umwandeln" wird das markierte Netz in gruppierte Grafiken umgewandelt. Diese können dann mit Hilfe der Zeichenwerkzeuge weiter bearbeitet werden. Die Schaltfläche „Raster entfernen" löscht markierte Netze.

4.5.6 Register: Karten-Cache

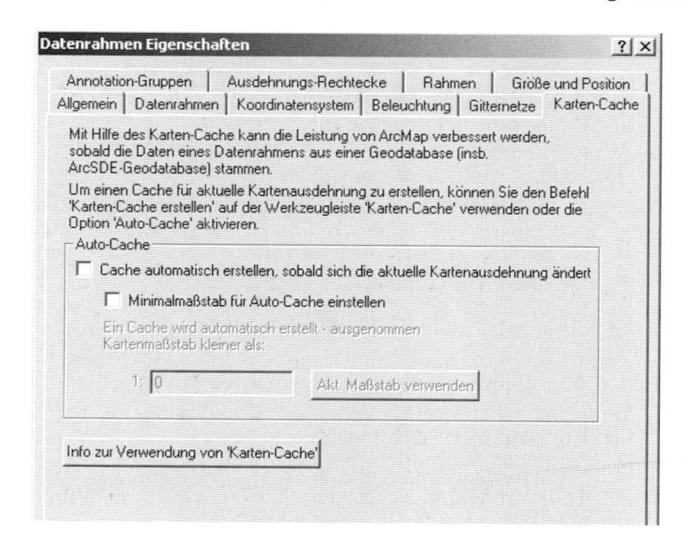

Mit dem Register „Karten-Cache" werden grundsätzliche Einstellungen für den Karten-Cache vorgenommen. Ein Karten-Cache ist Speicherplatz auf ihrem Rechner, in den bestimmte Features geladen werden können, um die Bearbeitung zu beschleunigen. In diesem Register stellen Sie ein, ob ein Karten-Cache erstellt wird, wenn sich die Ausdehnung ändert oder ein bestimmter Maßstab erreicht wird. Der Karten-Cache wird mit den Schaltflächen der Werkzeugleiste „Karten-Cache" bedient.

4.5.7 Register: Annotation-Gruppen

Im Register „Annotation-Gruppen" sind alle definierten Annotation-Gruppen (Ziele) aufgelistet. Annotation sind Gruppen von Grafiken und Texten, die zusammen mit den Daten angezeigt werden können. Die Annotation-Gruppen können durch Setzen oder Entfernen des Hakens ein- und ausgeschaltet werden. Mit den Schaltflächen „Alles auswählen" und „Nichts auswählen" werden alle Annotation-Gruppen ein- bzw. ausgeschaltet. Der Haken in der Box bestimmt, ob die Annotation-Gruppe im Datenfenster sichtbar ist.

Sie können eine Annotation-Gruppe neu erzeugen (Schaltfläche „Neue Gruppe"), entfernen (Schaltfläche „Gruppe entfernen") oder die Eigenschaften

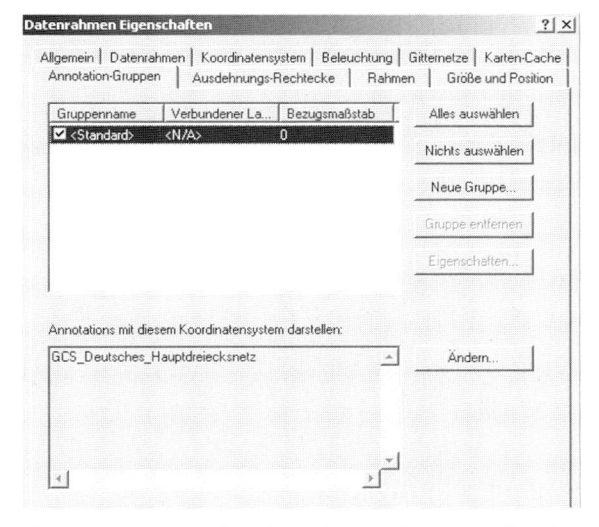

(Gruppenname, Verbundener Layer, Bezugsmaßstab) ändern. Mit der Schaltfläche „Ändern" kann das zugehörige Koordinatensystem für die Annotation-Gruppen geändert werden.

Mit der Eigenschaft „Verbundener Layer" wird eine feste Verbindung einer Annotation-Gruppe zu einem Layer gelöst oder wieder hergestellt. Ist die Zuordnung eingeschaltet, wird mit dem Layer auch die zugeordnete Annotation-Gruppe gezeichnet. Weitere Informationen zu Annotation finden Sie in Kapitel 21 „Annotation" in Band 2.

4.5.8 Register: Ausdehnungs-Rechtecke

Das Register „Ausdehnungs-Rechtecke" zeigt die Ausdehnung dieses Datenrahmens in einem anderen Datenrahmen in der Layout-Ansicht an. Sie können die Umrandung des Ausdehnungs-Rechtecks ändern und eine Führungslinie, die zu dem entsprechenden Ausdehnungs-Rechteck führt, ein- oder ausschalten.

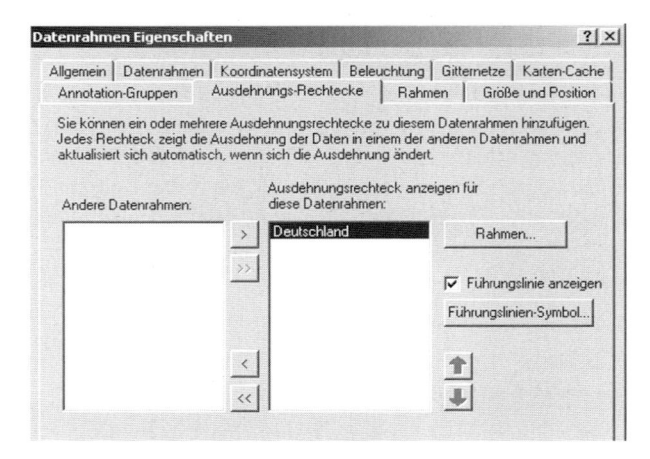

Mit den Pfeiltasten wird die Reihenfolge der Ausdehnungs-Rechtecke festgelegt. Ausdehnungs-Rechtecke, die sich weiter oben in der Liste befinden, werden zuletzt gezeichnet (oben drauf).

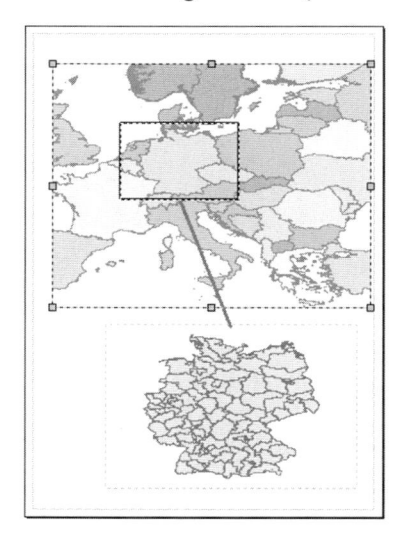

4.5.9 Register: Rahmen

Im Register „Rahmen" wird eine Umrandung, ein Hintergrund und ein Schatten für den Datenrahmen eingestellt. Sie sind in der Layout-Ansicht zu sehen. Wählen Sie aus den vorgegebenen Elementen (Umrandung, Hintergrund, Schatten) eines aus. Sie können eine vorgegebene Einstellung auch ändern. Klicken Sie dazu mit der rechten Maustaste auf einen Datenrahmen in der Layout-Ansicht und wählen Sie den Menüeintrag „Eigenschaften".

4.5 Die Eigenschaften eines Datenrahmens 127

Für jedes Element (Umrandung, Hintergrund, Schatten) kann ebenfalls die Farbe, die Rundung der Ecken sowie ein Abstand (Versatz, vertikal oder horizontal) zu den Daten eingestellt werden.

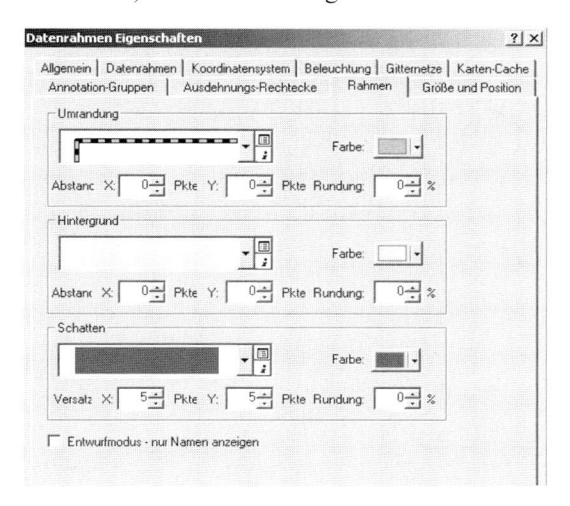

Setzen Sie den Haken in die Box „Entwurfsmodus – nur Namen anzeigen", damit während der Einstellungen nur der Rahmen und nicht die Daten der Layer gezeichnet werden. Dies ist hilfreich bei großen Datenmengen.

4.5.10 Register: Größe und Position

Im Register „Größe und Position" wird die Größe und Position des Datenrahmens in der Layout-Ansicht festgelegt. Die Positionsangaben beziehen sich auf die unter „Ankerpunkt" festgelegte Stelle.

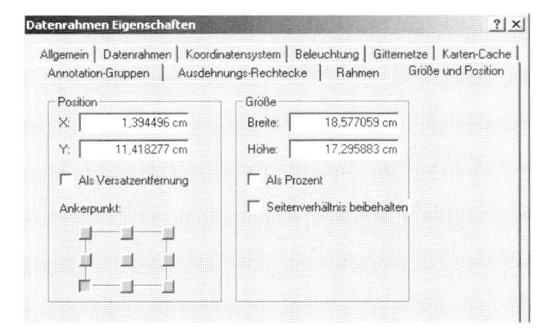

Wenn Sie den Datenrahmen in der Position um die Werte verschieben wollen, die unter „X" und „Y" angegeben sind, setzen Sie den Haken in die Box „Als Versatzentfernung". Die Werte werden in den Seiten-Einheiten (siehe Menü „Datei: Seiten- und Druckeinrichtung") der Layout-Ansicht angegeben.

Unter „Größe" kann die Breite und Höhe des Datenrahmens eingestellt werden. Soll das Seitenverhältnis (Höhe, Breite) des Datenrahmens beibehalten werden, so setzen Sie den Haken in die Box „Seitenverhältnis beibehalten". Soll die Breite und Höhe prozentual verändert werden, setzen Sie den Haken „Als Prozent" (50 % = halb, 200% = Doppelt).

4.6 Die Eigenschaften eines Layers

Dieser Abschnitt gibt einen Überblick über die Eigenschaften eines Layers in ArcMap. Die meisten dieser Eigenschaften werden bei der Vorstellung der entsprechenden Funktionen in diesem Buch ausführlich beschrieben. Sehen Sie dazu in den entsprechenden Kapiteln (z. B. Maßstabsbereich, Auswahl von Features, HyperLinks, Symbologie usw.) nach.

Der Dialog für die Eigenschaften eines Layers kann mit folgendem Menü oder durch Doppelklick auf den Layer im Inhaltsverzeichnis von ArcMap aufgerufen werden:

ArcMap-Kontextmenü: Layer
Eigenschaften...

Das Dialogfenster für die Eigenschaften eines Layers hat neun Register.

4.6.1 Register: Allgemein

Unter „Layer-Name" können Sie hier den Namen des Layers, wie er im Inhaltsverzeichnis steht, ändern.

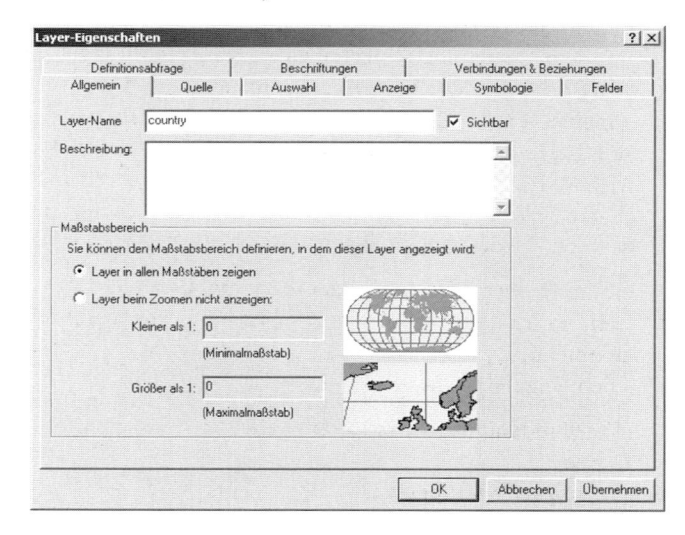

4.6 Die Eigenschaften eines Layers

Unter „Beschreibung" können Sie wichtige Bemerkungen zu diesem Layer eingeben. Setzen Sie den Haken in die Box „Sichtbar", um den Layer zu zeichnen. Dies ist die gleiche Funktion wie das Setzen des Hakens im Inhaltsverzeichnis.

Unter „Maßstabsbereich" legen Sie fest, ob ein Layer in allen Zoom-Stufen, also bei jedem Maßstab, oder nur in einem bestimmten Maßstabsbereich gezeichnet wird.

4.6.2 Register: Quelle

Es werden Informationen zu dem zugehörigen Datensatz angezeigt – wie Datentyp (z.B. Shapefile), Verzeichnispfad, in dem sich die Daten befinden, Featuretyp (z. B. Punkt, Linie, Polygon) und Koordinatensystem, dem dieser Datensatz zugeordnet ist.

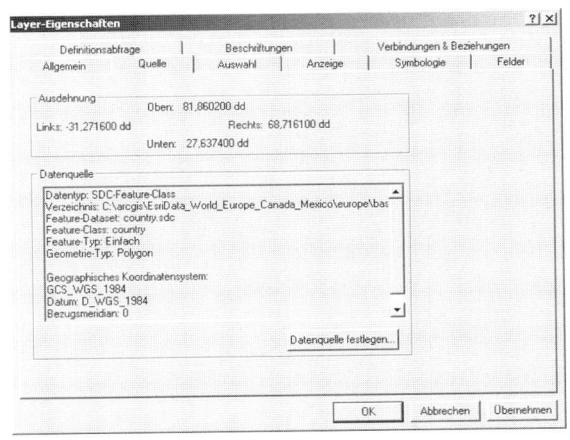

Mit der Schaltfläche „Datenquelle festlegen" können Sie für einen Layer den zugehörigen Datensatz neu festlegen. Ist z. B. der Datensatz eines Layers auf dem Datenträger verschoben, umbenannt oder gelöscht worden, so geben Sie hiermit den neuen Verzeichnispfad an. Sie können aber auch selber für einen Layer den Datensatz wechseln, um ihm andere Layer-Eigenschaften (Legenden, Koordinatensystem usw.) zuzuweisen. Wenn ein Layer seine Datenquelle verloren hat, erscheint im Inhaltsverzeichnis neben dem Layer-Namen ein rotes Ausrufungszeichen. Klicken Sie mit der Maus darauf, so können Sie die Datenquelle ebenfalls neu festlegen.

Sollten mehrere Layer in einem Datenrahmen ihre Datenquelle verloren haben, so verwenden Sie diese Schaltfläche nicht, sondern folgendes Kontextmenü, mit dem alle Layer zugleich „repariert" werden, wenn sie im gleichen Verzeichnis liegen.

ArcMap-Kontextmenü: Layer
Daten:
Datenquelle festlegen...

Der Menüeintrag ist jedoch nur nutzbar, wenn ein Layer seine Datenquelle verloren hat (rotes Ausrufezeichen neben dem Layer-Namen).

4.6.3 Register: Auswahl

Unter den Eigenschaften des Layers im Register „Auswahl" können Sie die Auswahlfarbe und das Auswahlsymbol für einen bestimmten Layer einstellen. Es ist damit möglich, für jeden Layer im Datenrahmen ein unterschiedliches Auswahlsymbol festzulegen.

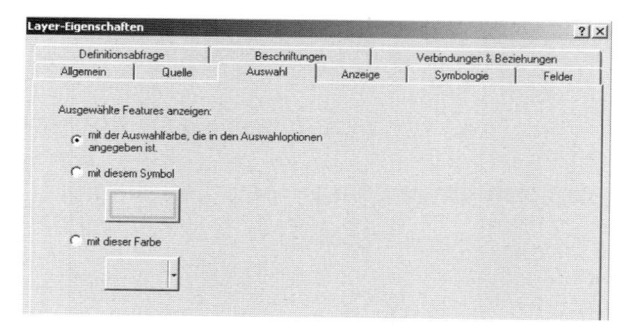

Das „Gemeinsame Symbol" (wird unter den Auswahloptionen eingestellt) für diesen Layer wird ausgewählt, indem Sie dazu den Schalter „mit der Auswahlfarbe, die ...." markieren und die Symbolfarbe mit dem Menü „Auswahl: Optionen" im Hauptmenü einstellen.

Ansonsten wählen Sie unter „mit diesem Symbol" oder „mit dieser Farbe" ein eigenes Symbol (z. B. Streifenmuster) oder eine eigene Farbe für den Layer aus.

4.6.4 Register: Anzeige

Hier stellen Sie ein, ob Map-Tips angezeigt werden sollen. Ein Map-Tip zeigt beim Überfahren eines Features mit dem Mauszeiger einen Attributwert an.

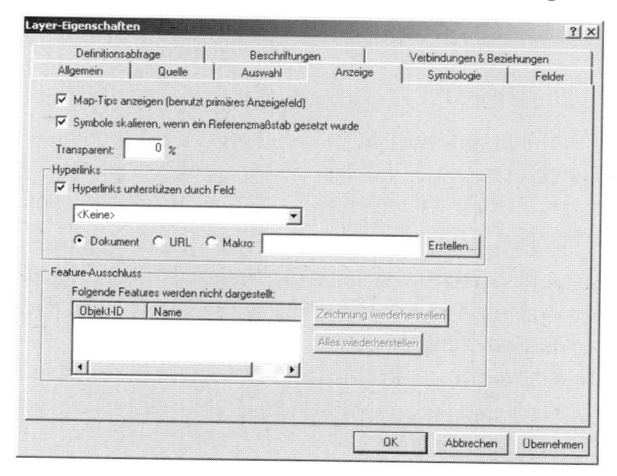

Das primäre Anzeigefeld, das die Attribute für die Anzeige der Map-Tips enthält, wird im Register „Felder" der Layer-Eigenschaften eingestellt. Die Map-Tips können nicht eingeschaltet werden, wenn der Layer keinen räumlichen Index hat. Stellen Sie diesen Index für den Datensatz des Layers bei Bedarf in ArcCatalog ein (rechte Maustaste auf den Datensatz – z. B. Shapefile – unter „Eigenschaften: Felder").

Um die Symbole zu skalieren, setzen Sie den Haken in die entsprechende Box. Skalierte Symbole (z. B. Punktsymbole) ändern ihre Größe, wenn die Ausdehnung (der Maßstab) verändert wird (bei Punkten die Punktsymbolgröße, bei Linien die Liniensymbolstärke und bei Polygonen die Abstände im Füllmuster). Symbole werden somit der Größe der Features angepasst. Die Skalierung funktioniert aber nur, wenn Sie vorher einen Referenzmaßstab (Bezugsmaßstab) gesetzt haben. Er legt das Größenverhältnis von Symbolen und Features bei einem vorgegebenen Maßstab fest. Den Bezugsmaßstab bestimmen Sie über folgendes Kontextmenü für einen Datenrahmen:

ArcMap-Kontextmenü: Datenrahmen
Bezugsmaßstab:
Bezugsmaßstab festlegen

Unter „Transparent" wird der Layer durchsichtig geschaltet. Geben Sie einen Wert zwischen 0 und 100 ein. Bei 100 % ist der Layer völlig durchsichtig, und alle darunter liegenden Layer können gesehen werden.

In Bereich „Hyperlinks" wird für feldunterstützte Hyperlinks das Attributfeld angegeben, das die Hyperlink-Ziele (z. B. ein Text-Dokument, eine Internetseite oder eine Bilddatei) enthält. Hier wird auch eingestellt, ob ein Dokument geöffnet, eine Internetseite angezeigt oder ein Makro gestartet werden soll.

Unter „Feature-Ausschluss" werden alle Features angegeben, die mit der Funktion „Features zu Grafik umwandeln" (Kontextmenü auf den Layer) in eine Grafik umgewandelt wurden und damit keine Features mehr sind. Benutzen Sie die Schaltflächen „Zeichnung wiederherstellen" und „Alles wiederherstellen", um die Features (vorher markieren) wieder zeichnen zu können.

4.6.5 Register: Symbologie

Die Symbologie erstellt die Symbole für die Legende eines Layers. Die Symbologie wird im Inhaltsverzeichnis von ArcMap unterhalb des Layer-Namens dargestellt und kann in das Kartenlayout (Layout-Ansicht) als eine Legnde übernommen werden.

Die Symbologie (Einzelwert, Einzelsymbol, Abgestufte Farben und Symbole, Klassifizierungen, Diagramme usw.) läßt sich hier erstellen. Es kann aber auch die Symbologie aus anderen Layern oder aus ArcView 3.x (*.avl) übernommen werden.

Eine ausführliche Behandlung dieser Themen erfolgt in Kapitel 10 „Symbologie".

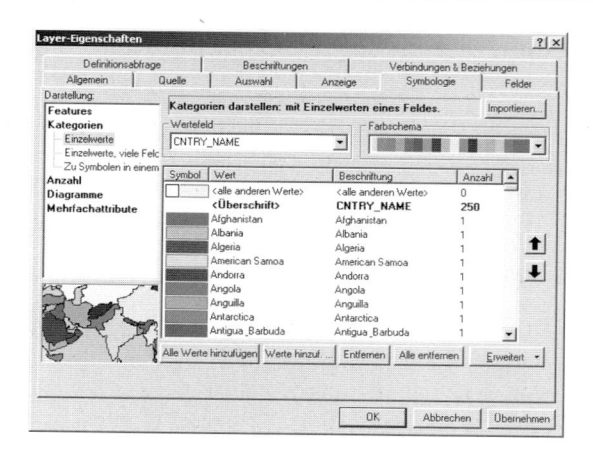

4.6.6 Register: Felder

In diesem Register wird das Primäranzeigefeld ausgewählt und das Aussehen (Erscheinungsbild der Attribute) der zum Layer gehörigen Attributtabelle eingestellt.

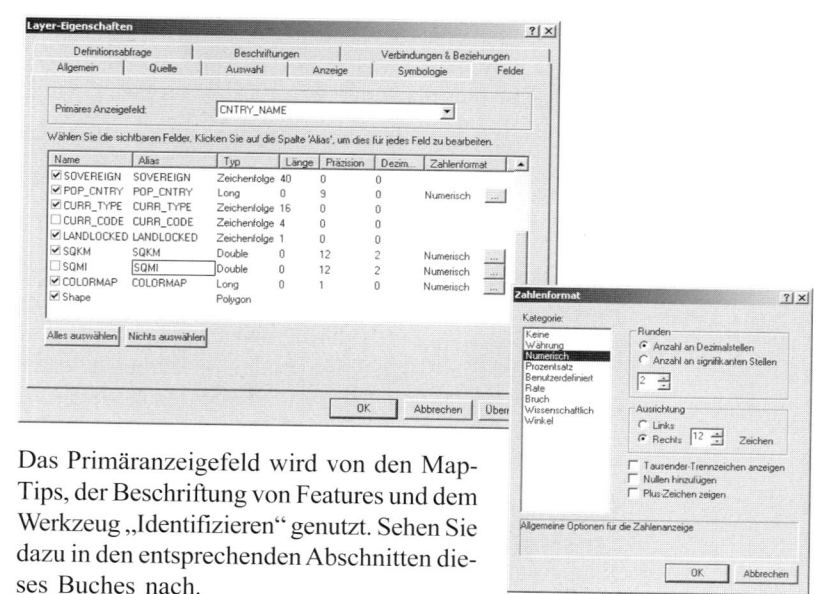

Das Primäranzeigefeld wird von den MapTips, der Beschriftung von Features und dem Werkzeug „Identifizieren" genutzt. Sehen Sie dazu in den entsprechenden Abschnitten dieses Buches nach.

In der Mitte des Registers „Felder" sind alle Attribute aufgelistet, die die entsprechende Tabelle enthält. Für die Felder ist jeweils der Feldname, der Feldtyp (z. B. numerisch, Zeichenfolge usw.), die Gesamtlänge (inklusive Dezimalkomma) sowie die Vor- und Nachkommastellen für numerische Felder aufgelistet. Diese Einstellung bezieht sich auf die Definition des Feldes und nicht auf ihre Anzeige in der Tabelle. Für numerische Attribute können Sie

4.6 Die Eigenschaften eines Layers

das Zahlenformat einstellen. Drücken Sie dazu auf die Schaltfläche (mit den drei Punkten) und stellen Sie das Zahlenformat in dem erscheinenden Dialog ein.

Sie können einen Alias-Namen vergeben und ein Feld unsichtbar machen. Klicken Sie dazu in das entsprechende Feld unter „Alias". Wenn Sie den Haken unter „Name" für ein Feld entfernen, ist dieses in der Tabelle nicht mehr sichtbar.

4.6.7 Register: Definitionsabfrage

Bei der Definitionsabfrage wird festgelegt, welche Features eines Layers gezeichnet werden sollen. Dies ist dann von Vorteil, wenn aus einem sehr großen Datensatz nur bestimmte Features für eine Abfrage oder Anzeige benötigt werden. Die Darstellung beschränkt sich damit auf die ausgewählten Features, so dass die Darstellung beschleunigt wird.

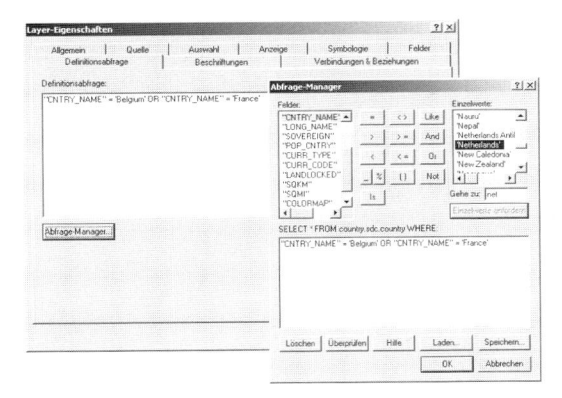

Der Abfrage-Manager erlaubt die Auswahl mit einer Abfrage auf die Attributwerte der zugehörigen Attributtabelle.

4.6.8 Register: Beschriftungen

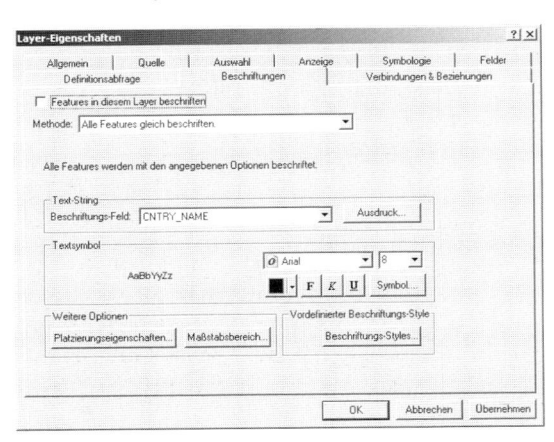

In diesem Register werden die Einstellungen von Beschriftungen für die Features eines Layers vorgenommen.

Die Beschriftung in ArcMap ist sehr umfangreich. Eine ausführliche Beschreibung finden Sie in Kapitel 11 „Beschriftungen und Grafiken".

4.6.9 Register: Verbindungen & Beziehungen

Das Register gibt einen Überblick über alle Tabellen, die mit der Attributtabelle dieses Layers verbunden sind oder in Beziehung stehen. Sie können hier weitere Tabellen mit der Attributtabelle verbinden oder in Beziehung setzen.

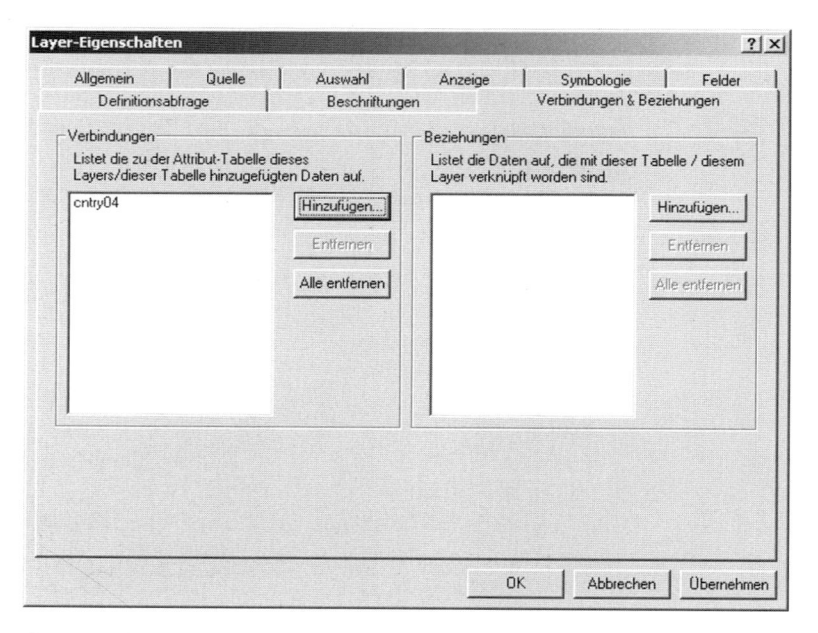

Über Verbindungen und Beziehungen erfahren Sie mehr in Kapitel 9 „Sachdaten und Tabellen".

4.7 Maßstabsbereich für die Anzeige eines Layers

Ein Layer wird normalerweise bei jedem Maßstab des Datenrahmens gezeichnet. Bei kleinen Maßstäben kann der Datenrahmen mit Features so überladen sein, dass kein Feature mehr vernünftig erkennbar ist. Es ist daher sinnvoll, den Layer bei bestimmten Maßstäben nicht mehr zu zeichnen. Mit der Festlegung eines Maßstabsbereiches wird der Layer außerhalb des Bereiches automatisch aus-, innerhalb des Bereichs jedoch eingeschaltet. Der Layer bekommt im Inhaltsverzeichnis von ArcMap einen transparenten Haken, wenn außerhalb des Maßstabsbereichs gezoomt wird.

4.7.1 Maßstabsbereich mit der aktuellen Ausdehnung

Um den Maßstabsbereich für einen Layer festzulegen, zoomen Sie zum minimalen und maximalen Maßstab in der Datenansicht und betätigen Sie jeweils den entsprechenden Menüeintrag im Menü „Sichtbarer Maßstabsbereich":

ArcMap-Kontextmenü: Layer
Sichtbarer Maßstabsbereich:
Minimalen Maßstab festlegen oder Maximalen Maßstab festlegen

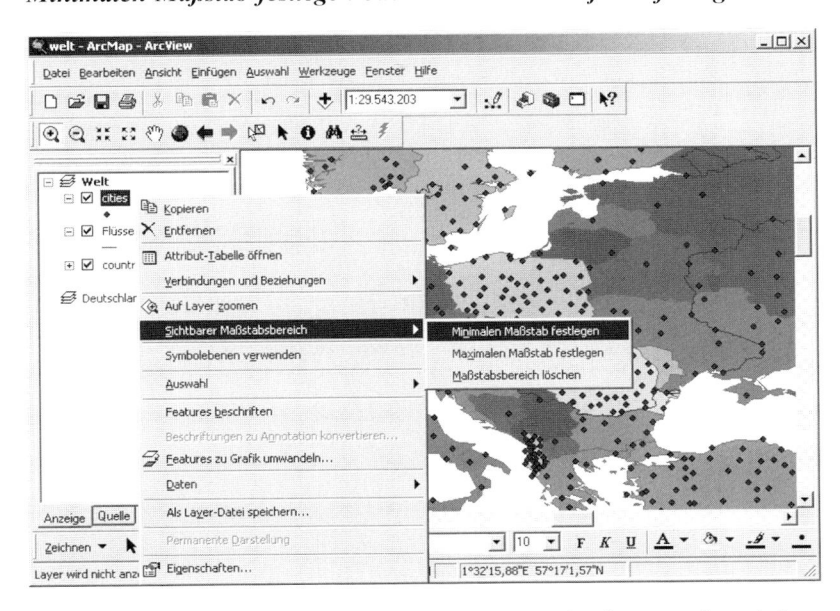

Wollen Sie, dass der Layer wieder bei jedem Maßstab angezeigt wird, so wählen Sie den Menüeintrag „Maßstabsbereich löschen".

4.7.2 Maßstabsbereich mit bestimmtem Maßstab festlegen

Sie können den Maßstabsbereich auch direkt mit fest vorgegebenen Maßstabszahlen setzen. Die Einstellungen werden bei den Layer-Eigenschaften (rechte Maustaste auf den Layer) im Register „Allgemein" vorgenommen.

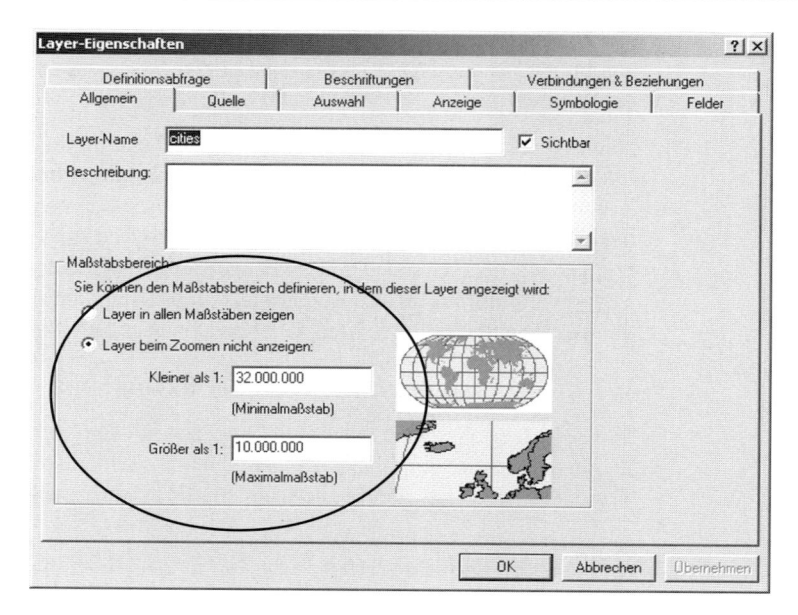

4.8 Räumliche Lesezeichen

Ein räumliches Lesezeichen markiert eine zuvor eingestellte Ausdehnung im Datenfenster von ArcMap. Damit können Sie bestimmte Ausdehnungen markieren und dann mit Hilfe von definierten Menüeinträgen zwischen den Ausdehnungen hin- und her schalten.

4.8.1 Räumliches Lesezeichen erstellen

Um eine Ausdehnung mit einem Lesezeichen zu markieren, zoomen Sie zu dem gewünschten Ausschnitt in der Daten-Ansicht des Datenfensters. Betätigen Sie folgendes Menü:

ArcMap-Hauptmenü:
Ansicht:
Lesezeichen: Erstellen

Geben Sie einen Namen für diese Ausdehnung an und drücken Sie die Schaltfläche „OK". Wählen Sie eine andere Ausdehnung und legen Sie auch dafür einen Namen fest.

4.8 Räumliche Lesezeichen 137

ⓘ Sie können ein räumliches Lesezeichen auch im Dialogfenster „Abfrageergebnisse" setzen. Betätigen Sie dazu das Werkzeug „Identifizieren" aus der Werkzeugleiste „Werkzeuge" und markieren Sie ein Feature in der Daten-Ansicht.

Betätigen Sie die rechte Maustaste auf einem Eintrag im linken Teil des Abfrageergebnis-Fensters und setzen Sie für dieses Feature das Lesezeichen.

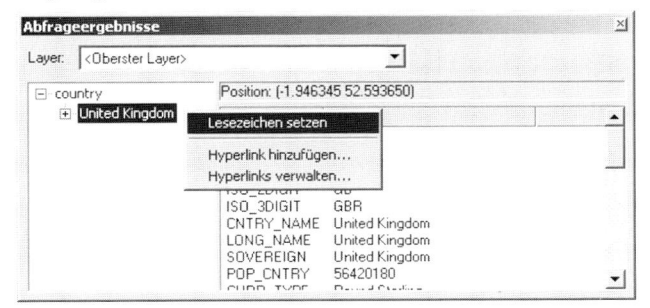

4.8.2 Ausdehnung mit Lesezeichen aufrufen

Um zu einer festgelegten Ausdehnung zu zoomen, betätigen Sie einfach das entsprechende Lesezeichen. Sie finden es im Menü:

ArcMap-Hauptmenü:
Ansicht:
Lesezeichen

4.8.3 Räumliche Lesezeichen verwalten

Mit folgendem Menü lassen sich Lesezeichen entfernen und auf die Ausdehnung zoomen (Doppelklick), die dem Lesezeichen entspricht. Wenn Sie ein Lesezeichen markieren und nochmals darauf klicken, können Sie den Namen verändern.

ArcMap-Hauptmenü:
Ansicht:
Lesezeichen: Verwalten

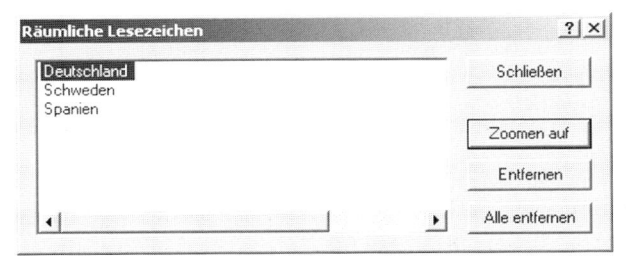

4.9 Übersichtsfenster und Lupe

Neben den üblichen Navigationswerkzeugen (Zoomen, Verschieben usw.) stellt ArcMap für die Daten-Ansicht ein Übersichtsfenster und eine Lupe zur Verfügung. Im Übersichtsfenster wird immer die gesamte Geometrie eines auswählbaren Layers dargestellt. Ein Rechteck im Übersichtsfenster, dessen Farbe und Muster einstellbar sind, zeigt den Bereich, wie er in der Daten-Ansicht angezeigt wird.

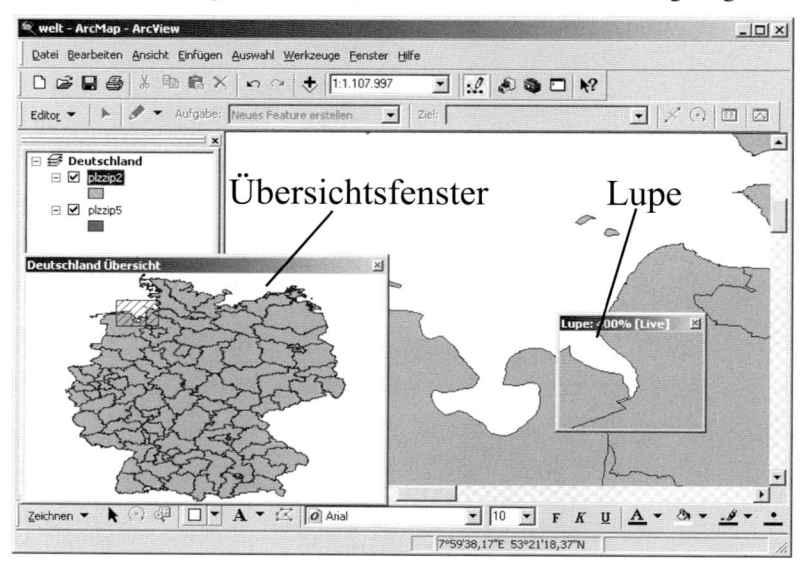

Die Lupe ist ein Vergrößerungsfenster, dessen Vergrößerung einstellbar ist.

Wenn Sie sich mit Details auf einer Karte beschäftigen müssen und darüber hinaus wissen wollen, welchen Bereich auf der Gesamtkarte Sie gerade bearbeiten, erleichtern das Übersichtsfenster und die Lupe Ihre Arbeit.

Im Folgenden wird gezeigt, wie das Übersichtsfenster und die Lupe aufgerufen werden und welche Einstellungen und Eigenschaften für beide Fenster möglich sind.

4.9.1 Übersichtsfenster

Das Übersichtsfenster wird mit dem folgenden Menü geöffnet:

ArcMap-Hauptmenü:
Fenster:
Übersicht...

Zoomen Sie zunächst in der Daten-Ansicht auf eine bestimmte Ausdehnung. Das Rechteck (Interessenbereich) im Übersichtsfenster kann mit Hilfe der Maus in der Größe verändert und verschoben werden. Der entsprechende Ausschnitt wird dann in der Daten-Ansicht dargestellt. Bewegen Sie

4.9 Übersichtsfenster und Lupe

dazu den Mauszeiger auf das Rechteck, bis der Cursor zum Doppelkreuz wird, und verschieben Sie das Rechteck. Um die Größe zu verändern, bewegen Sie den Mauszeiger auf eine Ecke und vergrößern oder verkleinern Sie das Rechteck.

Eigenschaften des Übersichtsfensters

Im Übersichtsfenster wird die volle Ausdehnung der in der Daten-Ansicht vorhandenen Layer gezeigt. Es wird nur ein Layer als Referenz-Layer angezeigt. Sie können als Referenz-Layer jeden im Datenrahmen oder einen auf Datenträger vorhandenen Layer nutzen. Die Einstellung für den Referenz-Layer finden Sie unter den Eigenschaften des Übersichtsfensters.

Die Eigenschaften werden durch Klicken mit der rechten Maustaste auf die Kopfleiste des Übersichtsfensters angezeigt.

ArcMap-Kontextmenü: Kopfleiste des Übersichtsfensters
Eigenschaften...

Der Menüeintrag „Anzeige aktualisieren" zeichnet den Inhalt des Übersichtsfensters neu.

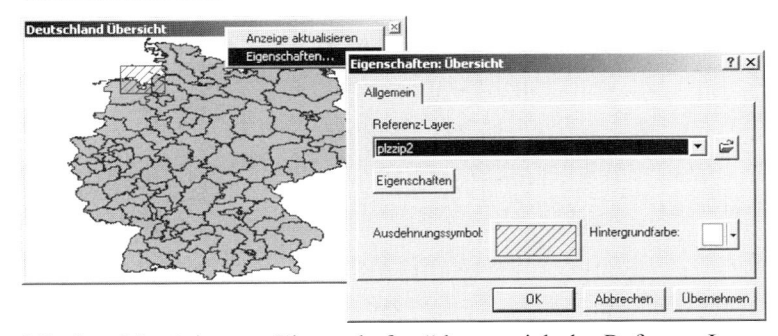

Mit dem Menüeintrag „Eigenschaften" lassen sich der Referenz-Layer, das Symbol (Muster, Farbe) für den Interessenbereich und die Hintergrundfarbe des Übersichtsfensters einstellen.

Als Referenz-Layer kann jeder im Datenrahmen vorhandene Layer oder auch ein beliebiger auf Datenträger befindlicher Layer ausgewählt werden. Dieser muss nicht zuvor in den Datenrahmen eingeladen werden.

Die Schaltfläche „Eigenschaften" zeigt die Eigenschaften des unter „Referenz-Layer" eingestellten Layers an.

4.9.2 Lupe

Die Lupe wird mit dem folgenden Menü geöffnet:

ArcMap-Hauptmenü:
Fenster:
Lupe

Bewegen Sie die Lupe über die Stelle in der Daten-Ansicht, die Sie vergrößert darstellen wollen. Für die Lupe sind verschiedene Einstellungen möglich. Sie können den Grad der Vergrößerung einstellen, einen Zustand einfrieren oder die Vergrößerung während des Ziehens laufend aktualisieren.

Eigenschaften der Lupe

Die Eigenschaften für die Lupe werden mit folgendem Menü aufgerufen.

ArcMap-Kontextmenü: Kopfleiste der Lupe
Eigenschaften...

Unter „Verbindung" können Sie einstellen, ob das Fenster aktualisiert wird, nachdem Sie es verschoben haben (Live-Aktualisierung). Die Option „Schnappschuss" friert den Zustand des Fensters ein.

Unter „Zoom" wird der Vergrößerungsgrad eingestellt. Wählen Sie zwischen prozentualer Vergrößerung oder einem festen Maßstab.

Für die Einstellung des Lupenfensters stehen die folgenden weiteren Optionen zur Verfügung:

Volle Ausdehnung

Zoomt auf volle Ausdehnung im Lupenfenster. Der Menüeintrag „Volle Ausdehnung" ist nur aktiv, wenn in den Eigenschaften des Lupenfensters unter „Verbindung" die Option „Schnappschuss" eingestellt wurde.

Aktualisieren während des Ziehens

Benutzen Sie diesen Eintrag (Live-Aktualisierung), wenn Sie wollen, dass während des Ziehens der Lupe der Inhalt laufend aktualisiert werden soll.

Snapshot

Behält die Ausdehnung im Lupenfenster bei, wenn dieses bewegt wird. Diese Einstellung kann auch unter den Eigenschaften des Lupenfensters vorgenommen werden (Schnappschuss).

4.10 MapTips

Position aufblinken

Diese Funktion zeigt die aktuelle Position für den eingefrorenen Zustand (Schnappschuss) im Lupenfenster und in der Daten-Ansicht durch Aufblinken einer Linie an. Dabei darf das Vergrößerungsfenster nicht über der Position im Datenfenster stehen. Der Menüeintrag „Position aufblinken" ist nur aktiv, wenn in den Eigenschaften des Lupenfenster unter „Verbindung" die Option „Schnappschuss" eingestellt wurde oder ein schon eingefrorenes Fenster angeklickt ist.

4.10 Map-Tips

Ein Attributwert kann beim Überfahren eines Features mit der Maus (ohne Drücken einer Maustaste), angezeigt werden. Dies ist nur in der Daten-Ansicht möglich. So können Sie sich z. B. den Namen eines Landes unmittelbar an dem Feature anzeigen lassen, ohne ein Werkzeug oder Menü zu benut-

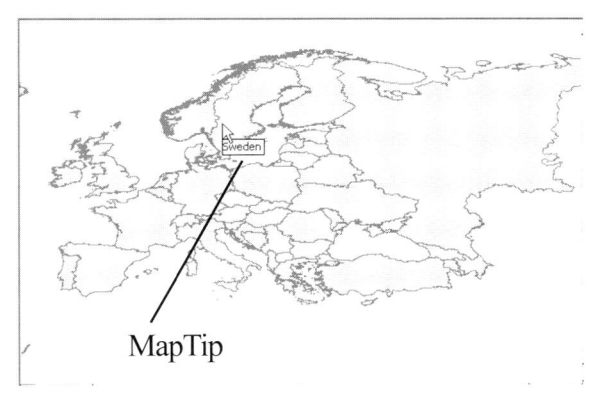

zen. Die Anzeige der Map-Tips kann in den Eigenschaften des entsprechenden Layers ein- oder ausgeschaltet werden. Wählen Sie dazu folgendes Menü und setzen Sie im Register „Anzeige" den entsprechenden Haken. Sollte sich der Haken nicht setzen lassen (Funktion ausgeblendet), so müssen Sie für den Layer den räumlichen Index setzen. Diesen können Sie in ArcCatalog setzen (Shapefile:Eigenschaften: Register Index).

<u>**ArcMap-Kontextmenü: Layer**</u>
Eigenschaften: Register Anzeige

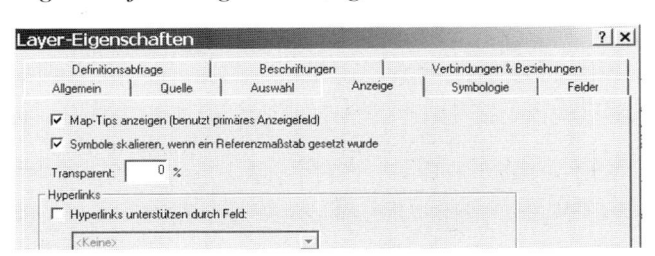

Im Register „Felder" der Layer-Eigenschaften wird das Attribut (Primäres Anzeigefeld) angegeben, dessen Werte als Map-Tips angezeigt werden sollen.

ArcMap-Kontextmenü: Layer
Eigenschaften: Register Felder

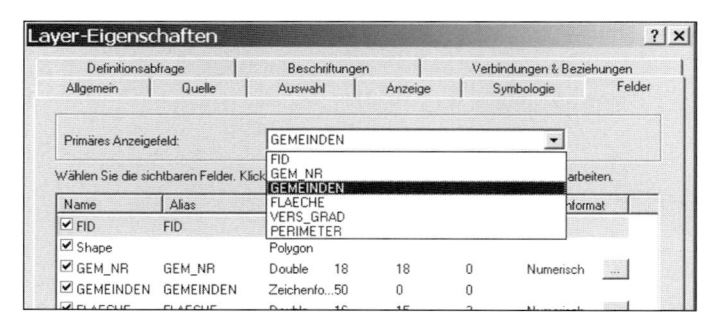

4.11 Import von ArcView 3.x-Projekten

Eine ArcView 3.x-Sitzung wird in einer *.apr-Datei (ArcView-Projekt) protokolliert. In ArcGIS (seit der Version ArcView 8) wurde ein neues Format für die Speicherung der ArcGIS-Aktivitäten definiert. Diese Sitzungen werden nun in einer *.mxd-Datei gespeichert. Diese Datei wird auch Karte oder Kartendokument genannt. Ein Umsteiger von ArcView 3.x nach ArcGIS benötigt daher eine Funktion, die eine apr-Datei in ein Kartendokument einliest. Da ArcGIS sich in einigen Punkten von ArcView 3.x unterscheidet, ist die 1:1-Übertragung eines ArcView-Projektes in ein ArcGIS-Kartendokument nicht möglich.

Im Folgenden wird erläutert, welche Elemente aus ArcView 3.x nach ArcGIS importiert werden können, und gezeigt, wo es Einschränkungen gibt.

Ein „View" aus ArcView 3.x wird in einen Datenrahmen importiert. Nicht alle View-Eigenschaften werden auf die Eigenschaften des Datenrahmens übertragen, da Art und Anzahl der Eigenschaften unterschiedlich sind.

Ein „Thema" aus ArcView 3.x wird in einen Layer importiert. Es werden Vektorthemen (Shapefiles, Coverages...) und Rasterthemen (Grids, TIFFs...) mit den zugehörigen Legenden von ArcGIS übernommen. Einige der Themeneigenschaften, wie Textbeschriftungen und HotLinks, können nicht importiert werden.

Ein Layout aus ArcView 3.x wird in das Layout von ArcGIS importiert. Da in ArcView 3.x mehrere Layouts möglich sind, in ArcGIS jedoch nur ein Layout (Layout-Ansicht) existiert, muss vor dem Import entschieden werden, welches Layout übertragen werden soll.

Die meisten Elemente aus dem ArcView 3.x-Layout werden übertragen. Andere, z. B. die Nordpfeile oder Maßstabsleisten können in beiden Program-

4.11 Import von ArcView 3.x-Projekten

men unterschiedlich sein. Um mehrere ArcView 3.x-Layouts nach ArcGIS zu übertragen, importieren Sie jedes Layout einzeln in ein ArcGIS-Kartendokument (*.mxd-Datei).

Grafiken wie Punkte, Polygone (keine Muster), Linien (nur die Linienfarbe) werden in Grafiken von ArcGIS importiert.

Folgende ArcView3.x-Elemente können nicht importiert werden:
- Tabellen (Datentabellen)
- Diagramme
- CAD-Themen
- Verbindungen und Verknüpfungen
- Avenue-Scripts
- 3D-Szenen aus dem 3D-Analyst

Wegen der oben genannten Schwierigkeiten ist eine vollkommene Übersetzung eines Projektes in ein Kartendokument nicht möglich. Für komplexere Projekte kann diese Funktion jedoch sehr hilfreich sein. In den meisten Fällen ist ein Nacharbeiten des Kartendokuments nötig.

Um den Import zu starten, betätigen Sie in ArcMap folgendes Menü in einem neuen, leeren Kartendokument:

ArcMap-Hauptmenü:
Datei:
Aus einem ArcView-Projekt importieren...

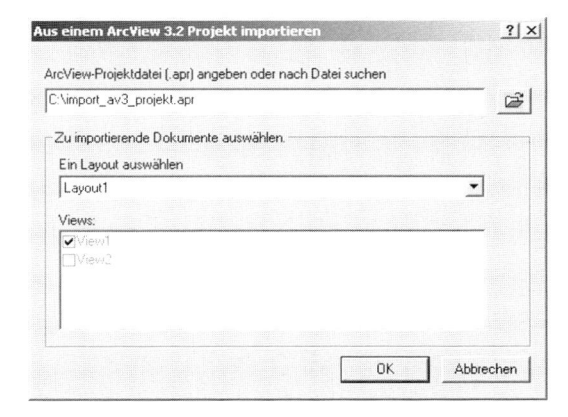

Geben Sie das ArcView 3.x-Projekt an, das Sie importieren wollen. Wählen Sie ein Layout aus der Listbox aus. In diesem Fall können ebenfalls nur die zu diesem Layout gehörigen Views mit importiert werden. Der Haken wird für diese Views automatisch gesetzt.

Wenn Sie „Keine" Layouts auswählen, können Sie jedes beliebige View (auch mehrere) importieren.

Drücken Sie die Schaltfläche „OK", um den Import zu starten. Die Elemente von ArcView 3.x werden, soweit es möglich ist, nach ArcGIS übertragen und können als Kartendokument gespeichert werden.

4.12 Hilfe für ArcMap

Wenn Sie Hilfe für ArcMap benötigen, so haben Sie nachfolgend beschriebene Möglichkeiten. Eine genaue Beschreibung und weitere Hilfen finden Sie in Kapitel 5 „Hilfe für ArcView".

Allgemeine Hilfe für ArcView

ArcMap-Hauptmenü:
Hilfe:
ArcGIS Desktop Hilfe

Kontexthilfe (Direkthilfe)

ArcMap-Hauptmenü:
Hilfe:
Direkthilfe: Auf ein Werkzeug oder Menü klicken

5 Hilfe für ArcGIS - ArcView

Die folgenden Abschnitte zeigen alle Möglichkeiten für Hilfen (Haupthilfe, Hilfe in Dialogen, über Tooltips und die Statusleiste sowie die Kontext-Hilfe), die in ArcCatalog und ArcMap vorhanden sind. Für ArcToolbox und deren Werkzeuge gibt es umfangreiche Hilfen direkt in den Werkzeugdialogen. Den Zugang dazu finden Sie in Kapitel 14 „Geoverarbeitung".

Hilfe für ArcView bekommen Sie auch im Internet (ESRI.com, ESRI-Germany.de), bei der ESRI-Hotline (ESRI-Deutschland mit Wartungsvertrag) oder bei den zahlreichen Anwendergruppen in Deutschland. Ansprechpartner für diese Anwendergruppen finden Sie im Internet (ESRI-Germany.de). Unter dem Menü „Hilfe" finden Sie in ArcCatalog und in ArcMap verschiedene Zugänge zu Internetseiten mit vielfältiger Hilfe, die im letzten Abschnitt dieses Kapitels kurz erläutert werden.

5.1 Haupthilfe für ArcCatalog und ArcMap

Für alle Programme von ArcView (ArcCatalog, ArcMap) gibt es eine gemeinsame Online-Hilfe. Diese beschreibt ArcView in allen Einzelheiten und wird mit folgendem Menü aufgerufen:

ArcCatalog-, ArcMap-Hauptmenü:
Hilfe:
ArcGIS Desktop Hilfe: (F1)

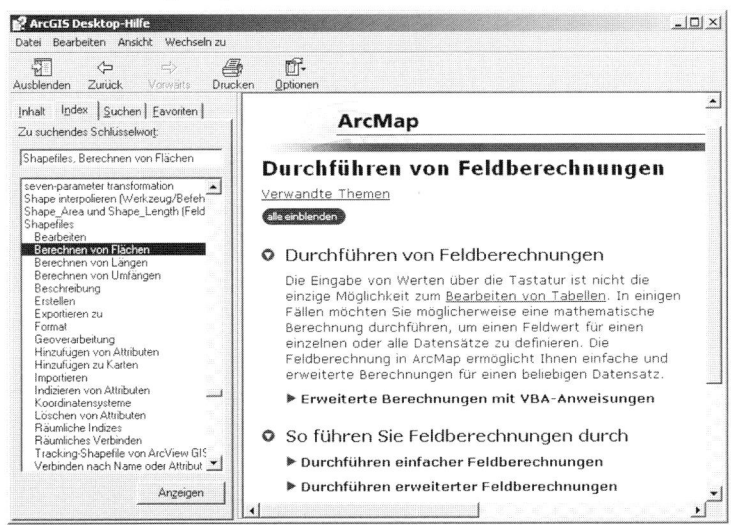

Die ArcGIS Desktop Hilfe ist sehr umfangreich und ausführlich. Es gibt ein Inhaltsverzeichnis, einen Index, und Sie können nach bestimmten Wörtern im Hilfetext suchen. Die Suchbegriffe können durch logische Ausdrücke

(AND, OR, NEAR, NOT) erweitert werden. Sie können angeben, dass nach Begriffen, die ähnlich geschrieben werden („Ähnliche Wörter suchen"), nur in den Überschriften der Hilfetexte („Nur Titel suchen") oder nur im Resultat einer vorherigen Suche gesucht wird. Für „Suchen" geben Sie einen Begriff ein und drücken die Schaltfläche „Themen auflisten". Es werden alle Themen angezeigt, die den Suchbegriff enthalten. Wählen Sie ein Thema aus und betätigen Sie die Schaltfläche „Anzeigen". Die Hilfe für dieses Thema wird angezeigt. Sie enthält auch Links zu verwandten Themen. Im Register „Favoriten" können Sie häufig genutzte Hilfethemen zusammenstellen.

5.2 Hilfe in Dialogfenstern

Viele Funktionen starten Dialoge, in der die benötigten Werte eingegeben werden können. Hier wird oft schnelle Hilfe benötigt. In einem Dialogfenster befindet sich oben rechts eine Schaltfläche mit einem Fragezeichen. Betäti-

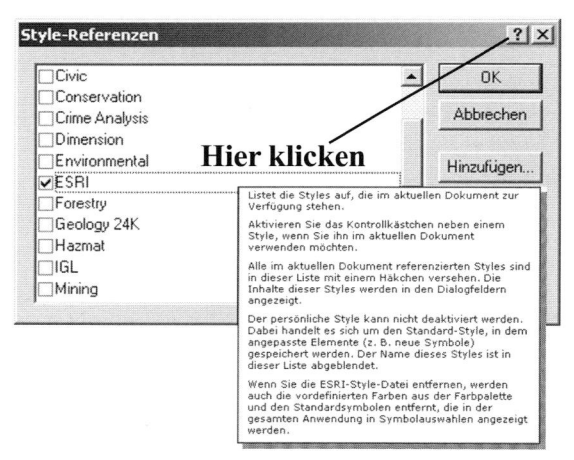

gen Sie diese und klicken Sie mit der Maus an die Stelle im Dialog, für die Sie Hilfe benötigen. Sie können auch im Dialogfenster die Taste F1 oder die rechte Maustaste drücken.

5.3 Hilfe als Tooltips und in der Statusleiste

Die Bedeutung sowie eine kurze Funktionsbeschreibung eines jeden Werkzeuges wird beim Überfahren mit der Maus (keine Maustaste drücken), am Werkzeug (Tooltip) und in der Statusleiste der Benutzeroberfläche angezeigt.

Die Tooltips können mit folgendem Menü an- oder ausgeschaltet werden:

ArcCatalog-, ArcMap-Hauptmenü:
Werkzeuge:
Anpassen: Optionen: Tooltips auf Werkzeugleisten anzeigen

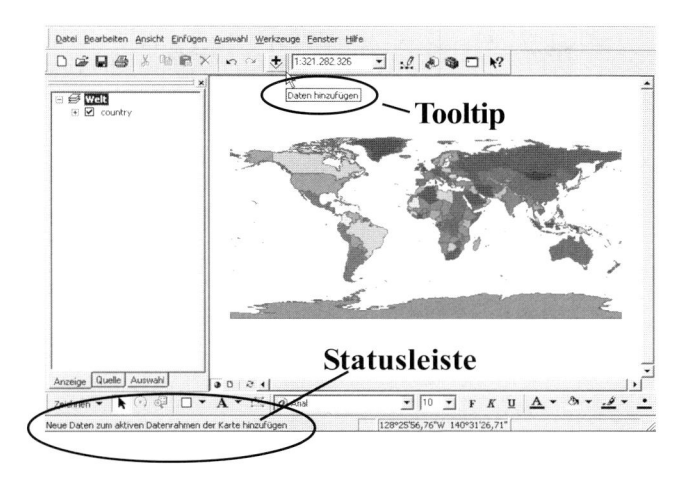

5.4 Kontext-Hilfe

Eine einfache Methode für schnelle Hilfe über die Tooltips und die Statusleiste hinaus gibt Ihnen das Werkzeug „Direkthilfe". Sie aktivieren es mit folgendem Menü oder Werkzeug aus der Werkzeugleiste „Standard":

ArcCatalog-, ArcMap-Hauptmenü:
Hilfe:
Direkthilfe: (Shift+F1)

Aktivieren Sie dieses Werkzeug, wird der Cursor zu einem Fragezeichen. Gehen Sie mit diesem Cursor auf das Werkzeug oder den Menüeintrag, für den Sie Hilfe benötigen, und drücken Sie die linke Maustaste. In einem Fenster wird der Hilfetext eingeblendet.

Das „Direkthilfe"-Werkzeug funktioniert nicht für Kontextmenüs (Menüs, die mit der rechten Maustaste aufgerufen werden). Hier bekommen Sie die Hilfe mit der Tastenkombination „Shift+F1", wenn Sie zuvor das Kontextmenü mit dem entsprechenden Eintrag markieren.

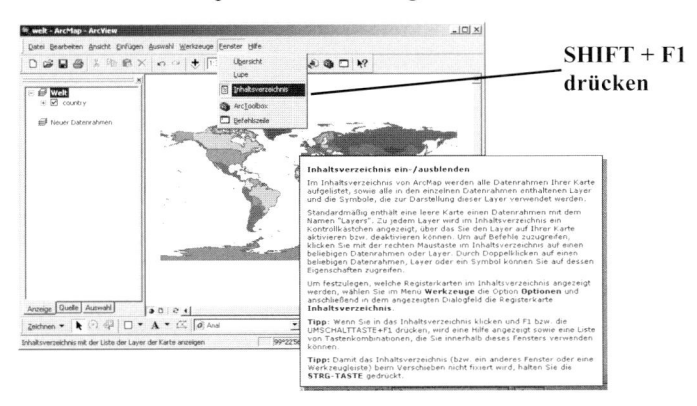

5.5 Hilfe aus dem Internet

Für den ArcGIS-Anwender gibt es grundsätzlich zwei Internetseiten, um Hilfe zu bekommen. Die wichtigste Seite ist die amerikanische Internetseite der Firma „ESRI". Die Adresse lautet **www.esri.com**. Der Zugang auf die deutsche Internetseite lautet **www.esri-germany.de**. Unter dem Menü:

ArcCatalog-, ArcMap-Hauptmenü:
Hilfe:
GIS-Wörterbuch
ESRI_Support Center
ESRI_Training
ArcGIS_Developer

finden Sie verschiedene Einträge, die direkt im Internet auf Seiten führen, in denen Hilfen in englischer Sprache angeboten werden.

GIS-Wörterbuch

Ermöglicht die Suche nach bestimmten Begriffen. Das Ergebnis ist die Erläuterung des Suchbegriffs in englischer Sprache. Die vorhandenen Begriffe sind wie in einem Wörterbuch alphabetisch geordnet.

ESRI_Support Center

Hier können Sie Hilfe direkt per E-Mail bekommen. Dazu müssen Sie sich jedoch anmelden. Ein gültiger Wartungsvertrag innerhalb der USA ist Voraussetzung. Diese Seite kommt daher im Allgemeinen für einen deutschen Anwender nicht in Frage, da in Deutschland die Wartung der Software über ESRI-Deutschland läuft. Wenden Sie sich an Ihren ESRI-Kundenberater oder schauen Sie auf die deutsche Internetseite **www.esri-Germany.de**.

ESRI_Training

Hier finden Sie die Menüeinträge „Schulung" und „Virtual Campus". Unter „Schulung" sind Termine für Schulungen innerhalb der USA aufgelistet. Schulungen in Deutschland sind hier nicht aufgeführt. Für deutsche Schulungen gehen Sie auf **www.esri-germany.de** oder **www.geoinformatik.de**. Der „Virtual Campus" bietet Fern-Schulungen im Internet an (alle in englischer Sprache).

ArcGIS_Developer

Diese Seite ist für Entwickler und Programmierer gedacht. Hier finden Sie umfangreiche Hilfe und viele Programmierbeispiele für die Entwicklung von Anwendersoftware.

6 Auswahl von Features

6.1 Einleitung

Für viele Anwendungen ist oft nur ein Teil der zur Verfügung stehenden Daten wichtig. Von allen Schutzgebieten in einem Land interessieren z. B. nur die Naturschutzgebiete und vielleicht auch nur solche, die eine bestimmte Flächengröße haben. Das ist eine typische „GIS-Aufgabe": Objekte sollen mit Hilfe von Attributwerten ausgewählt werden.

Eine Auswahl kann mit einem GIS, aber auch mit Hilfe der Lage von Objekten (Features) getroffen werden. Wollen Sie Schutzgebiete (z. B. Naturschutzgebiete) ermitteln, die einen bestimmten Nutzungstyp enthalten (z. B. Wald oder Ackerflächen), so werden Features dabei mit Hilfe der Lage von Features eines anderen Layers ausgewählt.

Mit ArcMap können neben diesen beiden wichtigen Auswahlmethoden Features auch interaktiv (durch Mausklick) und mit Hilfe von Grafiken (z. B. Polygone, die bestimmte Gebiete darstellen sollen) selektiert werden.

Befinden sich mehrere Layer in einem Datenrahmen von ArcMap, so können die Layer, aus denen eine Auswahl getroffen werden soll, bestimmt werden. Die Farbe für ausgewählte Features lässt sich für jeden Layer gesondert einstellen. Diese und weitere Auswahlfunktionen (z. B. auf ausgewählte Features zoomen, Auswahl umkehren, ausgewählte Features speichern usw.) stellt ArcMap zur Verfügung. Diese Funktionen wirken entweder auf alle oder bestimmte Layer oder Features. Wo diese Funktionen zu finden sind und wie man mit ihnen umgeht, erfahren Sie im letzten Teil dieses Kapitels.

Sie werden jedoch zunächst in einem Einführungsbeispiel die wichtigsten Auswahlmethoden kennen lernen. Danach werden alle Auswahlmethoden (interaktive, mit Attributen, nach Lage, mit Grafiken) ausführlich erläutert.

6.2 Einführungsbeispiel

Das folgende Beispiel zeigt die wichtigsten grundlegenden Funktionen für die Auswahl von Features in ArcMap. Führen Sie die folgenden Punkte in diesem Beispiel wie angegeben aus. Sie werden dadurch schnell ein Gefühl bekommen, wie die Auswahl mit ArcMap funktioniert. Für das Beispiel benötigen Sie die Daten aus dem Verzeichnis :

EsriData_World_Europe_Canada_Mexico

Diese Daten werden mit der Software geliefert (siehe auch Kapitel 1 „Einleitung"). Installieren Sie sie gegebenenfalls nach. In diesem Beispiel werden folgende Schritte ausgeführt:

- ArcMap starten und Daten einlesen
- Auswählbare Layer einstellen
- Unterschiedliche Auswahlfarbe für beide Layer einstellen
- Interaktive Auswahl (Auswahl mit der Maus)
- Nach Attributen auswählen (z. B. Bevölkerungsanzahl < 1 000 000)
- Nach Lage auswählen (z. B. Länder auswählen, die einen See enthalten)
- ArcMap beenden

ArcMap starten und Daten einlesen

Starten Sie ArcMap und laden Sie folgende Daten (sdc-Files) in einen Datenrahmen. Klicken Sie dazu mit der rechten Maustaste auf den Datenrahmen „Layer" im Inhaltsverzeichnis von ArcMap und wählen den Menüeintrag „Daten hinzufügen". Sie können auch die Schaltfläche „Daten hinzufügen" aus der Werkzeugleiste „Standard" benutzen.

<u>ArcMap-Kontextmenü: Datenrahmen „Layer"</u>
Daten hinzufügen:

Wählen Sie im folgenden Eingabefenster die Daten:

EsriData_World_Europe_Canada_Mexico\mexico\data\states.sdc
EsriData_World_Europe_Canada_Mexico\mexico\data\city.sdc
EsriData_World_Europe_Canada_Mexico\mexico\data\hydro-p.sdc

Gleichzeitiges Drücken der linken Maustaste und der Strg-Taste lädt mehrere Feature-Classes in den Datenrahmen.

Auswählbare Layer einstellen

Es befinden sich nun drei Layer im Datenrahmen „Layer". Bevor eine Auswahl getroffen wird, müssen zuerst Einstellungen vorgenommen werden. Die später folgende interaktive Auswahl mit der Maus soll nur Features von „city" und „states" auswählen. Dazu müssen diese für die Auswahl mit folgendem Menü festgelegt werden:

<u>ArcMap-Hauptmenü:</u>
Auswahl:
Auswählbare Layer einstellen...

Setzen Sie den Haken neben „city" und „states" und klicken Sie auf die Schaltfläche „Schließen". Die Layer für die Auswahl sind damit festgelegt.

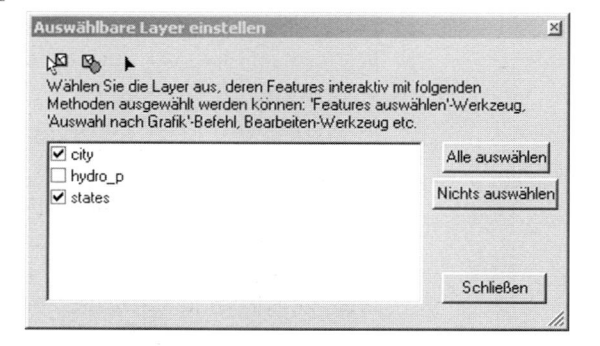

6.2 Einführungsbeispiel

Unterschiedliche Auswahlfarbe für zwei Layer einstellen

Wenn ein Feature ausgewählt wird, wird es mit einem Symbol gekennzeichnet. Für die Auswahl in „states" und „city" sollen unterschiedliche Symbole bestimmt werden. Dies geschieht für jeden Layer nacheinander mit dem Kontextmenü:

ArcMap-Kontextmenü: „city"
Eigenschaften: Register „Auswahl"

ArcMap-Kontextmenü: „states"
Eigenschaften: Register „Auswahl"

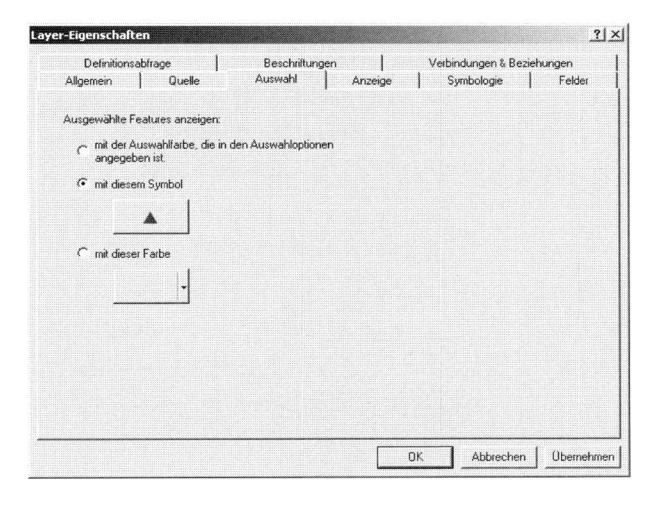

Für „city" wählen Sie „mit diesem Symbol" und drücken die zugehörige Schaltfläche. Im Symbol-Auswahlfenster wählen Sie ein Punktsymbol (z. B. ein rotes Dreieck) aus.

Für „states" wählen Sie „mit dieser Farbe" und betätigen Sie die zugehörige Schaltfläche. Im Symbol-Auswahlfenster wählen Sie eine Farbe (z. B. gelb) aus.

Nach Bestätigung über die Schaltfläche „OK" sind alle Vorbereitungen für die Auswahl von Features getroffen. Im nächsten Schritt kann jetzt eine Auswahl mit der Maus (interaktive Auswahl) vorgenommen werden.

Interaktive Auswahl (Auswahl mit der Maus)

Für die interaktive Auswahl aktivieren Sie das Werkzeug für die interaktive Auswahl „Features auswählen" aus der Werkzeugleiste „Werkzeuge" und klicken damit auf ein Feature. Gleichzeitiges Drücken der Shift-Taste mit der linken Maustaste wählt mehrere Features aus. Features, die übereinander liegen, werden gleichzeitig ausgewählt. Die ausgewählten Features aus „city" werden, wie vorher festgelegt, mit roten Dreiecken und die ausgewählten aus dem Layer „states" in gelber Farbe gekennzeichnet.

152　　　　　　　　　　　　　　　　　　　　　　　　　　6 Auswahl von Features

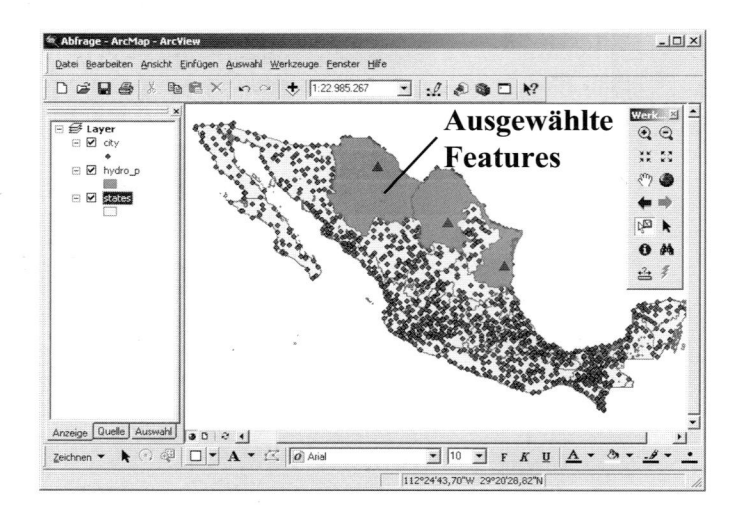

[Screenshot: ArcMap-Fenster mit Karte von Mexiko, ausgewählte Features (Bundesstaaten) hervorgehoben, Beschriftung „Ausgewählte Features"]

Die Auswahl kann mit folgendem Menü wieder aufgehoben werden:

ArcMap-Hauptmenü:
Auswahl:
Feature-Auswahl aufheben

Oder klicken Sie im Datenfenster auf eine Stelle, an der sich kein Feature befindet. Soll die Auswahl nur für die Features eines Layers aufgehoben werden, benutzen Sie das entsprechende Kontextmenü:

ArcMap-Kontextmenü: „states /city"
Auswahl:
Feature-Auswahl aufheben

Nach Attributen auswählen (z. B. Seefläche > 1500 qkm)

Es sollen jetzt alle Features (Seen) von „hydro-p" ausgewählt werden, die mehr als 1500 qkm Seefläche haben. Da zu jedem Feature ein Eintrag in der zugehörigen Attributtabelle (Sachdaten) und ein Attribut „SQKM" existiert, kann die Auswahl mit einer Abfrage auf die Tabelle getroffen werden. Starten Sie die Auswahl mit:

ArcMap-Hauptmenü:
Auswahl:
Nach Attributen auswählen...

Im Fenster „Nach Attributen auswählen" wird der logische Ausdruck für die Auswahl eingegeben. Wählen Sie in der

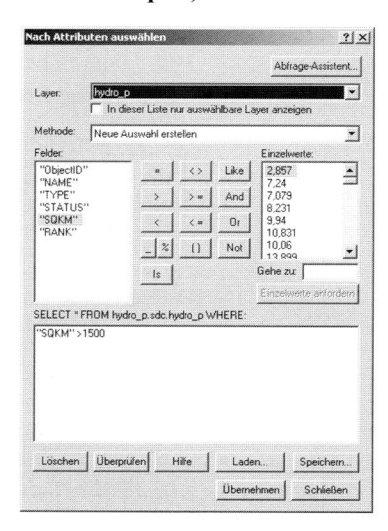

6.2 Einführungsbeispiel

Liste „Layer" den Layer „hydro-p" aus, doppelklicken Sie auf „SQKM" unter „Felder", dann mit einfachem Mausklick auf das Zeichen „>" und geben Sie zuletzt den Wert 1500 mit der Tastatur ein. Die Auswahl erfolgt mit der Schaltfläche „Übernehmen".

Im Datenfenster sind jetzt alle Features aus „hydro-p" markiert, deren Seefläche größer als 1500 qkm ist.

Nach Lage auswählen (z. B. Länder auswählen, die einen See größer 1500 qkm enthalten)

Eine Auswahl von Features kann auch über ihre Lage zueinander vorgenommen werden. Die Attribute werden dafür nicht benötigt. Das folgende Beispiel selektiert alle Features (Länder) aus „states", die einen See mit einer Fläche größer als 1500 qkm enthalten. Dabei wird festgestellt, ob ein Polygon des Layers „hydro-p" sich mit einem Polygon des Layers „states" überschneidet. Starten Sie die lagebezogene Auswahl mit dem Menü:

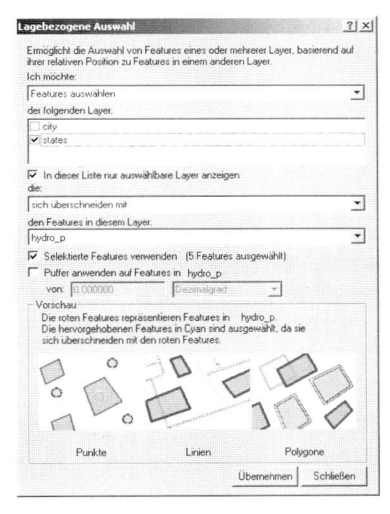

ArcMap-Hauptmenü:
Auswahl:
Lagebezogene Auswahl...

Setzen Sie im Dialog „Lagebezogene Auswahl" (siehe nebenstehende Abbildung) einen Haken an „states", wählen Sie die Auswahlmethode „sich überschneiden mit" und bei „den Features in diesem Layer" das Shape „hydro-p". Setzen Sie den Haken ins Kästchen „Selektierte Features verwenden". Klicken Sie auf die Schaltfläche „Übernehmen".

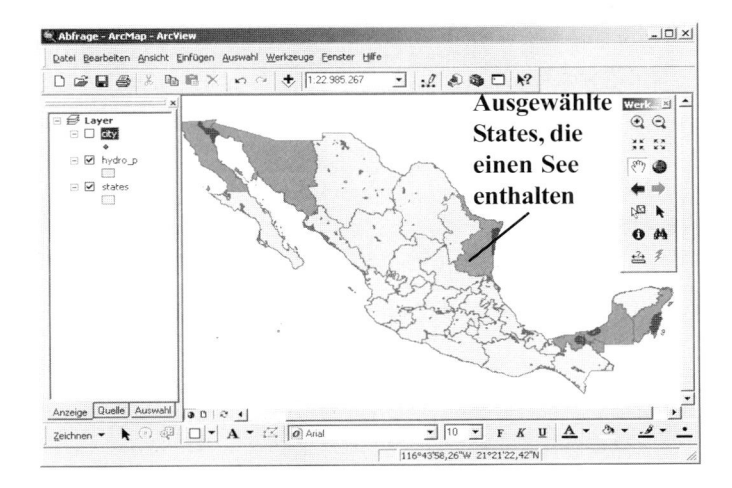

Im Datenfenster werden alle „states" markiert, die einen See größer als 1500 qkm vollständig oder teilweise enthalten.

ArcMap beenden

Bevor ArcMap beendet wird, sollten die bis hier geleisteten Arbeiten gespeichert werden. Die Speicherung erfolgt in einem so genannten ArcMap-Dokument (*.mxd, Kartendokument). In diesem Dokument werden alle Arbeiten während der ArcMap-Sitzung gespeichert. Durch Öffnen des Dokuments kann die Arbeit fortgesetzt werden. Die Daten der sdc-Files werden nicht in dem ArcMap-Dokument gesichert, sondern nur Verweise zu den Daten in das Dokument geschrieben. Zum Speichern des ArcMap-Dokuments betätigen Sie folgendes Menü:

ArcMap-Hauptmenü:
Datei:
Speichern / Speichern unter ...

Geben Sie das Verzeichnis und den Namen an.

ArcMap wird wie jede andere Windows-Anwendung beendet mit:

ArcMap-Hauptmenü:
Datei:
Beenden

6.3 Auswahlmethoden

In ArcMap gibt es vier grundsätzliche Auswahlmethoden. Features können durch Anklicken mit der Maus ausgewählt werden (interaktive Auswahl). Eine Auswahl kann mit Hilfe der Attribute von Features, der Lage der Features zueinander und mit Hilfe von Grafiken vorgenommen werden. Alle vier Möglichkeiten werden im Folgenden beschrieben.

6.3.1 Interaktive Auswahl

Sie können Features in der Daten- und Layout-Ansicht mit der Maus auswählen. Betätigen Sie dazu das Werkzeug „Features auswählen" aus der Werkzeugleiste „Werkzeuge" und klicken Sie auf ein Feature mit der linken Maustaste. Wenn Sie mehrere Features auswählen möchten, drücken Sie gleichzeitig die Shift-Taste.

Mit dem Werkzeug können Sie auch ein Rechteck aufspannen (linke Maustaste gedrückt halten). Es werden dann alle Features ausgewählt, die ganz oder teilweise in diesem Rechteck liegen. Sollen nur die Features ausgewählt werden, die vollständig in dem Rechteck liegen, so können Sie das unter den Auswahloptionen einstellen, die Sie mit folgendem Menü aufrufen können:

ArcMap-Hauptmenü:
Auswahl:
Optionen

6.3 Auswahlmethoden

Möchten Sie die Auswahl für ein Feature aufheben, so klicken Sie bei festgehaltener Shift-Taste auf ein schon ausgewähltes Feature. Wollen Sie die Auswahl für alle Features aufheben, klicken Sie einfach auf eine leere Stelle im Datenfenster oder betätigen Sie folgendes Menü:

ArcMap-Hauptmenü:
Auswahl:
Feature-Auswahl aufheben

Hiermit wird die Auswahl für alle Features in allen Layern des aktiven Datenrahmens aufgehoben.

Weitere Auswahloptionen für die interaktive Auswahl (z. B. Auswählbare Layer einstellen, Auswahlmethode, usw.) werden in den Abschnitten „Auswahloptionen für einen Datenrahmen" und „Auswahloptionen für einen bestimmten Layer" beschrieben.

6.3.2 Nach Attributen auswählen

Soll eine Auswahl der Features mit Hilfe der zugehörigen Attribute erfolgen, so starten Sie folgendes Menü:

ArcMap-Hauptmenü:
Auswahl:
Nach Attributen auswählen...

Mit dem folgenden Dialog wird die Abfrage formuliert. Im unteren Fenster kann der Ausdruck (SQL) eingegeben werden. Dazu müssen Sie allerdings die SQL-Abfragesprache beherrschen. Um das zu vermeiden, haben Sie zwei Möglichkeiten, eine Abfrage ohne SQL-Kenntnisse zu erstellen.

Abfrage formulieren mit dem Abfrage-Assistenten

Sie können den Abfrage-Assistenten starten. Betätigen Sie dazu die Schaltfläche „Abfrage-Assistent..." im oberen Teil des Dialogfensters. In einer Folge von Dialogen werden die Werte für die zu formulierende Abfrage eingegeben.

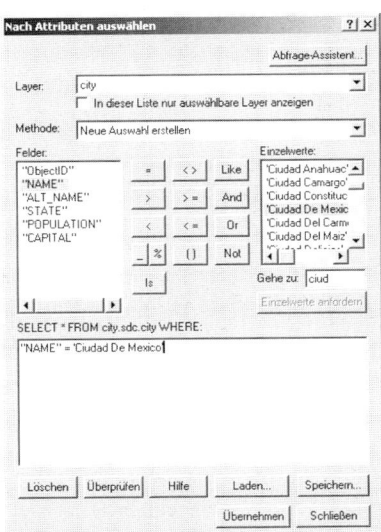

Abfrage formulieren durch direkte Eingabe und mit der Maus

Sie können die Werte für die Abfrage mit der Maus durch Klicken eingeben. Stellen Sie zuerst unter „Layer" den Layer ein, aus dem die Auswahl erfolgen soll, und unter „Methode", was mit den schon vorher ausgewählten Features geschehen soll.

Doppelklicken Sie auf ein Attribut unter „Felder", danach Einfachklick auf einen Operator (z. B. >, <, =, AND, OR), und dann doppelklicken Sie auf einen Attributwert unter „Einzelwert". Hier erscheinen erst Werte, wenn Sie zuvor die Schaltfläche „Einzelwerte anfordern" gedrückt haben. Den Attributwert können Sie auch über die Tastatur eingeben. Er muss bei Textattributen in einfache Hochstriche gesetzt werden wie in folgendem Beispiel:

"NAME" = 'Acapulco'

Folgende Operatoren stehen für numerische oder Textwerte zur Verfügung:

Sind zwei Werte gleich:
"Name" = 'Hamburg'
Wählt das Feature mit dem Namen „Hamburg" aus.

Sind zwei Werte ungleich:
"Name" <> 'Hamburg'
Wählt Features aus, die nicht den Namen „Hamburg" haben.

Sind zwei Werte gleich, wenn Platzhalter verwendet werden:
"Name" like 'H%'
Wählt Features aus, die den Anfangsbuchstaben „H" haben.

Ist ein Wert größer als der andere:
"Bevölkerung" > 50 000
Wählt alle Features aus, die mehr als 50 000 Einwohner haben.

Ist ein Wert größer als oder gleich dem anderen:
"Bevölkerung" >= 50 000
Wählt alle Features aus, die 50 000 Einwohner oder mehr haben.

Ist ein Wert kleiner als der andere:
"Bevölkerung" < 50 000
Wählt alle Features aus, die weniger als 50 000 Einwohner haben.

Ist ein Wert kleiner als oder gleich dem anderen:
"Bevölkerung" <= 50 000
Wählt alle Features aus, die 50 000 Einwohner oder weniger haben.

Sind beide Bedingungen erfüllt:
"Area" > 500 AND „Nutz" = 'Acker'
Wählt Ackerflächen aus, die größer als 500 Flächen-Einheiten sind.

Ist die eine oder die andere Bedingung erfüllt:
"Area" > 500 OR „Nutz" = 'Acker'
Wählt Flächen aus, die entweder größer als 500 Einheiten oder Acker sind.

Ist die Bedingung nicht erfüllt:
NOT "Name" = 'München'
Wählt alle Städte aus, jedoch nicht München.

6.3 Auswahlmethoden

[_] Platzhalter für ein Zeichen:
"Name" = Geogr_fie
„_" steht z. B. für „a" (bei einer Geodatbase verwenden Sie „?").

[%] Platzhalter für mehrere Zeichen:
"Name" = Geo%ie
„%" steht z. B. für „graf" (bei einer Geodatbase verwenden Sie „*").

[( )] Setzen von Klammern. Ausdrücke in Klammern werden zuerst abgearbeitet.

Im unteren Teil des Dialogs stehen weitere Schaltflächen zur Verfügung:

[Löschen] Wollen Sie den Ausdruck neu erstellen, so entfernen Sie zunächst den alten mit der Schaltfläche „Löschen".

[Überprüfen] Der Syntax für einen vorhandenen Ausdruck kann mit der Schaltfläche „Überprüfen" auf Richtigkeit getestet werden. Der Ausdruck wird nur getestet und nicht ausgeführt.

[Hilfe] Hinweise zum Syntax von SQL-Abfragen erhalten Sie mit der Schaltfläche „Hilfe".

[Laden...]
[Speichern...] Komplizierte Ausdrücke können auf Datenträger abgelegt werden und jederzeit wieder verwendet werden. Benutzen Sie dazu die Schaltflächen „Laden" und „Speichern" (in einer Datei mit der Erweiterung „*.exp").

[Übernehmen] Mit der Schaltfläche „Übernehmen" wird die Abfrage ausgeführt und die Features werden entsprechend dem Ausdruck ausgewählt.

[Schließen] Mit der Schaltfläche „Schließen" verlassen Sie den Dialog, ohne die Abfrage auszuführen oder nach der Durchführung der Abfrage.

6.3.3 Lagebezogene Auswahl

Die lagebezogene Auswahl (raumbezogene oder geometrische Abfragen) selektiert Features mit Hilfe der Geometrie (Lage) von anderen Features. Die raumbezogene Analyse (Auswertung der raumbezogenen Abfragen) wird dazu benutzt festzustellen, ob die Features von unterschiedlichen raumbezogenen Daten (Punkte, Linien, Polygone) eine Beziehung zueinander haben, um damit Entscheidungsprozesse zu unterstützen. Diese Analyse bedeutet in ArcView im Wesentlichen, Features eines Layers anhand von selektierten Features eines anderen Layers auszuwählen. Auf diese Weise ist es z. B. möglich, Features zu finden, die sich in der Nähe oder innerhalb anderer Features befinden. Für einen Punkte-Layer, dessen Features z. B. Einkaufszentren, und für einen Polygon-Layer, dessen Features z. B. Stadtgebiete sind, können Sie alle Einkaufszentren bestimmen, die innerhalb oder in einer bestimmten Entfernung der Städte liegen.

Weitere Beispiele für raumbezogene Abfragen sind:

- Welche Kunden wohnen in der Nähe eines Geschäftes? (z. B. Auswahl von Punkten in der Nähe eines Punktes)

- Liegen bestimmte Orte (z. B. Geschäfte, Hotels...) in einem bestimmten Abstand zu einer Straße? (Auswahl von Punkten in der Nähe einer Linie)
- Liegen bestimmte Flächen (z. B. Gefahrenobjekte eines bestimmten Typs) in bestimmten Naturschutzgebieten? (Polygon in Polygonauswahl)
- Auswahl von Städten, die sich in der Nähe (z. B. 20 km) eines Sees befinden (Auswahl von Punkten in der Nähe eines Polygons)

Laden Sie alle für die Auswahl benötigten Daten in einen Datenrahmen. Dieser muss aktiv sein. Die lagebezogene Auswahl wird gestartet mit dem Menü:

ArcMap-Hauptmenü:
Auswahl:
Lagebezogene Auswahl...

Es erscheint der folgende Dialog, in dem die Auswahl formuliert wird:

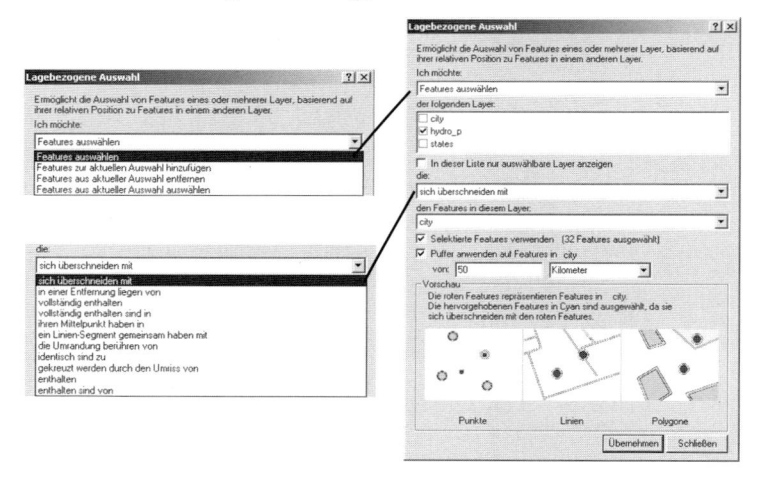

In der Listbox **„Ich möchte"** geben Sie die Auswahlmethode an. Hier wird festgelegt, wie bei der Auswahl mit den vorher ausgewählten Features (aktuelle Auswahl) umgegangen wird:

Features auswählen aus
Entfernt die vorher bestehende Auswahl (aktuelle Auswahl).

Features zur aktuellen Auswahl hinzufügen
Erhält die vorher bestehende Auswahl (aktuelle Auswahl).

Features aus aktueller Auswahl entfernen
Entfernt die Auswahl von Features aus der bereits vorher bestehenden Auswahl (aktuelle Auswahl).

Features aus aktueller Auswahl auswählen
Wählt neue Features nur aus der bereits vorher bestehenden Auswahl (aktuelle Auswahl) aus.

6.3 Auswahlmethoden

In der Listbox „**der folgenden Layer**" werden die Layer eingestellt, aus dem Features ausgewählt werden sollen. Setzen Sie die Haken an die gewünschten Layer.

Setzen Sie den Haken bei „**In dieser Liste nur ausgewählte Layer anzeigen**", so werden in der darüber stehenden Liste nur die Layer aufgelistet die auswählbar sind (siehe Menü: „Auswahl: Auswählbare Layer einstellen")

In der Listbox „**die**" wird die lagebezogene Auswahlmethode festgelegt. Folgende Methoden sind möglich:

„**sich überschneiden mit**" wählt Features aus, die sich mit anderen Features überschneiden. Beispiel: Welche Straßen führen durch ein bestimmtes Gebiet?

„**in einer Entfernung liegen von**" wählt Features aus, die in der angegebenen Entfernung zu anderen Features liegen. Beispiel: Wie viele Kunden wohnen 5 km von einem Supermarkt entfernt?

„**vollständig enthalten**" wählt Features aus, die andere Features vollständig enthalten.

„**vollständig enthalten sind in**" wählt Features aus, die in anderen Features vollständig enthalten sind.

„**ihren Mittelpunkt haben in**" wählt Features aus, die ihren Mittelpunkt (Schwerpunkt bei Polygonen und Linien) in anderen Features haben. Hiermit kann z. B. die Zugehörigkeit von Naturschutzflächen zu bestimmten Gemeinden definiert werden.

„**ein Liniensegment gemeinsam haben mit**" wählt Linienfeatures aus, die teilweise einen gemeinsamen Verlauf haben. So können z. B. Bundesstraßenabschnitte ermittelt werden, die mit anderen teilweise gemeinsam verlaufen.

„**die Umrandung berühren von**" wählt Features aus, die sich am Rand berühren. Es können z. B. Länder ermittelt werden, die eine gemeinsame Grenze haben.

„**identisch sind zu**" wählt Features aus, die exakt übereinander liegen.

„**gekreuzt werden durch den Umriss von**" wählt Features aus, die von anderen Features an der Begrenzung geschnitten werden.

„**enthalten**" wählt Features aus, die andere Features ganz oder teilweise enthalten.

„**enthalten sind in**" wählt Features aus, die in anderen Features ganz oder teilweise enthalten sind.

In der Listbox „**den Features in diesem Layer**" wird der Layer festgelegt, mit dem die Auswahl vorgenommen wird.

Setzen Sie den Haken in die Box „**Selektierte Features verwenden**", wenn für die Auswahl nur die selektierten Features des Layers, mit dem ausgewählt wird, verwendet werden sollen.

Setzen Sie den Haken in die Box **„Puffer anwenden auf Features in"**, wenn Sie Features auswählen möchten, die in einer Pufferzone um andere Features liegen. So können Sie z. B. Industriegebiete auswählen, die in einer bestimmten Entfernung zu einer Autobahn liegen. Die Features werden ausgewählt, sobald ein Teil von ihnen in die angegebene Distanz fällt. Wenn Sie die Auswahlmethode „in einer Entfernung liegen von" auswählen, so wird in der Box automatisch ein Häkchen gesetzt. Für die anderen lagebezogenen Auswahltechniken können ebenso Puffer gesetzt werden, um z. B. Toleranzen für die Auswahl einzustellen. So werden bei der Auswahl „Vollständig enthalten" alle Features ausgewählt, die vollständig in anderen Features enthalten sind, aber auch diejenigen, die noch innerhalb der angegeben Pufferzone (Toleranz) liegen. Geben Sie die Entfernung und die zugehörige Einheit in den entsprechenden Boxen ein.

Unter **„Vorschau"** im unteren Teil des Dialogfensters sind mögliche Beispiele für die formulierte Auswahl angegeben.

Mit der Schaltfläche **„Übernehmen"** wird die Auswahl ausgeführt und die Features werden entsprechend ausgewählt.

Mit der Schaltfläche **„Schließen"** verlassen Sie den Dialog, ohne die Auswahl auszuführen, oder nach der Auswahl.

Beispiel zum Dialog „Lagebezogene Auswahl"

Wenn Sie im Dialog Folgendes setzen:

„Ich möchte":	**Features auswählen aus**
„den folgenden Layern":	**Länder**
„die":	**sich überschneiden mit**
„den Features in diesem Layer":	**Seen**

werden aus dem Layer „Länder" alle Features ausgewählt, die einen See enthalten.

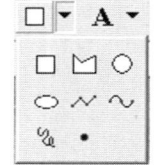

6.3.4 Mit Grafiken auswählen

Mit dem folgendem Menü können Sie Features aus Layern auswählen, die von einer markierten Grafik geschnitten werden. Eine Grafik (Rechteck, Linie, Punkt, Kreis...) können Sie mit den Werkzeugen der Werkzeugleiste „Zeichnen", die sich normalerweise unten in der Benutzeroberfläche befindet, hinzufügen.

ArcMap-Hauptmenü:
Auswahl:
Nach Grafik auswählen..

Der Menüeintrag ist aktiv und kann nur ausgeführt werden, wenn die Grafiken vorhanden und markiert sind. (Die Markierung der Grafik wird durch kleine Rechtecke sichtbar.) Die Auswahl der Features erfolgt nur mit den

6.3 Auswahlmethoden

markierten Grafiken in einem Datenrahmen. Sie markieren eine Grafik mit dem Werkzeug „Elemente auswählen" aus der Werkzeugleiste „Zeichnen" oder „Werkzeuge".

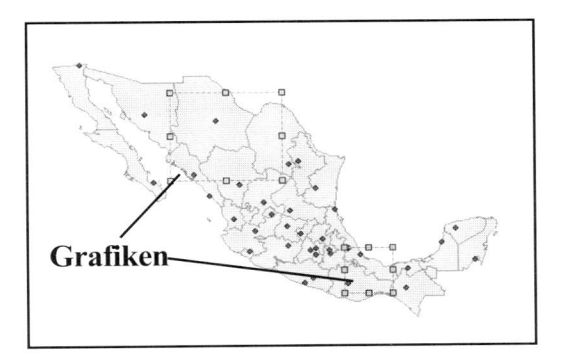

Unter den Optionen des Menüs „Auswahl" können Sie einstellen, ob Features ausgewählt werden, die komplett oder teilweise in der Grafik liegen.

Außerdem können im Menüeintrag „Auswählbare Layer einstellen" des Menüs „Auswahl" oder im Inhaltsverzeichnis (Register „Auswahl") die Layer, aus denen ausgewählt werden soll, eingestellt werden.

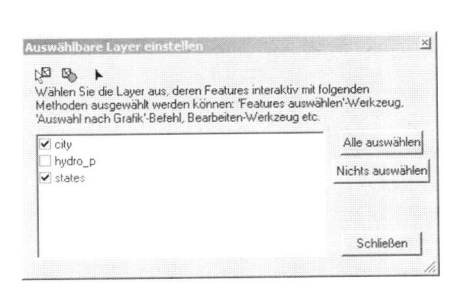

Weitere Auswahlfunktionen für die Auswahl mit Grafiken (z. B. Auswahlmethode, Auswahlfarbe, usw.) werden in den Abschnitten „Auswahloptionen für einen Datenrahmen" und „Auswahloptionen für einen bestimmten Layer" beschrieben.

Grafiken sind keine Features. Features in Layern haben Attribute (Sachdaten), die in der zugehörigen Attributtabelle gespeichert sind. Grafiken gehören nicht zu einem bestimmten Layer und sind daher getrennt zur Geometrie der Layer zu betrachten. Allerdings können Grafiken auch in so genannten Annotation-Zielen (Gruppen) zusammengefasst oder als Annotation-Layer gespeichert werden (sehen Sie dazu im Kapitel 21 „Annotation" nach).

Wenn eine Auswahl nicht mit Grafiken, sondern mit Features von anderen Layern ausgeführt werden soll, verwenden Sie die Auswahlmethode „Lagebezogene Auswahl".

6.4 Auswahloptionen für einen Datenrahmen

Die in diesem Abschnitt beschriebenen Auswahloptionen gelten für alle Layer in einem Datenrahmen. Sollen Auswahloptionen nur für einen bestimmten Layer gelten, so verwenden Sie die Selektionsmöglichkeiten für einen Layer, wie im nächsten Abschnitt beschrieben.

Auswählbare Layer einstellen

Für die interaktive Auswahl (Auswahl mit der Maus) sowie die Auswahl mit Grafiken können Sie die Layer einstellen, aus denen eine Auswahl getroffen werden soll, wenn die Layer übereinander liegen. Um die Einstellungen vorzunehmen, betätigen Sie folgendes Menü:

ArcMap-Hauptmenü:
Auswahl:
Auswählbare Layer einstellen...

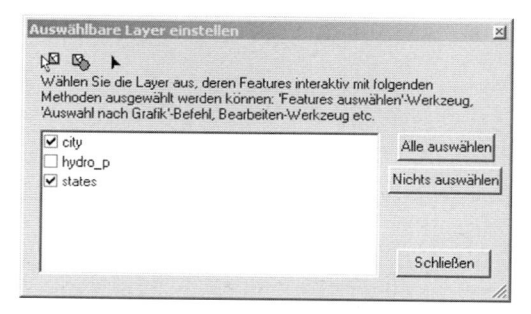

Setzen Sie die Haken an die Layer, aus denen Features ausgewählt werden sollen oder im Inhaltsverzeichnis von ArcMap im Register „Auswahl". Mit der Schaltfläche „Schließen" wird die Einstellung festgelegt.

Interaktive Auswahlmethoden

Für die interaktive Auswahl (Auswahl mit der Maus) sowie die Auswahl mit Grafiken können folgende Auswahlmethoden eingestellt werden. Eine Auswahlmethode legt fest, wie mit den bereits vorher ausgewählten Features umgegangen wird.

Neue Auswahl erstellen

Soll die bereits vorher bestehende Auswahl (aktuelle Auswahl) aufgehoben werden, so wählen Sie „Neue Auswahl".

Zur aktuellen Auswahl hinzufügen

Soll eine bereits vorher bestehende Auswahl (aktuelle Auswahl) erhalten bleiben, so wählen Sie „Zur aktuellen Auswahl hinzufügen".

Aus aktueller Auswahl entfernen

Entfernt Features aus der bereits vorher bestehenden Auswahl (aktuelle Auswahl). Wählen Sie dazu „Aus aktueller Auswahl entfernen".

6.4 Auswahloptionen für einen Datenrahmen

Aus aktueller Auswahl auswählen

Wählt neue Features nur aus der bereits vorher bestehenden Auswahl (aktuelle Auswahl) aus. Wählen Sie dazu „Aus aktueller Auswahl auswählen".

Für die Einstellung betätigen Sie folgendes Menü:

ArcMap-Hauptmenü:
Auswahl:
Interaktive Auswahlmethode

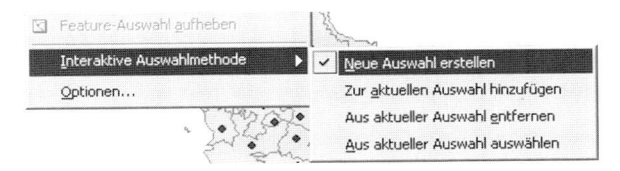

Auf selektierte Features aller Layer zoomen

Die Funktion legt die Ausdehnung des Datenfensters so fest, dass maximal alle ausgewählten Features (für alle Layer in dem aktiven Datenrahmen) dargestellt werden können.

ArcMap-Hauptmenü:
Auswahl:
Auf selektierte Features zoomen

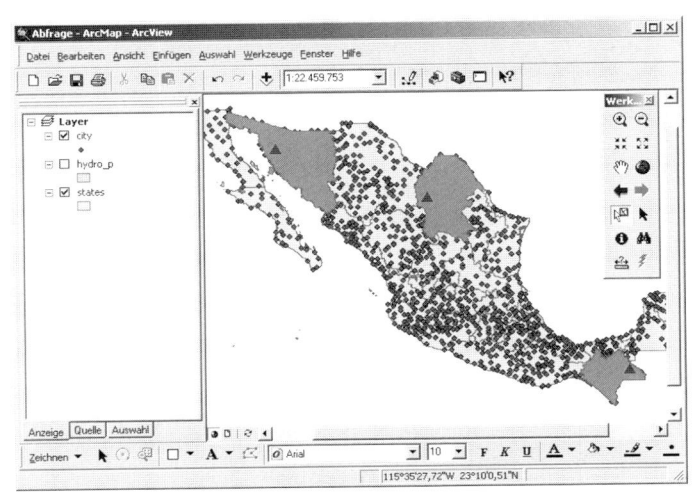

Feature-Auswahl für alle Layer aufheben

Diese Funktion hebt die Auswahl aller Feature (für alle Layer in dem aktiven Datenrahmen) auf.

ArcMap-Hauptmenü:
Auswahl:
Feature-Auswahl aufheben

Statistik

Die Funktion „Statistik" erstellt eine Häufigkeitsverteilung und statistische Berechnungen (Anzahl der ausgewählten Features, Maximum, Minimum, Summe, Mittelwert, Standardabweichung) für alle ausgewählten Features in allen Layern und für die numerischen Attribute im aktiven Datenrahmen. Die Funktion lässt sich nur ausführen, wenn Features ausgewählt sind. Das Aussehen des Häufigkeitsdiagramms lässt sich nicht beeinflussen.

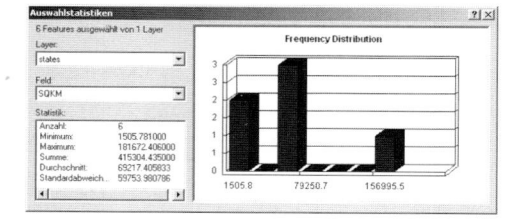

ArcMap-Hauptmenü:
Auswahl:
Statistik

Weitere Optionen für die Auswahl

Mit dem folgenden Menü lassen sich für die Auswahl in einem Datenrahmen weitere verschiedene Einstellungen vornehmen.

ArcMap-Hauptmenü:
Auswahl:
Optionen...

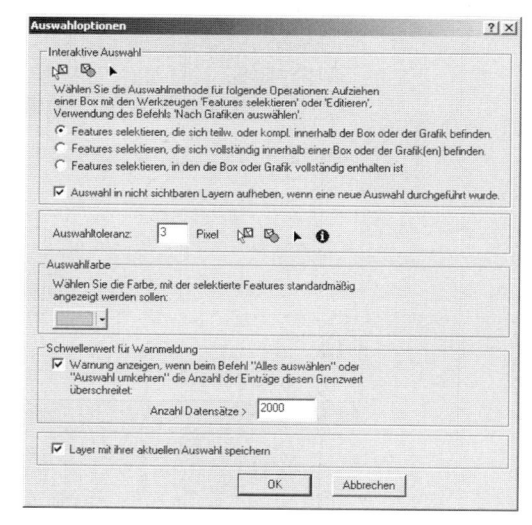

Bei der interaktiven Auswahl mit einer Auswahlbox, bei der Auswahl beim Editieren und der Auswahl mit Grafiken können Sie einstellen, ob solche Features ausgewählt werden, die vollständig oder teilweise in der Auswahlbox oder in den Grafiken liegen. Ebenso können Sie alle Features auswählen, die die interaktive Auswahlbox oder die selektierten Grafiken vollständig enthalten.

Die Auswahltoleranz (in Pixel) erlaubt die Auswahl von Features auch, wenn diese nicht genau von der Maus oder den Grafiken getroffen werden. Die Auswahltoleranz gilt auch für das Identifizierungs-Werkzeug in der Werkzeugleiste „Werkzeuge" und das Auswahlwerkzeug beim Editieren der Features (Werkzeugleiste „Editor").

Die Auswahlfarbe für alle Layer im aktiven Datenrahmen wird hier eingestellt. Wollen Sie die Auswahlfarbe oder das Auswahlsymbol für einen individuellen Layer einstellen, so wählen Sie die Eigenschaften des entsprechenden Layers (siehe nächsten Abschnitt 6.5).

Die Auswahl von Features in großen Datensätzen kann unter Umständen lange Zeit in Anspruch nehmen. Sie können hier einen Schwellwert angeben, der beachtet wird, wenn die Anzahl der Datensätze einen bestimmten Wert überschreitet. Es wird dann eine Warnung ausgegeben. Sie erscheint nur für die Funktionen „Alle auswählen" oder „Auswahl umkehren".

Setzen Sie den Haken an „Layer mit ihrer aktuellen Auswahl speichern", so werden die selektierten Features und die aktuellen Einstellungen dazu im Kartendokument gespeichert. Die Auswahl steht dann beim erneuten Aufruf des Kartendokuments wieder zur Verfügung.

6.5 Auswahloptionen für einen bestimmten Layer

Auswahloptionen für die Geometrie eines Layers

Wollen Sie, dass bestimmte Auswahlfunktionen nur auf einen bestimmten Layer wirken sollen, so betätigen Sie das Kontextmenü für diesen Layer.

ArcMap-Kontextmenü: Layer
Auswahl:

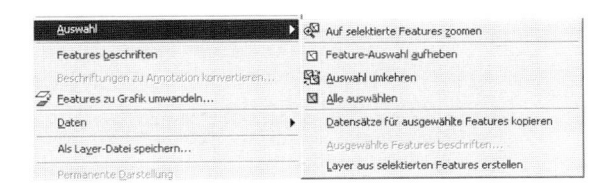

Dort finden Sie die folgenden Funktionen:

Auf selektierte Features zoomen
Die Ausdehnung wird so gewählt, dass alle ausgewählten Features des Layers in das Datenfenster passen.

Feature-Auswahl aufheben
Die Auswahl aller Features in diesem Layer wird aufgehoben.

Auswahl umkehren
Die Auswahl wird umgekehrt, so dass die Auswahl aller selektierten Features in diesem Layer aufgehoben wird und die nicht selektierten Features ausgewählt werden.

Alle auswählen
Es werden alle Features des Layers ausgewählt.

Datensätze für ausgewählte Features kopieren
Kopiert die Attribute der ausgewählten Features in diesem Layer in die Zwischenablage, damit Sie sie in anderen Anwendungen nutzen können.

Ausgewählte Features beschriften
Die ausgewählten Features in diesem Layer werden beschriftet (nicht in ArcView).

Layer aus selektierten Features erstellen

Fügt dem Datenrahmen einen neuen Layer hinzu, der auf denselben Daten (z. B. Shapefile) beruht, jedoch nur die ausgewählten Features enthält.

Unter den Eigenschaften des Layers im Register „Auswahl" können Sie die Auswahlfarbe und das Auswahlsymbol für einen bestimmten Layer einstellen. Sie können damit für jeden Layer im Datenrahmen ein unterschiedliches Auswahlsymbol festlegen.

ArcMap-Kontextmenü: Layer
Eigenschaften: Register „Auswahl"

Wollen Sie für den Layer das gleiche Symbol verwenden, wie es unter den Auswahloptionen festgelegt worden ist, so setzen Sie die Option **„mit der Auswahlfarbe, die in den Auswahloptionen angegeben ist"** und stellen Sie das Symbol (nur die Farbe bei Linien und Punkten und die Umrandung bei Polygonen) unter den Optionen im Hauptmenü „Auswahl" ein.

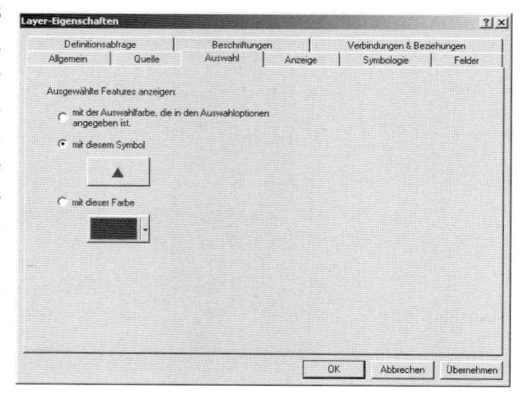

Auswahloptionen für die Attributtabelle eines Layers

Sie können Features auch in der Attributtabelle auswählen. Öffnen Sie die Attributtabelle mit folgendem Menü:

ArcMap-Kontextmenü: Layer
Attribut-Tabelle öffnen

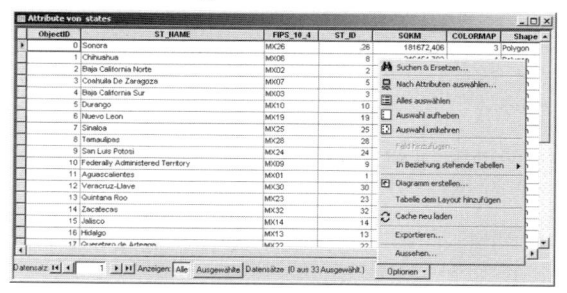

In der Attributtabelle finden Sie unter dem Menü „Optionen" verschiedene Auswahlfunktionen (Nach Attributen auswählen, Alles auswählen, Auswahl aufheben, Auswahl umkehren) für die Datensätze in der Tabelle. Da normalerweise jedem Datensatz genau eine Geometrie zugeordnet ist, wird auch die zugehörige Geometrie im Datenfenster ausgewählt und umgekehrt.

6.5 Auswahloptionen für einen bestimmten Layer

Die folgende Abbildung zeigt den Zusammenhang bei der Auswahl von Geometrie und Sachdaten (Attribute).

Eigenschaften von Daten als Layer-Datei speichern

Für einen Layer (z. B. Shapefile oder sdc-File) können in ArcMap Eigenschaften eingestellt werden. Sie werden im Kontextmenü für einen Layer im Inhaltsverzeichnis von ArcMap eingestellt. Eigenschaften sind z. B. die Symbologie (Legenden) für die Features, die Beschriftung der Features, die Auswahl von Features oder die den Daten zugeordnete Datenquelle. Die Einstellung dieser Eigenschaften kann unter Umständen sehr zeitaufwendig sein. Sie haben daher in ArcMap die Möglichkeit, die Eigenschaften zu speichern. Dies geschieht in Layer-Dateien (Layer), die die Dateiendung „*.lyr" haben. In diesen Dateien sind nur die Eigenschaften des Layers und nicht die Daten selber gespeichert. Der Layer ist eine Art Sichtweise für ein Dataset.

Sie speichern die Eigenschaften eines Layers in eine Layer-Datei mit folgendem Menü:

ArcMap-Kontextmenü: Layer
Als Layer-Datei speichern

Aktuelle Auswahl in Layer-Datei speichern

Ein Layer hat die Eigenschaft „Ausgewählte Features". Sie können festlegen, ob diese Eigenschaft mit in die Layer-Datei gespeichert werden soll oder nicht. Dies legen Sie mit folgendem Menü fest:

ArcMap-Hauptmenü:
Auswahl:
Optionen: Layer mit ihrer aktuellen Auswahl speichern

Ausgewählte Features als Shapefile speichern

Die ausgewählten Features können als eigenes Shapefile oder in eine Geodatabase Feature-Class gespeichert werden. Dazu dient eine Exportfunktion, die durch folgendes Menü aufgerufen wird:

ArcMap-Kontextmenü: Layer
Daten:
Daten exportieren

Die Funktion erlaubt die Speicherung aller Features, nur der ausgewählten Features oder nur der Features, die sich in der momentanen Ausdehnung im Datenrahmen befinden. Wählen Sie dazu den entsprechenden Eintrag aus der Listbox „Exportieren" im Dialog „Daten exportieren".

Jedem Layer in ArcGIS kann ein Koordinatensystem zugeordnet werden. Dieses kann durch eine Einstellung für den Datenrahmen geändert werden (Projection „On the fly"). Sie können hier jetzt angeben, ob die zu exportierenden Daten in den Koordinaten der Quelldaten oder in den Koordinaten des Datenrahmens gespeichert werden sollen.

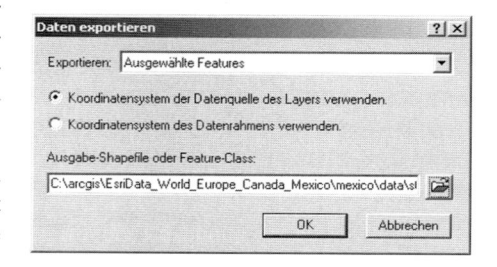

Das Koordinatensystem der Quelle (Layer) können Sie unter folgendem Menü einsehen:

ArcMap-Kontextmenü: Layer
Eigenschaften: Register „Quelle"

Um das eingestellte Koordinatensystem des Datenrahmens zu sehen, betätigen Sie das Menü:

ArcMap-Kontextmenü: Datenrahmen
Eigenschaften: Register „Koordinatensystem"

7 Symbole und Styles

7.1 Einleitung

Symbole kennzeichnen die Features eines Layers auf einer Karte, damit sie unterschieden werden können. Würde für einen Punktlayer, dessen Objekte Gebäude darstellen sollen, für alle Features ein einfaches einfarbiges Punktsymbol verwendet, so könnte man nicht erkennen, um welche Art von Gebäude es sich handelt. Wählt man jedoch für einen bestimmten Gebäudetyp (Feuerwehrstation, Krankenhaus, Kaufhaus) ein spezielles Symbol, so wird diese Eigenschaft auf der Karte visualisiert und damit sofort erkennbar.

Für Punktfeatures stehen Punktsymbole, für Linienfeatures Liniensymbole und für Polygonfeatures Flächensymbole zur Verfügung. Symbole werden in ArcView in Styles (Style-Dateien) verwaltet. Auf diese Weise können Sie ein Style, das die gewünschten Symbole enthält, hinzuladen.

In den folgenden Abschnitten wird erläutert, wie Symbole ausgewählt, neue Styles hinzugeladen und eigene Symbole mit einem Symbol-Editor erstellt werden können.

7.2 Symbole

Auf ein Symbol können Sie im Inhaltsverzeichnis von ArcMap zugreifen. Dort sind die Symbole gezeichnet. Sie haben die Möglichkeit, einfach nur die Farbe eines Symbols zu ändern oder aber auch ein anderes Symbol auszuwählen. Zur Änderung der Farbe klicken Sie mit der rechten Maustaste auf das Symbol, das Sie verändern wollen. Als Kennzeichnung, dass das Symbol gerade ausgewählt ist, wird ein Balken daneben gezeichnet.

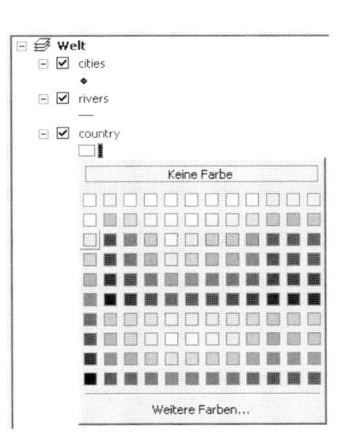

ArcMap-Kontextmenü: Symbol
Farbe auswählen

Über die erscheinende Farbpalette ändern Sie die Farbe eines Symbols (Punkt, Linie, Polygon).

Um ein anderes Symbol auszuwählen, klicken Sie mit der linken Maustaste auf das gewünschte Symbol eines Layers im Inhaltsverzeichnis. Das Dialogfenster „Symbol-Auswahl" öffnet sich. Je nach Typ des Features (Punkt, Linie, Polygon) wird der passende Dialog aufgerufen. Standardmäßig sind für alle Featuretypen Symbole vorhanden.

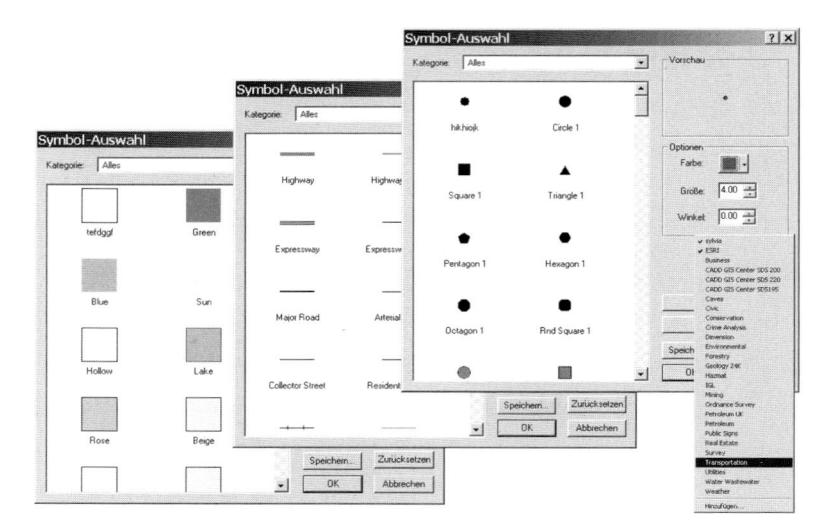

Wählen Sie ein Symbol im Dialog „Symbol-Auswahl" aus, so wird es unter „Vorschau" angezeigt. Unter „Optionen" können für das markierte Symbol Farbe, Größe und Winkel (bei Punktsymbolen), Farbe und Breite (bei Liniensymbolen) sowie die Füllfarbe, Umrissstärke und Umrissfarbe (bei Polygonfeatures) eingestellt werden. Das so entstandene Symbol kann im aktuellen Style (USERNAME-Style; siehe Abschnitt 7.3) unter einem neuen Namen in der angegebenen Kategorie gespeichert werden. Benutzen Sie dazu die Schaltfläche „Speichern".

Die Schaltfläche „Zurücksetzen" setzt unter „Vorschau" wieder das ursprünglichen Symbol ein, so wie es im Inhaltsverzeichnis zu sehen war, bevor das Symbol verändert wurde. Wurde der Vorgang mit „OK" bestätigt, wird das Symbol im Inhaltsverzeichnis verändert, und „Zurücksetzen" ist nicht mehr möglich.

Reichen die in der Symbol-Auswahl zur Verfügung stehenden Symbole nicht aus, so können Sie mit der Schaltfläche „Weitere Symbole" zusätzliche hinzuladen. Diese befinden sich in Styles, die zur besseren Übersicht in unterschiedliche Kategorien aufgeteilt sind. Im nächsten Abschnitt 7.3 erfahren Sie mehr über Styles.

Die weitere Bearbeitung vorhandener Symbole oder die Erstellung neuer Symbole kann mit dem Symboleigenschaften-Editor vorgenommen werden. Dies wird im Abschnitt 7.4 genauer beschrieben.

7.3 Styles

Styles enthalten sowohl Symbole als auch Kartenelemente (für die Layout-Ansicht), wie z. B. Nordpfeile, Maßstabsleisten usw. Styles sind in Style-Dateien gespeichert. Zu finden sind sie mit der Dateierweiterung „*.style" im Verzeichnis:

Programme\ArcGIS\bin\Styles

7.3 Styles

Neben diesen Styles hat jeder „User" des Betriebssystems (Name unter dem Sie sich bei Windows angemeldet haben) einen eigenen Style (persönlicher Style), der den Namen des Betriebssystem-Nutzers hat. Die Dateien für dieses Style finden Sie:

für Windows NT unter:
WinNT\Profiles\„USER"\Anwendungsdaten\ESRI\ArcMap

für Windows 2000 und Windows XP unter:
Dokumente und Einstellungen\„USER"\Anwendungsdaten\ESRI\ArcMap

Nach der Installation von ArcGIS steht eine große Auswahl an Styles zur Verfügung. Alle vorhandenen Styles können in ArcMap zugeladen und benutzt werden. Styles können auch ausgetauscht werden. Um ein Style zu nutzen, das Sie bekommen haben, laden Sie es unter „Style-Referenzen" hinzu.

Styles werden verwaltet, eingeladen und exportiert mit dem Menüeintrag „Styles" aus dem Menü „Werkzeuge" der ArcMap-Hauptmenüleiste.

ArcMap-Hauptmenü:
Werkzeuge:
Styles

Sie finden dort die Einträge „Style-Referenzen", „Style-Manager" und „Karten-Styles exportieren", die im Folgenden erläutert werden.

Style-Referenzen

Der Dialog zum Zu- und Abschalten der zur Verfügung stehenden Styles wird aufgerufen mit:

ArcMap-Hauptmenü:
Werkzeuge:
Styles: Style-Referenzen...

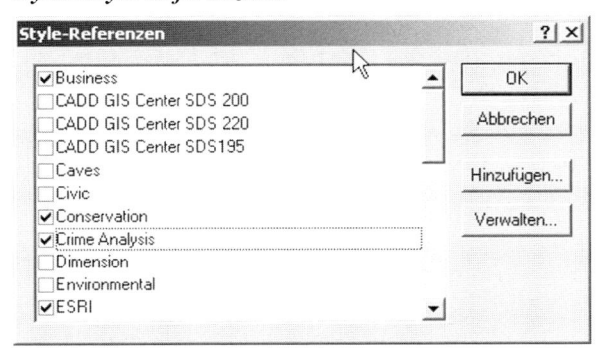

Hier sind alle Styles aufgelistet, die nach der Installation zur Verfügung stehen. Das heißt, Sie finden hier alle Styles, die in folgendem Verzeichnis liegen:

Programme\ArcGIS\bin\Styles

Setzen Sie die Haken an die gewünschten Styles. Der persönliche Style (Benutzername unter Windows) kann nicht deaktiviert werden. Mit der Schaltfläche „Hinzufügen" können Sie ein neues Style laden (ein Style, das in einem beliebigen Verzeichnis liegt). Der Style-Manager, der jetzt näher erläutert wird, kann im Dialog „Style-Referenzen" mit der Schaltfläche „Verwalten" aufgerufen werden.

Style-Manager

Der Style-Manager organisiert alle Styles, die zur Zeit in diesem ArcMap-Dokument unter Style-Referenzen zugeschaltet wurden. Er wird aufgerufen mit:

ArcMap-Hauptmenü:
Werkzeuge:
Styles: Style Manager...

Mit der Schaltfläche „Styles" können Sie auch hier Styles zu- oder abschalten, aber auch Styles aus einer beliebigen Style-Datei hinzufügen. Ebenso können Sie einen neuen leeren Style erzeugen („Neu erstellen") und somit eigene Symbole zusammenstellen.

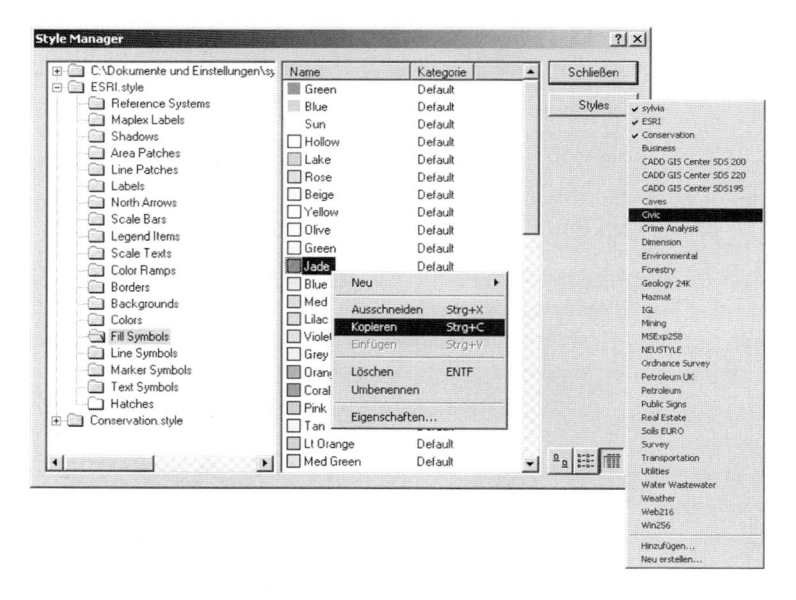

Im linken Teil des Style-Managers sind alle Styles aufgelistet, die zur Zeit zugeladen sind. Innerhalb dieser Styles (aktivieren Sie das „+"-Zeichen neben dem Stylenamen) finden Sie die unterschiedlichen Symbol-Typen. Die Symbole in gelben Ordnern können bearbeitet (rechte Maustaste auf das Symbol und dann Eigenschaften), die in grauen Ordnern nur gelesen werden. Die weißen Ordner sind leer, d. h., es befinden sich zur Zeit keine Symbole darin.

Die Symbole, die sich im rechten Teil des Style-Managers befinden, können kopiert, ausgeschnitten, eingefügt, gelöscht und umbenannt werden. Klicken Sie dazu mit der rechten Maustaste auf ein Symbol. Sie können auch mit dem Menüeintrag „Eigenschaften" das Symbol bearbeiten oder mit dem Menüeintrag „Neu" ein neues Symbol erstellen.

Karten-Styles exportieren

Dieser Menüeintrag speichert die zur Zeit im ArcMap-Dokument verwendeten Symbole als neue Style-Datei. Es werden damit nur die für einen Layer (oder Datenrahmen) benötigten Symbole und andere Kartenelemente (z. B. ein selbst erstellter Nordpfeil oder eine Maßstabsleiste) gespeichert und weitergegeben.

Betätigen Sie dazu das folgende Menü und geben Sie den Namen für die neue Style-Datei an.

ArcMap-Hauptmenü:
Werkzeuge:
Styles: Karten-Styles exportieren...

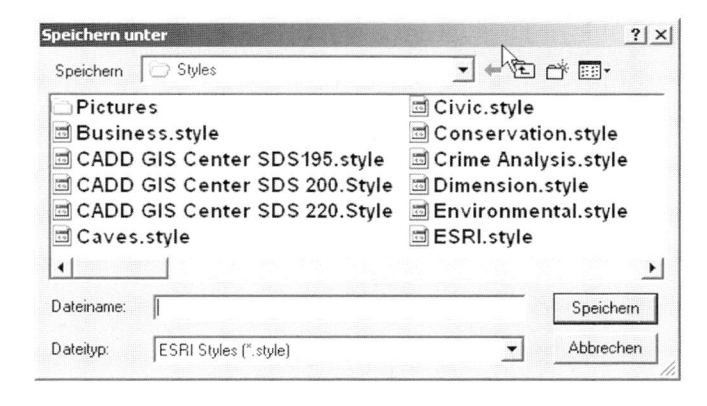

7.4 Erstellung neuer Symbole und Kartenelemente

Finden Sie in keinem der mitgelieferten Styles ein passendes Symbol (oder Kartenelement), so können Sie auch ein eigenes erstellen. Sie können ein Symbol unter Vorlage eines schon vorhandenen oder ein völlig neues erzeugen, und zwar im Style-Manager. Starten Sie den Style-Manager mit:

ArcMap-Hauptmenü:
Werkzeuge:
Styles: Style Manager...

Fügen Sie mit der Schaltfläche „Styles" den Style hinzu, dem Sie ein neues Symbol (Kartenelement) hinzufügen wollen. Klicken Sie im linken Teil des Style-Managers auf einen Symboltyp, so werden die darin enthaltenen

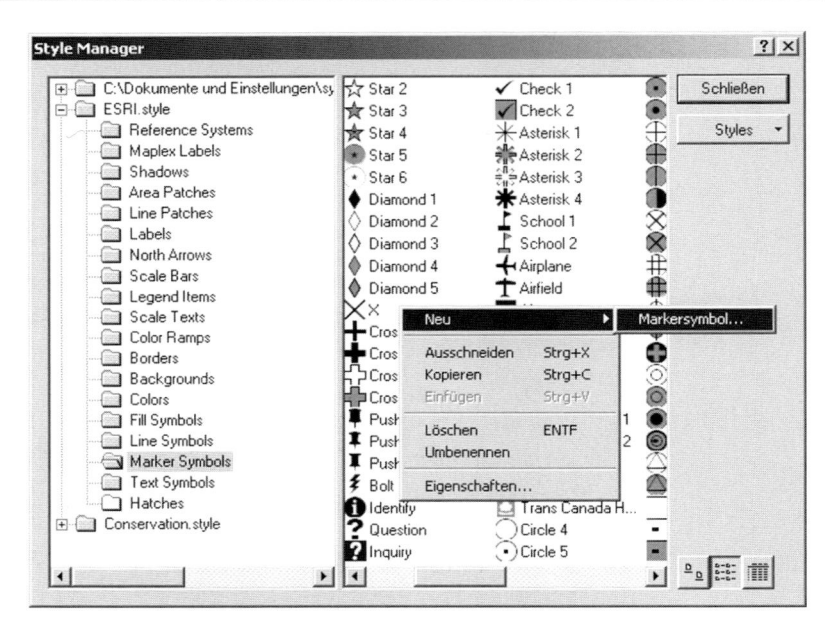

Symbole im rechten Teilfenster angezeigt. Klicken Sie mit der rechten Maustaste auf einen Eintrag im rechten Teilfenster des Style-Managers und benutzen Sie den Menüeintrag „Neu".

Für ein Punktsymbol (Markersymbol) erscheint der Symboleigenschaften-Editor, mit dem ein neues Symbol erzeugt werden kann. Es können unterschiedliche Typen von Markersymbolen (Bild-Markersymbol, einfaches Markersymbol, Pfeil-Markersymbol und Zeichen-Markersymbol) erstellt werden.

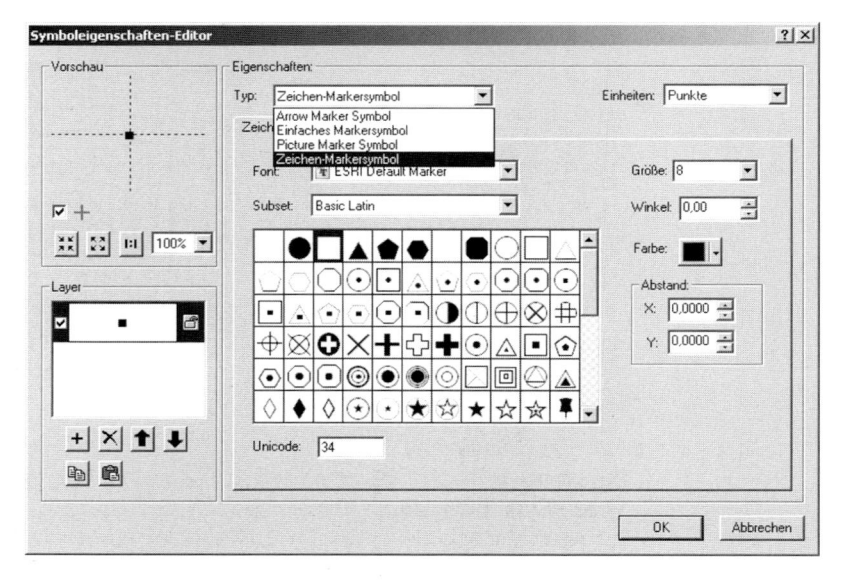

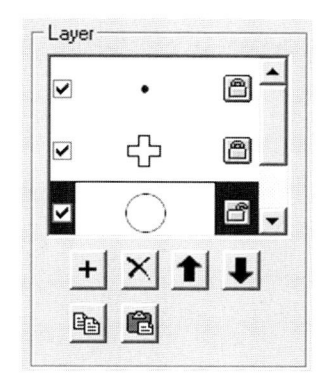

7.4 Erstellung neuer Symbole und Kartenelemente

Ein Symbol wird aus einer oder mehreren Schichten (Layer) zusammengesetzt. Im Bereich „Layer" können mit den Schaltflächen neue Schichten erzeugt, vorhandene gelöscht oder die Schichten in ihrer Zeichenreihenfolge verändert werden. Setzen Sie den Haken links neben die Schicht, um sie in das Symbol einzubringen. Das „Schloss" rechts verhindert eine Bearbeitung (z. B. die Farbe oder Größe verstellen) im Dialog „Symbol-Auswahl" und „Eigenschaften".

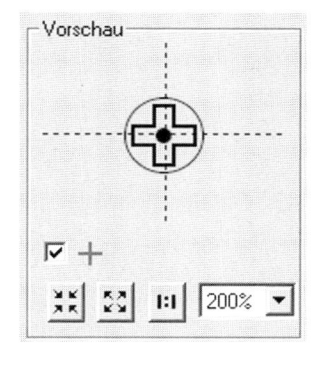

Im Bereich „Vorschau" sehen Sie das aus den Schichten zusammengesetzte Symbol. Mit den Schaltflächen können Sie die Größe des Symbols verändern.

Im rechten Teil des Symboleigenschaften-Editors finden Sie noch weitere Möglichkeiten, das Symbol zu gestalten. Diese hängen vom gewählten Typ des Markersymbols ab und sind sehr umfangreich.

Für Linien- und Polygonsymbole stehen ebenso wie bei Markersymbolen umfangreiche Möglichkeiten zur Erstellung zur Verfügung. Öffnen Sie dazu den entsprechenden Symboleigenschaften-Editor wie oben bei den Markersymbolen im Style-Manager.

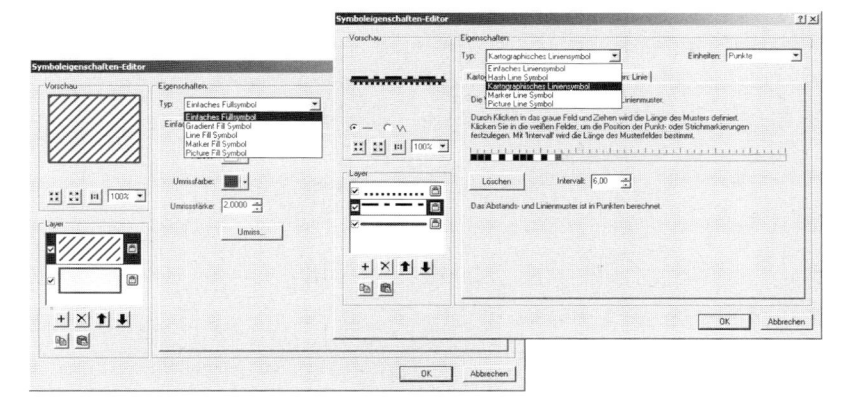

Um ein neues Symbol aus einem schon vorhandenen zu erstellen, klicken Sie auf ein Symbol im Inhaltsverzeichnis von ArcMap. Es öffnet sich die Symbol-Auswahl. Markieren Sie dort das Symbol, das als Vorlage für das neue Symbol dienen soll. Klicken Sie auf die Schaltfläche „Eigenschaften". Im Symboleigenschaften-Editor kann das Symbol beliebig, wie oben beschrieben, verändert werden. Wenn das veränderte Symbol danach dauerhaft gespeichert werden soll, betätigen Sie die Schaltfläche „Speichern" und vergeben Sie einen Symbolnamen sowie eine Kategorie. Dieses neue Symbol finden Sie in Ihrem Style „USER.Style" unter dem entsprechenden Symboltyp wieder.

Kartenelemente, die in der Layout-Ansicht benötigt werden (z. B. Nordpfeile, Maßstabsleisten, Kartenränder usw.) können Sie ebenfalls selber erstellen. Öffnen Sie dazu den entsprechenden Symboleigenschaften-Editor im Style-Manager.

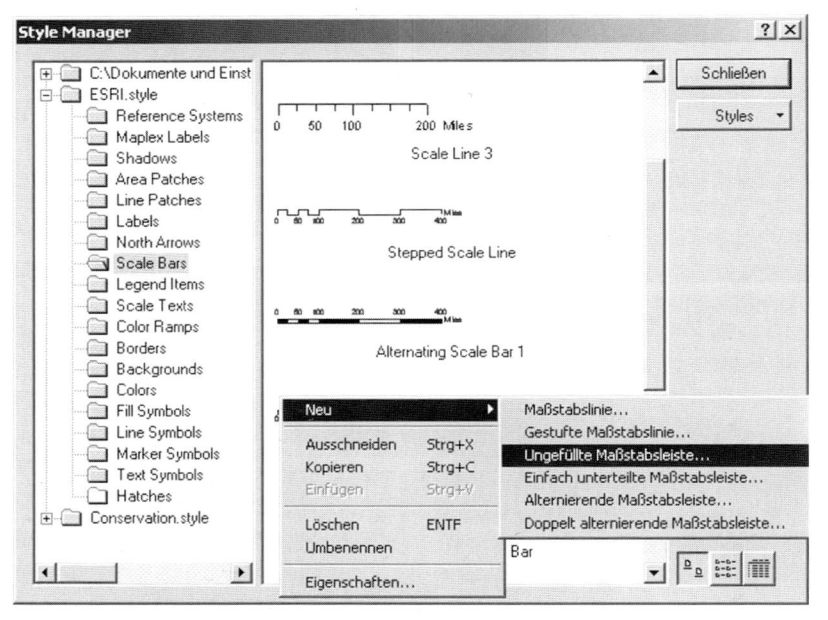

Öffnen Sie im linken Teil des Style-Managers den Style und darin die Symbol-Kategorie (hier ESRI.style und Scale Bars) und konstruieren Sie mit dem Menü „Neu" eine neue Maßstabsleiste.

8 Geometriebearbeitung

8.1 Allgemeines

Ein bestimmtes Thema (raumbezogene Daten) wird in den meisten Fällen bei ArcView in einem so genannten Shapefile abgelegt. Es besteht aus Geometrien (als Modell für ein reales Objekt) und aus den Sachdaten (Attributen), die das Objekt beschreiben. Folgende Datenquellen können, neben Shapefiles, ebenfalls in ArcView eingelesen werden:

- ArcInfo-Coverages
- Geodatabases (Personal Geodatabases / SDE-Geodatabases)
- AutoCad-Dateien
- Fremdformate (MapInfo, SICAD...)
- Text, dBase, Access-Dateien (Punkte als Ereignisse)

Wenn innerhalb von ArcView Daten erzeugt werden, handelt es sich um Shapefiles, oft einfach Shapes genannt, oder Personal Geodatabases. Diese Formate werden von ArcMap am besten verarbeitet und es lassen sich alle verfügbaren Kommandos darauf anwenden. Tatsächlich hat sich das Shapefile-Format als so etwas wie ein Standard in der GIS-Welt erwiesen. Zahlreiche Fachanwendungen stützen sich auf dieses Format. Auf entsprechende Standardisierungsbemühungen sei hingewiesen (OGC: Open GIS Consortium).

Shapefiles enthalten alle Informationen, die für eine Informationsebene innerhalb von ArcView notwendig sind. Ein Layer hingegen stellt nur eine spezielle Sichtweise auf ein Shapefile dar: Er enthält keine Daten. Es ist daher auch möglich, für ein Shapefile mehrere Layer zu erzeugen. Mit diesem Layer wird nur die sichtbare Erscheinungsform eines bestimmten Datensatzes (Shapefile) gespeichert. Ohne ein Shapefile ist ein Layer nicht generierbar. Umgekehrt gilt das nicht. In ArcCatalog ist ein Layer durch ein anderes Symbol (gelb) gegenüber dem zugehörigen Shapefile (grün) abgegrenzt.

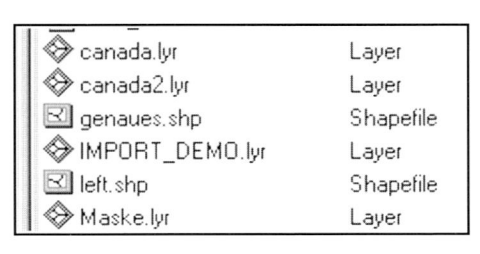

Da in ArcView öfter bestimmte Voreinstellungen mit ArcCatalog vorzunehmen sind, sei hier schon darauf hingewiesen. Im Folgenden werden wir bei Bedarf darauf eingehen bzw. der Wechsel nach ArcCatalog deutlich machen.

Grafiken sind im strengen Sinne keine raumbezogenen Daten. Sie dienen meist nur der verbesserten Information auf den Karten oder als Hilfsmittel bei der Digitalisierung. Sie besitzen keine Attributtabelle (Sachdaten), und ihre Erstellung wird gesondert behandelt. Die Lage von Grafiken auf der

Karte (temporärer Raumbezug) kann für einige Aktionen im GIS genutzt werden. Weiteres erfahren Sie zum Beispiel bei der Beschreibung der Auswahl von Features.

8.2 Objekttypen (Feature-Classes)

Bevor mit der Digitalisierung begonnen werden kann, muss entschieden werden, mit welchem Objekttyp das reale Objekt (der sichtbaren Umwelt) abgebildet oder modelliert werden soll. In ArcView stehen vier verschiedene Objekttypen (Feature-Classes) zur Verfügung, die ausreichen, um die reale Welt im GIS abzubilden. Dies sind Punkte (Point), Multipoint (zusammenhängende Gruppe von Punkten), Linien und Polygone, also reine Vektorinformationen. Die folgende Abbildung stellt diese Typen vor und weist auf spezielle Eigenschaften hin. Auf das Multipacht-Objekt gehe ich an dieser Stelle nicht ein, da es nur im Zusammenhang mit dem 3D- Analyst genutzt werden kann.

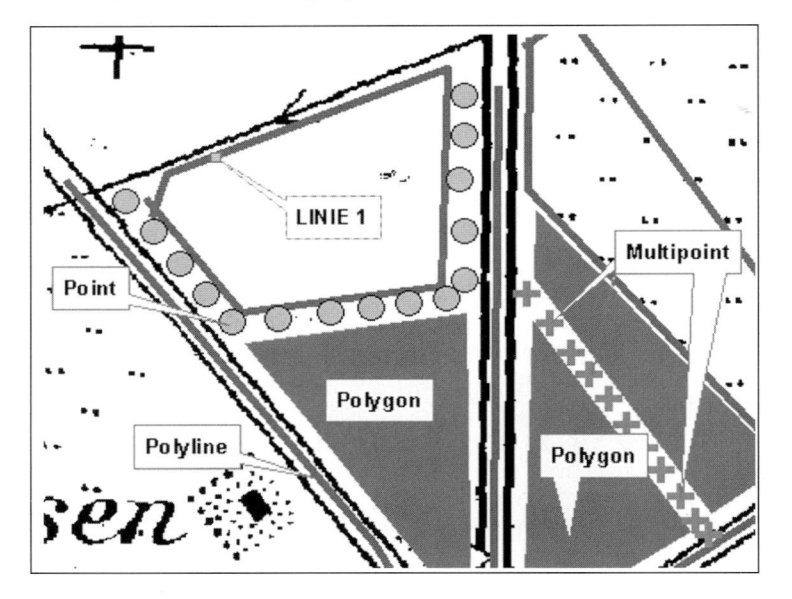

Zu sehen sind Beispiele der Objekttypen in verschiedenen Ausführungen. Beachten Sie das Objekt „Linie 1", das kein Polygon mit der zugehörigen Flächeninformation darstellt. Obwohl „geschlossen", handelt es sich um ein Linienobjekt. Die rein optische oder geometrische Ähnlichkeit allein reicht nicht aus, um einen Objekttyp zu identifizieren. Das Objekt „Linie 1" enthält keine Flächeninformation!

Multipoint-Features bestehen aus mehreren Punkten die zusammen ein Feature bilden. So ist z. B. ein Brunnensystem das aus mehreren Brunnen besteht ein Multipointfeature das auch nur einen Eintrag in der Attributtabelle hat.

Beispiel für die Wahl eines Featuretyps

Ein Flusssystem kann offensichtlich mit Linienobjekten optimal digitalisiert werden. Sollen aber Informationen über die Wasserfläche zu einem späteren Zeitpunkt berechnet werden, dann muss auch das linienförmige, reale Objekt „Fluss" als Polygon dargestellt werden. Es ist also immer am Ufer entlang zu digitalisieren. Somit muss auch eine entsprechende Vorlage vorhanden sein. Gleiche Überlegungen gelten für ein Straßennetz. Für die bloße Ermittlung von Entfernungen reicht die linienförmige Erfassung. Zur Bestimmung der versiegelten Fläche ist aber nur der Typ „Polygon" geeignet.

Erwähnt werden muss noch, dass eine Durchmischung der verschiedenen Objekttypen innerhalb einer Feature-Class nicht möglich ist. Jede Feature-Class ist „reinrassig" bezüglich der verwendeten Objekttypen.

8.3 Neue Shapefiles erzeugen

Ein neues Dataset – in ArcView ein Shapefile oder einer Personal Geodatabase, die raumbezogene (Fach-)Daten beinhalten soll – wird immer durch die Digitalisierung der Geometrie geschaffen, quasi „geboren". Nicht die Sachdaten (Attribute), sondern die Geometrie steht am Anfang. Die Sachdaten werden zum Teil gleich während der Digitalisierung eines Features in die zugehörige Attributtabelle eingetragen oder in einem zweiten, späteren Prozess der Geometrie hinzugefügt. Features stellen die kleinste geometrisch sinnvolle Einheit innerhalb eines raumbezogenen Datasets (Feature-Class) dar und werden ihrerseits durch das Setzen (Digitalisieren) von so genannten Stützpunkten (Vertex) erzeugt.

Bevor man innerhalb einer neuen Feature-Class die ersten Features digitalisieren kann, muss sie in ArcCatalog definiert und angelegt werden. Dort wird der Objekttyp (Punkt, Multipoint, Linie oder Polygon), der Name und sein Ablageort innerhalb des Computersystems (Netzwerk usw.) festgelegt. Hier wird auch definiert, in welcher Projektion bzw. in welchem Koordinatensystem die Daten erzeugt werden sollen. Diese Information ist für bestimmte Funktionalitäten und Aktionen im GIS notwendig. An entsprechender Stelle wird dies vertieft. Hier wird dieses Thema nur angerissen, da es für die Neudigitalisierung nicht zwingend notwendig ist.

Im Folgenden wird dargestellt, wie ein neues Dataset (Shape) in ArcCatalog angelegt und in ArcMap eingelesen wird. Weiter wird erläutert, wie die Bearbeitung gestartet wird, Features digitalisiert und Sachdaten (Attribute) in die entsprechende Tabelle eingetragen werden.

Neuen Datensatz anlegen

Um ein neues Shapefile anzulegen, starten Sie ArcCatalog. Zuvor sollte der gewünschte Ordner für die Ablage der Daten im Windows-Explorer eingerichtet und markiert werden. Dies kann ebenfalls in ArcCatalog vorgenommen werden.

Mit der Befehlsfolge:

ArcCatalog-Hauptmenü
Datei:
Neu: Shapefile...

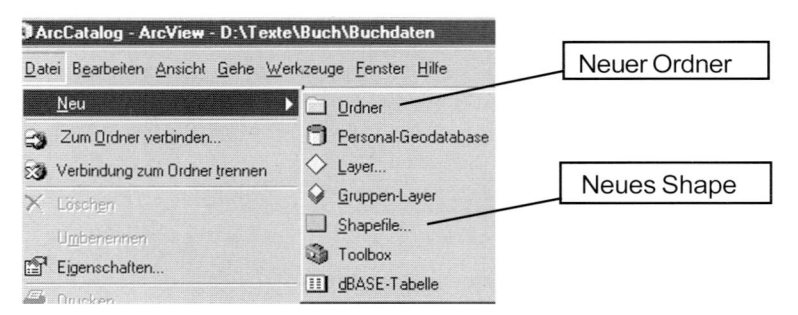

haben Sie die Möglichkeit, ein neues Shapefile anzulegen. Durch das Aktivieren des Menüeintrages „Shapefile..." wird die gewünschte Aktion vorbereitet.

Legen Sie nun den Namen des neuen Shapefiles fest und wählen Sie den Feature-Typ (z. B. Polygon) aus der zugehörigen Liste. Die Wahl eines Koordinatensystems kann hier zunächst offen bleiben. Drücken Sie „OK". Das neue Shape wird in dem gewählten Verzeichnis angelegt.

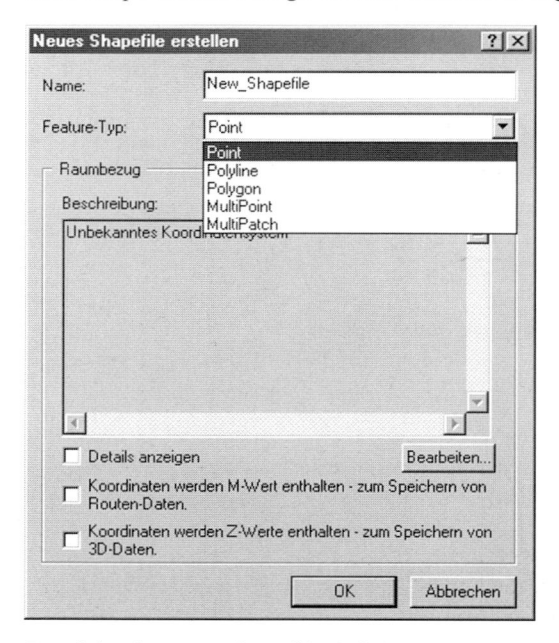

Damit ist das neue Shapefile definiert, besitzt aber noch keine Daten –weder Geometrie- noch Sachdaten.

8.3 Neue Shapefiles erzeugen

Starten Sie nun ArcMap und laden Sie das neue Shapefile, um die gewünschten Geometrien zu erzeugen, da dies nicht innerhalb von ArcCatalog durchgeführt werden kann.

Nachdem Sie ArcMap gestartet haben, erstellen Sie den Datenrahmen, der das neue Shapefile aufnehmen soll.

ArcMap-Hauptmenü
Einfügen:
Datenrahmen

In den leeren Datenrahmen (Neuer Datenrahmen) können Sie nun das zuvor definierte Shapefile einfügen.

Mit der folgenden Befehlsfolge oder mit der nebenstehenden Schaltfläche

ArcMap-Hauptmenü
Datei:
Daten hinzufügen...

können Sie das entsprechende Shapefile auswählen. Durch Doppelklick auf den Dateinamen – es werden nur die Dateien mit der Erweiterung „shp" angezeigt – laden Sie das Shapefile in den Datenrahmen.

Die Warnung, wonach der Datensatz nicht über den notwendigen Raumbezug verfügt, können Sie zunächst übergehen. Diese Aspekte werden an anderer Stelle eingehend beschrieben.

Da es in diesem neuen Shapefile noch keine Daten gibt, ist in der Daten-Ansicht auch keine Geometrie zu sehen. Um diese nun zu digitalisieren, muss das entsprechende Werkzeug aktiviert werden.

Gehen Sie zu diesem Zweck mit der Maus auf die freie Fläche neben dem Hauptmenü und drücken Sie die rechte Maustaste.

Es öffnet sich ein Kontextmenü, mit dem Sie mehrere Werkzeugleisten für zusätzliche Funktionen aktivieren können. Wählen Sie „Editor" durch Setzen eines Hakens aus, dann erscheint die Werkzeugleiste „Editor" auf dem Desktop. Sie können sie frei positionieren.

Nach Drücken des „Editor"-Menüs wählen Sie den Menüeintrag „Bearbeitung starten". Danach verändert sich die Werkzeugleiste und hat folgendes Erscheinungsbild:

Diese Werkzeugleiste und die zugehörigen Dialogfenster steuern die Digitalisierungsaufgaben. Hinter „Aufgabe" verbergen sich die verschiedenen Aufgaben für die Digitalisierung. Hier ist zunächst der Eintrag „Neues Feature erstellen" von Interesse.

Das Starten der Bearbeitung bezieht sich dabei immer auf den gesamten Datenrahmen und nicht nur auf einen Layer darin. Sie können daher laufend zwischen den im Datenrahmen befindlichen Layern auswählen und digitalisieren. Dazu müssen die Daten im selben Verzeichnis liegen. Sollte dies nicht der Fall sein – in größeren „Karten" ist das sicherlich der Normalfall –, muss die Auswahl etwas anders erfolgen.

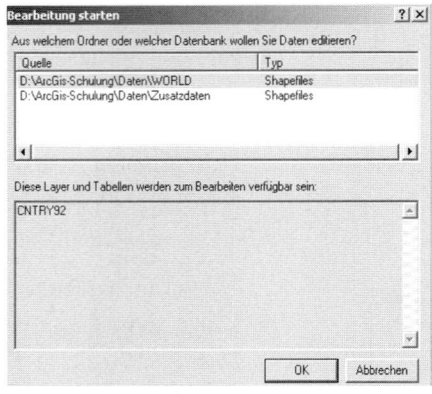

Nach Starten des Editors zeigt sich in diesem Fall nebenstehendes Dialogfenster.

Hier werden das gewünschte Verzeichnis ausgewählt und die passenden Daten identifiziert. Im gezeigten Fall sind nur die Shapefiles in D:\ArcGis-Schulung\Daten\WORLD gleichzeitig zu arbeiten, diejenigen in D:\ArcGis-Schulung\Daten\Zusatzdaten jedoch nicht, selbst wenn sie im gleichen Datenrahmen liegen. Für bestimmte Aufgaben – zum Beispiel Layer-übergreifendes Fangen – müssen die benötigten Daten also umorganisiert, das heißt, in ein gemeinsames Verzeichnis gespeichert werden.

Im Anschluss wird noch auf die Problematik der möglicherweise unterschiedlichen Koordinatensysteme hingewiesen.

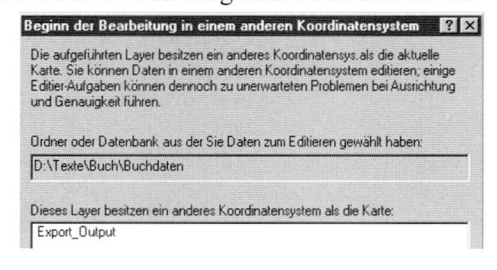

Dasjenige Shape, das über kein „eigenes" Koordinatensystem verfügt wird benannt.

Weiterführende Information erhalten Sie nach Drücken der nebenstehenden Schaltfläche.

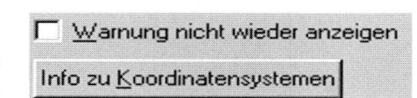

Hier werden einige Probleme aufgezeigt, die sich bei der Bearbeitung innerhalb verschiedener Koordinatensysteme ergeben. Besonders an den Rändern der jeweiligen Gültigkeitsbereiche der hier im ArcGIS genutzten Koordinatensysteme kann es zu Verzerrungen kommen.

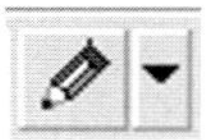

Da der Featuretyp in ArcCatalog festgelegt wurde, können Sie nun mit der Digitalisierung beginnen. Durch Betätigen des Werkzeuges „Skizzenwerkzeug" können neue Features eingefügt (digitalisiert) werden.

Setzen Sie nun in beliebiger Reihenfolge die Stützpunkte innerhalb des Datenrahmens. Jeweils durch Drücken der linken Maustaste wird ein Punkt gesetzt. Die zugehörigen Koordinaten des Stützpunktes werden in den dafür

8.3 Neue Shapefiles erzeugen

Stützpunkte

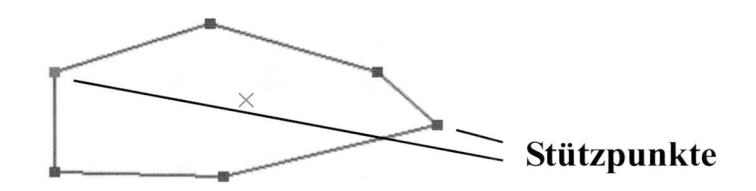

vorgesehenen Layer eingetragen. Beenden Sie die Erstellung eines Features mit einem Doppelklick und beginnen Sie bei Bedarf mit dem nächsten Objekt. Bei der Digitalisierung von Polygonen sorgt ArcMap dafür, dass das Polygon geschlossen wird. Jedes Feature erhält genau einen Datensatz in der zugehörigen Tabelle, und zwar völlig unabhängig davon, wie viele Stützpunkte innerhalb dieses Features vergeben wurden. Die Geometriedaten verbergen sich hinter dem Feld „Shape" in dieser Tabelle.

Damit die digitalisierten Features auch einen räumlichen Bezug zur realen Welt haben, ist es zweckmäßig, einen entsprechenden Hintergrund als Vorlage zu verwenden. Geeignet dafür sind topographische Karten des Bereiches, der gerade interessiert, vorzugsweise in georeferenzierter Form. Sie müssen zuerst in den Datenrahmen geladen werden. Dieser Themenkomplex wird unter „Koordinatensysteme" und „Georeferenzierung" vertieft.

Wenn Sie während der Digitalisierung der Geometrie die Sachdaten für jedes der neuen Features eingeben wollen, öffnen Sie die zugehörige Attributtabelle mit:

ArcMap-Kontextmenü: Layer
Attribut-Tabelle öffnen

Dort können Sie in den jeweils markierten Datensatz des zuletzt digitalisierten Features die dazu passenden Sachdaten eintragen.

Zweckmäßig ist es, im Feld „Id" sofort eine Ordnungszahl einzutragen, die es ermöglicht, aus anderen Datenquellen Informationen an die neuen Geometrien „anzuhängen" (Stichwort: Verbinden). Die Eingaben sind immer mit „Return" (Eingabetaste) zu bestätigen.

Beschleunigt werden kann die Eingabe der Attributwerte durch die Verwendung der abgebildeten Schaltfläche links. Sie finden sie rechts in der Werkzeugleiste „Editor". Nach Drücken dieser Schaltfläche öffnet sich folgendes Eingabefenster:

Durch Anklicken der entsprechenden Zeile im rechten Teil ergibt sich die Eingabemöglichkeit für einen Wert in der Attribut-Tabelle. Hier im Beispiel ist es die Zahl „7777". Um diese Funktionalität zu nutzen, muss das betreffende Feature selektiert sein. Das ist direkt nach dem Digitalisieren ohnehin der Fall.

Die grundsätzliche Vorgehensweise zum Digitalisieren ist damit beschrieben. Die unterschiedlichen Featuretypen unterscheiden sich dabei nicht. Die Verfeinerung der Bearbeitung und Vorstellung der weitergehenden Werkzeuge werden im Folgenden dargelegt. Zuvor wird jedoch die Bearbeitung von Features in vorhandenen Shapefiles beschrieben.

8.4 Bearbeitung vorhandener Shapefiles

Wenn bereits große, raumbezogene Datenbestände vorhanden sind, kann eine Aufgabe in der Ergänzung dieser Daten liegen, zum Beispiel die Einbettung neuer Geometrien in vorhandene Strukturen oder die Veränderung vorhandener Strukturen.

Im Folgenden wird dargestellt, wie vorhandene Daten – hier ein Shapefile – verändert werden. Zum einen wird die geometrische Veränderung eines Features gezeigt, zum anderen demonstriert, wie ein neues Feature integriert und wie eine Veränderung wieder rückgängig gemacht wird.

Laden Sie für den ersten Fall (die Geometrie verändern) ein vorliegendes Shapefile in einen Datenrahmen. Starten Sie die „Editor"-Werkzeugleiste, wie zuvor beschrieben, und stellen Sie bei „Aufgabe": „Feature verändern" ein. Wieder zeigt sich folgende Werkzeugleiste:

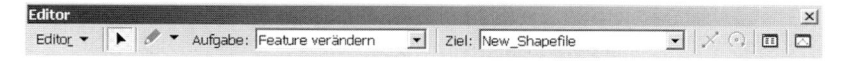

Der Unterschied liegt im Austausch des alten Listeneintrags von „Neues Feature erstellen" durch „Feature verändern". Wählen Sie dies aus der angebotenen Liste aus. Die Schaltfläche „Skizzenwerkzeug" (Bleistift) ist dabei grau. Erst wenn das zu verändernde Feature selektiert ist, wird sie farbig und damit aktiv. Zum Selektieren klicken Sie auf das Werkzeug „Editieren" und anschließend auf das Feature, das verändert werden soll.

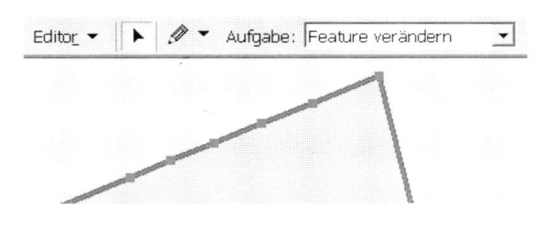

8.4 Bearbeitung vorhandener Shapefiles

Bei dem selektierten Feature werden die vorhandenen Stützpunkte durch kleine, vollflächig farbige Quadrate sichtbar gemacht. Führen Sie den Mauszeiger über einen dieser Punkte, verändert sich die Form des Mauszeigers in ein hohles Quadrat mit schwarzen Dreiecken. Dadurch wird angezeigt, dass dieser Stützpunkt verschiebbar ist. Halten Sie die linke Maustaste gedrückt und versetzen Sie die Position des Stützpunktes an die gewünschte Stelle. Wiederholen Sie dies mit allen zu verändernden Punkten und Features. Bevor Sie die Veränderungen sichern, wird der Ausgangszustand weiterhin dargestellt. Klicken Sie neben das Feature um nur den neuen Zustand zu sehen. Die Veränderungen werden also sozusagen als Vorschlag präsentiert. Erst mit der Beendigung des Prozesses durch Absichern wird die neue Geometrie gespeichert. Sie speichern die Veränderung durch:

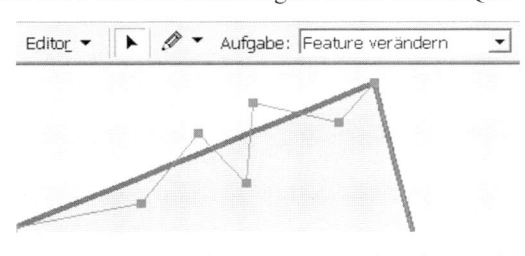

ArcMap-Editor-Werkzeugleiste
Editor:
Änderungen speichern

Anders ist das im zweiten Fall (Neues Feature eingeben). In einem vorhandenen Layer soll eine zusätzliche Geometrie eingefügt werden.

Laden Sie ein Shapefile in einen Datenrahmen und starten Sie die Bearbeitung. Wählen Sie „Neues Feature erstellen" und gehen Sie vor wie bei einer Neudigitalisierung, nachdem Sie unter den vorhandenen Layern unter „Ziel" einen von ihnen ausgewählt haben.

Nach Beendigung der Arbeit sichern Sie den neuen Zustand des Shapefiles mit „Änderung speichern". Sonst werden Sie bei der Benutzung von „Bearbeitung beenden" nochmals gefragt, ob die Veränderung wirklich akzeptiert werden soll. An dieser Stelle besteht damit nochmals die Möglichkeit, die Speicherung abzulehnen.

Schrittweise können zum Beispiel überflüssige oder fehlerhaft gesetzte Stützpunkte auch mit…

ArcMap-Hauptmenü
Bearbeiten:
Rückgängig

abgelehnt werden. Diese Vorgehensweise wird an mehreren Stellen in ArcView ermöglicht.

8.5 Fangen in einem Layer

Während der Digitalisierungsarbeit kommt es immer wieder vor, dass exakte Anschlüsse zwischen zwei beteiligten Features erzeugt werden müssen. Mit einer „ruhigen Hand" ist diese Aufgabe nicht zu erfüllen!

ArcView stellt dafür Werkzeuge zur Verfügung, die es erlauben, sowohl saubere Anschlüsse zwischen Features innerhalb eines Layers als auch Layer-übergreifend umzusetzen.

Begonnen wird hier mit dem „Fangen" innerhalb eines Layers, also zwischen Features des gleichen Layers. Es werden die notwendigen Einstellungen und Begriffe erläutert und die Vorgehensweise anhand eines Beispiels vorgestellt.

Als Hilfsmittel dient eine Fangfunktion (Einpassen, Snappen), die dafür sorgt, dass die letzte Distanz beim Digitalisieren automatisch überbrückt wird. Es wird dafür gesorgt, dass es zu exakten Anschlüssen an den jeweils anderen Stützpunkten oder Kanten kommt. Die überbrückbare Distanz, der „Fangradius", wird vor der Digitalisierung eingestellt. Wenn sich ein Zielobjekt in diesem Fangradius befindet, wird von ArcMap automatisch ein exakter Anschluss erzeugt.

Zum Einstellen des Fangradius führen Sie folgenden Befehl aus:

ArcMap-Editor-Werkzeugleiste
Editor:
Bearbeitung starten

und anschließend

ArcMap-Editor-Werkzeugleiste
Editor:
Optionen

Es öffnet sich das Dialogfenster „Editieroptionen". Hier können unter dem Register „Allgemein" u. a. die Nachkommastellen für Messungen von Distanzen am Bildschirm eingestellt werden.

Unter „Fangtoleranz" stellen Sie den entsprechenden Radius ein, wobei Sie auf die Einheiten achten müssen. Zum einen sind dies die Karteneinheiten

8.5 Fangen in einem Layer

(z. B. Meter bei Gauß-Krüger-Koordinaten), die für den Datenrahmen eingestellt sind, oder es sind die Bildschirmeinheiten „Pixel".

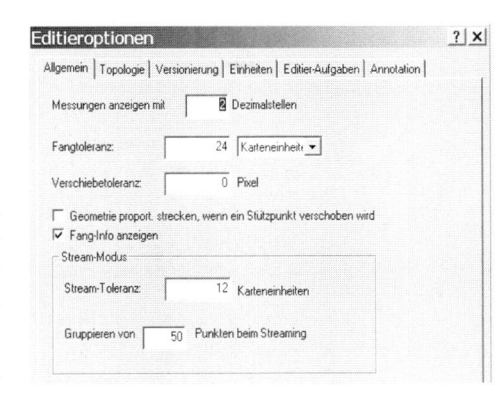

Die weiteren Einstellungen dieses Dialogfensters werden an entsprechender Stelle erklärt (Stream-Modus, Geometrie dehnen, ...).

Im nächsten Schritt muss entschieden werden, wo das „Fangen" umgesetzt werden soll, entweder an der Kante (Linie zwischen zwei Stützpunkten), an einem Stützpunkt oder an einem Ende eines Features.

Um diese Einstellungen vorzunehmen, wählen Sie folgende Befehlsfolge und setzen Sie die notwendigen Haken im oberen Bereich der „Fangumgebung":

ArcMap-Editor-Werkzeugleiste
Editor:
Fangen

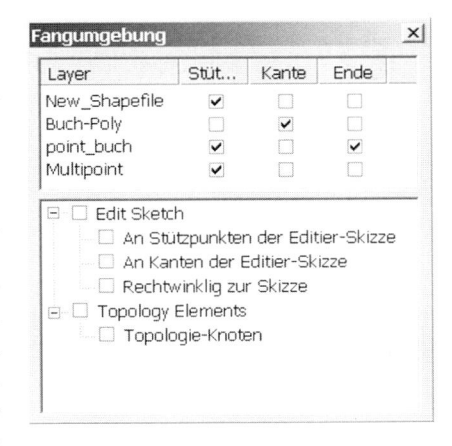

Bei „Stützpunkte..." wird dafür gesorgt, dass für die Features des zur Bearbeitung eingestellten Layers an den jeweiligen Stützpunkten ein Fangen realisiert werden kann. Wird auch „Kante" angehakt, ist es auch dort möglich. Mit „Ende" ist der erste oder letzte Punkt eines Linienfeatures gemeint, und das Fangen wird durch Setzen des Haken an nur diesen Punkten erlaubt. Es sind alle denkbaren Kombinationen dieser Steuerungsmöglichkeiten erlaubt.

Der untere Bereich des Dialogfensters ermöglicht Einstellungen für weitere Funktionen. Unter „Edit Sketch" kann für ein Feature auf die eigenen Stützpunkte oder Kanten gefangen werden oder im rechten Winkel zu sich selbst digitalisiert werden.

Damit sind die Vorbereitungen zum Fangen innerhalb eines Layers abgeschlossen. Erwähnt werden muss noch, dass die Reihenfolge der Layer in der Liste der Fangumgebung auch über die Prioritäten entscheidet. Das jeweils höher liegende Shapefile hat also beim Fangen Vorrang.

Um „Fangen" wieder zu deaktivieren, kann der Radius nicht einfach auf Null gesetzt werden. Entfernen Sie dazu in der Fangumgebung den entsprechenden Haken.

Eine typische Aufgabe: Digitalisieren Sie eine zusätzliche Fläche südlich des vorhandenen Polygons und sorgen Sie für einen exakten Anschluss. Benutzen Sie dabei die Möglichkeit, an alle Teile des vorhandenen Polygons anzuschließen.

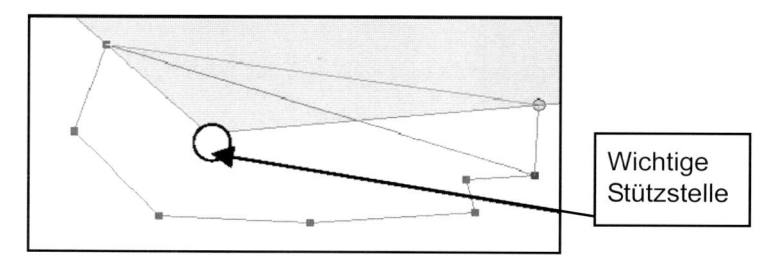

Wichtige Stützstelle

Gemeint ist damit, dass gesteuert werden kann, ob der Anschluss nur an einem Stützpunkt, am Ende einer Linie oder auch an allen denkbaren Punkten entlang einer Kante eines Features erfolgen darf. Dort wird dann ein neuer Stützpunkt eingebaut.

Sobald Sie mit dem Digitalisieren beginnen und dabei in die Nähe des schon vorhandenen Features kommen, verändert sich der Mauszeiger und am Feature wird die Stelle des möglichen Anschlusses angezeigt. Aktivieren Sie dafür vorher unter Editor: Optionen im Register Allgemein „Fang-Info anzeigen".

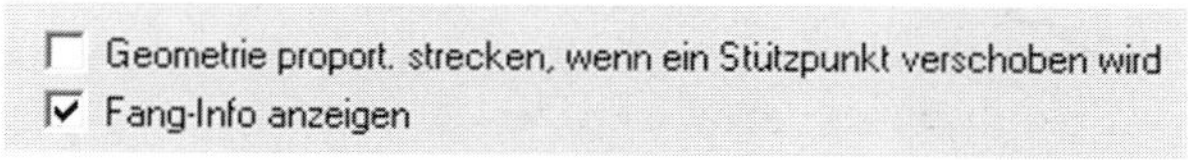

Digitalisieren Sie in gewohnter Weise, dann wird durch Fangen ein exakter Anschluss realisiert.

Achten Sie darauf, dass Sie mit dem neuen Feature nicht „über" das Alte geraten. Den Fehler sehen Sie später nicht mehr ohne komplizierte Kontrollen: Jede Flächenberechnung oder Verschneidung wird falsch!

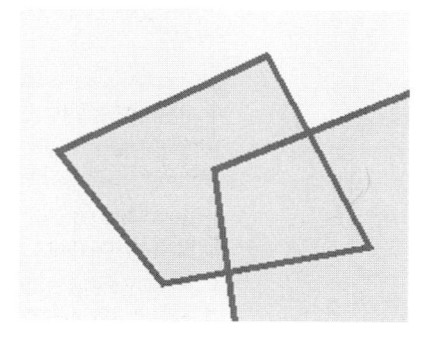

8.5 Fangen in einem Layer

In einer entsprechenden Abfrage wird dieser Fehler (zwei Ids sind angegeben, 260154 und 70558) deutlich, wenn Sie mit dem Informationswerkzeug aus der Werkzeugleiste „Werkzeuge" und mit der Maus auf die vermutlich „doppelte" Fläche klicken. Alternativ können Sie auch mit dem Werkzeug „Features auswählen" aus der Werkzeugleiste „Werkzeuge" auf die übereinander liegende Fläche klicken. Folge: Beide beteiligten Features sind selektiert!

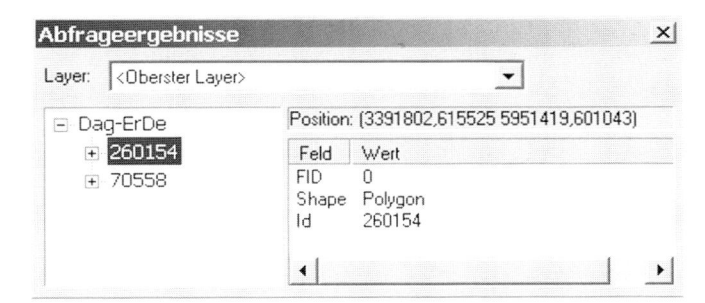

Zusätzlich sei hier angemerkt, dass ein verwendeter Aliasname auch an dieser Stelle zum Tragen kommt. Sie vergeben diese Aliasnamen unter Layer-Eigenschaften im Register „Allgemein".

Fangen innerhalb des aktuellen Layers

Das Fangen innerhalb eines Layers bezieht sich nur auf die Beziehung zwischen zwei verschiedenen Features, nicht auf das Fangen auf sich selbst.

Es wird gezeigt wie

- Fangen auf die Kante (An Kanten der Editier-Skizze)
- Fangen auf die Stützstellen (An Stützpunkten der Editier-Skizze)

vorbereitet und realisiert wird.

Mit den folgenden Befehlsfolgen

ArcMap-Editor- Werkzeugleiste
Editor:
Bearbeitung starten

und

ArcMap-Editor-Werkzeugleiste
Editor:
Fangen

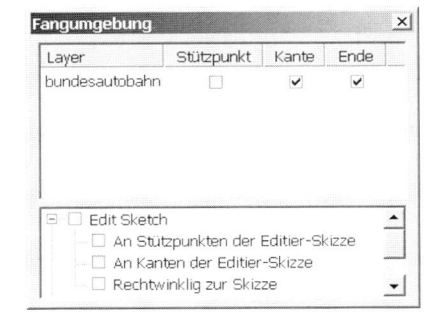

können Sie die notwendigen Einstellungen vornehmen.

Der untere Bereich „Topology-Elements" wird an passender Stelle bei der Behandlung der Topologie behandelt.

Im entsprechenden Teil dieser „Fangumgebung" können Sie entscheiden, ob Sie an einer Kante oder an einer Stützstelle des aktuellen Features fangen wollen. Durch Setzen eines entsprechenden Hakens aktivieren Sie die notwendigen Aktionen. Es bedarf keiner Bestätigung durch „OK".

Beginnen Sie die Digitalisierung wie gewohnt, nachdem Sie den Fangradius eingestellt haben. Schließen Sie, wie in der folgenden Abbildung dargestellt, ein weiteres Feature an das schon vorhandene an, und zwar an das Ende, an eine Kante oder an eine Stützstelle (Vertex).

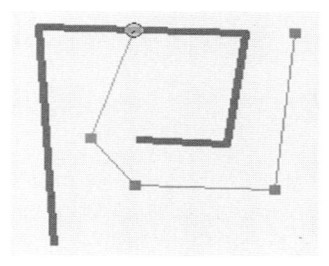

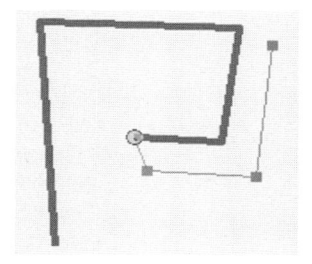

Das rechte Bild zeigt das Ergebnis nach dem „Fangen" auf ein Ende oder Anfang und links das „Fangen" auf eine Kante eines schon vorhandenen Features.

Hingewiesen sei hier nochmals darauf, dass eine Durchmischung der vorgestellten Fangmethode ebenfalls möglich ist. Ein „Fangen" auf sich selbst, also auf die gerade aktuelle Skizze, ist so aber nicht möglich sondern nur mit den Einstellungen unter „Edit Sketch" im Dialog „fangumgebung".

8.6 Fangen über mehrere Layer

Das Fangen innerhalb eines Layers wird zwischen zwei beteiligten Features organisiert. Da es sich dabei immer nur um Features des gleichen Typs (Linie, Punkt oder Polygon) handeln kann, besteht oft die Notwendigkeit, auch Feature-übergreifend fangen zu können. In ArcMap gibt es die Möglichkeit, ein Flurstück (Polygon) nachträglich exakt an einen Straßenrand (Linie) zu digitalisieren, also ein Polygon genau an ein Linienfeature anzuschließen, obwohl die beiden verschiedenen Featuretypen nicht in einem Layer vorliegen können.

Erleichtert wird diese Aufgabe durch den Umstand, das immer eine Mehrheit von Layern in einem Datenrahmen (die im gleichen Verzeichnis liegen müssen) und nicht nur ein einziger editierbar ist.

Die Möglichkeiten des Fangens sind nicht nur auf die Sanierung oder Verbesserung von Digitalisierungen ausgerichtet. Natürlich sollen sie schon bei der Ersterstellung der Geometriedaten für eine ausreichende Qualität der Ergebnisse sorgen. Im Falle der nachträglichen Verbesserung kann es dabei

8.6 Fangen über mehrere Layer

auch notwendig werden, neue Stützpunkte einzufügen, zu verschieben oder gezielt zu setzen, um die gewollte Geometrie zu erhalten. Am Ende dieses Abschnittes erfahren Sie mehr darüber.

Gezeigt werden soll im Folgenden, welche Einstellungen vorzunehmen sind und wie das Fangen auch über mehrere Layer verschiedener Featuretypen möglich wird. Weiter wird vorgestellt, wie neue Stützpunkte eingefügt, gelöscht bzw. wie sie verschoben werden, da diese Funktionen im Zusammenwirken mit dem Fangen die Möglichkeiten der Verbesserung von Geometrien vervollständigen.

Nach Einladen von zwei verschiedenen Layern können Sie mit der folgenden Befehlsfolge

ArcMap-Editor-Werkzeugleiste
Editor:
Bearbeitung starten

und anschließend

ArcMap-Editor-Werkzeugleiste
Editor:
Fangen

in der „Fangumgebung" für die beteiligten Layer die Einstellungen bezüglich des Fangens vornehmen. Hier im Beispiel sind alle Layer zum „Fangen" eingestellt – jedes exemplarisch auf eine andere Art.

Dieses ist natürlich jederzeit änderbar und kann den jeweiligen Notwendigkeiten angepasst werden.

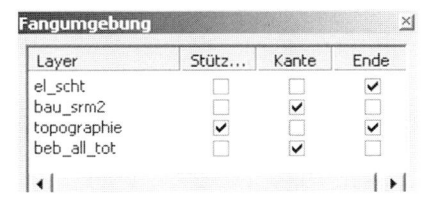

Layer	Stütz…	Kante	Ende
el_scht			✓
bau_srm2		✓	
topographie	✓		✓
beb_all_tot		✓	

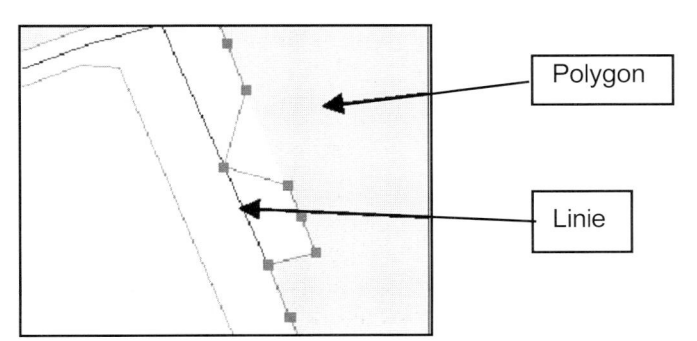

Klicken Sie das zu verändernde Feature (hier Polygon) an (Aufgabe „Feature verändern"), und es erscheinen die Stützpunkte. Fassen Sie den zu verschiebenden Punkt mit der linken Maustaste und schieben Sie ihn in Richtung des Linienfeatures. Sie erkennen die Funktion des Fangradius und können exakt – typübergreifend – digitalisieren. Der Punkt legt sich exakt an die Linie, aber im Linienlayer entsteht kein Stützpunkt. Dies können Sie leicht durch Umschalten auf den Linienlayer überprüfen, wenn Sie ihn anklicken.

Um den Linienlayer ebenfalls an das Polygon einzupassen, muss in der „Fangumgebung" auch beim Polygon der Haken gesetzt werden. Die Arbeit kann dann in gewohnter Weise erfolgen. Der jeweils zu verändernde Layer muss nicht einmal im Editor-Werkzeugleiste ausgewählt werden! Der eingestellte Radius gilt für beide Fangrichtungen, kann aber jederzeit neuen Anforderungen angepasst werden. Sollte die Aufgabe es erfordern, dann können auch mehr als zwei Layer in diese Arbeit eingebunden werden. Jeder muss aber in der dargestellten Art auf seine Veränderungen vorbereitet werden. Man kann jederzeit zwischen allen hin und her schalten.

Neue Stützpunkte einfügen

Nach der Digitalisierung eines Features kann es zweckmäßig sein, weitere Stützpunkte einzufügen. Der gekrümmte Kurvenverlauf einer Kante wird dann zum Beispiel vielleicht etwas harmonischer.

Gezeigt wird nun, wie in ein vorhandenes Features weitere Stützpunkte integriert werden, um ihm eine andere, in der Regel genauere Form zu geben.

Zu diesem Zweck klicken Sie (Werkzeug: Editieren) das Feature im Bearbeitungsmodus an, damit Ihnen die Stützpunkte angezeigt werden. Stellen Sie dafür sicher, dass unter „Aufgabe" in der Werkzeugleiste „Editor" „Feature verändern" angezeigt wird. Nur dann werden die Stützpunkte eines Features in der bekannten Form sichtbar.

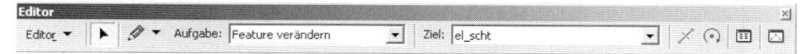

Der Mauszeiger trägt dann oben links ein Kreuz , wenn er sich „auf" dem selektierten Feature befindet. Führen Sie den Zeiger auf die Kante eines Features an die Stelle, an der Sie einen Stützpunkt setzen wollen, und drücken Sie die rechte Maustaste. Es öffnet sich ein Kontextmenü, aus dem Sie „Stützpunkt einfügen" auswählen können. Wenn Sie ihn selektiert haben, erscheint ein neuer Stützpunkt auf der Kante an der vorgesehenen Stelle des Features.

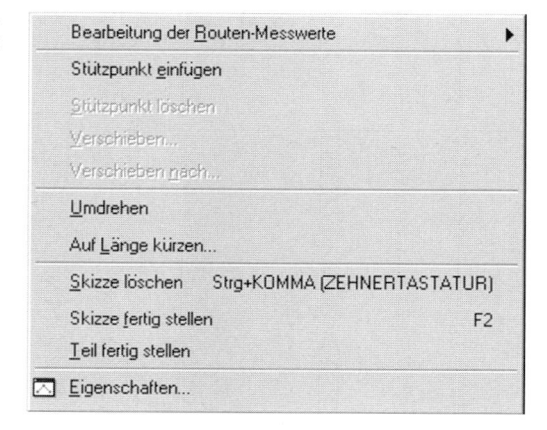

8.6 Fangen über mehrere Layer

Diese Aktionen können mit folgendem Menü aufgehoben werden:

ArcMap-Hauptmenü
Bearbeiten:
Rückgängig

Stützpunkte löschen

Ebenso kann es angebracht sein, die Geometrie zu vereinfachen und einige eventuell überflüssige Stützpunkte zu löschen.

Stellen Sie den Bearbeitungszustand her und führen Sie den Mauszeiger auf einen Stützpunkt. Drücken Sie die rechte Maustaste und das schon bekannte Kontextmenü öffnet sich. Mit „Stützpunkt löschen" können Sie den Stützpunkt entfernen.

Stützpunkte verschieben

Schon unter „Fangen" ist die Möglichkeit, Stützpunkte zu verschieben, erläutert worden, und zwar in Richtung auf ein Ziel bzw. auf ein anderes Feature. Darüber hinaus kann man ganz gezielt Punkte setzen, indem man die Koordinaten vorgibt.

Fahren Sie im Bearbeitungsmodus einen Stützpunkt an und drücken Sie die rechte Maustaste. Dann können Sie über die Menüeinträge „Verschieben" oder „Verschieben nach..." auswählen.

Im ersten Fall können Sie ein Versatzmaß in X- und in Y- Richtung (z. B. 22 bzw. 54) angeben. Der Stützpunkt wird genau um dieses Maß verschoben. Im zweiten Fall werden Ihnen die aktuellen XY-Koordinaten angezeigt, und es ist möglich Korrekturen oder Veränderungen durch Eingabe der neuen Koordinaten direkt im Eingabefeld vorzunehmen.

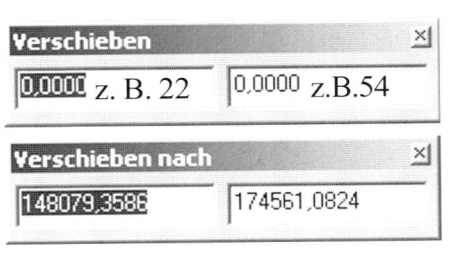

8.7 Stream-Modus

Wenn die Features, die Sie digitalisieren müssen, sehr kurvenreich sind, und eine große Anzahl der Stützpunkte keine Rolle spielt, kann man in einem so genannten „Stream-Modus" arbeiten, ohne das Setzen der Punkte durch Mausklick auslösen zu müssen. Der Mausklick wird von ArcMap übernommen und allein durch die zurückgelegte Digitalisierstrecke festgelegt. Diese Funktion wird ausschließlich auf Polygone und Linien angewendet. (Punkt-Layer entziehen sich aus leicht verständlichen Gründen dieser Vorgehensweise. Diese müssen an festgelegten Orten gesetzt werden und können nicht von der zufällig gewählten „Stream-Toleranz" abhängig sein.) Die Stream-Toleranz muss zunächst festgelegt und kann dann jederzeit aktiviert und geändert werden.

Gezeigt wird im Folgenden, wie für den Stream-Modus die entsprechenden Voreinstellungen vorzunehmen sind und wie anschließend die Digitalisierarbeit durchzuführen ist.

Wählen Sie folgende Befehlsfolge

ArcMap-Editor-Werkzeugleiste
Editor:
Optionen

und tragen Sie eine passende Distanz in das entsprechende Feld für die „Stream-Toleranz" ein. Beachten Sie die Einheiten für diesen Wert. Sie stehen immer auf „Karteneinheiten" (z. B. bei Gauß-Krüger-Koordinaten = „Meter") und sind nicht veränderbar.

Beginnen Sie nun in gewohnter Weise mit der Digitalisierung eines linienhaften Features, nachdem Sie zuerst durch Drücken auf die rechte Maustaste ein Kontextmenü aktiviert haben, das Ihnen das Starten des Stream-Modus ermöglicht. Wählen Sie „Streaming" und setzen dann den ersten Stützpunkt zum Digitalisieren. In der Folge fahren Sie mit dem Mauszeiger die zu erfassende Linie genau ab, ohne Stützpunkte durch Mausklick zu setzen, da dies, wie gesagt, automatisch durch ArcMap erfolgt. Beenden Sie den Vorgang durch Doppelklick.

Währenddessen kann man jederzeit den Modus und die Stream-Toleranz ändern. Vor dem Druck auf die rechte Maustaste muss der Zeiger aber vom letzten Stützpunkt „runter", da andernfalls ein für die Änderung unbrauchbares Menü erscheint. Bevor dann der Stream-Modus wieder genutzt werden kann, muss immer der erste Stützpunkt „von Hand" gesetzt werden. Die nächsten kommen wieder automatisch. Beginn und Ende des „Streamings" kann auch durch die Taste „F8" gesteuert werden.

Erwähnt sei noch, dass das Fangen und der Stream-Modus gleichzeitig genutzt werden können. Damit kann der erfahrene Digitalisierer schnell und qualifiziert arbeiten.

8.8 Weitere Digitalisierungsfunktionen

Die Arbeit zur Herstellung von Geodaten wird durch weitere Funktionen im Digitalisierbereich unterstützt. Sie verbergen sich hinter der Liste „Aufgabe" in der Werkzeugleiste „Editor" und sollen im Folgenden vorgestellt werden. Zwei von ihnen (Erstellen und Ändern) sind bereits behandelt worden.

Die Funktionen „Features mit einer Linie auswählen" und „Features mit einer Fläche auswählen" haben nicht direkt mit dem Digitalisieren zu tun. Es sind Werkzeuge für die Auswahl von Features. Zu diesem Zweck muss eine entsprechende Grafik vorhanden und aktiviert sein.

Nachfolgend erfahren Sie, wie ein Feature...

- angeschlossen wird (ohne „Fangen")
- geteilt wird
- verkürzt wird
- unterteilt wird
- umgeformt wird

8.8.1 Polygon an ein anderes anschließen

Bei der Herstellung eines Polygons wird immer wieder die Frage nach einem korrekten Anschluss an schon vorhandene Features auftreten. Unter „Fangen" wurde eine Möglichkeit vorgestellt, die durch gewisse Voreinstellungen dafür eine Lösung anbietet. Sie setzt voraus, dass der Mauszeiger in die Nähe des Features mit einem Abstand unterhalb des Fangradius bewegt wird. Erst dann kann diese Technik genutzt werden. Für eine zügige Arbeit ist dies hinderlich, und es können sich die unter „Fangen" aufgezeigten Überlappungen ergeben. Daher wird eine weitere Möglichkeit angeboten, die diese Nachteile aufhebt.

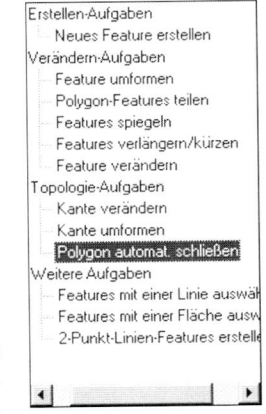

Wählen Sie zu diesem Zweck in der Werkzeugleiste „Editor" unter „Aufgabe" die Topologie-Option „Polygon automat. schließen". Beginnen Sie nun in gewohnter Weise mit dem Digitalisieren, indem Sie mit dem Mauszeiger deutlich innerhalb des schon vorhandenen Polygons aufsetzen oder mit Hilfe der Fangtechnik an einem Stützpunkt beginnen. Ziehen Sie dann den Mauszeiger nach außerhalb und digitalisieren das Feature, das Sie anschließen wollen.

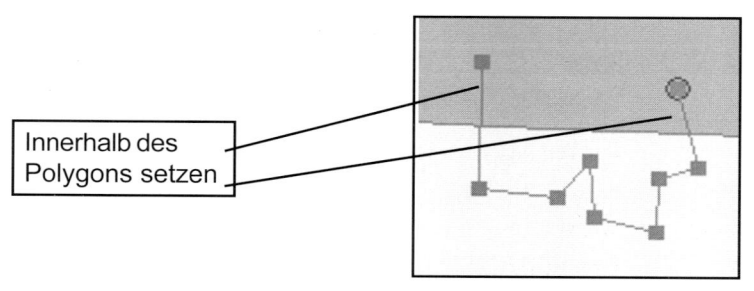

Den letzten Stützpunkt (Ende) setzen Sie wieder deutlich mit Doppelklick innerhalb des ersten (oder auch eines benachbarten) Features. Das während der Digitalisierung linienhafte Feature wird dadurch zum exakt anliegenden Nachbarpolygon.

Auf diese Weise können komplizierteste Formen benachbarter Polygone erzeugt werden. Der angesprochene Endpunkt muss dabei nicht unbedingt innerhalb des Startfeatures liegen.

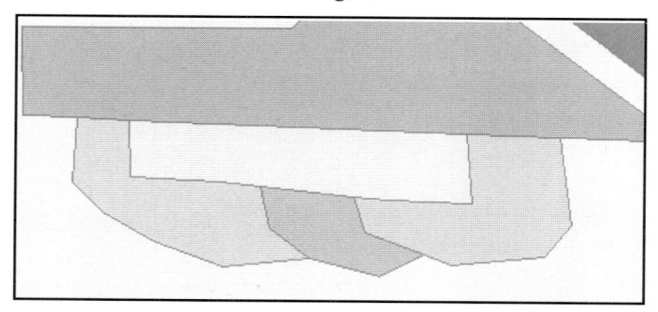

Dass auch diese Aktionen wieder rückgängig gemacht werden können, muss nicht weiter vertieft werden, und dass derartige Ergebnisse alleine mit „Fangen" nur äußerst aufwendig herzustellen sind, dürfte gleichfalls deutlich geworden sein.

8.8.2 Polygon manuell teilen

Oft wird es notwendig sein, vorhandene Features zu verändern. Das kann bedeuten, dass diese eine neue Geometrie bekommen, und zwar durch Verschiebung, Löschen oder Hinzufügen von Stützpunkten oder auch durch Aufteilen in zwei oder mehr Teile. Bei Verschiebung, Löschen oder Hinzufügen muss man sich über die Verfahrensweise bezüglich der Attributtabelle keine Gedanken machen. Sie bleibt trotz Veränderung der Geometrie erhalten, wie sie war. Beim Aufteilen eines Features ist das völlig anders. Die

8.8 Weitere Digitalisierungsfunktionen

Veränderung der Feature-Anzahl muss auch in der zugehörigen Attributtabelle vollzogen werden. Dabei ist besonders auf die Inhalte und ihre Verteilung auf die neuen Features zu achten. Dies muss nach vorgegebenen Regeln durchgeführt werden. Wenn zum Beispiel ein Polygon-Feature als Attribut eine Angabe zur Anzahl der Gebäude beinhaltet, dann kann dieser Wert naturgemäß nach dem Teilen des Features nicht mehr für beide Teile gelten. In ArcView aber gilt die Voreinstellung, dass alle Werte in die jeweils neuen Datensätze übernommen werden. Diese Datensätze befinden sich immer am Ende der Tabelle und müssen im Auge behalten werden. Hier wird lediglich der Teil beschrieben, der die Geometrie betrifft.

Zum Teilen eines Features steht ein Schnittwerkzeug zur Verfügung. Etwa wie beim Digitalisieren kann eine Trennungslinie erzeugt werden.

Mit der Befehlsfolge

ArcMap-Editor-Werkzeugleiste
Editor:
Bearbeiten starten

und der Einstellung der „Aufgabe" auf „Polygon-Features teilen" bereiten Sie die Teilung eines selektierten Features vor. Digitalisieren Sie eine Linie auf übliche Weise entlang der gedachten Trennungslinie – außerhalb des Features beginnend – und beenden den „Schnitt" mit einem Doppelklick wiederum außerhalb des Features. Dieses wird nun geteilt. In der Attributtabelle wird der zusätzliche Datensatz automatisch angelegt. Vor dem Teilen der Geometrie – die immer sehr einfach erscheint – ist auch zu prüfen, was mit dem entsprechenden Datensatz geschieht. Nach der Teilung müssen die Inhalte der zwei neuen Datensätze neu festgesetzt werden. Der alte Inhalt ist nicht mehr in jedem Fall richtig!

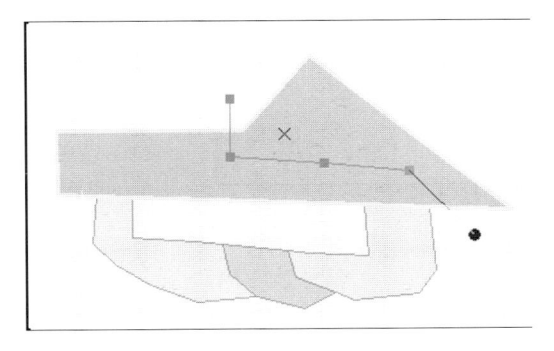

Eine Teilung können Sie rückgängig machen mit dem üblichen Befehl:

ArcMap-Hauptmenü
Bearbeiten:
Rückgäng Teilen

…was jedoch eventuell viel Rechenzeit beansprucht. Schneller geht dies mit „Bearbeiten beenden" und „Ablehnen" der Speicherung. Für Linien- und für Punktfeatures steht ein Teilungswerkzeug dieser Art nicht zur Verfügung. Das Teilen von Linien ist in anderer Weise organisiert und wird nachfolgend beschrieben.

8.8.3 Linien kürzen

Die prinzipielle Vorgehensweise ist die gleiche wie bei der Polygonteilung, allerdings mit dem Unterschied, dass hier ein Teil des Features abgeschnitten wird. In diesem Fall entsteht also kein weiterer Datensatz in der Attributtabelle. Welcher Teil wegfällt, kann über die Schnittrichtung (Richtung in der die Schnittlinie gezeichnet wird) gesteuert werden. Der jeweils rechts von der Schnittrichtung gelegene Teil wird gelöscht.

Die Digitalisierrichtung entspricht dabei der Schnittrichtung.

Zum Schneiden stellen Sie in der „Editor-Werkzeugleiste" unter „Aufgabe" die Option „Features verlängern/kürzen" ein und verfahren wie beim Teilen von Polygonen. Zuvor müssen Sie entscheiden, welcher Teil des Feature entfallen soll. Das Verlängern geschieht analog.

8.8.4 Linien teilen

Zum systematischen Teilen sind in ArcView aufwendige Werkzeuge integriert worden. Es können hier Voreinstellungen vorgenommen werden, die ein definiertes Teilungsergebnis sicherstellen.

Mit der Befehlsfolge

ArcMap-Editor-Werkzeugleiste
Editor:
Bearbeiten starten

und Selektieren eines Linienfeatures werden im „Editor" folgende Menüeinträge aktivierbar, die die Möglichkeit zum „Teilen..." und zum „Unterteilen..." geben. Das Erste ist ein Teilen an einer numerisch oder prozentual festgelegten Stelle.

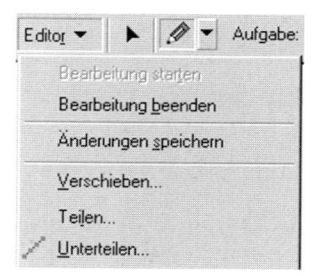

8.8 Weitere Digitalisierungsfunktionen

Wählen Sie „Teilen...". Es erscheint der nebenstehende Dialog:

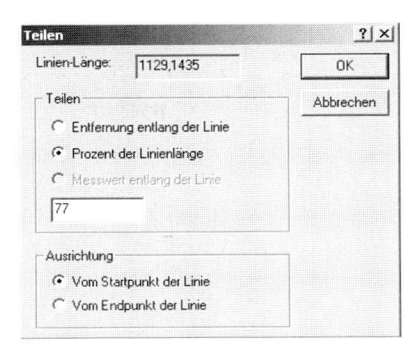

Das Feature hat in diesem Beispiel eine bekannte Länge von 1129,1435 m und soll bei 77% seiner Länge geteilt werden, und zwar gemessen in Digitalisierrichtung (vorwärts).

Der Trennpunkt kann auch über eine genaue Entfernungsangabe mit gleicher Richtungsabhängigkeit festgelegt werden. Nach der Bestätigung durch „OK" wird das Feature an der gewünschten Stelle geteilt. Den Teilungserfolg können Sie noch vor dem endgültigen Speichern durch Selektion mit dem nebenstehenden Werkzeug sichtbar machen, wenn Sie zuvor unter „Aufgabe" die Option „Features ändern" eingestellt haben.

Eine weitere Möglichkeit zum Teilen wird mit dem Werkzeug „Teilen" aus der Editor-Werkzeugleiste angeboten.

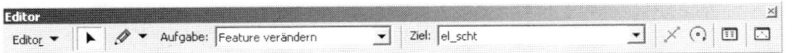

Bei der Verwendung dieses Werkzeuges wählt der Anwender den Teilungspunkt durch Klick mit der Maus an entsprechender Stelle. Das Feature wird geteilt, ohne dass ein Teil gelöscht wird. Denken Sie hierbei an die Möglichkeit des Fangens, um exakt die Linie zu treffen.

8.8.5 Linien unterteilen

Eine weitere Möglichkeit ist das Unterteilen eines Linienfeatures in mehrere gleich lange Segmente. Die Unterteilung wird über die Angabe der Anzahl der gewünschten Teilfeatures gesteuert (nicht über die Angabe der dazu notwendigen Trennpunkte; diese haben die Anzahl n-1). Die Unterteilung nimmt auf schon vorhandene Stützpunkte keine Rücksicht. Diese werden in die neuen Features integriert.

Selektieren Sie das Feature mit dem Werkzeug „Editieren" aus der Werkzeugleiste „Editor" und aktivieren Sie den Menüeintrag „Unterteilen...". Es erscheint folgendes Dialogfenster:

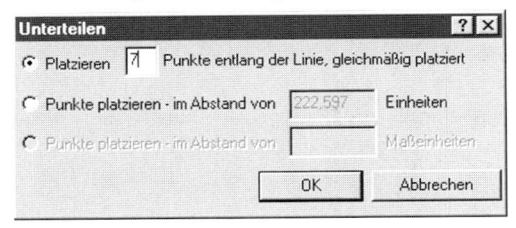

Hier können Sie die Anzahl der gewünschten Segmente eingeben. Nach dem Klick auf „OK" wird das Feature in 7 gleich lange Features unterteilt.

Diesen Vorgang können Sie gut beobachten, vor allem wenn die Attributtabelle geöffnet ist.

Die neuen Features liegen nach der Aktion als Kopie unter- oder oberhalb des Originals vor, je nachdem welche Features z. B. in der Tabelle selektiert werden.

Die Aufteilung kann nicht nur über die Anzahl der Features, sondern auch über die Schrittweite beim Unterteilen erfolgen. Diese wird in den passenden Einheiten (Karteneinheiten) nach Wahl der unteren Option „Punkte platzieren im Abstand von" in das dafür vorgesehene Feld eingetragen. Erinnert sei hier wieder an die Konsequenz all dieser Aktionen auf die zugehörige Attributtabelle.

8.8.6 Feature umformen

Unter „Stützpunkte verschieben" wurde schon vermittelt, wie man zur Sanierung oder Verbesserung von Geometrien einzelne Punkte versetzen oder löschen kann. Erläutert wurde auch schon, wie zusätzliche Stützpunkte eingefügt werden. Hier soll nun gezeigt werden, wie man einem vorhandenen Feature (Polygon oder Linie) eine eventuell völlig neue Form geben kann. Eine Neudigitalisierung, verbunden mit der Löschung der alten Geometrie, verbietet sich wegen der Erhaltung der Attributdaten in der zugehörigen Tabelle. In solchen Fällen sind die schon vorgestellten Werkzeuge ungeeignet. Vorgestellt wird hier daher ein Werkzeug, das derartige Aufgaben schonend für den Datenbestand erfüllt.

Stellen Sie den zum Digitalisieren notwendigen Modus ein mit

ArcMap-Editor-Werkzeugleiste
Editor:
Bearbeiten starten

und selektieren Sie das zu verformende Feature. Wählen Sie in der „Editor-Werkzeugleiste" unter „Aufgabe" die Option „Feature umformen".

Digitalisieren Sie auf übliche Weise die neue Geometrieform. Beginnen und enden Sie dabei, wie in der folgenden Abbildung veranschaulicht wird. Stel-

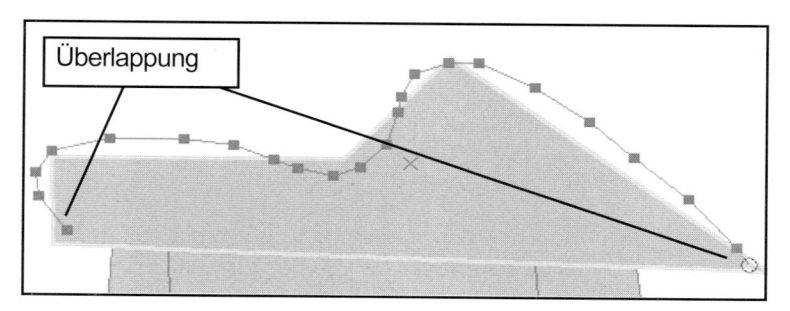

8.8 Weitere Digitalisierungsfunktionen

len Sie sicher, dass für die Umformung immer ein eindeutiger Zustand vor dem abschließenden Doppelklick erreicht ist und keine „offene" Situation entsteht.

Ratsam ist hierbei eine Änderung in kleinen Schritten. Das heißt, Sie sollten ein Polygon niemals auf seinem gesamten Umfang verformen, sondern nur kantenweise. Es kann dabei sonst zu unerwünschten Effekten kommen.

Nach dem Doppelklick wird die neue Form sofort vom Feature übernommen, während die alte eliminiert wird. Das Beispiel stellt sich dann wie in der folgenden Abbildung dar:

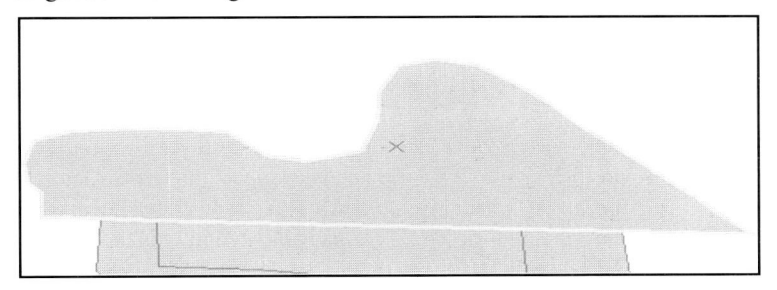

Über die Befehlsfolge

ArcMap-Editor-Werkzeugleiste
Editor:
Bearbeiten beenden

können Sie diesen neuen Zustand speichern oder natürlich auch ablehnen.

An der Attributtabelle hat sich dabei nichts verändert, da ja kein Feature hinzugekommen ist oder entfernt wurde. Es gibt nur eine Veränderung der Geometrie. Ratsam ist es, bei Polygonen die Umformungen abschnittsweise vorzunehmen. Die Umformung aller Kanten eines Polygons in einem Zuge führt zu ungewollten oder gar fehlerhaften Ergebnissen (siehe folgende Abbildung).

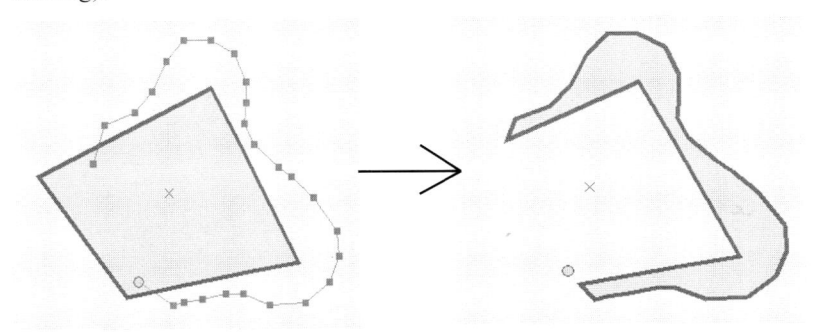

Umformen lassen sich natürlich auch Linienfeatures. Prinzipiell gleicht das Vorgehen demjenigen bei den Polygonfeatures.

8.9 Spezielle Digitalisierungsfunktionen

Über die bisher vorgestellten Werkzeuge hinaus werden in ArcView weitere bereitgestellt, die im Bereich der CAD-Systeme zu finden sind. Mit ihnen können Sie Features zum Beispiel:

- verschieben
- drehen
- strecken und stauchen

Weitere Funktionalitäten dieser Art finden sich dann noch in einem besonderen Kontextmenü, das während der Digitalisierung geöffnet werden kann.

8.9.1 Features verschieben

Durch eine einfache Verschiebung (Translation) eines Features kann natürlich auch eine Veränderung oder Verformung des Gesamtdatensatzes vorgenommen werden – nicht nur durch die Verformung eines einzelnen Features. Die Translation eines Features wird dadurch unterstützt, dass ArcView am Schwerpunkt des Features eine Markierung setzt, die durch Festhalten mit der linken Maustaste eine Bewegung des Gesamtfeatures ermöglicht.

Starten Sie die Bearbeitung mit der Befehlsfolge

ArcMap-Editor-Werkzeugleiste
Editor:
Bearbeitung starten

und selektieren Sie das Feature, das Sie verschieben wollen. In der Featuremitte (Schwerpunkt) wird ein kleines schwarzes Kreuz sichtbar. Führen Sie den Mauszeiger mit dem Werkzeug „Editieren" auf das fragliche Feature und halten Sie die linke Maustaste gedrückt.

Verschieben Sie das Feature in die gewünschte Position und lassen Sie die Maustaste los. Die möglichen Bewegungen sind rein translatorisch und lassen keine Drehung (Rotation) zu.

Mit der Befehlsfolge

ArcMap-Editor-Werkzeugleiste
Editor:
Bearbeiten beenden

speichern Sie die neue Lage des Features innerhalb des gleichen Layers.

Mit folgendem Menü können diese Aktionen schrittweise rückgängig gemacht werden:

ArcMap-Hauptmenü
Bearbeiten:
Rückgängig Verschieben

8.9.2 Feature drehen

Wenn auch eher selten, so kann es aber doch vorkommen, dass Features gedreht werden müssen (Rotation). Damit keine Neudigitalisierung notwendig wird, stellt ArcView ein entsprechendes Werkzeug zur Verfügung. Starten Sie die Bearbeitung mit

ArcMap-Editor-Werkzeugleiste
Editor:
Bearbeitung starten

und selektieren Sie das zu drehende Feature.

Mit der nebenstehenden Schaltfläche „Drehen" aus der Editor-Werkzeugleiste wird der Mauszeiger zu einem kreisförmigen Pfeil, mit dem Sie die Drehung bei Druck auf die linke Maustaste steuern. Sie sollten dazu einen gewissen Abstand zum angezeigten Kreuz halten. Dieses kleine Kreuz gibt den Drehpunkt an. Er kann bei Bedarf an einen anderen Ort verschoben werden. Dazu führen Sie den Mauszeiger mit dem gebogenen Pfeil genau über das Kreuz (der Mauszeiger ändert sich) und versetzen es mit festgehaltener linker Maustaste an den gewünschten Ort. Danach kann sofort wieder gedreht werden.

Mit folgender Befehlsfolge speichern Sie die neue Lage des Features.

ArcMap-Editor-Werkzeugleiste
Editor:
Bearbeiten beenden

8.9.3 Feature strecken oder stauchen

Mit bestimmten Voreinstellungen ist es möglich, ein vorhandenes Feature so zu verändern, dass man von affinen Abbildungen sprechen kann. Die Geometrie wird dabei proportional zur Lageveränderung eines Stützpunkte gestreckt oder gestaucht. Eine Drehung des Features ist dabei natürlich auch möglich.

Die Voreinstellung nehmen Sie unter:

ArcMap: Editor-Werkzeugleiste
Editor:
Optionen

im Register „Allgemein" des Dialogfensters „Editieroptionen" vor. Setzen Sie den Haken an „Geometrie proport. strecken…". Damit wird dann nicht nur die Rotation ermöglicht, sondern auch gleichzeitig eine Stauchung oder Streckung. Zuvor müssen Sie jedoch in der Editor-Werkzeugleiste die „Aufgabe" auf „Features verändern" stellen.

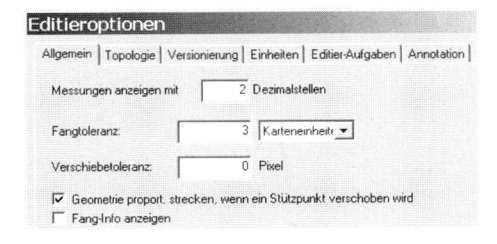

Durch Verschieben eines beliebigen Stützpunktes können Sie die Situation erzeugen, die in der Abbildung beispielhaft gezeigt wird.

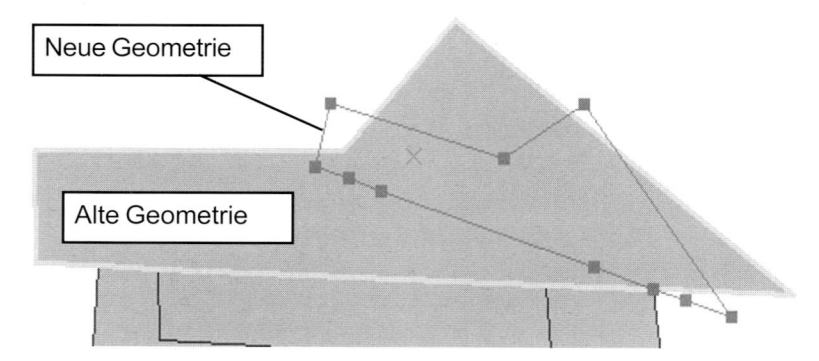

Neue Geometrie

Alte Geometrie

Durch einen Klick mit der linken Maustaste neben den beteiligten Features überführen Sie die Skizze in ein endgültiges Feature und können mit der Befehlsfolge

ArcMap-Editor-Werkzeugleiste
Editor:
Bearbeiten beenden

die neue Lage dieses Features speichern.

8.10 Spezielle Geometrien

Bei komplexen Datenbeständen wird es nötig sein, dass neue Geometrien sich an vorhandenen orientieren. Bisher war nur von solchen Features die Rede, die frei – vor dem jeweilig besten Hintergrund als Bezug – und unabhängig voneinander digitalisiert werden können. Höchstens die direkte Nachbarschaft bei gemeinsamen Grenzen stellt eine Abhängigkeit innerhalb des gemeinsamen Layers dar.

Nun sollen Abhängigkeiten wie „Rechter Winkel", „Parallel", „im Abstand von" und ähnliche Bedingungen realisiert werden. In unserer realen und hoch technisierten Welt kommen derartige Konstellationen häufig vor. So ist zum Beispiel der Straßenrand mit seiner Gosse in der Regel auch parallel zu den anliegenden Grundstücken und der Fußweg meist damit überall gleich breit. Gebäude haben in der Regel einen rechtwinkligen Grundriss, der im Einzelfall konstruierbar sein muss.

ArcView stellt hier Werkzeuge zur Verfügung, die aus der CAD-Welt abgeleitet wurden. Dies sind:

- Parallelität
- Rechter Winkel
- Multipart-Objekte
- Multipoint-Objekte

8.10 Spezielle Geometrien

8.10.1 Parallelität

Parallelität lässt sich im einfachsten Fall durch Verschieben einer schon vorhandenen Geometrie erzeugen.

Dies wird auf einfachste Weise über die Zwischenablage ermöglicht.

Da es auch hierbei um die Veränderung eines Datensatzes geht, muss die Bearbeitung gestartet werden.

Mit der Befehlsfolge

ArcMap-Editor-Werkzeugleiste
Editor:
Bearbeitung starten

starten Sie sie. Selektieren Sie das zu kopierende Feature mit der Schaltfläche „Editieren" in der Editor-Werkzeugleiste und legen Sie es in die Zwischenablage, und zwar durch „Kopieren" im Kontextmenü, das Sie mit der rechten Maustaste aktivieren. Anschließend fügen Sie es mit

ArcMap-Hauptmenüleiste
Bearbeiten:
Einfügen

in den Ziellayer ein. In der Regel ist dieses Feature dasselbe wie das ursprüngliche. Fassen Sie die Kopie des Features (sie liegt exakt auf dem Quellfeature) mit der linken Maustaste und verschieben Sie es an die gewünschte Position.

Da auf diesem Weg nur Translationen möglich sind, erzwingt man Parallelität zwischen den beteiligten Features.

Wenn Sie ein Feature innerhalb eines Layers kopieren möchten, muss unter „Ziel" in der Werkzeugleiste „Editor" der entsprechende Name des Ziellayer

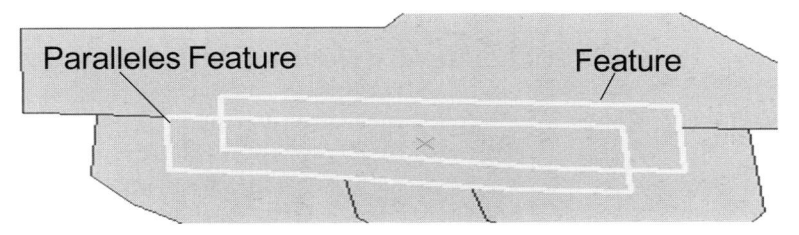

eingestellt sein. Sie können aber auch in andere Layer kopieren. Dabei muss der Featuretyp (Linie, Punkt oder Polygon) übereinstimmen, sonst wird aus einem Polygonshapefile beispielsweise ein Linienshapefile (was u. U. auch mal gewollt sein kann), oder es wird das Kopieren eines Polygons in einen Punktlayer abgewiesen. Wie sich diese Veränderungen in der Attributtabelle auswirken zeigt das Bild auf der nächsten Seite.

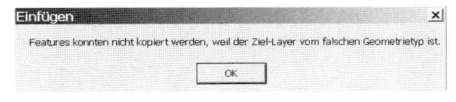

Das Objekt mit der ID „60" liegt zweimal vor. Die vom ArcMap vergebenen FIDs sind 5 und 19.

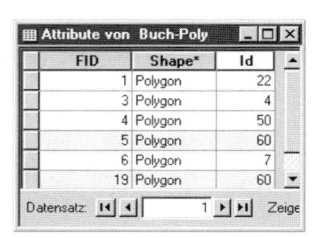

8.10.2 Fremdobjektorientierte Parallelität

Parallelität lässt sich aber auch auf anderem Weg konstruieren, und zwar auch Layer-übergreifend. Das soll bedeuten, dass sich das gerade zu digitalisierende Feature mit seiner Geometrie an einem anderen Feature (Referenzfeature) orientiert. Wenn Sie den ersten Stützpunkt eines neuen Features gesetzt haben, muss das Referenzfeature angesprochen werden, an dem sich die neue Geometrie ausrichten soll. Das Referenzfeature muss dabei nicht unbedingt aus dem gleichen Layer sein, auch Layer-übergreifend funktioniert dieses Werkzeug. Dabei spielt der jeweilige Featuretyp keine Rolle: Eine Linie kann sich somit an einem Polygon orientieren.

Starten Sie mit der Befehlsfolge

ArcMap-Editor-Werkzeugleiste
Editor:
Bearbeitung starten

starten Sie die Bearbeitung. Stellen Sie in der Editor-Werkzeugleiste unter „Aufgabe" die Option „Neues Feature erstellen" ein.

Beginnen Sie mit der Digitalisierung und setzen Sie zunächst nur den ersten Stützpunkt des neuen Features an die vorgesehene Stelle im gewollten Abstand. Zeigen Sie mit dem Mauszeiger leicht oberhalb der richtungsgebenden Kante des Features vom Referenz-Layer und drücken Sie die rechte Maustaste. Es erscheint folgendes Auswahlmenü:

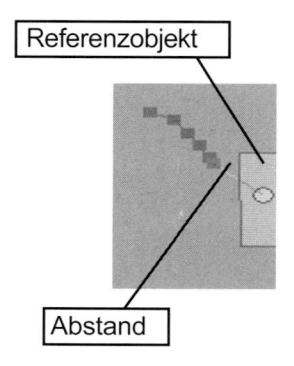

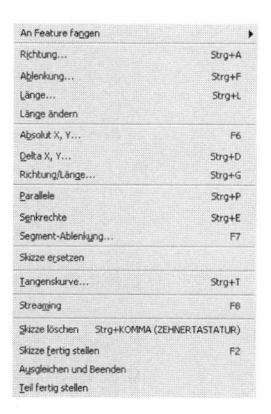

Wählen Sie „Parallele", dann führt ArcMap das neue Feature parallel zum Referenzfeature aus. Dabei ist es egal, wo sich der Cursor gerade befindet.

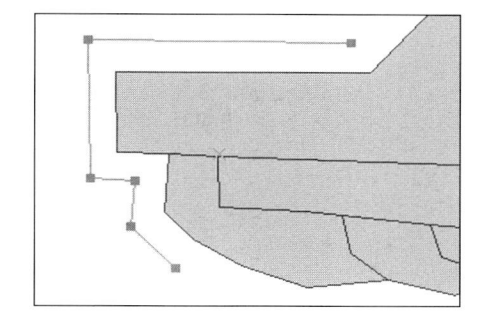

8.10 Spezielle Geometrien

Die Parallelität wird bei diesen Vorgängen immer an der Kante ausgerichtet, die Sie im Referenzfeature ausgewählt haben.

Die neue Struktur folgt nicht allen Kanten des Features – das wird unter „Verfolgen" bearbeitet. Daher ist es erforderlich, immer wieder neu in der beschriebenen Weise vorzugehen. Der Abstand zur maßgebenden Kante des Referenzfeatures wird immer durch den ersten bzw. den vorherigen Digitalisierungspunkt festgelegt.

Vorsicht: *Die Referenz wird immer durch die dem Cursor nächst gelegene Kante des Referenzobjektes vorgegeben.*

8.10.3 Rechter Winkel

Neben der Parallelität ist der rechte Winkel eine häufig erforderliche Konstruktion. Mit der freien Hand ist er nur durch Zufall zu erzielen, wenn man z. B. ein rechtwinkliges Gebäude erfassen will. Saubere Ergebnisse erhalten Sie nur mit entsprechenden Hilfsmitteln. Diese erreichen Sie wieder über die rechte Maustaste.

Starten Sie mit der Befehlsfolge…

ArcMap-Editor-Werkzeugleiste
Editor:
Bearbeitung starten

…die Bearbeitung und stellen Sie in der Editor-Werkzeugleiste unter „Aufgabe" die Option „Neues Features erstellen" ein. Beginnen Sie mit der Digitalisierung von zunächst drei Stützpunkten eines Polygonfeatures.

Nach Setzen des dritten Punktes bewegen Sie den Mauszeiger von diesem weg und drücken Sie die rechte Maustaste. Es erscheint das oben rechts in der Abbildung sichtbare Kontextmenü:

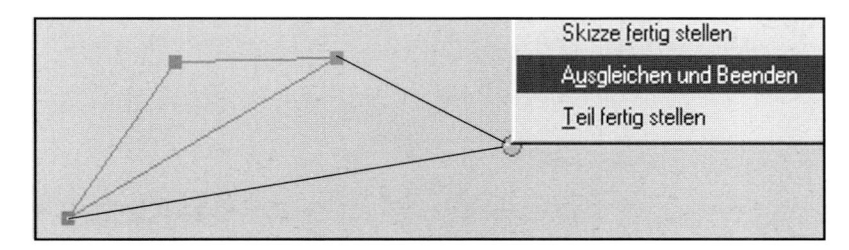

Wählen Sie „Ausgleichen und Beenden". Das Polygon (Viereck) wird mit Hilfe der rechten Winkel vervollständigt. Der erste und der letzte Stützpunkt erhalten dann die rechten Winkel. Bei einem geschlossenen Polygon wird der letzte berechnet. Die restlichen sind durch das Digitalisieren festgelegt worden.

Wird diese Methode auf ein Linien-Layer in gleicher Weise angewendet, wird es nach der Berechnung der rechten Winkel am ersten und am letzten Stützpunkt zu einem Linienzug geschlossen. Er sieht einem Polygon sehr ähnlich, enthält aber als Linien-Layer keine Flächeninformation.

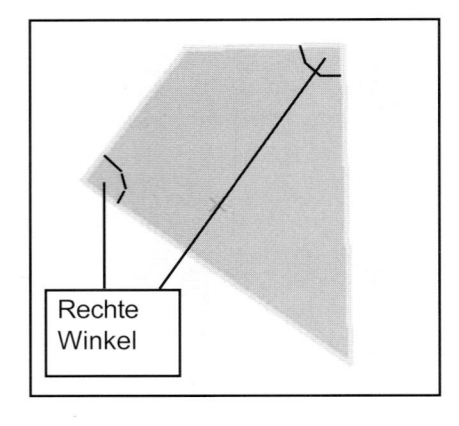

8.10.4 Weitere Werkzeuge zum „Rechten Winkel"

In der „Fangumgebung" gibt es im unteren Bereich Möglichkeiten zur Konstruktion von rechten Winkeln.

Es sollen jetzt die Möglichkeiten zur Gestaltung der Rechtwinkligkeit, die durch dieses Werkzeug geschaffen wird, vorgestellt werden.

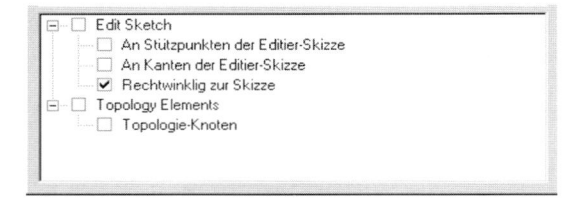

Gemeint ist mit „Rechtwinklig zur Skizze", dass rechte Winkel innerhalb des gerade zu digitalisierenden Features ermöglicht werden. ArcMap gibt immer einen Richtungsvorschlag an und erzeugt dabei die gewünschte Rechtwinkligkeit. Dabei sind auch Winkel von 180 Grad einbezogen, also das Beibehalten der alten Digitalisierrichtung. Eingesetzt werden kann dieses Werkzeug für Linien und Polygone.

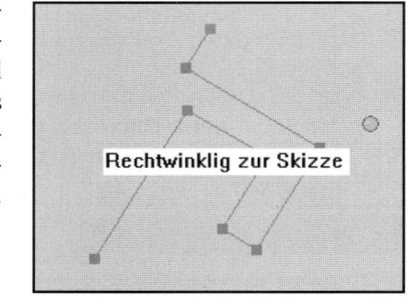

Mit der Befehlsfolge

ArcMap-Editor-Werkzeugleiste
Editor:
Bearbeitung starten

und dem Aktivieren der „Fangumgebung" können Sie das Werkzeug durch Setzen des entsprechenden Hakens aktivieren.

Beginnen Sie danach mit dem Digitalisieren auf übliche Weise und erzeugen Sie rechte Winkel. Sie sehen sofort, wie ArcMap diese Vorgehensweise un-

8.10 Spezielle Geometrien

terstützt. Der 90-Grad-Winkel wird immer wieder vorgegeben bzw. die Skizze springt in die entsprechende Position. Unterstützt wird diese Vorpositionierung durch die Einstellung einer möglichst großen „Fangtoleranz" in den Editieroptionen.

Diese Möglichkeiten zur Erzeugung von „Rechten Winkeln" können bei Polygonen auf die gleiche Weise genutzt werden.

8.10.5 Multipart-Features

Es sind Situationen denkbar, dass ein reales Objekt aus mehreren Features (z. B. Polygonen) bestehen kann, aber dafür nur ein Eintrag in der Attributtabelle bestehen soll.

Beispiel:

Eine Behörde hat mehrere Liegenschaften über eine bestimmte Fläche verteilt. Diese sollen aber bei einer beliebigen Recherche über einen bestimmten Datensatz identifiziert werden können. Es sollen zudem redundante Informationen vermieden werden.

Solche Zustände lassen sich durch so genannte „Multipart-Features" händeln.

Es ist also möglich, dass mehrere Polygone einer Feature-Class über ein und denselben Datensatz in der zugehörigen Attributtabelle verfügen.

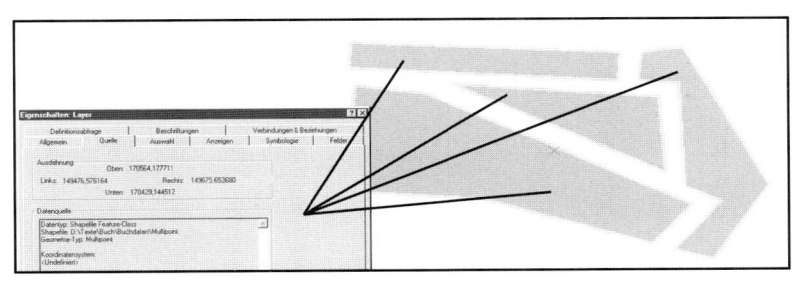

In dem hier gezeigten Beispiel bilden die vier selektierten Polygone ein Multipart-Feature und haben **einen** Datensatz (FID = 40) in der Attributtabelle.

Diese spezielle Art von Features ist auch dadurch erkennbar, dass alle vier Polygone nur ein Schwerpunktkreuz in der Mitte aufweisen.

Zur Herstellung dieser Multipart-Features beginnen Sie auf übliche Weise mit der Digitalisierung. Die Beendigung des ersten Polygons erfolgt aber nicht mit einem Doppelklick, sondern nur mit einem Menüeintrag. Betätigen Sie die rechte Maustaste. Danach erscheint nebenstehendes Kontextmenü:

Wählen Sie zur Beendigung des ersten Polygons den Menüeintrag „Teil fertigstellen" und digitalisieren Sie das nächste auf gleiche Weise, gegebenenfalls noch weitere Features. Der Abschluss des letzten Polygons erfolgt, indem Sie im Menü die Funktion „Skizze fertigstellen" auslösen.

Anzumerken ist hier, dass dieses Multipart-Feature Bestandteil eines ganz normalen Layers ist. Die restlichen Features innerhalb dieses Layers können andersartig (Single-Part) sein.

8.10.6 Multipoint-Features

Die MultiPoint-Feature-Class hat die besonderen Eigenschaften eines Multipart-Featues wie im voran gegangenen Abschnitt. Die Herstellung entsprechender Datensätze erfolgt auf anderem Weg.

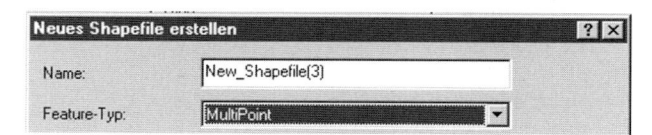

Schon bei der primären Erstellung in ArcCatalog muss festgelegt werden, dass es sich um eine solche Feature-Class handeln soll. Dort ist neben den drei klassischen Featuretypen Linie-, Polygon- und Punkt- auch das Multipoint-Feature definierbar.

Im Nachhinein erkennt man eine Multipoint-Feature-Class an den Angaben, die unter den Eigenschaften des Layers abgelegt sind.

ArcMap-Kontextmeü: Shapefile
Eigenschaften: Register Quelle

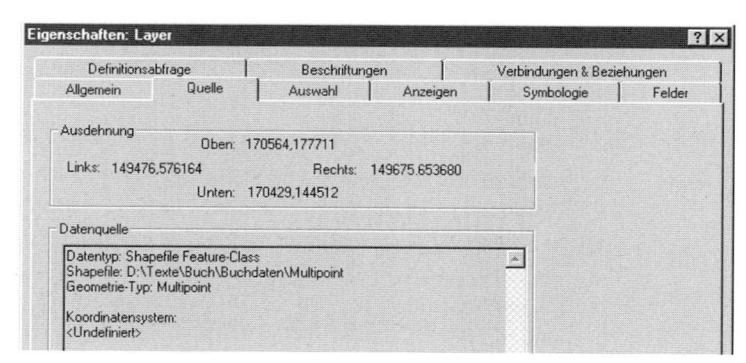

Digitalisieren Sie auf dem gewohnten Weg, und lassen Sie sich dabei die Attributtabelle anzeigen. Sie erkennen, dass nur ein einziger Datensatz angelegt wird, und zwar mit dem Doppelklick auf den letzten Punkt. In der Tabelle ist zudem im Feld „Shape" der Begriff „Multipoint" eingetragen.

8.11 CAD-Funktionalitäten im Kontextmenü

Das schon öfter gezeigte Kontextmenü, das sich beim Digitalisieren anbietet, wenn man die Maus leicht vom letzten Stützpunkt der Digitalisierung entfernt, ermöglicht noch weitere Funktionen in Anlehnung an die CAD-Technik.

Einige dieser Punkte sind schon erläutert worden, die restlichen sollen in der Folge besprochen und an Beispielen erläutert werden. Es sind Werkzeuge dabei, die das Digitalisieren erleichtern oder für eine bessere Qualität der Ergebnisse sorgen können.

Die Funktionalitäten werden in der Reihenfolge des Kontextmenüs vorgestellt.

8.11.1 An Feature fangen

Begonnen wird mit der Funktion „An Feature fangen". Es handelt sich dabei um die Möglichkeit, frei von den Einstellungen in der Fangumgebung (außer Fangtoleranz)^und den Editieroptionen ein Fangen zu realisieren. In jedem Einzelfall (für jeden neu zu setzenden Stützpunkt) wird das „Fangen" neu vorbereitet und werden die passenden Bedingungen definiert. Die Funktion kann als Äquivalent zur „Interaktiven Einpassung" in ArcView 3.x gesehen werden. Die jeweiligen Einstellungen werden im nebenstehenden Untermenü vorgenommen.

Es ist dann – wie in unterstehenden Abbildung erkennbar – möglich, sehr dicht an andere Features heran zu digitalisieren und bei Bedarf auch direkt an das Feature zu fangen. Das Zielobjekt muss zu diesem Zweck ausgewählt sein, was durch einen hellen Rand deutlich gemacht wird. Die Einstellungen in der Fangumgebung und in den Editieroptionen könnten bei dieser Zielsetzung eher hinderlich sein, und sollten deshalb deaktiviert werden.

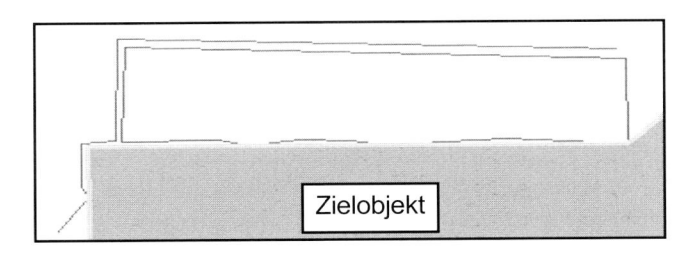

8.11.2 Richtung

Einem Feature oder einem Featureteil kann eine bestimmte Richtung gegeben werden. Die Richtung wird durch Gradangaben vorgegeben. Die aktuelle Mausposition richtet sich entsprechend ein. Die Richtungen werden gegen den Uhrzeigersinn festgelegt.

Die Voreinstellung erfolgt dazu in den Editieroptionen im Register „Einheiten". Dort kann unter mehreren Möglichkeiten gewählt werden. Der Typ der verschiedenen Orientierungen bei der Festlegung der Richtungen und die Einheiten werden über eine Auswahl festgelegt. Siehe auch im folgenden Abschitt unter „Ablenkung".

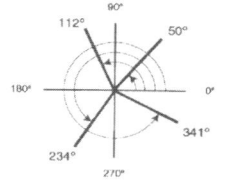

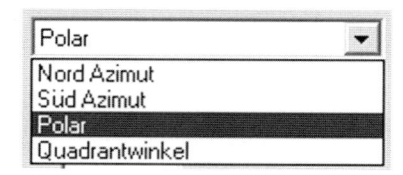

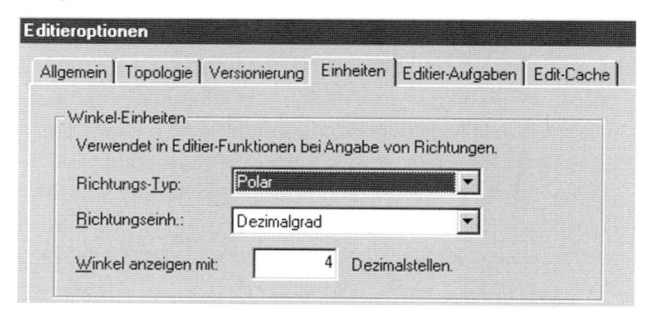

Das zugehörige Eingabefeld im Kontextmenü öffnet sich direkt nach der Wahl des Menüeintrages „Richtung". Im folgenden Beipiel sind 135 Grad gewählt worden. Die Richtung zeigt nach Nord-West, entsprechend den Erläuterungen der oben gezeigten Zeichnung.

8.11.3 Ablenkung

Hier wird die zukünftige Ablenkung von der aktuellen Ausrichtung des letzten Teils des gerade zu digitalisierenden Features bestimmt. Die Interpretation des einzugebenden Winkels erfolgt nach der gleichen Methode wie zuvor, hier „Polar". In dem Beispiel sind exemplarisch +66 Grad in das Eingabefeld eingetragen. In der folgenden Darstellung ist beispielhaft für ein Linienfeature ein Ablenkungswinkel von + 30 Grad dargestellt.

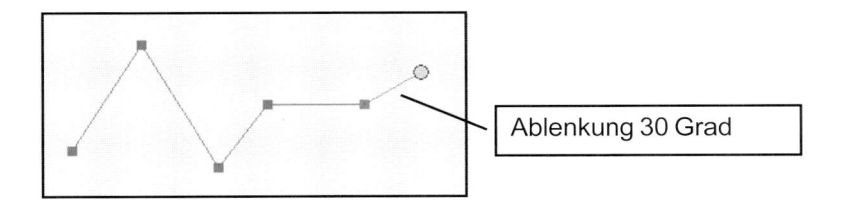

8.11.4 Länge

Neben Ausrichtung und Ablenkung kann auch die Länge des künftigen, neu zu digitalisierenden Teils oder kompletten Objektes festgelegt werden. Voraussetzung ist natürlich, dass für den aktuellen Datenrahmen die Karteneinheiten eingestellt sind. Nur so kann die Eingabe im entsprechenden Feld richtig interpretiert werden. Danach – bestätigt durch Return – befindet sich die neue Stützstelle quasi auf einer kreisförmigen Umlaufbahn um den letzten schon gesetzten Stützpunkt. Die Position des Mauszeigers ist dabei ohne Bedeutung. Erst der Einfachklick erzeugt wieder den „normalen" Zustand. Allein für die Wahl der Richtung (360 Grad stehen dafür zur Verfügung) ist der Mauszeiger noch einzusetzen.

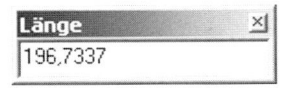

Bei Linien kann ggf. auch die Gesamtlänge des Features so bestimmt werden, falls es von nur zwei Stützstellen erzeugt wird.

8.11.5 Länge ändern

Sollte es vorkommen, dass das zuletzt digitalisierte Featureteil nach dem Setzen der Stützstelle als zu lang oder zu kurz beurteilt wird, kann dies mit der Schaltfläche „Länge ändern" korrigiert werden. Die letzte Stützstelle wird quasi wieder aufgehoben (die Richtung aber beibehalten) und sie kann neu (richtig) gesetzt werden. Zu diesem Werkzeug existiert keine Eingabemöglichkeit, sie ist selbst erklärend. Diese Möglichkeit existiert sowohl für Linien- als auch für Polygonfeatures.

Bei Linien kann eventuell auch die Gesamtlänge des Features neu bestimmt werden, falls es von nur zwei Stützstellen erzeugt wird.

8.11.6 Absolut X,Y

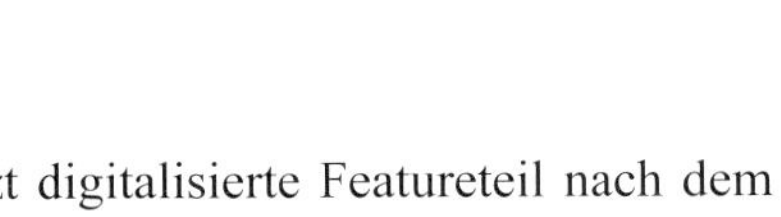

Sollte die Angabe von Richtung oder Länge nicht zum gewünschten Endpunkt des Featureteiles führen, kann auch die Zielkoordinate angegeben werden. Nach Wahl des Menüeintrages „Absolut X,Y" steht das nebenstehende Eingabefeld zur Verfügung. Hier können die Zielkoordinaten für X und für Y eingetragen werden. Nach dem abschließenden Return wird die Stützstelle automatisch an diesen Punkt gesetzt. Natürlich müssen die für den aktuellen Datenrahmen geltenden Koordinaten eingetragen werden. Im Beispiel sind es Gauß-Krüger-Koordinaten aus der Mitte von Niedersachsens.

8.11.7 Delta X,Y

Sollte die Eingabe einer Zielkoordinate nicht möglich sein, kann auch die Verwendung der Differenzwerte zum Zielpunkt führen. Nach Aktivierung des entsprechenden Menüeintrages eröffnet sich die nebenstehende Eingabemöglichkeit. Nach dem letzten Return muss die Position des Mauszeigers unbedingt gehalten werden. D. h., die Maus sollte nicht bewegt werden, bis mit der linken Maustaste der Stützpunkt gesetzt wurde, da sonst ungewollte Fehler entstehen.

8.11.8 Richtung / Länge

Die busher vorgestellten Methoden lassen sich teilweise auch kombinieren. So ist es hier möglich, die Richtung in Grad und die Länge z. B. in Meter einzugeben. In der Abbildung sind 156 Grad und 6700 m eingetragen. Nach dem letzten Return springt der Cursor an die so vorgegebene Stelle. Auf diese Weise hat man sich einen der zuvor vorgestellten Arbeitsschritte erspart. Allerdings ist auch hier zum Setzen des Stützpunktes die Maus besonders vorsichtig zu behandeln, da es sonst zu unbeabsichtigten Veränderungen der errechneten Position kommt.

8.11.9 Parallele

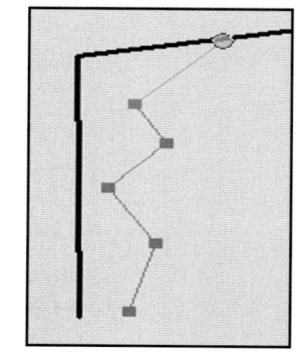

Weiter vorn ist schon einmal auf die Erzeugung von parallelen Strukturen eingegangen worden. An dieser Stelle soll das etwas ergänzt werden. Behandelt wird dabei die Parallelität von Linien, auch wenn sie alle innerhalb eines Layers vorliegen.

Um die Referenz des schon vorhandenen Features zu nutzen, muss es genau angesteuert (getroffen) werden, wie das in dem Bild dargestellt ist. Ein Kreuzen der Linie, vergleichbar dem Verfahren bei Polygonen als Referenzobjekt, führt nicht zum Ziel. In der dargestellten Position ist dann über die rechte Maustaste das Kontextmenü zu aktivieren und „Parallele" zu wählen. Der Mauszeiger springt in die notwendige Position. Damit kann entsprechend der nachfolgenden Darstellung weiter digitalisiert werden. Die Parallelität wird nur als grundsätzliche Ausrichtung vorgegeben, die tatsächliche Richtung legt der Anwender fest. Auf diese Weise kann die unten dargestelle Struktur entstehen.

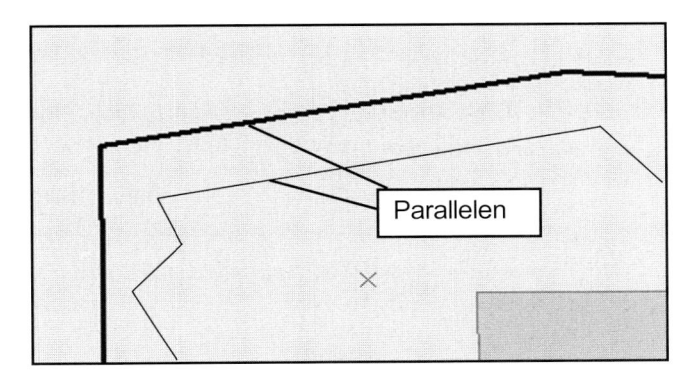

Parallelen

8.11.10 Senkrecht

Es kann notwendig sein, einen senkrechten Anschluss an ein anderes Feature (Referenzobjekt) zu erhalten – einen Rohranschluss an ein Haus z. B. , also ein Linienobjekt an ein Polygon in einem anderen Layer.

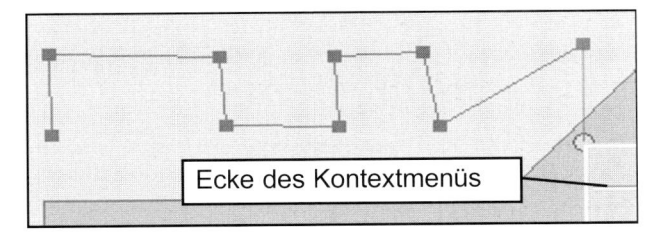

Ecke des Kontextmenüs

Digitalisieren Sie das Linienfeature in gewohnter Weise, setzen Sie aber den letzten Stützpunkt „vor" dem Feature, an das senkrecht angeschlossen werden soll, NICHT! Führen Sie die Maus innerhalb dieses Features in die Nähe der Referenzkante und rufen Sie das Kontextmenü auf.

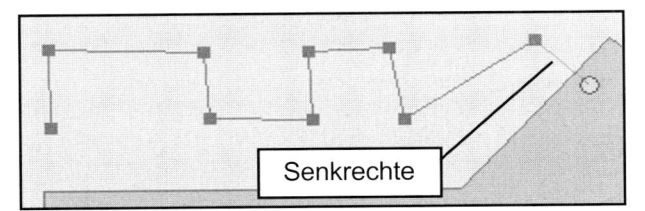

Senkrechte

Wählen Sie dort „Senkrechte". Das letzte Featureteil wird automatisch in eine senkrechte Ausrichtung zum Referenzobjekt geführt. Danach können Sie den letzten Stützpunkt digitalisieren. Wenn die Fangumgebung sinnvoll eingestellt ist, wird auch eine eindeutige Lage möglich sein. Klar sollte aber auch sein, dass es keinen echten Anschluss der Linie an das Polygon geben kann.

Wichtig ist noch, dass Sie das Kontextmenü aufrufen, wenn der Mauszeiger recht nah an der Referenzkante des Zielobjektes steht. Bei größerer Entfernung wird die Ausrichtung ungewollt an einer anderen Kante vorgenommen.

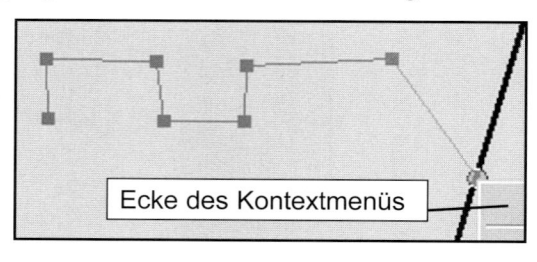

Sollte das Zielobjekt (Referenz) auch ein Linienobjekt – ggf. aus dem selben Layer, in dem Sie gerade digitalisieren – sein, dann müssen Sie die Linie genau treffen, bevor Sie das Kontextmenü aufrufen. Andernfalls wird keine Konstruktion einer Senkrechten möglich werden. Es wird dafür keine entsprechende Ausrichtung angeboten.

8.11.11 Segment Ablenkung

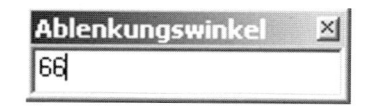

Die Senkrechte, die zuvor behandelt wurde, ist vom Prinzip her eigentlich nur ein Spezialfall der Segment-Ablenkung. Wie schon zuvor, muss vor dem letzten Setzen der Stützstelle über die rechte Maustaste das Kontextmenü aktiviert werden, wenn der Mauszeiger sich innerhalb des Referenzobjektes befindet. Der eingegebene Winkel wird zwischen der geschnittenen Kante und dem gerade zu digitalisierenden Feature aufgespannt.

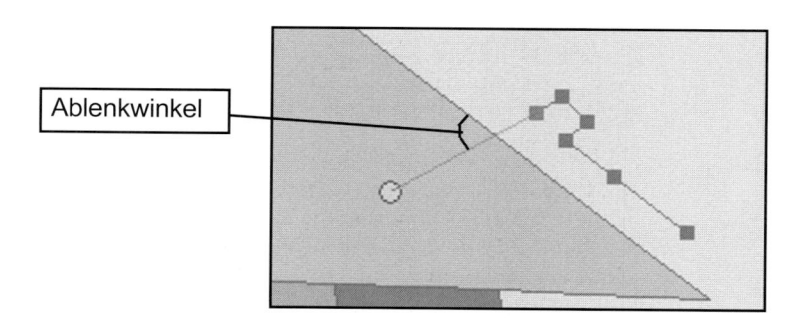

Wählen Sie in den „Editieroptionen" das Register „Einheiten" und machen Sie sich mit den unterschiedlichen Systemen vertraut. Die Standardeinstellung bei den Richtungstypen ist immer „Polar".

8.11.12 Skizze ersetzen

Sollte es vorkommen, dass Sie die Geometrie eines schon existierenden Features in die Gestaltung eines neuen Features einbeziehen wollen, steht auch dafür ein Werkzeug zu Verfügung. Zum Beispiel sollen in einem neuen Layer Features erzeugt werden, die exakt denjenigen gleichen, die in einem Referenz-

8.11 CAD-Funktionalitäten im Kontextmenü

Layer schon vorhanden sind, oder zumindest diesen in weiten Teilen gleichen. Des Weiteren sollen diese neuen Features an der gleichen Stelle liegen, also über die exakt gleichen Koordinaten verfügen.

Sie beginnen die Digitalisierung eines neuen Layers – Kontextmenü auf dem Referenzobjekt, Menüeintrag „Skizze ersetzen" – quasi mit einer Kopie des Referenzobjektes, erhalten dann aber die Möglichkeit, weiter das neue Feature zu gestalten, d. h., Veränderungen vorzunehmen. Nach dem abschließenden Doppelklick haben Sie eine Kopie des Referenzfeatures an exakt der gleichen Stelle (georeferenziert) bzw. – falls Sie weiter digitalisiert haben – ein neues Feature an gleicher Stelle mit nur z. T. vergleichbarer Geometrie.

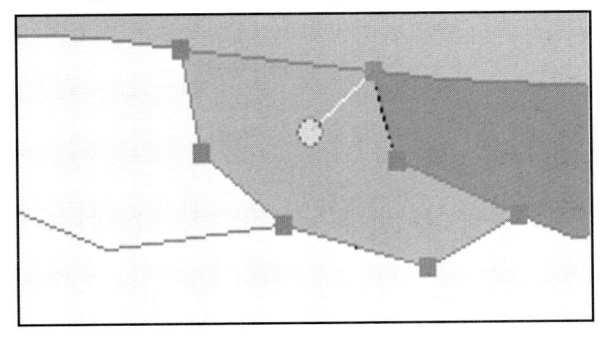

Die Möglichkeit, nach ihrem Erzeugen an der Kopie weiterzuarbeiten, besteht immer an der rot dargestellten Stützstelle. Diese wird in der Kopie genau dort erzeugt, wo die Digitalisierung des Referenzfeatures begonnen wurde. Sollte die Weiterbearbeitung an anderer Stelle nötig werden, können die bekannten Werkzeuge des Editors, z. B. „Feature verändern", genutzt werden.

Die dargestellten Methoden sind sowohl für Linien- als auch für Polygonfeataure nutzbar. Dabei ist es egal, ob das Referenzfeature innerhalb des gerade bearbeiteten Layers liegt oder Bestandteil einen neuen Layers werden soll.

8.11.13 Tangenskurve

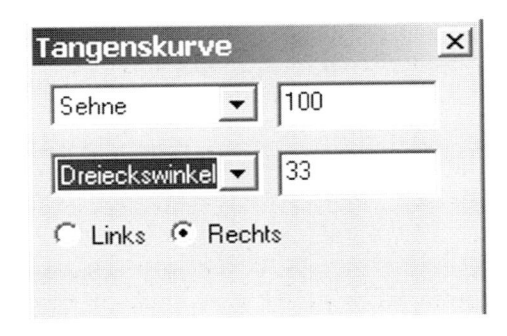

Um gerade Geometrien von Linien oder auch Polygonen an Kurven anzuschließen, steht dieses Werkzeug zur Verfügung. Wählen Sie zu diesem Zweck im Kontextmenü den Menüeintrag „Tangenskurve...". Mit ihm wird die Konstruktion der Kurve erlaubt – unter Nutzung der trigonometrischen Bedingungen, die erfüllt werden müssen. Von den vier bestimmenden Größen stehen immer zwei zur Auswahl, und zwar:

- Sehne
- Bogenlänge
- Radius
- Öffnungswinkel

In der folgenden Skizze werde diesen Größen vorgestellt. Die dazu gewünschten Werte werden im Dialog „Tangenskurve" eingetragen.

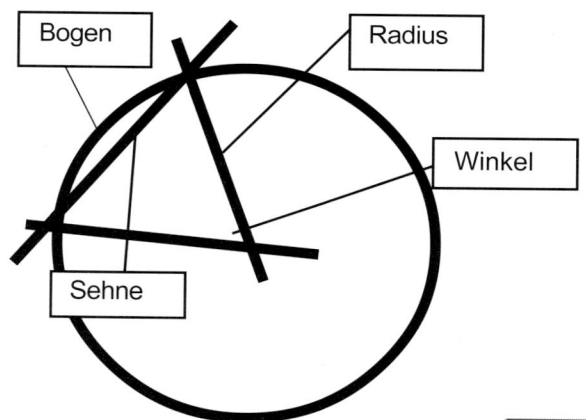

Um nun eine Kurve tangential an ein zuletzt als Gerade digitalisiertes Featureteil anzuschließen, müssen die oben genannten Parameter gewählt und eingestellt werden. Die Vorüberlegungen dazu müssen allerdings schon abgeschlossen sein. Die Wahl der benötigten Eingangsparameter erfolgt in den beiden nebenstehenden Eingabemenüs, die Auswahllisten anbieten. Des Weiteren kann ausgewählt werden, in welche Richtung sich die Kurve entwickeln soll. Nicht unerwähnt bleiben soll die Notwendigkeit, dass sinnvolle Karteneinheiten (idealerweise kein geografisches System) eingestellt sein müssen und dass mindestens ein gerades Stück des Features, an das die Tangente angelegt werden kann, bereits vorhanden ist. Einige Besonderheiten sind bei der Konstruktion zu beachten.

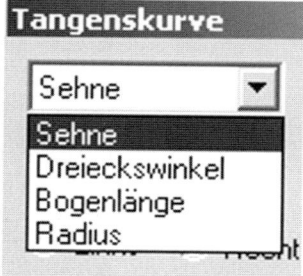

8.11 CAD-Funktionalitäten im Kontextmenü

Die Online-Hilfe schreibt dazu Folgendes:

Wenn Sie die Kurve mit Hilfe der Sehnenlänge und des Radius konstruieren, sind zwei Lösungen möglich: der größere und der kleinere Teil des Kreises.

Unten im Dialog „Tangenskurve" befindet sich ein Kontrollkästchen „Kleiner". Aktivieren Sie es, um den kleineren Teil des Kreises zu konstruieren, sonst kommt es zu Konstruktionen, wie Sie sie der oberen rechten Gafik entnehmen können. Diese Skizze soll nur ein Hinweis auf mögliche nicht gewollte Strukturen geben. Die Standardeinstellung ist „kleiner". Mit dieser Einstellung werden die gewünschten Kreisbögen tangential an das schon vorhandene gerade Segment des aktuellen Features angehängt. Die Weiterdigitalisierung erfolgt dann wie üblich. Es gelingt allerdings nicht, einen weiteren „sauberen" tangentialen Abschluss zu entwickeln.

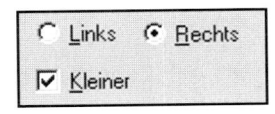

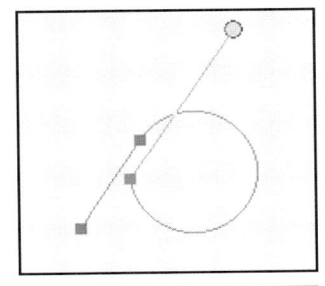

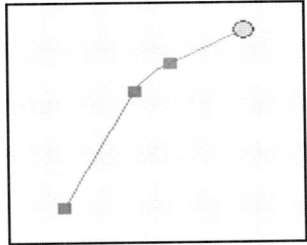

Die Funktion **Streaming** in diesem Kontextmenü ist bereits besprochen und behandelt worden. Es wird daher mit dem nächsten Werkzeug weitergemacht.

8.11.14 Skizze löschen

Wenn bei der Digitalisierung kein vernünftiges Ergebnis erzielt werden kann, ist es ratsam, das Feature zu entfernen. Eine nachträgliche Verbesserung ist zwar prinzipiell möglich, aber ggf. langwieriger. Durch die Wahl des Menüeintrags „Skizze löschen" wird das gerade aktuell digitalisierte Feature in seiner Gesamtheit gelöscht. Es ist nicht notwendig, den Digitalisierungsvorgang erst durch Doppelklick zu beenden. Im Anschluss an das Löschen kann normal weiter digitalisiert werden, um ein neues Feature zu erstellen.

8.11.15 Skizze fertig stellen

Genau gegenteilig ist diese Funktion. Sie schließt die Digitalisierung des Features ab und entspricht damit dem schon bekannten abschließenden Doppelklick.

8.11.16 Ausgleichen und beenden

„Rechte Winkel" sind schon zuvor behandelt worden. An dieser Stelle wird dieses Thema nochmals aufgegriffen, da nun entsprechende Geometrien erzeugt werden sollen. Entwickelt man z. B. eine Skizze wie die unten abgebildete mit „Ausgleichen und beenden" weiter (zuächst ist nur die anfängliche Kante da), so wird am Anfang und am zuletzt festgelegten Stützpunkt ein „Rechter Winkel" konstruiert. Der dann noch fehlende Winkel wird dabei automatsch erzeugt (hier ist die Spitze oben). Es entsteht die Figur, die im Beispiel unten zu sehen ist. Das Feature ist geschlossen worden und hat mindestens zwei „Rechte Winkel". Der unten mittig befindliche Winkel ist eher zufällig ebenfalls nahezu 90 Grad.

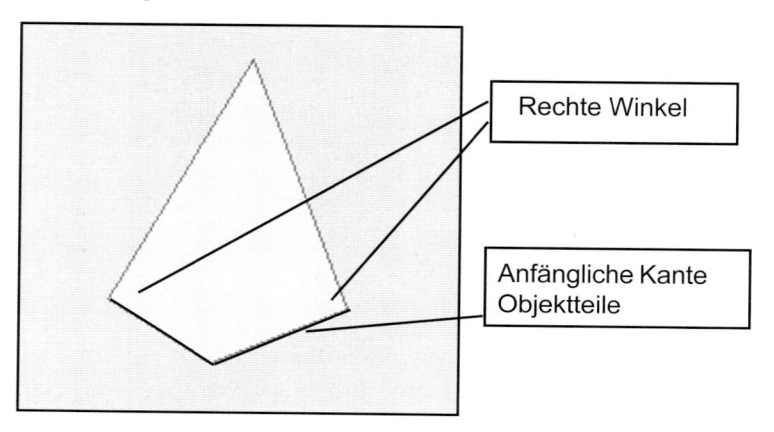

Rechte Winkel

Anfängliche Kante
Objektteile

Die Skizze zeigt ein allgemein gültiges Beispiel als Ergebnis der gezeigten Vorgehensweise. Der Winkel an der Spitze oben wird nicht rechtwinklig!

8.11.17 Teil fertig stellen

Die besonderen Eigenschaften von Multipartfeatures wurden bereits unter der Überschrift „Multipoint" erwähnt. Ziel ist es hier, mehrere Geometrien über nur EINEN Datensatz in der Attributtabelle ansprechbar zu machen. Bei Punkten kann kann dieser Zustand schon vor der Digitalisierung festgelegt werden. Bei Linien und bei Polygonen muss man bei der Herstellung anders vorgehen.

Beginnen Sie in bekannter Weise mit der Digitalisierung eines Polygons. Schließen Sie am Ende eines der beteiligten Teil-Geometrien aber nicht mit dem Doppelklick ab, sondern wählen Sie das Kontextmenü und dort die Schaltfläche „Teil fertig stellen". Die Skizze bleibt erhalten, wird aber noch nicht beendet. Erkennbar ist das an der fehlenden Flächenfarbe. Sie können anschließend weitere Teile dieses Multipartfeatures erstellen. Erst zum Schluss, also nach dem letzten Teil des Multipartfeatures, wählen Sie dann „Skizze fertigstellen" im Kontextmenü. Den Abschluss können Sie aber auch durch Doppelklick erzeugen.

8.11 CAD-Funktionalitäten im Kontextmenü

Es entsteht ein Multipartfeature das aus mehreren Teilsegmenten besteht, aber nur einen Eintrag in der Attributtabelle hat. In dem Beispiel unten sind es vier Teile, die zu einer „Region", also einem Multipartfeature, zusammengeführt wurden.

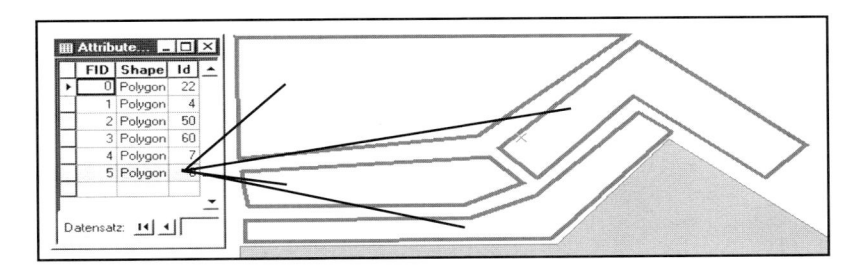

Diese Strukturen lassen sich natürlich auch auflösen. Es entsteht dann wieder das typische Single-Part-Feature, bei dem jedes Feature seinen eigenen Datensatz in der Attributtabelle besitzt. Das passende Werkzeug wird unter Kapitel 8.13 „Erweiterte Bearbeitung" vorgestellt.

8.12 Spezielle Konstruktionsmethoden

Bisher sind alle Digitalisierungen mit einem bestimmten Digitalisierwerkzeug (Skizzenwerkzeug) durchgeführt worden. ArcMap hält aber neben diesem Standardwerkzeug noch weitere spezielle Digitalisier-Methoden bereit. Drücken Sie dazu das Pfeilsymbol neben dem Skizzenwerkzeug (Bleistift). Es erscheint das nebenstehende Werkzeugmenü mit den verschiedenen Digitalisierungswerkzeugen. Im Folgenden soll ihr Verwendungszweck vorgestellt werden.

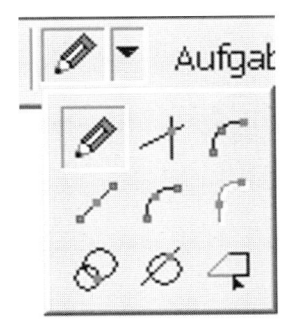

8.12.1 Schnittpunkt zweier Kanten

Oben in der Mitte befindet sich das Werkzeug „Schnittpunkt". Aktivieren Sie es und positionieren Sie den in ein Kreuz geänderten Mauszeiger auf einer der sich schneidenden Kanten. Klicken Sie einmal und setzen Sie einen zweiten Klick auf die zweite Kante, die Sie zur Schnittpunktermittlung nutzen wollen. Am virtuellen Schnittpunkt dieser beiden Geraden, die über die Richtung gebenden Kanten hinausragen, wird ein roter Punkt gesetzt.

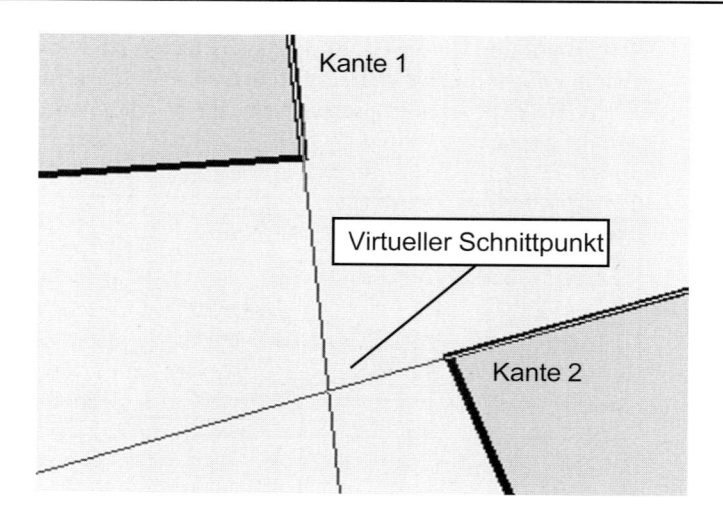

Es handelt sich hierbei um den Ausgangspunkt für ein neues Feature. Aktivieren Sie das Skizzenwerkzeug, um den Schnittpunkt in eine neue Skizze einzubeziehen. Den Featuretyp dieses neuen Features wählen Sie in der Werkzeugleiste „Editor" unter „Ziel". Diese Vorgehensweise lässt sich auch zwischen verschiedenen Layern mit verschiedenen Featuretypen durchzuführen. Das Feature, das dann neu digitalisiert werden muss, gehört dann zu dem unter „Ziel" ausgewählten Typ.

8.12.2 Kreisbogen

Das links abgebildete Werkzeug „Kreisbogen" dient, wie der Name schon sagt, der Konstruktion eines Kreisbogens. Nach dem Aktivieren des Werkzeuges setzen Sie zuerst einen Stützpunkt an eine passende Stelle und klicken danach auf einen weiteren Punkt, um den Bogen festzulegen.

Durch die Bewegung des Mauszeigers wird dann der Bogen geformt. Die beiden Stützstellen liegen auf dem Bogen. Zwei festliegenden Punkte sind natürlich nicht ausreichend, um einen Kreis oder auch nur einen Kreisbogen eindeutig zu definieren. Es bestehen unendlich viele Möglichkeiten, die auch durch die Skizze des Kreises angezeigt werden. Erst ein weiterer Punkt beendet diesen undefinierten Zustand und lässt einen eindeutigen Bogen zu.

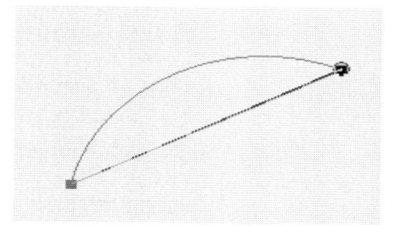

Um die gewünschten Bögen oder Kreisen zu darzustellen, ist wegen der Vielfalt der Möglichkeiten einiges Ausprobieren leider unumgänglich. Lesen Sie dazu auch die Anmerkungen unter „Endpunkt-Arc".

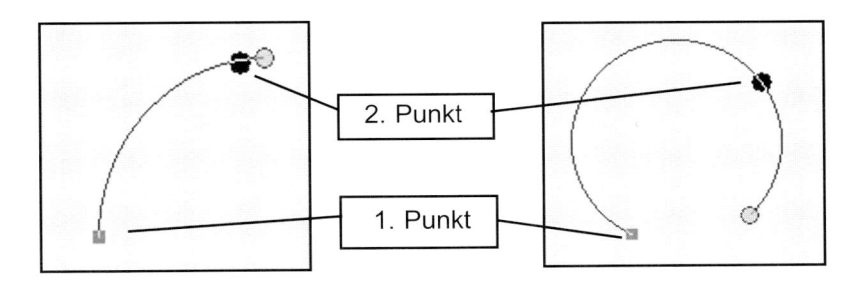

8.12 Spezielle Konstruktionsmethoden 223

Ein kompletter Kreis kann mit diesem Werkzeug nicht erzeugt werden, allenfalls mit sehr viel Erfahrung. Zur Erstellung eines geschlossenen Kreises steht ein weiteres Werkzeug unter „Erweiterte Bearbeitung" zur Verfügung.

8.12.3 Mittelpunkt

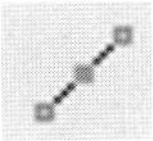

Für manche Konstruktionen, z. B. von Kreisen, ist es wichtig, die Mitte eines Features oder einer Featurekante zu kennen. Das Werkzeug, das hier vorgestellt wird, ist ein passendes Hilfsmittel dazu.

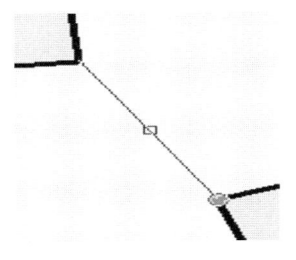

Sie beginnen in gewohnter Weise mit der Digitalisierung (Linienfeature) und sehen beim „Ziehen" der Maus, dass ein weiterer Stützpunkt angezeigt wird. Dieser ist als hohles Quadrat erkennbar. Nach dem abschließenden Einfachklick färbt sich dieser Punkt rot. Von der Linie ist nichts mehr zu sehen. Bei diesem Punkt handelt es sich nicht um ein Feature, das über einen Eintrag in der Atributtabelle verfügt. Es ist eher eine Grafik, die mit dem Editierwerkzeug (schwarzer Pfeil) wieder beseitigt werden kann, jedoch keine Grafik die Windows-typisch mit entsprechenden schwarzen Markierungen versehen wird. Schaltet man auf Digitalisieren (mit dem Skizzenwerkzeug) um, ist dieser Punkt Start für ein neues Feature. Sollten zwei (oder mehr) von diesen Punkten vorhanden sein, wird ein Liniensegment zwischen ihnen entwickelt, wenn mit Doppelklick beendet wird.

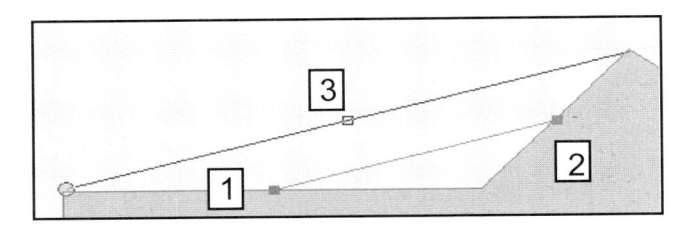

Etwas anders sind die Möglichkeiten, wenn Sie dieses Werkzeug beim Herstellen von Polygonen einsetzen. Mit ihm können Sie dann Features herstellen, wenn unter „Ziel" ein Polygon-Layer gewählt wurde. Sobald mehr als drei Mittelpunkte, die nicht in einer Flucht liegen, erzeugt werden, spannt sich nach dem letzten Doppelklick ein Polygon von diesen Punkten auf. Nach nur einem Klick ist nur der Umriss des Polygons zu sehen. Die ersten beiden Mittelpunktbestimmungen dürfen jedoch nicht über einen Doppelklick beendet werden.

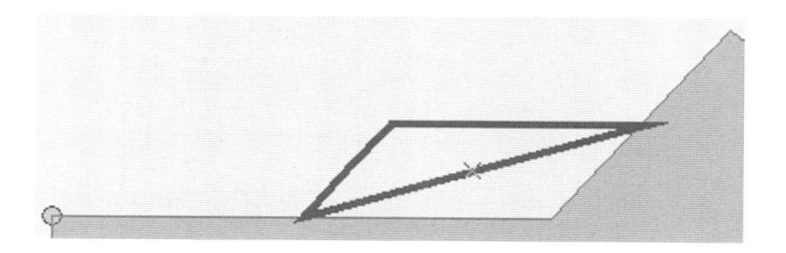

8.12.4 Endpunkt-Arc

Gemeint ist hier ein weiteres Werkzeug zur Herstellung eines Bogens. Die beiden zuerst gesetzten Stützpunkte liegen in Analogie zum schon beschriebenen Kreisbogen ebenfalls auf diesem Bogenstück. Allerdings begrenzen sie ihn auch, und die Formgebung erfolgt innerhalb des Bogens und nicht mit dem „freien" Endstück.

Wie auch beim schon beschriebenen Kreisbogen wird der Typ des Ergebnisses durch die Wahl unter „Ziel" in der Editierleiste bestimmt. Ein Polygon wird dabei also automatisch zwischen den entstandenen Endpunkten geschlossen. Bei Linien bleibt es bei einem Bogen.

Wollen Sie einen Kreis formen, müssen Sie die beiden ersten Punkte quasi übereinander setzen – dabei ist ein minimaler Abstand nötig – und den Kreis dann bestimmen. Besser ist aber in jedem Fall die Nutzung entsprechender Werkzeuge unter „Erweiterte Bearbeitung". Drücken Sie die „r"-Taste, damit Sie mit dem Cursor die Formgebung vornehmen und dabei den Radius durch Werteingabe bestimmen können.

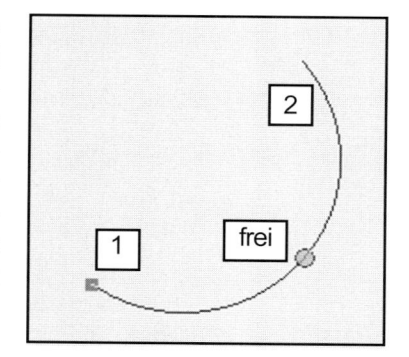

8.12.5 Tangente

Schon im Kontextmenü während des Digitalisierens wurde ausgiebig die Tangentenbestimmung beschrieben. Über Bogenlänge, Radius, Sehne und Winkel konnte die Tangente konstruiert werden. Hier liegt nun ein Werkzeug vor, das die Entwicklung des tangentialen Kreises oder des Bogens mehr grafisch löst. Es werden keine Eingabeparameter erwartet. Allein mit dem Cursor wird der Übergang in den Bogen hergestellt.

8.12 Spezielle Konstruktionsmethoden

Begonnen werden muss die Digitalisierung – wie bei einem Polygon oder einer Linie – mit dem Digitalisierwerkzeug (Skizzenwerkzeug).

Mindestens eine gerade Kante oder ein Linienstück (gestrichelte Linie), die die Tangente vorgibt, muss schon fertiggestellt sein, wenn auf das in Rede stehende Werkzeug umgeschaltet wird. Erst dadurch wird die links abgebildete Schaltfläche aktivierbar. Dieses kann während der Digitalisierung durchgeführt werden. Sofort nach der Aktivierung erscheint ein Kreissegment, das an seinem „freien" Ende beliebig positioniert werden kann.

Es ist dabei egal, ob es sich um ein Linien- oder um ein Polygonfeature handelt. Letzteres wird automatisch geschlossen. In der nebenstehenden Darstellung ist die Tangente durch die gestrichelte Linie etwas hervorgehoben worden. Sie liegt in Richtung des zuletzt digitalisierten Segments des Linienfeatures.

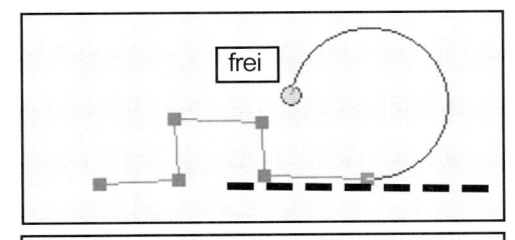

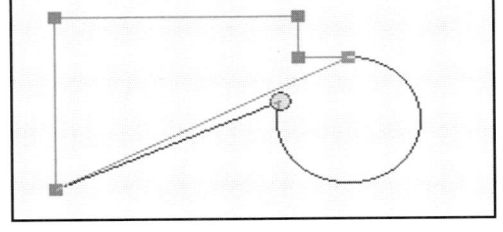

Wählen Sie unter „Ziel" in der Editorleiste ein Polygon, dann stellt sich kurz vor der Vollendung des Features das zweite Bild ein. Der Cursor befindet sich aktuell am linken offenen Ende des Kreisbogens. Nach dem letzten Doppelklick oder über den Menüeintrag „Sizze fertig stellen" im bekannten Digitalisierkontextmenü wird das Polygon geschlossen. Mit dieser Technik sind dann auch so komplizierte Strukturen wie in der nebenstehenden Abbildung in kürzester Zeit herstellbar. Die zahlreichen Kurvenstützpunkte müssen nicht einzeln erzeugt werden. Auch die tangentialen Übergänge zwischen den verschiedenen Bögen werden durch ArcMap erzeugt.

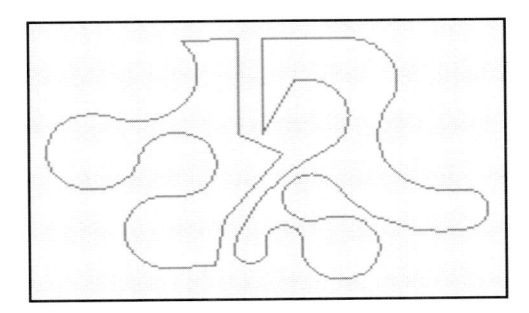

8.12.6 Entfernung – Entfernung

Sollte es notwendig sein, einen Punkt zu bestimmen, der von zwei anderen Punkten (z. B. Stützpunkte) jeweils eine bestimmte Entfernung hat, so ist hier ein passendes Werkzeug vorhanden. Durch zwei Kreise mit definierten Radien werden Punkte gefunden, die die obige Bedingung erfüllen. Da sich die Kreise in der Regel zweimal schneiden (wenn überhaupt), gibt es auch zwei Punkte, die in Frage kommen. Nur wenn sich die Kreise ausnahmsweise in einem einzigen Punkt berühren, gibt es auch nur einen einzigen Punkt mit gesuchten Eigenschaften.

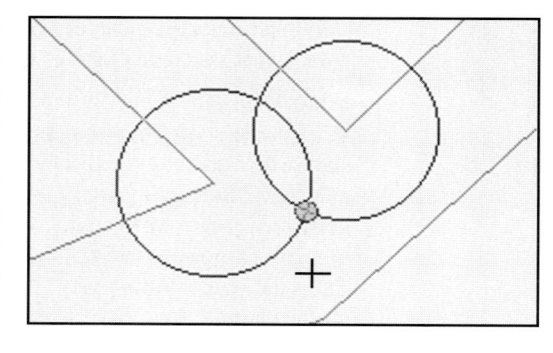

Der jeweilige Radius kann in ein entsprechendes Eingabefeld eingetragen werden. Durch Drücken der Tasten „r" oder „d" nach Aufziehen des ersten Kreises eröffnet sich das dargestellte Eingabefeld für den Radius (heißt leider „Entfernung"). Ansonsten lässt sich der aktuelle Radius in der Statuszeile ablesen. Selbstverständlich müssen die Eigenschaften des Datenrahmens angepasst und die Karten- und Abstandseinheiten richtig gewählt sein.

Sinnvoll für die Nutzung dieses Werkzeuges ist die Anwendung der Fang-Funktion. Damit kann der jeweilige Mittelpunkt der Kreise exakt an den vorhandenen Features positioniert werden.

Setzen Sie den ersten Kreismittelpunkt mit einem Klick an den ersten gewählten Ort. Ziehen Sie ohne gedrückte Maustaste den Kreis auf die gewünschte Größe und lesen Sie in der Statusleiste den momentanen Radius ab. Fixieren Sie den ersten Kreis mit einem Klick der linken Maustaste. Wiederholen Sie dies mit dem zweiten Kreis, ggf. mit anderem Radius. Schließen Sie auch diesen Kreis nur mit einem Klick ab. Das Maussymbol springt sofort auf einen, dem Mauszeiger am nächsten liegenden der beiden Kreuzungspunkte der Kreise. Der noch bewegliche Mauszeiger hat nun die Form eines einfachen Kreuzes. Klicken Sie mit diesem Kreuz auf den bevorzugten Kreuzungspunkt (Fangen ist leider nicht möglich) der Kreise, die im selben Augenblick verschwinden werden. Der nun rote quadratische Punkt ist Ausgang für weitere zu digitalisierende Features, wenn Sie zuvor in der Editierleiste wieder das Digitalisiersymbol (Skizzenwerkzeug) wählen.

Auch hierbei spielt es keine Rolle, ob ein Polygon- oder ein Linienfeature erzeugt werden soll.

8.12.7 Richtung – Entfernung

Zuvor wurde erläutert, wie über zwei Kreise mit verschiedenen Radien ein Ausgangspunkt für ein neues Feature zu finden ist. Die Kreisradien bestimmen dabei den Abstand zu zuvor festgelegten Punkten an anderen Features.

8.12 Spezielle Konstruktionsmethoden

Bei diesem weiteren Werkzeug werden gleiche Prinzipien angewendet, aber ein Kreis wird dabei durch eine Gerade ersetzt. Diese Gerade bestimmt die Richtung von einem zuvor festgelegten Startpunkt.

Wählen Sie über die links abgebildete Schaltfläche das Werkzeug aus und setzen Sie den Startpunkt, durch den die Richtung-gebende Gerade gelegt wird. Die Richtung geben Sie dabei mit dem Mauszeiger vor, indem Sie einen zweiten Stützpunkt für diese Gerade festlegen (Einfachklick mit der linken Maustaste) und somit eine eindeutige Richtung definieren. Danach legen Sie den Kreis in der schon bekannter Form fest und erzeugen dadurch mindestens einen Berührungspunkt oder – im Normalfall – zwei Schnittpunkte mit der Geraden.

Oben rechts in der Abbildung sehen Sie den Startpunkt für diese Vorgehensweise. Der zweite Punkt zur Bestimmung der Richtung liegt außerhalb der Darstellung in Richtung untere Abbildungskante.

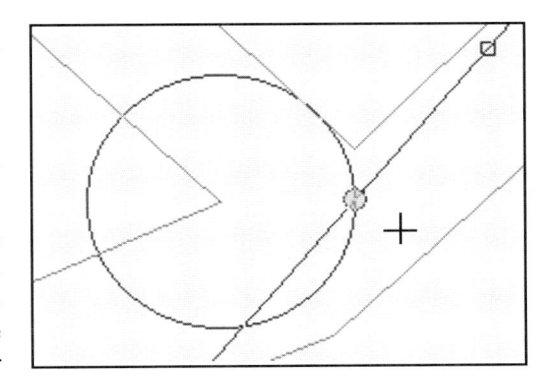

Ein Schnittpunkt ist markiert und wird der Ausgangspunkt für ein neues Feature. Im Folgenden handeln Sie wie zuvor bei dem Werkzeug „Entfernung – Entfernung".

Auch hier können die gewünschten Werte über die Tastatur eingegeben werden. Für die Richtung ist die Taste „a" zu verwenden. Der Radius wird wieder mit „r" oder „d" eingegeben. Dabei muss für Gerade und Kreis eine Eingabe über die Tastatur erfolgen. Die Eingabe der Werte für nur eines der beteiligten Objekte (Kreis oder Linie) führt nicht zum Ziel.

8.12.8 Verfolgung

Im Digitalisierkontextmenü wird die Möglichkeit angeboten, schon vorhandene Features quasi als Vorlage für neue Strukturen heranzuziehen, und zwar mit dem Werkzeug „Skizze ersetzen". An dieser Stelle wird eine vergleichbare Option bereitgestellt die aber darüber hinausgehende Funktionalitäten hat.

Die neuen Features werden sozusagen durch „Abtasten" der vorhandenen Struktur gewonnen. Dieser Prozess kann gesteuert werden und ermöglicht zudem ein Abtasten – hier „Verfolgen" genannt – in einem vordefinierten Abstand.

Die differenzierten Möglichkeiten sollen im Folgenden vorgestellt werden.

Um ein Feature zu „verfolgen", gehen Sie wie folgt vor:

Stellen Sie sicher, dass für den aktiven Datenrahmen die Einheiten sinnvoll gewählt wurden. Das zu verfolgende Feature muss ausgewählt sein. Drücken Sie dann die nebenstehende Schaltfläche für das „Verfolgen". Als Nächstes müssen Bedingungen für den Verfolgungsvorgang festgelegt werden. Drücken Sie dazu die Taste „o" auf der Tastatur. Es erscheint der nebenstehende Dialog, in dem ein Versatz festgelegt werden kann. Dieser Versatz ist ein Maß für den Abstand zum Feature. Weiter kann eingestellt werden, wie weit die „Verfolgung" gehen soll („Auf Länge gegrenzen"). Die nächste Einstellung bezieht sich auf die neuen Ecken des Features, das gerade digitalisiert wird. Diese Einstellung wird ergänzt um die Wahl, was mit Überschneidungen geschehen soll, die speziell bei einer inneren Verfolgung entstehen können. Um festzulegen, ob in einem Polygon innen oder außen „verfolgt" werden soll, ist die Verfolgungsrichtung maßgebend. Links herum digitalisieren bedeutet, dass außen eine Linie gezogen wird, im Uhrzeigersinn digitalisieren heißt, dass diese Linie innen entsteht.

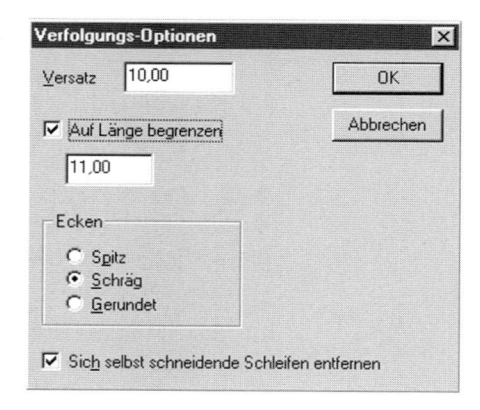

Wählen Sie einen passenden Versatz und klicken Sie einmal in der Nähe des Referenzfeatures in die Karte, um die Aktion des Verfolgens zu initiieren. Umfahren Sie anschließend das fragliche Feature – ohne die linke Maustaste zu drücken – unter Berücksichtigung der obigen Anmerkungen zur Richtung.

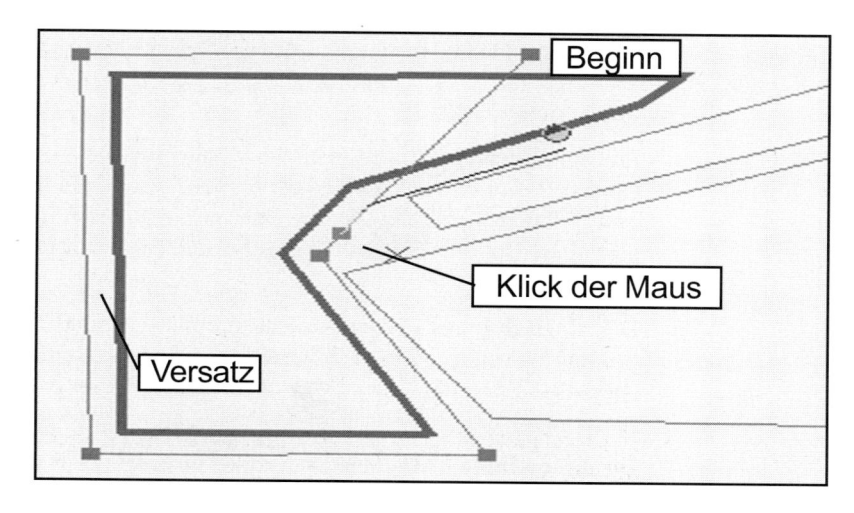

8.12 Spezielle Konstruktionsmethoden

Sollten Sie die linke Maustaste zwischendurch betätigen, wird eine Skizze erzeugt.

Auch wenn diese Skizze erst einen Teil des Features darstellt, kann ohne Verlust der Geometrie weiter „verfolgt" werden, bis die gewünschte Geometrie vorliegt. Der letzte Doppelklick beschließt wie gewohnt die Objektbildung.

Zur Ausbildung der Ecken ist Folgendes zu ergänzen:

Die schon vorgestellte Auswahl der Ecken in den Verfolgungs-Optionen ermöglicht folgende Darstellungen:

Rund, spitz (hier innen) und schräg gibt es zur Auswahl.

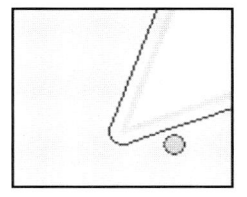

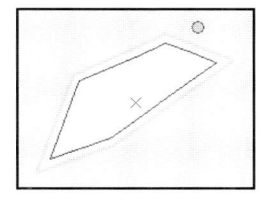

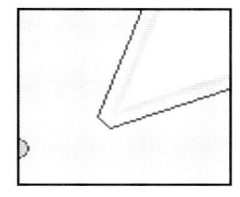

Wird dieses Werkzeug auf Linienfeatures angewendet, erfolgt keine „Umfahrung" der Linie, um ein Polygon entstehen zu lassen. Es wird nur eine Linie erzeugt, entweder rechts oder links vom Referenzlinienfeature, je nachdem in welcher Richtung es selber digitalisiert wurde (Abbildung unten).

Leicht einzusehen ist, dass es speziell bei den inneren „Verfolgungen" in einem Polygon zu Überschneidungen kommen kann. Standardmäßig ist der Haken zur Auflösung

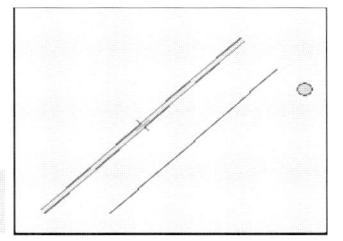

☑ Sich selbst schneidende Schleifen entfernen

dieser Konflikte im Dialog „Verfolgungs-Optionen" unten gesetzt. Wenn der Haken nicht aktiviert wurde, kann es zu folgenden, etwas unsinnigen Strukturen kommen.

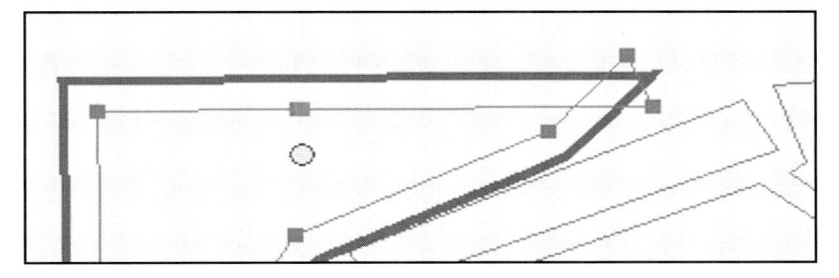

Ob derartige Strukturen tatsächlich auftreten, hängt auch von der Wahl der Stützpunkte ab.

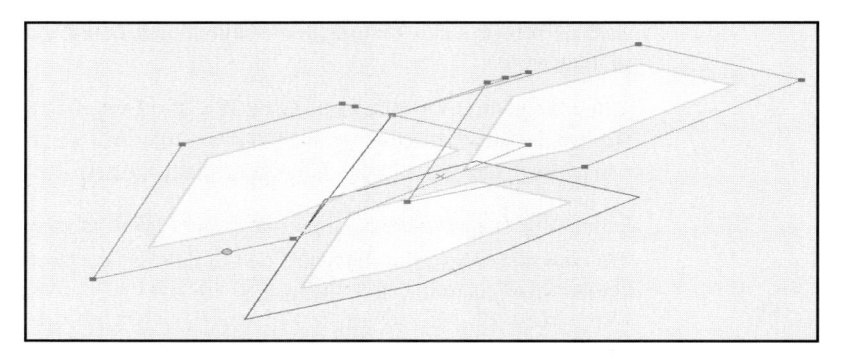

Bei der Wahl des Versatzes ist vernünftigerweise darauf zu achten, dass sich keine unübersichtliche Situation einstellt, wie sie in der obigen Abbildung bewusst erzeugt wurde.

8.13 Erweiterte Bearbeitung

Schon mehrfach wurde in den vorangegangenen Seiten auf die „Erweiterte Bearbeitung" hingewiesen. Diese Werkzeuge befinden sich in der Werkzeugleiste „Erweiterte Bearbeitung" und bringen nach der Aktivierung zusätzliche Schaltflächen auf den Desktop, die speziellere Aufgaben erfüllen können. Mit ihnen kann die Qualität der Digitalisierung erhöht werden. Nicht alle der angebotenen Funktionalitäten sind mit der ArcView-Lizenz nutzbar.

Starten Sie die Bearbeitung des Datenrahmens (Werkzeugleiste „Editor"). Im

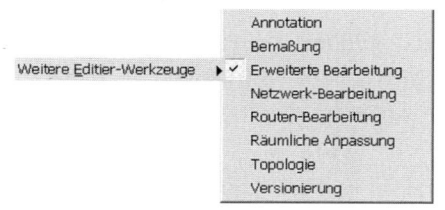

Menü „Editor" wählen Sie den Eintrag „Weitere Editier-Werkzeuge" und starten Sie hier die Werkzeugleiste „Erweiterte Bearbeitung".

Wie erkennbar ist, sind einige Schaltflächen ausgegraut, während fünf davon aktiviert sind, sobald ein Feature selektiert worden ist.

Die beiden ganz rechts platzierten Schaltflächen erklären sich von selbst. Sie dienen der Digitalisierung von Kreisen, Rechtecken und Quadraten. Dies bedarf keiner weiteren Erklärung, außer dass der Kreisradius nach Drücken der

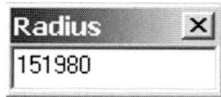

8.13 Erweiterte Bearbeitung

Taste „r" eingegeben werden kann. Zuvor muss jedoch der Kreismittelpunkt gesetzt werden.

Um ein Quadrat zu erzeugen, muss zusätzlich die „Shift-Taste" gedrückt werden. Ansonsten wird ein Rechteck erzeugt.

Die übrigen drei Schaltflächen sollen im Folgenden erläutert werden.

Unter dem Themenbereich „Fangen" ist schon etwas zur Qualitätssicherung der Digitalisierung geschrieben worden. Dieses „Fangen" wird hier durch zusätzliche Werkzeuge unterstützt. Sie dienen der Korrektur von Linien. Es werden Lücken geschlossen oder „Überhänge" eliminiert. Markieren Sie das Zielfeature und drücken Sie die links abgebildete Schaltfläche. Klicken Sie

anschließend das zu verlängernde Linienfeature an. Es wird sofort an das selektierte Zielobjekt angeschlossen. Dabei entsteht kein zusätzlicher Stützpunkt.

Auf gleiche Weise kann eine Linie an ein Polygon „gefangen" werden. In keinem Fall muss unter „Fangen" im „Editor" der Haken gesetzt werden.

Genau das Gegenteil wird mit dem nebenstehenden Werkzeug umgesetzt. Digitalisierungsüberhänge sollen eliminiert werden. Die Vorgehensweise ist

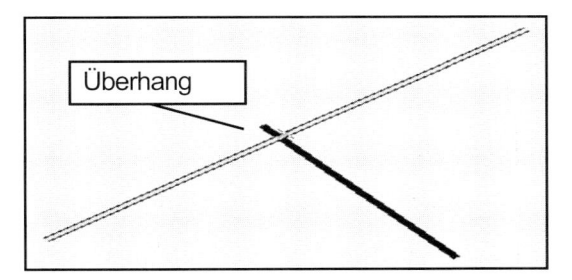

genauso, wie oben beschrieben. Im zweiten Schritt ist dabei immer das zu eliminierende Teilstück zu markieren, sonst wird das falsche Teilstück gelöscht.

Das letzte Werkzeug, das vorgestellt wird, dient der Auflösung von Multipartfeatures und wurde bei der Digitalisierung von derartigen Featuretypen schon in Kapitel 8.10.5 bereits erwähnt. Mit diesem Werkzeug können die besonderen Strukturen wieder „aufgebrochen" werden.

Digitalisieren Sie zunächst ein Multipart-Feature wie es weiter vorn beschrieben ist, zum Beispiel wie folgt:

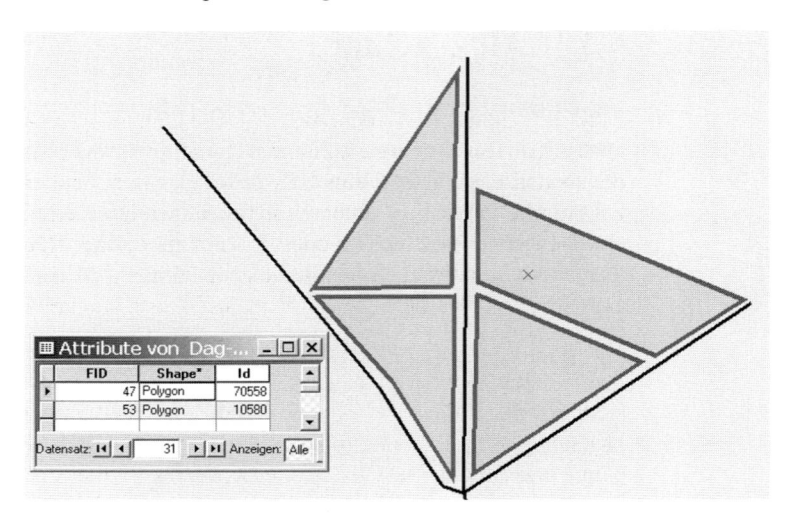

Zu erkennen sind vier Geometrien (Polygone), aber nur ein zugehöriger Datensatz in der Attributtabelle. Durch entsprechende Auswahl wird die obige Darstellung möglich.

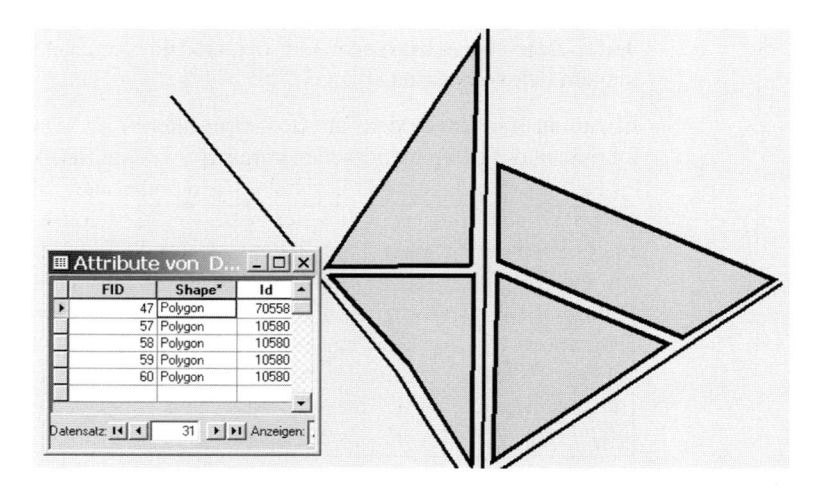

Aktivieren Sie nun die links abgebildete Schaltfläche. Sie erkennen die Auflösung der Multiparteigenschaft in der Attributtabelle. Unter ID kommen die ehemaligen Einträge nun mehrfach vor. Es liegen wieder Single-Part-Features vor.

9 Sachdaten und Tabellen

9.1 Allgemeines

Tabellen beinhalten in einem ArcGIS-Projekt in der Regel die Sachdaten oder auch Attribute, die einem Geo-Objekt (Feature) zuzuordnen sind und einen wertvollen Bestandteil eines GIS-Projektes darstellen. Die Geometrien der Features lassen sich im Datenrahmen von ArcMap darstellen, die Tabellen in einem eigenen Rahmen. Zu jedem Feature gibt es i. d. R. genau einen Datensatz in der Tabelle. Zu einem Datensatz können bei Multipart-Objekten jedoch mehrere Geometrieen gehören (Siehe auch Kapitel 8.10.5).

Notwendigerweise muss aber nicht zu jeder verfügbaren Tabelle und ihren Datensätzen Geo-Objekte gehören deren Geometrie im Datenrahmen dargestellt werden kann. Es gibt eine Reihe von Tabellentypen, die über keine zugehörige Geo-Information verfügen. Daten aus SQL-Abfragen, dBase-Tabellen und einfache ASCII- Dateien können sich zum Beispiel ohne eigenen Raumbezug in einem GIS-Projekt befinden, oder dieser verbirgt sich in den Sachdaten und muß erst entsprechend aufbereitet werden. Dabei sind diese Tabellen und Dateien als dynamisch zu bezeichnen, da sie sich nicht direkt im GIS-Projekt befinden, sondern nur einen Verweis auf ihren Namen und Ablageort vom GIS verwaltet wird. Die Inhalte der Tabellen lassen sich in ArcView nicht bearbeiten, aber wenn an anderer Stelle Veränderungen in diesen Dateien vorgenommen wurden, so lässt sich schnell eine Aktualisierung im GIS vornehmen.

In diesem Kapitel werden die Attributtabellen in ArcView des ArcGIS beschrieben, der Umgang mit ihnen aufgezeigt und an Beispielen verdeutlicht. Es handelt sich dabei um ein dateibasiertes oder auch filebasiertes Datenhaltungssystem das auf jedem zeitgemäßen PC genutzt werden kann und auch sicherstellt, dass ArcView 3.x Anwender die hier beschriebenen Tabellen und Shapes nutzen können. Umgekehrt können in ArcView 3.x hergestellte Dateien oder auch komplette Shapes im ArcView des ArcGIS Verwendung finden. Sind diese Daten dann ggf. in der Personal-Geodatabase (pGDB) integriert, ist eine Nutzung durch die ArcView 3.x Anwender nicht mehr ohne weiteres möglich. Es sind zusätzliche Softwarelösungen (sogn. Erweiterungen) für ArcView 3.x nötig um auf Daten einer Geodatabase zuzugreifen.

Die mögliche Anwendung einer Personal-Geodatabase auf einem PC und der Tabellen in Relationalen Datenbanken wird in diesem Kapitel nicht weiter behandelt. Diese, in der Zukunft immer wichtiger werdenden Themenbereiche werden an anderer Stelle (siehe auch Kap. 18, Geodatabase) eingehend besprochen. Das schließt die Anwendung der SDE (Spatial Data Engine) ein. Die SDE ist vorallem bei sehr großen Datenbeständen sinnvoll; immer dann wenn z. B. mehrere Personen an einem Datensatz arbeiten sollen,

Versionierungen von Datenbeständen gefordert sind oder der Zugriff für die Internetpräsenz leistungsfähig ausgestaltet sein muß.

9.2 Elemente einer Tabelle

Eine Tabelle ist sehr strukturiert in Spalten (Felder) und Reihen (Sätze) aufgebaut. Die Struktur muß bei der Erstherstellung festgelegt werden und lässt sich nicht so leicht im Nachhinein verändern. Desweiteren muss man deutlich zwischen der Struktur und ihren Inhalten unterscheiden. So kann das Feld mit dem Namen „XYZ" z. B. den Inhalt „123" haben oder aber auch den Inhalt „abc" oder auch ein Geburtsdatum „07.05.1958". Etwas deutlicher werden diese Zusammenhänge, wenn alle Elemente einer Tabelle beschrieben und die in diesem Programm vorhandenen Steuerungs- und Bearbeitungswerkzeuge für Tabellen vorgestellt worden sind. Die folgende Abbildung zeigt die wichtigsten Strukturelemente einer Tabelle in ArcGIS.

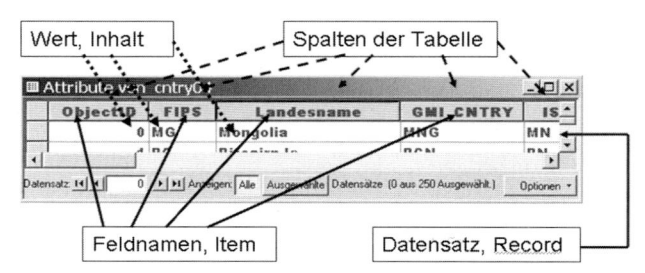

Die Sachdaten-Tabellen (Attributtabellen) haben im Shapeformat immer den selben Namen wie das eigentliche Shapefile (*.shp). Die Dateierweiterung ist immer „*.dbf". Die vorn erwähnten anderen Tabellentypen ohne eigene Geometrie sind an der jeweiligen Dateierweiterung erkennbar. Für ASCII - Dateien wird z. B. oft „*.txt" oder auch „*.asc" benutzt.

Die folgende Abbildung zeigt Elemente die bei der Darstellung der Tabellen in ArcMap erkennbar werden. Es handelt sich dabei u.a. um Hilfen beim

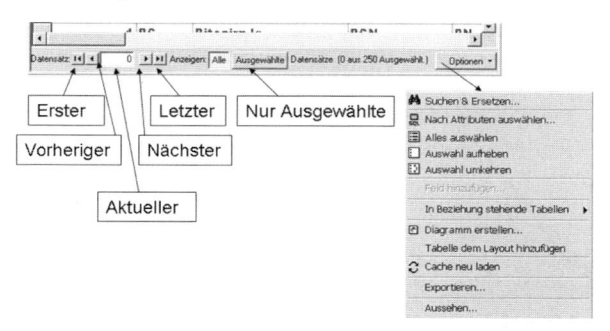

Aufsuchen bestimmter Datensätze und um den Zugang zu nützlichen Tabellenoperationen. Auf die Funktionsweise wird im Folgenden (Kapitel 9.4) genauer eingegangen.

Tabelle öffnen

Die Funktionen hinter den Menüeinträgen (siehe auch die Grafik auf der vorhergehenden Seite) werden u. a. in den folgenden Abschnitten erläutert. Zuvor noch eine Erklärung zum Öffnen von Tabellen.

Eine Attributtabelle ist nur dann einsehbar, wenn der zugehörige Layer in einen Datenrahmen geladen ist. Markieren Sie dazu den betreffenden Layer und öffnen Sie das Kontextmenü (rechte Maustaste). Darin erscheint ein Menüeintrag „Attribut-Tabelle öffnen". Wenn Sie ihn aktivieren, wird die Tabelle geöffnet.

9.3 Ansicht / Organisation

Da man wegen der Größe der Bildschirnansicht meist nur eine beschränkte Sicht auf die Tabelle hat, ist es notwendig, eine Aufgaben-bezogene Ansicht herzustellen. Sie erleichtert das Navigieren innerhalb der Tabelle und führt damit sicherer und schneller zum Ziel. Im Folgenden sollen die Optionen vorgestellt und durch Beispiele deutlich gemacht werden. Es gibt folgende Möglichkeiten:

- Spaltenbreite festlegen
- Spaltenreihenfolge ändern
- Spalten „einfrieren"
- Spalten unsichtbar machen und ALIAS-Namen setzen
- Tabellen-Aussehen einstellen
- Darstellung numerischer Felder

Diese „Veränderungen" in der Ansicht der Tabelle sind nur auf dem Bildschirm (Desktop) zu sehen. In der Struktur und in der Ordnung der Tabelle selbst ändert sich dadurch nichts. Sie kann daher auf diesem Weg auch nicht „zerstört" werden.

9.3.1 Spaltenbreite festlegen

Um möglichst viele Spalten auf dem Desktop unterzubringen, ist es hilfreich, die Spaltenbreite so schmal wie möglich zu halten. Die Veränderung modifiziert nicht die Datenbank-typischen Feldbreiten, die bei der erstmaligen Definition des Feldes festgelegt worden sind. Es geht hier nur um die Darstellungsweise. Jedes Feld, also jede Spalte, kann mit Hilfe der Maus individuell in seiner Breite verändert werden.

Starten Sie ArcMap. Mit der Befehlsfolge...

ArcMap-Hauptmenü:
Einfügen:
Datenrahmen

...fügen Sie einen neuen Datenrahmen hinzu.

Laden Sie danach den Layer „cntry04.sdc" aus dem Verzeichnis:

EsriData_World_Europe_Canada_Mexico\world\data

Markieren Sie diesen Layer im Inhaltsverzeichnis und öffnen Sie das Kontextmenü:

ArcMap-Kontextmenü: Layer
Attribut-Tabelle öffnen

Es öffnet sich die Attributtabelle des Layers „cntry04". Sie können am unteren Rand ablesen, wieviele Datensätze die Tabelle beinhaltet. Zur Veränderung der Spaltenbreite führen Sie den Cursor an den rechten Rand des dafür vorgesehenen Feldnamens; die Spalten werden von rechts nach links schmaler gemacht. Der Cursor verändert sein Aussehen, wie in der folgenden Abbildung zu sehen ist, muss aber genau auf der Trennlinie zwischen zwei Feldnamen positioniert werden, was wegen der besseren Darstellung hier nicht gemacht wurde.

ObjectID	CNTRY_NAME	FIPS_CNTRY
1310721	Ghana	GH
1048576	Gibraltar	GI
3670017	Glorioso Is.	GO

Verschieben Sie den Cursor um das gewollte Maß, vorzugsweise nach links. Nach Lösen der linken Maustaste ist die Spalte in ihrer Darstellung schmaler. Vermeiden Sie unbedingt eine Breite „Null"!! Wenn Sie die Spalte verschmälert haben, werden Sie feststellen, dass Text u. U. „abgeschnitten" wird. Wenn Sie den verdeckten Text lesen wollen, müssen Sie die Spalte auf diesem Weg verbreitern (Cursor nach rechts).

Die Veränderung wird in der ArcMap-Dokumentdatei (*.mxd) gespeichert. Auch nach Neustart dieser Datei sind diese Einstellungen noch aktuell. Wird derselbe Layer jedoch ganz neu in den Datenrahmen geladen und die Attributtabelle geöffnet, erscheint sie in der ursprünglichen, also unveränderten Ansicht.

9.3.2 Spaltenreihenfolge (Spalten verschieben)

Manchmal wird auch eine andere Reihenfolge der Spalten (Felder) benötigt, um einen schnelleren Überblick zu bekommen. Diese Verschiebung ist leicht möglich, und zwar in beide Richtungen.

Markieren Sie das Feld, das Sie verschieben wollen, durch Anklicken des Feldnamens. Der Cursor wird dabei ein senkrechter schwarzer Pfeil, der nach unten zeigt.

Die Spalte verändert ihre Farbe z. B. nach Türkis (die Markierungsfarbe ist veränderbar). Führen Sie den Mauszeiger ein weiteres Mal auf den Feld-

9.3 Ansicht / Organisation

namen und drücken Sie dann die linke Maustaste. Der Cursor verändert diesmal seine Form und Farbe zu einem Rechteck.

In der nebenstehenden Darstellung ist das kleine Rechteck des Mauszeigers zur besseren Darstellung größer dargestellt, als es auf dem Desktop erscheint.

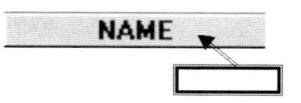

Halten Sie die linke Maustaste gedrückt und verschieben Sie das Feld – und damit die ganze Spalte – nach rechts oder links. Eine rote Linie zeigt dann an, wo die Spalte abgelegt wird. Sie wird immer rechts von dieser roten Linie platziert, wenn Sie die linke Maustaste lösen.

Auch diese Veränderung wird im ArcMap-Dokument gespeichert. Nach Neustart des ArcMap-Dokuments (*.mxd) sind diese Einstellungen ebenfalls noch aktuell. Nur die Markierung der gesamten Spalte ist nicht mehr vorhanden.

9.3.3 Spalten „einfrieren"

Während der Bearbeitung der Sachdaten in der Tabelle kann es hilfreich sein, eines der Felder, dessen Informationen durchgehend benötigt werden, am linken Rand zu fixieren. Egal wie die Spalten (Felder) umorganisiert werden oder wie quer gescrollt wird, das „eingefrorene" Feld steht dann immer am linken Rand der Tabelle.

Sie können beispielsweise den Namen der Länder aus dem Shape „Cntry04" immer sichtbar am linken Rand platzieren, während man durch die restlichen Sachdaten „surft". Immer ist eine eindeutige Zuordnung zum Ländernamen möglich. Markieren Sie dazu ein Feld und öffnen Sie das Kontextmenü. Es erscheint nebenstehendes Menü.

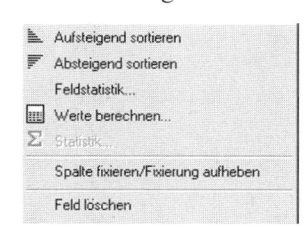

Wählen Sie den Menüeintrag „Spalte fixieren/ Fixierung aufheben". Die ausgewählte Spalte (hier: CNTRY_NAME) wird sofort äußerst links im Fenster „Attribute von cntry04" abgesetzt, ist dort festgemacht und mit der eingestellten Markierungsfarbe hinterlegt. Sie können mit dem waagerechten Scroll-Balken am unteren Rand der Tabelle andere Felder in der Tabelle sichtbar machen; das fixierte Feld bleibt jedoch immer an seiner Position. Um die Fixierung wieder zu lösen, muss derselbe Menüeintrag ein zweites Mal aktiviert werden.

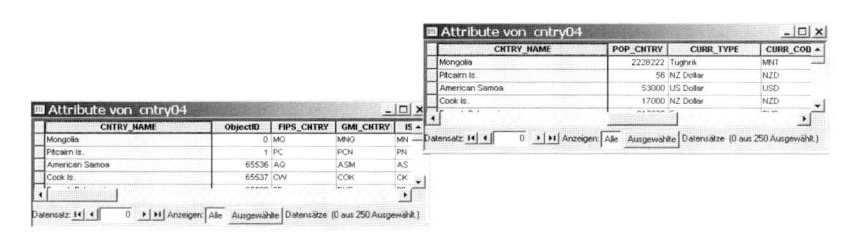

9.3.4 Spalten unsichtbar machen und ALIAS-Name setzen

Ein einfache Methode, die Ansicht der Attributtabelle bedarfsgerecht zu gestalten, ist das Ausblenden nicht benötigter Spalten. Für eine selbst bestimmte Zeit werden eine oder mehrere Spalte „unsichtbar".

Markieren Sie den in Frage kommenden Layer und öffnen Sie das Kontextmenü. Aktivieren Sie den Menüeintrag „Eigenschaften":

ArcMap-Kontextmenü: Layer
Eigenschaften

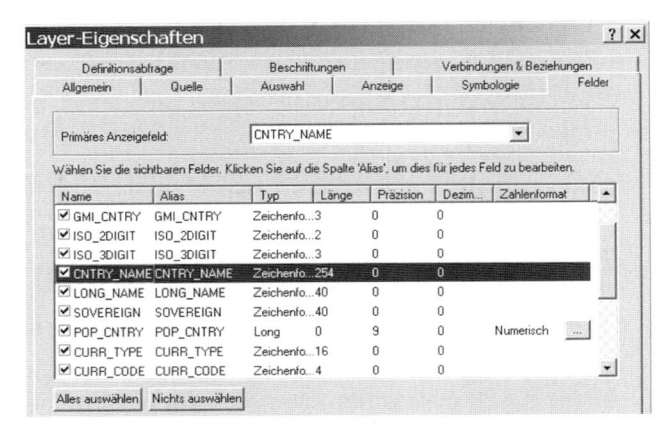

Im Dialogfenster „Layer-Eigenschaften" aktivieren Sie das Register „Felder".

Der gesetzte Haken links zeigt an, dass das markierte Feld „CNTRY_NAME" in der Tabelle sichtbar ist. Das Entfernen des Hakens macht das Feld „unsichtbar". Mit der unteren Schaltfläche „Alles auswählen" können alle Haken gesetzt werden. Die Schaltfläche daneben kehrt das wieder um. Diese Funktionalität ist unter anderem für den Export von Daten wichtig: Nur sichtbare Felder werden bei Bedarf exportiert.

In diesem Dialogfenster werden neben der Möglichkeit, den Aliasnamen zu bestimmen (Klick auf einen Eintrag in Spalte „Alias"), auch noch Detailinformationen über die Tabellenstruktur (Typ, Länge, usw.) angezeigt.

Bei „Primäres-Anzeigefeld" ist das Feld festgelegt, das z. B. bei den Map-Tips umd dem Informationswerkzeug genutzt wird. Diese Funktionen sind an anderer Stelle in diesem Buch ausreichend beschrieben und werden hier nicht weiter vertieft.

Die Direkthilfe schreibt u. a. dazu:

Dieses Feld ist standardmäßig das erste Feld vom Typ „Zeichenfolge", in dessen Namen das Wort „Name" vorkommt... Falls kein Feld mit diesem Text vorhanden ist, ist die Standardeinstellung das erste Feld vom Typ „Zeichenfolge"...

9.3.5 Tabellen-Aussehen

Beim äußeren Erscheinungsbild der Tabelle auf dem Desktop kann man die Voreinstellungen für die aktuelle Sitzung oder die Grundeinstellung auf Dauer verändern.

Dies gilt zum einen für Art, Farbe und Größe des Textes und zum anderen für die zwei Selektionsfarben.

Markieren Sie den in Frage kommenden Layer und öffnen Sie das Kontextmenü. Aktivieren Sie den Eintrag „Attribut-Tabelle öffnen":

ArcMap-Kontextmenü: Layer
Attribut-Tabelle öffnen

Drücken Sie die Schaltfläche „Optionen" und wählen Sie im erscheinenden Menü den Eintrag „Aussehen...". Es öffnet sich das Dialogfenster „Tabellen-Aussehen". Verändern Sie auf die bekannte Weise den Schrifttyp sowie dessen Farbe und Größe. Drücken Sie danach die Schaltfläche „Übernehmen". Sie können damit die Veränderungen sofort in der Tabelle verfolgen.

Die Veränderung im Aussehen betrifft nur diese Tabelle, die zum Zeitpunkt der Veränderung aktiv war. Jede neue Tabelle, die aufgerufen wird, erscheint in der Standarddarstellung. Um sie ebenfalls zu modifizieren, müssen die Einstellungen zwar im selben Dialog, aber an anderer Stelle durchgeführt werden.

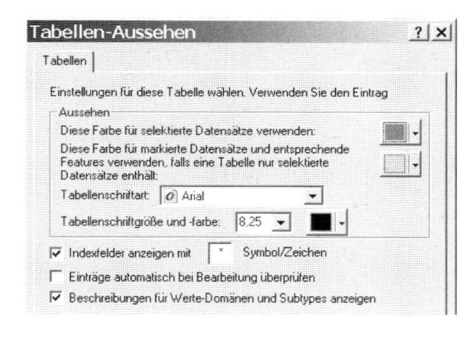

Mit der Befehlsfolge...

ArcMap-Hauptmenü
Werkzeuge:
Optionen: Register Tabellen

...gelangen Sie im Bereich der allgemeinen Einstellungen mit dem Register „Tabellen" an ein vergleichbares Dialogfenster. Einstellungen an dieser Stelle gelten dann für sämtliche Tabellenansichten.

Ausgenommen davon sind alle Tabellen, für die zuvor eine eigene, isolierte Veränderung vorgenommen worden war. Die Standardeinstellung kann diese nicht „übersteuern". Erst wenn der betreffende Layer neu in einen Datenrahmen geladen wird, werden die in diesem Register eingestellten Standardeinstellungen übernommen. Die auf die einzelnen Tabellen bezogenen Einstellungen haben jedoch eine höhere Gewichtung.

Für die Einstellungen der zwei Selektionsfarben gelten dieselben Regeln.

Die Verwendung der zwei verschiedenen Selektionsfarben ist in Kap. 9.9.5 ausführlich erläutert. Die Farbänderungen beziehen sich nur auf die Tabellenansicht und nicht auf die Farben der Features im Datenrahmen. Die Auswahlfarben für die Geometrie werden an anderer Stelle eingestellt (siehe: Eigenschaften des Layer s im Register: Auswahl).

9.3.6 Darstellung numerischer Felder

Die Darstellung numerischer Felder (sie nehmen nur Zahlen auf) kann variiert werden, ohne die originäre Einstellung in der Datenbankstruktur zu verändern.

Im Register „Felder" von „Eigenschaften: Layer" gibt es die Schaltfläche „Numerisch", die nur dann erscheint, wenn ein numerisches Feld vorliegt. Es öffnet sich nach Drücken der Schaltfläche das Dialogfenster „Zahlenformat".

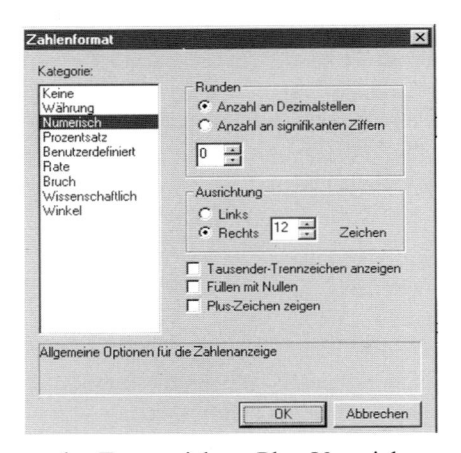

In der linken Auswahlliste wird der aktuelle Feldtyp angezeigt. Unter „Runden" wird die Anzahl der sichtbaren Nachkommastellen festgelegt. Bei „Ausrichtung" kann man die Standardeinstellung, nach der Zahlen immer rechtsbündig und Text immer linksbündig angeordnet werden, aufheben. Auch wird die Gesamtzahl der darstellbaren Zeichen hier festgelegt. Im unteren Teil können die Art der Zahlendarstellung beeinflusst und Punkte als Tausender-Trennzeichen, Plus-Vorzeichen und das Auffüllen mit Nullen nach dem Komma vorgesehen werden. Die nebenstehende Darstellung veranschaulicht das. Im linken Feld (POP1990) sind die Trennpunkte für die Tausender eingefügt, und im unteren Datensatz ist eine „0" aufgefüllt worden um ein einheitliches Bild zu erzielen, das die Beurteilung der Tabelleninhalte erleichtert.

Eine ergänzende Möglichkeit ist die Vergabe der Vorzeichen + / - . Die nebenstehende Abbildung zeigt einen solchen Fall, wobei hier die eingetragenen Ziffern keinen Bezug zur Realität haben.

9.4 Navigieren in einer Tabelle

Immer wieder kann es vorkommen, dass Sie einen bestimmten Datensatz in der Tabelle suchen. Nicht nur mit der logischen oder lagebezogenen Abfrage, sondern auch gezielt über die Datensatznummer – sofern diese bekannt ist – können die gewünschten Daten identifiziert werden. Zu diesem Zweck ist die Datensatznummer (FID) automatisch vom Programm bei der erstmaligen Herstellung (immer erst über die Geometrie) in der Tabelle vergeben worden. Zu beachten ist dabei, dass der erste Satz die Nummer FID = „0" (nicht etwa „1") trägt. Bei einer Suche muss das unbedingt berücksichtigt werden. Das folgende Beispiel zeigt die Vorgehensweise.

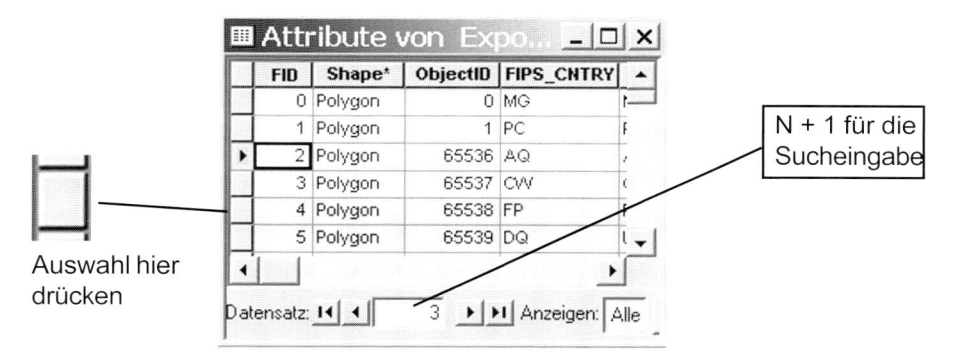

Auswahl hier drücken

N + 1 für die Sucheingabe

Beispiel: Wenn der Satz mit der FID = 2 gesucht wird, dann muss Datensatz FID = 3 eingestellt werden. Der Satz 2 wird in der Tabelle durch einen kleinen Pfeil vor der Satznummer gekennzeichnet. Er ist nicht selektiert wie FID 4 und 5, sondern lediglich mit dem Pfeil markiert.

Schrittweises Vorgehen oder an den Anfang / das Ende der Tabelle zu gehen, ermöglichen die Schaltflächen links und rechts neben dem Eingabefeld „Datensatz".

Eine Auswahl in der Tabelle nehmen Sie dadurch vor, dass Sie die kleine vorangestellte Schaltfläche drücken (siehe obige Abbildung). Wenn mehrere Sätze ausgewählt werden sollen, muss bei diesem Vorgang gleichzeitig die „Strg-Taste" gedrückt werden. Hierbei kann auch die Maus über mehrere Datensätze „gezogen" werden, um viele auszuwählen. Die entsprechenden Datensätze werden in der eingestellten Auswahlfarbe unterlegt.

Wenn Datensätze auf irgend eine Weise ausgewählt (farbig unterlegt) wurden, werden in der Regel nicht alle von ihnen im sichtbaren Bereich der Tabelle liegen. Es gibt aber die Möglichkeit, nur die Ausgewählten anzuzeigen.

Selektieren Sie dazu einige nicht benachbarte Datensätze in der Tabelle und betätigen Sie die Schaltfläche „Ausgewählte" am unteren Rand des Tabellenfensters; dann werden nur sie angezeigt. Im Klammerausdruck steht dann die Anzahl (hier 5) der ausgewählten Datensätze.

9.4.1 Suchen und Ersetzen

Wenn Sie die Schaltfläche „Optionen" drücken, öffnet sich das rechts abgebildete Menü. Im Folgenden werden die Funktionen der Menüeinträge beschrieben und an Beispielen veranschaulicht. Die Einträge werden dabei verschiedenen Unterabschnitten zugeordnet, da sie nicht alle auf einmal zusammenhängend erläutert werden können.

Der Menüeintrag „Aussehen...", der bereits zuvor beschrieben worden ist, ermöglicht es, das Erscheinungsbild der aktuellen Tabelle zu verändern.
Wenn Sie den Menüeintrag „Suchen & Ersetzen" aktivieren, erscheint das gleichnamige Dialogfenster.

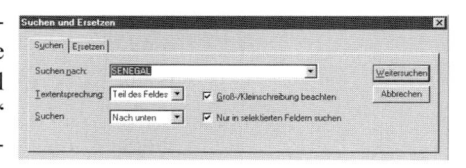

Tragen Sie im Eingabefeld „Suchen nach:" den Text ein, den Sie suchen wollen, oder einen Teil davon. Mit „Textentsprechung" steuern Sie, nach welchem Teil gesucht werden soll. Hier haben Sie die Wahl zwischen „Anfang des Feldes", „Ganzes Feld" oder „Teil des Feldes", je nachdem was Sie über den zu suchenden Begriff oder die Zeichenfolge wissen.

Wenn Sie die Schaltfläche „Weitersuchen" drücken, sucht das Programm in der ganzen Tabelle nach dem Datensatz. Wenn einer die Bedingung erfüllt, wird er ausgewählt und durch die führenden Pfeile markiert.

Durch das Filtern über Groß- und Kleinschreibung kann die Suche noch eingeengt werden. Durch die Vorauswahl von Feldern, in denen gesucht werden soll, wird eine weitere Einengung des „Suchraumes" festgelegt. Wählen Sie ein oder mehrere Felder aus, in dem Sie einen bestimmten Begriff, eine Zeichenfolge oder eine Zahl vermuten. Die zugehörige Spalten werden in der Selektionsfarbe unterlegt. Setzen Sie den Haken bei „Nur in selektierten Feldern suchen". Damit beschränken Sie die Suche auf die ausgewählte Spalte. Das Ergebnis wird durch den führenden Pfeil markiert. Durch ausgewählte Datensätze kann diese Suche nicht eingeschränkt werden. Sie schließt immer alle Datensätze ein.

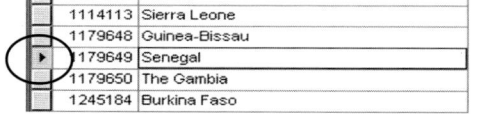

9.4 Navigieren in der Tabelle 243

Das Register „Ersetzen" kann nur genutzt werden, wenn zuvor die Bearbeitung der Tabelle mit dem Editor „gestartet" wurde. Dadurch wird erst ermöglicht, dass die alten Inhalte durch neue Werte ersetzt werden.

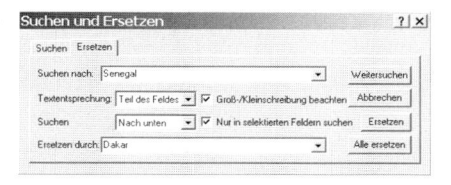

9.4.2 Sortieren

Für manche Recherchen im Sachdatenbestand reicht eine Sortierung nach Größe der Werte oder nach dem Alphabet. Für eine aufsteigende und eine absteigende Sortierung stehen Werkzeuge zur Verfügung; der gesuchte Wert und damit auch der gesuchte Datensatz steht oben in der Tabelle.

Markieren Sie das zu sortierende Feld (auf Feldname klicken) und öffnen Sie das Kontextmenü.

Die beiden oberen Einträge, „Aufsteigend sortieren" und „Absteigend sortieren", lösen die Umsortierung aus. Die neue Anordnung der Datensätze erfolgt ausschließlich in der Ansicht. Die Tabelle selbst wird nicht umsortiert. Die Reihenfolge in der Tabelle ist durch die Digitalisierung vorgegeben und kann mit dieser Umsortierung nicht verändert werden.

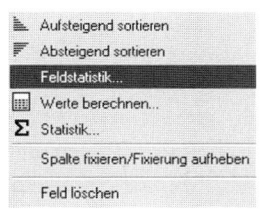

Starten Sie ArcMap. Mit der Befehlsfolge...

ArcMap-Hauptmenü:
Einfügen:
Datenrahmen

...fügen Sie einen neuen Datenrahmen hinzu. Laden Sie danach den Layer „cntry04.sdc" aus dem Verzeichnis :

EsriData_World_Europe_Canada_Mexico\world\data

Markieren Sie ihn , öffnen Sie das Kontextmenü und aktivieren Sie dort den Menüeintrag „Attribut-Tabelle öffnen".

ArcMap-Kontextmenü: Layer
Attribut-Tabelle öffnen

Gehen Sie mit der Maus auf das Feld „SQKM" und öffnen Sie das Kontextmenü. Wählen Sie „Aufsteigend sortieren". An oberster Stelle muss dann der kleinste Wert zulesen sein.

9.4.3 Sortieren mit mehreren Feldern

Die Sortierung kann auch über mehrere Felder durchgeführt werden. Das Feld mit der höheren Priorität muss dabei links vom zweiten Sortierungsfeld liegen. Dies erreichen Sie durch Verschieben der Spalten. Markieren Sie erst das linke Feld, halten Sie die „Strg"-Taste gedrückt und markieren Sie dann das zweite Feld. Öffnen Sie nun das Kontextmenü und wählen Sie die gewünschte Sortierungsoption. Beide Spalten werden zur Sortierung herangezogen, wobei die linke Priorität hat.

Dieser Vorgang kann auf weitere Felder ausgedehnt werden. Sie müssen immer alle rechts vom prioritären Hauptselektionsfeld liegen und alle markiert sein.

9.5 Feldstatistik

Sollen Datensätze anhand eines bestimmten Feldes zusammengefasst und die anderen Attribute einer bestimmten Prozedur unterzogen werden, so ist dies mit der Feldstatistik möglich. Als Prozedur für das Zusammenfassen werden verschiedene mathematische Operationen angeboten:

- Minimum
- Maximum
- Mittelwert
- Summe
- Standardabweichung
- Varianz

Starten Sie ArcMap. Mit der Befehlsfolge…

ArcMap-Hauptmenü:
Einfügen:
Datenrahmen

…fügen Sie einen neuen Datenrahmen hinzu. Laden Sie danach den Layer „admin" aus dem Verzeichnis:

EsriData_World_Europe_Canada_Mexico\world\data

der aus 2587 Datensätzen besteht.

Markieren Sie den Layer und öffnen Sie das Kontextmenü. Aktivieren Sie den Menüeintrag „Attribut-Tabelle öffnen":

ArcMap-Kontextmenü: Layer
Attribut-Tabelle öffnen

Markieren Sie das Feld, mit dem die Datensätze zusammengefasst werden sollen (hier CNTRY_NAME), und öffnen Sie das Kontextmenü (rechte Maustaste auf den markierten Feldnamen). Drücken Sie dort den Eintrag „Feldstatistik". Es öffnet sich das gleichnamige Dialogfenster.

Unter „1." ist das Feld mit den gemeinsamen Inhalten eingetragen, hier „CNTRY_NAME". Es kommt daher in der Liste unter „2." nicht mehr vor. Hier können Felder ausgesucht werden, die mit ausgewählten mathemati-

9.6 Feldwerte berechnen

schen Prozeduren zusammengefasst werden. Im Bereich „3." werden der Name und der Ablageort des Ergebnisses festgelegt. Es handelt sich dabei immer um eine dBase-Tabelle. Wählen Sie für das Feld „SQKM" als Prozedur „Summe" und bestätigen Sie mit „OK".

Es wird eine dBase-Tabelle berechnet, in der die Summe aller Feldwerte von „SQKM" mit dem selben „CNTRY_NAME" abgelegt sind. Die mittlere Spalte (Count_CNTRY_NAME) gibt an, aus wie vielen Datensätzen das Summenfeld berechnet worden ist (siehe Abbildung). Danach hat „Germany" 16 Länder (Bundesländer im Feld „ADMIN_NAME). Es handelt sich nur um eine dBase-Tabelle die keine eigene Geometrie besitzt und über 250 Datensätze verfügt, also ca. 10 % der Ausgangssituation. Im Mittel besteht also jedes Land aus 10 Provinzen!

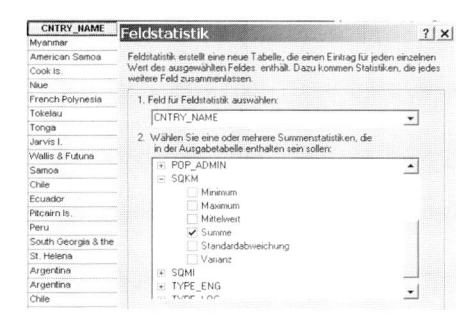

9.6 Feldwerte berechnen

Aus vorhandenen Werten in der Tabelle können neue Werte in alten wie auch in neuen Feldern berechnet werden. Auch ist es möglich, Felder mit bestimmten Werten „vorzubelegen" bzw. allen Datensätzen in einem bestimmten Feld den gleichen Wert zuzuweisen.

Für diese Operationen wird das Werkzeug „Feldberechnung" bereitgestellt. Nach Aktivieren des Menüeintrags „Werte berechnen..." (rechte Maustaste auf einen Feldnamen) öffnet sich das Dialogfenster „Feldberechnung". Zuvor wird eine Warnung angezeigt, nach der eine Berechnung nicht wieder rückgängig gemacht werden kann.

Durch Doppelklick auf die Attribute werden diese in das untere Eingabefeld übertragen. Zur Berechnung stehen eine Reihe von mathematischen Funktionen zur Verfügung. Das zu berechnende Feld wird oberhalb des Eingabebereiches zitiert und muß nicht noch einmal in der Berechnungsformel aufgeführt werden. Wenn der Haken bei „Erweitert" gesetzt ist, können auch VBA-Scripte integriert werden. Die Berechnungsformeln lassen sich speichern (*.cal) und bei Bedarf über „Laden" wieder aktivieren. Im Folgenden wird die Berechnung mit einem Beispiel genauer erklärt.

Starten Sie ArcMap. Mit der Befehlsfolge...

ArcMap-Hauptmenü:
Einfügen:
Datenrahmen

...fügen Sie einen neuen Datenrahmen hinzu. Laden Sie den Layer „cntry04" aus dem Verzeichnis:

EsriData_World_Europe_Canada_Mexico\world\data

Markieren Sie den Layer und öffnen Sie das Kontextmenü. Aktivieren Sie den Menüeintrag „Attribut-Tabelle öffnen":

ArcMap-Kontextmenü: Layer
Attribut-Tabelle öffnen

Selektieren Sie alle Staaten Europas in der Karte. Die entsprechenden Datensätze werden in der Tabelle farbig angelegt. Drücken Sie in der Tabelle die Schaltfläche „Ausgewählte", dann werden nur noch die ausgewählten Datensätze angezeigt (etwa 43).

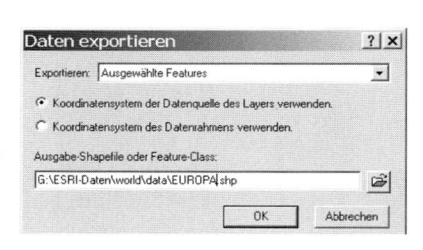

Erzeugen Sie über Datenexport einen eigenen Datensatz „EUROPA" und laden Sie ihn in den Datenrahmen ein. Öffnen Sie die Attributtabelle des neuen Layers, gehen Sie mit dem Cursor auf das Feld „CURR_CODE" (Währung) und öffnen Sie das Kontextmenü. Aktivieren Sie den Menüeintrag „Werte berechnen...".

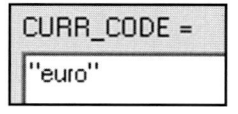

Tragen Sie in das Eingabefeld die Währung "euro" ein. Da es sich um eine Zeichenfolge handelt, müssen die Anführungszeichen gesetzt sein. Bestätigen Sie mit „OK". Das Programm ersetzt alle alten Werte im Feld „CURR_CODE" durch den Wert „euro". Diese Berechnung wird ggf. nur in ausgewählten Datensätzen durchgeführt. Alle anderen Datensätze der übrigen Staaten in diesem Layer bleiben davon unberührt. Mit nebenstehender Schaltfläche aus der Werkzeugleiste „Standard" lässt sich die Berechnung vor dem Sichern rückgängig machen.

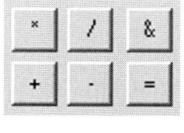

Auf dieselbe Weise können Sie mathematische Operationen durchführen. In das Eingabefeld werden die beteiligten Feldnamen mit Einfachklick eingetragen und über die passenden Operatoren miteinander verknüpft.

9.7 Statistik

Will man sich einen Überblick über die Werte in einem Feld verschaffen, kann dies mit Hilfe der Statistikfunktion erreicht werden.

Markieren Sie das numerische Feld, das Sie interessiert, und öffnen Sie das Kontextmenü durch Drücken der rechten Maustaste. Wählen Sie den Eintrag „Statistik" (nicht Feldstatistik!). Es erscheint das nebenstehende Diagrammfenster „Statistik von...". Zum einen wird die Häufigkeitsverteilung der Werte in einem Diagramm dargestellt und zum anderen werden die wichtigsten statistischen Parameter wie Anzahl, Minimum, Maximum, Summe, Durchschnitt und Standardabweichung ausgewiesen.

Diese so gewonnenen Informationen können bei der Wahl der richtigen Legende bzw. der passenden Klassifizierungsmethode für die Symbologie hilfreich sein.

9.8 Feld löschen

Der letzte Menüeintrag im Kontextmenü für ein Feld wird benötigt, um überflüssige Felder auf Dauer aus dem Datenbestand zu löschen. Diese Maßnahme kann nicht wieder rückgängig gemacht werden. Benutzen Sie dazu den Menüeintrag „Feld löschen".

9.9 Auswahl

Es werden hier Methoden besprochen, die es erlauben, Datensätze (nicht Spalten), die bestimmte Bedingungen erfüllen, gezielt auszuwählen. Genutzt werden dabei nur datenbank-typische Werkzeuge (logische Abfragen), also keine, die den Raumbezug zur Auswahl heranziehen. Diese Letzteren stellen die eigentliche Stärke eines GIS dar und werden in Kapitel 6.3.3 „Lagebozogene Auswahl" behandelt.

Die Auswahl (nicht die Markierung) ist für die dann anschließenden Operationen (Berechnungen, weitere Auswahl, Export von Daten...) wichtig. Viele der folgenden Aktionen werden nur für die ausgewählten Datensätze umgesetzt. Die nicht ausgewählten bleiben davon unberührt. Es ist daher wichtig, vor jeder Aktion die Auswahlen zu prüfen. Dies kann z. B. durch Ablesen der Information aus dem Tabellenfenster (unten) geschehen.

Außerdem gilt: Wenn keine Datensätze selektiert sind, wirken viele Funktionen auf alle Datensätze, als wären sie alle ausgewählt.

9.9.1 Nach Attributen auswählen (SQL-Abfragen)

Um mit dieser Methode gezielt nach bestimmten Datensätzen suchen zu können, müssen die geforderten Bedingungen formuliert werden und in geeigneter Form als Frage an die Tabelle gestellt werden. Dafür gibt es ein Dialogfenster, das die notwendigen Einstellungen und Werkzeuge bereit stellt.

Nach Drücken der Schaltfläche „Optionen" in der Tabelle und Wahl des Menüeintrags „Nach Attributen auswählen..." öffnet sich das gleichnamige Dialogfenster.

Neben der Liste der Tabellenfelder (links) befindet sich in der Mitte der Bereich mit den mathematischen Operatoren, die zur Auswahl genutzt werden können. In der ganz rechten Spalte werden die Inhalte des gerade markierten Feldes angezeigt, wenn Sie zuvor auf die Schaltfläche „Einzelwerte anfordern" drücken. Oben werden die Methoden ausgewählt, die notwendig sind, wenn z. B. mehrere Auswahlen nacheinander ausgeführt werden sollen. Ausgangssituation ist immer „Neue Auswahl erstellen". Mit der Option „Zur aktuellen Auswahl hinzufügen" ist die Erstauswahl erweiterbar. Mit „Aus aktueller Auswahl entfernen" werden über ein neues Kriterium ausgewählte Features aus der aktuellen Auswahl entfernt. Eine Auswahl kann mit der Methode „Aus aktueller Auswahl auswählen" weiter eingeengt werden.

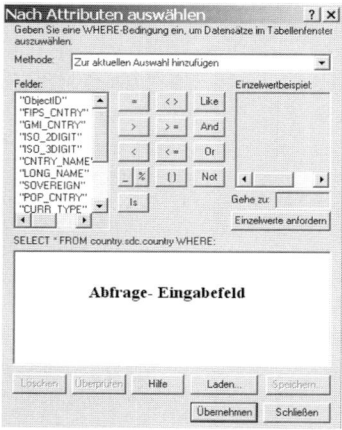

Im unteren Eingabefeld (Abfrage-Eingabefeld) kann die formulierte bzw. notwendige Bedingung eingetragen werden. Entweder schreibt man alle Befehle in der passenden Syntax mit der Tastatur oder man fügt die Elemente der Bedingung mit der Maus ein (Doppelklick auf die Felder und Einzelwerte, Einfachklick auf die Operatoren).

Auf Syntaxfehler überprüft man diese Bedingung über die Schaltfläche „Überprüfen". Eine aufwendige Bedingung kann mit „Speichern" gesichert und mit „Laden..." später wieder aufgerufen werden. Die Speicherung erfolgt in Dateien mit der Erweiterung *.exp in einem frei wählbaren Verzeichnis.

Zur Liste der Felder ist noch nachzutragen, dass an der Art der Darstellung erkennbar ist, welches Datenformat sich dahinter verbirgt. In Anführungszeichen stehen immer Daten aus:

- ArcInfo-Coverages
- Shapefiles

9.9 Auswahl

- INFO-Tabellen
- dBase-Tabellen

In eckigen Klammern stehen Felder von Tabellen, die in einer

- Personal Geodatabase (Access)

gespeichert sind. In einfachen Anführungszeichen muss

- Text (Groß und Kleinschreibung beachten)

stehen. Ohne Einschluss sind Felder aus

- SDE (Spatial Data Engine), ArcIMS Feature-Class, ArcIMS-Image-Dienst.

Anmerkung: (Personal) Geodatabase und SDE sind neuere und moderne Formen einer Relationalen Datenbank, die es erlauben, raumbezogene Daten (Geo-Daten) aufzunehmen. Es ist auch möglich, in SDE Rasterdaten (Grid, Tiff etc.) einzutragen. Neben den bekannten Vorteilen bei der modernen Datenbankhaltung mit großen Datenmengen ist auch eine Leistungssteigerung beim Auslesen der Daten zu erreichen. Dies ist besonders in Hinblick auf die Anwendung von ArcIMS (Internet Mapping) wichtig, also bei der Präsentation von interaktiven Karten im Internet. Weiter kommen Vorteile durch Versionierung gleicher Datenbestände in unterschiedlichen Bearbeitungszuständen und zeitgleichen Zugriff auf Daten durch mehrere Benutzer hinzu.

Die Schaltfläche „Einzelwerte anfordern" ist aktiv. Mit ihr wird dafür gesorgt, dass die Inhalte des unter „Felder" markierten Feldes angezeigt werden. Danach ist diese Schaltfläche ausgegraut. Wenn die Werte auf diese Weise dargestellt werden, können sie mit einem Doppelklick in das Abfrage-Eingabefeld eingebaut werden.

Bei den Abfragen stehen folgende Platzhalter zur Verfügung:

"_"   steht für ein Zeichen.
"%"   steht für eine beliebige Anzahl von Zeichen.

Wenn Daten einer Personal Geodatabase abgefragt werden:

"?"   steht für ein Zeichen.
"*"   steht für eine beliebige Anzahl von Zeichen.

Bei einer Abfrage müssen nicht unbedingt die vorhandenen Werte in der Liste (und damit die der Tabelle) herangezogen werden. Es ist auch möglich, eigene Werte über die Tastatur in die Abfrage einzufügen. Die Liste dient nur der Vereinfachung dieses Vorganges und ist vor allem bei Texteingaben hilfreich, da auf diese Weise Schreibfehler vermieden werden. Unkorrekte Eingaben – egal bei welchem Datentyp – würden eine Fehlermeldung oder falsche Auswahl nach sich ziehen.

9.9.2 Alle Datensätze auswählen

Wenn Operationen mit allen Daten durchgeführt werden sollen, können sie alle mit einer einzigen Aktion ausgewählt werden.

Drücken Sie dazu die Schaltfläche „Optionen" im Tabellenfenster und wählen Sie den Menüeintrag „Alles auswählen". Alle Datensätze werden in der gewählten Selektionsfarbe angezeigt. Diese kann für jeden Layer anders sein.

9.9.3 Auswahl umdrehen

Häufig ist es leichter, das Gegenteil von dem zu suchen, was eigentlich als Aufgabe gestellt ist. Nach erfolgreicher Recherche wird die Auswahl nur noch „umgedreht", und somit steht das gewünschte Ergebnis zur Verfügung. Dieser Weg kann, muss aber nicht schneller sein. Oft ist er aber die einfachere oder auch die einzige Möglichkeit.

Drücken Sie dazu die Schaltfläche „Optionen" im Tabellenfenster und wählen Sie den Menüeintrag „Auswahl umkehren". Alle Datensätze, die zunächst nicht ausgewählt sind, werden nun ausgewählt und entsprechend in der Auswahlfarbe angezeigt.

9.9.4 Auswahl aufheben

Jede Auswahl lässt sich auch aufheben, damit wieder ein klarer und überschaubarer Zustand in der Tabelle entsteht. Man kann nach der Aufhebung einer Auswahl erneut mit der gesamten Tabelle arbeiten und muss nicht befürchten, Datensätze dabei auszuschließen.

Aktivieren Sie dazu die Schaltfläche „Optionen" im Tabellenfenster und wählen Sie den Menüeintrag „Auswahl aufheben". Die Auswahl der Datensätze wird damit aufgehoben.

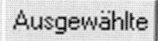

Die Aufhebung erfolgt auch, wenn Sie nach Drücken der Schaltfläche „Features auswählen" aus der Werkzeugleiste „Werkzeuge" in der Karte neben die Features klicken. Sollten Sie zuvor im Tabellenfenster dafür gesorgt haben, dass nur die ausgewählten Datensätze präsentiert werden (Schaltfläche „Ausgewählte", links), wird die Tabelle nun völlig leer erscheinen.

9.9.5 Auswahlfarben

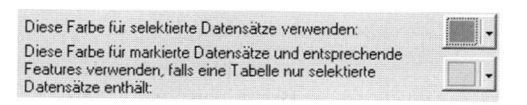

Die gewünschte Auswahlfarbe kann für jeden Layer individuell unter „Optionen" in der Tabelle mit dem Menüeintrag „Aussehen" eingestellt werden. Markierte Datensätze dienen zum markieren von selektierten Datensätzen.

9.10 Feld hinzufügen und bearbeiten

Es wird in der täglichen Arbeit mit GIS immer wieder vorkommen, dass einer Tabelle ein Feld hinzugefügt werden muss. Entweder werden Daten ergänzt, die per Hand im Editiermodus eingegeben werden müssen, oder es werden aus vorhandenen Werten in der Tabelle neue Werte für eine neue Spalte berechnet. Jedes Mal muss zuvor ein weiteres Feld in die Tabelle integriert werden.

In einer Tabelle haben die einzelnen Felder ihre spezifischen Merkmale und Definitionen. Dies ist notwendig, damit die Werte, die eingetragen werden sollen, in einer für sie passenden Weise abgelegt werden. Ein Datum muss dabei anders behandelt werden als eine Zeichenfolge oder eine Zahl. Ein neues Feld in einer Tabelle muss also genau definiert werden, damit es die vorgesehenen Daten auch aufnehmen kann. Die Entscheidung für den Datentyp muss immer vorher fallen. Nachträglich kann der Datentyp nicht mehr verändert werden.

Es stehen folgende Typen zur Verfügung:

Short Integer	2 Byte (Ganze Zahl)
Long Integer	4 Byte (Ganze Zahl)
Float	Real-Zahlen (einfache Genauigkeit)
Double	Real-Zahlen (doppelte Genauigkeit)
Text	Zeichenfolge für Text und Zahlen
Datum	Datumsangaben möglich (tt.mm.jj, tt.mm.jjjj…)
BLOB	**B**inary **L**arge **Ob**ject ist geeignet, jede Art von digitaler Information aufzunehmen, z. B. auch Bilder.
Guid	**G**lobal **U**nique **Id**entifier (Geodatabase)

Starten Sie ArcMap. Mit der Befehlsfolge...

ArcMap-Hauptmenü:
Einfügen:
Datenrahmen

...fügen Sie einen neuen Datenrahmen hinzu. Laden Sie z. B. ein Shape oder eine Geodatabase-Feature-Class (muss bearbeitbar sein; also keine SDC-Datei) in den Datenrahmen. Markieren Sie den Layer und öffnen Sie das Kontextmenü. Aktivieren Sie den Eintrag „Attribut-Tabelle öffnen".

ArcMap-Kontextmenü: Layer
Attribut-Tabelle öffnen

Aktivieren Sie die Schaltfläche „Optionen" und wählen Sie den Menüeintrag „Feld hinzufügen". Dies ist nur durchführbar, wenn der Editor **nicht** gestartet ist. Es öffnet sich das Dialogfenster „Feld hinzufügen". Hier geben Sie dem Feld einen möglichst sinntragenden Namen (ggf. entsprechend vorher festgelegter Konventionen) und definieren den Typ. Wählen Sie hier Float = Zahl mit

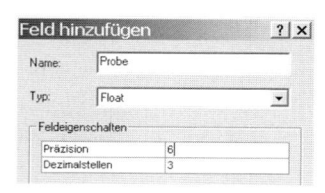

Nachkommastellen mit einem Gesamtumfang von 6 Stellen (Präzision) und 3 Dezimalstellen entsprechend der Aufgabe und der vorgesehenen Inhalte. Bestätigen Sie mit „OK". Der Tabelle wird ein neues Feld angefügt.

Diesem Feld können nun Werte zugewiesen werden. Dafür muss der Editor gestartet werden. Entweder erhalten Sie die Werte durch Berechnung aus vorhandenen Werten, oder Sie nehmen für jeden Datensatz explizit einen Eintrag vor. Diese Arbeit wird durch eine Eingabehilfe in der „Editorwerkzeugleiste" unterstützt. Die Schaltfläche „Attribute" befindet sich weiter rechts in der Werkzeugleiste „Editor".

Starten Sie die Bearbeitung durch Drücken des Menüeintrags „Bearbeitung starten". Selektieren Sie den ersten Datensatz, dem Sie im neuen Feld einen Wert hinzufügen wollen. Aktivieren Sie in der Editor-Werkzeugleiste die Schaltfläche „Attribute". Es öffnet sich das nebenstehende Eingabefenster. Im linken Bereich werden der Layer und das ausgewählte Feature benannt, im rechten sind alle Felder mit ihren Inhalten aufgezeigt. Führen Sie den Mauszeiger auf den alten Wert des in Rede stehenden Feldes und überschreiben Sie ihn über die Tastatur mit dem neuen Inhalt. Wechseln Sie danach in der Tabelle den Datensatz und fahren auf dieselbe Weise fort. Sie können beobachten, wie die Werte in der Tabelle aktualisiert werden. Nach Beendigung der Eingaben speichern Sie die Tabelle mit „Bearbeitung beenden" im Editor-Menü.

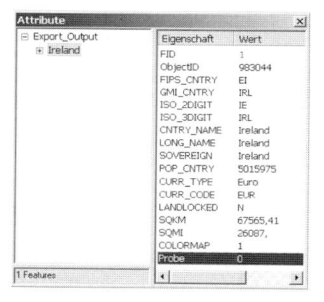

Möglich ist aber auch eine Berechnung der Inhalte des neuen Feldes. Es soll der Quotient aus SQKM / SQMI gebildet werden. Wenn dieser Wert immer gleich bleibt, sind die Angaben der Flächen in qkm und qmi vermutlich richtig umgerechnet.

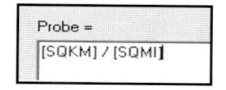

Um diese Berechnung durchzuführen, ist zunächst wie oben vorzugehen. Nach der Definition des neuen Feldes „Probe" aktivieren Sie den Menüeintrag „Werte berechnen…" (Kontextmenü auf den Feldnamen) und geben den nebenstehenden Ausdruck ein, ohne vorher die Bearbeitung gestartet zu haben.

Dieser Quotient wird dann berechnet und das Ergebnis in das Feld „Probe" eingetragen. Überall muss der Wert annähernd gleich sein! Die leichten Unterschiede sind Rundungsfehler und könnten durch geschickte Einstellungen noch mit Nullen aufgefüllt werden.

Anmerkungen zum Editor

Zur Arbeit mit dem Editor und dem Berechnen von Feldwerten ist noch eine Besonderheit erwähnenswert. Das Löschen und Hinzufügen eines Feldes ist auch möglich, ohne den Editor zu starten. Genauso ist die Berechnung eines Feldwertes ohne gestarteten Editor möglich, hat aber den Nachteil, dass Sie die Berechnungen nicht rückgängig machen können. Die Funktion „Rückgängig machen" kann also nicht angewendet werden. Deshalb wird dazu eine entsprechende Warnung ausgegeben.

Wird der Editor gestartet, ist das Löschen oder Hinzufügen eines Feldes nicht möglich. Die entsprechenden Menüeinträge bleiben hellgrau und damit inaktiv. Nur die Berechnung von Feldwerten kann vorgenommen und in diesem Fall gegebenenfalls auch rückgängig gemacht werden.

9.11 Datensätze löschen

Um Datensätze zu löschen, müssen sie ausgewählt werden und die Bearbeitung gestartet sein. Wenn mehrere gelöscht werden sollen, wird dabei die „Strg"-Taste gedrückt oder mit gedrückter linken Maustaste über die fraglichen Datensätze gefahren (linker Rand). Danach werden die ausgewählten Datensätze (farbig hinterlegt) mit der „Entf"-Taste gelöscht.

Achtung: Auch die zugehörigen Geometrien der Features werden gelöscht! Die immer währende Verknüpfung von Datensatz und Geometrie erzwingt dies.

9.12 Exportieren

Immer wieder wird es vorkommen, dass Daten aus einer Tabelle exportiert werden müssen, entweder die ganze Tabelle oder nur Teile davon. Teile können zum Beispiel einige Datensätze sein. Möglicherweise werden auch nicht alle Felder (Spalten) für den Export benötigt. Man braucht also eine Methode, um eine Tabelle „vertikal" und „horizontal" einzuengen. Das vertikale Einengen wird durch die typische Auswahl von Datensätzen erzielt, das horizontale Einengen dadurch, dass man nur die gewünschten Spalten (Felder) sichtbar schaltet. Dies geschieht unter „Eigenschaften: Layer" im Register „Felder". Dort kann die Sichtbarkeit für jedes Feld einzeln eingestellt werden.

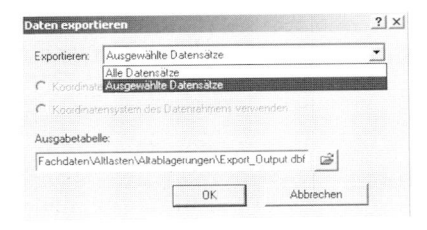

Nach dieser Vorbereitung drückt man die Schaltfläche „Optionen" am unteren Rand der Tabellenansicht. Im dem folgenden Auswahlmenü wählt man den Eintrag „Exportieren". Es erscheint das Dialogfenster „Daten exportieren", in dem die nötigen Einstellungen – zum Beispiel Angabe des Ablageortes – der neuen Datei vorgenommen werden. Im oberen Bereich haben Sie die Wahl, ob Sie alle oder nur die ausgewählten Datensätze exportieren wollen. Erzeugt wird beim Export eine dBase-Datei mit der Erweiterung *.dbf, eine Textdatei oder eine Geodatabase-Tabelle. Die Datei kann dann sofort wieder eingeladen werden, besitzt aber keinerlei Raumbezug mehr, denn es handelt sich um eine reine Datentabelle. Dieses Einladen der Tabelle wird mit der links abgebildeten Schaltfläche „Daten hinzufügen" umgesetzt. Das Register im unteren Bereich des Inhaltsverzeichnisses von ArcMap muss auf „Quelle" stehen, um eine einfache Tabelle auch im Inhaltsverzeichnis zu sehen.

Erwähnt werden muss noch, dass der Export auch als Textdatei möglich ist. Bei der Auswahl wird dann „Textdatei" eingestellt. Die Felder sind durch ein Komma getrennt.

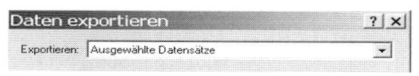

Diese Ausführungen zu den Tabellen müssen noch um den Hinweis ergänzt werden, dass es auch in ArcToolbox Werkzeuge zur Tabellenbearbeitung gibt. Wenn diese auch an anderer Stelle (Kap. 14, Band 2) hinreichend beschrieben werden, soll Folgendes noch gezeigt werden: Nach Öffnen von ArcToolbox erscheint in der Auswahl der Eintrag „Data Management Tools". Nach seiner Aktivierung erscheint ein Hinweis auf „Felder". Hier befinden sich drei Werkzeugdialoge zur Bearbeitung einer Tabelle:

- Feld berechnen
- Feld hinzufügen
- Feld löschen

Diese Dialoge sind in der Regel völlig selbsterkärend und erfüllen - gemäß den hier vorliegenden Erklärungen - letztlich die gleichen Aufgaben wie die vergleichbaren Funktionen in der Tabellenansicht. Etwas anderes ist das bei den Funktionalitäten die sich in der Folge noch anbieten. Es liegen noch Möglichkeiten vor, innerhalb des „Modell-Builders" bestimmte Tabellenoperationen vorzunehmen. Das ist die „Tabellensicht" und weiter unten ein Werkzeug zum Anlegen einer Tabelle oder zum Kopieren und Löschen von Datensätze (Zeilen). Im Rahmen dieser einführenden Vorstellung in diesem Kapitel werden diese Werkzeuge nicht weiter vertieft.

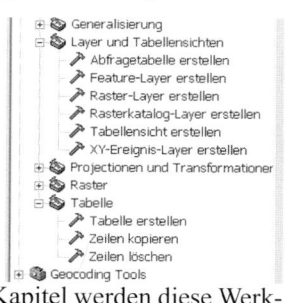

9.13 Verbindungen

In ArcView kann man Sachdaten an vorhandene Geometrien dauerhaft oder auch nur temporär anhängen bzw. eine Beziehung (nicht dauerhaft als neuer Datensatz speicherbar) zwischen beiden aufbauen. Auf diese Weise bekommen Sachdaten ihren Raumbezug. Ein Teil der Sachdaten kann gleich beim Digitalisieren in die Tabelle eingetragen werden. Ein anderer Teil (meist der weitaus größere) wird durch „Verbinden" im GIS als raumbezogene Attribute abgelegt.

Im Folgenden soll erläutert werden, was „Verbinden" ist und was eine „Beziehung" ausmacht. Anfänglich werden für beide Vorgänge generelle Erläuterungen gegeben, anschließend die speziellen Unterschiede deutlich gemacht.

Die Daten, die verbunden oder auch in Beziehung gesetzt werden sollen, können dabei in einem anderen Layer, in einer dBase-Tabelle ohne Geodaten, in einer ASCII-Tabelle liegen oder aus der SQL-Abfrage in einer Relationalen Datenbank (z. B. Access) stammen.

Die „Aufnahme"-Seite bei diesem Vorgang nennt man Zieltabelle (markierter Layer im Inhaltsverzeichnis). Die Tabelle, die „angehängt" wird, wird als Quelle bezeichnet.

Damit die gewünschte Verbindung oder Beziehung möglich ist, müssen Bedingungen erfüllt werden bzw. bestimmt die vorhandene Situation in den beteiligten Tabellen die erzielbaren Möglichkeiten. Wichtige Voraussetzung ist das Vorhandensein eines Schlüsselfeldes in beiden Tabellen, damit eine Zuordnung realisiert werden kann. Dieses Schlüsselfeld muss in beiden Tabellen den gleichen Inhalt (Wert und Bedeutung) haben; der Name dieses Feldes spielt hierbei keine Rolle.

Sollte dies nicht erfüllbar sein, so ist auch die Position der Features der beiden beteiligten Tabellen geeignet, eine (räumliche) Verbindung zu ermöglichen. Allerdings benötigen dann beide einen Raumbezug. Es müssen also beide über Geometrien verfügen. Zudem müssen die beteiligten Layer am gleichen Ort (gleiches Koordinatensystem) – also quasi „übereinander" – liegen. Das Ergebnis besitzt immer das Koordinatensystem der gespeicherten Daten des Ziels, auch wenn die Quelle in einem anderen System vorliegt. Dabei ist die Einstellung des Koordinatensystems des Datenrahmens völlig unerheblich, da ArcMap eine von den gespeicherten Daten unabhängige Darstellung ermöglicht. Weitere Besonderheiten bei dieser lagebezogenen Verbindung werden im Abschnitt 9.13.3 beschrieben.

Die Hilfe sagt noch: Man kann Daten aus unterschiedlichen Datenquellen verbinden, beispielsweise eine dBASE-Tabelle mit einem Coverage oder eine Tabelle aus einer OLEDB-Verbindung mit einem Shapefile.

9.13.1 Verbindungen (1:1-Zuordnung)

Verbindungen sind möglich, wenn bestimmte Bedingungen innerhalb der Tabellen und untereinander erfüllt werden. In diesen Fällen ist dann ein dauerhaftes Speichern der erweiterten Tabelleninhalte gewährleistet. Die Bedingungen lauten:

Jedem Datensatz der Zieltabelle ist genau ein Datensatz der Quelle zugeordnet. Es liegt eine so genannte 1:1-Zuordnung vor.

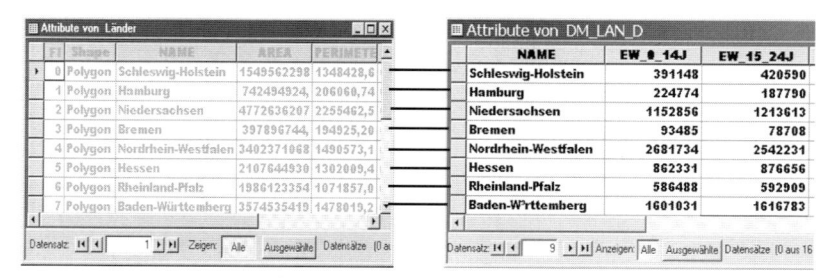

Mit dem Schlüsselfeld „NAME" ist eine 1:1-Verbindung möglich. Jeder Datensatz im Ziel – der mit dem Feld „Shape" auch die Geometrie beinhaltet – „findet" mit dem Schlüsselfeld „NAME" genau einen Satz in der Quelle. Also haben beide Tabellen die gleiche Anzahl von Datensätzen. Nach der Aktion steht ein Layer zur Verfügung, der beide Tabelleninhalte vereinigt. Um diesen Zustand auf Dauer zu erhalten, muss der Layer unter neuem Namen oder in einem anderen Verzeichnis gespeichert weden. Am unteren Rand der Tabelle sieht man den Datensatz „Baden-Württemberg", der keine Daten übernommen hat. Hier liegt ein Unterschied im Schlüsselfeld vor: Das „ü" ist aus vielerlei bekannten Gründen nicht gleich geschrieben. Ein Umlaut ist ein Problem in der EDV. Die Reihenfolge der Datensätze in den Tabellen spielt beim Verbinden keine Rolle. Nebenstehende Konstellation ist demnach problemlos zu verbinden. Die Eindeutigkeit ist wichtig.

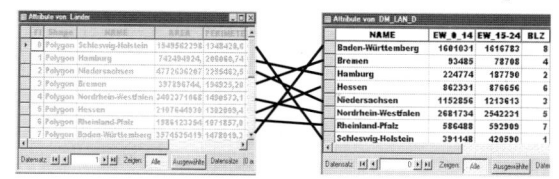

9.13.2 Verbindung (m:1-Zuordnung)

Der Fall einer 1:1-Zuordnung ist der Idealfall und wird eher die Ausnahme sein. In den meisten Fällen wird es zu einer m:1-Zuordnung kommen. Gemeint ist damit, dass in der Zieltabelle mehr Datensätze (m) als in der Quelltabelle (1) vorliegen (Schlüsselfelder „ID", „BLZ"). Weiter kann der Fall auftreten, dass dabei ein oder mehrere Datensätze der Quelle nicht abgefragt werden oder ein Datensatz des Ziels keine Ergänzung aus der Quelle erhält.

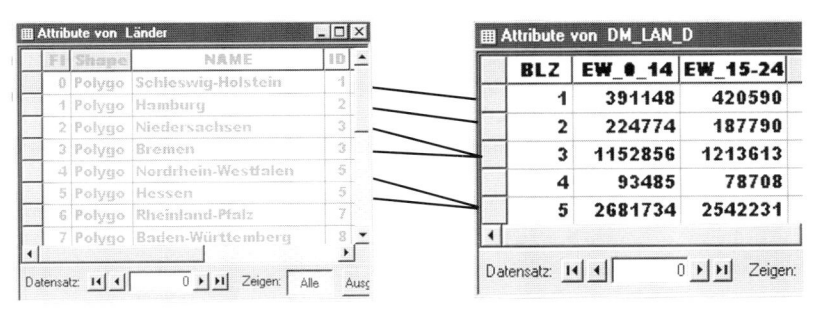

FI	Shape	NAME	ID
0	Polygo	Schleswig-Holstein	1
1	Polygo	Hamburg	2
2	Polygo	Niedersachsen	3
3	Polygo	Bremen	3
4	Polygo	Nordrhein-Westfalen	5
5	Polygo	Hessen	5
6	Polygo	Rheinland-Pfalz	7
7	Polygo	Baden-Württemberg	8

BLZ	EW_0_14	EW_15-24
1	391148	420590
2	224774	187790
3	1152856	1213613
4	93485	78708
5	2681734	2542231

Diese zunächst kompliziert erscheinende Situation wird von ArcMap gelöst, in dem die folgende Tabelle erzeugt wird:

DM_	DM_LAN.NAME	DM_LAN_D.E	DM_LAN_D.E
1	Schleswig-Holstein	391148	420590
2	Hamburg	224774	187790
3	Niedersachsen	1152856	1213613
3	Bremen	1152856	1213613
5	Nordrhein-Westfalen	2681734	2542231
5	Hessen	2681734	2542231

Wo in der Zieltabelle im Schlüsselfeld die Werte „3" und „5" abgelegt sind, wird der passende Datensatz aus der Quelltabelle zweimal ausgelesen. Die Sätze mit dem Wert „7 + 8" im Schlüsselfeld der Zieltabelle erhalten keine Daten aus der Quelle mit dem Schlüsselfeld „BLZ". Der Datensatz mit dem Schlüsselwert „4" in der Quelltabelle bleibt quasi ungenutzt.

Um diese Information auf Dauer zu erhalten, muss der Layer unter neuem Namen oder in einem anderen Verzeichnis gespeichert werden.

Dieser Datenbestand enthält dann doppelte Werte oder gegebenenfalls diverse Mehrfachnennungen. Daher ist das Speichern derartiger Datenbestände nicht zu empfehlen. Wenn die Information gebraucht wird, ist nur eine temporäre Verbindung nötig. Man nennt dies auch eine dynamische Verbindung.

Beispiel hierfür könnten Preisgruppen in einem Warenhaus sein. Es gibt viele Waren (m) und nur wenige Preisgruppen, die den verschiedenen Waren zugeordnet werden. Änderungen müssen nicht an allen Waren vorgenommen werden, sondern nur in der Tabelle der Preisgruppen.

Wenn die Attributtabellen von zwei Layern verbunden werden, einer der beteiligten Layer über ein unbekanntes Koordinatensystem verfügt und für den anderen Layer ein Koordinatensystem festgelegt ist, wird eine Fehlermeldung angezeigt. Weitere Anmerkungen hierzu befinden sich in der Online-Hilfe im Thema „Verbinden".

9.13.3 Lagebezogene Verbindung

Die Stärke eines GIS ist es, den Raumbezug – also die Lage der Objekte oder der kompletten Layer zueinander – auszuwerten und damit mehr Möglichkeiten für das Zusammenfügen von Datenbeständen zu besitzen. Diese Fähigkeit wird herangezogen, wenn die beteiligten Tabellen kein Schlüsselfeld aufweisen können. So kann man den Datensatz eines Punktlayers an den Datensatz eines Polygonlayers anhängen, wenn ein Punkt (z. B. eine Stadt) in dem Polygon (z. B. ein Land) liegt. Um sie zu nutzen, müssen die beiden Tabellen einen Raumbezug haben. Es sind also Geo-Daten notwendig, die am gleichen Ort liegen. Das notwendige Schlüsselfeld ist dann in beiden beteiligten Layern „Shape".

Diese Art der Verbindung ist zwischen zwei Layern mit verschiedenen Featuretypen (Punkt, Linie, Polygon) durchführbar. Für jede Kombination ist nur die Verbindung, die die meisten Gemeinsamkeiten aufweisen im entsprechenden Dialog verfügbar. Derartige Verbindungen sind nicht dynamisch. Sie müssen deshalb gespeichert werden.

Allerdings sind dieser Art der Verbindung auch Grenzen gesetzt. Nicht jede Kombination ist realisierbar. So ist es z. B. nicht möglich, dass viele Punkte aus einem Punktlayer ihre Daten an ein flächiges Polygon übergeben. Diese Situation ist nicht eindeutig, da nicht klar ist, welcher Punkt seine Daten weitergibt. Umgekehrt ist das kein Problem. Ein Polygon kann seine Daten an mehrere Punkte „überreichen" (m:1-Verbindung).

Eine räumliche Verbindung wird, basierend auf dem Koordinatensystem des Ziellayers, berechnet, welcher in ArcMap markiert ist.

9.13.4 Verwaltung der Verbindungen

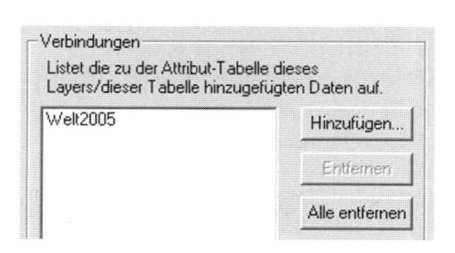

Alle Verbindungen, die zwischen den vorliegenden Tabellen erstellt wurden, erhalten einen eigenen Namen zur Identifikation. Sie können an zentraler Stelle verwaltet werden. Siehe im Kontextmenü des Layers unter dem Register „Verbindungen & Beziehungen".

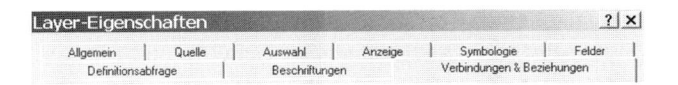

9.13 Verbindungen

Beispiel zum Verbinden

Starten Sie ArcMap. Mit der Befehlsfolge...

ArcMap-Hauptmenü:
Einfügen:
Datenrahmen

...fügen Sie einen neuen Datenrahmen hinzu. Laden Sie danach die beiden Layer „cntry04" und „admin" (sdc-Dateien) aus dem Verzeichnis:

EsriData_World_Europe_Canada_Mexico\world\data

Exportieren Sie (Kontextmenü auf den Layer: Daten: Daten exportieren) beide in ein Verzeichnis Ihrer Wahl und vergeben Sie dabei die Namen „Welt2005" für „cntry04" und „Regionen2005" für „admin". Dieser Export ist notwendig, da mit den sdc-Dateien keine Verbindungen möglich sind. Ziel soll es sein, den Regionen eine Information über die genutzte Währung zuzuführen. Diese Angaben befinden sich jedoch vor der Verbindung zunächst nur im Layer „Welt2005".

Markieren Sie den Layer „Regionen2005" und öffnen Sie sein Kontextmenü. Klicken Sie auf „Verbindungen & Beziehungen" und wählen Sie dann „Verbinden…".

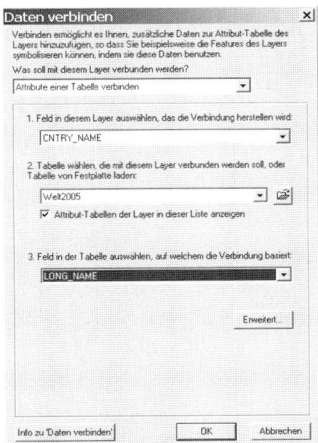

ArcMap-Kontextmenü: Layer
Verbindungen & Beziehungen:
Verbinden...

Es öffnet sich das Dialogfenster „Daten verbinden", in dem die Verbindung vorbereitet wird. Durch die Aktivierung des Layers „Regionen2005" ist das Ziel festgelegt. Im obersten Eingabefeld können Sie wählen zwischen einer Verbindung über Attribute oder über den Lagebezug. Unter „1." wird das Schlüsselfeld (CNTRY_NAME) der Zieltabelle definiert, bei „2." die Quelltabelle (Welt2005) ausgesucht und festgelegt und bei „3." das Schlüsselfeld (CNTRY_NAME) dieser Quelle benannt. Wenn der Haken unter „2." nicht gesetzt ist, werden nur Tabellen ohne Raumbezug (das Feld „Shape" fehlt darin) angeboten. Ansonsten können Sie auch unter den Tabellen der restlichen Layer auswählen. Bestätigen Sie Ihre Einstellungen mit „OK".

Die Verbindung wird sofort umgesetzt. Das gewünschte Feld „CURR_TYPE" wie auch die anderen Felder der Tabelle „Welt2005" werden an die Attributtabelle von „Regionen2005" angehängt. Alle Felder erhalten Namen, die auf ihren Ursprung hindeuten, und zwar dadurch, dass der Name der Quelltabelle vorangestellt wird.

Ersichtlich ist nun, dass in Sachsen und anderen Bundesländern der „Euro" und der „Cedi" in Ghanas Provinzen Zahlungsmittel ist. Diese Informationen waren zuvor nicht abrufbar.

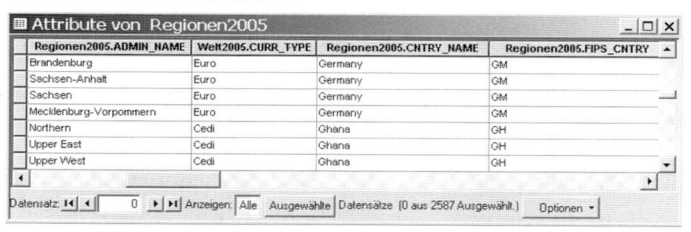

Regionen2005.ADMIN_NAME	Welt2005.CURR_TYPE	Regionen2005.CNTRY_NAME	Regionen2005.FIPS_CNTRY
Brandenburg	Euro	Germany	GM
Sachsen-Anhalt	Euro	Germany	GM
Sachsen	Euro	Germany	GM
Mecklenburg-Vorpommern	Euro	Germany	GM
Northern	Cedi	Ghana	GH
Upper East	Cedi	Ghana	GH
Upper West	Cedi	Ghana	GH

Bevor der Layer „Regionen2005" nicht neu gespeichert worden ist, sind die angefügten Felder nicht gleichberechtigt neben den alten. Es ist nicht möglich, diese Werte nach dem Starten des Editors zu verändern. Wenn die Bearbeitung gestartet wird, wird dies durch eine andere Markierung der neuen Felder deutlich gemacht. Die neuen Feldnamen (nicht bearbeitbar) behalten ihren grauen Hintergrund, während er bei den alten (bearbeitbar) weiß wird.

Das Speichern als Shape unter neuem Namen und ggf. in einem neuen Verzeichnis führen Sie folgendermaßen durch: Markieren Sie den Layer im Inhaltsverzeichnis und öffnen Sie das Kontextmenü.

ArcMap-Kontextmenü: Regionen2005
Daten:
Daten exportieren

Legen Sie im Dialogfenster „Daten exportieren", das Koordinatensystem sowie den Namen und das Ablageverzeichnis fest. Zuvor entscheiden Sie noch, ob alle oder eventuell nur ausgewählte Datensätze exportiert werden sollen. Nach der Bestätigung wird das neue Shape erzeugt und kann sofort in die Karte eingelesen werden.

In diesem neuen Layer haben die Feldnamen keine Bezeichnung mehr, die auf die Herkunft schließen lässt.

Die Verbindung ist im ArcMap-Dokument (*.mxd) gespeichert und steht nach einem Neustart wieder zur Verfügung. Es handelt sich um eine m:1-Verbindung, da es 2587 Regionen, aber nur 250 Staaten in der Welt gibt.

9.13.5 Verbinden mit Tabellen ohne Geometrie

In der obigen Beispielberechnung erkennen Sie, dass die Zieltabelle über alle Felder der Quelltabelle verfügt. Auch ein vorheriger Eingriff in die Sichtbarkeit der Tabellen unter den Layereigenschaften ändert daran nichts. Um zu erreichen, dass nicht alle Felder der Quelle an das Ziel übergeben werden, muss der interessierende Teil der Quelltabelle in eine separate dBase-Tabelle exportiert werden, wobei Sie das Schlüsselfeld (hier „Long_Name") der Quelltabelle nicht vergessen dürfen! Vor dem Export stellen Sie die nicht gewünschten Felder auf „nicht-sichtbar" ein. In der Folge verbinden Sie die Tabellen, wie zuvor beschrieben. Die Vorgehensweise ist exakt dieselbe und kann auch mit einer Textdatei durchgeführt werden.

9.13.6 Lagebezogene Verbindung herstellen

Wie schon angedeutet, ist die Verbindung über den Raumbezug eine Stärke von Geo-Informationssystemen. Wenn keine Schlüsselfelder vorliegen, wie in dem gerade beschriebenen Fall, dann ist diese Art der Verbindung die einzige Möglichkeit, einen Datentransfer von einem Layer auf den anderen durchzuführen. Selbst erklärend ist, dass beide beteiligten Tabellen über einen Raumbezug verfügen müssen, also ein Feld „Shape" vorliegen muss. Im Feld „Shape" befinden sich zwar nicht die eigentlichen Geometrien und ihre Koordinaten, aber hier ist der Verweis darauf abgelegt.

Darüber hinaus ist es notwendig, dass für beide Tabellen ein Koordinatensystem festgelegt ist. Es muss jedoch nicht das Gleiche sein. Die Zieltabelle bestimmt das Koordinatensystem des Ergebnisses nach der raumbezogenen Verbindung.

Beispiel zur lagebezogenen Verbindung

Laden Sie die Layer „Continent" und „Cities" aus dem schon bekannten Verzeichnis „EsriData_World_Europe_Canada_Mexico\world\data" (sdc-Dateien) und exportieren Sie diese wie üblich in ein Verzeichnis Ihrer Wahl unter den Namen „Kontinente" und „Städte". Der Attributtabelle von „Städte" können Sie entnehmen, dass ausreichend Information über die Lage der Städte vorliegt, aber die zugehörigen Kontinente nicht benannt sind. Dies soll über eine räumliche Verbindung nachgeholt werden. Markieren Sie den Punkte-Layer „Städte" und öffnen Sie das Kontextmenü. Dort wählen Sie den Menüeintrag „Verbindungen und Beziehungen" und anschließend den Eintrag „Verbinden..." im Untermenü. Es öffnet sich das Dialogfenster „Daten verbinden". Nach Einstellung der lagebezogenen Verbindung im obersten Eingabefeld hat der Dialog das nebenstehende– von der vorherigen Form abweichende – Erscheinungsbild.

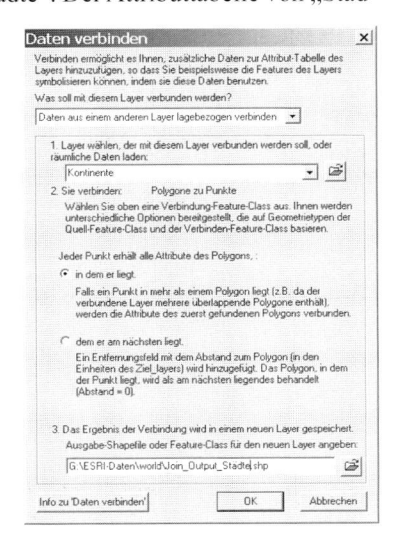

Hier kann nur noch im Bereich „1." die zweite Tabelle gewählt werden, da das Schlüsselfeld in beiden beteiligten Tabellen schon definiert (Shape-Feld) ist und nicht gewechselt werden darf. Bei „2." wird die angestrebte Verbindung nochmals erwähnt: „Sie verbinden: Polygone zu Punkte". Im folgenden Bereich kann auf die Prozedur noch Einfluss genommen werden. Gewählt werden kann zwischen zwei Optionen, die verschiedene geometrische Konstellationen berücksichtigen. In dem hier vorliegenden kleinen Beispiel wird die Option „in dem er liegt" gewählt. In Bereich „3." werden der Name und das Zielverzeichnis des neuen Shapes festgelegt, da bei dieser räumlichen Verbindung sofort ein neuer Layer angelegt wird. Die schon erwähnten Eigenarten bei der Namensvergabe zur Herkunft der Tabellenfelder entfällt dabei. Es liegt sogleich ein normaler, auch in allen Feldern editierbarer Layer vor.

Die Attributtabelle des Layers hat dann den nebenstehenden Inhalt und bezüglich der Bearbeitung der Felder keine Einschränkungen. Hier können die angehängten Felder sofort editiert und somit verändert werden. Die Editierbarkeit wird durch den weißen Hintergrund bei den Feldnamen angezeigt, wenn der Editor gestartet ist. Außerdem lässt sich erkennen, dass die Sortierung der Datensätze in „Städte" verändert wurde, also diejenige der Kontinente hat. Erkennbar ist auch leicht, dass keine der Städte in der Antarktis liegt.

9.13.7 Räumliche Nähe bei der lagebezogenen Verbindung

Mit einer kleinen Erweiterung dieses Beispiels soll gezeigt werden, dass auch die bloße Nähe zueinander es ermöglicht, eine Verbindung herzustellen. Keines der Features liegt „auf" einem der Features, die im anderen Layer liegen.

Aufgabe ist es, zu ermitteln, ob Stuttgart näher am Rhein oder an der Donau liegt. Laden Sie dazu den Layer „rivers" (sdc, 98 Objekte) aus dem gleichen Verzeichnis wie im vorherigen Abschnitt dazu, exportieren Sie ihn in vergleichbarer Weise und speichern Sie ihn mit dem Namen „Ströme" als Shapefile. Die Verbindung geht wegen der m:1-Beziehung von den „Städten" aus.

Die Vorgehensweise für das Verbinden ist dieselbe wie im vorherigen Beispiel, nur dass nun bei der Angabe der Verbindungsmethode der Ausdruck „Linien zu Punkte" steht.

Bei den im Folgenden angegebenen Optionen unter „2." wählen Sie die untere, wonach jedem Punkt (Städte) die Werte der am nächsten liegenden Features (Ströme) der zu verbindenden Layer zugeordnet werden. Nach dem Verbinden sind jeder Stadt des neuen Layers die Sachdaten der am nächsten gelegenen

9.13 Verbindungen 263

Features aus dem Layer mit den Flüssen zugeordnet. In einer weiteren Spalte sind die zugehörigen Entfernungen abgelegt. Nun ist ermittelbar, dass Stuttgart der Donau näher ist als dem Rhein. Die reale Entfernung kann erst abgelesen werden, wenn die vorgestellte Prozedur gemacht wird, nachdem die Quelllayer in ein metrisches Koordinatensystem überführt worden sind. Die von ESRI mitgelieferten Daten liegen alle im WGS84 vor und sind damit nicht metrisch.

Diese Beispiele zeigen den prinzipiellen Weg bei der raumbezogenen Verbindung. Das Thema ist in seiner Gesamtheit erheblich vielschichtiger und kann deshalb in diesem Rahmen nicht tiefergehend beschrieben werden. Aber hingewiesen werden soll noch auf die weiteren Kombinationsmöglichkeiten. Bei drei verschiedenen Featuretypen, die hier zur Verfügung stehen, ergeben sich rein rechnerisch insgesamt neun verschiedene Kombinationsmöglichkeiten:

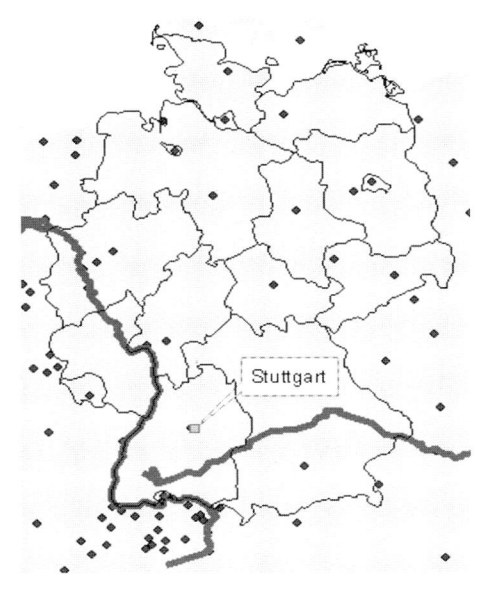

Popy - Poly	Poly - Point	Point - Poly
Point - Point	Poly - Line	Line - Poly
Line- Line	Line - Point	Point - Line

Jede dieser Kombinationen ist theoretisch im Rahmen der räumlichen Verbindung denkbar, wobei bei der gemischten Form (rechte Aufzählung) die Reihenfolge maßgebend sein kann. Bestimmte Situationen sind nicht eindeutig und nur nach gewissen Überlegungen durchführbar. Z. B. können mehrere Punkte ihre Sachdaten nicht einfach an ein einziges Polygon übergeben. Dieser Zustand ist nicht eindeutig: Es müssen Festlegungen bezüglich der Sachdaten getroffen werden. Das nebenstehende Abbildung zeigt Lösungswege auf. Die Unterschiede bei den aufgelisteten Möglichkeiten werden in den folgenden Abbildungen beispielhaft deutlich. Je nach Kombinationswunsch liegt ein leicht veränderter Dialog vor.

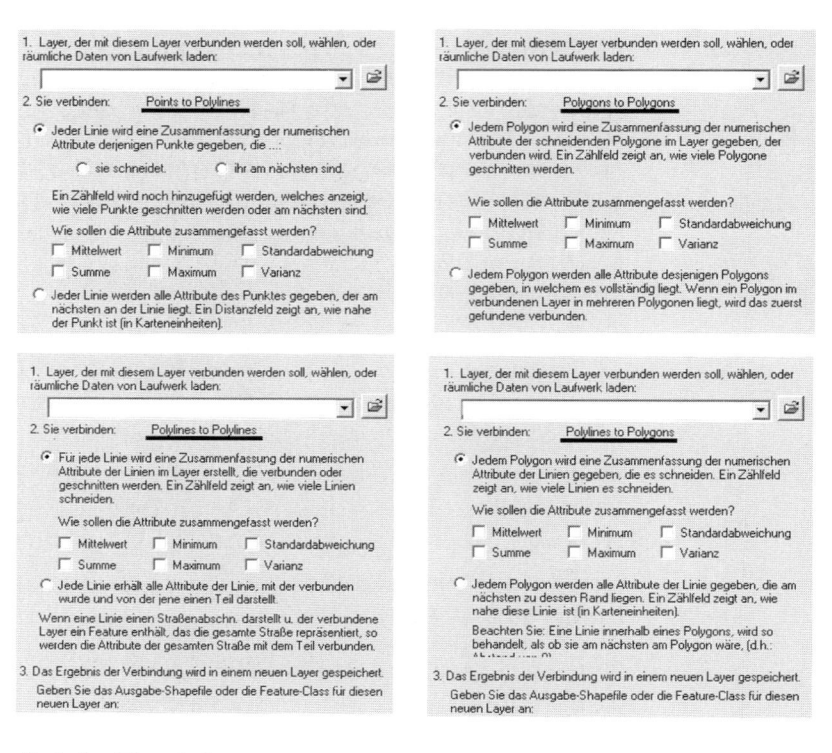

9.14 Beziehungen

Die bisherigen Ausführungen haben Fälle beschrieben, bei denen es eine Beziehung wie 1:1 oder m:1 gegeben hat. Wenn nun der Fall anders herum gelagert ist, also die Zuordnung mit 1:m beschrieben werden muss, ist die Situation nicht mehr so klar. Die Zieltabelle hätte dann die Möglichkeit, bei der Verbindung aus mehreren Quelldatensätzen auszuwählen. Dies ist ein nicht eindeutiger Zustand.

Die folgende Darstellung macht dies deutlich:

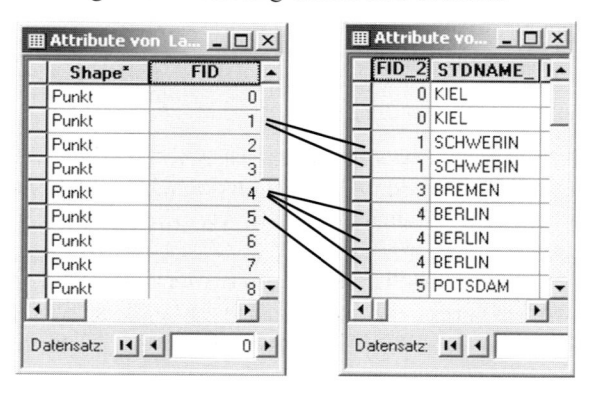

9.14 Beziehungen

Die Datensätze „1" und „4" haben eine Zuordnung auf jeweils mehrere Datensätze in der Quelltabelle. Datensatz „1" bezieht sich zweimal auf „Schwerin" und Datensatz „4" dreimal auf „Berlin". Wichtig hierbei ist nicht die Namensgleichheit bei Schwerin und Berlin, sondern der Umstand, dass diese Datensätze im Feld „FID_2" die gleichen Werte haben. Dieser Zustand ist so zwar generierbar in ArcView, aber daraus lässt sich kein neuer Datenbestand durch Speichern erzeugen. Diese Art der Zuordnung wird daher „Beziehung" genannt. Sie steht nur temporär für weitere Auswertungen zur Verfügung und muss jeweils explizit aktiviert werden.

Sollte dieser Zustand in eine Verbindung gebracht werden, dann würden bei der Zuordnung immer nur die jeweils ersten Datensätze übernommen. In diesem Beispiel würden also die jeweils zweiten Datensätze von „Berlin" und „Schwerin" nicht weiter berücksichtigt. Das Ergebnis wäre nicht zwangsläufig richtig.

Das Herstellen einer Beziehung erfolgt zunächst auf die gleiche Weise wie bei den Verbindungen. Eine räumliche Beziehung ist allerdings nicht darstellbar.

Beispiel zu Beziehungen

Starten Sie ArcMap. Mit der Befehlsfolge...

ArcMap-Hauptmenü:
Einfügen:
Datenrahmen

...fügen Sie einen neuen Datenrahmen hinzu. Laden Sie danach die Layer „Regionen2005" und „Welt2005" aus der vorherigen Übung.

Markieren Sie den Layer „Welt2005" als „Zieltabelle" (da 1: m-Beziehung) und öffnen Sie das Kontextmenü. Aktivieren Sie den Eintrag „Verbindungen und Beziehungen" und im nachfolgenden Untermenü den Eintrag „In Beziehung setzen...":

ArcMap-Kontextmenü: Layer
Verbindungen und Beziehungen:
In Beziehung setzen...

Es öffnet sich das Dialogfenster „Beziehungen", in dem die notwendigen Einstellungen vorgenommen werden können.

Im oberen Bereich werden nochmals wichtige Hinweise zur anstehenden Aktion gegeben. In Bereich „1." wird das Schlüsselfeld der ersten – anfänglich markierten – Tabelle benannt (von „Zieltabelle" kann man hier nicht mehr reden). Wählen Sie das Feld „CNTRY_NAME" aus. Unter Punkt „2." wird die zweite Tabelle benannt, zu der eine Beziehung aufgebaut werden soll. Wählen Sie dort den Layer „Regionen2005". Im Bereich „3." wählen Sie das Schlüsselfeld „CNTRY_NAME" der Tabelle. Diese so definierte Beziehung erhält im Bereich „4." einen Namen, unter dem sie verwaltet werden kann. Wählen Sie einen Namen und bestätigen Sie diesen Vorgang mit „OK".

Nach Abschluss der obigen Eingaben ist die Beziehung hergestellt, aber noch nicht aktiv. Öffnen Sie nun die beiden beteiligten Attributtabellen von „Welt2005" und „Regionen2005". Platzieren Sie die Tabellen so auf dem Desktop, dass beide gleichzeitig sichtbar sind.

Selektieren Sie in „Welt2005" den Datensatz von „Germany", der sich daraufhin in die eingestellte Auswahlfarbe umfärbt. In der Tabelle von „Regionen2005" ist noch keine Auswahl zu erkennen. Sie muss erst durch die Aktivierung der Beziehung ausgelöst werden. Drücken Sie dazu die Schaltfläche „Optionen" am unteren Rand des Tabellenfensters von „Welt2005" und wählen Sie den Menüeintrag „In Beziehung stehende Tabellen". Sofort erscheint ein Untermenü mit den Einträgen der Beziehungsnamen. Klicken Sie auf die von Ihnen zuvor benannte Beziehung (hier „Cyberbeziehung"). Über das

Schlüsselfeld in der zweiten Tabelle wird die Beziehung sofort ausgeführt. Die gefundenen Daten – hier die Bundesländer – werden in der Attributtabelle von Regionen2005 in der Auswahlfarbe angelegt.

In diesem kleinen Beispiel muss die Tabelle das folgende Aussehen haben, wenn zudem die Option „Ausgewählte" am unteren Tabellenrand eingestellt ist:

Es werden 16 Datensätze mit dem Inhalt „Germany" im Schlüsselfeld „CNTRY_NAME" identifiziert, fünf davon sind in der Abbildung ersichtlich. In der Tabelle von „Welt2005" ist es nur ein einziger. Dieser Zustand ist nicht in einem eigenen Shape speicherbar.

Der Aufruf der Beziehung muss immer von der Tabelle ausgehen, in der die primäre Auswahl vorgenommen worden ist. Die Primärtabelle in diesem Beispiel ist „Welt2005": Bei ihr ist die Beziehung angesiedelt. Das Gleiche gilt für die Aufhebung der Auswahl. Drücken Sie dazu die Schaltfläche „Optionen" in der Attributtabelle von „Welt2005" und heben Sie die Auswahl auf. Sie verschwindet in der Primärtabelle „Welt2005". Die Auswahl in „Regionen2005" bleibt jedoch. Sie kann auch nicht auf dem üblichen Weg aufgehoben werden, sondern nur, indem man in der Primärtabelle alle Auswahlen aufhebt und dann die Beziehung ohne Auswahl ein weiteres Mal auslöst.

Um zu erkennen, welche die „Primärtabelle" ist, öffnen Sie das Kontextmenü der betreffenden Layer (Welt2005), wählen den Menüeintrag „Eigenschaf-

9.14 Beziehungen

ten" und das Register „Verbindungen und Beziehungen". In den entsprechenden Anzeigefeldern sind die definierten Verbindungen und Beziehungen aufgelistet. Öffnen Sie das gleiche Register für die Tabelle von „Regionen2005", so werden Sie feststellen, dass ein entsprechender Eintrag fehlt. Die Beziehung gehört sozusagen zur Tabelle des Layers „Welt2005", da sie von dort initiiert worden ist. „Welt2005" ist die „Primärtabelle"!

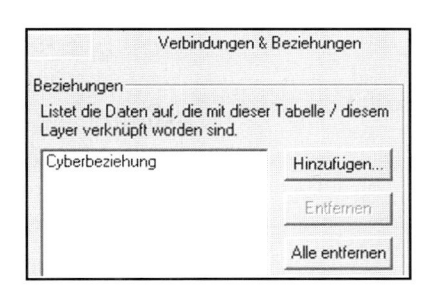

Diese Beziehungen werden in der *.mxd-Datei abgelegt und stehen nach einem Neustart wieder zur Verfügung. Dies bezieht sich darüber hinaus auf die Auswahl in den beiden Tabellen. Der Vorgang der Auswahl kann auch bei bestehender Beziehung in umgekehrter Reihenfolge durchgeführt werden. Selektieren Sie dazu einen bestimmten Datensatz in der Tabelle von „Regionen2005" und aktivieren Sie dann die Beziehung von dieser Tabelle aus. In der Tabelle von „Welt2005" wird sofort der zugehörige Datensatz ausgewählt. In beiden Tabellen ist aber nur ein Datensatz selektiert worden, da es sich in diesem Beispiel dann um eine 1: m-Zuordnung handelt.

Im Fall einer n:m-Zuordnung wären in der Tabelle gegebenenfalls mehrere Datensätze ausgewählt.

Hilfe

Drücken Sie die Schaltfläche „Info zu Daten in Beziehung setzen" im Dialogfenster „Beziehungen", um weitere Informationen über die Herstellung von Beziehungen zu erhalten. Zum Beispiel wird erläutert, dass eine Beziehung immer in beide Richtungen gilt. Die oben vorgestellte Vorgehensweise erzeugt also nicht nur eine Beziehungsrichtung von „Welt2005" nach „Regionen2005", sondern auch umgekehrt. Sie gehört aber dem Layer „Welt2005".

Weiter wird in dieser Hilfe beschrieben, dass es möglich ist, Beziehungen und Verbindungen miteinander zu verknüpfen, um so genannte Beziehungsklassen zu erzeugen. Die Reihenfolge der Herstellung ist dabei wichtig für die Wirkungsweise einer solchen Beziehungsklasse.

Wenn der Layer oder die Tabelle über eine Beziehung verfügt, wird die Beziehung entfernt, sobald Daten damit verbunden werden. Wenn eine Beziehung für einen Layer oder eine Tabelle mit Verbindungen erstellt wird, wird die Beziehung entfernt, sobald die Verbindung entfernt wird. Im Allgemeinen wird empfohlen, zunächst Verbindungen zu erstellen und anschließend Beziehungen hinzuzufügen.

Weiterführende Hinweise zu diesem Thema entnehmen Sie bitte den Direkthilfetexten, die Sie im Dialog „Daten verbinden" und im Dialog „Beziehungen" über eine entsprechende Schaltfläche erreichen.

Bestehende Verbindungen oder Beziehungen können natürlich auch wieder gelöst werden. Unter dem Punkt „Verwalten" wurde darauf schon hingewiesen; erreichbar über die Layereigenschaften und dem Register „Verbindungen & Beziehungen".

Eine weitere Möglichkeit liegt an derselben Stelle vor wie das Einrichten einer Verbindung oder Beziehung (Kontextmenü des Layers). Nach Drücken des entsprechenden Menüeintrages werden alle vorhandenen Verbindungen oder Beziehungen benannt und können für das Löschen ausgewählt werden.

10 Symbologie

10.1 Allgemeines

Karten sind ohne eine passende und auf die Zielsetzung abgestimmte Legende unvollständig. Allein die Darstellung der Geometrien reicht nicht aus, um Informationen zu vermitteln. Erst eine sinnvolle Symbologie, die auch farbig sein kann, ermöglicht es, eine differenzierte Information aus einer Karte abzulesen. Unterstützt werden kann dies durch Beschriftungen. Wie diese eingesetzt werden, erfahren Sie im Kapitel 11. Hier soll zunächst die Herstellung der – meist farbigen – Symbologie beschrieben werden. Aus dieser Symbologie entsteht dann beim Einfügen in die Layout-Ansicht die gewünschte Legende.

Sie können die unterschiedlichsten Symbologien generieren. Je nach Aufgabe der Karte steht eine Vielzahl von unterschiedlichen Typen zur Verfügung.

Dabei wird auch der Featuretyp eines Layers berücksichtigt, denn auch dieser hat Einfluss auf die Symbologie. Jeder Layer hat dabei seine eigene Symbologie. Eingesetzt werden können auch so genannte Diagramm-Symbologien. Mit Hilfe von kleinen Diagrammen direkt an den Features wird die Informationsfähigkeit der Karte deutlich erhöht.

Beschrieben wird im Folgenden die Herstellung der Symbologie für folgende Ausprägungen:

- gleiches Symbol für alle Objekte (Einzelsymbol)
- unterschiedliche Symbole, objektorientiert (Einzelwert)
- unterschiedliche Symbole, klassifiziert (Abgestufte Farben)
- unterschiedliche Symbolgrößen, klassifiziert (Abgestufte Symbole)
- Symbologie mit Diagrammen an den Features (Diagramm)
- Dichte-Symbolik (Punktedichte)
- Kombination verschiedener Symbologien

Anhand der Daten, die mit der Installation von ArcMap zur Verfügung stehen bzw. durch Kopieren der Daten von der CD „ESRI Data & Maps" vorliegen, werden die folgenden Beispiele erläutert. Die Daten liegen standardmäßig im Verzeichnis:

EsriData_World_Europe_Canada_Mexico\europe\germany

Zunächst wird der Dialog vorgestellt, der für diese Aufgabe zur Verfügung steht. Mit ihm lassen sich alle notwendigen Aufgaben erledigen.

10.2 Symbologie-Dialog

Der Symbologie-Dialog wird zur Erstellung der Symbologie benötigt. Er verfügt über die notwendigen Werkzeuge und Einstellmöglichkeiten.

Man kann die verschiedenen Typen anhand einer kleinen Vorschau auswählen. Darüber hinaus ermöglicht der Dialog das Einladen vorhandener Symbologien, auch solcher von ArcView 3.x (*.avl- Dateien). Der Symbologie-Dialog wird mit folgendem Menü aufgerufen:

ArcMap-Kontextmenü: Layer
Eigenschaften:
Symbologie

Das folgende Bild zeigt das prinzipielle Erscheinungsbild des Dialogs. Je nach Typ verändert sich die Oberfläche dieses Dialogfensters, aber einige Merkmale sind immer vorhanden.

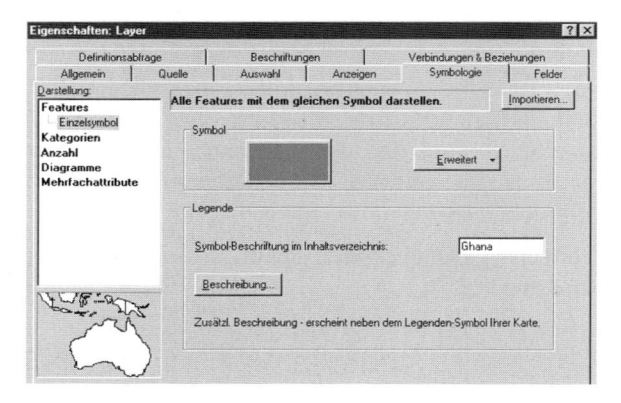

Auf der linken Seite ist eine Auswahlliste für die verschiedenen Typen. In diesem Beispiel ist „Einzelsymbol" ausgewählt.

Darunter befindet sich eine kleine Vorschau auf das jeweilige Erscheinungsbild der gewählten Legende. Die dort abgebildete Karte hat allerdings nichts mit den tatsächlich verwendeten Daten zu tun. Oben, quasi als Überschrift, wird im Klartext nochmal der gewählte Typ erläutert.

Mit Aktivierung der Schaltfläche „Importieren" kann man eine schon vorhandene Symbologie – die in einem anderen Layer angelegt ist (*.lyr-Datei) – importieren. Gleiches gilt für Legenden von ArcView 3.x. Das explizite Speichern einer neu erstellten Symbologie (wie in ArcView3) erübrigt sich durch diese Methode, da diese in der Layer-Datei immer gespeichert wird. Wenn ein Layer eine spezielle Symbologie erhalten hat und als Layer (*.lyr-Datei) gespeichert wird, kann diese Symbologie in andere Layer importiert werden.

Der restliche Bereich dieses Dialogfensters gilt der eigentlichen Bearbeitung der Symbologie. Je nach Typ ändert sich das Erscheinungsbild dieser Oberfläche, und es erscheinen verschiedene Schaltflächen und Menüs.

Die Beschriftung der Symbole im Inhaltsverzeichnis von ArcMap wird ebenfalls hier festgelegt.

10.3 Einzelsymbol

Die einfachste Form der Symbologie ist die Darstellung mit einem Einzelsymbol. Alle Geometrien von Geo-Daten werden mit dem gleichen Symbol dargestellt. Die Wahl des Symbols durch ArcMap ist eher zufällig und kann sofort verändert und damit den jeweiligen Bedürfnissen angepasst werden.

Da dieser Typ nicht auf Inhalte der Sachdatentabelle zurückgreift, ist das Einzelsymbol die ideale Symbologie während der Digitalisierung. In dieser Phase stehen noch keine Sachdaten zur Steuerung der Farbvergabe zur Verfügung. Des Weiteren ist diese Symbologie die „schnellste". Auch große Datenbestände werden rasch im Datenrahmen sichtbar.

Nach der Entscheidung für das Einzelsymbol steht das zuvor gezeigte Dialogfenster zur Verfügung. Einige Funktionen sind bereits erläutert. Es bleiben nur noch die beiden Bereiche „Symbol" und „Legende".

Im Bereich „Symbol" wird die Art des Symbols gesteuert. Über die Schaltfläche „Erweitert" kann die Transparenz dieser Farbe gewählt und Symbolebenen erstellt werden. Die Symbolebenen werden in Abschnitt 10.12 erläutert.

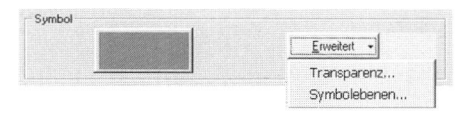

Im Bereich „Legende" wird die Beschriftung vorgenommen. Der eingetragene Text erscheint dann neben dem Symbol des Layers im Inhaltsverzeichnis von ArcMap.

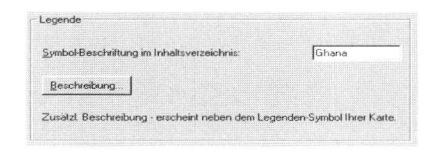

Im Folgenden wird die Vorgehensweise zur Erstellung einer Einzelsymbol-Symbologie beschrieben. Im Anschluss daran wird gezeigt, wie Legenden aus ArcView 3.x importiert werden.

Beispiel zur Einzelsymbol-Symbologie

Starten Sie ArcMap. Mit der Befehlsfolge...

ArcMap-Hauptmenü
Einfügen:
Datenrahmen

…fügen Sie einen neuen Datenrahmen hinzu. Markieren Sie ihn im Inhaltsverzeichnis und öffnen Sie das Kontextmenü (rechte Maustaste). Wählen Sie „Eigenschaften" und aktivieren Sie dort das Register „Allgemein".

ArcMap-Kontextmenü: Datenrahmen
Eigenschaften:
Allgemein

Bei „Name" tragen Sie einen neuen Namen für den Datenrahmen ein und bestätigen mit „Übernehmen" oder „OK".

Drücken Sie in der Standard-Werkzeugleiste die Schaltfläche „Daten hinzufügen" und laden Sie den Layer „plzzip1" aus dem Verzeichnis:

EsriData_World_Europe_Canada_Mexico\europe\germany

Die Features des Layers werden im Datenfenster mit einer willkürlich gewählten Farbe dargestellt. Im Inhaltsverzeichnis von ArcMap wird diese Situation sichtbar, wie in der folgenden Abbildung dargestellt wird. Der Text „Ohne PLZ" erscheint dabei nicht automatisch, sondern nur wenn er im Bereich „Legende" des Symbologie-Dialogs eingegeben wurde.

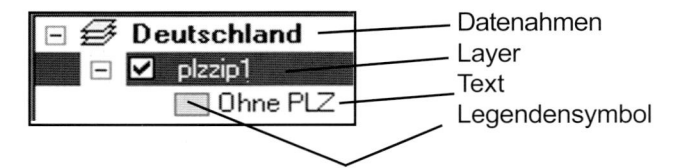

Der gesetzte Haken zeigt dabei an, dass der Layer im Datenrahmen gezeichnet wird, ohne Haken erscheint kein Layer. Das heißt aber nicht, dass der Layer aus dem Datenrahmen gelöscht ist. Er wird nur nicht gezeichnet, kann aber trotzdem für weitere Aktionen genutzt werden.

Markieren Sie den Layer und öffnen Sie das Kontextmenü mit der rechten Maustaste. Wählen Sie dort „Eigenschaften" und dann das Register „Symbologie". Es erscheint das nebenstehende Dialogfenster. Klicken Sie in der linken Auswahlliste „Features" an.

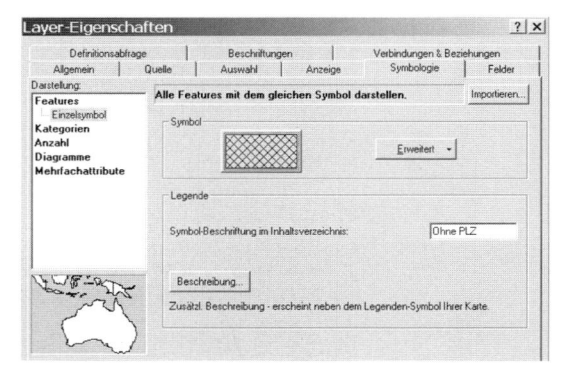

Um dem Layer eine einheitlich neue Farbe zu geben, machen Sie einen Doppelklick auf das Farbsymbol im Bereich „Symbol".

10.3 Einzelsymbol

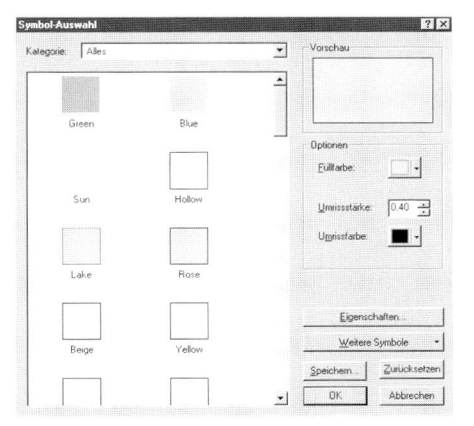

Es erscheint das Dialogfenster „Symbol-Auswahl". Hier können Sie zwischen vielen Symbolen, Farben und Mustern wählen.

An dieser Stelle dient die „Symbol-Auswahl" nur als Lieferant von Farben und Mustern für die verschiedenen Symbologietypen.

Wählen Sie im Bereich „Optionen" eine neue Farbe und ggf. eine andere Randstärke und Randfarbe aus. Drücken Sie dazu auf den kleinen Pfeil neben dem aktuellen Farbsymbol.

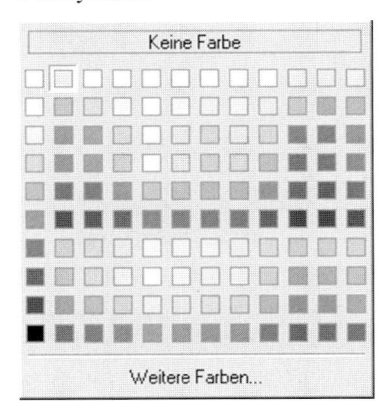

Es erscheint eine Farbpalette mit 120 Farbsymbolen, die beliebig erweitert werden kann. Durchsichtigkeit können Sie mit der oberen Schaltflächen „Keine Farbe" erzielen, neue Farben nach Drücken der Schaltfläche „Weitere Farben..." kreieren.

Bestätigen Sie Ihre Wahl mit „OK". Nach Drücken der Schaltfläche „Übernehmen" im Register „Symbologie" erscheinen die Features des Layers in der gewünschten Farbe.

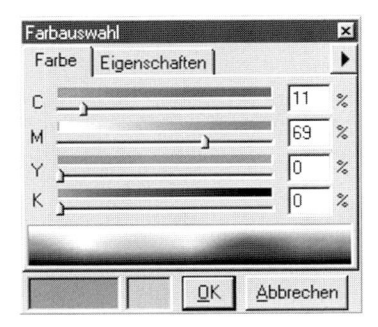

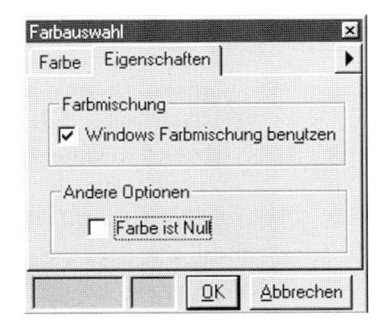

Wenn Sie eigene Farben entwickeln wollen, steht Ihnen unter „Weiterte Farben" ein geeignetes Werkzeug zur Verfügung. Dabei müssen Sie nichts über die Details der verschiedenen Farbmodelle wissen. Eine einfache Wahl auf der „bunten" Fläche führt bei gedrückter Maustaste zum Ziel. Die entsprechenden Farbwerte werden dabei automatisch angezeigt. Standard ist das RGB-Farbmodell. Die Buchstaben stehen für „Rot-Grün-Blau". Mit dem kleinen Pfeil oben rechts im Dialog „Farbauswahl" kann ein anderes Modell eingestellt werden. Es öffnet sich Folgendes…

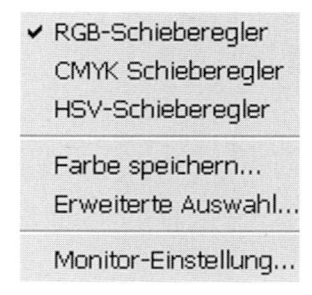

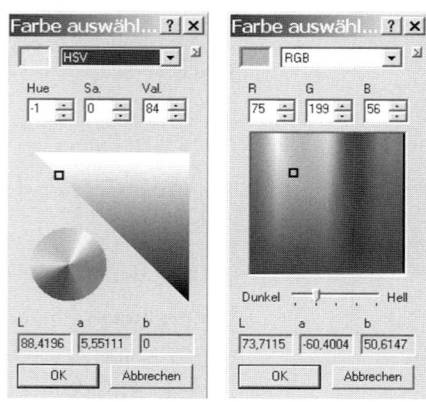

…und ermöglicht diverse Einstellmöglichkeiten und Funktionalitäten, z. B. „Speichern" und „Erweiterte Auswahl".

Die so getroffene Vorauswahl kann dann über die Schieberegler auf einen bestimmten Zielwert hin verändert werden. Im unteren Bereich des Dialogs „Farbauswahl" können die Vergleiche alt – neu betrachtet werden. Nach der Wahl wird nach Drücken der Schaltfläche „OK" die ausgewählte Farbe übernommen.

Hinter dem Register „Eigenschaften" verbergen sich weitere Einstellmöglichkeiten. Zum einen wird entschieden, ob fehlende Farben durch Mischung von Farben des Betriebssystem erzeugt werden sollen, zum anderen gibt es eine Möglichkeit, die aktuelle Farbe auf NULL oder Transparent zu stellen.

Die Schaltfläche „Erweitert" im Bereich „Symbol" führt zur Einstellung von Transparenz und zur Bearbeitung der Symbolebenen.

Transparenz hängt in diesem Fall aber von numerischen Tabelleninhalten ab und ist in das dafür vorgesehene Eingabefeld einzutragen.

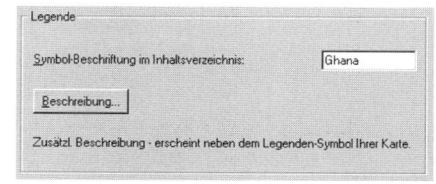

Um an der Legende auf der Karte weiteren frei wählbaren Text erscheinen zu lassen, drücken Sie die Schaltfläche „Beschreibung" im Bereich „Legende" des Registers „Symbologie".

Es erscheint ein Eingabefenster für zusätzlichen Text auf der Karte. Schreiben Sie den gewünschten Text und bestätigen Sie mit „OK". Dieser Text wird neben der Legende im späteren Layout positioniert, er ist nicht im Inhalts-

10.3 Einzelsymbol

verzeichnis von ArcMap zu erkennen, weil dort nicht ausreichend Platz sein wird.

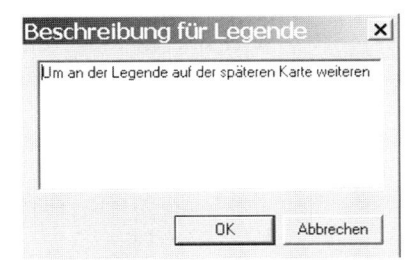

Über das Kontextmenü des Layers läßt sich die so geschaffene Symbologie als „*.lyr-Datei" speichern. Drücken Sie im Kontextmenü „Als Layer-Datei speichern", vergeben Sie einen Namen und legen Sie den Ablageort fest. Sie kann jetzt für einen anderen Layer als Symbologie herangezogen werden. Auf diese Weise können einmal hergestellte Symbologien mehrfach verwendet werden.

Übernahme der Symbologie

Oft ist es notwendig und zeitsparend, schon vorhandene Legenden für die aktuelle Aufgabe zu nutzen. Symbologie, die an anderer Stelle hergestellt wurde oder noch als *.avl-Datei von ArcView 3.x vorliegt, kann hierfür verwendet werden. Für diese Aufgabe steht ein Importmodul zur Verfügung, das über notwendige Filter verfügt. Diese steuern das Lesen der *.avl-Dateien oder des Layers aus ArcGIS. Auch wird über Filter geregelt, ob vollständige Symboldefinitionen, ausschließlich Symbole oder zusätzlich auch die Klassifizierungen importiert werden sollen.

Drücken Sie die Schaltfläche „Importieren" im Register „Symbologie". Es erscheint das Dialogfenster „Symbologie importieren".

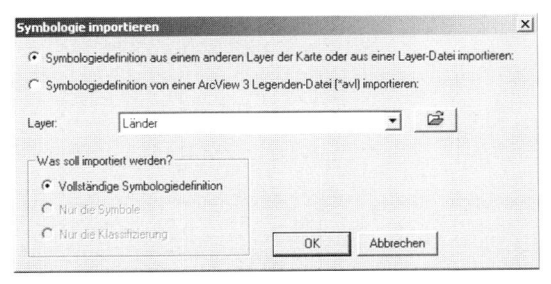

Die oberen Wahlmöglichkeiten steuern die Quelle. Unten wird der Importfilter festgelegt. Bei „Layer" wird der Name der Quelle, also des ausgesuchten Layers, mit der gewünschten Symbologie eingetragen. Eventuell müssen Sie zunächst in Ihren Verzeichnissen auf dem Rechner recherchieren.

Beispiel zur Übernahme der Symbologie

Laden Sie den Layer „plzzip2" und fertigen Sie eine Symbologie ihrer Wahl an.. Klicken Sie im Kontextmenü auf „Als Layer-Datei speichern..." und wählen Sie einen Ablageort Ihrer Wahl für den Layer von „plzzip2". In ihm ist das erstellte Erscheinungsbild von „plzzip2" gespeichert.

Laden Sie nun den Layer „plzzip2" noch einmal in denselben Datenrahmen. Er erscheint in einer zufälligen Symbologie.

Markieren Sie den neuen Layer „plzzip2" und aktivieren Sie das Kontextmenü. Gehen Sie auf „Eigenschaften" und das Register „Symbologie". Drücken Sie die Schaltfläche „Importieren...". Im Dialogfenster „Symbologie importieren", das daraufhin erscheint, wählen Sie den Import aus Layern (obere Zeile) und den gewünschten Layer aus. Nach allen Bestätigungen muss auch der zweite Layer die selbe Symbologie wie der zuerst geladene haben.

Im Folgenden soll der Import einer ArcView 3.x-Legende durchgeführt werden. Zu diesem Zweck muss eine *.avl-Datei vorliegen, die eine in ArcView 3.x gespeicherte Legende enthält. Zu Demonstrationszwecken ist eine solche Datei erstellt worden. Die Legende hat dann in ArcView 3.x das Aussehen wie hier dargestellt. Die zugehörige Legendendatei heißt beispielsweise „deustate.avl". Aktivieren Sie wie zuvor im Register „Symbologie" die Schaltfläche „Importieren". Im erscheinenden Dialogfenster „Symbologie importieren" aktivieren Sie die Einstellung für ArcView 3.x-Legenden zum Importieren von *.avl- Dateien.

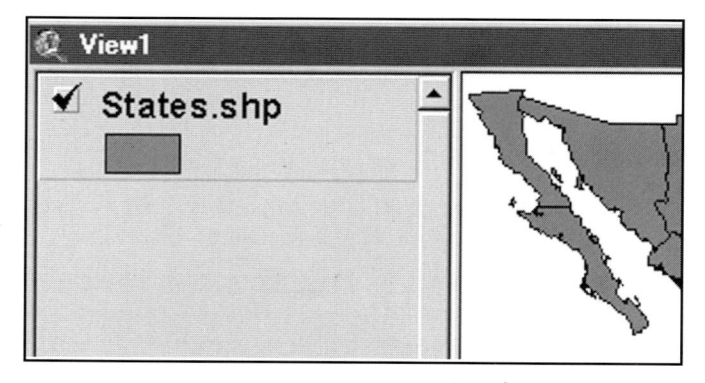

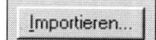

Wählen Sie dann die vorliegende Legenden-Datei, z. B. „deustate.avl", aus und importieren Sie sie durch Aktivieren der Schaltfläche „Hinzufügen".

Es erfolgt der entsprechende Eintrag in das Dialogfenster.

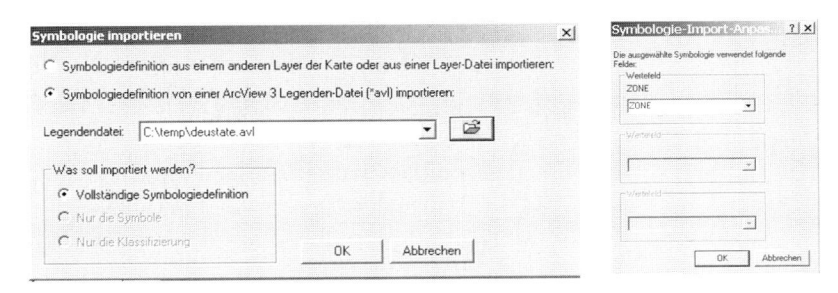

Bestätigen Sie mit „OK": Die Symboldefinitionen der Legende aus ArcView 3.x werden, wie im Filter eingestellt, vollständig importiert.

Drücken Sie „OK" im Register „Symbologie". Der Layer erscheint mit der neuen Symbologie.

Die Importmöglichkeiten haben schon bei dieser einfachen Einzelsymbol-Legende Einschränkungen. Deshalb muss die Legende, die importiert werden soll, monochrom sein und der eventuell andersfarbige Umriss mindestens die Stärke 1 haben. Die Standardeinstellung in 3.x ist 0,1 und wird somit ignoriert. Muster, wie z. B. zweifarbige Streifen, sind nicht für den Import geeignet. In diesen Fällen wird nur der „Hintergrund" importiert.

10.4 Einzelwert

Die bisher vorgestellte Symbologie zeigt ihren Vorteil vor allem während der Digitalisierungsarbeiten. Besondere Aussagekraft hat die einfarbige Darstellung eines Layers, der aus einer Vielzahl von Features besteht, jedoch nicht. Die Aussagequalität steigt, wenn es gelingt, nicht nur die Geometrien darzustellen, sondern auch auf die Attributtabelle zurückzugreifen. Sachdaten sollen die Symbolik der einzelnen Features beeinflussen, steuern und letztlich Auskunft über eben diese Sachdaten in Verbindung mit der Geometrie geben.

ArcMap stellt entsprechende Funktionen zur Verfügung, setzt aber voraus, dass zumindest ein Feld in der Attributtabelle mit Inhalten besetzt ist. Diese Inhalte, bzw. deren Werte, steuern dann die Bildung der Einzelwert-Symbologie.

Im Folgenden wird erläutert, wie eine Einzelwert-Symbologie erzeugt und wie eine solche gegebenenfalls aus anderen Layern oder *.avl-Dateien importiert wird. Zuvor wird das zugehörige Dialogfenster besprochen. Folgen sie zur Veranschaulichung den nachstehenden Anweisungen.

Stellen Sie eine Ausgangssituation wie bei der vorherigen Übung her. Laden Sie „plzzip2" aus folgendem Verzeichnis in einen Datenrahmen:

EsriData_World_Europe_Canada_Mexico\europe\germany

Vergewissern Sie sich, ob es Einträge in der Attributtabelle gibt. Öffnen Sie dazu das Kontextmenü des Layer „plzzip2" und klicken Sie auf den Menüeintrag „Attribut-Tabelle öffnen". Damit erhalten Sie einen Blick auf die Sachdaten.

Es ist zu erkennen, dass in den Feldern „Region" und „Zone" Werte existieren, die zur Legendenbildung genutzt werden können. Daran, dass die Inhalte linksbündig angeordnet sind, ist erkennbar, dass es sich vermutlich um eine „Zeichenfolge". Numerische Werte sind in der Regel rechtsbündig angeordnet (siehe hier z. B. FID) und können z. B. zur Steuerung der Transparenz genutzt werden.

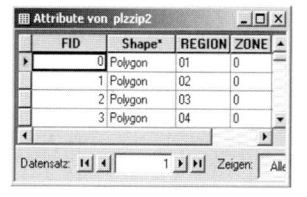

Die Orientierung muss nicht immer so sein und lässt sich unter „Layer-Eigenschaften" im Register „Felder" jederzeit bei numerischen Feldern ändern, bei „Zeichenfolgen" nicht.

Schließen Sie die Tabelle und öffnen Sie wieder das Kontextmenü des Layers. Klicken Sie auf den Menüeintrag „Eigenschaften.." und dann auf das Register „Symbologie". In der Auswahlliste „Kategorien" wählen Sie nun Einzelwert-Symbologie aus. Das Dialogfenster verändert sich etwas und eröffnet neue Steuerungsmöglichkeiten. Im kleinen Vorschaufenster unterhalb der Auswahlliste wird das prinzipielle Erscheinungsbild der Karte bei Nutzung dieser Symbologie veranschaulicht.

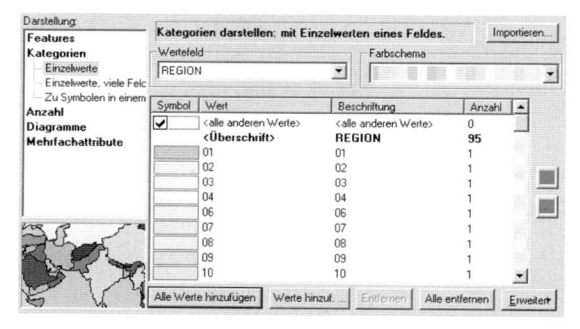

Neben den schon bekannten Merkmalen kommen nun verschiedene Funktionen hinzu. Im „Wertefeld" wird dasjenige Feld der Attributtabelle eingetragen, das in der zu entwickelnden Symbologie verwendet werden soll (hier ist das: „REGION"). Drücken Sie „Alle Werte hinzufügen". Mit dieser Symbologie erhält jedes Feature mit gleichem Attributwert ein eigenes, jeweils anderes Symbol oder eine eigene Farbe. Welche Farben dabei vergeben werden, wird im „Farbschema" festgelegt bzw. zunächst willkürlich von ArcMap vorgeschlagen.

Im darunter liegenden Bereich werden die Symbole vorgestellt. In der Spalte „Beschriftung" wird eingetragen, welcher Text an den Symbolen alternativ platziert werden soll. Standardeinstellung ist dabei der Tabelleninhalt des ausgewählten Wertefeldes. Die Farben sind als Vorschlag zu verstehen und können verändert werden. Die Spalte „Wert" zeigt, welchem Attributwert

10.4 Einzelwert

welche Farbe zugeordnet worden ist. Die Spalte „Anzahl" gibt Auskunft über die Gesamtanzahl der Features und die Anzahl der Features mit derselben Farbe (bei gleichem Tabelleninhalt wird die gleiche Farbe zugewiesen).

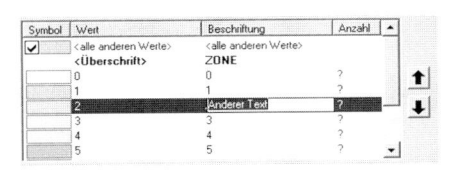

Mit den unteren Schaltflächen können Elemente aus der Symbologie entfernt oder weitere hinzugefügt werden, alle zusammen oder auch einzeln. Die Schaltfläche „Alle Werte hinzufügen" führt zur Symbolisierung aller Werte, nachdem anfänglich nur das Oberste mit dem Haken sichtbar war.

Nach Klick auf die Schaltfläche „Erweitert" können Sie die Transparenz der gewählten Farben in Abhängigkeit von einem Tabellenwert einstellen. Dabei muss es sich aber um numerische Werte handeln. Mit alphanumerischen Zeichen ist diese differenzierte Tranzparenz nicht zu erzielen.

Die Reihenfolge der Symbole kann mit den beiden im Dialog ganz rechts angeordneten Schaltflächen verändert werden. Sie sind aktiviert, sobald ein Symbol markiert ist.

Für Features, die keinen Attributwert im Wertefeld haben, ist das Symbol unter „<alle anderen Werte>" vorgesehen. Es kann durch Setzen des Hakens aktiviert werden. Drücken Sie die Schaltfläche „Übernehmen", dann wird die Symbologie erzeugt.

Beispiel zur Einzelwert-Symbologie

Wählen Sie in der Standard-Werkzeugleiste die Schaltfläche „Daten hinzufügen" und laden Sie den Layer „plzzip1" (Postleitzahlzonen) aus dem Verzeichnis:

EsriData_World_Europe_Canada_Mexico\europe\germany

Markieren Sie den Layer und öffnen Sie sein Kontextmenü. Klicken Sie auf „Eigenschaften..." und öffnen Sie das Register „Symbologie".

In der Liste unter „Darstellung" wählen Sie „Kategorien".

Suchen Sie sich im Wertefeld das Tabellenfeld „ZONE" aus und klicken Sie auf die Schaltfläche „Alle Werte hinzufügen".

Unter „Symbol" sehen Sie die Verteilung der gewählten Farben auf die Features in Abhängigkeit vom Wert des Feldes „ZONE". Die Werte selber stehen in der Spalte „Wert".

Drücken Sie die Schaltfläche „Übernehmen", um die neue Symbologie umzusetzen und um sich einen Überblick über die Farbgestaltung zu verschaffen. Sollten Sie das komplette Farbschema wechseln wollen, wählen Sie in der entsprechenden Auswahlliste unter „Farbschema" ein passenderes aus und bestätigen Sie es dann mit „OK". Sollten Sie nur ein einzelnes Symbol ändern wollen, machen Sie einen Doppelklick auf das fragliche Farbsymbol. Sie werden zur „Symbol-Auswahl" geführt und können dort die neue Symbolik Ihrer Wahl festlegen.

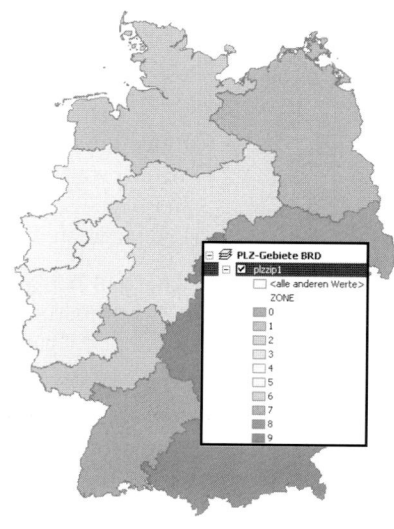

Bei einer geringen Anzahl von Features, wie im nebenstehend gezeigten Beispiel, ist die Wahl der Einzelwert-Symbologie zu vertreten. Sollten aber deutlich mehr Features vorliegen, kann die Länge problematisch für die Darstellung werden. In diesen Fällen ist evtl. ein anderer Typ vorzuziehen. ArcMap gibt einen entsprechenden Hinweis ab 500 Features.

Wenn die einfache Angabe des Inhaltes vom Wertefeld nicht ausreicht, kann zusätzlicher Text über die Spalte „Beschriftung" an jedes Symbol gebracht werden. Führen Sie an der entsprechenden Stelle einen Einfachklick aus und tragen Sie den gewünschten Text über die Tastatur ein. Er erscheint in der Symbologie des Datenrahmens rechts neben dem Symbol, nachdem Sie „Übernehmen" gedrückt haben.

Sollte die Reihenfolge unpassend sein, nutzen Sie die Pfeil-Schaltflächen zum Umorganisieren der Symbole (in der Grafik rechts z. B. 6 und 8). Markieren Sie dazu das fragliche Farbsymbol mit einem Einfachklick der linken Maustaste und positionieren Sie es mit den Pfeilen neu. Ungewollte Symbole können Sie markieren und mit der Schaltfläche „Entfernen" aus der Legende löschen. (z. B. 5 + 9).

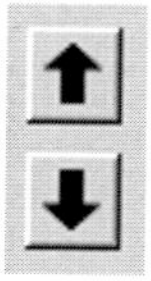

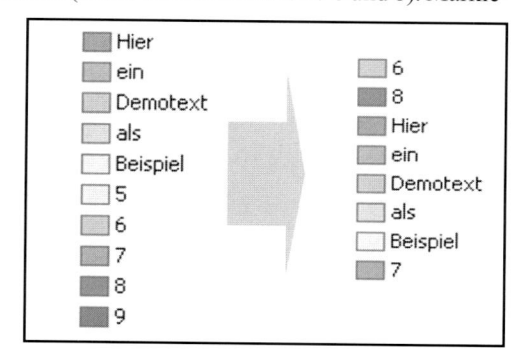

Als letzte Einstellungsmöglichkeit ist die Transparenz zu erwähnen. In Abhängigkeit von einem numerischen Feld lässt sich das gewählte Symbol transparent darstellen. Große Werte führen dabei zu großer Durchlässigkeit. Die Werte des entsprechenden Feldes werden quasi als Prozentangabe interpretiert. Drücken Sie dazu die Schaltfläche „Erweitert" und dann „Transparenz".

10.4 Einzelwert

Danach öffnet sich das Dialogfenster „Transparenz". Sie können in der Liste „Feld" ein passendes Steuerungsfeld auswählen. Angezeigt werden nur numerische Felder. Ist „<keine>" angegeben, so wird keine Transparenz erzeugt. Daran ist auch zu erkennen, dass es nur alphanumerische Felder gibt. Wenn Sie Ihre Wahl mit „OK" bestätigen, wird die Karte transparent dargestellt. Hohe Werte erzeugen eine hohe Transparenz, niedrige das Gegenteil. Ein Beispiel dazu zeigt die folgende Abbildung. Erkennbar sind die helleren Bereiche die eine „Durchblick" auf den drunter befindlichen Layer erlauben. Die Darstellungsmöglichkeiten im Rahmen dieses Buches begrenzen die Aussagefähigkeit dieser Karte. Anzumerken ist noch, dass die Zeichengeschwindigkeit im Falle dieser Transparenzeinstellungen dramatisch absinkt. Für die tägliche Arbeit ist der Einsatz der Transparenz vor allem bei umfangreichen Datenbeständen (sehr viele Features) zu überlegen.

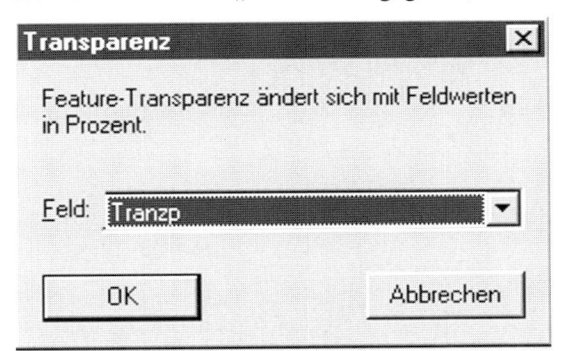

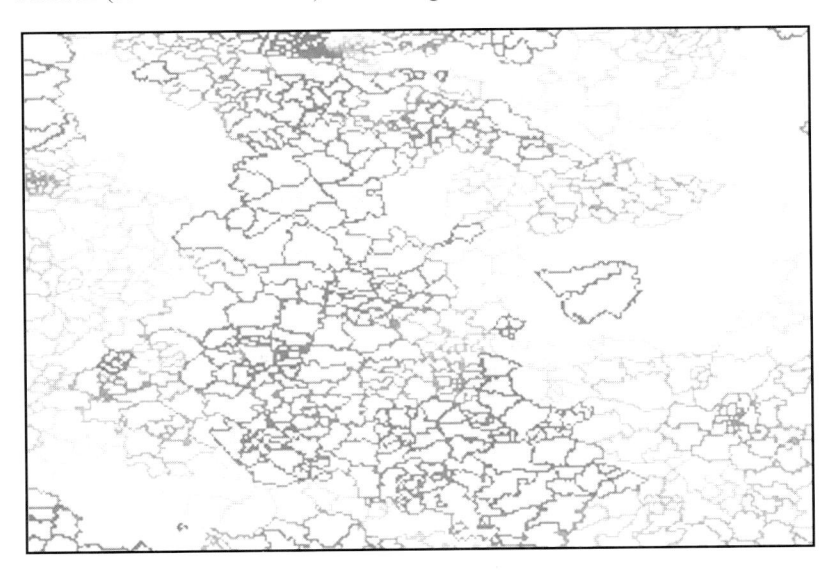

Diese Tranzparenzeinstellungen sind nicht zu verwechseln mit denjenigen die in den „Eigenschaften" der einzelnen Layer einstellbar sind. Unter dem Register „Anzeige" gibt es die Möglichkeit, einen kompletten Layer mit einem einzigen Transparenzwert in Prozentangabe zu versehen. Hohe

Prozentangaben erhöhen die Durchsichtigkeit. Die Zeichengeschwindigkeit leidet unter dieser Art von Transparenz nicht merklich.

Übernahme der Symbologie

Die Übernahme einer Einzelwert-Legende aus ArcView 3.x ist möglich. Erwähnt sei nochmals, dass der Rand eines Features nicht importiert wird, wenn er in ArcView 3.x zu dünn gewählt worden ist (Linienstärke muss mindestens 1 sein).

Die Transparenz in einer Legende aus ArcView 3.x wird ebenfalls übernommen. Allerdings ist in ArcView 3.x die Transparenz nicht steuerbar. Sie beträgt immer 100 Prozent. Auch ist eine vom Attribut abhängige Transparenz dort nicht vorgesehen!

Der Import aus einer *.lyr-Datei wird ebenfalls nach der zuvor beschriebenen Methode durchgeführt. Hierbei ist aber immer sichergestellt, dass auch die im Quell-Layer definierten Umrisse importiert werden.

10.5 Einzelwert, viele Felder

In bestimmten Fällen ist es sinnvoll, neben dem Symbol in der Legende mehr als nur einen Feldinhalt (Wertefeld) der Attributtabelle zu sehen. Es besteht bei dem nun angesprochenen Symbologietyp die Möglichkeit, zwei weitere Felder als Wertefeld festzulegen. Wählen Sie im Register „Symbologie" der Layer-Eigenschaften unter „Darstellung" den Typ „Einzelwerte, viele Felder"

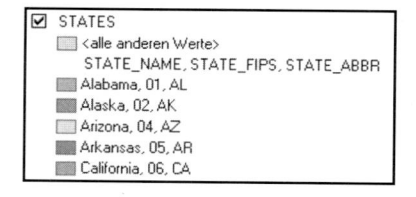

(Anmerkung: Der Text ist nicht vollständig lesbar, sondern nur wenn Sie mit der Maus auf dem Ausdruck verharren).

Im Dialogfenster können – optional – zwei weitere Wertefelder aus der Attributtabelle des Layers ausgewählt werden.

Neben dem primären Wertefeld „STATE_NAME" ist hier das Feld „STATE_FIPS" ausgewählt. Im Beispiel ist das dritte Feld mit „STATE_ABBR" belegt worden. Diese Wahlmöglichkeit ist optional, muss also nicht wahrgenommen werden. Allerdings muß im obersten Feld eine Wahl getroffen werden: Die Option <keine> gibt es nicht. Bei der Verwendung von drei Feldern kann es schnell zu Platzproblemen im Inhaltsverzeichnis kommen (siehe obige Abbildung).

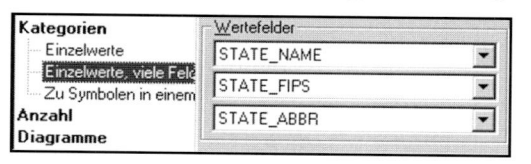

Die Ausrichtung der Beschriftung erfolgt leider nicht spaltenartig, sondern die Feldwerte sind nur durch ein Komma getrennt. Einer Überschrift (hier die Namen der ausgewählten Felder) kann die Bedeutung der Angaben in der Legende entnommen werden.

Übernahme der Symbologie

Die Übernahme aus einem Layer (*.lyr) erfolgt auf die beschriebene Weise und liefert ebenfalls mehrere Feldwerte. Die Übernahme aus ArcView 3.x erübrigt sich, da dort eine vergleichbare Symbologie nicht möglich ist.

10.6 Abgestufte Farben

Bei steigender Anzahl von Features muss eine Klassifizierung für die Symbologie vorgenommen werden. Ab etwa zwei bis drei Dutzend wird die Einzelwert-Symbologie schon zu lang. Bei mehreren Layern in einem Datenrahmen kommt es zu Darstellungsproblemen im Inhaltsverzeichnis und natürlich später auch im Layout.

ArcMap bietet die Möglichkeit, Abstufungen und Klassenbildungen für numerische Attributwerte durchzuführen. An dieser Stelle soll als Beispiel die Bildung von abgestuften Farben beschrieben werden.

Beispiel zu „Abgestufte Farben"

Starten Sie ArcMap. Mit der Befehlsfolge...

ArcMap-Hauptmenü
Einfügen:
Datenrahmen

...fügen Sie einen neuen Datenrahmen hinzu. Markieren Sie ihn im Inhaltsverzeichnis und betätigen Sie das Kontextmenü:

ArcMap-Kontextmenü: Datenrahmen
Eigenschaften:
Allgemein

Wählen Sie „Eigenschaften" und aktivieren Sie dort das Register „Allgemein". Bei „Name" tragen Sie einen neuen Namen – z. B. „BRD" – für den Datenrahmen ein und bestätigen mit „OK". Drücken Sie in der Standard-Werkzeugleiste die Schaltfläche „Daten hinzufügen" und laden Sie den Layer „prov1" aus dem Verzeichnis:

EsriData_World_Europe_Canada_Mexico\europe\basemap

Markieren Sie ihn und öffnen Sie das Kontextmenü mit der rechten Maustaste. Wählen Sie dort „Eigenschaften" und das Register „Symbologie". Klicken Sie im folgenden Dialogfenster in der linken Auswahlliste unter „Darstellung" auf „Anzahl". Wählen Sie den Typ „Abgestufte Farben".

Neu in diesem schon vorgestellten Dialogfenster ist der Bereich „Klassifikation". Hier können Sie die Anzahl der Klassen (Standard ist 5) und die Klassifizierungsmethode (Standard ist „Natürliche Unterbrechung") einstellen. Die Methoden wirken nur auf numerische Felder in der Tabelle. Wählen Sie unter „Wert" das Feld „SQKM":

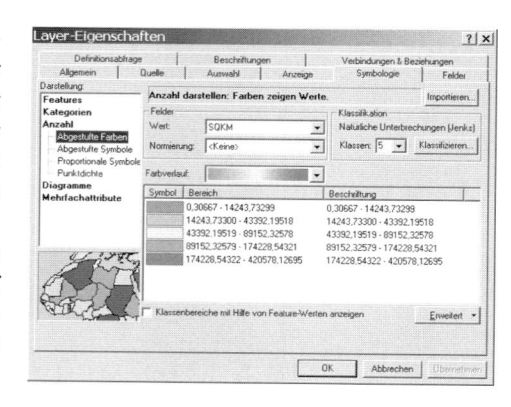

Drücken Sie die Schaltfläche „Klassifizieren". Es erscheint das Dialogfenster „Klassifikation".

An dieser Stelle können die Anzahl der Klassen und die Klassifizierungsmethode unter Zuhilfenahme eines Histogramms eingestellt werden.

Einen Überblick über das verwendete Datenangebot kann man sich im Bereich „Klassifikationsstatistik" verschaffen. Im rechten Teil des Dialogs „Klassifikation" sind die jeweiligen Intervallgrenzen (Unterbrechungen) als Zahl oder als Prozentsatz (Schaltfläche „%") in einer Liste angegeben.

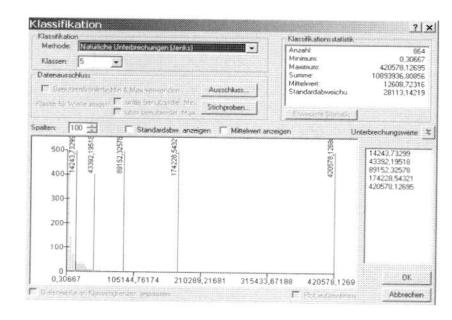

Wenn Sie einen Teil der Features nicht mit in die Darstellung oder Klassifikation aufnehmen wollen, können Sie sie über die Schaltfläche „Ausschluss..." ausschließen. Es öffnet sich das Dialogfenster „Eigenschaften: Datenausschluss". Die Aktion läuft über „Abfragen" in folgendem Dialog-Fenster:

Über das Register „Legende" erreichen Sie einen Dialog zur Wahl des Symbols und der Beschriftung der ausgeschlossenen Features. Mit der Schaltfläche „Stichproben..." im Fenster „Klassifikation" steuert man über den zugehörigen Dialog die Größe der Stichprobe, die für die Beprobung zur Klassifikation herangezogen wird.

Die Klassifizierungsmethoden in ihrer Gesamtheit können an dieser Stelle nicht

10.6 Abgestufte Farben

in aller Ausführlichkeit besprochen werden. Deshalb wird hier auf die Beschreibung in der Direkthilfe verwiesen.

Die so gewählten Klassen lassen sich durch Verschieben der Unterbrechungslinien im Histogramm neu ordnen. Dies ist die „Manuelle Methode".

Entscheiden Sie sich im Bereich „Felder" im Register „Symbologie" für das Feld „SQKM". Im Bereich „Klassifikation" wählen Sie z.B. zehn Klassen und die Methode „Natürliche Unterbrechung" aus. Stellen Sie im Farbschema die gewünschten Farben ein und bestätigen Sie mit „Übernehmen" oder „OK". Die Karte und die zugehörige Symbologie von Europa haben dann etwa nebenstehendes Aussehen.

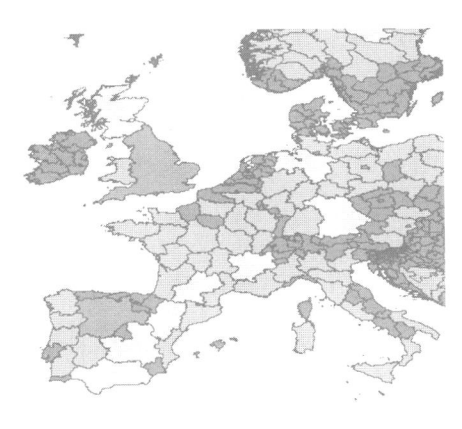

Drücken Sie die Schaltfläche „Klassifizieren" und im nachfolgenden Dialogfenster die Schaltfläche „Ausschluss...". Wählen Sie in der Liste der Attributtabelle ein auszuschließendes Feld (hier PROV1NAME) durch Doppelklick aus. In der rechten Liste erscheinen alle Namen der vorhandenen Feldinhalte, wenn Sie auf die Schaltfläche „Einzelwerte anfordern" drücken. Klicken Sie einen beliebigen Namen (hier Bayern) an, nachdem Sie das Gleichheitszeichen unter den Operatoren ausgewählt haben.

Auf diese Weise haben Sie dafür gesorgt, das z. B. das Land „Bayern" nicht bei der Darstellung der Symbologie berücksichtigt wird. Auf die Klassenbildung hat dies keine Auswirkung. Klicken Sie auf das Register „Legende" im Dialogfeld „Datenausschluss", um für das ausgeschlossene Feature ein eigenes, eventuell auffällig andersartiges Symbol zu gestalten.

Wählen Sie auf die bekannte Weise ein Symbol aus und fügen Sie einen passenden Text in das Feld „Beschriftung"

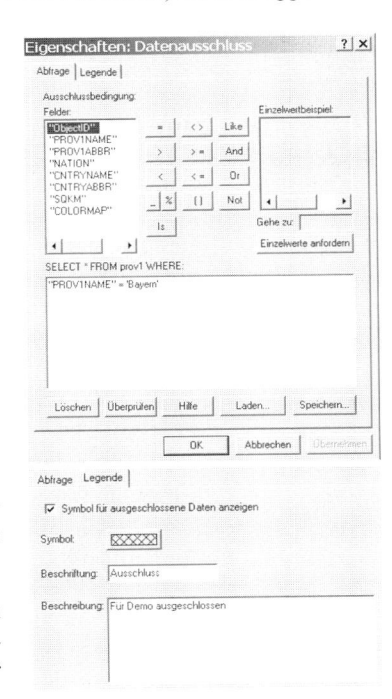

ein. Dieser Text erscheint neben dem Symbol. Im Feld „Beschreibung" dokumentieren Sie die Begründung für den Ausschluss des Features aus der Symbologie.

Um die Angaben in der Legende zu vereinheitlichen, aktivieren Sie die „Normierung" im Dialogfenster des Registers „Symbologie". Dort wählen Sie aus der angebotenen Liste das Normierungsfeld aus. Es stehen die Tabellenfelder und zwei weitergehende Werte zur Verfügung.

Um eine prozentuale Angabe zu erzeugen, wählen Sie „PERCENT OF TOTAL".

Die Einstellung „Keine" erzeugt keine Normierung. Die Einstellung <LOG> ermöglicht eine logarithmische Symbologiebeschriftung.

Bei der Wahl eines der Tabellenfelder wird das eingestellte Klassifizierungsfeld darauf bezogen. Bezieht man das Klassifizierungsfeld auf sich selbst, dann ist der Wert neben den Symbolen „1" und die Klassifizierung ist aufgehoben.

Die grundsätzliche Vorgehensweise bei den anderen Klassifizierungsmethoden ist die gleiche. Bei der Klassifizierungsmethode „Definiertes Intervall" und „Standardabweichung" müssen zusätzlich nur die gewünschten Intervallgrößen angegeben werden.

Übernahme der Symbologie

Die Übernahme aus einem Layer erfolgt auf die schon beschriebene Weise und liefert auch die gewünschte Klassenbildung. Alle sonstigen Einstellungen, wie Ausschluss und zugehörige Symbolik, werden verwirklicht.

Auch die Übernahme einer entsprechenden Legende aus ArcView 3.x erfolgt nach bekanntem Muster und hat keine neuen Einschränkungen. Auf den Import von Mustern muss daher ebenso verzichtet werden, wie auf den Rand der Symbole. Auch ist zu beachten, dass nicht alle Klassifizierungsmethoden in ArcView 3.x vertreten sind.

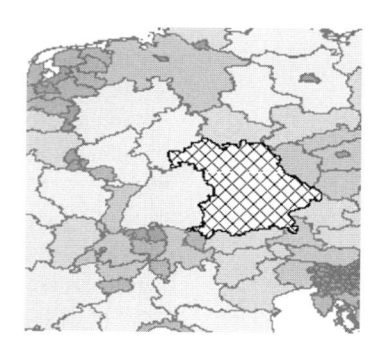

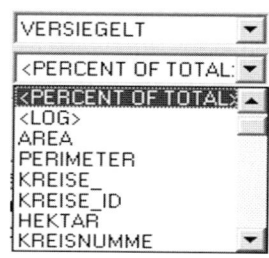

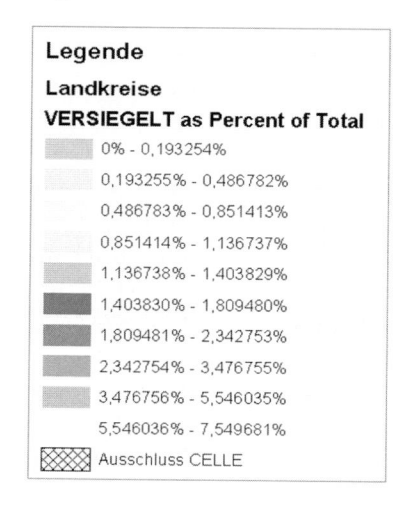

10.7 Abgestufte Symbole

In vergleichbarer Form wie „Abgestufte Farben" können auch Symbole abgestuft werden. Die Vorgehensweise ist entsprechend. Es sind einige Einstellungen mehr vorzunehmen, die die Symbole selbst betreffen. Dafür stehen zusätzliche Werkzeuge zur Verfügung.

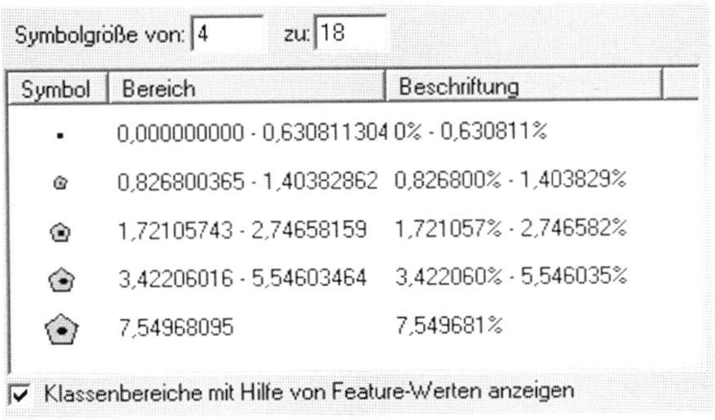

Symbol	Bereich	Beschriftung
.	0,000000000 - 0,630811304	0% - 0,630811%
⬢	0,826800365 - 1,40382862	0,826800% - 1,403829%
⬢	1,72105743 - 2,74658159	1,721057% - 2,746582%
⬟	3,42206016 - 5,54603464	3,422060% - 5,546035%
⬟	7,54968095	7,549681%

Symbolgröße von: 4 zu: 18
☑ Klassenbereiche mit Hilfe von Feature-Werten anzeigen

Die Punkte sind in diesem Fall keine Darstellung der Features! Sie repräsentieren einen Attributwert eines beliebigen Features und werden zusammen mit dem Feature in der Karte dargestellt! Das Feature muss dabei kein Punkt sein! Auch Polygone oder Linien könnten mit dieser Symbologie versorgt werden, z. B. ein Straßennetz mit verschiedenen Strichstärken als Ausdruck unterschiedlicher Verkehrsstärke.

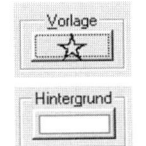

Statt der Farbauswahl – die natürlich weiterhin möglich ist – wird nun die Größe des Symbols bestimmt. Dazu tragen Sie eine untere und obere Grenze unter „Symbolgröße" ein. Die Schaltfläche bei „Vorlage" öffnet die „Symbol-Auswahl". Die Schaltfläche „Hintergrund" ermöglicht die Gestaltung des Hintergrundes für die Symbole.

Darüber hinaus kann das Symbol in Abhängigkeit vom Wert eines Tabellenfeldes verdreht werden. Die Drehrichtung – es gibt zwei verschiedene Definitionen dafür – und das bestimmende Tabellenfeld werden im Dialogfenster „Rotation" festgelegt. Dies wird nach dem Klick auf die Schaltfläche „Erweitert" angeboten.

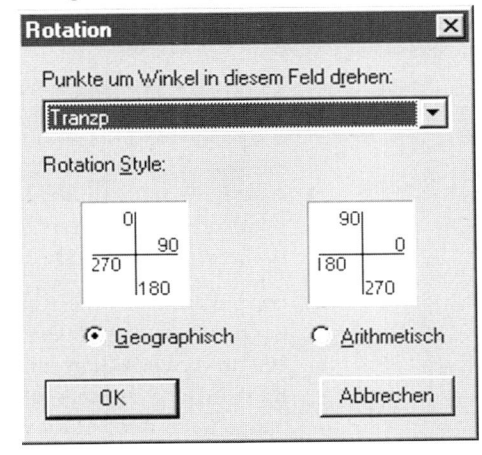

Rotation
Punkte um Winkel in diesem Feld drehen:
Tranzp

Rotation Style:

```
      0                    90
  270 | 90             180 | 0
     180                  270
```

⦿ Geographisch   ○ Arithmetisch

[OK] [Abbrechen]

Beispiel zu „Abgestufte Symbole"

Starten Sie ArcMap. Mit der Befehlsfolge…

ArcMap-Hauptmenü
Einfügen:
Datenrahmen

…fügen Sie einen neuen Datenrahmen hinzu. Markieren Sie ihn im Inhaltsverzeichnis und öffnen Sie das Kontextmenü. Wählen Sie „Eigenschaften"und aktivieren Sie das Register „Allgemein".

ArcMap-Kontextmenü: Datenrahmen
Eigenschaften:
Allgemein

Bei „Name" tragen Sie einen neuen Namen – z. B. „Mexico" – für den Datenrahmen ein und bestätigen mit „Übernehmen" und „OK".

Drücken Sie in der Standard-Werkzeugleiste die Schaltfläche „Daten hinzufügen" und laden Sie den Layer „states" aus dem Verzeichnis:

EsriData_World_Europe_Canada_Mexico\mexico\data

Erstellen Sie eine „Abgestufte Symbole-Symbologie" für die Polygone des Layers „States" mit folgenden Eigenschaften:

- Gleiches Intervall
- 6 Klassen
- Wertefeld: ST_ID
- Keine Normierung
- Kein Ausschluss
- Größe von 5 bis 22
- Symbol als Dreieck
- Farbe: Grau
- Symbol gedreht, geografisch
- Hintergrund: Hellblau

Markieren Sie den Layer „states" und öffnen Sie das Kontextmenü mit der rechten Maustaste. Wählen Sie „Eigenschaften" und das Register „Symbologie". Klicken Sie im Dialogfenster in der linken Auswahlliste unter „Darstellung" auf „Anzahl" und wählen Sie „Abgestufte Symbole". In der Vorschau wird Ihnen gezeigt, welche Symbologie erzeugt wird.

Wählen Sie nun das Wertefeld „ST_ID", das zur Legendenbildung herangezogen werden soll, in der Liste der Tabellenfelder aus. Belassen Sie die Normierung auf <keine>. Stellen Sie die untere und obere Symbolgröße auf 5 und 22. Drücken Sie die Schaltfläche „Klassifizieren..." und bestimmen Sie „Gleiches Intervall" als Methode sowie sechs Klassen für die Einteilung. Drücken Sie „OK".

10.7 Abgestufte Symbole

Aktivieren Sie die Schaltfläche „Vorlage" und suchen Sie sich in der „Symbol-Auswahl" ein Dreieck aus. Verändern Sie die Farbe des Dreiecks auf „Grau". Nach Drücken der Schaltfläche „Erweitert" und dann von „Rotation" stellen Sie den „Rotations-Style" im Dialogfenster „Rotation" auf geografisch und wählen das Wertefeld „COLORMAP".

Zuletzt klicken Sie auf die Schaltfläche „Hintergrund" und wählen in der „Symbol-Auswahl" die Farbe „Hellblau" aus. Drücken Sie „OK".

Diese Einstellungen führen zu folgender oder ähnlicher Symbologie in der Karte:

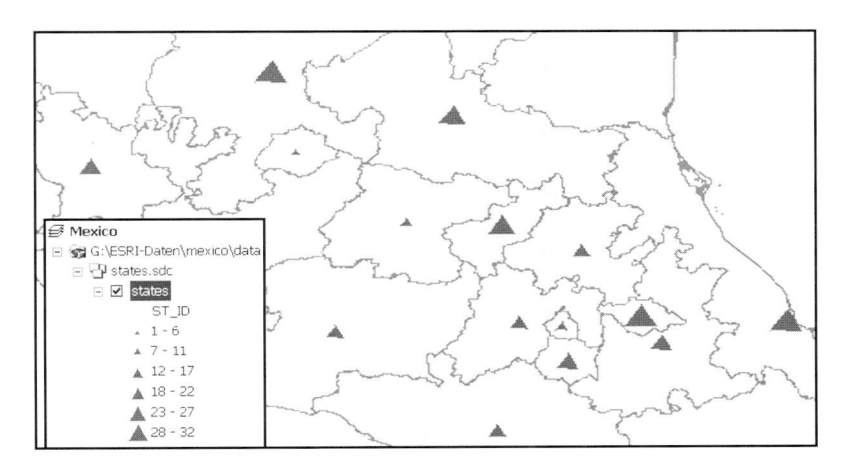

Auf der rechten Seite ist die leichte Drehung der Symbole erkennbar. Bei diesen Symbolen handelt es sich nicht um Grafikelemente, die mit den üblichen (Windows-)Methoden bearbeitet werden können. Ein denkbarer Darstellungskonflikt (Überlappung) lässt sich somit nicht „von Hand" durch Verschieben lösen. Das geht nur über die Größendefinition der Symbole oder durch die Wahl eines anderen Darstellungsmaßstabs.

Übernahme der Symbologie

Die Übernahme aus einem Layer (*.lyr) erfolgt auf die schon beschriebene Weise und liefert auch die gewünschte Klassenbildung. Alle sonstigen Einstellungen, wie Ausschluss, Normierung und die zugehörige Symbolik, werden – einschließlich der Symboldrehungen – verwirklicht. Die Übernahme einer entsprechenden Legende aus ArcView 3.x ist nicht möglich, da dort ein Legendentyp in diesem Sinne nicht vorgesehen ist.

Featurewerte anzeigen

Um in beiden abstufenden Symbologien auf die tatsächlichen Tabelleninhalte einzugehen, muss eine zusätzliche Einstellung vorgenommen werden. Die Klassifizierung wird beprobt und nach bestimmten Kriterien durchgeführt. Dabei entstehen Klassengrenzen, deren Wert in der zugehörigen Attributtabelle für das entsprechende Wertefeld nicht unbedingt vorkommen. Dieses ist der Standard bei der Klassifizierung.

☑ Klassen*b*ereiche mit Hilfe von Feature-Werten anzeigen

Setzt man den Haken, um die Inhalte der Tabelle genau zu nutzen, dann verändern sich einige Werte in der Symbologie. Sie kann dann z. B. folgende Werte enthalten:

☑ states
   POP1990
▲ 317764 - 824643
▲ 1051235 - 1660855
▲ 1823606 - 2620637
▲ 3019560 - 4126101
▲ 5302689 - 6228239
▲ 8235744 - 9815795

Einige Klassen erhalten, wie beim Vergleich der zwei abgebildeten Legenden deutlich wird, neue Grenzen, einige werden nicht verändert. Ggf. können sogar Klassen entfallen. Die Werte jeder Klasse resultieren dann exakt aus den Tabellenwerten und lassen sich dort wiederfinden.

Für die Symbologie und die Klassifizierung werden also Werte herangezogen, die auch in der Tabelle wirklich vorkommen.

10.8 Proportionales Symbol

Bei abgestuften Symbolen werden naturgemäß bei einer definierten Klassenanzahl auch größere Unterschiede in den Tabellenwerten nicht deutlich. Sie fallen – vielleicht eher zufällig – in eine Klasse und werden durch ein und dasselbe Symbol repräsentiert. Die gewünschte Differenzierung bei den Symbolen ist nicht gewährleistet. Dies kann nur die Symbologie „Proportionale Symbole", die nun beschrieben werden soll.

Bei diesem Typ wird die Symbolgröße an den Werten der Tabelle festgemacht und eine hohe Differenzierung erreicht. Es kann also unbeschränkt verschieden große Symbole in der Karte geben. Dass die Symbologie dies nicht in der gleichen Form nachvollziehen kann, ist unbedeutend. Sie hat einen nur repräsentativen Charakter, und die Anzahl der Beispielsymbole kann verändert werden. Die Symbologie liefert dem Betrachter der Karte eher Anhaltspunkte als konkrete Angaben.

Das Dialogfenster (Layer-Eigenschaften: Register Symbologie) ist den schon Beschriebenen ähnlich und unterscheidet sich nur hinsichtlich der Bestimmung des Symbols und seiner Größe (inklusive der Wahl der Einheit) sowie der Art des Hintergrundes. Außerdem kann die Anzahl der Beispielsymbole in der Legende des Inhaltsverzeichnisses bestimmt werden.

10.8 Proportionales Symbol

Der Haken bei „Aussehen Kompensation" kann gesetzt werden um bestimmten optischen Effekten vorzugreifen.

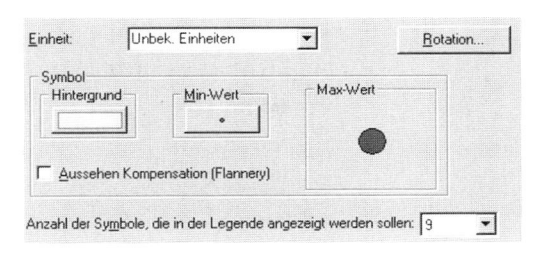

Die Direkthilfe schreibt dazu:

> Aktivieren Sie diese Option, um die "Flannery-Kompensation" einzuschalten. Benannt nach James Flannery, setzt diese Technik Symbolgrößen angepasst hoch, um der Gegebenheit Rechnung zu tragen, dass Leser zur Unterschätzung kreisförmiger Symbole neigen.

Beispiel zu „Proprtionales Symbol"

Starten Sie ArcMap. Mit der Befehlsfolge...

ArcMap-Hauptmenü
Einfügen:
Datenrahmen

...fügen Sie einen neuen Datenrahmen hinzu. Markieren Sie ihn im Inhaltsverzeichnis und öffnen Sie das Kontextmenü. Wählen Sie „Eigenschaften" und aktivieren Sie das Register „Allgemein".

ArcMap-Kontextmenü: Datenrahmen
Eigenschaften:
Allgemein

Bei „Name" tragen Sie einen neuen Namen – z. B. „Mexico" – für den Datenrahmen ein und bestätigen mit „Übernehmen" oder „OK".

Drücken Sie in der Standard-Werkzeugleiste die Schaltfläche „Daten hinzufügen" und laden Sie den Layer „states" aus dem Verzeichnis:

EsriData_World_Europe_Canada_Mexico\mexico\data

Erstellen Sie eine „Proportionale Symbol-Symbologie" für die Polygone des Layers „states" mit folgenden Eigenschaften:

- Symbol: Circle 6 des Business Styles (nachladen)
- Wertefeld: ST_ID
- Keine Normierung
- Min-Wert 6
- Unbek. Einheit
- Kein Ausschluss
- Kompensation (Flanney)

- Farbe blau
- 3 Symbole in der Legende
- nicht gedreht
- Hintergrund hellgelb

Markieren Sie den Layer und öffnen Sie das Kontextmenü. Wählen Sie „Eigenschaften" und dann das Register „Symbologie". Unter „Darstellung" wählen Sie „Anzahl" und „Proportionale Symbole".

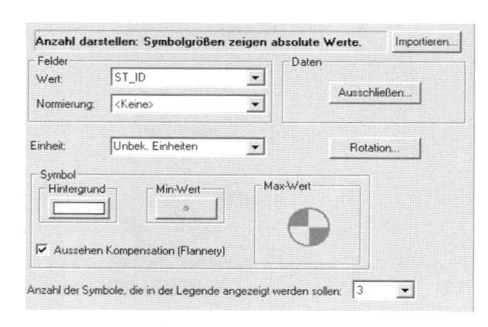

Stellen Sie „Wert" auf „ST_ID". Die Normierung lassen Sie inaktiv. Stellen Sie mit der Symbol-Auswahl die Hintergrundfarbe auf Gelb und drücken Sie die Schaltfläche „Min-Wert". Klicken Sie in der Symbol-Auswahl auf die Schaltfläche „Weitere Symbole" und laden Sie den Style „Business" aus dem aufgelisteten Angebot hinzu.

Im neuen Styleangebot wählen Sie „Circle 6", stellen seine Farbe auf „Blau" und die Größe auf „8". Stellen Sie danach die Anzahl der dargestellten Symbole auf den Wert „3", die Einheit auf „Unbek. Einheit" und bestätigen Sie mit „OK".

Die Karte und die Symbologie haben nun das dargestellte Aussehen:

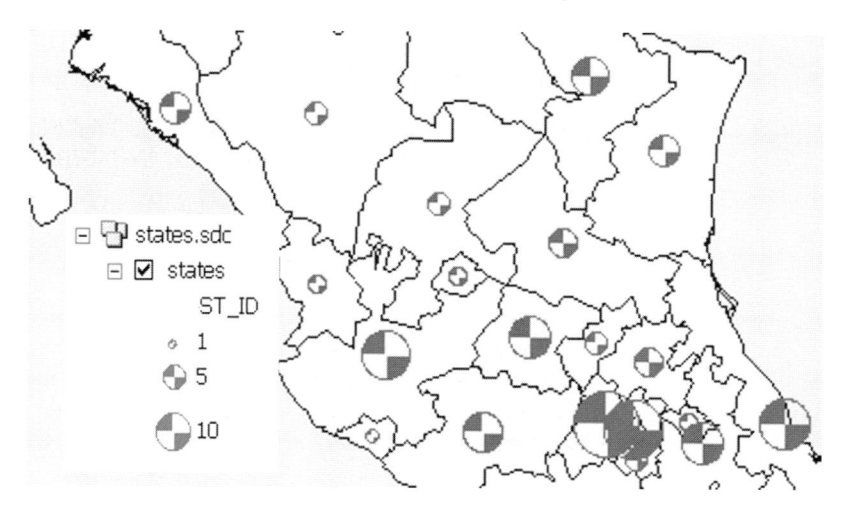

10.9 Punktdichte

Um eine bessere Darstellung zu erzielen, setzen Sie den Haken an „Aussehen Kompensation Flannery". Dann wird die Flannery-Kompensation aktiviert. Dabei handelt es sich um eine Technik, bei der Symbolgrößen nach oben angepasst werden und so der Tatsache entgegenwirken, dass Kartenbetrachter die Größe kreisförmiger Symbole in der Regel unterschätzen.

Bei den Symbolen handelt es sich nicht um Grafikelemente, die mit den üblichen Grafik-Methoden bearbeitet werden können. Der Darstellungskonflikt am unteren Bildrand lässt sich somit nicht „von Hand" durch Verschieben lösen. Das geht nur über die Größendefinition der Symbole oder durch die Wahl eines anderen Darstellungsmaßstabs.

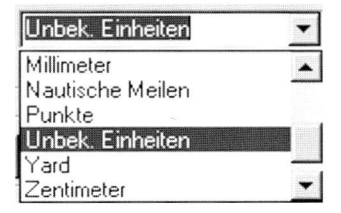

Noch nicht besprochen wurden die Einheiten für die Größe der Symbole. Auch in der vorherigen Übung wurde mit „unbekannten Einheiten" gearbeitet. An der entsprechenden Stelle lassen sich aber auch andere Einstellungen finden, die in der nebenstehenden Abbildung aufgeführt sind.

Wenn eine Einheit für die Darstellung des Symbols gewählt wird, verändert sich die Menüoberfläche etwas. Weitere Optionen werden angeboten.

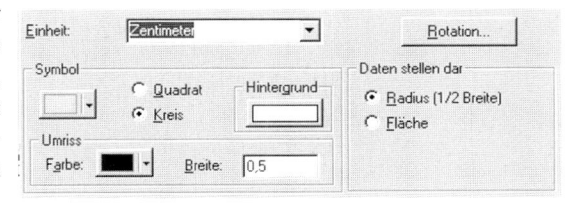

Der standardmäßig angebotene Kreis kann auch in ein Quadrat umgewandelt werden. Die jeweilige Größe kann über Radius und Fläche gesteuert werden. Farben, Rand und Hintergrund lassen sich auf gewohnte Weise variieren.

Übernahme der Symbologie

Die Übernahme einer vergleichbaren Legende aus ArcView 3.x ist nicht möglich, da sie dort nicht bereitgestellt wird. Die Übernahme aus einem Layer ist ohne Einschränkungen durchführbar.

10.9 Punktdichte

Informationen, wie zum Beispiel die Bevölkerungszahlen, werden durch die Verwendung dieser Symbologie noch etwas deutlicher. In Abhängigkeit vom Wert in der Tabelle werden mehr oder weniger viele kleine Punktsymbole auf das zugehörige Feature verteilt. Die Dichte dieser Symbole ist dann ein Hinweis auf die Größe des Wertes in der Tabelle, so nach dem Motto: Wo viele Punkte dicht beieinander liegen, dort wohnen sehr viele Menschen auf engstem Raum.

Das Dialogfenster zur Steuerung verfügt über ein Reihe von Möglichkeiten, die Symbologie den Erfordernissen anzupassen. Im Folgenden werden die Funktionen im Dialogfenster „Symbologie" erläutert. Ein Beispiel für diese Symbologie schließt sich an. Darin wird auch das Thema „Maskierung" behandelt.

Mit der Schaltfläche „Importieren..." im Dialog „Symbologie" der Layereigenschaften (siehe folgende Abbildung) kann eine ggf. schon vorhandene Symbologie aus einem anderen Layer geladen werden.

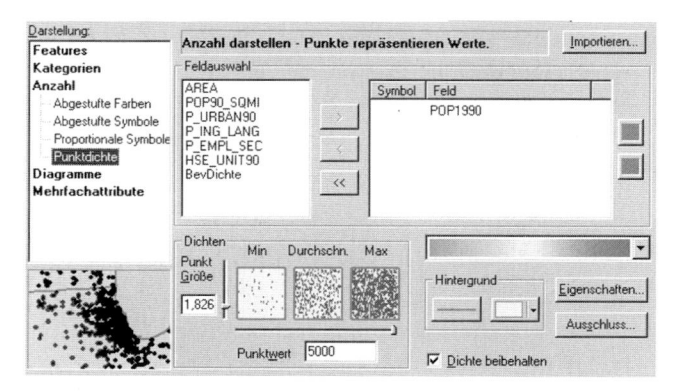

In der „Feldauswahl" wird das Wertefeld für die Darstellung festgelegt. Es können auch mehrere sein, was aber eher einen verwirrenden Eindruck macht. Das ausgesuchte Feld wird markiert und über eine der mittleren Schaltflächen in das rechte Feld übertragen.

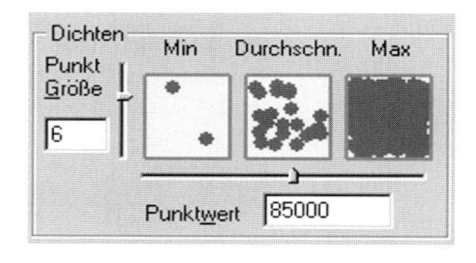

Im Bereich „Dichten" werden die Symbolgröße und die Dichte festgelegt. Das bedeutet, dass hier ermittelt wird, was ein Symbolpunkt repräsentieren soll. Die aktuelle Einstellung wird zahlenmäßig unten im Dialogfenster angegeben und kann mit dem darüber liegenden Schieberegler festgelegt werden. Ob man einen sinnvollen Wert definiert hat, muss immer in der Karte kontrolliert werden. Ein Klick in eines der drei Beispielfenster erzwingt auch eine Neuordnung der Punkte. Bei kleinen Werten je Punkt oder zu grossen Punktesymbolen kann es schnell zu einer „Übersättigung" im Maximalbereich kommen, wie rechts in der obigen Abbildung zu sehen ist. In der größeren Abbildung darüber ist eine bessere Wahl getroffen worden.

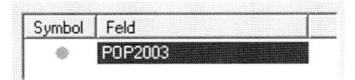

10.9 Punktdichte

Farbe und Form des Symbols lassen sich auf klassische Weise unter Symbol-Auswahl festlegen. Um diese zu erreichen, ist ein Doppelklick auf das gerade aktuell angebotene Symbol im obigen Fenster für die Feldauswahl durchzuführen.

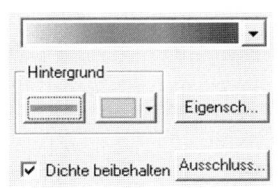

Im Bereich „Hintergrund" wird festgelegt, wie das Feature dargestellt werden soll. Zum einen kann der Rand, zum anderen die Flächenfarbe bestimmt werden.

Auch hier ist ein Ausschluss möglich. Die entsprechend festgelegten Features sind bei der Darstellung ausgenommen, dies ist an anderer Stelle (Abgestufte Farben) schon beschrieben worden. Hinter der Schaltfläche „Eigenschaften" verbirgt sich ein weiterer Dialog zur Steuerung der Punkte-Darstellung: „Eigenschaften: Punktedichte-Symbol". Im oberen Bereich ist die Einflussnahme auf die Positionierung der Symbole möglich. Zum einen ist eine immer zufällige Positionierung denkbar, zum anderen wird eine einmal erfolgte Positionierung beibehalten, wenn die Karte aktualisiert wird.

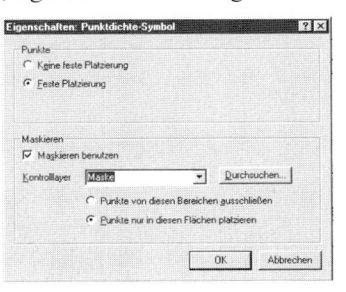

Im unteren Bereich dieses Menüs wird die Maskierung eingeleitet. Zu diesem Zweck muss ein (Kontroll)-Layer vorliegen, der eine räumliche Abgrenzung für die Positionierung der Punktsymbole ermöglicht. Eine Maskierung hat den Sinn, durch eine zusätzliche Geometrie (Kontroll-Layer) die Punkte in einem bestimmten Bereich zu verhindern oder sie ausschließlich in diesem Bereich darzustellen. Letzteres wird durch die beiden unteren Optionen gesteuert.

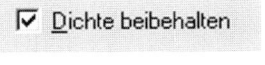

Wieder zurück im Dialog „Layer-Eigenschaften: Register Symbologie" für die Festlegung des Punkte-Dichte-Symbol kann mit einem Haken bei „Dichte beibehalten" sichergestellt werden, dass auch nach dem Zoomen die Darstellung in gleicher Dichte auf der Karte gewährleistet wird.

Beispiel zu „Punktdichte"

Starten Sie ArcMap. Mit der Befehlsfolge…

ArcMap-Hauptmenü
Einfügen:
Datenrahmen

…fügen Sie einen neuen Datenrahmen hinzu. Markieren Sie ihn im Inhaltsverzeichnis und öffnen Sie das Kontextmenü. Wählen Sie „Eigenschaften" und aktivieren Sie das Register „Allgemein":

ArcMap-Kontextmenü: Datenrahmen
Eigenschaften:
Allgemein

Bei „Name" tragen Sie einen neuen Namen – z. B. „USA" – für den Datenrahmen ein und bestätigen mit „Übernehmen" oder „OK".

Aktivieren Sie in der Standard-Werkzeugleiste die Schaltfläche „Daten hinzufügen" und laden Sie den Layer „states" aus dem Verzeichnis:

EsriData_UnitedStates\census

Erstellen Sie eine „Punktdichte -Symbologie" für die Polygone des Layers „states" mit folgenden Eigenschaften:

- Wertefeld: POP2003
- Stern-Symbol: Star 3
- Größe: 9
- Farbe: grün
- Nicht gedreht
- Kein Ausschluss
- Punktwert: 210.000
- Hintergrund hellgrau
- Rand dunkelgrau, 1
- Maskieren (innerhalb / ausserhalb)

Markieren Sie den Layer und öffnen Sie das Kontextmenü. Wählen Sie „Eigenschaften" und dann das Register „Symbologie". Unter „Darstellung" wählen Sie „Anzahl" und „Punktdichte".

Legen Sie in der „Feldauswahl" das Wertefeld „POP2003" fest und überführen Sie es in die rechte Liste im Dialogfenster.

Setzen Sie mit dem Schieberegler oder durch Eintippen des gewünschten Wertes die Symbolgröße auf „9".

Schreiben Sie dann den Wert „210.000" in das Eingabefeld „Punktwert".

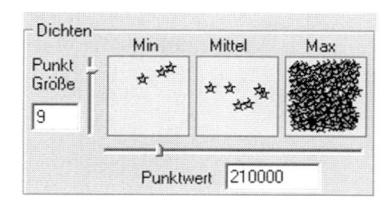

Legen Sie das Symbol „Star 3" in Grün innerhalb der Symbol-Auswahl fest. Doppelklicken Sie dazu auf das Symbol. Der Bereich „Dichten" sieht nun etwa aus wie in der nebenstehenden Abbildung.

Definieren Sie nun den Hintergrund durch Drücken der Schaltfläche im entsprechenden Bereich. In der Symbol-Auswahl legen Sie den Rand fest (dunkelgrau, Stärke 1) und in der Farbpalette die Farbe (hellgrau) für die Fläche des Objektes.

10.9 Punktdichte

Bestätigen Sie mit „OK" oder „Übernehmen". Wie Sie an der Karte sehen können, ist in den Staaten mit hoher Bevölkerungsdichte eine entsprechend engere Verteilung der Symbole deutlich erkennbar.

Maskierung

Um eine Maskierung vorzunehmen, muss ein Kontroll-Layer vorhanden sein. Er beschreibt die Fläche, die bei der Darstellung der Punkte ausgeschlossen werden soll, oder diejenige, in der ausschließlich Punkte platziert werden sollen. Diese Ausschließlichkeit muss aber noch begrenzt werden. Das wird zum Schluss noch beschrieben.

Drücken Sie die Schaltfläche „Eigenschaften". Es erscheint ein Dialogfenster, in dem Sie die entsprechenden Einstellungen vornehmen können.

Setzen Sie den Haken bei „Maskieren verwenden". Stellen Sie den Kontroll-Layer im vorgesehenen Eingabefeld ein und wählen Sie die Option „Punkte von diesem Bereich ausschließen". Bestätigen Sie mit „OK". In der Kartendarstellung wird nun innerhalb des Kontroll-Layers kein Punktsymbol erscheinen. Deutlich wird hier auch, dass der Kontroll-Layer ein Polygon sein muss.

Der umgekehrte Fall tritt ein, wenn nur innerhalb des Kontroll-Layers die Symbolik vorkommen soll. Machen Sie die entsprechende Einstellung unter „Eigenschaften" und erstellen Sie die Darstellung wie auf der folgenden Seite.

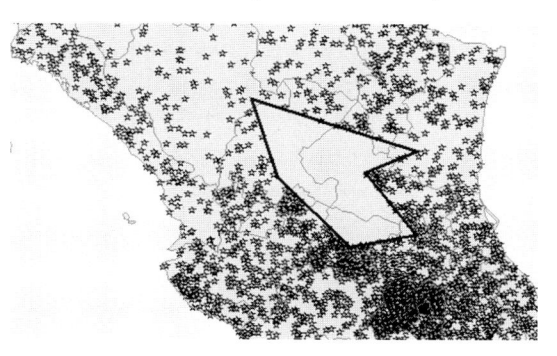

Die Einschränkung durch den Kontroll-Layer wirkt allerdings nur auf diejenigen Features, die durch die Gesamtausdehnung dieses Layers auch überdeckt bzw. berührt werden. Alle übrigen Features werden trotzdem mit den Punktsymbolen versorgt. Um diesen Effekt immer auch vollständig zu erzielen, ist eine passende Ausschnittseinstellung vorzunehmen. Ein Zoom allein auf den Kontroll-Layer könnte irreführend sein!

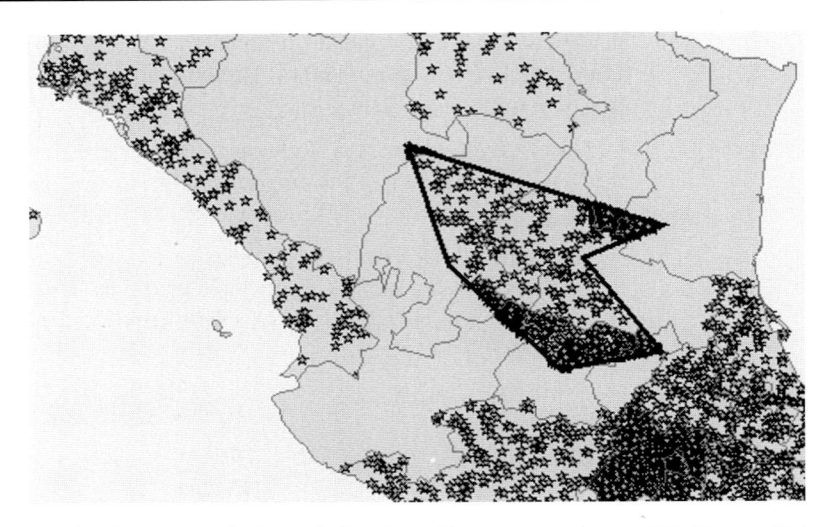

Übernahme der Symbologie

Die Übernahme ist weder aus einem Layer noch aus einer Legende von ArcView 3.x möglich.

10.10 Diagramm

Wollen Sie Information aus mehreren Tabellenwerten in Form eines Diagramms an jedes Feature des Layers bringen, so steht Ihnen hierfür die Diagramm-Symbologie zur Verfügung.

Die Diagramme werden aus den Tabellenwerten generiert und können in ihrer Größe variiert werden. Die Größe wird – falls gewünscht – von einem weiteren Tabellenwert oder einer Summe beeinflusst. Die Höhe eines Diagramms ist frei wählbar.

Als Diagrammform stehen Kreise, Spalten, Balken und gestapelte Säulen zur Verfügung. Alle können in einer perspektivischen 3D-Darstellung präsentiert werden. Das Maß der Perspektive ist veränderbar. Jedes der in der Karte dargestellten Features trägt ein derartiges Diagramm, wenn es nicht durch den „Ausschluss" davon ausgenommen worden ist.

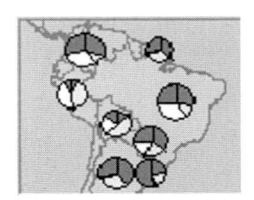

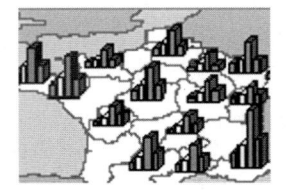

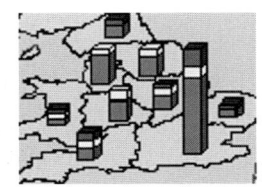

10.10 Diagramm

Der Hintergrund wird durch die Features (bei Polygonen) gebildet, ist für alle gleich und kann mit der „Symbol-Auswahl" festgelegt werden.

Um diese Merkmale in einer Symbologie umzusetzen, steht wieder das Dialogfenster „Symbologie" zur Verfügung. Es unterscheidet sich von den schon behandelten Fenstern nur in wenigen Funktionalitäten, die im Folgenden erläutert werden. Ein passendes Beispiel wird anschließend durchgespielt.

In der kleinen Beispielkarte links unten im Dialog „Symbologie" wird der Symbologietyp vorgestellt. Die prinzipiellen Einstellungen sind für die vier Diagrammtypen gleich. Es wird daher stellvertretend der Typ „Kreis" für die Erläuterungen herangezogen.

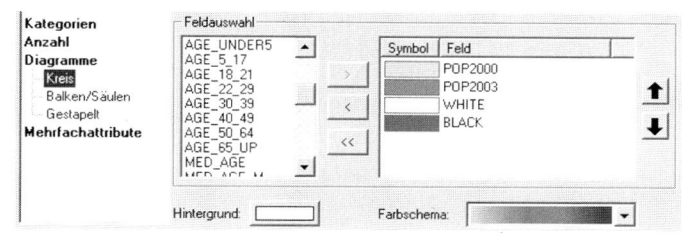

In der „Feldauswahl" werden alle numerischen Felder des Layers zur Wahl gestellt. In diesem Fall (vorherige Abbildung) sind vier davon über die Pfeiltasten für die Diagrammbildung in das rechte Feld versetzt worden. Dort macht das Programm einen Symbolvorschlag, der auf bekannte Weise verändert werden kann. Mit den Pfeiltasten wird die Reihenfolge gewechselt (Symbol markieren). Das wirkt sich vor allem auf die Balken- und Spaltendiagramme aus.

Mit der Schaltfläche „Hintergrund" wird über Symbol-, Farb- und Umriss-Auswahl der Hintergrund definiert.

Um eine klare Trennung der Diagramme sicherzustellen, muss eine Überlappung auf jeden Fall vermieden werden. Das erreichen Sie, indem Sie den Haken an die entsprechende Stelle setzen. Sollte es trotzdem zu Problemen kommen, werden die Diagramme anders positioniert und über die „Führungslinien" zugeordnet.

Im Farbschema werden die Farben festgelegt. Aus einem Angebot können Sie auswählen und später (Doppelklick auf das Symbol) mit der Symbol-Auswahl eine Veränderung vornehmen.

Der Ausschluss von Features wird über die Schaltfläche „Ausschluss..." realisiert. Die Eigenschaften – etwa 3D-Perspektive, Führungslinie, Dicke (Höhe), Ausrichtung und Farbe – werden über die Schaltfläche „Eigenschaften" im Dialogfenster „Diagramm-Symbol-Editor" eingestellt. In diesem Bereich kann für den Kreis dann noch ein andersfarbiger Umriss definiert werden. Die Größe (der Durchmesser), Abhängigkeiten von Tabellenwerten, Normierung und Aussehen (Flannery) werden nach Drücken der Schaltfläche „Größe" im Dialogfenster „Kreisdiagramm-Größe" definiert. Auf die Möglichkeit von Führungslinien sei an dieser Stelle noch hingewiesen.

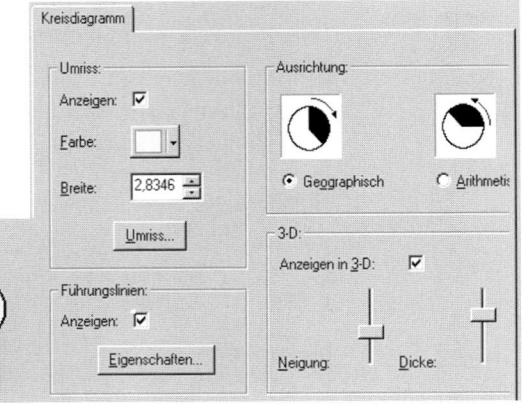

Diese Variationsmöglichkeiten gibt es prinzipiell entsprechend für Spalten und Stapel/Balken. Dabei sei noch erwähnt, dass der Stapel auch horizontal liegen kann, das wird dann „Balken" genannt.

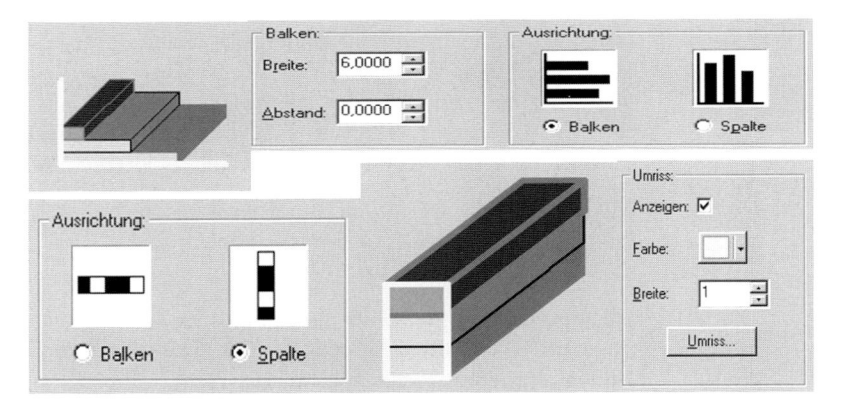

Einige Darstellungsformen und die zugehörigen Dialoge werden im Folgenden vorgestellt.

Beispiel zur Diagramm-Symbologie

Starten Sie ArcMap. Mit der Befehlsfolge…

ArcMap-Hauptmenü
Einfügen:
Datenrahmen

…fügen Sie einen neuen Datenrahmen hinzu. Markieren Sie ihn im Inhaltsverzeichnis und öffnen Sie das Kontextmenü. Wählen Sie „Eigenschaften" und aktivieren Sie dann das Register „Allgemein".

10.10 Diagramm

ArcMap-Kontextmenü: Datenrahmen
Eigenschaften:
Allgemein

Bei „Name" tragen Sie einen neuen Namen – z. B. „USA" – für den Datenrahmen ein und bestätigen mit „Übernehmen" oder „OK".

Drücken Sie in der Standard-Werkzeugleiste die Schaltfläche „Daten hinzufügen" und laden Sie den Layer „states" aus dem Verzeichnis:

EsriData_UnitedStates\census

Erstellen Sie eine „Diagramm-Symbologie" für die Polygone des Layers „states" mit folgenden Eigenschaften:

- Säulen- /Spaltendiagramm (Säulen = Spalten)
- 3 Felder (beliebig)
- 3D-Ansicht mit Achsen (beliebig)
- Breite: 5 mm
- Abstand: 1 mm
- Höhe: 42 (max Länge)
- Hintergrund: blau
- Führungslinen (optional)

Markieren Sie den Layer „states" und öffnen Sie das Kontextmenü. Wählen Sie „Eigenschaften" und dann das Register „Symbologie". Unter „Darstellung" wählen Sie „Diagramme" und „Balken/Säulen".

Wählen Sie in der „Feldauswahl" die drei Felder (hier: White, Black,Asian) für das Diagramm und stellen Sie sie über die Pfeilschaltfläche in den rechten Bereich. Das Programm vergibt dabei zufällige Farben für die Symbole, die Sie anschließend neu bestimmen müssen.

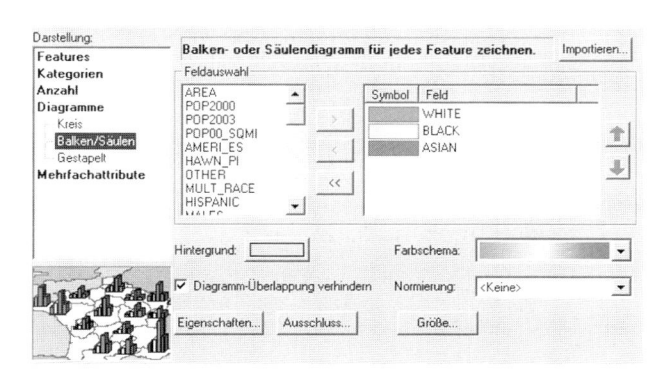

Drücken Sie die Schaltfläche „Eigenschaften", um die 3D-Einstellungen im „Diagramm-Symbol-Editor" vorzunehmen.

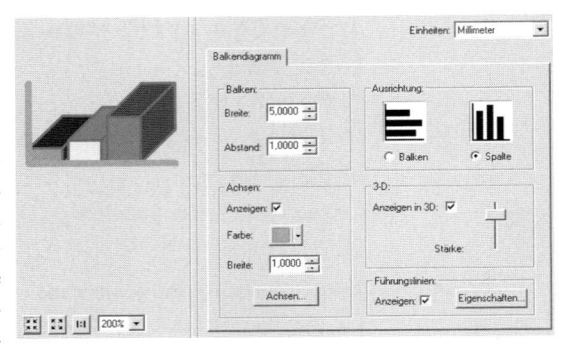

Legen Sie zu Beginn als Einheit „Millimeter" fest. Wählen Sie nun die Breite „5" und als Spaltenabstand den Wert „1". Mit dem Schieberegler stellen Sie die „Tiefe" der 3D-Darstellung ein, wie Sie es wünschen, und setzen schließlich den Haken an „Anzeigen" im Bereich „Führungslinien".

Unter Ausrichtung stellen Sie „Spalte" ein, um das gewünschte Diagramm zu erzeugen. Für ein Balkendiagramm wählen Sie die andere Option.

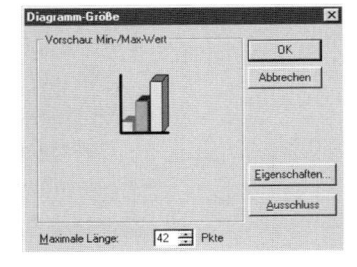

Bestätigen Sie mit „OK" und drücken Sie die Schaltfläche „Größe" im Dialogfenster „Symbologie". Es erscheint das Dialogfenster „Diagramm-Größe". Hier können Sie die Größe (die Länge) auf den geforderten Wert einstellen. Stellen Sie die Länge „42" ein. Die Schaltfläche „Eigenschaften" führt Sie zurück zum schon beschriebenen Dialogfenster auf der vorherigen Seite. Bestätigen Sie mit „OK".

Stellen Sie nun den Hintergrund auf die gewünschte Farbe. Drücken Sie dazu die Schaltfläche „Hintergrund". Im Dialogfenster „Symbol-Auswahl", das nun erscheint, nehmen Sie die entsprechenden Einstellungen vor.

Bestätigen Sie danach im Register „Symbologie" mit „Übernehmen" und kontrollieren Sie das Ergebnis. Schließen Sie gegebenenfalls diese Arbeiten mit „OK" ab. Karte und Symbologie haben nun etwa folgendes Aussehen:

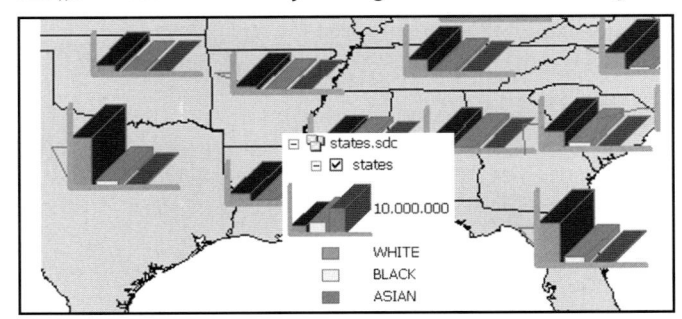

Sollen diese Diagramme skaliert werden, ist der Bezugsmaßstab fest zulegen. Den Bezugsmaßstab legen Sie mit dem Kontextmenü auf den Datenrahmen mit dem Eintrag „Bezugsmaßstab festlegen" fest .

Übernahme der Symbologie

Die Übernahme ist weder aus einem Layer noch aus einer Legende von ArcView 3.x möglich.

10.11 Mehrfachattribute

Diese Legendenart – man sollte sie besser „Mehrfachsymbole" nennen – erlaubt für ein Feature die gleichzeitige Darstellung von zwei verschiedenen Symbolen, die jeweils auf einem anderen Tabellenfeld basieren. Eins der Symbole ist dabei die Darstellungsform des Features, das andere z. B. ein Punktsymbol, das klassifiziert werden kann. Dazu stehen die bekannten Klassifizierungsmethoden zur Verfügung.

Es handelt sich also bei der „Mehrfachattribute"-Symbologie beispielsweise um eine gleichzeitige Anwendung der Symbologietypen „Einzelwerte" und „Abgestufte Symbole".

Jede ist für sich allein schon behandelt worden. Deshalb muss hier nur ihr Zusammenwirken erläutert werden. Die notwendigen Einstellungen werden im Dialogfenster „Symbologie" vorgenommen. Unter „Darstellung" wählen Sie „Mehrfachattribute" und „Anzahl nach Kategorie".

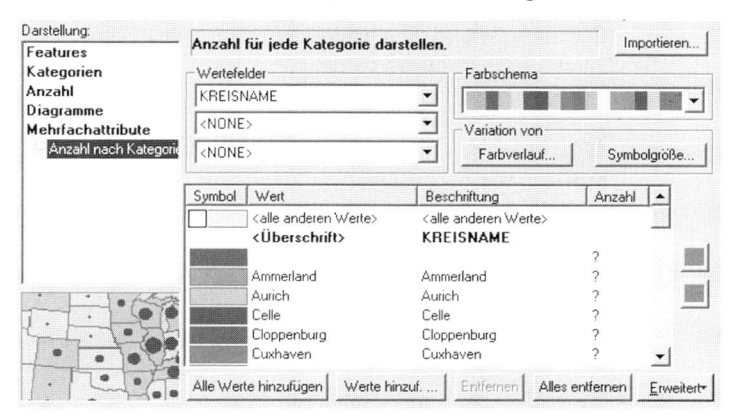

Die kleine Karte unten links im Dialogfenster macht das Prinzip dieser Symbologie deutlich. Der Unterschied zu den zuvor vorgestellten Dialogfenstern liegt im Bereich „Variation von". Hier wird die „zweite Ebene" der Symbologie definiert, also z. B. die Kreissymbole in der obigen Vorschau.

Das darüber liegende „Farbschema" steuert die Farbvergabe für die Features.

Die Symbole und ihre Klassifizierung und Farbe werden in einem Dialogfenster nach Klicken auf die Schaltfläche „Symbolgröße..." festgelegt. Dieses Dialogfenster hat folgendes Aussehen:

Alle notwendigen Einstellungen – Wertefeld aussuchen, Normierung einstellen, Klassifizierung wählen, Symbol inklusive Farbe und Größenbereich wählen – werden hier getroffen. Hinzu kommen noch Möglichkeiten, das Symbol durch ein weiteres Wertefeld zu verdrehen („Rotation").

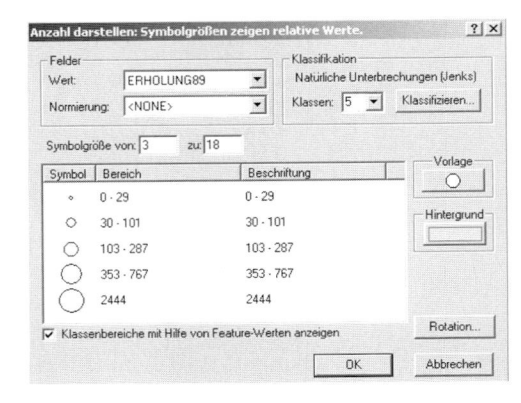

Eine Karte mit dieser Symbologie hat nach den entsprechenden Einstellungen zum Beispiel folgendes Erscheinungsbild:

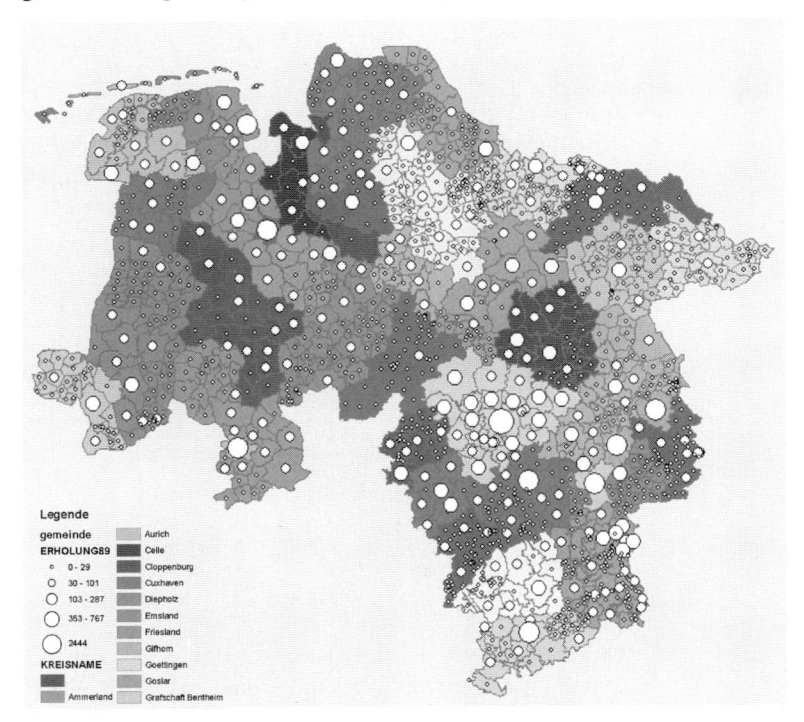

Die zugehörige Legende ist zweiteilig aufgebaut worden. Der linke Teil der vorstehenden Abbildung bezieht sich vornehmlich auf die verschieden großen Punktsymbole, der übrige Teil auf die mehrfarbigen flächenhaften Features, hier die Landkreise von Niedersachsen.

10.11 Mehrfachattribute

Beispiel zu Mehrfachattributen

Starten Sie ArcMap. Mit der Befehlsfolge…

ArcMap-Hauptmenü
Einfügen:
Datenrahmen

…fügen Sie einen neuen Datenrahmen hinzu. Markieren Sie ihn im Inhaltsverzeichnis und öffnen Sie das Kontextmenü. Wählen Sie „Eigenschaften" und aktivieren Sie dann das Register „Allgemein".

ArcMap-Kontextmenü: Datenrahmen
Eigenschaften:
Allgemein

Bei „Name" tragen Sie einen neuen Namen – z. B. „USA" – für den Datenrahmen ein und bestätigen mit „OK".

Drücken Sie in der Standard-Werkzeugleiste die Schaltfläche „Daten hinzufügen" und laden Sie den Layer „states" aus dem Verzeichnis:

EsriData_UnitedStates\census

Erzeugen Sie eine „Mehrfachattribut-Symbologie" für die Polygone des Layers „states" mittels zweier verschiedener Attribute.

- STATE_NAME
- WHITE

Markieren Sie den Layer und öffnen Sie das Kontextmenü. Wählen Sie „Eigenschaften" und dann das Register „Symbologie". Unter „Darstellung" wählen Sie „Mehrfachattribute" und „Anzahl nach Kategorien" (nicht ganz sichtbar). Wählen Sie „STATE_NAME" im ersten Wertefeld und lassen Sie die übrigen Wertefelder frei. Drücken Sie auf die Schaltfläche „Alle Werte hinzufügen". Dann legen Sie den Farbverlauf gemäß Ihrer Wahl fest.

Bis hierher ist die erste Symbolebene hergestellt. Sie stellt sozusagen den Hintergrund dar. Im Folgenden kommt die darüber liegende Symbolebene dran, die die weiße Bevölkerung repräsentieren soll.

Klicken Sie dazu auf die Schaltfläche „Symbolgröße" und setzen Sie den passenden Feldnamen „WHITE" ohne Normierung ins Wertefeld ein. Belassen Sie die Anzahl der Klassifizierung auf 5. Auch die Größen des Symbols sollen hierbei keine Rolle spielen.

Nach Drücken der Schaltfläche „Vorlage" können Sie das zu verwendende Symbol und seine Farbe aussuchen und festlegen. Nach mehrfacher Bestätigung über „OK" erhält die Karte das folgende Erscheinungsbild. Die zugehörige Symbologie ist jetzt zweigeteilt und ließe sich, wie in der Einleitung zu diesem Themenkomplex dargestellt, zweispaltig auf dem Layout platzieren.

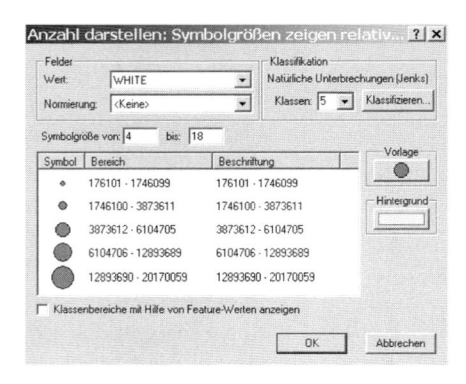

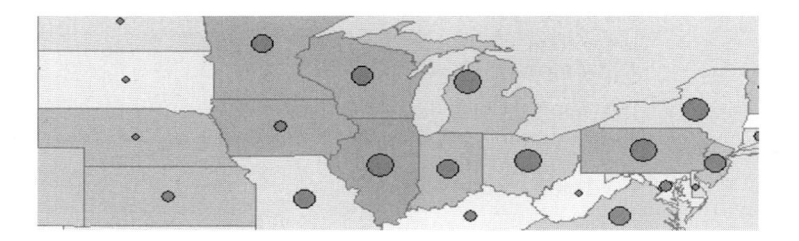

Weitere Möglichkeiten

Wenn statt „Symbolgröße..." die Schaltfläche „Farbverlauf..." gedrückt wird, können für einen Layer zwei verschiedene Farbschemata aktiviert werden. Für ein übergeordnetes Attributfeld wird eine Farbe gewählt, für ein untergeordnetes diese Farbe in verschiedenen Abstufungen angewendet. Ist in einem Layer mit deutschen Gemeinden auch die Zugehörigkeit zu einem Regierungsbezirk in der Attributtabelle abgelegt, so kann z. B. bei der Darstellung von ganz Niedersachsen für jeden Regierungsbezirk eine eigene Farbe benutzt werden, während die jeweils zugehörigen Gemeinden Abstufungen von genau dieser Farbe erhalten.

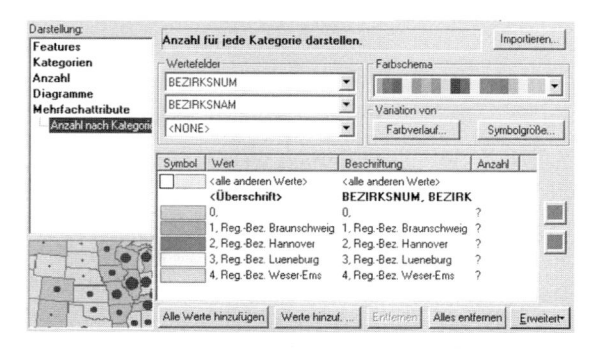

Obwohl alle Gemeinden in jeweils eigenen unterschiedlichen Farben dargestellt werden, sind die Regierungsbezirke dadurch deutlich zu erkennen, dass die zugehörigen Landkreise eine ähnliche Farbe haben (z. B. ein Regierungsbezirk und seine Landkreise in Abstufungen von Blau, die Nachbar-Regierungsbezirke/Landkreise in Abstufungen von Rot, Gelb, Grün...).

10.11 Mehrfachattribute

Wichtig für die Erzielung eines solchen Ergebnisses ist noch die Wahl ausreichender Klassen. Standardmäßig werden maximal 32 vorgeschlagen, können aber durch Überschreiben auch auf die hier nötigen ca. 60 erhöht werden. Des Weiteren muss die Klassifizierungsmethode „Gleiches Intervall" sein.

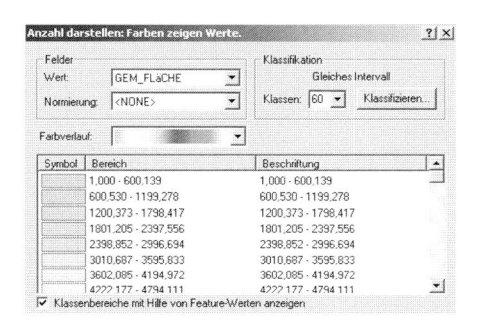

Da es sich dabei um sehr feine Farbunterschiede handelt, ist eine Darstellung in Graustufen in diesem monochromen Buch nicht sinnvoll, soll aber der Vollständigkeit wegen hier dann doch gemacht werden. Eine dazu passende Symbologie stünde unter dem gleichen Vorbehalt und wird demzufolge hier nicht präsentiert. Ein mögliches Ergebnis dieser Vorgehensweise wird in der nächsten Abbildung vorgestellt. Die Graustufendarstellung gibt diese Effekte leider nicht vollständig wieder.

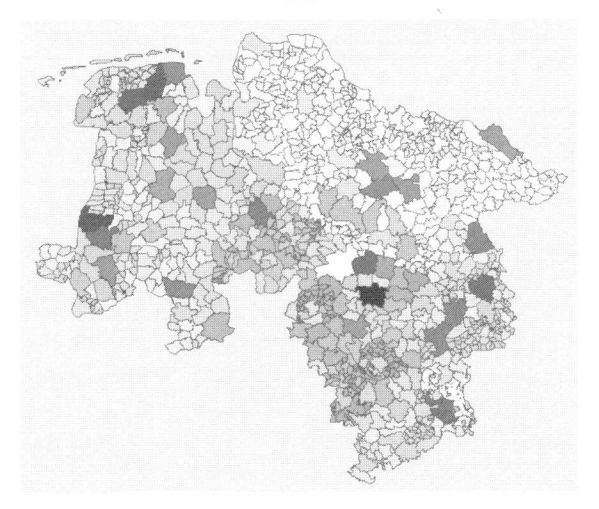

Farbenverlaufdefinition

Mehrfach wurde dazu aufgefordert, einen Farbverlauf nach eigener Wahl auszusuchen. ArcMap bietet immer eine begrenzte Auswahl an, diese ist aber beeinflussbar. Mit einem Rechtsklick auf den angebotenen Farbverlauf im Dialog „Symbologie" erscheint eine Auswahlliste, in der Sie „Eigenschaften..." anwählen. Es erscheint der Dialog „Farbverlauf bearbeiten". Die Voreinstellungen können überschrieben und in der kreisförmigen Farbdarstellung die Farben gewählt werden. Das verfügbare Farbspektrum ist dabei in Werte von 1 bis 360 eingeteilt. Das gewählte Spektrum wird immer etwas satter dargestellt. Die Auswahl kann in bis zu 100 Klassen unterteilt und über die Farbsättigung weiter modifiziert werden. Mit Bestätigung über „OK" wird dieser Farbverlauf verändert.

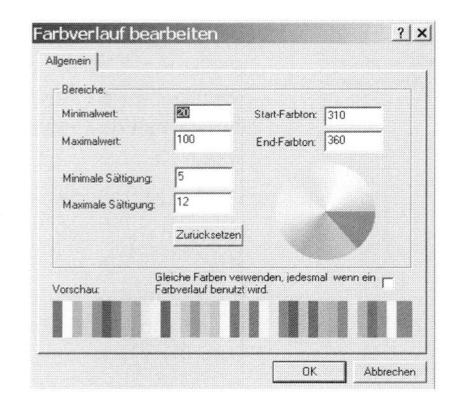

10.12 Symbolebenen

Die im vorliegenden Kapitel aufgezeigten Möglichkeiten führen den Anwender zu „druckreifen" Layouts. Eingeschlossen ist dabei die Arbeit an der jeweils sinnvollen und aussagekräftigen Symbologie und Darstellungsformen der einzelnen Layer. Darüber hinaus gibt es aber Darstellungsprobleme, die gesondert betrachtet werden müssen und keinem der beiden angesprochenen Bereiche allein zuzuordnen sind. Es geht um besondere Symbologie bei speziellen Features.

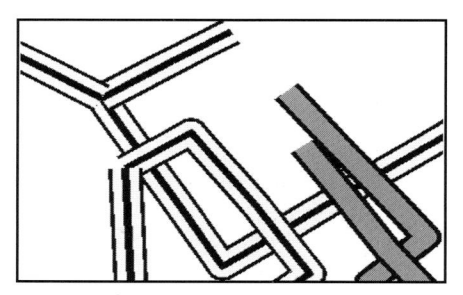

Die folgenden Abbildungen sollen das Problem verdeutlichen. Anschlüsse von breiteren Linien werden nicht sauber abgebildet, sich kreuzende Linien des gleichen Layers nicht verbunden. Sie wirken, als seien sie unabhängig voneinander. Aber die Darstellung derartiger Situationen kann verbessert werden. Es können sogar verschiedene Layer sozusagen verbunden werden – zumindest wirken sie über die Symbolik so. Tatsächlich bleiben sie in Wirklichkeit voneinander getrennt und werden auf dieser Ebene nicht „verschmolzen". Auch gibt es noch die Option, die Reihenfolge beim Zeichnen festzulegen bzw. zu verändern, wie in den beiden Abbildungen angedeutet ist.

Diese Funktionalität erschließt sich im Register „Symbologie" der

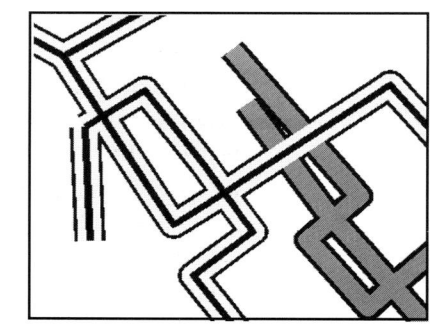

10.12 Symbolebenen

Layereigenschaften hinter der Schaltfläche „Erweitert" über den Menüeintrag „Symbolebenen". Nach Aktivierung des Eintrags öffnet sich der Dialog „Symbolebenen". Er macht die Problemstellung mit drei kleinen Skizzen (in der Info zu den Symbolebenen zu sehen) deutlich und ermöglicht für jeden beteiligten Layer eine individuelle Einstellung. Im Einzelfall kann entschieden werden, ob es zu einem Verbinden oder zu einem Zusammenführen bei der Darstellung kommen soll. Über die Pfeile am rechten Rand ist die zuvor erwähnte Reihenfolge steuerbar.

```
Verbinden:        Nein    Verbinden:        Ja      Verbinden:        Ja
Zusammenführen:   Nein    Zusammenführen:   Nein    Zusammenführen:   Ja
```

Mit „Verbinden" ist dabei gemeint, dass die einzelnen Objekte eines Layers optisch verbunden dargestellt werden. Die manchmal erkennbaren Trennlinien werden unterdrückt. Unter „Zusammenführen" ist die gemeinsame Darstellung von verschiedenen Layern gemeint.

Beispiel zu den Symbolebenen

Starten Sie ArcMap. Mit der Befehlsfolge…

ArcMap-Hauptmenü
Einfügen:
Datenrahmen

…fügen Sie ggf. einen neuen Datenrahmen hinzu.

Legen Sie in ArcCatalog einen neuen Linien-Layer an und laden Sie ihn in den Datenrahmen. Digitalisieren Sie anschließend mehrere Features Ihrer Wahl in ähnlicher Form wie in den vorangegangenen Abbildungen. Wichtig ist dabei, dass sich verschiedene Features kreuzen, ähnlich einer Straßenkreuzung.

Wählen Sie anschließend für die Symbolisierung das abgebildete Symbol „Expressway" mit ausreichender Breite (z.B. 15) aus. Im Datenrahmen müsste die folgende oder eine ähnliche Darstellung ersichtlich sein.

Gut erkennbar sind die klaren Trennungslinien die durch die schwarzen Ränder erzeugt werden. Weder bei der Kreuzung noch bei dem einfachen

Anschluss kommt es zu einer sinnvollen Darstellung des Randes. Hier setzen nun die Funktionalitäten bei der Steuerung der Symbolebenen an. Für jeden Layer kann diese „missliche" Erscheinungsform verbessert werden.

Markieren Sie den Layer, rufen Sie das Kontextmenü auf und wählen Sie „Eigenschaften". Betätigen Sie das Register „Symbologie", drücken Sie die Schaltfläche „Erweitert" und danach „Symbolebenen…"

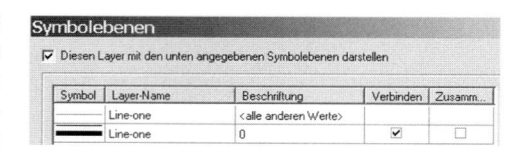

Es erscheint der Dialog „Symbolebenen". Setzen Sie den Haken oben links, um diese Funktionalität grundsätzlich zu ermöglichen, und setzen Sie einen weiteren Haken in der Spalte „Verbinden" beim fraglichen Linienlayer. Bestätigen Sie alles mit „OK". Die Darstellung des Linienlayer verändert sich in der rechts dargestellten Weise. Der Rand der Linienfeatures ist sinnvoll angepasst worden. Sie wirken verbunden, sind es aber nur auf der Symbolosierungsebene. Tatsächlich sind die Features nicht miteinander verbunden worden.

Die Möglichkeiten sind nicht darauf beschränkt, nur innerhalb eines Layers aktiviert zu werden. Auch Layer-übergreifend ist dies möglich, ohne zuvor die Layer „zusammengefügt" zu haben. Voraussetzung dafür ist die Erzeugung eines „Gruppenlayers".

Laden Sie zunächst auch den zweiten Linienlayer in den gleichen Datenrahmen und vergeben Sie ein anderes Symbol, wobei auch hier eine Umrandung ausgewählt werden muss, z. B. „Freeway".

Die Darstellung könnte dann das nebenstehende Aussehen haben: Zwischen allen Features und auch zwischen den beiden Layern kommt es zu keiner schlüssigen Darstellung des jeweiligen Randes.

Markieren Sie beide Layer im Inhaltsverzeichnis von ArcMap. Drücken Sie dabei die „Shift-Taste". Öffnen Sie danach das zugehörige Kontextmenü der Layer und wählen Sie „Gruppieren".

10.12 Symbolebenen 311

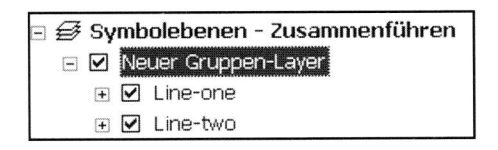

```
⊟ ⬚ Symbolebenen - Zusammenführen
   ⊟ ☑ Neuer Gruppen-Layer
      ⊞ ☑ Line-one
      ⊞ ☑ Line-two
```

Dadurch wird ein Gruppenlayer erzeugt und wie folgt sichtbar gemacht. Der Name des Gruppenlayers kann jetzt über seine Eigenschaften neu bestimmt werden. Im Folgenden wird dieser Gruppen-Layer wie ein „normaler" Layer behandelt. Markieren Sie ihn und öffnen Sie das Kontextmenü, in dem Sie dann „Eigenschaften" auswählen. Es erscheint der Dialog „Eigenschaften: Gruppen-Layer". Wählen Sie hier das Register „Gruppieren". In ihm sind die beiden Layer nochmals zitiert. Drücken Sie die Schaltfläche „Symbolebenen".

Es erscheint der schon bekannte Dialog „Symbolebenen", in dem die beiden Layer wiederum aufgeführt sind und mit ihrer jeweiligen Symbolik erscheinen.

Symbol	Layer-Name	Beschriftung	Verbinden	Zusamm...
▬	Line-two		✓	
≡	Line-one		✓	✓

Setzen Sie die Haken, wie sie in der unten stehenden Abbildung zu sehen sind – für „Verbinden", damit die Ränder wie zuvor schon angepasst werden; für „Zusammenführen", damit auch die restlichen Symbolanteile nicht mehr durch einen (schwarzen) Rand voneinander getrennt sind. Drücken Sie „OK" für alle Dialoge.

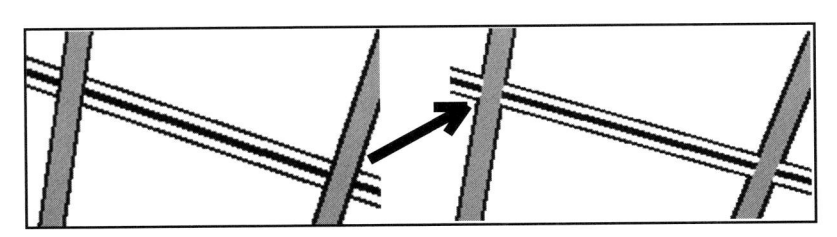

Auch hier gilt: Die Layer sind nicht wirklich miteinander verbunden. Nur die Darstellung lässr sie so erscheinen. Soll die Reihenfolge verändert werden, so ist dies im Dialog „Symbolebenen" mit den Pfeiltasten durchführbar. Die Reihenfolge kann nicht unter „Eigenschaften: Gruppen-Layer" verändert werden. Das Ergebnis wäre dann eine andere Zeichenreihenfolge, mit der der andere Layer (Freeway) dann durchgängig dargestellt würde.

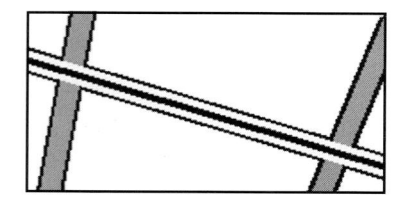

10.13 Maskierung

Die bisherigen Ausführungen bezogen sich vor allem auf die Bildung der verschiedenen Symbologietypen. Im Themenkomplex Symbolebenen ging es dann mehr um speziellere Darstellungsformen. Im Folgenden soll dies noch etwas erweitert werden.

Denkbar sind Forderungen nach einer „Durchsicht" durch einen Layer, um auf einen darunter liegenden schauen zu können. Dies soll aber nicht über die Modifizierung der Layer geregelt werden (z. B Löschen einiger Features, Ausschließen in der Legende oder Transparenz) sondern über eine gesonderte Geometrie in einem völlig anderen Layer, dem so genannten Maskierungslayer.

Dieser wird explizit hergestellt und dann zur eigentlichen Maskierung herangezogen. Eine solche Maskierung ermöglicht dann die gewünschte Durchsicht.

Die Vorgehensweise soll anhand eines kleinen Beispiels erläutert werden.

Beispiel zur Maskierung

Starten Sie ArcMap. Mit der Befehlsfolge...

<u>ArcMap-Hauptmenü</u>
Einfügen:
Datenrahmen

...fügen Sie ggf. einen neuen Datenrahmen hinzu.

Laden Sie die folgenden Layer in diesen Datenrahmen, nachdem Sie in ArcCatalog den Polygonlayer „Maske" neu erstellt und ebenfalls geladen haben.

EsriData_World_Europe_Canada_Mexico\world\data\country.sdc
EsriData_World_Europe_Canada_Mexico\world\data\admin.sdc

Zoomen Sie in den Bereich der Benelux-Länder und halten Sie die dargestellte Reihenfolge ein.

10.13 Maskierung

Digitalisieren Sie anschließend in den Layer „Maske" einen Kreis, wie es in der folgenden Abbildung dargestellt ist. Das passende Digitalisierungswerkzeug für einen Kreis finden Sie in der Werkzeugleiste „Erweiterte Bearbeitung".

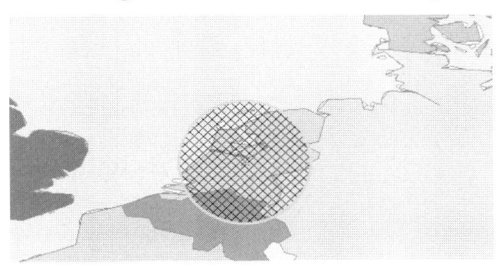

Geben Sie dem Kreis das Symbol „10% Crosshatch", damit er ebenfalls „durchsichtig" erscheint.

Für die Maskierung markieren Sie den Datenrahmen und öffnen sein Kontextmenü. Wählen Sie dort „Erweiterte Darstellungsoptionen". Es öffnet sich das gleichnamige Dialogfenster. Hier wird in der linken Liste der eben hergestellte Maskierungslayer „Maske" ausgewählt und in der rechten Liste der zu maskierende Layer „country". Der Layer „admin" bleibt unberührt – er ist später sichtbar. Damit diese Einstellungen auch interpretiert werden, muss oben links der Haken gesetzt sein. Bestätigen Sie mit „Übernehmen" oder „OK". Sofort wird im Layer „country" die Maskierung vorgenommen und die Sicht auf den darunterliegenden Layer „admin" wird freigegeben. Der Maskierungslayer muss dabei nicht sichtbar sein. Es ergibt sich folgendes Bild:

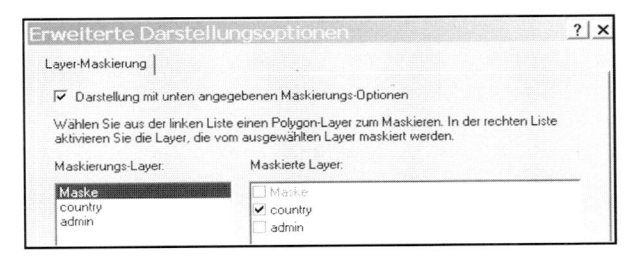

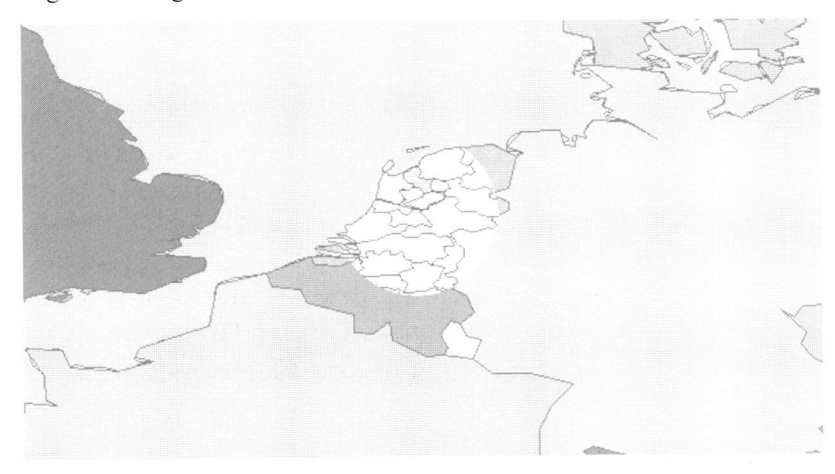

Gut zu erkennen ist der „freie" und kreisförmige Blick auf die Strukturen des unteren Layers. Die Veränderungen sind nur in der Ansicht zu sehen, der obere Layer ist nicht etwa geklippt bzw. es ist kein Loch „hineingestanzt" worden. Wenn die Maskierung abgeschaltet wird, ist der „Durchblick" nicht mehr vorhanden.

Die Online-Hilfe schreibt dazu:

Der Begriff „maskieren" bedeutet so viel wie „verbergen" oder „ausblenden". Die variable Tiefenmaskierung ist eine Darstellungsmethode in ArcMap, bei der Teile eines oder mehrerer Layer ausgeblendet werden. Maskierungen werden häufig verwendet, um die Lesbarkeit und Übersichtlichkeit von Karten zu erhöhen, in denen viele Textkomponenten und Feature-Symbole auf engstem Raum enthalten sind. Sie können z. B. einen Polygon-Maskierungs-Layer, basierend auf einem Annotation-Layer, erstellen und anschließend einige Feature-Symbole maskieren, um die Lesbarkeit der Karte zu verbessern. Bei der variablen Tiefenmaskierung werden nur bestimmte Layer durch die Maskierung ausgeblendet.

So kann man sich Höhenlinien vorstellen, bei denen der Höhenwert an der Linie platziert worden ist. Wenn die Beschriftung zur Annotation gemacht wird, kann diese auch zu einem Maskierungslayer gemacht werden, um Platz in den Höhenlinien zu machen. Erkennbar ist die Freistellung des Textes an den Höhenlinien. Dadurch wird die Lesbarkeit dieser Karte deutlich verbessert.

Diese Art der Maskierung ist aber nur in ArcInfo möglich. ArcView kann nur in der vorher beschriebenen Art maskieren.

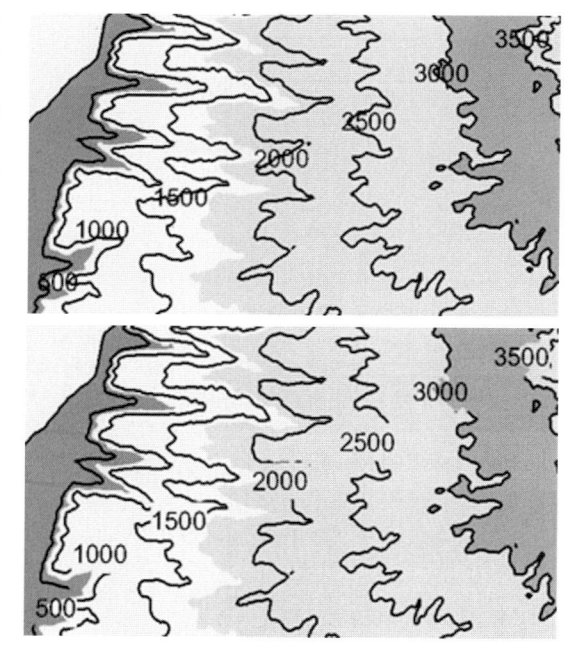

11 Beschriftungen und Grafiken

11.1 Allgemeines

Die Darstellung der Geometrien von Geo-Objekten allein stellt noch keine sinnvolle Karte im eigentlichen Sinne dar. Es müssen weitere Darstellungen ergänzt werden, die über eine farbige Legende hinausgehen und die die Nutzung der dargestellten Informationen ermöglichen oder zumindest erleichtern. Das kann sowohl durch informative Grafiken als auch durch Text sichergestellt werden.

Die Erzeugung von Grafiken und Text ist denkbar einfach und orientiert sich an den Vorgehensweisen der stark verbreiteten Desktop-Programme in der heutigen PC-Welt.

Nachfolgend werden die gebräuchlichsten grafischen Elemente vorgestellt und ihre Herstellung demonstriert. Text ist in diesem Zusammenhang ebenfalls als grafisches Element zu betrachten.

11.2 Text

Gemeint ist hier zunächst nicht nur die Beschriftung der Features unter Hinzuziehung der Attributtabelleninhalte, sondern die völlig freie Schrift- und Textwahl einschließlich der freien Positionierung. Hierfür steht eine Reihe von Werkzeugen zur Verfügung. Sie befinden sich in der Werkzeugleiste „Zeichnen".

11.2.1 Einfacher Text

Drücken Sie zur Auswahl des passenden Werkzeuges den kleinen Pfeil im Werkzeug „Neuer Text". Damit erhalten Sie eine Wahlmöglichkeit über verschiedene Positionierungsmethoden für frei wählbaren Text.

Neben der Standardform „A", die die typische freie Positionierung ermöglicht, wird durch das geschwungene Symbol die Möglichkeit eröffnet, so genannten „geschwungenen Text" entlang einer frei konstruierten Linie zu platzieren. Oben rechts wird ein Werkzeug angeboten, das Text aus der Attributtabelle anzeigt, während das linke Symbol in der Mitte die freie Bannerbeschriftung anzeigt. Die restlichen drei Fälle mit der Figur hinter dem Buchstaben erlauben es, die Textformatierung durch eine beliebige Geometrie zu steuern.

Den gewünschten Text tragen Sie sofort nach Betätigung des Werkzeuges und Festlegen des Ortes mit der Maus in ein dafür vorgesehenes Feld ein.

Für die Formatierung dieses Textes stehen die bekannten Werkzeuge in der Werkzeugleiste „Zeichnen" (Abbildung Voeseite) so lange zur Verfügung, wie die gestrichelte blaue Umrahmung des Textes sichtbar ist.

Durch einen Doppelklick auf diese Schrift kann man in einem Dialog Veränderungen vornehmen. Der Text ist eine Grafik und wird auch ebenso behandelt. Man kann sie also zum Beispiel vergrößern/verkleinern und verschieben.

11.2.2 Geschwungener Text

Für besondere Features, wie zum Beispiel Flüsse, kann eine angepasste Beschriftung entlang des Flusslaufes sinnvoll sein. Dafür ist das nebenstehende Werkzeug geeignet. Nach dem Aktivieren digitalisieren Sie eine freie Linie, die den Verlauf des Textes vorgeben soll. Sie sind dabei völlig frei in der Gestaltung. Nach dem letzten Doppelklick zur Beendigung des Digitalisierens öffnet sich das Texteingabefeld. Nach der Eingabe wird der Text entsprechend der Vorgabe positioniert.

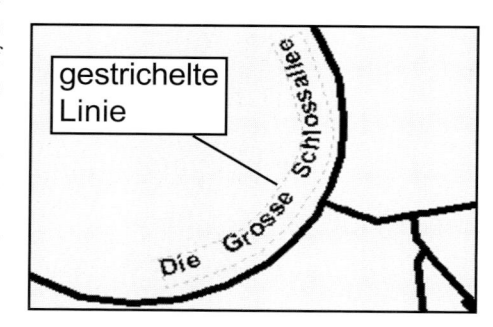

Auch hier können Sie verschiedene Formatierungen ausprobieren, solange der gestrichelte Rand sichtbar ist.

11.2.3 Bannerbeschriftung

Für besonders feingliedrige Featuregeometrien, die eng beieinander liegen, ist eine weitere Beschriftungsmöglichkeit gegeben. Es wird ein Banner zur Textaufnahme angeboten, das mit einem Pfeil auf das betreffende Feature weist. Der gewünschte Text wird wie zuvor in das Eingabefeld eingetragen.

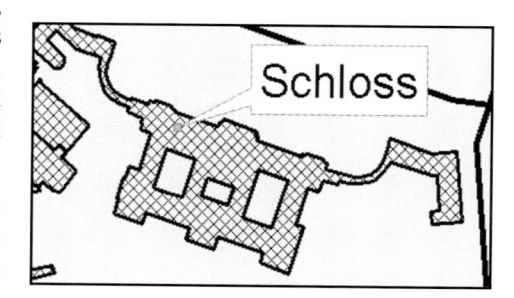

Wählen Sie die Bannerbeschriftung mit nebenstehendem Werkzeug aus und führen Sie den nun veränderten Cursor an die Stelle, die das Ende des Pfeils auf dem Feature markieren soll. Ziehen Sie nun den Pfeil an einen passenden Ort für die optimale Textposition. Danach lässt sich der Text eingeben.

Anschließend können Sie die Formatierung vornehmen und nicht nur die Buchstabenfarbe, sondern auch die des Bannerhintergrundes ändern. Eben-

11.2 Text

falls variabel ist seine Form. Seine Lage und die Position der Pfeilspitze lassen sich unabhängig voneinander verändern.

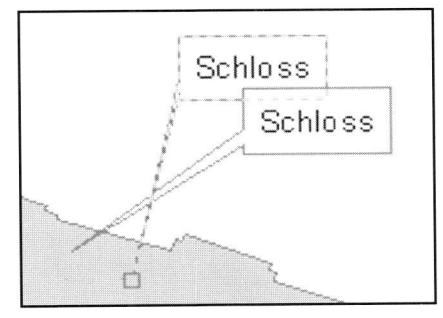

Markieren Sie die Grafik mit dem Werkzeug „Elemente auswählen". Es werden ein gestrichelter Rand und die Position der Pfeilspitze sichtbar. Nun verschieben Sie das Bannerfeld. Die Pfeilspitze bleibt ortsfest. Wollen Sie diese neu platzieren, fassen und verschieben Sie sie mit der Maus. Dabei bleibt das Bannerfeld ortsfest. Auf diese Weise lassen sich Verbesserungen in der Darstellung leicht erledigen.

11.2.4 Beschriften mit Attributwerten

Eine Betextung aus den Inhalten der Attributtabelle heraus wird mit dem nächsten Werkzeug angeboten. Dazu sind Voreinstellungen notwendig. Zum einen muss entschieden werden, welches Feld der Attributtabelle zur Beschriftung herangezogen werden soll, zum anderen müssen die Platzierungsmethode und der Beschriftungs-Style festgelegt werden.

Markieren Sie den entsprechenden Layer und rufen Sie das Kontextmenü (rechte Maustaste) sowie „Eigenschaften..." auf. Wählen Sie dort das Register „Beschriftungen".

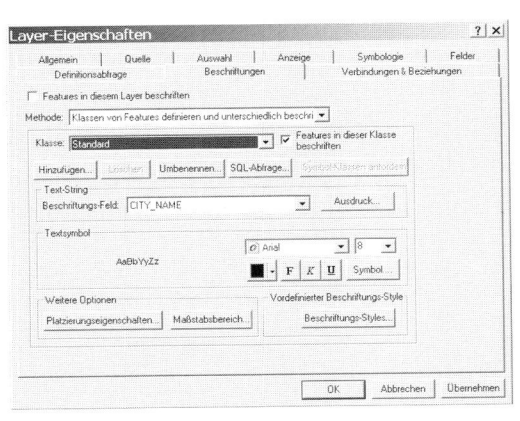

Suchen Sie sich unter „Beschriftungs-Feld" dasjenige Feld aus, dessen Inhalt bei der Beschriftung genutzt werden soll, und schließen Sie diesen Dialog. Drücken Sie nun die nebenstehende Schaltfläche „Beschriftung". Es öffnet sich das Dialogfenster „Optionen für die Werkzeuge..." (Abbildung auf der nächsten Seite).

Bei der Platzierung überlassen Sie entweder ArcMap die Wahl des Ortes (obere Option) oder Sie entscheiden mit der Mausposition darüber (untere Option).

Beim Beschriftungsstyle können Sie sich auf die vorhandenen Einstellungen des Layers stützen oder aber auch völlig neu über das Erscheinungsbild des Textes mit Hilfe des darunter stehenden Angebotes entscheiden.

Wählen Sie die Platzierungsmethode und den gewünschten Style, z. B. für eine Straßenbezeichnung. Anschließend klicken Sie mit der Maus auf das zu beschriftende Feature.

Die Auswahl der oben eingegebenen Optionen ermöglicht dann z. B. die folgende Beschriftung einer typisch amerikanischen Straße.

Diese Aktion kann an einem Feature auch mehrfach durchgeführt werden, wenn dies für eine bessere Beschriftung notwendig sein sollte.

Obwohl der Text aus der Tabelle der Sachdaten automatisch nach dem Mausklick ausgelesen wird, kann er nachträglich modifiziert werden, da er von der Attributtabelle entkoppelt wurde. Durch einen Klick auf die Beschriftung erscheint die schon erwähnte gestrichelte Linie und zeigt die Bearbeitungsmöglichkeiten an.

11.2.5 Text in Polygonen

Mit den weiteren Werkzeugen kann der Text mit freigewählten Geometrien von Polygonen formatiert werden, wie in der folgenden Abbildung verdeutlicht wird.

11.2 Text

Die Geometrie ist frei gewählt, wie in vorstehender Abbildung zu sehen ist. Die graue Fläche folgt z. B. einem Grenzverlauf. Sie kann auch aus einem Kreis oder einen rechtwinkligen Viereck/Quadrat bestehen. Dazu benutzt man die nebenstehenden Schaltflächen.

Ergänzend kann über bestimmte Einstellungen die genauere Lage des Textes beeinflusst werden. An einem kleinen Beispiel soll die Vorgehensweise näher erläutert werden.

Verfassen Sie zunächst in einem beliebigen Editor einen längeren Text Ihrer Wahl und legen Sie ihn in den Windows-Zwischenspeicher.

Laden Sie dann den Layer „plzzip2" aus folgendem Verzeichnis in einen neuen Datenrahmen:

EsriData_World_Europe_Canada_Mexico\europe\germany

Erzeugen Sie eine ähnliche Ansicht, wie sie sich auf der vorherigen Abbildung darstellt.

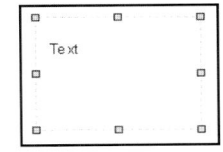

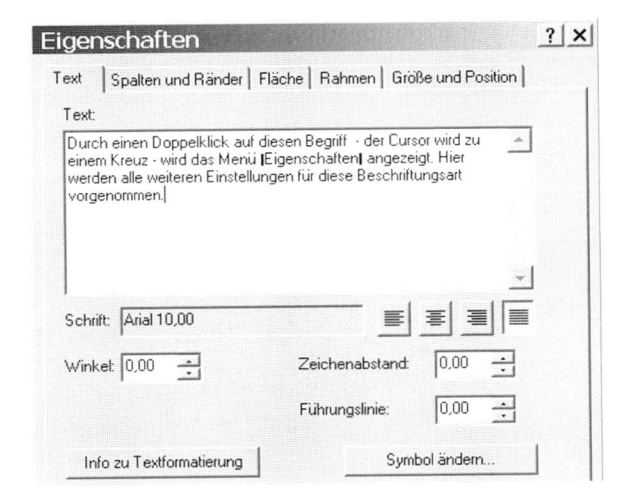

Digitalisieren Sie nun eine vergleichbare Geometrie, nachdem Sie zuvor das links abgebildete Werkzeug aktiviert haben. Der Mauszeiger wird dabei zu einem Kreuz, wie es bei der Digitalisierung üblich ist. Nach dem letzten Doppelklick zur Beendigung erscheint die nebenstehende Ansicht. Es wird nur ein „umfassendes" Viereck durch eine gestrichelte Linie sichtbar – die gerade angefertigte Geometrie erscheint nicht. Innerhalb dieses Vierecks ist der Begriff „Text" zu lesen. Durch einen Doppelklick auf diesen Begriff – der Cursor wird zu einem Kreuz – wird der Dialog „Eigenschaften" angezeigt. Hier werden alle weiteren Einstellungen für die Beschriftungsart vorgenommen. Wählen Sie das Register „Text" und fügen Sie den Inhalt der Zwischenablage ein. Weiter unten im Dialog „Eigenschaften" können Sie noch Formatierungen des Textes in der bekannten Form vornehmen. Die Darstellung des Textes innerhalb der erzeugten Geometrie wird über die verbleibenden Register gesteuert.

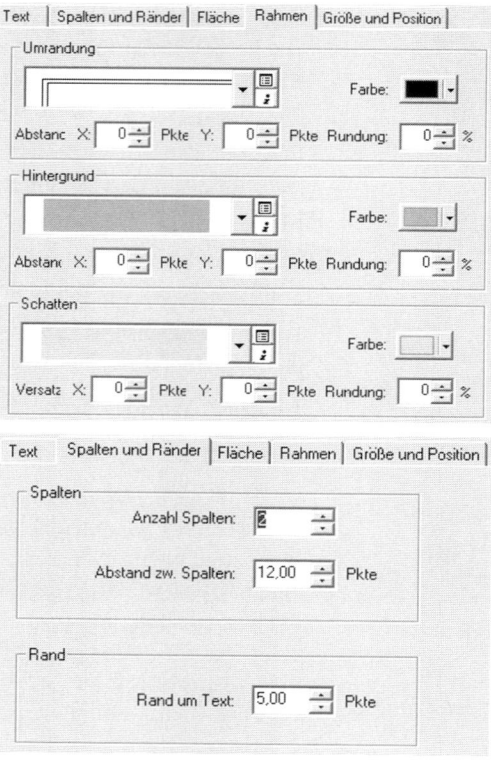

Die Wichtigen dabei sind „Spalten und Ränder" sowie „Rahmen". Hinter „Rahmen" verbergen sich Einstellmöglichkeiten für das Erscheinungsbild der angefertigten Geometrie. Hintergrundfarbe, Rand und Schatten werden hier festgelegt. Nehmen Sie dort Einstellungen Ihrer Wahl vor und bestätigen Sie mit „Übernehmen" – jedoch nicht mit „OK", da noch weitere Einstellungen vorgenommen werden müssen.

Öffnen Sie nun das Register „Spalten und Ränder". Dieser Bereich dient der Textformatierung hinsichtlich der Spaltenanzahl, dem Abstand dazwischen und dem Rand zwischen Geometrie und dem Text. Mit Spaltenanzahl wird angegeben, in wie vielen Spalten (ähnlich einer Tageszeitung) der Text innerhalb der Geometrie eingepasst werden soll. Die Standardeinstellung ist dabei „1", also eine Spalte.

Stellen Sie dort den Wert „2" ein. Der Abstand zwischen den Spalten sollte ausreichend gewählt werden. Setzen Sie den Wert auf mindestens „12" für eine lesbare Darstellung. Die Steuerung der Randbreite kann dann zur optimalen Platzausnutzung führen. Stellen Sie den Wert auf „5". Dadurch erreichen Sie die nachfolgende beispielhafte Darstellung.

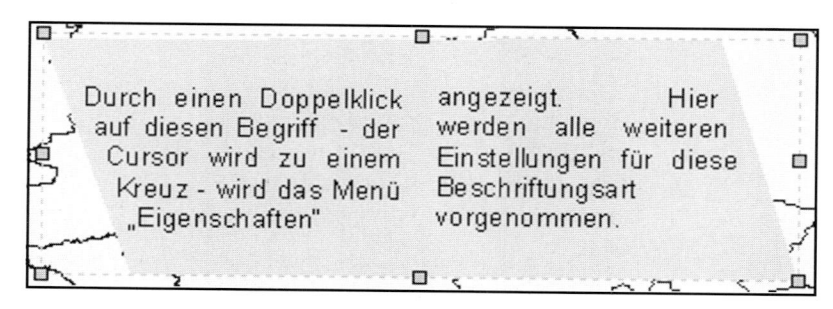

11.2 Text

Gut erkennbar sind die Zweispaltigkeit und der ausreichende Abstand sowie der Rand zur Geometrie. Nach Bestätigung mit „OK" und einem Mausklick neben das geschaffene Textobjekt verschwindet die gestrichelte Linie. Nach einem Doppelklick auf den Text erscheint sie wieder und die vorgestellte Formatierung kann modifiziert werden.

Die verbleibenden Register sind „Fläche" sowie „Größe und Position". Über das Register „Fläche" erhält man nur eine Information zu der geschaffenen Geometrie. Die Werte lassen sich nicht weiter verändern. Anders sieht es bei „Größe und Position" aus. Hier können der Ort des Textobjektes und seine genaue Größe festgelegt werden. Beide Veränderungen zur erstmaligen (zufälligen) Ausgangssituation können sowohl über absolute als auch über relative Angaben vorgenommen werden. Die absoluten Werte werden einfach an passender Stelle eingetragen. Die relativen Angaben werden ermöglicht, nachdem die entsprechenden Haken bei „Als Versatzentfernung" für die Verschiebung und bei „Als Prozent" für die Größe gesetzt worden sind.

Der Ankerpunkt kann ebenfalls unter diesem Register verändert werden. Die Standardeinstellung ist dabei unten links (LL).

Die Direkthilfe schreibt dazu: Der Ankerpunkt ist der Punkt eines Elements, von dem die XY-Positionen gemessen werden. Alle Elemente verwenden denselben Ankerpunkt. Wenn Sie den Ankerpunkt in diesem Dialogfeld ändern, sehen Sie daher für alle anderen Elemente dieselbe Ankerpunktposition. Eine Änderung des Ankerpunktes hat keine Änderung der Textausrichtung zur Folge.

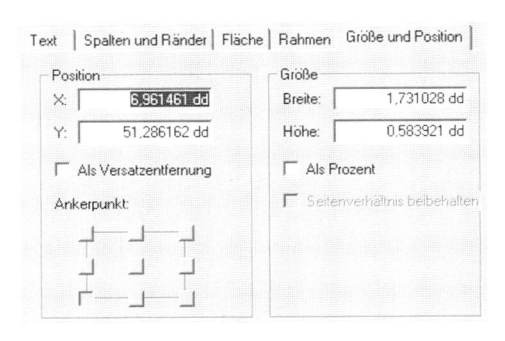

Erwähnt werden muss noch, dass die Angaben, die in diesem Dialog bei der Daten-Ansicht einzutragen sind, auf die jeweilig eingestellten Einheiten des Datenrahmens Rücksicht nehmen müssen. Sollten Sie den Datenrahmen mit den jetzigen Inhalten (z. B. jetzt auf Gauss-Krüger 3. Streifen) projizieren, wären die Angaben in Metern vorzunehmen.

Zusätzlich sei darauf hingewiesen, dass weitere Einstellungen zur Formatierung

Beispielsyntax	Beispielausgabe
<FNT name = "Arial" size = "12">Text</FNT>	Text
<CLR red = "255">Text</CLR>	Text
<CLR magenta = "100">Text</CLR>	Text
<BOL>Text</BOL>	**Text**
<ITA>Text</ITA>	*Text*
<UND>Text</UND>	Text
<ACP>Text</ACP>	TEXT
<SCP>Text</SCP>	TEXT
E = mc²	$E = mc^2$
H₂O	H_2O

des Textes vorgenommen werden können. Die Symboleinstellungen für einzelne Textsegmente können geändert werden, indem die Textformatierungs-Tags von ArcMap in den Text eingefügt werden. Auf diese Weise kann Text mit gemischter Formatierung erstellt werden, z. B. ein Wort im Text unterstrichen oder kursiv erscheinen lassen. Welche Möglichkeiten konkret bestehen, ist in der Hilfe beschrieben. Die Abbildung (siehe Vorseite) zeigt einen Ausschnitt aus dem Angebot. Erreichbar ist diese Hilfe nach Klick auf nebenstehende Schaltfläche im Dialog „Eigenschaften". Im Hilfetext ist ein Link zu der Gesamttabelle der „Tags" integriert. Auch alle weiteren Informationen zu dieser Art der Betextung sind hier abgelegt.

```
Zeichencodes &amp; und &lt;. Beispiel: John &amp; Paul.
Eine umfangreiche Version der obigen Tabelle finden Sie unter In ArcMap
verfügbare Formatierungs-Tags.
Tipps
- Die Textformatierungs-Tags von ArcMap können nahezu überall dort einges
```

11.3 Grafik

Als weiteres Element zur Verbesserung der Information auf einer Karte werden grafische Darstellungen herangezogen. Dies können Linien, Punkte oder flächenhafte Geometrien (Polygon) sein. Die Grafiken werden wie in anderen, weit verbreiteten Grafikprogrammen auf relativ einfache Weise hergestellt, bearbeitet und ggf. modifiziert.

In ArcGIS können diese Grafiken ebenfalls zur Selektion von Features herangezogen werden. Sie erhalten dabei gewissermaßen temporär GIS-Funktion.

Die Bearbeitung von Grafiken wird über die auf dem Desktop unten liegende Werkzeugleiste „Zeichnen" aktiviert:

Aktivierung

Es stehen folgende Grafiksymbole zur Verfügung:

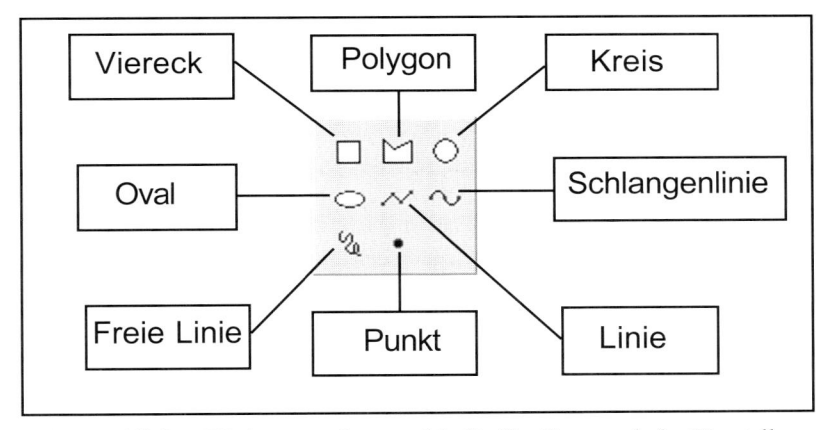

11.3 Grafik

[Abbildung: Zeichnen-Werkzeugleiste mit Symbolen für Viereck, Polygon, Kreis, Oval, Schlangenlinie, Freie Linie, Punkt, Linie]

Mit den üblichen Werkzeugen lassen sich die Grafiken nach der Herstellung und Positionierung formatieren, das heißt hier, z. B. farbig gestalten. Die Werkzeuge befinden sich rechts in der Werkzeugleiste „Zeichnen" für die Formatierung des Textes.

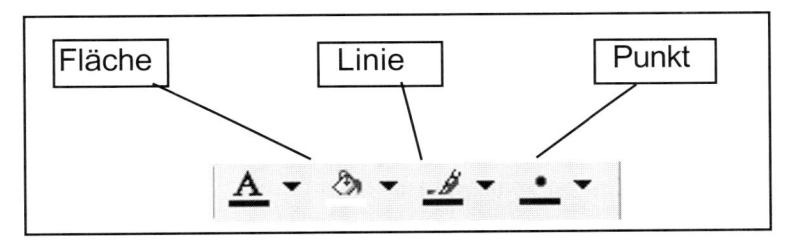

[Abbildung: Werkzeugleiste mit Beschriftungen Fläche, Linie, Punkt]

Ein wichtiges Werkzeug zur nachträglichen Veränderung oder Verfeinerung einer Grafik wird über die nebenstehende Schaltfläche bereitgestellt. Es ermöglicht die Sichtbarmachung der Stützpunkte einer Grafik zur Modifikation der Form und befindet sich in der Werzeugleiste „Zeichnen". Folgendes Beispiel soll das verdeutlichen:

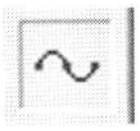

Wählen Sie für die Gestaltung einer Kurve das Werkzeug „Neue Kurve" (Schlangenlinie, links) aus. Der Cursor ändert sich zu einem Kreuz. Zeichnen Sie eine beispielhafte sinusartige Kurve. Nach dem Setzen des zweiten Punktes und Hinführen auf einen dritten außerhalb der Fluchtlinie der ersten beiden berechnet und zeichnet das Programm eine sinusförmige Kurve.

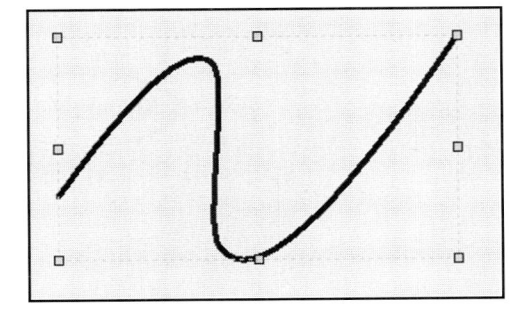

Solange der gestrichelte Rahmen dargestellt ist können Sie die nebenstehende Schaltfläche aktivieren. Es erscheinen alle Stützpunkte der Grafik. Die hellen markieren die gesetzten Punkte, die dunklen die Richtung der örtlichen Tangenten in den Stützstellen. Fassen Sie den linken dunklen (violetten) Punkt mit der Maus und verschieben Sie ihn. Sie bestimmen dabei die Steigung der Kurve an ihrem Ursprung neu.

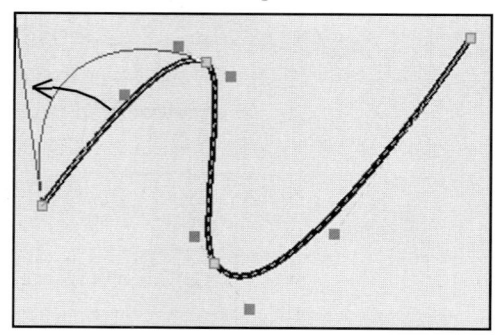

Nach Betätigen des Selektionswerkzeuges für Grafiken „Elemente auswählen" und Doppelklick mit der linken Maustaste neben der Grafik wird diese mit neuer Form (hier als Beispiel eine sehr starke Veränderung) gespeichert.

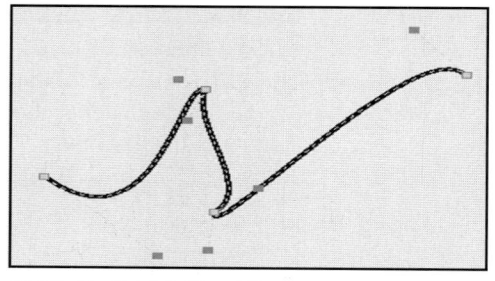

Die Strichstärke, Farbe und weitere Formatierungen dieser Grafiken lassen sich voreinstellen. Drücken Sie dazu das Menü „Zeichnen" in der rechts abgebildeten Werkzeugleiste „Zeichnen". Es erscheint ein Auswahlmenü, in dem Sie unten den Menüeintrag „Standard-Symboleigenschaften" anklicken können. Danach sehen Sie den rechts abgebildeten Dialog, in dem Sie die Eigenschaften modifizieren können. Dies kann immer nur im Voraus geschehen, nicht bei einem schon konstruierten Grafikelement!

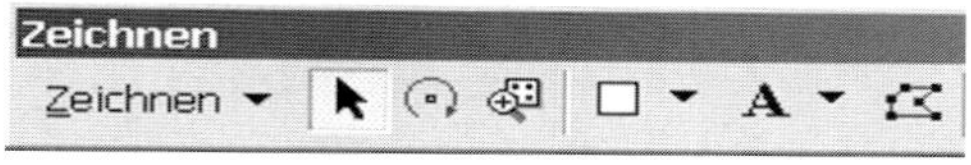

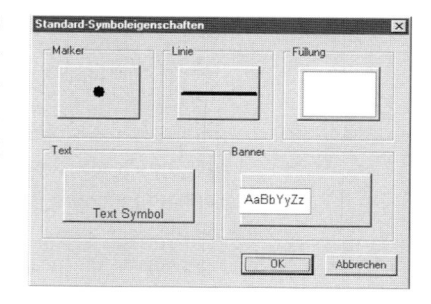

11.4 Automatische Beschriftung (einfach)

Natürlich kommt schnell der Wunsch auf, über eine automatisierte Beschriftung zu verfügen, die sich auf die Inhalte der Attributtabelle stützt. Warum soll man ein zweites Mal schreiben, was schon in der Tabelle niedergelegt ist? ArcGIS stellt entsprechende Einstellungen und Werkzeuge zur Verfügung. Im Folgenden wird gezeigt, welche Möglichkeiten vorgesehen sind und wie sie genutzt werden können.

11.4 Automatische Beschriftung (einfach)

Es wird beschrieben wie

- ein Layer für die automatische Beschriftung vorbereitet wird
- das entsprechende Tabellenfeld festgelegt wird
- die Symbolik der Beschriftung gewählt wird
- die Platzierung gesteuert wird
- der Darstellungsmaßstab gewählt wird

Im Gegensatz zur zuvor beschriebenen Beschriftung, die teilweise völlig unabhängig vom Inhalt der Attributtabelle war, ist hier der Tabelleninhalt maßgebend. Da diese Sachdaten immer genau einem Layer zugeordnet sind, gilt dies folglich auch für die automatische Beschriftung. Es ist daher verständlich, dass jeder Layer seine eigene Beschriftung erhält und darauf durch Voreinstellungen vorbereitet werden muss. Dies geschieht im Register „Beschriftungen" bei den „Eigenschaften" eines Layers.

Führen Sie dazu die nachfolgenden Befehle und Aktionen aus.

Wählen Sie zur Einstellung der Beschriftungseigenschaften einen Layer aus und drücken Sie die rechte Maustaste (Kontextmenü). Drücken Sie den Menüeintrag „Eigenschaften". In dem erscheinenden Dialog wählen Sie das Register „Beschriftungen".

Zunächst soll beschrieben werden wie sich in einem Standardfall die Beschriftung erzeugen lässt. Danach werden weitere Variations- und Gestaltungsmöglichkeiten bei der automatischen Beschriftung dargestellt.

Setzen Sie zuerst bei „Features in diesem Layer beschriften" den Haken und wählen Sie dann unter „Methode", wie im Bild gezeigt, „Alle Features gleich beschriften" aus. Dies bedeutet, dass alle Features beschriftet werden. Anschließend bestimmen Sie hinter „Beschriftungs-Feld" dasjenige Feld der Attributtabelle, dessen Inhalt zur Beschriftung genutzt werden soll. In der Auswahlliste werden alle Felder der gewählten Tabelle zur Auswahl angeboten.

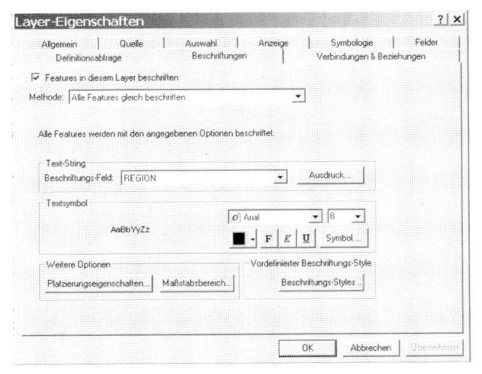

Aktivieren Sie nun die Schaltfläche „Symbol..." und wählen Sie in der erscheinenden „Symbol-Auswahl" einen Schrifttyp aus. An dieser Stelle können Sie auch die Farbe, die Größe und die Art der Beschriftung vorgeben. Weitere Einstellungen zur Schrift verbergen sich hinter der Schaltfläche „Eigenschaften" im Dialogfenster „Symbol- Auswahl".

Wenn Sie Ihre Wahl mit „OK" bestätigen, gelangen Sie zurück zur Beschriftungssteuerung. Drücken Sie hier die Schaltfläche „Platzierungseigenschaften". Es öffnet sich folgende Auswahlmöglichkeit:

Die Standardeinstellung ist auf „Eine Beschriftung pro Featureteil platzieren" gestellt. Erklärungen finden Sie in der zugehörigen „Direkthilfe", die über die rechte Maustaste – Cursor auf den Text – aktiviert werden kann. Die weiteren Auswahlmöglichkeiten an dieser Stelle werden später beschrieben.

Im abschließenden Schritt wählen Sie, in welchem Maßstabsbereich die Beschriftung sichtbar sein soll. Es ist schnell ersichtlich, dass dieser Punkt festgelegt werden muss, um eine lesbare Karte sicherzustellen. Zu leicht könnte eine zu umfangreiche Beschriftung die Kartendarstellung verdecken.

Betätigen Sie im Register „Beschriftungen" die Schaltfläche „Maßstabsbereich…". Es erscheint das gleichnamige Dialogfenster „Maßstabsbereich". Belassen Sie die Einstellung, wie sie vorgegeben ist. Die Darstellungsmaßstäbe orientieren sich an denjenigen der zugehörigen Layer. Diese werden im Register „Allgemein" in den Layereigenschaften eingestellt.

Sie können aber auch selber bestimmen, wann die Beschriftung sichtbar werden soll. Die obere und untere Maßstabsgrenze muss passend eingetragen werden. Stellen Sie dazu sicher, dass für den Datenrahmen die Einheiten gesetzt sind und beachten Sie die „Inverse Bedingung" im Text. Die dargestellten Werte erzwingen die Sichtbarkeit zwischen 1:100000 und 1:2 00000.

Schließen Sie diesen Dialog mit „OK". Die Features erhalten nach einer gewissen Zeit der Berechnung (die kleine Erdkugel in der Statusleiste dreht sich) die gewünschte Beschriftung, ggf. nur bei Darstellung in einem bestimmten Maßstab. Wenn Sie für den Layer „plzzip2" entsprechend vorgegangen sind und das Beschriftungsfeld „Zone" ausgewählt haben, müssten Sie das nachfolgende Bild vor sich sehen. In jedem Feature wird einmal der entsprechende Inhalt der Tabelle als Text dargestellt.

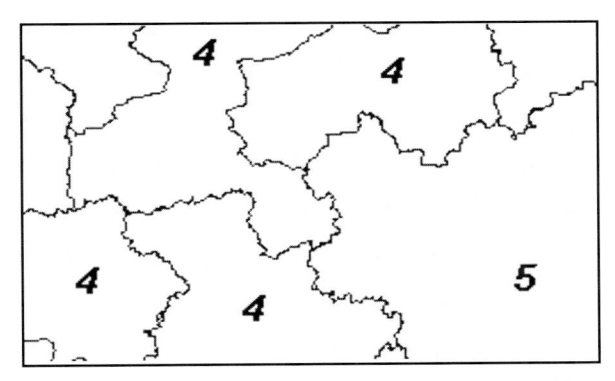

Angemerkt werden muss hier, dass diese Beschriftung nicht wie übliche Grafikelemente markiert und verändert werden kann. Dieses Thema wird unter „Annotation" näher beleuchtet.

11.5 Weitere Gestaltungsmöglichkeiten

Bis hierher wurde beschrieben, wie für einen standardisierten Fall eine automatische Beschriftung realisiert werden kann. Nun erfahren Sie etwas über die weiterführenden und differenzierteren Methoden und Möglichkeiten.

Dies sind u. a.:

- Klassenbildung
- Feldtypenauswahl und erweiterte Ausdrücke
- Platzierungsoptionen/Konflikterkennung
- Maßstabsabhängigkeiten
- Symbole

11.5.1 Klassenbildung bei automatischer Beschriftung

Diese Themenbereiche sind jeder für sich allein schon recht komplex. Im Rahmen dieses Buches ist es daher nicht möglich, allen Funktionalitäten nachzugehen. Im Folgenden werden die wichtigsten Merkmale beschrieben. Am Ende dieses Abschnittes werden einige konkrete Beispiele vorgeführt.

Wenn es notwendig erscheint, zwar viele, aber eben nicht alle Features zu beschriften, ist eine so genannte Klassenbildung hilfreich. Innerhalb des fraglichen Layers wird eine Auswahl vorgenommen, und nur diese Features werden automatisch beschriftet. Die Selektionen – mehrere sind möglich – erhalten einen frei wählbaren Klassennamen und werden z. B. über eine SQL-Abfrage bestimmt. Zur Bestimmung der zu beschriftenden Features werden alle Klassen herangezogen. Features, die mehr als einer Klasse angehören, werden auch mehrfach beschriftet, entsprechend der Tabelleninhalte. Das Beschriftungsfeld (hier Region) wird für jede Klasse an der bekannten Stelle definiert. Gleiches gilt für das eventuell unterschiedliche Erscheinungsbild der jeweiligen Beschriftung (siehe 11.4).

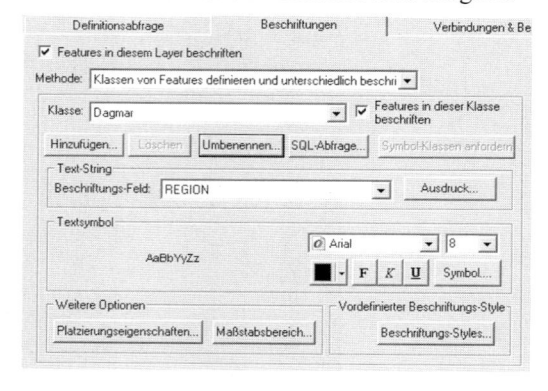

Laden Sie den Layer „plzzip2" und aktivieren Sie mit der rechten Maustaste im Kontextmenü den Eintrag „Eigenschaften".

Wählen Sie das Register „Beschriftungen" und setzen Sie den Haken, wie folgt:

Stellen Sie bei der „Methode" auf

und setzen Sie auch den zweiten Haken,…

…der die Beschriftung der einzelnen Klassen individuell ein- oder ausschaltet.

11.5 Weitere Gestaltungsmöglichkeiten

Im Ausgangszustand gibt es mindestens eine Klasse mit dem Namen „Standard". Diese lässt sich über die folgenden Schaltflächen umbenennen. Auch lassen sich Klassen löschen oder hinzufügen.

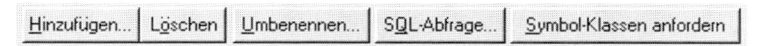

Nachdem Sie mit der Schaltfläche „Hinzufügen" die Möglichkeit genutzt haben, eine neue Klasse zu kreieren, legen Sie über die SQL-Abfrage die notwendige Bedingung fest.

SQL-Abfrage... Nach Betätigung der entsprechenden Schaltfläche erscheint das Dialogfenster „SQL-Abfrage".

Hier legen Sie auf bekannte Weise eine logische Bedingung fest, z. B. wie Sie in der Abbildung sehen: „REGION > 42". Damit haben Sie den Gesamtdatenbestand reduziert, und nur diejenigen Datensätze (Features), die diese

Bedingung erfüllen, werden bei der automatischen Beschriftung berücksichtigt. Nun können Sie bei Bedarf eine nächste Klasse mit einer völlig anderen Bedingung festlegen. Der Datenbereich, der für die Beschriftung herangezogen werden soll, wird dadurch immer weiter eingeengt. Sie können nun noch jeder Klasse eine eigene Darstellungsform zuweisen. Drücken Sie „OK", und die Regionen mit der PLZ > 42 werden beschriftet.

Mit der Schaltfläche „Symbol-Klassen anfordern" können Sie unterschiedliche Beschriftungseigenschaften für die Features festlegen, was im Rahmen dieser Ausführungen nicht weiter vertieft wird.

11.5.2 Feldtypen und erweiterte Ausdrücke

Für das Beschriftungsfeld können eine Reihe von Einstellungen vorgenommen werden, die die Aussagekraft der Beschriftung erhöhen. So ist es zum Beispiel möglich, dass nur bestimmte Typen (numerisch, Zeichenfolgen…) von Tabellenfeldern genutzt werden. Des Weiteren kann nicht nur der Inhalt eines, sondern von mehreren Tabellenfeldern für die automatische Beschriftung vorgesehen werden.

Laden Sie zur Verdeutlichung den Layer „plzzip5" und aktivieren Sie das Register „Beschriftungen" und drücken Sie die Schaltfläche „Ausdruck".

Es öffnet sich das Dialogfenster „Beschriftungs- Ausdruck".

Drücken Sie die Schaltfläche „Typ anzeigen", um die Liste der Feldtypen zur Auswahl zu erhalten.

Wählen Sie den Typ Ihrer Wahl (hier ist „Zeichenfolge" gewählt). Damit haben Sie die gewünschte Einschränkung vorgenommen.

Im Beispiel ist nun dafür gesorgt, dass nur noch textliche Werte – also Zeichenfolgen – genutzt werden. Um sich zuvor einen Überblick über die Daten zu verschaffen, drücken Sie die Schaltfläche „Werte anzeigen". Sie sehen folgende Auflistung der Feldwerte von POSTSTATN:

Mit den unteren Schaltflächen im Dialog „Beschriftungswerte" lässt sich das Erscheinungsbild bzw. der sichtbare Inhalt dieser Tabelle wunschgemäß steuern. Bei der Wahl von „Alle zeigen" kann es bei großen Datenmengen zu unübersichtlicher Darstellung kommen.

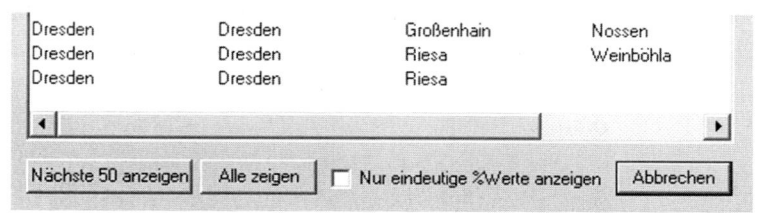

Sollte es, wie hier im Beispiel, zu Mehrfachnennungen von Ausdrücken kom-

11.5 Weitere Gestaltungsmöglichkeiten

men (hier Dresden), kann das durch Setzen des Hakens bei „Nur eindeutige % Werte anzeigen" verhindert werden. Jeder Wert wird dann nur einmal angezeigt.

Anhängen

Um bei der automatischen Beschriftung dafür zu sorgen, dass zwei oder noch mehr Feldinhalte an das Feature gebracht werden, betätigen Sie für ein markiertes Feld die Schaltfläche „Anhängen" im Dialogfenster „Beschriftungsausdruck". Gleiches kann durch den Doppelklick auf den Feldnamen erreicht werden.

Im angezeigten Beispiel sind neben „Zip_Code" auch die Felder „Poststatn" und „Region" für die Anzeige der automatischen Beschriftung vorbereitet. Alle Ausdrücke werden gleichzeitig zur Beschriftung herangezogen. Zusätzlich kann eigener Text in den Ausdruck eingebaut werden. Die nebenstehende Darstellung zeigt die Einstellungen unter Verwendung der Option „Erweitert", die den vollständigen VB-Code anzeigt und es erlaubt, einen mehrzeiligen Code nach eigenen Wünschen einzugeben. Ist dieses Kontrollkästchen nicht aktiviert, kann nur ein einzeiliger Code geschrieben werden.

Die gewählten Einstellungen lassen sich auch speichern und entsprechend wieder laden. Zu diesem Zweck wird beim Speichern eine „LABEL expression Datei" angelegt. Sie erhält die Dateierweiterung „*.lxp" und kann bei Bedarf wieder geladen werden.

Die Texte oder auch komplexere Ausdrücke, die unter „Ausdruck" zum Eintragen der Tabellenfelder geschrieben werden, müssen eine spezielle Syntax aufweisen. Zur Kontrolle dieser Syntax wird ein so genannter Parser durch Drücken der Schaltfläche „Überprüfen" aktiviert. Es sind die zwei überprüfbaren Programmiersprachen JAVA und Visual Basic verwendbar. Eine erfolgreiche Überprüfung wird mit der in nebenstehender Abbildung angezeigten Meldung quittiert. Zusätzlich wird eine beispielhafte Beschriftung angezeigt.

Beispiel

Laden Sie ggf. den Layer „plzzip5" neu aus dem folgenden Verzeichnis in einen neuen Datenrahmen:

EsriData_World_Europe_Canada_Mexico\europe\germany

Aktivieren Sie das Kontextmenü von „plzzip5" und wählen Sie das Register „Beschriften". Drücken Sie die Schaltfläche „Ausdruck" und erzeugen Sie einen Beschriftungsinhalt Ihrer Wahl. Speichern Sie diesen „Ausdruck" in einer lxp-Datei.

Laden Sie „plzzip5" ein weiteres Mal. Wählen Sie nun unter „Ausdruck" keine Felder aus, sondern holen Sie sich mit der Schaltfläche „Laden..." stattdessen die lxp-Datei. Führen Sie die nötige Kontrolle mit der Schaltfläche „Überprüfen" durch.

Der zweite Layer muss nun über die inhaltlich gleiche Beschriftung verfügen wie der zuerst geladene. Der Schrifttyp ist anders, da er nicht in der lxp-Datei gespeichert wird.

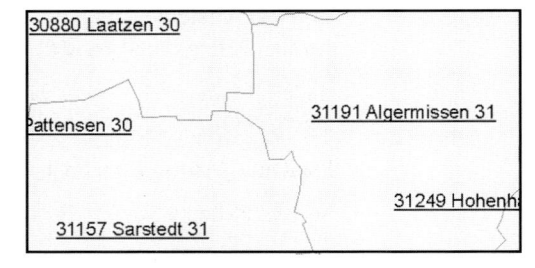

Erwähnt werden muss noch, dass nach der Festlegung eines komplexeren Ausdrucks statt eines einfachen Feldnamens das entsprechende Beschriftungsfeld im Register „Beschriftung" ausgegraut ist. So wird immer sofort erkennbar, dass bereits ein derartiger Ausdruck Verwendung findet.

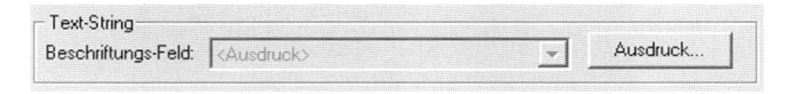

Text, der nicht komplett im Datenrahmen dargestellt werden kann, wird rot angeboten. Allerdings versucht ArcMap zuvor immer, eine Darstellung durch Verschiebung sicherzustellen. Diese „Rot-Darstellung" wird immer genutzt, um einen Konflikt mit Voreinstellungen zu verdeutlichen.

Um eine andere Formatierung oder Mehrzeiligkeit des Ausdrucks zu erzeugen, ist eine entsprechende Eingabe notwendig. Details dazu sind unter der „Hilfe"-Schaltfläche des Dialogs „Beschriftungs-Ausdruck" nachzulesen.

11.5.3 Platzierung der Beschriftung und Konflikterkennung

Natürlich ist es notwendig, die Platzierung der Beschriftung steuern zu können und die Kontrolle nicht ArcMap alleine zu überlassen. Nur dann kann eine sinnvolle Verbesserung der Information auf der Karte gelingen. Ohne Voreinstellungen wird ArcMap eher zufällig zu vernünftigen Darstellungen kommen. Angemerkt werden muss zudem, dass die verschiedenen Featuretypen (Polygon, Linie oder Punkt) an dieser Stelle sehr unterschiedlich behandelt werden.

Nachfolgend wird an einem für Sie nachvollziehbaren Beispiel gezeigt, wie Konflikterkennung bei:

11.5 Weitere Gestaltungsmöglichkeiten

- Polygonfeatures
- Linienfeatures
- Punktfeatures

in den „Platzierungseigenschaften" des Registers „Beschriftung" der Layereigenschaften behandelt wird.

Polygonfeatures

Der einfachste Featuretyp ist in diesem Zusammenhang das Polygon, mit dem auch begonnen werden soll.

Laden Sie in einen neuen Datenrahmen, den Sie umbenennen in „Deutschland", den Layer „prov3" aus dem Verzeichnis:

EsriData_World_Europe_Canada_Mexico\europe\basemap

Setzen Sie den Haken im Inhaltsverzeichnis, damit der Layer gezeichnet wird.

Führen Sie die schon beschriebenen Schritte zur automatischen Beschriftung durch. Der Name der Landkreise soll gewählt werden. Er befindet sich im Feld „PROV3NAME". Klicken Sie im Register „Beschriftungen" auf die Schaltfläche „Platzierungseigenschaften…" im Bereich „Weitere Optionen".

Es erscheint das Dialogfenster „Platzierungseigenschaften" mit den zwei Registern „Platzierung" und „Konflikterkennung".

Anhand einer kleinen Grafik wird die Platzierung des Textes in Bezug zum zugehörigen Feature visualisiert. Wenn eine der drei Einstellungen gewählt wird, ist dies sofort in den kleinen Darstellungen ersichtlich.

Eine weitere Voreinstellung kann mit dem Kontrollkästchen „Beschriftung nur innerhalb des Polygons" vorgenommen werden. Wird der Haken gesetzt, erscheinen nur Texte, die vollständig innerhalb der Polygongrenzen dargestellt werden können. Die Übrigen werden erst beim Einzoomen sichtbar, wobei ein gewisser Rand zur Grenze des

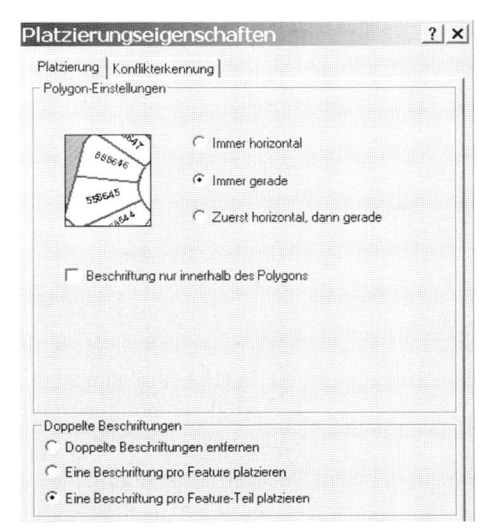

Features erzielt werden muss. Der Text von „Wolfenbüttel" macht dies deutlich. Man hätte seine Darstellung im unteren Bild erwartet.

Im unteren Bereich des Dialogs „Platzierungseigenschaften können Sie durch entsprechende Wahl noch kleine Verbesserungen vornehmen. Zum einen können Sie doppelte Beschriftungen mit gleichem Text bei benachbarten Features vermeiden, zum anderen entscheiden Sie, ob jedes Teil eines mehrteiligen Features (Multipart) beschriftet werden soll oder nicht.

In der „Direkthilfe" werden hierfür weitere Informationen vorgestellt. Gehen Sie dazu mit dem Cursor auf den gewünschten Befehl oder die Schaltfläche und drücken Sie die rechte Maustaste. Es erscheint die Schaltfläche „Direkthilfe". Mit der linken Maustaste wird diese dann aktiviert.

Konflikterkennung bei Polygonen

Das andere Register der „Platzierungseigenschaften" führt zum Dialogfenster „Konflikterkennung". Hier können u. a. Prioritäten und Puffer für die Beschriftung eingestellt werden. Diese Möglichkeiten beziehen sich auf alle Featuretypen. Die entsprechenden Inhalte der Register sind alle gleich. Daher wird nur an dieser Stelle darauf hingewiesen.

Hinter dem Register „Konflikterkennung" verbirgt sich ein Dialog, der in drei verschiedene Themenbereiche eingeteilt ist. Es können beim Zeichnen von mehreren Layern Gewichtungen vorgenommen werden, und zwar bei der Beschriftung selbst sowie bei den verschiedenen Features. Schließlich kann ein Puffer um die Beschriftung herum definiert werden, der für ausreichende Abstän-

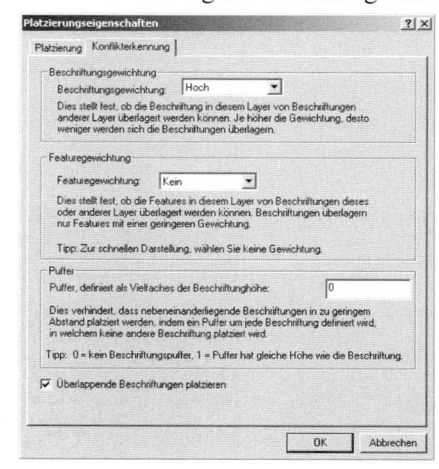

11.5 Weitere Gestaltungsmöglichkeiten

de zwischen den einzelnen Texten sorgt. Die Größe des Puffers kann in Relation zur gewählten Schriftgröße festgelegt werden.

Die jeweilige Gewichtung kann zusätzlich noch verschieden stark ausgeprägt werden. Es bestehen Wahlmöglichkeiten von „klein" bis „hoch". Die Bedeutung der jeweiligen Gewichtung wird direkt im Dialogfenster erklärt.

An einem Beispiel, das nicht alle Facetten aufgreifen kann, sollen die Möglichkeiten angedeutet werden.

Beispiel für die Konflikterkennung bei Polygonen

Laden Sie in einen neuen Datenrahmen, den Sie umbenennen in „Deutschland", die Daten „prov3.sdc" und „cities.sdc" aus dem Verzeichnis:

EsriData_World_Europe_Canada_Mexico\europe\basemap

Versehen Sie, wie oben beschrieben, beide Layer mit automatischer Beschriftung und wählen Sie dazu als „Beschriftungsfeld" die „Namen" aus. Geben Sie beiden Beschriftungen verschiedene Größen und Farben.

Wählen Sie in beiden Layern in der „Konflikterkennung" in der Feature- und in der Beschriftungsgewichtung den jeweils niedrigsten Grad (niedrig, keine). Bestätigen Sie zweimal mit „OK".

Es erscheint nebenstehende Darstellung, wenn Sie die entsprechenden Bereiche auswählen.

Deutlich ist erkennbar, dass der Schriftzug der Landkreisnamen das Punktsymbol einer Stadt verdeckt und der Name der Stadt nicht angezeigt wird. Um diesen Konflikt aufzulösen, müssen andere Einstellungen im Bereich der Platzierungen und der Konflikterkennung vorgenommen werden.

Aktivieren Sie für „cities" die „Konflikterkennung". Bei der Featuregewichtung stellen Sie den Wert „Mittel" ein. Damit wird erzwungen, dass der Text der Landkreisnamen das Symbol der Städte nicht mehr überdeckt. Nun wird folgende Darstellung angezeigt:

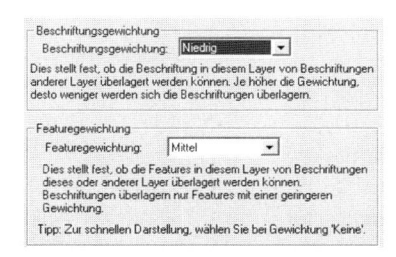

Das Symbol von „Goslar" ist nun sichtbar und das Punktsymbol frei von Überlagerung durch andere Texte. *Ggf. kann es auch sein, dass nun auch die Beschriftung des Städte-Layers zu sehen ist. Die Beschriftung eines solchen Punkte-Layers ist immer nachrangig gegenüber dem Polygon.*

Im Dialogfenster „Konflikterkennung" sind bei der Gewichtung differenziertere Stufen wählbar. Dies kann genutzt werden, wenn mehr als zwei Layer vorliegen und beschriftet werden sollen. Es muss dann immer im Einzelfall getestet werden, welche Gewichtungsstufe zum erwünschten Ergebnis führt.

Hilfreich kann es auch sein, die Bildausschnitte etwas zu verschieben. Die Beschriftung ordnet sich dann etwas anders an. So mancher Konflikt löst sich auch dadurch bzw. die vorgenommenen Einstellungen entfalten erst danach ihre volle Wirkung.

Linienfeatures

Die Möglichkeiten, die Platzierung bei Linien zu steuern, sind umfangreicher als bei Polygonen. ArcMap wählt bei der Anwahl der entsprechenden Optionen automatisch den passenden Dialog.

Naturgemäß sollte bei Linien die Schrift nicht auf das Feature geschrieben werden. Es werden daher verschiedenartige Möglichkeiten zur Platzierung neben der Linie angeboten.

Laden Sie die Daten „roads.sdc" aus dem Verzeichnis:

EsriData_World_Europe_Canada_Mexico\europe\basemap

Aktivieren Sie die „Platzierungseigenschaften". Sie sehen das gleichnamige Dialogfenster.

Der untere Bereich, „Doppelte Beschriftungen", wird von den Polygonen übernommen und hat die gleichen Aufgaben. Im oberen Bereich befinden sich neuartige Einstellungsmöglichkeiten, welche die Platzierungen steuern, die es an einer Linie geben kann.

Im Bereich „Position" wird festgelegt, wo der Text in Bezug zur Linie platziert werden soll. Es kann zwischen „Oberhalb", „Unterhalb" und „Auf der Linie" gewählt werden. „Oberhalb" und „Unterhalb" kann auch durch „Links" oder „Rechts" ersetzt werden, wenn bei „Ausrichten an:" von „Seite" auf „Linie" gewechselt wurde. Hier kann auch ein Versatz-Abstand vom Feature definiert werden.

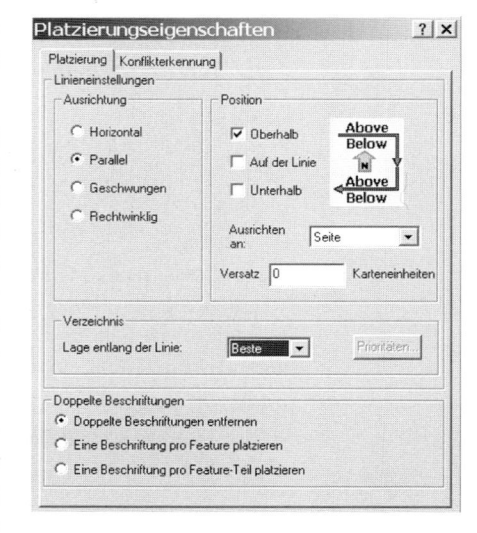

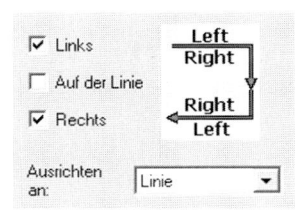

11.5 Weitere Gestaltungsmöglichkeiten

Wie diese Positionen zueinander stehen, wird durch die grafische Darstellung verdeutlicht. Die Begriffe „Links" und „Rechts" hängen in ihrer Wirkung in diesem Zusammenhang von der Digitalisierungsrichtung ab. Ggf. muss an dieser Stelle etwas experimentiert werden da diese Richtung nicht so ohne Weiteres erkennbar ist.

In dem linken Bereich „Ausrichtung" des Dialogs „Platzierungseigenschaften" wird festgelegt, wie der Schriftzug hinsichtlich seiner Ausrichtung zum Feature positioniert werden soll. Es stehen vier Möglichkeiten zur Verfügung:

Horizontal:	waagerechte Ausrichtung
Parallel:	parallel zum Feature
Geschwungen:	entlang eines geschwungenen Features
Rechtwinklig:	rechtwinklig zur Richtung des Features

Hierbei erklären sich die ersten drei Begriffe von selbst. Für den letzten zeigt die nebenstehende Abbildung die Wirkungsweise. Dabei versucht ArcMap immer, keinen Schnittpunkte zwischen Schriftzug und Feature zuzulassen. Ggf. wird eine Beschriftung unterdrückt. Erst beim Zoomen wird sie dann wieder sichtbar.

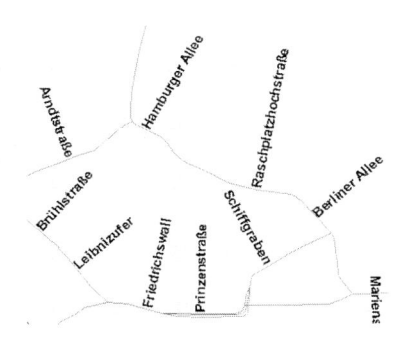

Beispiel zu Linienfeatures

Sorgen Sie für eine automatische Beschriftung bei dem schon zuvor geladenen Layer „roads" (Haken setzen und Beschriftungsfeld „Name" auswählen). Drücken Sie dann die Schaltfläche „Platzierungseigenschaften...". Wählen Sie „Oberhalb" im Bereich „Position". Dann legen Sie „Seite" unter „Ausrichtung an" fest und bestätigen mit „OK".

Es erscheint folgende Darstellung, falls Sie einen entsprechenden Ausschnitt gewählt haben. Die Namen sind jeweils oberhalb des Features platziert worden. Um die Namen umzusetzen, wählen Sie eine entsprechend andere Einstellungsmöglichkeit. Um den Text, wie dargestellt, leicht geschwungen zu platzieren, muss auf der linken Seite der „Platzierungseigenschaften" die Option „Geschwungen"

gesetzt sein. Der Text ist dann ist nicht mehr streng an einer Geraden orientiert. Einsichtig ist, das nicht jede Linie im Detail verfolgt wird, damit die Lesbarkeit des Textes erhalten bleibt.

Konflikterkennung bei Linien

Zuvor wurde bereits erwähnt, dass ArcMap immer versucht, Textüberschneidungen zu verhindern, ggf. darauf verzichtet, allen Text zu platzieren. Dies gilt zunächst nur für Betextung innerhalb eines Layers. Sind mehrere Layer zu beschriften, kann es zu Konflikten bei der Darstellung kommen, wie in der nebenstehenden Abbildung deutlich wird. Der Schriftzug „Hannover" wird vom Text „Westschnellweg" aus einem anderen Layer überlagert.

Das wird entschärft, indem man bei den entsprechenden Einstellungen des „cities"-Layers die „Beschriftungsgewichtung" auf „Mittel" stellt. Zuvor stand dieser Wert auf „Niedrig". Die nebenstehende Abbildung zeigt die verbesserte Darstellung. Die Beschriftung „Westschnellweg" ist entfallen, es tritt kein Konflikt mehr auf und „Hannover" lässt sich gut lesen. Wenn geeignet hineingezoomt wird, kommt die Beschriftung des Westschnellweges allerdings wieder zum Vorschein.

Punktfeature (Konflikterkennung)

Nun wird beschrieben, wie sich die Platzierung bei Punktfeatures steuern lässt. Es ist leicht vorstellbar, dass es hier noch mehr Möglichkeiten (Freiheitsgrade) gibt als bei den vorherigen Fällen.

Zunächst kann hier wiederholt werden, dass sich der Dialog „Konflikterkennung" nicht ändert und dass das Thema „Doppelte Beschriftung" wie in den anderen Fällen behandelt wird. Nur die Positionierung selber ist anders und vielfältiger.

Ist ein Punkte-Layer geladen, erscheint nach den üblichen Einstellungen im Register „Platzierung" der „Platzierungseigenschaften" nebenstehendes Dialogfenster.

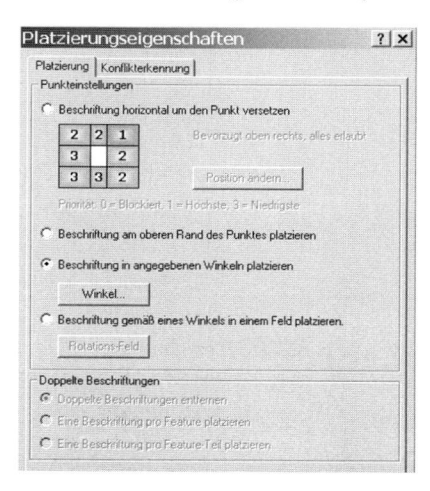

11.5 Weitere Gestaltungsmöglichkeiten

In einer kleinen Grafik wird dargestellt, wo die Platzierungen der Punktfeatures vorgenommen werden können. Es sind acht verschiedene Orte, die mit Prioritäten von 1 bis 3 versehen werden können. „1" ist dabei die höchste, „3" die niedrigste Priorität.

Kombinationen zwischen den verschiedenen Positionen und den zu vergebenden Prioritäten können bei Bedarf gewechselt werden. Hierfür stehen insgesamt 36 verschiedene Möglichkeiten zur Verfügung.

Darüber hinaus können die Schriftzüge in einem bestimmten Winkel, in einem Feld-definierten Winkel und auch an den oberen Rand des Punktfeatures positioniert werden.

Beispiel

Laden Sie „cities.sdc" aus dem Verzeichnis:

EsriData_World_Europe_Canada_Mexico\europe\basemap

Sorgen Sie auf die bekannte Weise für eine Beschriftung mit dem Städtenamen. Zoomen Sie auf den Bereich des Landkreises Hildesheim. Es erscheint folgende Darstellung, bei entsprechender Einstellung für die Schriftgröße und der Ausdehnung:

Entsprechend der Voreinstellung (siehe vorherige Abbildung) sollte der Text oben rechts platziert sein. Bei dem Namen „Hildesheim" sieht man die Nutzung der Option. Der Text steht direkt oberhalb des zugehörigen Features. Das Feature „Lebenstedt" löst einen Konflikt aus und wird auch verschoben. Dieses Ausweichen des Textes wird erlaubt. Die Erlaubnis kann man aber auch ausschließen, wenn Gründe dafür vorliegen, oder sie wird von ArcMap wie folgt genutzt:

Beim Namen „Wolfsburg" ist der Grund für die abweichende Darstellungsform der nahe Kartenrand. ArcMap wählt die erlaubte Alternative, um die Darstellung des Textes sicherzustellen, wenn nicht genügend Platz in der Nähe des Kartenrandes vorhanden ist.

Gleichzeitig sind andere Positionen erlaubt, aber mit niedrigeren Prioritäten versehen: 2 und 3. Die zentrale Mitte bleibt frei! Diese Voreinstellungen lassen sich grundlegend verändern. Drücken Sie dazu die Schaltfläche „Position ändern" und wählen Sie aus. Es erscheint die Grafikliste „Anfangsplatzierung der Punkte" (siehe nächste Seite) mit 36 Möglichkeiten, um eine Positionierung, die Prioritäten und Ausschlüsse oder die Bevorzugungen einzustellen.

Wählen Sie, wie in der Grafik rechts dargestellt, und schließen Sie mit „OK" und „Übernehmen" ab. Die Positionierung des Textes verändert sich in der gewünschten Weise. In Konfliktsituationen werden Alternativen gesucht und entsprechend genutzt falls welche erlaubt wurden.

Wählen Sie nun eine andere Option bei den „Platzierungseigenschaften", wie in der kleinen Abbildung gezeigt, um weitere Möglichkeiten zu erkennen. Es besteht eine Position wie vielleicht zuvor, aber ohne Ausnahme, was durch die Null angezeigt wird. Bestätigen Sie mit „OK" und „Übernehmen". Sie sehen nun in der Karte, dass einige Namen nicht mehr angezeigt werden. Die Konfliktsituation (Kartenrahmen und Nähe zu einem anderen Feature) kann nicht aufgelöst werden – nur ein Hineinzoomen lässt die fehlenden Namen wieder erscheinen. Gleiches kann auch durch Verschieben des Ausschnittes erreicht werden.

Weiter vorn ist zu sehen, dass auch Winkelangaben ausgewertet werden können, um den Text auf Wunsch schräg zu platzieren. Es stehen zwei Möglichkeiten dafür zur Verfügung. Erstens wird ein fester Winkel vorgegeben und zuvor in eine Auswahlliste eingetragen, zweitens wird ein passendes Attribut der Attributtabelle zur Berechnung des Winkels herangezogen.

Erster Fall:

Drücken Sie die Schaltfläche „Winkel" im Dialog „Platzierungseigenschaften". Es öffnet sich nebenstehender Dialog für den gewünschten Winkel. Eingegeben werden hier ggf. mehrere Winkel, von denen der oberste die höchste Priorität hat. Wenn dieser Winkel für eine konfliktfreie Betextung nicht genutzt werden kann, wird der nächste Winkel herangezogen. Mit den Pfeilschaltflächen rechts lässt sich die Reihenfolge der Prioritäten verwalten.

Zweiter Fall:

Für den Fall, dass in der Attributtabelle numerische Informationen zur Winkelbestimmung vorliegen, können diese ebenfalls genutzt werden. Nach Aktivierung der Funktion „Rotations-Feld" erscheint der nebenstehende Dialog. Oben wird das ausgewählte Rotationsfeld (numerisch) aus

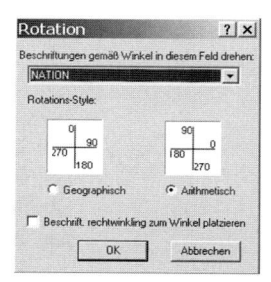

11.5 Weitere Gestaltungsmöglichkeiten 341

der Attributtabelle eingetragen und darunter die passende Drehrichtung ausgewählt. Es stehen dafür zwei verschiedene Systeme zur Verfügung. Die letzte Option erlaubt es Ihnen, den Text nochmals um 90 Grad versetzt zum Winkel zu platzieren, ohne dafür die Tabelleninhalte anpassen zu müssen.

11.5.4 Maßstabsabhängigkeit

Für eine sinnvolle Darstellung des Textes ist es meist angebracht, Grenzen dafür festzulegen. Es muss vermieden werden, dass in einem Maßstab die Darstellung des Textes über die eigentliche Präsentation dominiert. Gemeint sind obere und untere Maßstabsgrenzen, mit denen definiert wird, wann ein Text sichtbar sein soll.

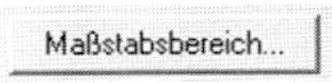

Drücken Sie im Register „Beschriftungen" unter „Layer-Eigenschaften" die Schaltfläche „Maßstabsbereich...". Es erscheint ein Dialogfenster, in dem zwei Möglichkeiten für die Bestimmung der oberen und unteren Maßstabsgrenze angeboten werden. Zum einen ist es die Übernahme der entsprechenden Einstellungen für den Maßstabsbereich des Layers. Diese werden unter seinen Eigenschaften im Register „Allgemein" festgelegt. Zum zweiten können die – für eine bestimmte Präsentation vielleicht günstigeren – unteren und oberen Grenzen des Bereiches explizit in dafür vorgesehene Eingabefelder eingetragen werden.

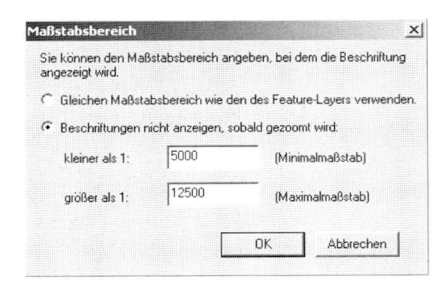

Wählen Sie eine der beiden Methoden und zoomen Sie danach über die angegebenen Grenzen hinweg. Sie erkennen, dass ArcMap dafür sorgt, dass der Text nur im gewünschten Maßstabsbereich dargestellt wird. Wichtig ist hierbei, dass immer eingestellt wird, wann die Beschriftung nicht dargestellt wird. Es sind also genaue Überlegungen anzustellen, um den gewünschten Zweck zu erreichen.

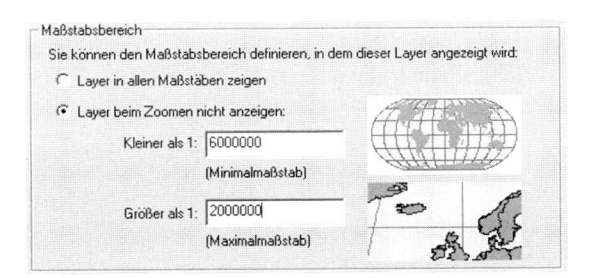

Im oben gezeigten Beispiel ist somit beim Maßstab 1:1.500.000 das fragliche Feature und/oder die Beschriftung nicht zu sehen! Bei 1:3.000.000 ist es/sie dagegen zu sehen, bei 1:7.000.000 wiederum nicht.

11.5.5 Styles

In den vorangegangenen Abschnitten ist erklärt worden, wie man einen Feldnamen und damit den Tabelleninhalt als „Ausdruck" und seine „Platzierung" bei der automatischen Beschriftung einrichtet.

Der eingestellte „Ausdruck" kann für sich in der lxp-Datei gespeichert und gegebenenfalls später geladen werden.

Speichern kann man auch die Einstellungen für die Symbole, die für die Darstellungen gewählt wurden. Dies ist an entsprechender Stelle zum Thema „Schriftsymbole" erläutert.

Sollen „Symbol" und „Platzierung" dauerhaft gespeichert werden, geschieht dies im Style. Die Hilfe erklärt dazu:

Ein Beschriftungs-Style setzt sich aus einem Textsymbol und Platzierungseigenschaften zusammen. Wenn Sie einen Beschriftungs-Style auswählen, ersetzt sein Textsymbol das aktuelle Beschriftungssymbol und seine Platzierungsoptionen ersetzen die aktuellen Eigenschaften für die Beschriftungsplatzierung.

Die Direkthilfe schreibt unter anderem:

> Wenn Sie lediglich das Textsymbol ändern möchten (z. B. Schriftart, -größe oder -farbe), klicken Sie statt dessen auf **Symbol**. Oder klicken Sie auf **Platzierungseigenschaften**, wenn sie nur die Platzierungseigenschaften ändern möchten.

Beispiel

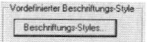

Aktivieren Sie, nachdem Sie alle Einstellungen in den Bereichen „Symbol..." und „Platzierungseigenschaften" bei den Layer-Eigenschaften vorgenommen haben, auf die Schaltfläche „Beschriftungs-Styles".

Es öffnet sich das Dialogfenster „Beschriftungs-Style Auswahl". Hier werden Ihnen Möglichkeiten geboten, einen Style zu speichern („Speichern..."), zu laden („Weitere Styles"), den Ausgangszustand wieder herzustellen („Zurücksetzen") oder einen Style zu definieren, falls Sie die notwendigen Einstellungen unter „Symbol" und „Platzierungseigenschaften" noch nicht durchgeführt haben.

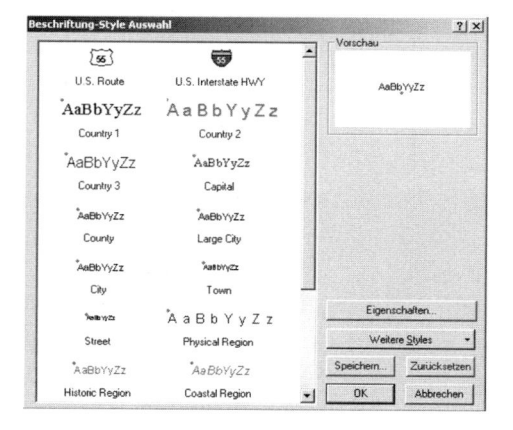

11.5 Weitere Gestaltungsmöglichkeiten

Eigenschaften In diesem Fall drücken Sie die Schaltfläche „Eigenschaften".

Es öffnet sich das Dialogfenster „Beschriftungs-Style":

Hier haben Sie eine weitere Möglichkeit, die entsprechenden Einstellungen für „Symbol" und „Platzierung" vorzunehmen.

Die Werkzeuge, die sich hinter „Platzierungsoptionen..." verbergen, sind bereits vorgestellt worden. Allerdings enthält dieses Dialogfenster „Platzierungseigenschaften" eine zusätzliche Auswahlliste unten rechts. In dieser Liste wählen Sie unter den drei verschiedenen Featuretypen aus.

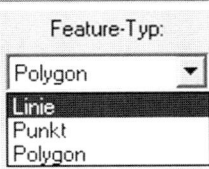

Nach Anklicken des gewünschten Typs verändert sich das gesamte Dialogfenster passend zum Featuretyp in der schon vorgestellten Weise.

Weitere Funktionen im Fenster „Beschriftungs-Style Auswahl" sind unten rechts „Zurücksetzen" und „Speichern".

Zurücksetzen Drücken Sie vor dem „OK" die Schaltfläche „Zurücksetzen", wenn Sie den Ausgangszustand wieder herzustellen wollen.

Speichern... Drücken Sie die Schaltfläche „Speichern", um die gewählten Einstellungen dauerhaft zu sichern. Es erscheint eine Eingabebox für einen frei wählbaren Namen für den neuen Style.

Mit diesem Namen erscheint dann der gespeicherte Style in der Auswahlliste des Dialogfensters „Beschriftungs-Style Auswahl".

Die tatsächliche Speicherung dieses Styles erfolgt in einer gesonderten Datei mit der Dateierweiterung „style". Sie trägt den Benutzernamen und liegt unter: C:\Dokumente und Einstellungen \wsadmin\ Anwendungsdaten\ ESRI\ ArcMap\ wsadmin.style (wsadmin = user).

Die gespeicherten Styles sind verloren, wenn diese Datei gelöscht wird. Wenn beim Programmstart noch kein „*.style" vorhanden ist, wird in diesem Verzeichnis eine Standardversion angelegt.

Die Style-Dateien können natürlich auch an anderer Stelle abgelegt werden. Nach der Herstellung müssen sie nur in das gewünschte Verzeichnis kopiert werden. Sie können dann jederzeit wieder geladen werden. Dazu dient die Schaltfläche „Weitere Styles" im Dialogfenster „Beschriftungs-Style Auswahl".

Wenn Sie diese Schaltfläche drücken, erscheint die nebenstehende Liste:

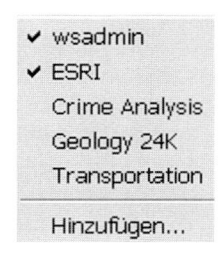

Aufgelistet sind die aktiven Styles (Haken) und diejenigen, die noch aktiviert werden können. Durch Anklicken wird der gewünschte Style aktiviert oder deaktiviert. Der Standard-Style (hier „wsadmin") ist davon allerdings ausgenommen; er steht immer aktiv oben in der Liste.

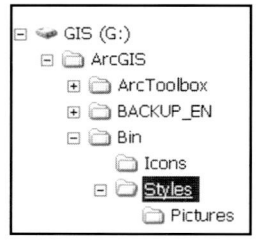

Mit „Hinzufügen" lassen sich weitere Styles nachladen. Wenn Sie diesen Menüeintrag wählen, erscheint der Dialog „Öffnen" im Verzeichnis „Styles", in dem Sie einen bestimmten Style auswählen und nachladen können. Er ist dann in der Liste unter „Weitere Styles..." – mit Haken versehen – aufgelistet. Der nachgeladene Style wird unten in die Auswahlliste des Dialogfensters „Beschriftungs-Style Auswahl" eingetragen. Zur Auswahl stehen eine Reihe von Styles, die ESRI mit der Installations-CD ausliefert. Die meist sinntragenden Namen weisen auf die Verwendungsfelder hin.

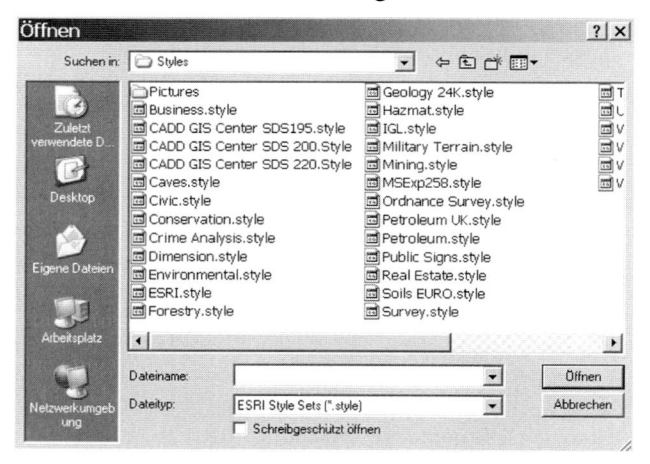

11.6 Schriftsymbole

In den bisher vorgestellten Beschriftungsmöglichkeiten wird immer wieder auf die Symbole und ihre Eigenschaften hingewiesen. Hierbei handelt es sich um die Möglichkeit, für die Erscheinungsform eines Symbols (z. B. eines Textes) bestimmte Einstellungen vorzunehmen. Gemeint sind:

- Vorhandene Schriftsymbole
- Erstellen eigener Schriftsymbole
- Sprechblasen (Linien-Banner)

11.6 Symbole

- Marker-Hintergrund
- Platzierung, Ausrichtung
- Schriftart, -größe, -farbe
- Formatierung
- Füllmuster

Im Folgenden sollen diese Möglichkeiten vorgestellt werden. Die speziellen und sehr differenzierten Farbmodelle (RGB, HSV, CMYK) werden im Rahmen dieses Buches nicht weiter vertieft, sondern stattdessen nur die Standardeinstellungen vorgestellt. Am Ende dieses Kapitels werden einige Beispiele für die Gestaltung erklärt und vorgeführt.

Alle Einstellungen werden in einem zentralen Editor vorgenommen, der z. B. aus dem Dialogfenster „Symbol-Auswahl" gestartet wird.

11.6.1 Vordefinierte Schriftsymbole

Laden Sie den Layer „plzzip5" aus dem Verzeichnis:

EsriData_World_Europe_Canada_Mexico\europe\germany

Klicken Sie dort mit der rechten Maustaste auf den Layer, um den Menüeintrag „Eigenschaften" zu aktivieren. Wählen Sie dort das Register „Beschriftungen" und klicken Sie etwa in der Mitte auf die Schaltfläche „Symbol". Es erscheint das Dialogfenster „Symbol-Auswahl".

Das Dialogfenster ist in vier verschiedene Bereiche eingeteilt. Die linke Seite zeigt die verschiedenen vordefinierten Schriftsymbole in einer Auswahlliste. Oben rechts kann in der „Vorschau" die aktuelle Schrift-Einstellung überprüft werden.

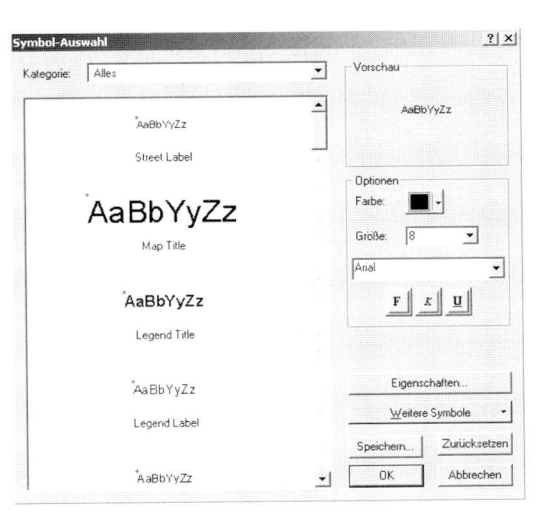

Im mittleren Bereich auf der rechten Seite befinden sich die Windows-typischen Einstellungsmöglichkeiten für Farbe, Schriftgröße, Schriftart und Schriftform.

Rechts unten liegen die Schaltflächen, mit denen die „Eigenschaften" der Schriftsymbole mit einem Editor einzustellen, weitere Symbole nachzuladen, zu speichern oder die Einstellungen zurückzusetzen sind.

11.6.2 Erstellen eigener Schriftsymbole

Um ein Schriftsymbol zu bearbeiten, klicken Sie auf die Schaltfläche „Eigenschaften…", dann können Sie im Editor die gewünschten Einstellungen vornehmen.

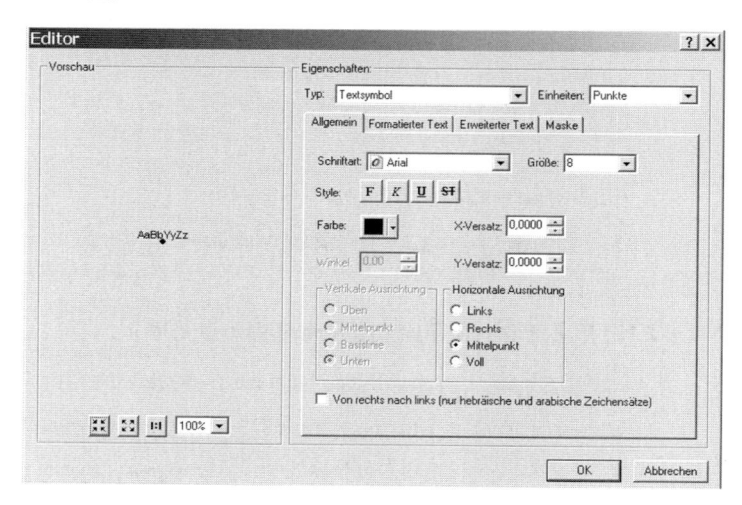

Dieser Editor ist mit einer Reihe von Werkzeugen ausgestattet, die es erlauben, die Symbole auf vielfältige Weise zu modifizieren. Auf der linken Seite wird eine Vorschau angeboten, die auch in ihrer Darstellungsgröße auf dem Bildschirm verändert werden kann.

Die beiden linken Schaltflächen vergrößern und verkleinern stufenweise. Das „1:1"-Werkzeug erzeugt eine Darstellung in der späteren Größe. Gezielte Einstellungen sind im Eingabefeld der Prozentangabe möglich.

Von zentraler Bedeutung sind die Werkzeuge, die sich hinter den folgenden vier Registern verbergen.

Hier werden die weiteren Einstellungen zur Gestaltung des Symbols vorgenommen.

Die Funktionen des Registers „Allgemein" sind neben der Einstellung von Schriftgröße, -art, -form und -farbe auch die Lage zum Verankerungspunkt. Ein Versatz in X- und in Y-Richtung kann genauso eingestellt werden wie verschiedene Ausrichtungen in Bezug auf den Verankerungspunkt in *horizontaler* Richtung.

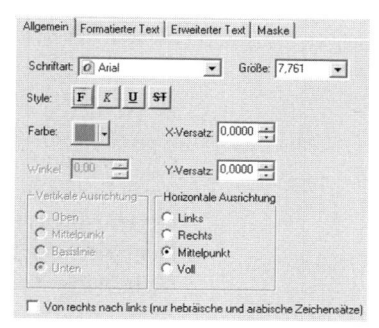

11.6 Symbole

Für besondere Anwendungen kann auch von rechts nach links orientiert geschrieben werden.

Winkelangaben sind nur möglich, wenn über die „Platzierungseigenschaft" entsprechende Einstellungen vorgenommen wurden.

Im Register „Formatierter Text" werden spezielle Formatierungen vorgenommen.

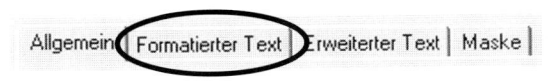

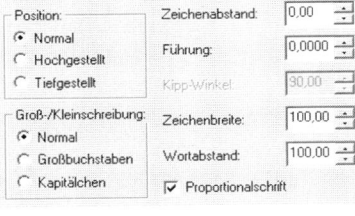

Es öffnet sich nebenstehender Dialog, von dem hier wegen der besseren Darstellung nur der wesentliche Ausschnitt abgebildet ist.

Ähnlich wie bei den modernen Textverarbeitungssystemen können Hoch-/Tief-Stellungen oder die ausschließliche Verwendung von Großbuchstaben eingestellt werden, darüber hinaus Kapitälchen und der Zeichenabstand. Mit „Zeichenabstand" steuert man den Abstand der Buchstaben untereinander und mit „Führung" die Lage der Ober- oder Unterkante eines Banners. Mit der „Zeichenbreite" steuert man die Breite eines einzelnen Zeichens (100 ist normal) und mit dem Wortabstand den Abstand von mehreren Worten (100 ist auch hier normal).

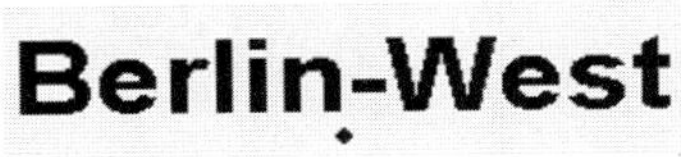

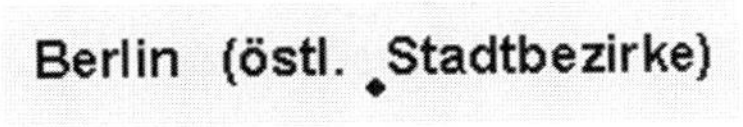

Das Register „Erweiterter Text"…

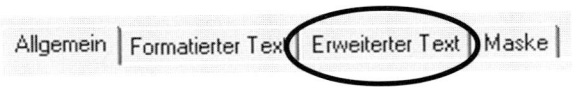

…ermöglicht weitere Einstellungen für den Texthintergrund und für Textfüllmuster. Hinter den jeweiligen Schaltflächen verbergen sich Einstellungsmöglichkeiten für Text- und Hintergrundmuster. Beim Schatten der Buchstaben – nicht des Banners – können Farbe und Versatzmaß eingestellt werden. Wenn Sie die Schaltfläche „Eigenschaften" bei Textfüllmuster aktivieren, erscheint das Dialogfenster „Symbol-Auswahl" wie auf der nächsten Seite abgebildet.

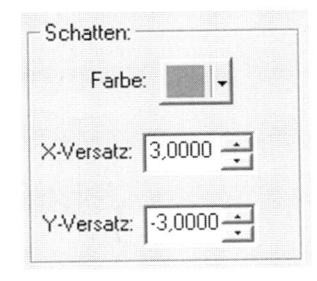

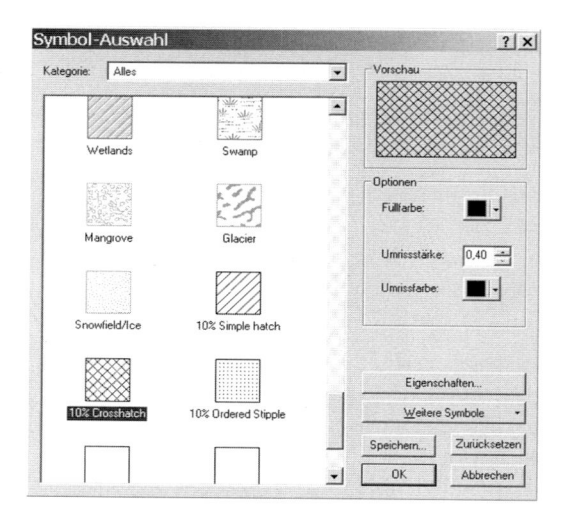

Hier werden Textfüllmuster und -farbe, Umrissfarbe und -stärke eingestellt.

Eine Beschriftung könnte dann aussehen wie im nebenstehenden Beispiel.

Drücken Sie die gleiche Schaltfläche „Eigenschaften" bei „Texthintergrund", so erscheint das zugehörige Dialogfenster.

An dieser Stelle werden Einstellungen für die Bannerbeschriftung (Texthintergrund) vorgenommen. Es können Formen, Ränder und eine Vielzahl weiterer Gestaltungsmöglichkeiten bestimmt sowie verschiedene Bannertypen ausgewählt werden. Die Maßeinheiten für die Darstellung werden bei „Einheiten" gewählt. Unter „Typ" werden die verschiedenen Bannertypen in einer Liste angeboten.

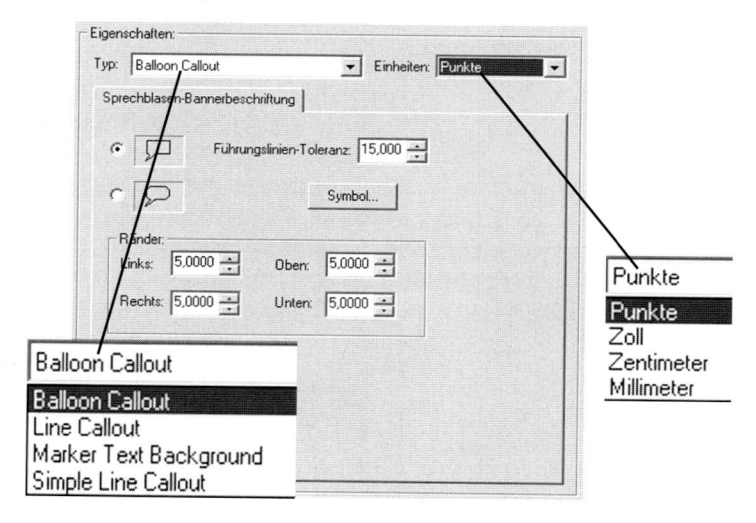

11.6 Symbole

Je nach Wahl des Bannertyps sind andere Werkzeuge zur Gestaltung auswählbar. Die verschiedenen Bannertypen werden in den nächsten Abschnitten vorgestellt.

Das Register „Maske" eröffnet einen Dialog zur Gestaltung des Symbolumfeldes. Gemeint ist eine Umrandung, z. B. der Buchstaben.

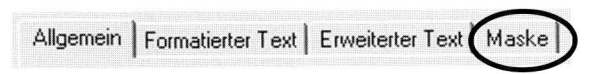

Sie ermöglicht z. B. folgende Darstellungsvarianten durch Angabe der Breite und der Farbe des „Randes" um den Text oder des einzelnen Buchstaben.

Sollen einzelne Buchstaben „umrandet" werden, ist ggf. der Abstand zwischen ihnen zu erhöhen. Dies wird mit „Zeichenabstand" im Register „Formatierter Text" geregelt.

Mit „Halo" wird, wie oben zu sehen ist, ein Rand eingerichtet. Die Breite dieses Randes wird mit den Angaben für „Größe" gesteuert. Die Farbe oder eventuell das Muster des Randes wird über die Schaltfläche „Symbo" in der Symbol-Auswahl ausgewählt.

Unter „Typ" (Register „Erweiterter Text": Schaltfläche „Texthintergrung") werden vier verschiedene Bannertypen zur Verfügung gestellt. Sie werden nachfolgend einzeln erläutert.

11.6.3 Sprechblasen Bannerbeschriftung (Ballon Callout)

Nach Wahl dieses Typs steht das folgende Dialogfenster zur Verfügung. Auf der linken Seite stehen zwei verschiedene Formen zur Auswahl.

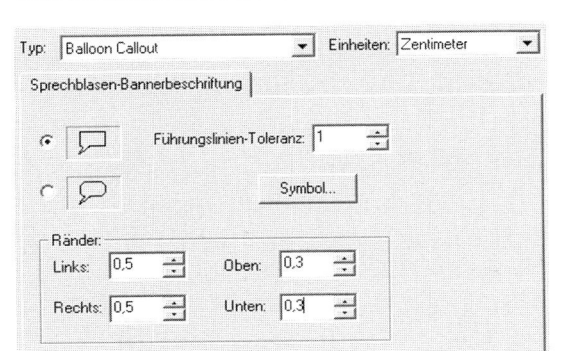

Unten werden die Randstärken des Banners um den Text gesteuert. Das folgende Bild zeigt ein denkbares Ergebnis, wenn die im Anschluss vorgestellten Werte ausgewählt werden. Dabei ist zu beachten, welche Einheiten zuvor im Register „Allgemein" gewählt worden sind. Im gezeigten Beispiel sind das Zentimeter. Die Abbildung ist bei den dargestellten Einstellungen nahezu identisch mit der Abbildung auf dem Desktop.

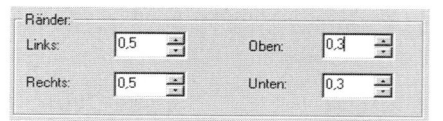

Die Werte werden am besten direkt über die Tastatur eingegeben. Mit der Auswahl über die Pfeiltasten sind keine Dezimalausdrücke möglich.

Über die Schaltfläche „Symbol" gelangt man wieder zur Symbol-Auswahl, die nochmals eine umfangreiche Modifizierung ermöglicht. Beispielhaft wird dies bei der nächsten Bannerbeschreibung näher erläutert.

Oben rechts im Dialog wird eingestellt, mit welcher Toleranz eine Führungslinie eingesetzt wird. Die Führungslinie ist der Zeiger vom Banner des Textes zum Verankerungspunkt/Schwerpunkt des Features und sichert die Zuordnung zum Feature, das beschriftet werden soll.

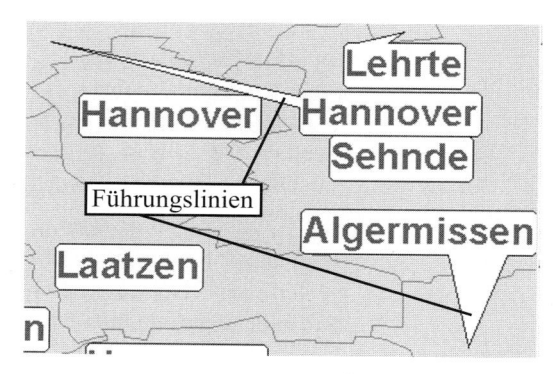

Die „Führungslinien-Toleranz" steuert dabei die Entscheidung, ob sie tatsächlich eingesetzt wird oder nicht. Kleine Werte erzeugen dabei eher eine Führungslinie als große Werte. Die ideale Einstellung muss durch Versuche gefunden werden. Einfluß auf die Verwendung der Führungslinien hat auch die Einstellung der Platzierungseigenschaften. Die Werte für die Featuregewichtung sollten nicht auf „keine" stehen. Es muß möglich sein dass die Beschriftung andere Features überlagert.

11.6.4 Einfache Linien-Bannerbeschriftung (Simple Line Callout)

Nach Wahl dieses Typs öffnet sich das nebenstehende Dialogfenster.

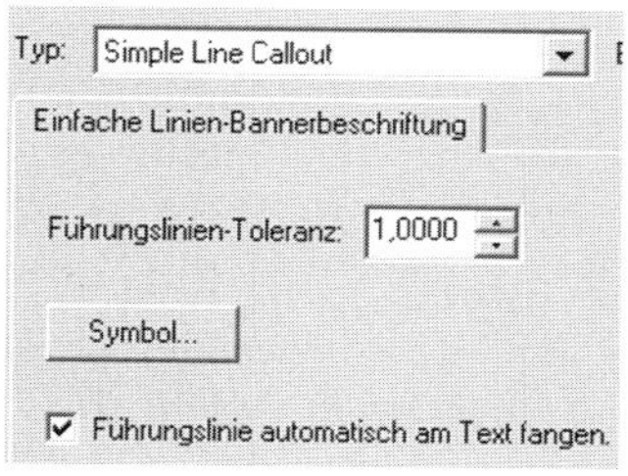

Es lässt sich die schon erwähnte Führungslinientoleranz einstellen und die übliche Symbolauswahl treffen. Eine beispielhafte Erscheinungsform zeigt das nächste Bild.

11.6 Symbole

Der Haken bei „Führungslinie automatisch am Text fangen" unten im Dialogfenster muss dabei immer gesetzt sein! Um die Darstellungsform zu verändern, steht wieder die „Symbol-Auswahl" zur Verfügung. Dort können verschiedene Formen gewählt und ihre Farbe und Stärke definiert werden. Aber auch diese vordefinierten Formen können noch modifiziert werden.

Nach Drücken der Schaltfläche „Eigenschaften" in der „Symbol-Auswahl" erscheint das Dialogfenster „Symboleigenschaften-Editor".

Hier können die Eigenschaften differenziert verändert oder neue Symbole geschaffen werden. Links oben ist eine Vorschau zur Kontrolle. Hier kann auch die Darstellungsgröße auf schon bekannte Weise angepasst werden. Darunter befindet sich eine Liste mit den zur Zeit verwendeten Symbol-Layern. Sie bilden dann zusammen ein Symbol. Im oben abgebildeten Beispiel liegen drei Symbol-Layer vor. Die obere Linie davon ist gerade modifizierbar (aktiviert), die mittlere Linie ist weiß und daher dort nicht sichtbar.

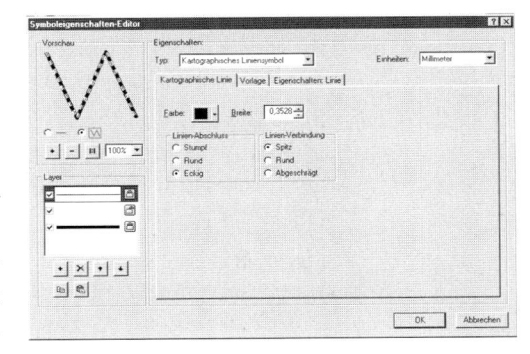

Auf der rechten Seite kann die tatsächliche Gestaltung vorgenommen werden. Dieser Teil des Editors ist, je nach Bannertyp und Symbol, anders aufgebaut und ermöglicht die Gestaltung, genauer beschrieben in Kapitel 7 „Symbole und Styles".

11.6.5 Linien-Bannerbeschriftung (Line Callout)

Nach der Wahl dieses Typs öffnet sich das nebenstehende Dialogfenster.

Hier werden sämtliche Einstellungen für diesen Typ vorgenommen. Neben den Einheiten wird hier auch der nachfolgend näher beschriebene Abstand festgelegt. Die schon erwähnte Führungslinientoleranz wird darunter definiert.

Ein Linien-Banner hat zum Beispiel folgendes Aussehen.

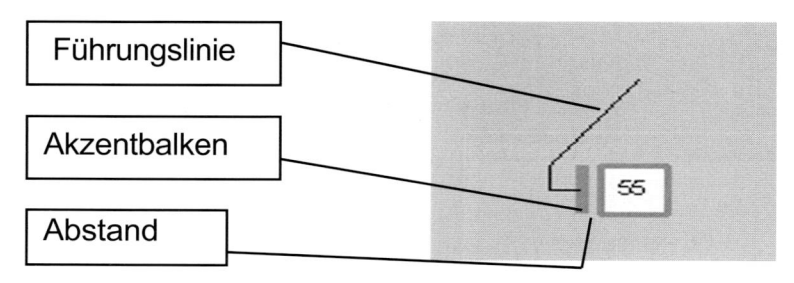

- Führungslinie
- Akzentbalken
- Abstand

Diese Form kann nun noch verändert werden. Dazu stehen besondere Styles zur Verfügung.

Die kleinen Bilder machen die insgesamt sieben Darstellungsvarianten deutlich.

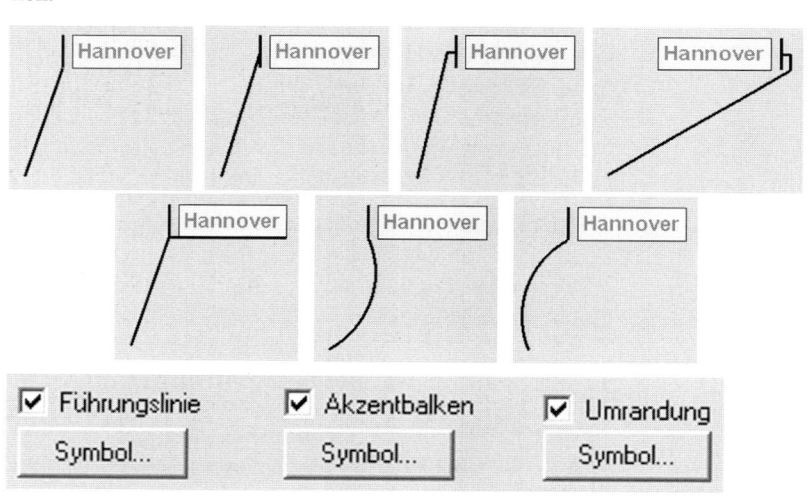

Ob die Elemente Führungslinie, Akzentbalken und Umrandung überhaupt genutzt bzw. dargestellt werden sollen, wird durch Setzen der entsprechenden Haken gesteuert. Jedes dieser Elemente kann zudem nach Drücken der Schaltfläche „Symbol..." in der Symbol-Auswahl individuell gestaltet werden.

Mit den Einstellungen unter „Ränder" wird der Texthintergrund vergrößert oder verkleinert.

11.6.6 Marker-Texthintergrund

Sollte es notwendig sein, an Punkte (z. B. Schwerpunkt eines Polygons) eine Beschriftung mit einem bestimmten Hintergrund anzubringen, steht der „Marker-Texthintergrund" zur Verfügung.

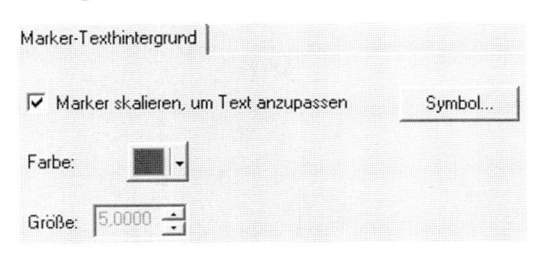

Nach Auswahl dieser Option erscheint obiges Dialogfeld. In diesem Dialog werden Farbe und Größe bestimmt. Setzen Sie den Haken an „Marker skalieren, um Text anzupassen", so wird die Größe des Texthintergrundes mit der Textgröße verändert. Das Symbol dafür wird in der Symbol-Auswahl über Drücken der Schaltfläche „Symbol" gewählt.

So können Sie z. B. folgende Darstellung für Punkte erzielen:

Die Formatierungen von Text und Hintergrund müssen getrennt voneinander vorgenommen werden. Das bedeutet, wenn der Text vergrößert wird, gilt dies nicht automatisch für den Hintergrund und umgekehrt.

Hiermit sind die vier verschiedenen Bannertypen beschrieben. Zu den mehrfach erwähnten Führungslinien ist noch nachzutragen, dass sie sich beim Verschieben des Bildausschnitts dem jeweilig sichtbaren Ausschnitt anpassen, also dynamisch sind. Das kann dazu führen, dass eine zunächst sichtbare Führungslinie sich verändert oder ganz verschwindet.

11.6.7 Beispiele

Die obigen Ausführungen zeigen, dass es eine Vielzahl an Darstellungsmöglichkeiten für Texte gibt. Im Folgenden sollen Beispiele vorgestellt werden, die exemplarisch die Vorgehensweise deutlich werden lassen. Es wird für alle Beispiele der selbe Layer benutzt.

Laden Sie den Layer „plzzip5" aus dem Verzeichnis:

EsriData_World_Europe_Canada_Mexico\europe\germany

Stellen Sie in den „Eigenschaften" im Register „Beschriftung" unter „Ausdruck" Folgendes ein:

[POSTSTATN]

Überprüfen Sie den Ausdruck auf die Richtigkeit der Syntax.

Stellen Sie durch Setzen des Hakens sicher, dass die Beschriftung ausgeführt wird.

☑ Features in diesem Layer beschriften

Beispiel 1: Farbiger Text

Es soll ein Text (Inhalte von POSTSTATN) mit folgenden Merkmalen erscheinen:

- Farbig
- Arial Black
- Kursiv
- Größe 40
- Umrissstärke 1
- Zeichenabstand 8
- Proportionalschrift
- Mittelpunkt
- Versätze 0

Klicken Sie im Register „Beschriftung" auf die Schaltfläche „Symbol".

Aktivieren Sie dann im Dialogfenster „Symbol-Auswahl" die Schaltfläche „Eigenschaften" und starten Sie damit den Editor.

Im Register „Allgemein" stellen Sie die horizontale Ausrichtung auf Mittelpunkt ein. Damit stellen Sie den Text oberhalb und mittig über den Verankerungspunkt. Wählen Sie unter „Schriftart" den geforderten Schrifttyp aus.

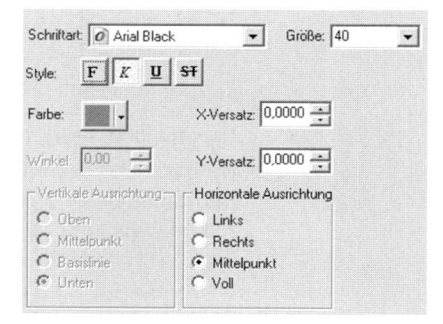

Wählen Sie das Register „Formatierter Text" aus und stellen Sie den Zeichenabstand auf „8" ein. Die Werte für Führung, Zeichenbreite und Wortabstand belassen Sie, wie in der Abbildung dargestellt.

Wählen Sie als Nächstes das Register „Erweiterter Text" und klicken Sie auf die Schaltfläche „Eigenschaften", nachdem Sie den Haken bei „Textfüllmuster" gesetzt haben. Sie kommen da-

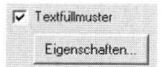

11.6 Symbole

mit zur Symbol-Auswahl. Wählen Sie dort Farben und Umrissstärke. Bestätigen alles mit „OK". Der Schriftzug muss dann etwa folgendes Aussehen haben:

Beispiel 2: Farbiger Text mit breitem Rand

Der breite Rand soll die Stärke „4" haben (höhere Werte als 3 werden nicht angenommen, wenn die eingestellte Einheit Millimeter ist) und weiß sein. Führen Sie dafür zunächst die Übung aus Beispiel 1 – ruhig auch mit anderem Text – durch.

Wählen Sie ergänzend im Editor das Register „Maske" und schalten Sie „Halo" im Style ein. Stellen Sie die Randstärke auf den geforderten Wert.

Aktivieren Sie dann die Schaltfläche „Symbol", um die Farbe und die Breite dieses Randes festzulegen. Bestätigen Sie mit „OK".

Der Text muss – je nach Farbwahl – dann etwa die nebenstehende Erscheinungsform haben.

Sollen die einzelnen Buchstaben durch einen farbigen Rand vom gerade geschaffenen Hintergrund abgesetzt werden, dann ist das über das „Textfüllmuster" unter dem Register „Erweiterter Text" einstellbar. Dort werden Buchstaben formatiert und kann für sie ein Rand in Farbe und Stärke festgelegt werden. Im nebenstehenden Beispiel ist „Halo" weiß und der Buchstabenrand schwarz in der Stärke 2.

Beispiel 3: Farbiger Text mit Schatten

Der schwarze Schatten soll den Versatz „3" nach rechts unten haben. Führen Sie zunächst die Übung aus Beispiel 1 durch.

Wählen Sie im Editor das Register „Erweiterter Text" und nehmen Sie folgende Einstellungen im Dialogfeld „Schatten" vor:

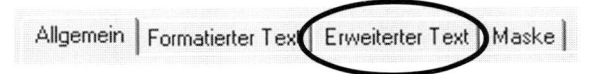

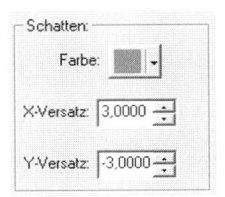

Der positive X-Versatz zeigt nach rechts und der negative für Y nach unten.

Die gewünschte Richtung ist damit erreicht.

Die Werte sind auf +3 bis -3 begrenzt worden, um die Schatten nicht allzu weit vom eigentlichen Text entfernt zu positionieren. Dies gilt nur, wenn die Einheiten auf Millimeter festgelegt wurden. Beginnen Sie mit „cm" oder „Punkten" als Maßeinheit, können Sie auch größere Werte in „mm" einstellen.

Bestätigen Sie mit „OK" oder kontrollieren Sie das Ergebnis in der angebotenen Vorschau.

Der schwarze Punkt unter dem mittleren „B" im nebenstehenden Beispiel macht die Ausrichtung des Textes deutlich. Gefordert war Mittelpunkt (der Text ist mittig in Bezug auf den Punkt angeordnet).

Im Datenrahmen muss prinzipiell die folgende Darstellung (mit dem Namen des Landkreises) sichtbar sein. Der Schatten ist hier grau gewählt, der Haupttext ist farbig. Wie der schwarze Rand um die einzelnen Buchstaben entwickelt wird, ist auf der Seite zuvor beschrieben worden.

Beispiel 4: Text in einem Marker

An ein Objekt soll ein beliebiger Marker mit textlichem Inhalt (hier: Postleitzahl) angebracht werden.

Laden Sie den Layer „plzzip5" und stellen in den „Eigenschaften" im Register „Beschriftung" unter „Ausdruck" Folgendes ein:

[ZIP_CODE]

Überprüfen Sie den Ausdruck auf die Richtigkeit der Syntax.

Stellen Sie durch Setzen des Hakens sicher, dass dieser Tabelleninhalt zur Beschriftung genutzt wird:

Folgende Merkmale sollen eingerichtet werden:
- Arial 24, kursiv, fett
- blau
- Zeichenabstand 30
- Mittelpunkt
- Texthintergrund durchsichtig

Drücken Sie im Register „Beschriftung" die Schaltfläche „Symbol".

Im Dialogfenster „Symbol-Auswahl" aktivieren Sie dann die Schaltfläche „Eigenschaften" und starten Sie damit den Editor.

11.6 Symbole

Im Register „Allgemein" stellen Sie die horizontale Ausrichtung auf Mittelpunkt ein. Damit stellen Sie den Text oberhalb und mittig über den Verankerungspunkt. Wählen Sie im Dialogfenster „Schriftart" den geforderten Schrifttyp und die Schriftfarbe aus. Bestätigen Sie mit „OK".

Wechseln Sie nun auf das Register „Erweiterter Text", haken Sie den „Texthintergrund" an, dann klicken Sie auf die Schaltfläche „Eigenschaften" und wählen Sie als Typ: „Marker Text Background".

Skalieren Sie den Marker (es wird immer eine passende Größe zwischen Schrift und Marker erzeugt), wählen Sie die Farbe „Schwarz" und drücken Sie zur Auswahl die Schaltfläche „Symbol"

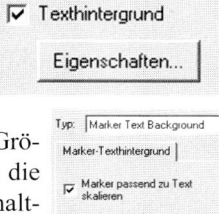

Es erscheint das Dialogfenster „Symbol-Auswahl". Wählen Sie durch Doppelklick ein passendes Symbol für den Marker und überprüfen Sie die Einstellungen in der Vorschau. Bestätigen Sie mit „OK".

Wenn Sie alles entsprechend ausgewählt haben, können sich folgende Darstellungen ergeben:

Anhand der Beispiele wird deutlich, dass Änderungen in den verschiedenen Ebenen des „Symbol"-Dialoges jederzeit durchgeführt werden können. Überprüfbar sind sie in einer Vorschau oder auch direkt in der Darstellung. Der zugehörige Editor bietet eine Fülle von Einstellungen, die sich jeweils gegenseitig ergänzen und immer zu einem soliden Ergebnis führen.

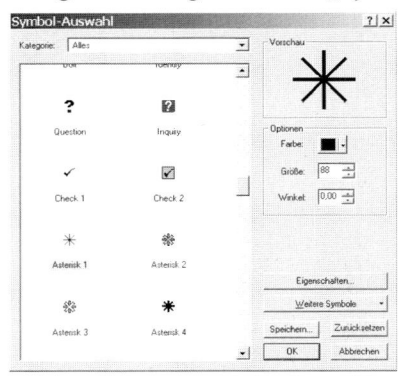

Die hier verwendeten Symbole für den Marker werden über spezielle Systeme zur Verfügung gestellt. Der am meisten genutzte Weg ist über die „Symbol-Auswahl" für Punkte. Aktiviert man dort die „Eigenschaften", dann erscheint der „Symboleigenschaften Editor", der weitergehende Möglichkeiten eröffnet. Wie meist auch bei anderen Editoren ist oben links eine Vorschau eingerichtet. Weiter rechts in diesem Dialog kann der Typ ausgewählt werden. Die wichtigste Einstellung ist hier „Zeichen-Markersymbol". Die übrigen Auswahlmöglichkeiten beschränken sich auf einfache Punkte oder Pfeile. Erwähnenswert ist noch die Verwendung von Bildern bei „Picture Marker Symbol". Darüber können bereitgestellte oder eigene Bitmaps genutzt werden. Einige davon bietet ArcMap nach Aktivierung der Auswahl an. Die folgenden sechs kleinen Abbildungen zeigen Beispiele aus diesem vielfältigen Angebot.

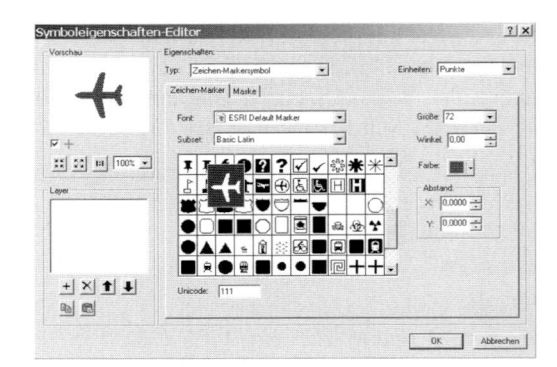

Insgesamt stehen systemseitig 374 verschiedene Bilder als Bitmap (*.bmp) zur Verfügung.

Der zentrale Bereich des Editors beherbergt zwei Register. Die wichtige dabei ist „Zeichen-Marker", die andere mit Namen „Maske" ist in der Funktionalität (Halo) schon vorgestellt worden. Das „Zeichen-Marker"-Register beinhaltet die wichtigen Funktionalitäten zur Definition der Markersymbole. Neben Größe, Drehwinkel, Farbe und Abstand (Versatz) zum Verankerungspunkt kann hier zwischen verschiedensten Angeboten ausgewählt werden. Die Vorauswahl findet unter „Font" statt und eine evtl. vorhandene thematische Untermenge dazu unter „Subset".

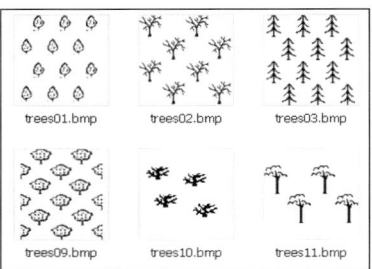

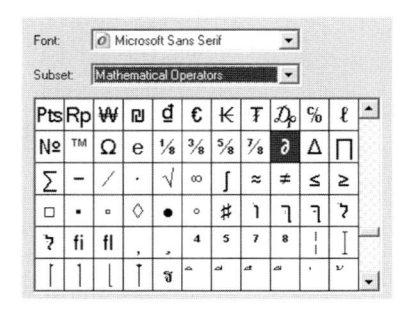

In diesem Beispiel wird für einen bestimmten Font direkt der Teil angezeigt, der mathematische Operatoren enthält. Zur Auswahl stehen mehrere Dutzend verschiedene Fonts mit ihren jeweiligen Subsets. Anzumerken ist jedoch noch, dass nicht jeder Fontsatz über Subsets verfügt. In so einem Fall gibt es dann keine Auswahl unter „Subset".

Der gewünschte Marker wird mit einem Doppelklick aktiviert. Er erscheint dann in einer größeren Darstellung, wie oben auf dieser Seite beim Flugzeug zu sehen ist. Soll ein Marker aus zwei schon vorhandenen entwickelt werden, muss der Zweite ebenso aktiviert werden. Beide erscheinen dann in der Liste unten links im Editor und können jeweils einzeln bearbeitet werden. Zusammen wirken sie dann wie ein neuer Marker, wie er oben in der Vorschau zu erkennen ist (siehe nebenstehendes Bild).

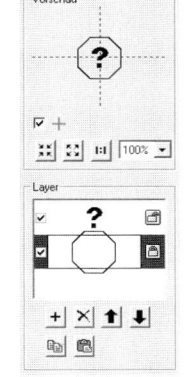

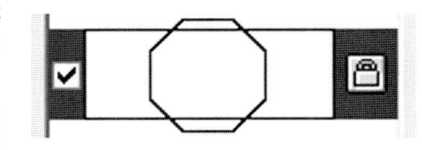

Der kleine Haken links neben dem Marker, der gerade bearbeitet wird, dient der Sichtbarmachung. Mit dem Schloss rechts wird eine Veränderung in den anderen entsprechenden Dialogfenstern ausgeschlossen.

Auf diese Weise lassen sich neue, den Bedürfnissen angepasste Marker entwickeln und in der Karte platzieren.

Wenn Sie mehrere Marker auf eben beschriebene Weise in die Layerliste unten links im Editor eingefügt haben, können sie in gewissen Grenzen verwaltet werden. Um einen Marker hinzuzufügen, wird das Pluszeichen genutzt. Mit dem „X" rechts daneben wird gelöscht. Die Pfeile sind für eine Umsortierung der Marker zuständig. Die unteren beiden Schaltflächen dienen dem Kopieren und wieder Einfügen .

Gespeichert werden die entwickelten Marker in der Karte, also in den Einstellungen, die in der *.mxd Datei abgelegt sind!

11.7 Beschriftungs-Manager

11.7.1 Öffnen des Beschriftungs-Managers

Dem Leser wird nicht entgangen sein, dass die Beschriftung für jeden Layer einzeln durchzuführen ist. Selbst eine gleichartige Beschriftungsart oder der Style für einen ähnlichen Layer müssen auf gleiche Weise angefertigt werden.

Um diese Mehrarbeit einzugrenzen, steht ein Beschriftungs-Manager zur Verfügung. Er erlaubt es, die Beschriftung für alle im Datenrahmen befindlichen Layer gleichzeitig durchzuführen.

Über einen einzigen Dialog können für alle Layer des aktuellen Datenrahmens die Einstellungen zur Beschriftung verändert werden. Auch können Varianten dazu eingerichtet, kopiert und gelöscht werden.

Alle bisher in diesem Kapitel vorgestellten Funktionalitäten werden vom Beschriftungs-Manager abgedeckt; werden aber hier nicht mehr besprochen. Dies sind u. a.: Beschriftungsfeldauswahl, Symbolik, Schrifttypen, Platzierungseigenschaften, Maßstabsabhängigkeiten, SQL-Abfragen usw.

Hier wird lediglich verdeutlicht, wie diese verschiedenen Funktionalitäten quasi gleichzeitig auf mehrere Layer angewendet und wie Beschriftungsklassen gebildet werden können, um relativ schnell zwischen verschiedenen Beschriftungen desselben Layers hin und her zu schalten.

Das Dialogfeld „Beschriftungs-Manager" lässt sich über die Werkzeugleiste „Beschriftung" öffnen. Zuvor muß die Werkzeugleiste „Beschriftung auf dem Desktop" platziert werden.

Die Optionen unter dem Menü „Beschriftung" legen die Farbe für nichtplatzierbare Beschriftung fest und ermöglichen Einstellungen zu Drehungen des Datenrahmens und zu vertikaler Beschriftung. Die Schaltfläche rechts daneben eröffnet den eigentlichen Beschriftungs-Manager. Es erscheint folgender Dialog nach dessen Aktivierung:

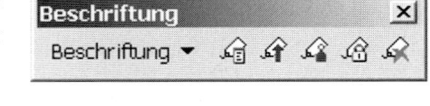

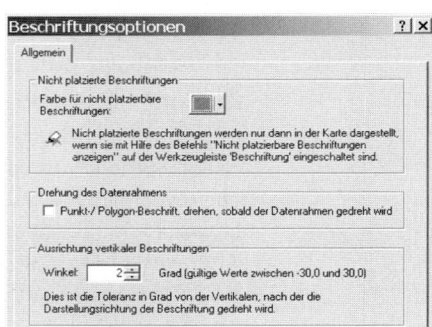

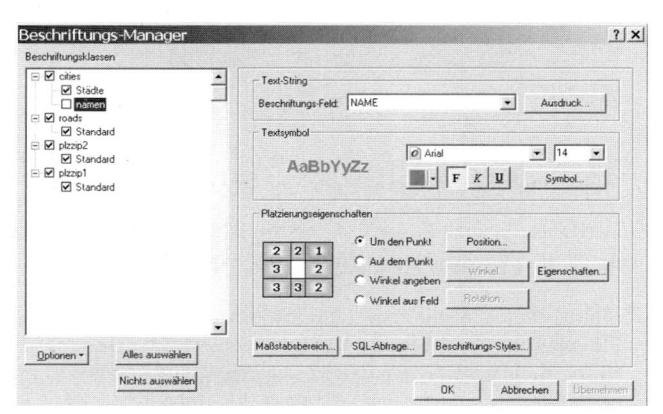

Gleiches erzielt man mit dem Kontextmenü des aktiven Datenrahmens:

Im Beschriftungs-Manager erkennt man rechts sofort die schon angesprochenen Themenkreise aus vorherigen Ausführungen, die hier nicht mehr weiter vertieft werden. Auf der linken Seite ist das Inhaltsverzeichnis des aktuellen Datenrahmens wiedergegeben. Neben den Layern sind die zugehörigen Beschriftungsklassen aufgeführt. Die immer vorhandenen Klassen mit dem Namen „Standard" (können umbenannt, aber nicht gelöscht werden) werden durch nachträglich definierte Klassen ergänzt. Hier in der Abbildung ist das „Städte".

Die Steuerung der eventuell verschiedenen Beschriftungsklassen wird mit den Haken direkt an der Beschriftungsklasse vorgenommen. Der Haken entscheidet über die Anwendung einer Klasse.

Die Haken auf der linken Seite entscheiden generell über die Betextung eines Layers. Die Auswahlschaltflächen unten links im Beschriftungs-Manager erleichtern hierbei ggf. die Arbeit. Gleiches gilt für die Möglichkeiten, die sich hinter der Schaltfläche „Optionen" verbergen.

Im Folgenden wird durch ein Beispiel erklärt, wie mehrere Layer mit Hilfe des Managers zeitsparend beschriftet werden können, wie eine Beschriftungsklasse erzeugt wird und wie sie genutzt werden kann. Anschließend werden die übrigen Funktionen der Werkzeugleiste „Beschriftung" kurz beschrieben. Sie erklären sich z. T. schon durch die Ausführungen aus der ersten Hälfte dieses Kapitels. Gemeint sind hier die Platzierungseigenschaften und die Konfliktlösungen.

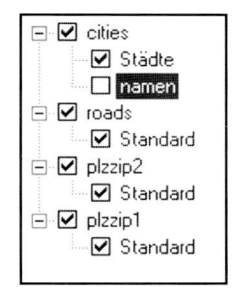

11.7.2 Beispiel zum Beschriftungs-Manager

Laden Sie die Daten „cities.sdc, plzzip2.sdc, roads.sdc und plzzip1.sdc" aus folgenden Verzeichnissen in einen neuen Datenrahmen.

EsriData_World_Europe_Canada_Mexico\europe\basemap
EsriData_World_Europe_Canada_Mexico\europe\germany

Wenn Sie das Register „Quelle" des Inhaltsverzeichnisses aktiviert haben, muss erkennbar sein, dass es sich wieder um *.sdc-Dateien handelt und dass diese nicht aus einem einzigen Verzeichnis stammen. Weiter wird über die Symbolik deutlich, dass ein Punkte-, ein Linien- und zwei Polygonlayer geladen sind.

Aufgabe ist es, diese vier Layer über den Beschriftungs-Manager mit passender Beschriftung zu versehen. Zusätzlich sollen weitere Beschriftungsklassen eingerichtet werden, um einzelne Layer zeitweise mit anderer Beschriftung zu versorgen. Für eine „Live"-Demonstration kann das eine sinnvolle Möglichkeit sein.

Zoomen Sie auf den Bereich „Deutschland", indem Sie den Layer „plzzip2" markieren und das Kontextmenü starten. Aktivieren Sie dort „Auf Layer zoomen". Sorgen Sie dafür, dass alle Layer sichtbar sind und dass die oben erkennbare Reihenfolge eingestellt wird.

Mit…

ArcMap-Hauptmenü
Ansicht:
Werkzeugleisten : Beschriftung

…rufen Sie die Werkzeugleiste „Beschriftung" auf. Es erscheint eine neue Werkzeugleiste auf dem Desktop die Sie in die vorhandenen auf die bekannte Art integrieren können.

Starten Sie den Beschriftungs-Manager mit Klick auf die nebenstehend abgebildete Schaltfläche aus dieser neuen Werkzeugleiste. Das konkrete Erscheinungsbild des Managers (siehe vorige Seite) hängt von der Markierung der vorhandenen Beschriftungsklassen ab und damit vom gerade markierten Featuretyp. Punkte-, Linien- und Polygonlayer erzeugen jeweils ein leicht unterschiedliches Aussehen des Managers.

Die folgende Darstellung muß sichtbar sein:

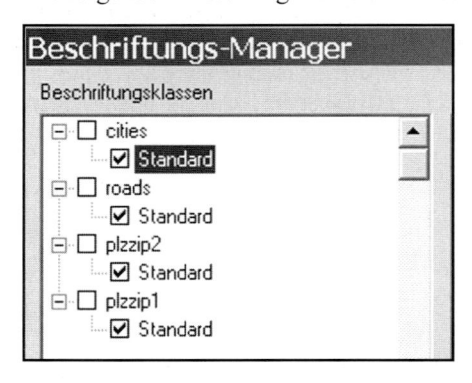

Setzen Sie den Haken für die vier verschiedenen Beschriftungsklassen „Standard" der Reihe nach und betrachten Sie dabei die sich ändernde Oberfläche des Managers im Bereich der Platzierungseigenschaften. Die Klassen können umbenannt, aber nicht gelöscht werden, d. h., eine muss immer vorhanden sein. Die Haken gewinnen erst Bedeutung, wenn mehrere Klassen je Layer definiert sind. Die Haken für die grundsätzliche Beschriftung auf der linken Seite sind noch nicht gesetzt.

Öffnen Sie das Kontextmenü der Beschriftungsklasse „Standard" des Layers „cities". Es erscheint das folgende Auswahlmenü, in dem Sie z. B. das „Umbenennen" aktivieren können. Nehmen Sie die Umbenennung vor, wie in den folgenden Abbildungen dargestellt.

11.7 Beschriftungs-Manager 363

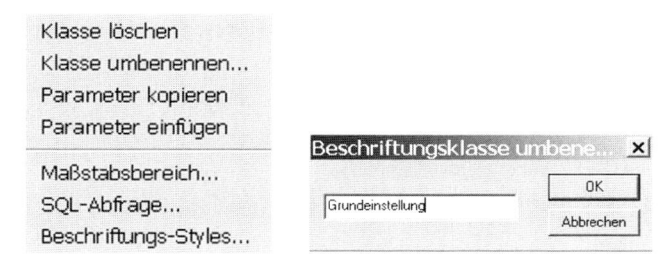

Nach dem „OK" erscheint dieser Name für die Beschriftungsklasse im Inhaltsverzeichnis des Beschriftungs-Managers.

Wiederholen Sie dies für alle Layer bzw. für alle Beschriftungsklassen. Es muss sich die unten stehende Darstellung im Inhaltsverzeichnis einstellen.

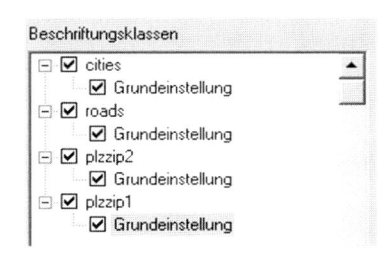

Um die ersten Beschriftungsklassen zu gestalten, markieren Sie „Grundeinstellung" von „cities". Zoomen Sie zuvor weiter in die Karte hinein, z. B. auf das Ruhrgebiet. Dazu müssen Sie den Beschriftungs-Manager mit „OK" schließen. Wenn Sie ihn wieder öffnen, sind noch alle Einstellungen vohanden.

Wählen Sie als Beschriftungsfeld „NAME" aus, stellen Sie Arial fett und unterstrichen bei Textsymbol ein. Wählen Sie anschließend die Schriftgröße 18.

Wiederholen Sie diese Einstellungen gleich anschließend für den Layer „roads" mit einer anderen Farbe und in kursiver Schrift ohne Unterstreichung. Bei den Platzierungseigenschaften wählen Sie „parallel" und „oberhalb" aus. Setzen Sie auch die Haken in der linken „Spalte". Diese entsprechen denjenigen aus dem Bereich „Beschriftungen" der Layereigenschaften.

Bei geeignetem Ausschnitt ist dann etwa nebenstehende Darstellung für Sie erkennbar.

Zwei verschiedene Styles an zwei verschiedenen Layern sind platziert worden.

Nun können in der gleichen Sitzung auch für die übrigen zwei Polygonlayer Beschriftungen definiert werden. Starten Sie dazu den Manager erneut durch Klick auf die nebenstehende Schaltfläche.

Markieren Sie im Inhaltsverzeichnis des Beschriftungs-Managers die Beschriftungsklasse „Grundeinstellung" von „plzzip2" und machen Sie alle notwendigen Einstellungen frei nach Ihrer Wahl, aber nutzen Sie das Feld „Region" als Beschriftungsfeld.

Einen farbigen Banner für das Feld „Region" erstellen Sie folgendermaßen:

1. Drücken Sie die Schaltfläche „Symbol" im Bereich Textsymbol
2. In der erscheinenden „Symbol-Auswahl" aktivieren Sie die Schaltfläche „Eigenschaften" und wählen das Register „Erweiterter Text".
3. Hier setzen Sie den Haken bei „Texthintergrund" und drücken die Schaltfläche „Eigenschaften".
4. Wählen Sie einen Bannertyp. Dann klicken Sie auf „Symbol" um diesem Banner eine Farbe zu geben.
5. Bestätigen Sie alles mit „OK" oder „Übernehmen" im Beschriftungs-Manager.

Nebenstehendes Bild muss sich bei entsprechendem Ausschnitt zeigen. Dem dritten Layer ist eine Beschriftung in Bannerform zugeteilt worden. Um dem letzten Layer eine ähnliche Beschriftung zuzuordnen, ist es nun nicht notwendig, die Punkte 1 bis 5 nochmals zu wiederholen.

Die getroffenen Einstellungen für „plzzip2" können kopiert und auf „plzzip1" übertragen werden. Danach werden sie angepasst, wo das nötig erscheint. Markieren Sie dazu die Beschriftungsklasse von „plzzip2" und öffnen Sie das Kontextmenü über die rechte Maustaste. Es erscheint das abgebildete Menü. Wählen Sie „Parameter kopieren". Markieren Sie danach die Beschriftungsklasse von „plzzip1" und öffnen Sie wiederum das Kontextmenü, um die Einstellungen mit „Parameter einfügen" in diese Klasse zu integrieren. Anschließend können Sie diese Klasse im Manager aufrufen und die notwendigen Anpassungen vornehmen.

Um einem Layer eine weitere Beschriftung zuzuodnen, die vielleicht nur in einem anderen Maßstab sichtbar ist oder die ein anderes Tabellenfeld zur Beschriftung heranzieht, muss für ihn eine weitere Beschriftungsklasse erstellt werden.

Markieren Sie dazu den betreffenden Layer (z. B. cities) im Inhaltsverzeichnis des Beschriftungs-Managers. Sofort ändert sich das Erscheinungsbild des Ma-

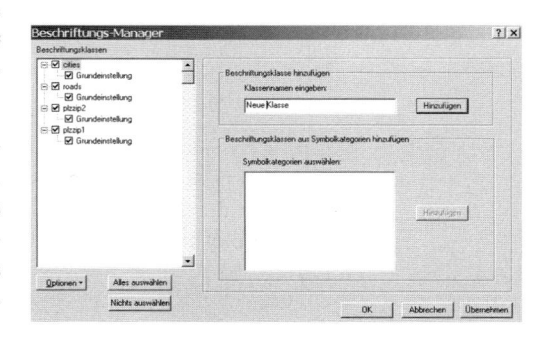

11.7 Beschriftungs-Manager

nagers. Hier wird die neue Klasse eingerichtet. Tragen Sie einen passenden Namen in das dafür vorgesehene Eingabefeld des Dialoges und bestätigen Sie mit „Hinzufügen". Sofort verfügt der Layer über die weitere Beschriftungsklasse „NeueKlasse", die gleichberechtigt neben den Übrigen ist.

Die folgende Abbildung zeigt das nun erscheinende Bild des Manager-Inhaltsverzeichnisses.

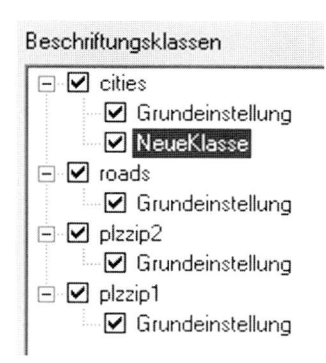

Markieren Sie hier „Grundeinstellung" und kopieren Sie die Parameter um sie dann in „NeueKlasse" einzubauen. Danach modifizieren Sie die Inhalte von „NeueKlasse" nach Ihren Bedürfnissen. Sollten Sie den Layer „cities" benutzt haben, setzen Sie für das Beschriftungsfeld „ObjektID" ein.

Nun kommen die schon erwähnten Haken zu Einsatz. Sie steuern, welche Beschriftungsklasse für den Layer gerade Verwendung finden soll, wobei auch alle Klassen gleichzeitig ausgewählt werden dürfen. Es gelingt somit, eine Beschriftung zu erweitern und dynamisch zu gestalten.

Folgende Darstellung wird damit möglich. Zu erkennen ist, dass zwei Tabellenfelder gleichzeitig dargestellt werden (beide Haken bei „cities") und dass am Kartenrand und bei Platzproblemen diese auch zweizeilig dargestellt werden. Wo keine Konflikte auftreten, sind sie einzeilig.

Anmerkung: Zur besseren Darstellung ist die übrige Beschriftung hier weggelassen worden.

Durch geschickte Wahl der jeweiligen Darstellungsmaßstäbe lässt sich eine dynamische und informative Beschriftung erzielen.

Diese Erweiterung um zusätzliche Beschriftungsklassen kann für jeden Layer innerhalb des Datenrahmens vorgenommen werden. Jeder Layer benötigt dabei immer mindestens eine Klasse, kann aber eine unbegrenzte Anzahl nutzen.

11.7.3 Weitere Funktionen

Die Werkzeugleiste „Beschriftung" enthält neben dem vorgestellten Beschriftungs-Manager noch weitere Funktionen. Es handelt sich dabei um Themenbereiche, die schon im Verlaufe dieses Kapitels angesprochen wurden. Die zugehörigen Werkzeuge verbergen sich hinter nebenstehenden vier Schaltflächen.

Beschriftungsprioritäten

Die linke Schaltfläche öffnet den Dialog „Rangstufen der Beschriftungs-Priorität". Es sind alle Layer mit den zugehörigen Beschriftungsklassen in der erscheinenden Liste aufgeführt. Die Reihenfolge entspricht derjenigen im Inhaltsverzeichnis des Datenrahmens und kann mit den Pfeilschaltflächen in bekannter Weise verändert werden. Die Rangfolge entscheidet über die Reihenfolge beim Platzieren der Beschriftung; der höchste Rang ist oben. Beschriftungen mit höherer Priorität werden grundsätzlich zuerst platziert, Beschriftungen mit niedrigerer Priorität, die im Konflikt zu Beschriftungen mit höherer Priorität stehen, werden an einer anderen Position platziert oder sogar aus der Karte entfernt.

Beschriftungsgewichtung

Das Konfliktmanagment unterliegt ebenfalls gewissen Regeln. Weiter vorn in diesem Kapitel 11.5.3 ist schon darauf eingegangen worden. An dieser Stelle besteht eine weitere Möglichkeit, gewünschte Einstellungen zur Konfliktbehandlung vorzunehmen, und zwar für alle beteiligten Layer gleichzeitig.

Nach Drücken der nebenstehenden Schaltfläche öffnet sich der entsprechende Dialog „Rangstufen der Beschriftungs-Gewichtung". Es zeigt die Liste von Layern und Beschriftungsklassen mit den entsprechenden – voreingestellten – Gewichtungen.

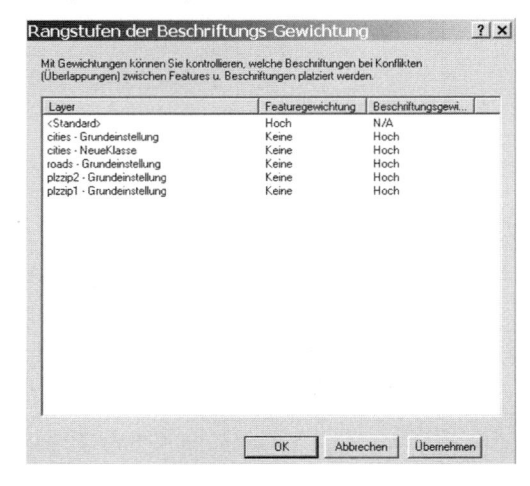

11.7 Beschriftungs-Manager

Diese Voreinstellungen können bei Bedarf übersteuert werden, um die auftretenden Konflikte zu behandeln.

Es handelt sich um Gewichtungen, die als relative Priorität zwischen Features und Beschriftungen zu verstehen sind. Es soll geregelt werden, wie Überlappungskonflikte zwischen Features und Beschriftung behandelt oder gelöst werden. Die grundsätzliche Regel besagt: Features dürfen nicht von Beschriftung gleicher oder niedrigerer Gewichtungen überlappt werden.

Um die Voreinstellungen zu verändern, klicken Sie einfach auf die vorhandene Einstellung, z. B. auf „Keine". Es öffnet sich an dieser Stelle eine kleine Auswahlliste, in der Sie Ihre Wahl treffen können. Es stehen vier Stufen zur Verfügung. In der Direkthilfe dazu werden einige Beispiele zu diesem Thema vorgestellt. In der täglichen Arbeit wird man ohne einige Versuche mit verschiedenen Einstellungen vermutlich nicht auskommen.

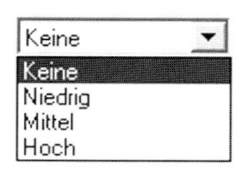

Beschriftung fixieren

Zuvor wurde erwähnt, dass ArcMap die Beschriftung am Kartenrand bei Bedarf umbricht und zweizeilig platziert oder gar aus der Karte verbannt. Mit jedem „Verschieben" der Karte wird die Beschriftung neu platziert und eine optimale Darstellung gesucht. Wenn dies verhindert werden soll, ist die nebenstehende Schaltfläche zu drücken. Es öffnet sich dadurch kein Dialog, die Schaltfläche bleibt gedrückt bis zur Deaktivierung. Das Ergebnis ist eine feststehende Beschriftung, die am Kartenrand zu Problemen bei der Lesbarkeit führen kann.

Nicht platzierte Beschriftung anzeigen

Sinnvollerweise versucht ArcMap mit ausgeklügelten Methoden die Beschriftung optimal zu platzieren. Sollten nicht lösbare Konflikte auftreten, wird die Beschriftung entsprechend den Prioritäten und den Gewichtungen ggf. auch weggelassen. Wenn genau dies ausgeschlossen oder überprüft werden soll, welche Beschriftungen „nicht zum Zuge" gekommen sind, ist die nebenstehende Schalfläche zu drücken. Auch sie bleibt bis zur Deaktivierung gedrückt.

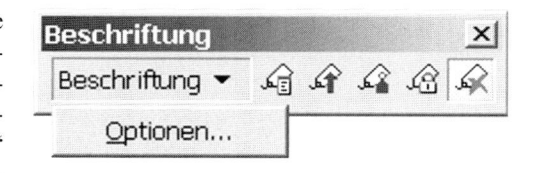

Um diese „Nicht platzierte Beschriftung" besser identifizieren zu können, ist unter den Optionen der Werkzeugleiste „Beschriftung" eine andere Farbe zu wählen. Nach Drücken des Menüeintrages öffnet sich der Dialog „Beschriftungsoptionen". Hier kann die Farbe wunschgemäß eingestellt werden.

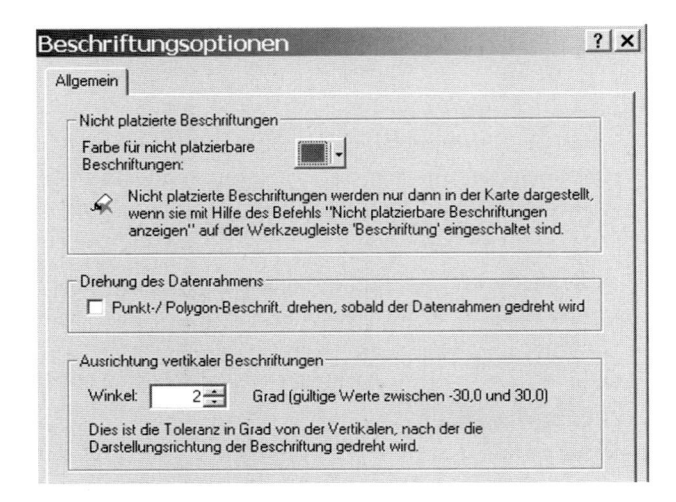

Im mittleren Bereich wird durch Setzen des Haken sichergestellt, dass sich die Beschriftung dreht, falls der Datenrahmen gedreht wird. Die Drehung des Datenrahmens erfolgt u. a. mit…

ArcMap-Hauptmenü
Ansicht:
Werkzeugleisten : Datenrahmen-Werkzeuge

…und der Winkel dazu kann aus der Auswahlliste gewählt werden oder nach Anklicken der Schaltfläche links von Hand vorgenommen werden.

Der untere Bereich in der „Beschriftungsoptionen" behandelt die Lesbarkeit von vertikaler Beschriftung und steuert die Leserichtung dabei. Gemeint ist: Der Text wird von links oder von rechts gelesen, wenn er vertikal positioniert wurde.

12 Präsentation und Karten

12.1 Allgemeines

In „EVAP" (siehe Kapitel „Geo-Informationssysteme"), die Abkürzung für die vielfältigen Aufgaben eines Geo-Informationssystems, steht das „P" für Präsentation. Präsentiert werden raumbezogene Daten und ihre Attribute in einer Karte, nachdem sie im GIS erfasst, verwaltet und analysiert worden sind. Diese Karte wird entweder auf einem Bildschirm und/oder auf einer Leinwand gezeigt, oder sie wird in Netzen (Internet, Intranet) verteilt. In der Regel aber wird die erzeugte Karte auf Drucker/Plotter ausgegeben und daher in Papierform präsentiert.

Zur Präsentation in den schon erwähnten Netzen (Map-Server) ist kein nennenswerter Zusatzaufwand zu treiben, wenn man von der dafür nötigen Software und der sonstigen Infrastruktur absieht. Eine fertig gestellte Karte kann vom Prinzip her unverändert in den so genannten „Kartendienst" übernommen werden. Dort platziert, steht sie für Zugriffe aus dem Internet zur Verfügung. Welche weiteren Möglichkeiten sich heute hinter dem Begriff „Map-Service" verbergen, wird an anderer Stelle deutlicher.

Über die Darstellung der Daten in der Daten-Ansicht hinaus enthält eine Karte, die gedruckt werden soll, eine Reihe von zusätzlichen Elementen und typischen Merkmalen, wie z. B. Maßstabsangaben und Nordpfeil.

ArcView stellt eine Vielzahl von Werkzeugen und Methoden bereit, um diese Aufgabe zu lösen. Im Folgenden wird der Funktionsumfang, der zur Kartenherstellung in der „Layout-Ansicht" bereitgestellt wird, erläutert und anhand von Beispielen verdeutlicht. Im Einzelnen wird – am Schluss mit einem Beispiel – beschrieben, wie folgende Kartenelemente zu einer Karte zusammengestellt werden:

- Datenrahmen
- Titel, Text
- Kartenrahmen
- Legende
- Grafik
- Nordpfeil
- Maßstabsleiste
- Maßstabstext
- Bild, Logo
- Objekte (OLE z. B. Worddokument oder Excel-Tabelle)

Tabellen (aus einem Datenrahmen) werden mit im Menü „Optionen" (Tabelle öffnen) und Diagramme werden mit dem Menüeintrag „Diagramme: Verwalten" im Hauptmenü „Werkzeuge" in das Layout eingefügt.

12.2 Layout-Ansicht

Um eine Karte herzustellen, muss der Inhalt der Datenrahmen in der Layout-Ansicht angezeigt werden. Nur dort stehen die notwendigen Hilfsmittel zur Verfügung. Betätigen Sie dazu das...

ArcMap-Hauptmenü:
Ansicht:
Layout-Ansicht

ArcMap schaltet sofort in die gewünschte Ansicht, in der die Karte als Druckvorlage hergestellt wird. Mit dem folgenden Menü kann wieder in die Daten-Ansicht zurückgeschaltet werden.

ArcMap-Hauptmenü:
Ansicht:
Daten-Ansicht

Vereinfacht wird das Umschalten durch zwei dafür vorgesehene Schaltflächen am linken unteren Rand des Datenfensters. Die linke „Weltkugel" bedeutet „Daten-Ansicht", die rechte Schaltfläche „Layout-Ansicht".

12.3 Werkzeugleisten

Zur Erfüllung der vielfältigen Aufgaben bei der Erstellung einer Karte stehen zahlreiche Funktionen und Werkzeuge zur Verfügung. Diese sollen nun zunächst einzeln beschrieben werden.

Auf der Karte in der „Layout-Ansicht" ist ein ähnliches Navigieren wie in der Daten-Ansicht möglich. Es stehen die dafür bekannten Werkzeuge bereit, die zuvor auf dem Desktop platziert werden können, und zwar z. B. über...

ArcMap-Hauptmenü:
Werkzeuge:
Anpassen

Es öffnet sich das Auswahlfenster „Anpassen".

Im Register „Werkzeugleisten" werden Werkzeugleisten zur Auswahl angeboten.

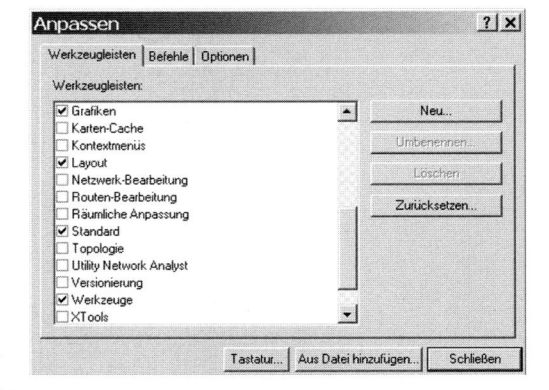

Setzen Sie hier den Haken an die Werkzeugleisten „Layout", „Zeichnen" und „Grafiken". Die Werkzeugleiste „Layout" öffnet sich auch automatisch, wenn Sie von der Daten-Ansicht in die Layout-Ansicht umschalten. Die Bedeutung der einzelnen Werkzeuge sind in Kapitel 4 „ArcMap-Grundlagen"erläutert.

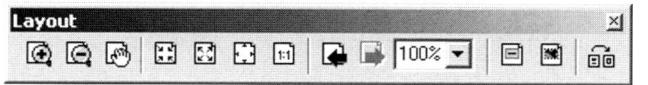

Die wichtigsten Schaltflächen der Werkzeugleiste „Layout" – einige wie Zoomen sind schon in Kapitel 4 erklärt worden – sollen hier noch einmal kurz vorgestellt werden.

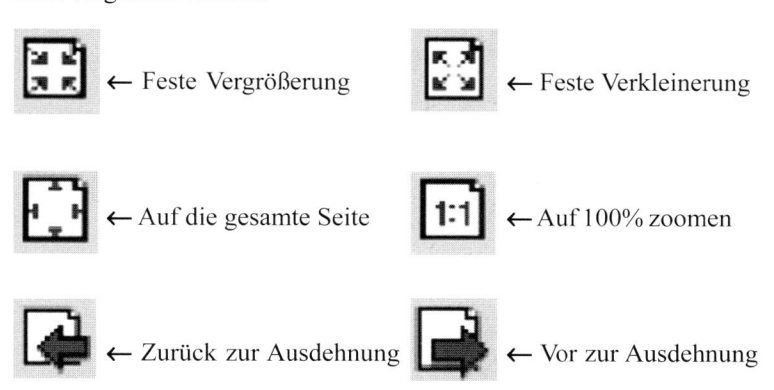

← Feste Vergrößerung   ← Feste Verkleinerung

← Auf die gesamte Seite   ← Auf 100% zoomen

← Zurück zur Ausdehnung   ← Vor zur Ausdehnung

Die zwei zugehörigen, rechts vom Maßstab befindlichen Schaltflächen werden in den Abschitten 12.5.10 und 12.5.11 erläutert.

„**Zeichnen**" ist die Werkzeugleiste, über die grafische Elemente und Text erstellt werden. Die Funktionalitäten sind teilweise schon an anderen Stellen beschrieben worden.

„**Grafiken**" ist eine Werkzeugleiste, die die Positionierung von Grafiken steuert.

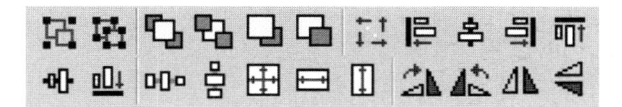

12.4 Vorlagen

Eine wichtige Schaltfläche in der Werkzeugleiste „Layout" dient der Auswahl von vordefinierten Kartenlayouts. Hier werden Vorlagen aktiviert. Sie erleichtern die Kartengestaltung durch bestimmte Vorgaben bei der Positionierung der Kartenelemente.

Nach Aktivierung dieser Schaltfläche erscheint das Dialogfenster „Vorlage auswählen" zur Selektion verschiedener Typen über fünf Register. In einer Vorschau wird die Wahl deutlich gemacht. Diese Vorlagen werden in *.mxt-Dateien gehalten und verwaltet. Es können auch eigene Vorlagen hergestellt werden, die dann in einem neuen Register abgelegt werden.

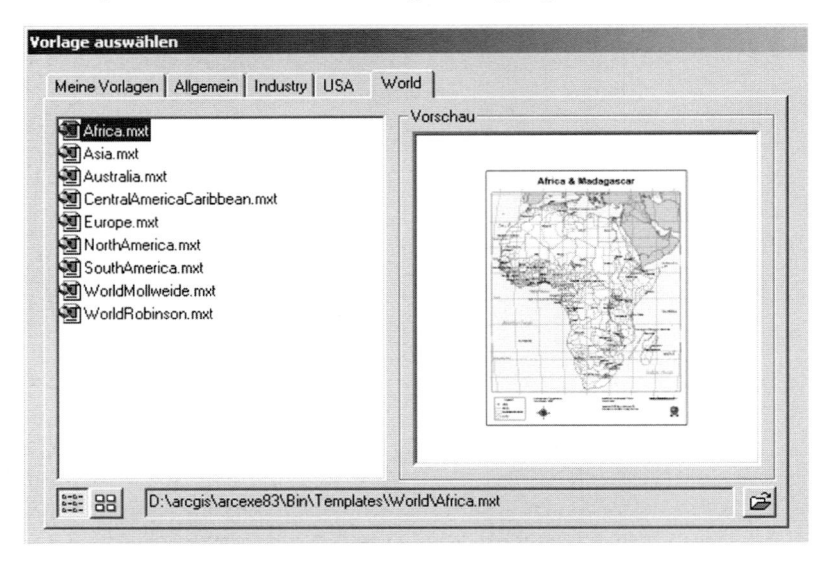

Im Register „Allgemein" oder „World" wird nach Doppelklick auf einen Kartentyp das Fenster „Datenrahmen-Reihenfolge" geöffnet, wenn sich mehr als ein Datenrahmen in der Karte befindet.

Hier kann die erste Positionierung der verschiedenen Datenrahmen vorgenommen werden. Im Beispiel kommt „Niedersachsen" in das Feld 1 und „Deutschland" in das kleine Feld 2 unten rechts.

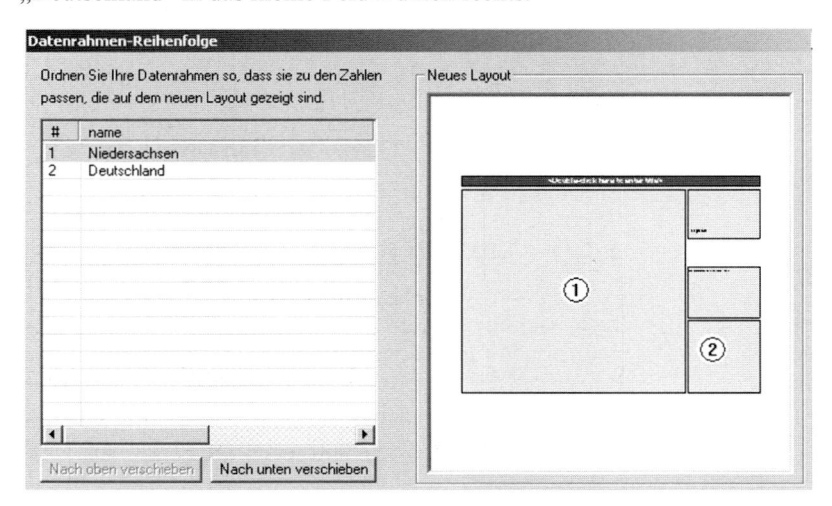

12.4 Vorlagen

Wird ein anderes Register (Industry, USA) gewählt, dann sieht der Vorschlag für die Kartengestaltung anders aus. Es werden sofort passende Gestaltungselemente, wie Kartenrahmen, Text oder Koordinatengitter, im Layout platziert.

Diese wichtigen Gestaltungselemente für eine Karte müssen nicht nachträglich generiert werden. Die eigenen Daten aus den Datenrahmen werden automatisch richtig positioniert.

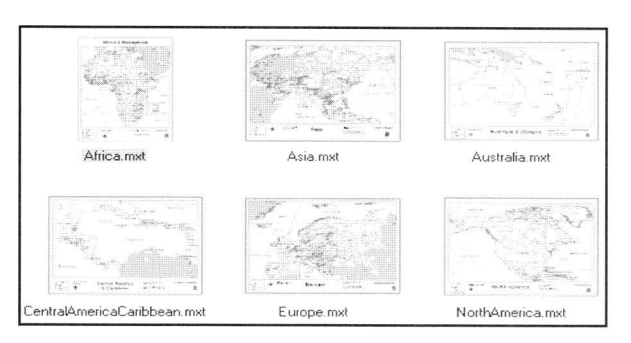

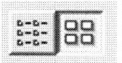

Die verschiedenen Vorlagen können Sie auch in einer Gesamtübersicht betrachten, um die Auswahl zu erleichtern. Im Dialog „Vorlage auswählen" drücken Sie dazu die Schaltfläche für Vorschaubilder (siehe links). Es erscheinen Skizzen der vorgefertigten Vorlagen.

Herstellen von Vorlagen

Eine Reihe von Vorlagen, auch Templates genannt, sind in ArcMap integriert und stehen dem Anwender zur Verfügung. Eigene Vorlagen können erstellt und dann gespeichert werden. Sie sind dann auch für weitere Anwendungen greifbar.

Um eine eigene Vorlage herzustellen, muss die Karte in der Daten-Ansicht vollständig zusammengestellt und die Layout-Ansicht aktiviert werden. Es darf <u>keine</u> vorhandene Vorlage benutzt werden. Nach Erstellung des Layouts kann die eigene Vorlage über das Menü „Datei: Speichern unter..." als *.mxt im Verzeichnis…

Laufwerk:\Programme\arcgis\bin\templates\Name des Templates.mxt

…archiviert werden. Es steht dann unter dem Register „Allgemein" im Dialog „Vorlage wählen" mit dem von Ihnen gewählten Namen zur Verfügung.

Soll die Ablage in einem neuen Register mit einem aussagekräftigen Namen erfolgen, ist dafür ein eigenes Verzeichnis (Name z. B. „Spezielle Vorlagen") unter:

Laufwerk:\Programme\arcgis\bin\templates\Spezielle Vorlagen

anzulegen. Dieses Register erscheint dann sofort beim nächsten Aufruf. Im Beispiel auf der nächsten Seite ist es :„Spezielle Vorlagen".

12.5 Karten-Elemente einfügen

Nicht alle Elemente, die auf der Karte erscheinen sollen, müssen zuvor hergestellt werden. Wichtige, immer wiederkehrende Elemente sind bereits vorkonfektioniert und können problemlos auf die Karte gebracht und nachbearbeitet werden.

Es handelt sich dabei in der Regel um schon bekannte Elemente, wie sie auch in Office-Produkten vorliegen. Die Umgangsweise ist daher sehr ähnlich und bedarf an dieser Stelle nicht unbedingt einer besonders ausführlichen Beschreibung.

Nachfolgend werden diese Möglichkeiten beispielhaft vorgestellt und ihre Handhabung erläutert. Eingefügt werden Kartenelemente in der Layout-Ansicht, und zwar über:

ArcMap-Hauptmenü:
Einfügen:

Es erscheint ein Menü mit mehreren Einträgen, die die verschiedenen Kartenelemente beinhalten.

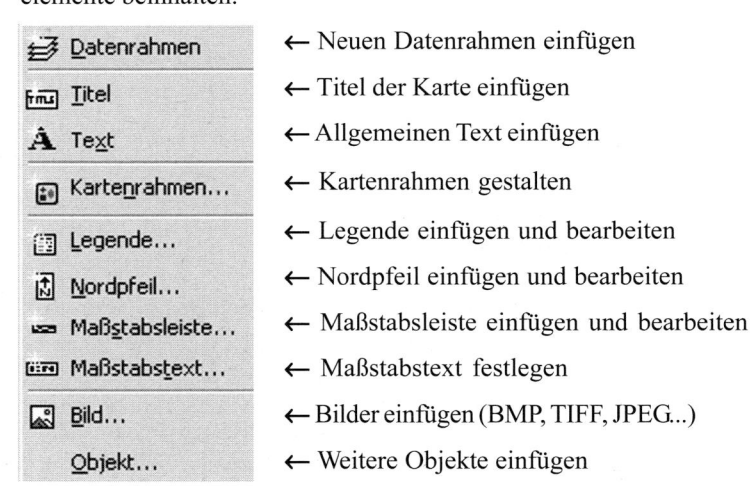

Datenrahmen	← Neuen Datenrahmen einfügen
Titel	← Titel der Karte einfügen
Text	← Allgemeinen Text einfügen
Kartenrahmen...	← Kartenrahmen gestalten
Legende...	← Legende einfügen und bearbeiten
Nordpfeil...	← Nordpfeil einfügen und bearbeiten
Maßstabsleiste...	← Maßstabsleiste einfügen und bearbeiten
Maßstabstext...	← Maßstabstext festlegen
Bild...	← Bilder einfügen (BMP, TIFF, JPEG...)
Objekt...	← Weitere Objekte einfügen

12.5.1 Datenrahmen

Der Menüeintrag „Datenrahmen" wird benutzt, um einen neuen Datenrahmen zu erzeugen. Dies funktioniert nicht nur in der Layout-, sondern auch in der Daten-Ansicht, in die dann z. B. die Layer geladen werden.

12.5 Karten-Elemente einfügen

12.5.2 Titel, Text

Jede Karte benötigt zur eindeutigen Identifikation einen Titel und frei positionierbaren Text. Über diese Menüeinträge können Sie einen passenden Text eingeben. Durch Doppelklick auf den Text wird das Dialogfenster „Eigenschaften" geöffnet. Hier kann der Text formatiert und exakt positioniert werden. Schrifttyp und ggf. ein Verdrehungswinkel können ebenso gewählt werden, wie die Führungslinie (Zeilenabstand) und der Zeichenabstand. Über die Schaltfläche „Symbol ändern..." gelangt man zur Symbol-Auswahl. Hinter dem Register „Größe und Position" verbergen sich weitere Funktionalitäten zur genaueren Positionierung und Größenbestimmung des Textes.

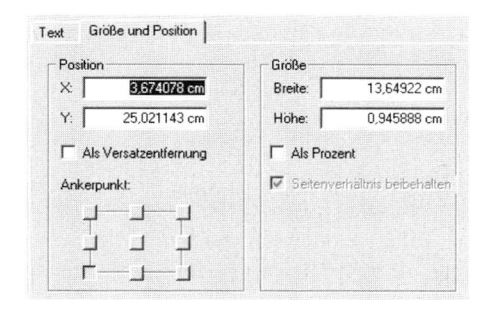

12.5.3 Kartenrahmen

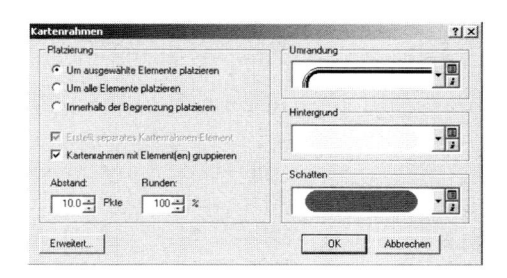

Über diesen Menüeintrag gelangt man zum Dialogfenster „Kartenrahmen". Hier kann im Bereich „Platzierung" gewählt werden, ob die gesamte Darstellung oder nur Teile davon mit einem Rahmen versehen werden sollen. Als dritte Option wird der Rahmen innerhalb der Druckerränder eingefügt. Der Abstand des Rahmens zum Element kann ebenso eingestellt werden wie ein Maß für die Rundungen der Ecken (bis ca. 10% sind optimal). Die kleinen Vorschaubilder unterstützen die Wahl der passenden Einstellungen. Des Weiteren werden in diesem Dialogfeld die Umrandung (Rahmentyp) und seine Eigenschaften, der Hintergrund und der Schatten des Rahmens festgelegt. Dabei besteht immer die Möglichkeit, eigene Vorstellungen über die „Symbol-Auswahl" umzusetzen.

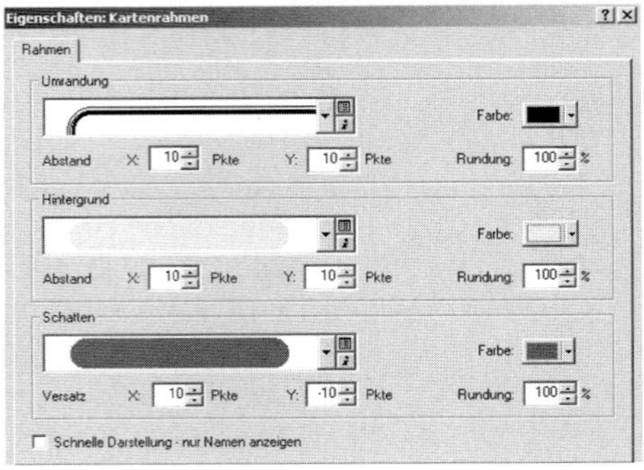

Erweiterte Möglichkeiten stehen zur Verfügung, wenn die Schaltfläche „Erweitert" gedrückt wird. Es erscheint der nebenstehende Dialog „Eigenschaften: Kartenrahmen". Beispielsweise können hier die Rundungen differenzierter, die Farbe und die Abstände des Rahmens zu den Kartenelementen festgelegt werden.

12.5.4 Legende

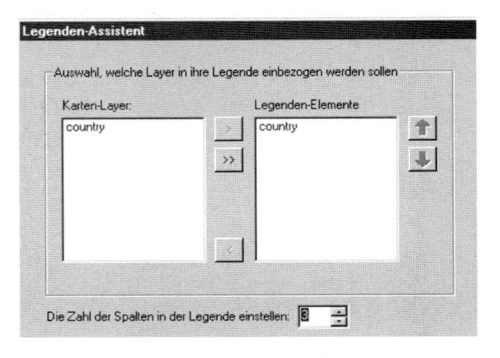

Das Dialogfenster „Legenden-Assistent" wird nach Aktivierung des Menüeintrags „Legende" geöffnet. Hier wird festgelegt, welche Zusammensetzung die Legende haben soll und welche Layer evtl. ohne Legende dargestellt werden (standardmäßig wird eine Legende für alle Layer angelegt). Weiter wird hier festgelegt, aus wie vielen Spalten die Legende bestehen soll. Die Einstellungen können immer in einer Vorschau überprüft werden; diese kann immer rückgängig gemacht werden.

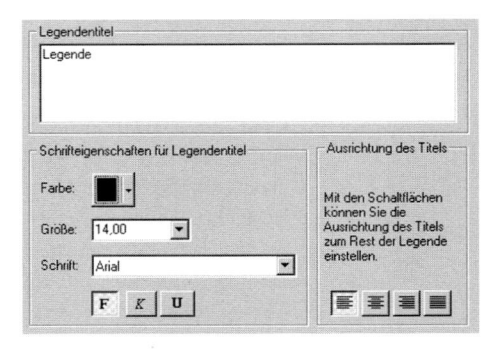

Nach Drücken der Schaltfläche „Weiter" (hier wegen der Darstellungsmöglichkeiten nicht sichtbar) wird man weiter durch notwendige Dialoge geführt. So wird als nächstes die Möglichkeit eröffnet, der Legende einen eigenen Titel zu geben und dabei auch die Schrift dafür in üblicher Form zu formatieren.

Auch hier kann man die Einstellungen in einer Vorschau überprüfen.

Nach dem nächsten Schritt eröffnet sich die Möglichkeit, der Legende einen Rahmen, einen Hintergrund und einen Schatten zu geben. Mit Mitteln, die schon an anderer Stelle beschrieben wurden, kann hier für eine optische Aufwertung der Legende gesorgt werden.

Der nächste Schritt bei der Abarbeitung dieses Legenden-Assistenten führt zur Bestimmung der Symbole in der Legende. In der üblichen Weise können

12.5 Karten-Elemente einfügen

hier Symbolformen und Typen eigener Wahl festgelegt werden. In dem angekündigten Beispiel wird darauf nochmals eingegangen. Die nebenstehende Abbildung zeigt den dazu verwendeten Dialog. Für jeden einzelnen Layer kann hier gezielt an der Symbolik gearbeitet und können Muster, Farbe und Linien usw. bestimmt werden.

Im nächsten Schritt werden die Abstände zwischen allen Elementen der Legende frei definiert. ArcMap macht einen Vorschlag (Grundeinstellung), an dem der Anwender im eigenen Sinne Korrekturen vornehmen kann. In einem kleinen Schaubild auf der rechten Seite des Legenden-Assistenten wird jeweils deutlich gemacht, was gemeint ist.

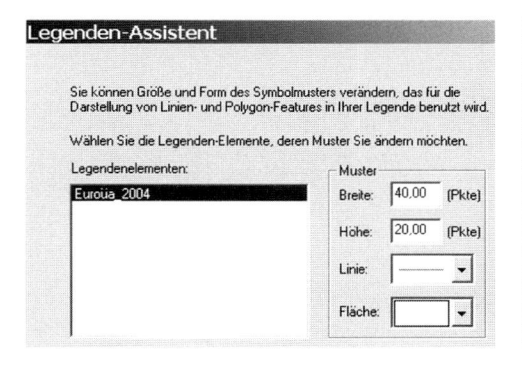

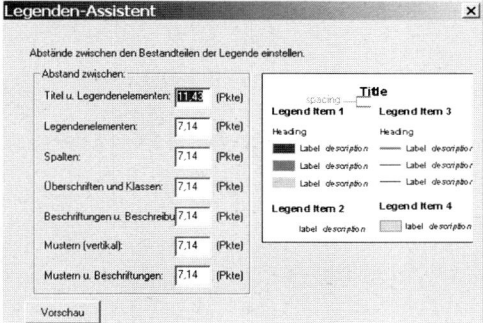

12.5.5 Nordpfeil

Auch wenn man verstärkt davon ausgehen kann, dass alle Karten „eingenordet" sind, ist ein Nordpfeil auf einer vollständigen Karte unverzichtbar. Nach Aktivierung des Menüeintrages „Nordpfeil..." öffnet sich das Dialogfenster „North Arrow Auswahl". Hier kann aus einer Vielzahl (97) von Vorschlägen der passende Nordpfeil ausgewählt werden.

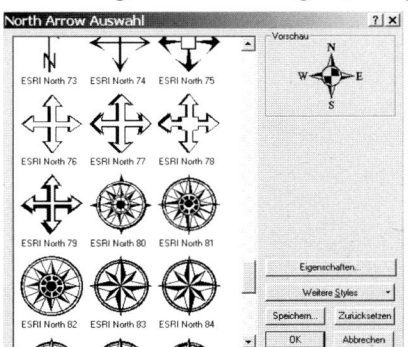

Nach Aktivieren der Schaltfläche „Eigenschaften..." werden seine Farbe und Größe im Dialogfenster „Nordpfeil" festgelegt. Sollte eine Karte nicht genordet sein, so kann man den Nordpfeil entsprechend drehen. Positive Werte im Eingabefeld „Kalibrierungswinkel" erzeugen eine Rechtsdrehung (geografische Drehung) der Grafik. Die Angaben sind in „Grad" einzugeben. Die drei unteren Schaltflächen führen alle zu der Möglichkeit, einen anderen Nordpfeil zu wählen bzw. seine Erscheinungsform zu verändern. Dabei führt die Schaltfläche „Zeichen" zu einer Gesamtübersicht aller Pfeiltypen.

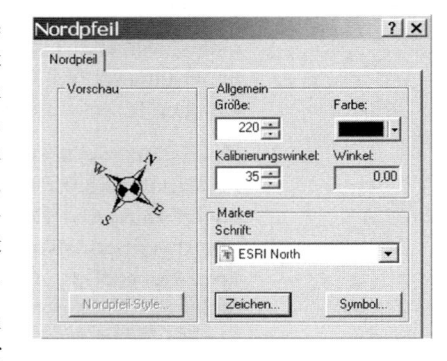

Zwei Register und die Schaltfläche „Nordpfeil-Style" kommen nicht zum Vorschein, wenn man den eben beschriebenen Weg gewählt hat. Erst wenn man auf den markierten Nordpfeil in der Karte doppelklickt, erscheint das Dialogfenster „Nordpfeil-Eigenschaften". Es verfügt dann über zwei zusätzliche Register.

Das Register „Rahmen" führt zum Werkzeug, das zur Erzeugung einer Umrandung für den Nordpfeil notwendig ist.

Das Register „Größe und Position" erlaubt eine exakte Einstellung der Position in der Karte und die Angabe einer exakten Größe.

12.5.6 Maßstabsleiste

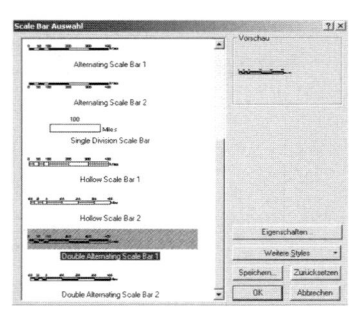

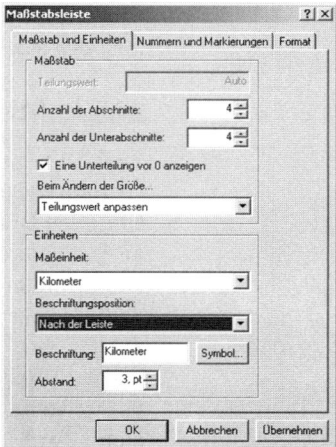

Darstellungen auf einer Papierkarte benötigen einen Maßstab und eine entsprechende Maßstabsleiste. Mit ihr können Entfernungen und räumliche Beziehungen bestimmt werden.

Voraussetzung für die Generierung einer Maßstabsleiste ist die Wahl eines passenden Koordinatensystems. Sind die Daten im Datenrahmen in geografischen Koordinaten angegeben, lässt sich naturgemäß nicht immer ein vernünftiger Maßstab angeben.

Durch Aktivieren des Menüeintrages „Maßstabsleiste..." wird das Dialogfenster „Scale Bar Auswahl" sichtbar, in dem eine Reihe verschiedener Maßstabsleisten angeboten wird. Durch Doppelklick auf eine der Leisten wird das Element auf der Karte platziert. Es ist dann noch markiert, damit es in Lage und Größe angepasst werden kann. Zuvor kann es in der Vor-

12.5 Karten-Elemente einfügen

schau genauer beurteilt werden. Durch Betätigen der Schaltfläche „Eigenschaften…" gelangt man in das Dialogfenster „Maßstabsleiste", wo die Maßstabsleiste formatiert werden kann.

Diese Formatierung ist sehr vielschichtig und wird durch drei Register innerhalb des Dialogfensters „Maßstabsleiste" zugänglich.

Unter „Maßstab und Einheiten" werden die Einheiten (Miles, km usw.) sowie der Ort und die Größe der Beschriftung eingestellt. Weiter wird hier die Anzahl der Teilungen der Leiste und ggf. ihrer Unterabschnitte festgelegt.

Unter „Nummern und Markierungen" legen Sie fest, wo und wie viele Zahlenwerte an der Leiste platziert werden sollen. Auch können Sie die Zahlen noch formatieren (Dezimalstellen, Tausender-Zeichen, Vorzeichen, Auffüllen mit Nullen) und in der „Symbol-Auswahl" auf übliche Weise gestalten.

Unter dem Register „Format" legen Sie den Schrifttyp und auch die Farben der Leiste fest (es können, je nach Leiste, zwei verschiedene Farben sein).

Zur Erleichterung dieser Arbeiten kann ein weiteres Dialogfenster mit allen Optionen geöffnet werden. Wenn die Maßstabsleiste bereits auf der Karte platziert ist, wird über einen Doppelklick auf die Maßstabsleiste in der Layout-Ansicht das Dialogfenster „Doppelt alternierende Maßstabsleiste Eigenschaften" geöffnet.

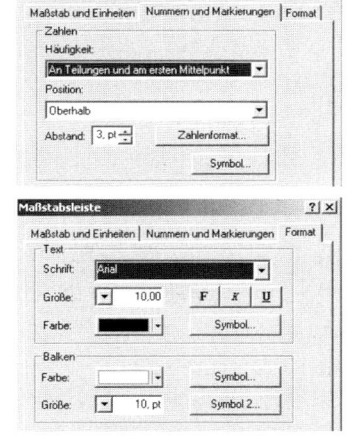

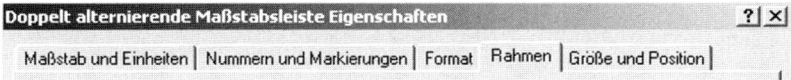

Hier stehen hinter den Registern alle Werkzeuge gleichzeitig für die Gestaltung der Maßstabsleiste zur Verfügung.

12.5.7 Maßstabstext

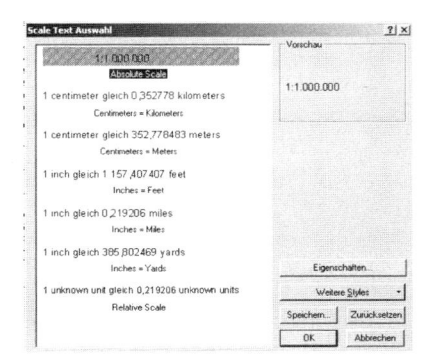

Alternativ zu einer Maßstabsleiste kann ein entsprechender Text auf der Karte die Bestimmung von Entfernungen unterstützen. Entweder wird ein absoluter Maßstab angegeben, wie beispielsweise 1:1.000.000, oder es wird eine Relation beschrieben, wie zum Beispiel „1 cm gleich 5,7 km", oder es wird ein benutzerdefinierter Maßstab benutzt. Alle Varianten werden durch Aktivieren des Menüeintrages „Maßstabstext..." angeboten, über den sich das Dialogfenster „Scale Text Auswahl" öffnet.

Dabei sind die Zahlen mit den Nachkommastellen nur als Beispiel zu verstehen. Sie sind in der konkreten Anwendung dynamisch, passen sich dem aktuellen Maßstab an und verändern sich bei Änderung des Bildausschnitts.

Den gewünschten Maßstabstext platzieren Sie in der Karte, indem Sie darauf doppelklicken. Er ist markiert, und durch einen weiteren Doppelklick auf diesen ersten Vorschlag öffnet sich das Dialogfenster „Maßstabstext Eigenschaften". Hier werden wieder gleich alle notwendigen Werkzeuge hinter den Registern angeboten.

Das Register „Maßstabstext" ermöglicht eine Vorschau, die nochmalige Änderung im Bereich „Style" und die Einstellung des Formats. Mit dem Bereich „Format" sind hier die Einheiten auf der Layoutseite gemeint sowie ihre Beschriftung. Weiter ist damit auch die Möglichkeit verbunden, das Zahlenformat einzustellen, wie Dezimalstellen, signifikante Stellen, Tausender-Zeichen, Vorzeichen, Auffüllen mit Nullen und Ausrichtung. Die Funktionen hinter den Registern „Rahmen" und „Größe und Position" sind bereits in diesem Kapitel beschrieben worden.

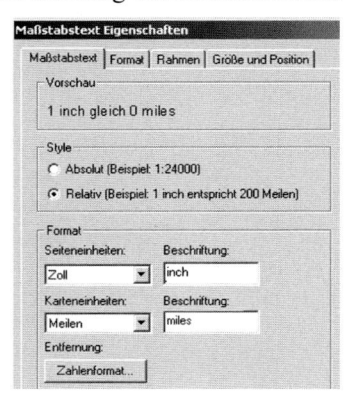

12.5.8 Bild

Eine Karte kann in ihrer Aussagekraft erhöht werden, wenn Bilder als Ergänzung zu den Geo-Objekten und Grafiken hinzukommen. Diese Bilder können Fotos, Logos oder dergleichen sein. Es handelt sich dabei um Grafikobjekte im Bildformat. Importierbare Bildformate sind z. B.:

- JPEG Image (*.jpg)
- GIF-Image (*.gif)
- TIFF-Image (*.tif)
- Windows Metafile (*.emf)
- Windows Bitmap (*.bmp)

Dabei ist es völlig gleichgültig, was sich in diesen Dateien verbirgt. Neben den schon erwähnten Dingen könnten es auch Handskizzen oder Ergebnisse aus einem Scanner sein.

Über den Menüeintrag „Bild..." können Sie im Dateiverzeichnis nach Dateien des obigen Typs zu suchen. Ein Doppelklick auf den gefundenen Dateinamen platziert das Bild auf die Karte. Es muss dann noch in seiner Lage und Größe angepasst werden.

12.5 Karten-Elemente einfügen

Durch Doppelklick auf das Bild in der Layout-Ansicht öffnet sich ein Dialogfenster zu den Eigenschaften des Bildes. Hier kann noch ein Rahmen (Register „Rahmen") kreiert werden. Hinter dem Register „Größe und Position" wird die genaue Größe des Bildes und sein Ankerpunkt auf der Karte festgelegt. Hinter dem Register „Bild" kann das Bildformat abgefragt und optional die Speicherung des Bildes in das Kartendokument definiert werden.

12.5.9 Objekt

An dieser Stelle ist es möglich, verschiedenste Objekte (so genannte OLE) aus anderen Programmpaketen einzubinden. Zum Beispiel kann ein im Textverarbeitungsprogramm WORD geschriebener Text oder eine Excel-Tabelle auf diese Weise in das Layout eingebunden werden.

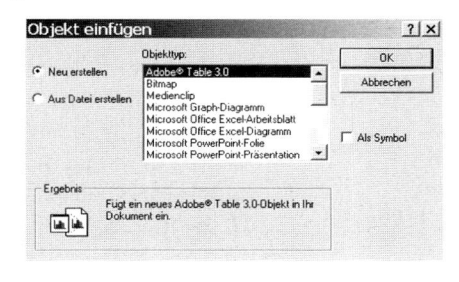

Wählt man den Menüeintrag „Objekt" erscheint ein Auswahlmenü zur Steuerung dieses Prozesses. Es können neue Objekte im Layout angelegt werden, es kann aber auch auf vorhandene zurückgegriffen werden. Zuvor ist der Objekttyp – z. B. „Microsoft Office Excel-Arbeitsblatt" – auszuwählen und zu entscheiden, ob die Tabelle oder nur das passende Symbol auf dem Layout erscheinen soll. Letzteres wäre nur in einer Live-Demo per Doppelklick einsehbar, druckfähig ist nur der klar sichtbare Zustand ohne den Haken bei „Als Symbol".

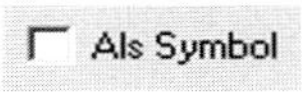

Nach entsprechender Auswahl ist ein Excel-Arbeitsblatt auf dem Layout als Objekt erkennbar und kann positioniert werden. Sinnvoll ist die Wahl eines Rahmens mit passendem Hintergrund (siehe weiter vorn). Die darzustellenden Werte sind dann in der gewohnten Exceloberfläche einzutragen. Sie erscheinen umgehend auf dem Layout von ArcMap.

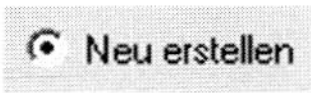

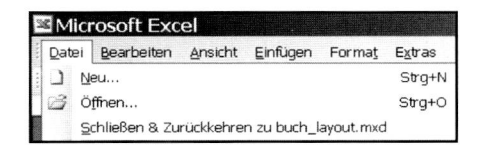

Erwähnt werden muss, dass das komplette Arbeitsblatt dargestellt wird. Wollte man nur einen Auszug aus einer bestehenden Tabelle darstellen, muss ein neues Objekt gewählt und ein zuvor aus der Exceltabelle über die Windowszwischenablage isolierter Teil eingebaut werden. Der Transfer in das Layout wird dann über eine Schaltfläche innerhalb des Excel-Hauptmenüs „Datei" realisiert. Mit „Schließen & Zurückkehren zu „*.mxd" wird der ausgewählte Teil der Tabelle/Arbeitsblatt im Layout sichtbar. Wollte man z. B. auf diese Weise Sachdaten eines Layers in einem Layout präsentieren, müssen diese Attributtabellen zunächst nach Excel umformatiert werden. Der oben beschriebene Weg setzt dieses Format voraus. Die Vorgehensweise bei einem Word-Dokument ist die gleiche. Auch hier wird eine passende *.doc Datei erwartet oder ein neues Dokument erstellt.

12.5.10 Grafiken

Über die angeführten Elemente hinaus können auch einfache Grafikelemente in das Layout platziert werden. Eingefügte Grafiken werden automatisch in das Layout übernommen. Werden Grafiken jedoch erst im Layout platziert, sind sie nicht automatisch auch in der Daten-Ansicht zu sehen.

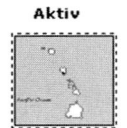

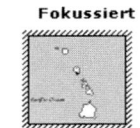

Hilfe bringt hier das Werkzeug „Datenrahmen fokussieren" aus der Layout-Werkzeugleiste. Durch Anwendung dieser Schaltfläche wird der gerade aktive Datenrahmen innerhalb des Layouts fokussiert. Dies ist durch eine besondere Kennzeichnung des Rahmens ersichtlich.

Wenn nun in diesem Zustand eine Grafik in das Layout übertragen wird, dann wird dies automatisch lagerichtig in den zugehörigen Datenrahmen übertragen. Ohne diese Funktion wäre dies nicht möglich.

12.5.11 Draft-Modus

Wie Sie während der Übungen feststellen werden, kann es immer eine gewisse Zeit dauern, bis alle Elemente und ihre Inhalte im Layout dargestellt sind.

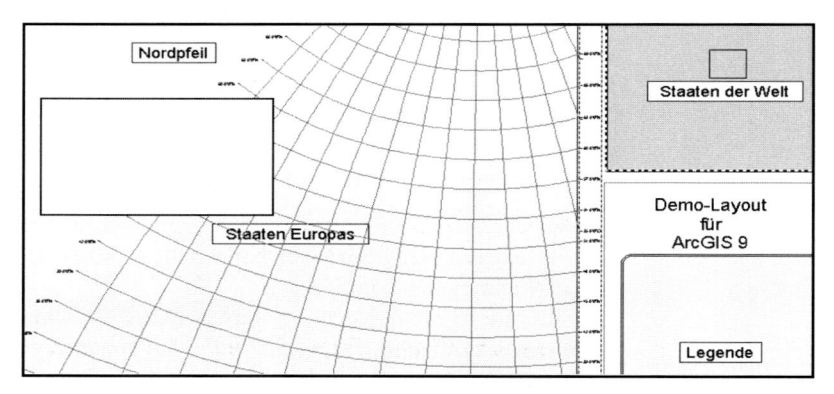

Um diesen Vorgang zu beschleunigen, kann dabei in den so genannten „Draft-Modus" umgeschaltet werden. Im Layout werden dann nur noch Platzhalter der verschiedenen Elemente dargestellt, was erheblich schneller vor sich geht. Zum Umschalten in diesen Modus drücken Sie die links abgebildete Schaltfläche „Entwurfsmodus ein / aus" aus der Werkzeugleiste „Layout". Nochmaliges Drücken deaktiviert diesen Modus wieder und alle Inhalte werden (ggf. zeitraubend) dargestellt.

12.6 Seite einrichten

Bevor mit den vorgestellten Werkzeugen die gewünschten Ergebnisse erzielt werden können, muss die Seite für die Karte eingerichtet werden. In Abhängigkeit von der Druckergröße, vom Papierformat und vom gewünschten Darstellungsmaßstab muss die Seite in Größe und Lage festgelegt werden.

Um dies durchzuführen, steht ein Kontextmenü zur Verfügung, das über das Anklicken des Blattes (rechte Maustaste) in der Layout-Ansicht geöffnet wird. Nach Aktivieren des Menüeintrages „Seiten- und Druckeinrichtung..." öffnet sich das Dialogfenster „Seiten- und Druckereinrichtung", über das die notwendigen und gewünschten Einstellungen vorgenommen sowie der Drucker ausgewählt werden.

Prinzipiell ist zwischen zwei Bereichen zu unterscheiden: Drucker inkl. Papier und die eigentliche Karte.

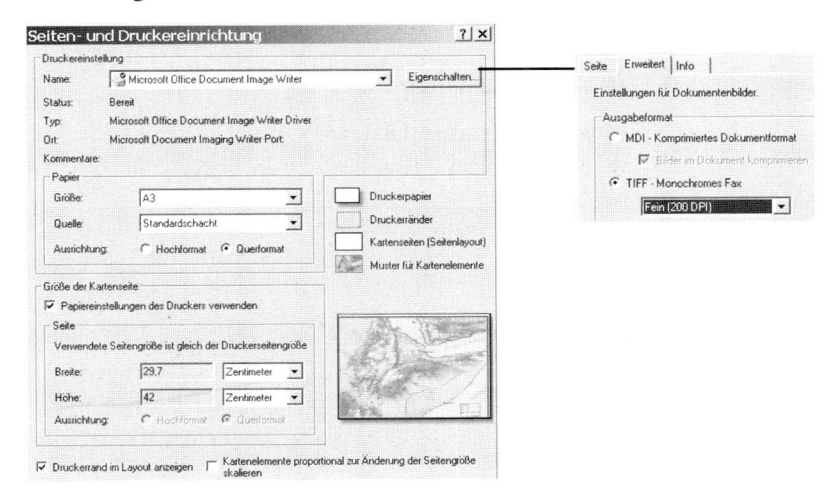

Unter der Schaltfläche „Eigenschaften" werden die Eigenschaften des ausgewählten Druckers eingestellt.

Ansonsten sind im Bereich Druckereinstellungen noch zwei weitere wichtige Einstellungen zu tätigen. Im Bereich „Papier" ist die Größe des Papierbogens festzulegen. Aus einer Liste ist dabei das gewünschte Format auszuwählen und anschließend die Ausrichtung Hoch- oder Querformat festzulegen.

Im Bereich „Größe der Kartenseite" werden Einstellungen zur eigentlichen Karte vorgenommen. Hat die Option „Papiereinstellungen des Druckers verwenden" einen Haken, ist die Größe durch die Druckereinstellungen vorgegeben, andernfalls ist das Blatt frei wählbar. Man kann aus einer Liste auswählen (hier wird keine Rücksicht auf die tatsächliche Druckergröße oder die des Papiers genommen) oder in die betreffenden Eingabefelder (Breite, Höhe) die gewünschten Werte in den zuvor eingestellten Einheiten (z. B. Zentimeter) eintragen. Somit werden auch Übergrößen möglich – unabhängig von festen Formaten.

Auch in diesem Fall ist zu entscheiden, ob ein Hoch- oder ein Querformat sinnvoll ist. In den Eingabefeldern für die Größe und Breite kann man eine Änderung sofort nachvollziehen bzw. die Wirkung in den rechts angebotenen Grafiken sehen. In verschiedenen Darstellungen werden Papierbogen und Karte in ihrer Relation zueinander präsentiert.

Eine weitere Überprüfung der getroffenen Einstellungen kann mit dem Mauszeiger auf dem Kartenblatt (Layout-Ansicht) selber durchgeführt werden. Fährt man die linke untere Ecke (LL) an, so werden die Koordinaten des Blattes mit 0,0 in der Statusleiste angegeben. Bei der oberen rechten Ecke (UR) werden die des gewählten Formates angezeigt, z. B. 118,9 und 84,1 (bei Einstellung cm) bei einem DIN-A0-Blatt quer. Eine weitere Überwachung ist mit den Linealeinstellungen möglich. Diese werden in den ArcMap-Optionen (Menü „Werkzeuge" im Register „Layout-Ansicht") eingestellt.

Auf der rechten Seite unten im Dialog „Seiten- und Druckeinrichtung..." wird gesteuert, wie sich Elemente auf der Karte verhalten sollen, wenn sich die Blattgröße verändert, also z.B ein DIN A4 Blatt auf ein A3 vergrößert wird. Nur wenn der

☐ Kartenelemente proportional zur Änderung der Seitengröße skalieren

Haken gesetzt wird (Standard), werden auch die Kartenelemente mit vergrößert. An der Veränderung des Maßstabes ist das sofort erkennbar, auch wenn es auf dem Bildschirm nicht offensichtlich wird.

Kontextmenü für die Layout-Ansicht

Das eingangs erwähnte Kontextmenü (rechte Maustaste in die Layout-Ansicht, neben einen Datenrahmen klicken) beinhaltet noch weitere Funktionen bzw. Werkzeuge, die für die Herstellung einer Karte hilfreich sein können.

Der zweite Menüeintrag: „Layout ändern" ändert die Vorlage (Template) und ist auch über eine schon in der Layout-Werkzeugleiste vorgestellte Schaltfläche aktivierbar.

Der dritte Eintrag schaltet den Entwurfsmodus ein und aus.

Der vierte Eintrag „Auf selektierte Elemente zoomen" stellt die gerade ausgewählten Features in der optimalen Ausdehnung dar.

Der fünfte Eintrag „Karte in die Zwischenablage kopieren" ist geeignet, eine Karte in die Windows-Zwischenablage zu legen. Sie kann dann von anderen Programmen übernommen und in Dokumente eingebunden werden.

Der sechste Menüeintrag: „Einfügen" holt Elemente aus der Zwischenablage in das aktuelle Dokument.

Der nächste Menüeintrag „Alle Elemente auswählen" selektiert alle Elemente die sich auf der Karte befinden.

Der nächste Menüeintrag „Auswahl aller Elemente aufheben" ermöglicht die gemeinsame Bearbeitung mehrerer Elemente, z. B. „Gruppieren".

Die nächsten vier Einträge erleichtern die Positionierung von Elementen auf der Karte. Beispielsweise wird ein Raster angeboten, mit dem das Ausrichten der Elemente auf der Seite / dem Bildschirm vereinfacht wird.

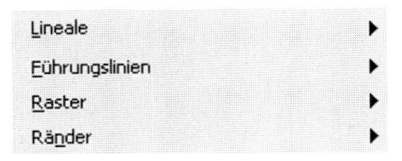

- Lineale
- Führungslinien
- Raster
- Ränder

Der unterste Menüeintrag „Optionen" öffnet das Dialogfenster „Optionen", in dem eine Reihe von Einstellungen vorgenommen werden können. Teilweise beziehen sich diese Optionen nicht nur auf die Layout-Ansicht, sondern auch auf generelle Einstellungen von ArcMap. Wenn aus der Layout-Ansicht auf die Optionen zugegriffen wird, ist das Register „Layout-Ansicht" zu wählen. Wichtig zu wissen ist vor allem, dass hier die Rasterweite für ein Hilfsraster zum Ausrichten der Elemente festgelegt wird.

12.7 Beispiel zum Layout

In einem Beispiel soll nun die Vorgehensweise für die Erstellung eines Layouts vorgestellt werden. Da die Möglichkeiten sehr vielfältig sind, können an dieser Stelle nicht alle Variationen von Einstellungen „durchgespielt" werden. Die Möglichkeiten aus dem Kapitel „Beschriftungen und Grafiken" werden nicht mehr aufgegriffen. Sie sind hier ebenfalls anwendbar.

Starten Sie ArcMap. Markieren Sie den schon vorhandenen Datenrahmen „Layout" im Inhaltsverzeichnis und öffnen Sie das Kontextmenü. Wählen Sie „Eigenschaften" und aktivieren Sie dort das Register „Allgemein".

ArcMap-Kontextmenü: Datenrahmen
Eigenschaften: Register Allgemein

Bei „Name" tragen Sie einen neuen Namen für den Datenrahmen ein und bestätigen mit „OK".

Drücken Sie in der ArcMap-Standard-Werkzeugleiste die Schaltfläche „Daten hinzufügen"" und laden Sie „Cntry04.sdc" aus dem folgendem Verzeichnis ein:

EsriData_World_Europe_Canada_Mexico\world\data

Um zu verhindern, dass eine viel zu lange Legende auf dem Layout platziert werden muss, reduzieren Sie den Datensatz auf Europa. Selektieren Sie dazu die Staaten Europas, speichern Sie diese als eigenständiges Shape (Kontextmenü auf den Layer: Daten: Daten exportieren) mit dem Namen „Europa" und laden Sie dieses neue Shape sofort wieder in denselben Datenrahmen. Entfernen Sie danach „Cntry04" aus dem Datenrahmen.

Stellen Sie eine passende Legende ein mit…

ArcMap-Kontextmenü: Layer „Europa"
Eigenschaften: Register Symbologie

Wählen Sie unter „Darstellung" den Legendentyp „Kategorien, dort Einzelwert, viele Felder" aus und tragen Sie unter „Wertefelder" zuerst „CNTRY_NAME" und dann „FIPS_CNTRY" ein. Das dritte Wertefeld stellen Sie auf „<Keine>". Drücken Sie auf die Schaltfläche „Alle Werte hinzufügen" und schließlich auf „OK".

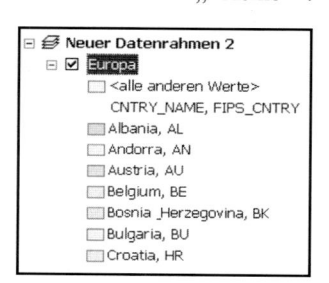

Der obere Teil der Legende hat dann etwa das nebenstehende Aussehen, wenn zuvor noch die Darstellung für „<alle anderen Werte>" aktiviert wurde. Im nächsten Schritt muss die Projektion des Datenrahmens so eingestellt werden, dass die Verwendung einer Maßstabsleiste in der Layout-Ansicht einen Sinn macht. Führen Sie dazu die notwendigen Schritte aus und legen Sie für den Datenrahmen das Gauss-Krüger-System im dritten Meridianstreifen fest. Markieren Sie dazu den Datenrahmen, öffnen Sie sein Kontextmenü und wählen den Menüeintrag „Eigenschaften". Wählen Sie dort das Register „Koordinatensystem". Im Bereich „Aktuelles Koordinatensystem:" können Sie das Koordinatensystem ablesen, das zur Zeit von den Daten verwendet wird. Hier ist es: GCS_WGS_1984.

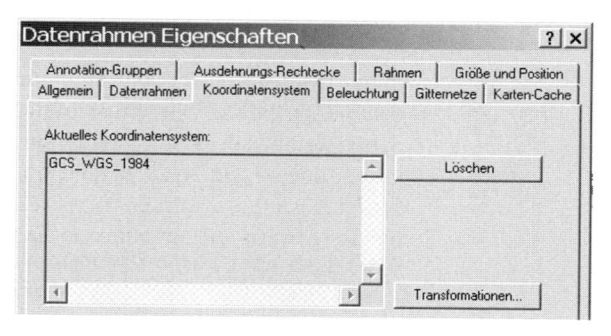

Das Zielsystem richten Sie unter „Koordinatensystem wählen" im Verzeichnis „Vorgegeben: Projected Coordinate Systems: National Grids" ein. Dort wird das gewünschte System unter dem Namen „Germany_Zone_3" angeboten und nicht, wie vielleicht an dieser Stelle vermutet,

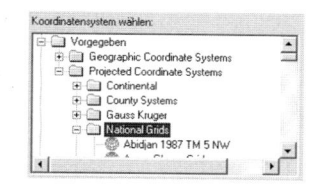

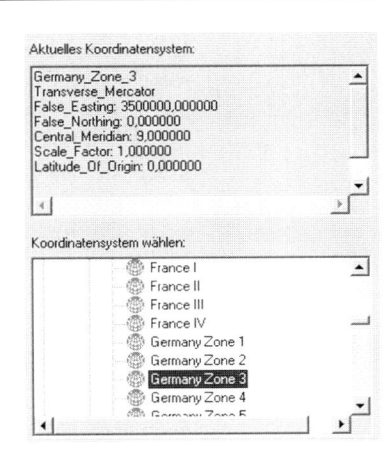

12.7 Beispiel zum Layout

unter dem Verzeichnis „Gauss-Kruger". Näheres dazu finden Sie im Kapitel 19 „Transformationen und Projektionen in ArcMap" in Band 2.

Wählen Sie die Projektion aus und bestätigen Sie mit „OK". Die folgende Warnung bestätigen Sie mit „Ja". Die Darstellung im Datenrahmen verändert sich sofort. Als aktuelles System ist nun „Gauß-Krüger Zone 3" eingestellt. ArcMap erlaubt es, Entfernungen auf dem Bildschirm mit der Maus zu messen und eine sinnvolle Maßstabsleiste in der Layout-Ansicht zu platzieren.

Das Positionieren des Datenrahmens auf der Karte erfolgt nach Umschalten in die Layout-Ansicht mit der links abgebildeten Schaltfläche.

ArcMap bietet ein passendes Blatt unbekannter Größe und Form an und legt den Datenrahmen mittig darauf. Verkleinern Sie den Datenrahmen und positionieren Sie ihn neu.

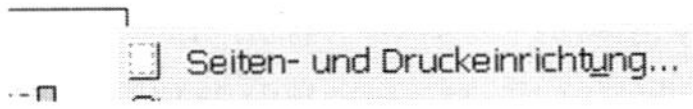

Wählen Sie nun z. B. das Format „A1 quer" für dieses Blatt. Drücken Sie dazu das Kontextmenü (rechte Maustaste) mit dem Mauszeiger irgendwo auf dem Blatt (neben dem Datenrahmen). Es erscheint ein Menü, in dem Sie „Seiten- und Druckereinrichtung" auswählen. Hier können Sie dann im Dialogfenster u. a. die Blattgröße und Ausrichtung (hoch/quer) bestimmen. Es stehen dazu eine Reihe von Optionen zur Verfügung, die natürlich auch von den angeschlossenen Druckern abhängen.

In der Layout-Ansicht erscheint nun das gewünschte Format. Schieben Sie den markierten Datenrahmen auf die linke Seite des Blattes und stellen Sie den Maßstab in der Hauptmenüleiste auf 1:22.000.000. Sollte die Karte nicht passen oder erscheint sie dann doch zu klein, kann das über einen anderen Maßstab gesteuert werden. Ggf. ist dieser Schritt mehrfach durchzuführen, bis das gewünschte Ergebnis vorliegt.

Das Einfügen der Legende in die Layout-Ansicht erfolgt über:

ArcMap-Hauptmenü:
Einfügen:
Legende

Im erscheinenden Dialogfenster „Legenden-Assistent" setzen Sie den gewünschten Datenrahmen auch in das Feld „Legenden-Elemente", stellen die Anzahl der Spalten für die Legende auf den Wert 3 und drücken auf die Schaltfläche „Weiter". 
Wählen Sie als Nächstes den Namen der Le-

gende, z. B. „Staaten Europas" oder „EUROPA", den Schrifttyp „Arial Black" in Rot mit einer Größe von 28 Punkt. Dieser Schriftzug steht in der Layout-Ansicht oberhalb der Legende, ist aber nicht der Name des Layers. Dieser erscheint extra über der ersten Spalte.

Mit dem nächsten „Weiter" gelangen Sie zu einem Dialogfenster, das die Erstellung eines Rahmens für die Legende steuert. Rahmentyp, Hintergrund und Schatten werden hier eingestellt. Stellen Sie Elemente Ihrer Wahl ein und drücken Sie „Weiter".

Im vorletzten Dialogfenster werden Veränderungen der Symbole vorgenommen. Wählen Sie hier für die Flächen „Ellipse" (insgesamt stehen 9 verschiedene Formen zur Auswahl) aus und drücken Sie „Weiter".

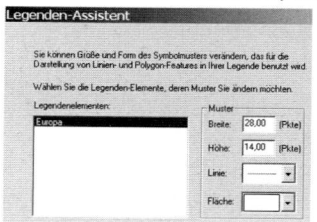

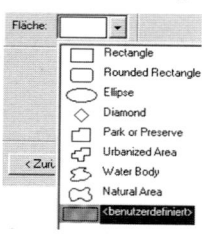

Im letzten Dialogfenster können bei Bedarf die Abstände zwischen den einzelnen Bestandteilen der Legende neu festgelegt werden, wobei hier die Anregung erlaubt sein soll, die Voreinstellungen in diesem Beispiel zu belassen. Drücken Sie anschließend „Fertigstellen". Nach einiger Berechnungszeit wird eine Legende, z. B. wie die Folgende (siehe nächste Seite), auf dem Layout platziert. Während dieser – zum Teil länger andauernden – Berechnungen drehen sich kleine Zahnräder in einem Fenster und verdeutlichen damit den Berechnungsprozess.

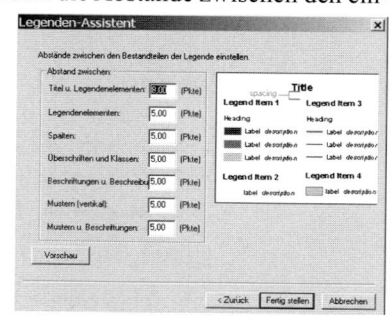

Durch einen Doppelklick auf die Legende – dies gilt auch für andere grafische Elemente – können Sie jederzeit in die Bearbeitungsdialoge zurückkehren und Veränderungen vornehmen. Führen Sie den Doppelklick auf die Legende aus und aktivieren Sie im erscheinenden Dialogfenster das Register „Rahmen". Stellen Sie in allen drei möglichen Fällen die Rundung auf „9%" und bestätigen Sie mit „OK". Rahmen, Hintergrund und Schatten wer-

12.7 Beispiel zum Layout

den dann abgerundet dargestellt wie in der nebenstehenden Abbildung. Der Versatz des Schattens sowie die Abstände der Rahmen zu den nächsten Elementen werden ebenfalls an dieser Stelle festgelegt.

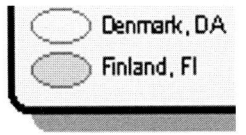

Um der Karte einen Titel zu geben, aktivieren Sie:

ArcMap-Hauptmenü:
Einfügen:
Titel

Es erscheint ein markiertes Eingabefeld, in das Sie die Titel, z. B. „Europäische Staaten 2004", eintragen. Führen Sie anschließend einen Doppelklick auf den Text aus. Im Dialogfenster „Eigenschaften" und unter der Schaltfläche „Symbol ändern..." kann der Text formatiert werden. Wählen Sie Arial, fett, Größe 72 und drücken Sie „OK".

Mit der folgenden Befehlsfolge fügen Sie freien Text ein:

ArcMap-Hauptmenü:
Einfügen:
Text

Die Vorgehensweise ist wie beim Einfügen eines Titels.

Mit dem folgendem Menü fügen Sie einen Rahmen z. B. um ein markiertes Element ein:

ArcMap-Hauptmenü:
Einfügen:
Kartenrahmen…

Wählen Sie im Dialogfenster „Kartenrahmen" z. B. die Option „Innerhalb der Begrenzung platzieren" und aktivieren Sie einen einfachen und dünnen Rahmen ohne Hintergrund und Schatten, so wird dieser um das gesamte Layout gelegt.

Um einen Nordpfeil auf der Karte einzurichten, benutzen Sie folgendes Menü:

ArcMap-Hauptmenü:
Einfügen:
Nordpfeil…

Es erscheint eine Auswahl von verschiedenen Nordpfeilsymbolen. Wählen Sie das Symbol „ESRI North 21" durch Doppelklick auf das Symbol aus. Es wird sofort in die Layout-Ansicht übertragen und muss nur noch richtig positioniert werden. Dabei kann die Größe noch angepasst werden. Führen Sie dazu einen Doppelklick auf dem Nordpfeil aus und öffnen Sie im Dialogfenster „Nordpfeil Eigenschaften" das Register „Größe und Position". Stellen Sie die gewünschte Größe ein.

Sollte der Nordpfeil noch gedreht werden müssen, kann dies im Register „Nordpfeil" im selben Dialogfenster vorgenommen werden. Für die spätere Darstellung eines Koordinatengitters wird diese Option benötigt.

Eine Maßstabsleiste fügen Sie ein mit:

ArcMap-Hauptmenü:
Einfügen:
Maßstabsleiste...

Es öffnet sich das „Scale Bar Auswahl"-Dialogfenster, in dem eine Reihe von Leisten angeboten werden. Wählen Sie „Alternating Scale Bar 1" und drücken Sie die Schaltfläche „Eigenschaften". Es öffnet sich der nebenstehende Dialog. Im Register „Maßstab und Einheiten" legen Sie „Kilometer" als Maßeinheit fest, als Teilungswert „500 km". Dazu muß bei „Beim Ändern der Größe..." der Wert „Anzahl der Teilungen anpassen" eingestellt werden. Nur dann ist oben der entsprechende Wert für die Teilung einsetzbar. Bestätigen Sie mit „Übernehmen" und positionieren Sie die Leiste anschließend nur noch am gewünschten Ort im Layout.

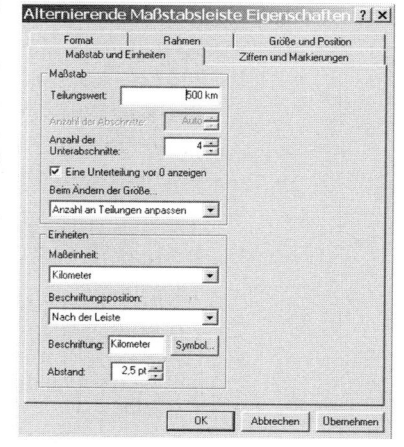

Einen Maßstabstext fügen Sie ein mit:

ArcMap-Hauptmenü:
Einfügen:
Maßstabstext...

Sie haben dabei zwei verschiedene Möglichkeiten: Sie können den absoluten Maßstab angeben oder eine Relation, wie beispielsweise „1 cm = 12,345 km".

Der erste Fall ist unter „Absolute Scale" an der Spitze der Auswahlliste realisiert. Wenn Sie einen Doppelklick auf diese Auswahl ausüben, werden die Angaben in der Layout-Ansicht dargestellt. Es wird dabei der zuvor eingestellte Maßstab (angezeigt in der Werkzeugleiste „Standard", hier z. B. 1:22.000.000) übernommen.

1:22.000.000

12.7 Beispiel zum Layout

Für den zweiten Fall wählen Sie einen Maßstabstext aus, der die Angaben „centimeter" und „kilometrs" enthält. Mit einem Doppelklick wird er sofort auf der Layout-Ansicht sichtbar. Nach einem weiteren Doppelklick auf den Text gelangen Sie in das Dialogfenster „Maßstabstext Eigenschaften". Im Register „Größe und Position" stellen Sie die Höhe des Textes auf „1 cm". Die Breite passt sich automatisch an.

Der so gewählte Text kann dann frei positioniert werden. Idealerweise kommt er in die Nähe der Maßstabsleiste zu liegen.

Ein Bild fügen Sie ein mit:

ArcMap-Hauptmenü:
Einfügen:
Bild…

Es sind eine Vielzahl von Formaten dafür geeignet. Die Gängigsten sind dabei *.jpg-, *.gif-, *.tif-Dateien. Ihr Inhalt können Fotos aus einer digitalen Kamera (Luftbilder), Logos Ihres Unternehmens oder gescannte Dokumente (Urkunden) sein.

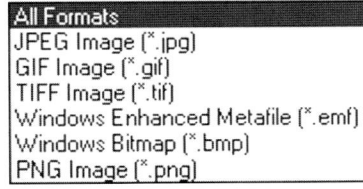

Nach Drücken des Menüeintrags „Bild..." eröffnet sich die Möglichkeit, ein Bild aus irgendeinem Verzeichnis des Rechners zu öffnen. Es erscheint sofort im Layout und muss nur noch positioniert werden. In diesem Beispiel ist auf die Darstellung eines Bildes im Layout verzichtet worden.

Ein Objekt fügen Sie ein mit:

ArcMap-Hauptmenü:
Einfügen:
Objekt…

z. B. aus der Microsoft-Office-Welt. Öffnen Sie dazu eine Tabelle mit Excel. Nach Betätigung des obigen Menüs werden Sie zur Wahl des Objektes aufgefordert oder zur Einstellung: „Aus Datei erstellen". Wenn Sie Letztere wählen, können Sie nach einer EXCEL-Tabelle suchen und diese dann einbinden. Sollten Sie die Datei verknüpfen, wird jede Änderung, die Sie in der Originaldatei vornehmen, in das Layout übertragen, andernfalls nicht. Diese Verknüpfung gilt auch umgekehrt vom Layout in Richtung EXCEL-Datei.

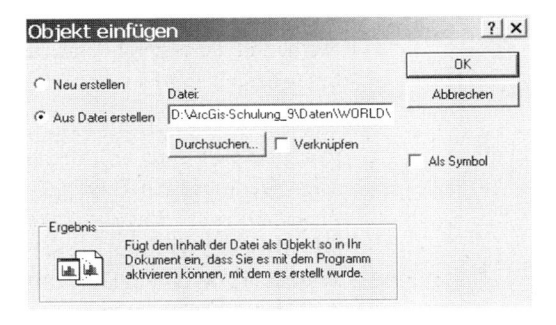

Die Tabelle erscheint wie jedes andere Objekt auf der Karte im Layout und kann frei positioniert werden. Zur besseren Darstellung ist sie unbedingt mit einem Hintergrund zu versehen, da sie zunächst transparent ist.

Erzeugen Sie zu diesem Zweck für das noch markierte Objekt „Tabelle" einen Rahmen mit Hintergrund auf die schon zuvor beschriebene Art (Menü: Einfügen: Kartenrahmen). Dabei ist darauf zu achten, dass bei der Platzierung die Einstellung vorgenommen wird, die in der nebenstehenden Abbildung zu sehen ist.

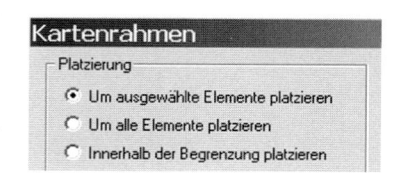

Gitterlinien in die Layout-Ansicht einfügen

Zur besseren Verortung sind Gitterlinien oder auch Gitterkreuze (TIC) oft sehr hilfreich. Unterstützt wird das Zurechtfinden auf einer Karte noch durch eine passende Randbeschriftung. Hierbei handelt es sich um ein Gitter für den Datenrahmen und nicht um das Einfügen eines zusätzlichen Elements bei der Layoutbearbeitung.

Öffnen Sie über das Kontextmenü die „Eigenschaften" des betreffenden Datenrahmens – jeder Datenrahmen auf dem Layout hat sein eigenes Gitter – und wählen Sie das Register „Gitternetze".

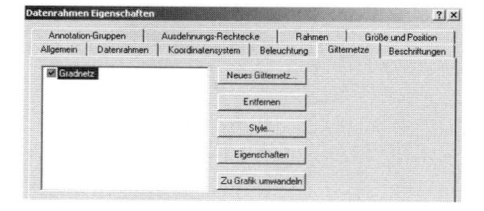

Hier finden Sie die Möglichkeiten zur Herstellung und Bearbeitung von Gitternetzen verschiedenster Art.

Wählen Sie „Neues Gitternetz" und es erscheint der nebenstehende Dialog, in dem Sie eine Auswahl zwischen verschiedenen Typen von Gittern treffen. Wählen Sie für diese Übung die obere Variante (Gradnetz), um Längen- und Breitengrade um den Datenrahmen zu zeichnen, und vergeben Sie einen Namen Ihrer Wahl. Klicken Sie auf „Weiter". Es ändert sich der rechte Teil der obigen Abbildung und Sie werden aufgefordert den Gitterabstand und das Aussehen festzulegen. Wählen Sie für dieses Beispiel „3 Grad" für Längen- und Breitengradabstand. Sie können die Wirkung in der Vorschau links im Dialog überprüfen.

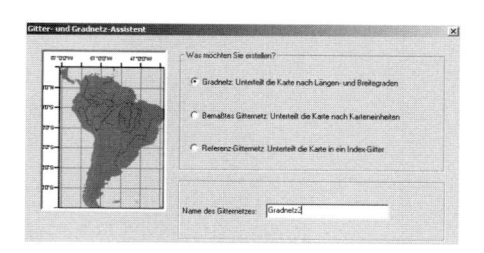

Nach dem Klicken auf „Weiter" folgen Möglichkeiten zur Wahl verschiedener Styles. Abschließend entscheiden Sie, ob es eine feste Grafik, die dann bearbeitet werden kann, oder ein dynamisches Netz werden soll, das sich bei

12.7 Beispiel zum Layout

Veränderung des Datenrahmens anpasst. Nach dem letzten „Weiter" und „Fertig stellen" sowie „Übernehmen" wird das gewählte Gitter im Layout um den Datenrahmen gezeichnet.

Sollten Modifikationen nötig sein, muss man von vorn beginnen, ohne dass alles wiederholt werden muss. Nach dem Auswählen des zu verändernden Gitters klicken Sie auf die Schaltfläche „Style", um dem Gitter z. B. noch einen andersartigen Rand zu geben. Im Angebot befindet sich eine Reihe von sinnvollen Rändern, die die Lesbarkeit der Karte deutlich erhöhen.

Unter der Schaltfläche „Eigenschaften" verbergen sich nahezu alle notwendigen Einstellmöglichkeiten zur Modifikation des Gitters.

Die folgende Seite zeigt das fertige Karten-Layout. Haben Sie während der Übung andere als die vorgeschlagenen Einstellungen vorgenommen, führt das zu einem entsprechend anderen Erscheinungsbild. Da speziell das großflächige Gitter sich über viele Layoutelemente legt, ist die Reihenfolge der Elemente zu überprüfen. Mindestens Tabelle, Nordpfeil und Maßstab sollten in den Vordergrund gesetzt werden. Klicken Sie dazu auf das entsprechende Element und betätigen Sie die rechte Maustaste. Der Nordpfeil muss entsprechend der Gitterlinie gedreht werden.

Export des Layouts

Das so erzeugte Layout kann direkt auf einen Drucker gesendet werden oder es wird in ein Bildformat gespeichert.

ArcMap-Hauptmenü:
Datei:
Karte exportieren…

Folgende gängigen und wichtigen Formate stehen dafür zur Verfügung:

JPEG, TIFF, PDF, BMP, EPS, CGM und andere. Im Bereich von „Optionen" (unten im Dialogfenster) sind die Auflösungen der Bildformate beeinflußbar. Desweiteren können Sie z. B. einen andersfarbigen Hintergrund für das zu erzeugende Bild festlegen.

394   12 Präsentation und Karten

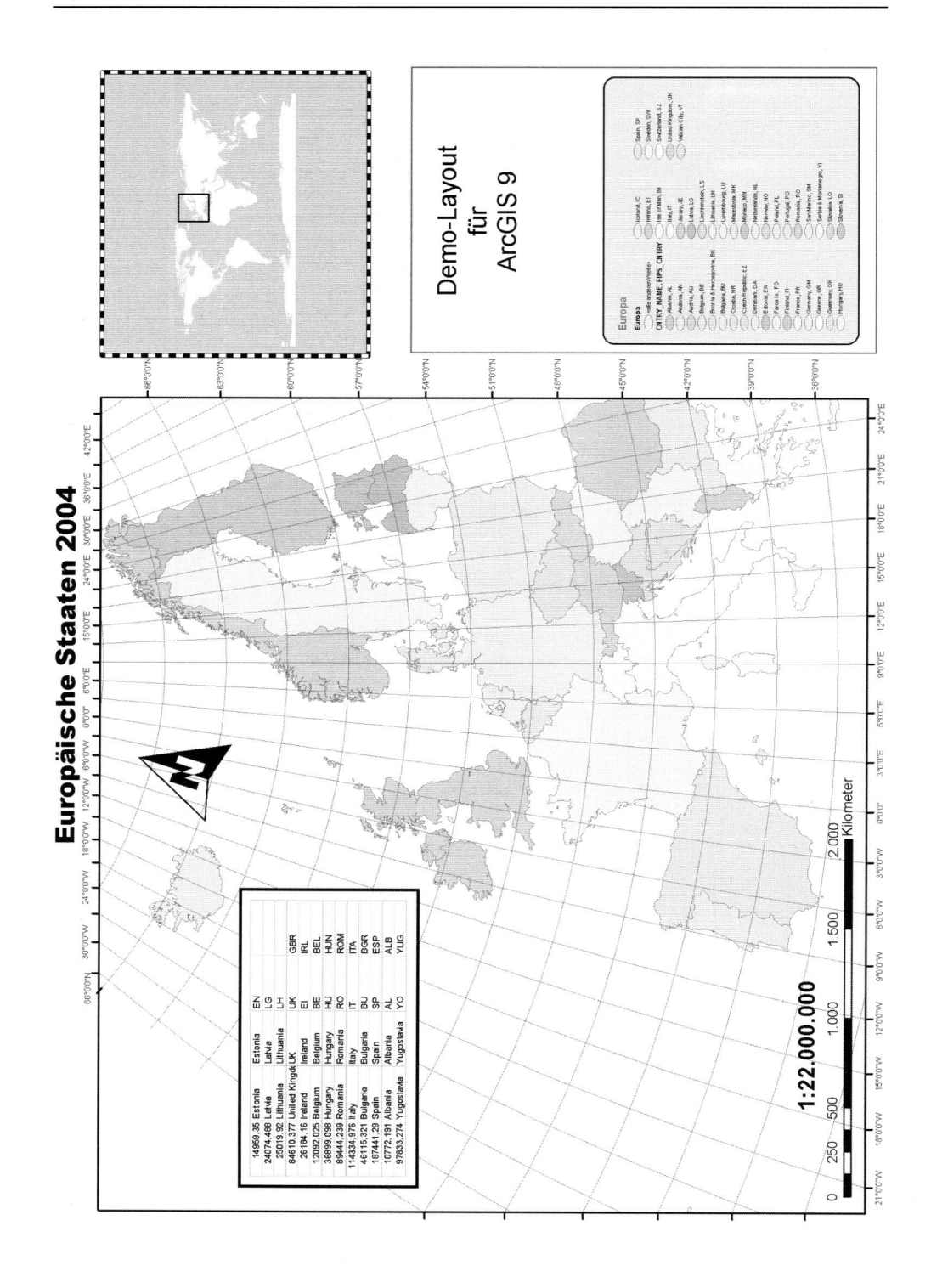

Index

A

Abfrage-Assistent	155
Abfrageergebnis	44, 74
Abfragen	20, 76
Abgestufte Farben	77, 283
Abgestufte Symbole	287
Ablenkung	212, 213, 216
Absolut X,Y	213
Abstand	352
Adressen-Locators	41
Aktivieren	107
Akzentbalken	352
Alias-Name	238
Alle auswählen	165
Analysewerkzeuge	19
AND	156
Anfangsplatzierung	339
Ankerpunkt	321
Annotation	79
Annotation-Gruppen	125
Anpassen	45, 90
Ansicht	235
Ansicht-Menü	43, 87
Anzeige	114, 130
Anzeigeeinheiten	120
ArcCatalog	27, 52, 69, 94
beenden	38
Eigenschaften	52
Hilfe	69
Optionen	52
starten	29
ArcCatalog-Benutzeroberfläche	38
ArcGIS-Desktop-Hilfe	91, 145
ArcGIS_Developer	148
ArcMap	70, 83
Hilfe	144
starten	71
ArcMap-Dokument	32, 85
ArcMap-Einführungsbeispiel	71
ArcPad	104
ArcSDE	36, 41
ArcToolbox	94
ArcView	
Hilfe	145
ArcView-Projekt importieren	86
ArcView3.x-Legende	276
ArcView3.x-Projekt importieren	142
Assistentenmodus	112
Attribute	34, 101
Attributtabelle	235
Attribut-Tabelle öffnen	75
Attribut-Übertragung	104
Attributwerte	317
Auschecken	102
Ausdehnung	137
Ausdehnungs-Rechtecke	125
Ausgewählte Features	152
Ausgleichen	219
Ausrichtungs-Raster	108
Ausschluss	284, 285
Aussehen	114
Auswählbare Layer	89, 150, 162
Auswahl	89, 114, 130, 149, 248
alle	165
aufheben	250
auswählen	158
entfernen	158, 162
hinzufügen	158, 162
neu	162
umdrehen	250
umkehren	165
Auswahlfarbe	130, 151, 250
Auswahlmethoden	154
Auswahl mit der Maus	151
Auswahloptionen	154, 162, 165
Auswahlsymbol	130
Auswahltoleranz	164
Auto-Cache	100
Automatische Beschriftung	324
Autor	66
avl-Dateien	270
Azimut	123

B

Balloon Callout	348
Bannerbeschriftung	316, 349

Basisadresse	118
Bearbeiten-Menü	43, 86
Bearbeitung	23
starten	101
Bearbeitungspuffer	100
Bearbeitungswerkzeuge	19
Beispiel	353, 361, 385
Beispieldaten	2
Beleuchtung	123
Benutzerdefiniert	122
Benutzeroberfläche	38, 83
Beschriften	317
Beschriftung	78, 96, 107, 133, 315, 317, 360
Automatisch	324
Beispiele	353, 361
Doppelte	326, 338
Einfach	324
Gewichtung	366
in Polygonen	318
Klassen	328
Maßstabsabhängigkeit	341
Maßstabsbereich	326, 341
mit Attributen	317
nicht platzierbare	367
Priorität	366
Styles	342
Symbol	325, 344
Beschriftungsausdruck	331, 332
Beschriftungseigenschaften	325
Beschriftungsfeld	330
Beschriftungsgewichtung	338, 366
Beschriftungs-Manager	359
Beschriftungsprioritäten	366
Beschriftungs-Style	342, 343
Beziehungen	134, 264
Bezugsmaßstab	107, 120
festlegen	131
Bild	369, 380, 391
Bildausschnitt verschieben	96
Bildlaufleiste	88, 112, 113
BLOB	251
Bogen	218
Breite angleichen	99

C

CAD	5, 60, 117
CAD-Feature-Classes	60
Classes	36
Coverage	32, 51

D

Database Connections	41
Datei	85
Dateiformate	59, 117
Datei-Menü	42
Dateitypen	54
Daten-Ansicht	80, 111, 112, 370
Datenausgabe	18
Datenausschluss	285
Daten betrachten	30
Dateneingabe	17
Daten exportieren	109, 168
Datenfenster	38, 39, 84
Daten hinzufügen	72, 85, 93
Datenqualität	14
Datenquelle festlegen	129
Datenquellen-Optionen	119
Datenrahmen	74, 106, 119, 120, 374
drehen	98
Eigenschaften	119
Name	119
Datenrahmen-Werkzeuge	98
Datensätze auswählen	250
Datensätze löschen	253
Datensatz anlegen	179
Datentypen	31, 40
Datenverwaltung	9
Datum	251
Datumsparameter	122
Definitionsabfrage	133
Delta X,Y	214
Description	35
Dezimale Gradangaben	119
DGM	12
DGN	60, 117
Diagramm	298, 369
Diagramm-Symbologie	298
Dialog	270
Digitale Informationssysteme	3
Digitalisieren	194, 195
Digitalisierung	183
Digitalisierungsfunktionen	195

Direkthilfe	69, 94, 147
Doppelte Beschriftung	326, 338
Double	251
Draft-Modus	382
Drehen	95, 101, 203
Dreiecksnetzwerk	24
Drucken	86, 93
Druckereinrichtung	81, 387
Druckvorschau	86
DXF-Format	51

E

e-commerce	25
Edit-Cache	100
Editor	101
Editorwerkzeugleiste	90, 94
Edit Sketch	187
Effekte	97
Eigenschaften	52, 119, 128, 139, 140
Einchecken	102
Einfügen	88
Einführungsbeispiel	28
Einpassen	186
Einzelsymbol	271
Einzelwert	277, 282
Elemente auswählen	87, 95
Endpunkt	224
Entfernung	159, 225, 226
Entkoppelte Bearbeitung	102
Entwurfsmodus	97, 108, 382, 384
Eröffnungsbildschirm	111
Ersetzen	242
Erstellungsdatum	65
Erweiterte Bearbeitung	102, 230
Erweiterter Text	354
ESRI Data & Maps	2
ESRI Label Engine	120
ESRI_SupportCenter	148
ESRI_Training	148
Excel-Arbeitsblatt	381
Excel-Diagramme	88
Excel-Tabellen	88
Export	68, 393
Exportieren	37, 253

F

Fangen	186, 187, 189, 190, 211
Fangtoleranz	113, 186
Fangumgebung	188, 191
Farbe auswählen	169
Farbenverlaufdefinition	307
Farbmodell	110, 273, 274
Favoriten	122
Feature	
auswählen	95
beschriften	78, 109
drehen	203
fangen	211
stauchen	203
strecken	203
Translation	202
umformen	200
verändern	192
verschieben	202
Feature-Ausschluss	131
Feature-Auswahl aufheben	152, 155
Feature Classes	32, 34, 178
Feature-Dataset	32, 34
Feature-Layer	108
Featuretyp	179
Fehler	14
Felder	132, 240
Feld	
bearbeiten	251
berechnen	254
BLOB	251
Datum	251
Double	251
Float	251
Guid	251
hinzufügen	251, 254
löschen	110, 247, 254
Long Integer	251
Short Integer	251
Text	251
Feldstatistik	109, 244
Feldtypen	330
Feldwerte berechnen	245
Fenster-Menü	45, 91
Feste Ausdehnung	120

Fester Maßstab	120
FGDC-Editor	56
FGDC ESRI	64
Fläche	323
Flächenüberlagerung	21
Flächenverschneidung	21
Float	251
Formatierter Text	347, 354
Freie Linie	323
Führungslinien	88, 113, 299, 350, 352
Führungslinien-Toleranz	350
Füllfarbe	96

G

Gehe-Menü	44
Geländemodell	12
Geodatabase erstellen	36
Geo-Datenserver	15
Geografische Koordinaten	22
Geographie-Werkzeugleiste	38, 48
Geo-Informationssysteme (GIS)	3, 6
Geokodierung	41, 90, 109
Geometriebearbeitung	177
Georeferenzierung	98
Geoverarbeitung	57, 111, 118
Geoverarbeitungswerkzeuge	118
Geschwungener Text	316
GIS	7
GIS-Komponenten	8
GIS-Server	41, 42
GIS-Werkzeuge	7
GIS-Wörterbuch	148
Gitterkreuze	392
Gitterlinien	392
Gitternetze	123, 392
GPS	17, 25
Gradnetz	123
Grafiken	98, 315, 322, 369, 371, 382
auswählen	160
Grid	12
Größe	127
angleichen	99
Gruppen-Layer	32
Gruppieren	99
Gruppierung aufheben	99

Guid	251

H

Halo	349
Hardware	15
Hauptmenü	38
Hauptmenüleiste	42, 84, 85
Helligkeit	97
Hierarchisches Modell	10
Hilfe	91
ArcCatalog	145
ArcGIS	145
ArcMap	144, 145
ArcView	145
Internet	148
Hilfe-Menü	45, 91
Hintergrund	99, 127, 277, 287, 295
Höhe angleichen	100
Höhenlinien	314
Horizontal kippen	100
Horizontal verteilen	99
Hyperlink	95, 118
Hyperlink-Basis	118

I

Identifizieren	74
Import	68, 122
ArcView3.x-Projekt	142
Importieren	270, 276
Index	57, 115
Indexfelder	115
Indizes	58
Informationssysteme	3
Informationswerkzeug	33
Inhalt	31, 39, 54
Inhaltsverzeichnis	84, 113
Interaktive Auswahl	151, 154
Interaktive Auswahlmethode	89, 162
Internet	24, 91, 148
Interpolation	20, 23
ISO-Metadaten-Assistent	64
ISO 19115-Standard	63
ISO-Standard	62

Index

K

Kante	189
Kanten-Anpassung	104
Karte exportieren	393
Karten	369
Karten-Cache	100, 124
Kartendokument	93, 118
Karteneigenschaften	86, 118
Karteneinheiten	119
Kartenelemente	176, 369, 374
Kartenlayout	80
Karten-Maßstab	94
Kartenrahmen	369, 375, 389
Karten-Styles	173
Karten-Topologie	105
Katalogstruktur	30, 38, 39, 40
Kategorie	66
Keine Farbe	110
Klassen	328
Klassenbildungen	283, 327, 328
Klassifizieren	284
Klassifizierung	283
Konflikterkennung	332, 333, 334, 335, 338
Kontext-Hilfe	147
Kontextmenüs	49, 106
Kontextmenü	
Datenrahmen	106
Feature-Layer	108
Layer-Ansicht	108
Symbol	110
Tabelle	109
Tabellenspalte	109
Kontrast	97
Kontroll-Layer	295
Kontrollpunkte	98
Koordinatensystem	32, 42, 121, 122
Kreis	103, 230, 323
Kreisbogen	222
Kreis-Feature	102
Kürzen	103

L

Länge	213, 214
ändern	213
Lagebezogene Auswahl	89, 153, 157, 158
Lagebezogene Verbindung	258, 261, 262
Layer	52, 128
Eigenschaften	128
einfügen	107
entfernen	107
erweitern	107
Name	128
reduzieren	107
Layer-Ansicht	108
Layer-Datei speichern	167
Layer-Name	128
Layout	96
Beispiel	385
Bild	380, 391
Datenrahmen	374
Draft-Modus	382
Export	393
Karten-Elemente	374
Kartenrahmen	375, 389
Legende	376, 387
Maßstabsleiste	378, 379, 390
Maßstabstext	379, 390
Nordpfeil	377, 389
Objekt (OLE)	381, 391
Seite einrichten	383, 387
Text	375, 389
Titel	375, 389
vergrößern	371
verkleinern	371
Vorlagen	371
Layout-Ansicht	80, 108, 111, 112, 369, 370
Legenden	81, 88, 369, 376, 387
Legendensymbol	272
Lesezeichen	87, 136
erstellen	136
verwalten	137
Like	156
Lineale	113
Line Callout	348
Linien	323
kürzen	198
teilen	198
unterteilen	199
Linien-Bannerbeschriftung	350, 351
Linienfarbe	96

Liniensymbol	175	Multipart-Objekte	204
Linksbündig	99	Multipoint-Features	210
Linksdrehung	100	Multipoint-Objekte	204
Link-Tabelle	98, 104	Muster-Form	114
Local Area Network	15	Muster-Größe	114

N

Lupe	91, 138, 139	Nach Attributen auswählen	76, 89, 152, 155
Eigenschaften	140	Nach Grafik auswählen	89
lyr-Datei	282	Nach Lage auswählen	153

(Long Integer 251)

M

		Name	119, 160
Makros	90	Navigationssysteme	25
Map-Tips	130, 141	Navigieren	241
Markerfarbe	96	Neue Auswahl	162
Markersymbol	174	Neue Kurve	323
Marker Text Background	348	Neuer Ordner	180
Marker-Texthintergrund	353	Neues Kartendokument	93
maskieren	314	Neues Shape	180
Maskierung	297, 312	Neue Stützpunkte	192
Maskierungs-Layer	314	Nicht plazierbare Annotation	79, 88
Maßstab	135	Nicht platzierte Beschriftung	367
Maßstabsabhängigkeit	341	NIS	4
Maßstabsbereich	129, 135, 326, 333, 341	Nordpfeil	81, 88, 170, 369, 377, 389
Maßstabsleiste	82, 88, 170, 369, 378, 379, 390	NOT	156
Maßstabstext	88, 369, 379, 390	Numerische Felder	240
Mehrbandaufnahmen	116		
Mehrfachattribute	303		

O

Menü		Oben ausrichten	99
Ansicht	87	Objekt	381, 391
Auswahl	89	Objekttypen	178
Bearbeiten	86	ODBC	41
Datei	85	OLE	369
Einfügen	88	OLE DB	41
Fenster	91	on the fly	121
Hilfe	91	Optionen	52, 91, 164
Werkzeuge	90	OR	156
Messen	95	Ordner	27, 30, 50
Metadaten	31, 34, 40, 56, 62, 64	lösen	41
Metadaten-Werkzeugleiste	38, 49	neu	180
Microsoft Access	35	verbinden	30, 41
Microsoft Jet Engine	35	Ordnerverbindung	40
MicroStation-Dateien	117	Oval	323
MicroStation-Designdateien	60		

P

Miniaturansicht	118, 119		
Mittelpunkt	223	Parallele	206, 214, 215
Multipart-Features	209, 232	Parallelität	204, 205, 206

Index

Permanentdarstellung	109
Personal Geodatabase	32, 35, 36
Platzhalter	157
Platzierung	332
Platzierungseigenschaften	333, 334, 336, 340
PMF-Kartendatei	32
Polygon	195, 323
anschließen	195
automat. schließen	195
manuell teilen	196
Polygon-Features teilen	197
Polygonsymbole	175
Position	127
aufblinken	141
Präsentation	369
Projektionen	22
Projektion on the fly	60
Proportionales Symbol	290
Proxyserver	55
Punkt	323
Punktdichte	293, 294
Punktsymbol	174
Pyramiden	51, 59, 61, 116, 117
erstellen	61

Q

Quelle	114, 129

R

Radius	218
Ränder	113
Räumliche Anpassung	103
Räumliches Lesezeichen	136
Rahmen	126
Raster	51, 58, 113, 116
Rasterabstände	113
Rasterdaten	11, 13, 32, 58
Rasterkatalog-Layer	60, 117
Raster-Layer	32
Rasterpyramiden	60
Raumbezogene Daten	8
Raumbezug	41
Rechner	15
Rechteck	103, 230
Rechteck-Feature	102

Rechter Winkel	204, 207, 220
Rechtsbündig	99
Rechtsdrehung	100
Rechtwinklig	208
reduced resolution dataset file	61
Referenzmaßstab	120
Register	
Allgemein	52
CAD	60
Dateitypen	54
Geoverarbeitung	57
Inhalt	54
Metadaten	56
Proxyserver	55
Raster	58
Tabellen	57
Relationales Datenmodell	10
relative Pfade	86
relative Pfadnamen	119
Remote-Login	16
RGB-Darstellung	110
RGB-Farbmodell	273
Richtung	212, 214, 226
RIS	4
Rotation	287
Rotationsfeld	340
Routen-Ereignisse	90
rrd	61
Rückgängig	86, 93

S

Sachdaten	10, 11, 34, 233
Scale Bar Auswahl	378
Schatten	127
Schlangenlinie	323
Schnittpunkt	221
Schriftfarbe	96
Schriftsymbole	344, 345
Eigene	346
Erstellen	346
Schummerung	123
SDC-Daten	31
SDC-Feature-Class	37
SDC-Format	32
Search Results	42

Seiteneinrichtung	81, 108, 383, 387	löschen	193
Segment Ablenkung	216	neu	192
Sehne	218	verschieben	193
Selektion	247	Stützstellen	189
Senkrechte	215	Style-Manager	172, 173
Service-Verzeichnisse	41	Style-Referenzen	171
Shape neu	180	Styles	91, 169, 170, 171, 342
Shapedateien	31	Stylesheet	34
Shapefile	51, 184	Suchen	87, 242
erzeugen	179	Suchergebnisse	41
Shapeformat	31	Symbol	110, 169, 173, 325, 344
Short Integer	251	Symbol-Auswahl	175
Sichtbarer Maßstabsbereich	108	Symbolebenen	108, 308
Simple Line Callout	348	Symbol-Klassen	329
Skalierte Symbole	131	Symbologie	131, 269, 275
Skalierung	107	Abgestufte Farben	283
Skizze		Abgestufte Symbole	287
ersetzen	216	Diagramm	298
fertig stellen	219	Dialog	270
löschen	219	Einzelsymbol	271
Skizzenwerkzeug	101, 184	Einzelwert	277, 282
Snappen	186	erstellen	77
Snapshot	140	importieren	270
Software	15, 16	Mehrfachattribute	303
Sortieren	243, 244	Proportionales Symbol	290
Spaltenbreite	235	Punktdichte	293
Spalten einfrieren	237	Übernahme	275, 282, 283, 286, 289, 293
Spaltenreihenfolge	236		
Spalten unsichtbar	238	**T**	
Spalten verschieben	236		
Spatial	35	Tabelle	32, 39, 57, 109, 114, 233, 234, 369
Sprechblasen	349		
SQL	155	Alias-Name	238
SQL-Abfragen	157, 248	Ansicht	235
Standard-Werkzeugleiste	38, 46, 84	Aussehen	239
Startskript	111	Auswahl	248
Statistik	164, 247	Auswahl aufheben	250
Statusleiste	146	Auswahlfarben	250
Stauchen	203	Auswahl umdrehen	250
Stichproben	284	Berechnen	245
Stream-Modus	194, 195	Ersetzen	242
Stream-Toleranz	194	Navigieren	241
Strecken	203	Sortieren	243, 244
Stützpunkte	183	Spaltenbreite	235
bearbeiten	96	Spalten einfrieren	237

Index

Spaltenreihenfolge	236
Spalten unsichtbar	238
Spalte verschieben	236
Suchen	242
Tabellen-Eigenschaften	111
Tabellenschriftart	115
Tabellen-Schriftgröße	115
Tabellenspalte	109
Tangenskurve	217
Tangente	224
Teilen	101
Templates	373
Text	251, 315, 318, 369, 375, 389
geschwungen	316
Textobjekt	321
TIFF-Rasterdaten	117
Titel	88, 369, 375, 389
Toolboxes	118
Tooltips	146
Topologie	105
Topology-Elements	189
Transformation	22, 122
Translation	202
Transparent	131
Transparenz	97, 279, 280, 281
Trennungslinie	197
Triangulation	24

U

Übernahme	275, 282, 283, 286, 289, 293
Übersichtsfenster	91, 138
Eigenschaften	139
UIS	4
Umformen	201
Umgebungswerte	118
Umrandung	127, 352
Unten ausrichten	99

V

VBA	90
Vektordaten	10, 13
Vektor-Layer	32
Verbinden	261
Verbindungen	134, 255
1:1-Zuordnung	256
lagebezogen	258, 261, 262
m:1-Zuordnung	257
Verwaltung	258
Verbundener Layer	125
Verfolgung	227
Vergrößern	94
Vergrößerung	371
Verkleinern	94
Verkleinerung	371
Verlängern	103
Veröffentlichung	67
Versatz	127
Versatz-Link	103
Verschieben	73
Verschiebung	202
Verschneidung	21
Verteiler	67
Vertikal kippen	100
Vertikal verteilen	99
Vertikal zentrieren	99
Verwaltung	258
Verzeichnis-Werkzeugleiste	38, 48
Viereck	323
Virtueller Schnittpunkt	222
Visual Basic	90
Visual Basic Editor	45
Volle Ausdehnung	94, 140
Vordergrund	99
Vorgegeben	122
Vorlagen	371, 372, 373
auswählen	373
Vorschau	31, 32, 33, 34, 39
Vorschaubilder	373

W

Werkzeuge-Menü	44, 90
Werkzeugleisten	46, 92, 370
Werkzeugleiste	
„ArcPad"	104
„Datenrahmen-Werkzeuge"	98
„Editor"	101
„Effekte"	97
„Entkoppelte Bearbeitung"	102
„Erweiterte Bearbeitung"	102
„Georeferenzierung"	98
„Grafiken"	98
„Karten-Cache"	100

„Layout"	96
„Räumliche Anpassung"	103
„Standard"	93
„Topologie"	105
„Werkzeuge"	94
„Zeichnen"	95
Werte berechnen	110
Winkel	218
Word-Dokumente	88
Workstations	16

X

XY-Daten anzeigen	109
XY-Daten hinzufügen	90

Z

Zeichnen	95, 322, 371
Zellgrößen	59
Zwischenablage	87

Bücher zum Thema GEOGRAFISCHE INFORMATIONSSYSTEME

Charles Warcup

Von der Landkarte zum GIS
Eine Einführung in Geografische Informationssysteme

Dieses Buch ist ideal für den Einstieg in die Materie. Es führt den Leser auf verständliche und kurzweilige Art in die Welt der GIS ein und gibt anhand vieler Beispiele einen Einblick in die enorme Reichweite, die GIS heute schon haben. Dabei wendet sich der Autor nicht nur an Anfänger, sondern auch an alle, die bereits erste Erfahrungen mit GIS gesammelt haben und sich einen besseren Überblick verschaffen wollen.

Der Autor zeigt auf, wie GIS durch die Verbindung klassischer Kartografie und moderner Datenverarbeitung entstanden ist. Es werden Bestandteile eines GIS Schritt für Schritt erklärt. Der Leser lernt sowohl die interne Beschaffenheit eines GIS als auch die Zusammenhänge zwischen GIS und den vielen Anwendungsbereichen kennen.

Das Sonderkapitel „Vorsicht Falle!" liefert (amüsante) Beispiele über die Tücken von „ComputerAided Geography". Die letzten Kapitel widmet sich der praktischen Anwendung von GIS.

ISBN 3-9808463-4-2   **24,50 Euro**

Martin Dehrendorf / Michael Heiß

Geo-Informationssysteme in der kommunalen Planungspraxis

Das universelle Handbuch für die GIS-Anwendung im gesamten Fachgebiet kommunaler Planung und Raumordnung. Gerade im Bereich der kommunalen Fachplanungen werden zur Zeit GIS-Anwendungen und -Verfahren entwickelt, die die Erstellung von kommunalen Programmen und Plänen in der Entwurfs- sowie in der Beteiligungs- und Genehmigungsphase erheblich erleichtern können. Dies gilt insbesondere für Standardaufgaben (Regionalplanung, Nahverkehrsplanung, Jugendhilfeplanung, Landschaftsplanung...), aber auch für informelle Planungsaufgaben, wie die Konzeption von Bodenabbauflächen und Standorten für Windkraftanlagen oder die Untersuchung der Auswirkung touristischer Großprojekte.

Diese GIS-Verfahren stellen die Autoren praxisnah vor. Dabei werden technische Innovationen (z.B. Einbindung des Internet in den Planungsprozess) berücksichtigt. Die behandelten Verfahren lassen sich in der Regel auf jedes leistungsfähige GIS übertragen. Das Buch stellt daher bereits vor Einführung eines GIS eine wichtige Entscheidungshilfe dar.

ISBN 3-9808463-3-4   **45,00 Euro**

Bestellungen:
- Buchhandel
- www.pointsverlag.com
- info@pointsverlag.com
- Fax +49 (0) 4931 932 94 67

Points Verlag Norden • Halmstad
Poggenpoller 2 • D-26506 Norden   Tel. +49 (0) 4931 932 94 65